문 장 완 성 교 재 가 진 화 한 다

문장완성 뽀개기 700제

국내최초 · 국내최다 문장완성 전문교재

문 장 완 성 교 재 가 진 화 한 다

문장완성 뽀개기 700제

장수웅 · 김기원 지음

넥서스 ACADEMY

A

□ abandon	보	버리다, 단념하다	04고려대 · 04동국대 · 01동국대
□ abbreviate	보	생략하다, 단축하다	07건국대
□ aberrant	정	정도를 벗어난 (것)	06중앙대
□ abject	정	비참한, 절망적인	02고려대
□ abnormal	보	비정상의	02숭실대
□ abolish	정	폐지〔철폐〕하다; 완전히 파괴하다	07가톨릭대 · 01고려대
□ aboriginal	보	토착민의, 원래부터의	02중앙대
□ abortive	정	유산의, 미성숙한, 실패의	02경희대
□ abrasive	보	문질러 닳게 하는, 짜증나게 하는	04중앙대 · 07단국대
□ abridge	보	단축하다, 요약하다	07서울여대
□ absence	보	부재	02고려대
□ absent-minded	정	멍하게 있는, 방심하고 있는	01동국대
□ absolutely	정	절대적으로, 무조건	07중앙대
□ abstain	정	삼가다, 절제하다(refrain), 그만두다	01고려대
□ abstract	정	추상하다, 발췌하다, 요약하다	07중앙대 · 05고려대 · 05항공대
□ abstraction	정	추상, 추상적 개념, 〔화학〕 추출	95고려대
□ abstruse	정	난해한, 심오한	97동국대 · 07중앙대
□ absurd	정	모순된, 부조리한(preposterous)	01고려대
□ abundance	보	풍부, 다량	02건국대
□ abundant	보	풍부한, 넘쳐나는	02중앙대 · 01동국대
□ abuse	정	남용하다, 오용하다	07건국대 · 05중앙대
□ abusive	정	욕하는, 매도하는; 학대하는, 악용하는	04서강대 · 07동국대
□ accelerate	보	가속하다	06경희대
□ accentuate	보	강조하다, 두드러지게 하다	07중앙대

accidental	형 우연한	06경희대
acclaim	정 환호하다, 갈채를 보내다(applaud)	00고려대
accommodate	정 편의를 도모하다, 수용하다, 공급하다	00고려대 · 04중앙대
accommodating	형 남의 편의를 잘 봐주는, 사람 좋은	04고려대
accommodation	형 수용, 숙박	07지방직9급
account for	정 ~의 원인이 되다, 설명하다, 책임이 있다	96한국외대 · 06광운대
accounting	형 회계	02광운대
accumulating	형 모인, 축적된	05성균관대
accumulation	형 집적, 축적	07건국대 · 06고려대
accumulative	형 축적하는	07중앙대
accuse	형 고소하다	07광운대
acknowledge	형 인정하다, 승인하다, 자백하다	07성균관대
acme	정 정상, 절정, 극치, 고비, 위기	97동국대
acquittal	정 (책임의) 이행, 무죄 방면, 석방	00고려대 · 97서강대
adapt	정 적합하게 하다, 적응시키다	00한국외대
adaptable	형 적응할 수 있는, 융통성있는	05동덕여대
add up	형 ~을 합계하다	07성균관대
addictive	형 중독성의	04지방직9급
additive	형 더할, 부가적인, 추가의	07단국대
adept	정 능숙한, 숙달된	05중앙대
adequate	형 적당한, 충분한	05고려대 · 01동국대 · 05동덕여대
adhesive	형 접착성의	05동국대
adjacent	형 인접한	05중앙대
admirable	형 감탄할만한, 훌륭한	04고려대
adolescent	형 청춘(기)의; 미숙한, 풋내나는	07경희대
adorn	정 장식하다(decorate, ornament)	00고려대
adultery	형 간통	02고려대
advance	형 나아가게 하다, 앞으로 내보내다	02세종대

advent	정 도래, 출현	06광운대
adventurous	정 모험적인, 대담한	07중앙대
adverse	보 역의, 거스르는	05건국대
advertisement	보 광고	06국민대
advocacy	보 옹호, 지지; 고취	07경희대
advocate	정 변호하다, 주장하다, 지지하다, 옹호자, 주창자	97동국대 · 05지방직9급
aesthete	정 유미(심미)주의자	99고려대
aesthetician	정 미학자, 미학주의자	01중앙대
affectionate	정 애정이 있는, 애정이 넘치는	01고려대
affiliation	보 가입, 제휴	05성균관대
affirmation	보 단언, 주장	07경기대
affirmative	보 단언적인, 긍정의	07중앙대
affliction	정 고통, 괴롭힘, 병, 불행	05중앙대
affluence	보 풍요	02고려대
affluent	정 부유한, 풍부한(abundant)	01고려대
aggravate	정 악화시키다	97성균관대
aggression	정 침략, 침해(encroachment)	99한국외대
aggressive	정 공격적인, 적극적인	99동국대
agnostic	정 불가지론(자)의	07국민대
agonize	정 괴로워하다, 괴롭히다(torture)	99고려대
agreement	정 동의, 승낙	07광운대
aid	정 도움	02건국대
alien	보 외국의, 이질적인	05국민대
alienate	정 멀리하다, 소외시키다, 소원케하다	02광운대 · 05건국대
aligned	보 제휴된, 정렬된	05경희대
alimony	보 별거 수당, 이혼 수당; 부양비	07중앙대 · 06서울시7급
alleviate	정 완화시키다, 경감하다	97성균관대 · 06경희대 · 07서울여대
alleviation	보 경감, 완화	06광운대
allocation	보 할당, 배당; 배치	07경희대

all-or-nothing 정 전부이거나 아니면 전무인, 타협의 여지가 없는
| 07동국대 |

allotment 보 할당, 분배 | 04중앙대 |

allow 보 허락하다, 허가하다 | 01행정자치부9급 |

alter 보 바꾸다, 변경하다 | 07세종대 |

alternate 보 번갈아 하다, 교대시키다 | 04중앙대 |

alternative 정 둘 중에 하나를 택해야 할; 대신의
| 01성균관대 |

altogether 보 아주, 전부, 대체적으로, 전체적으로
| 07성균관대 |

altruism 보 이타주의 | 07중앙대 |

altruist 보 이타주의자 | 07중앙대 |

altruistic 정 이타적인 | 02성균관대 |

ambience 보 주변의 모양, 분위기 | 05동국대 |

ambiguous 정 모호한, 분명치 않은 | 05고려대 · 01고려대 |

ambivalence 보 부동성, 유동성, 동요 | 04고려대 · 06서울시7급 |

ambivalent 정 양면가치적인 | 06서울시7급 |

amend 정 개정하다, 수정하다, 고치다
| 07단국대 · 07건국대 |

amiable 정 상냥한(agreeable), 친절한 | 01고려대 |

amicable 보 상냥한, 우호적인 | 06성균관대 |

amnesia 정 건망증, 기억 상실 | 94고려대 |

amorous 정 다성나감한, 사랑에 약한, 요연한 | 99동국대 |

amorphous 정 무정형의 | 04중앙대 |

amount to 정 〔총계, 금액〕 ~이 되다 | 06경희대 |

amplify 보 확대하다, 상세히 설명하다 | 07중앙대 |

angrily 보 성나서, 화가 나서 | 07국가직9급 |

animated 보 힘찬, 활기찬 | 05건국대 |

annihilation 보 전멸 | 06광운대 |

anomalous 보 변칙적, 이례적 | 06동국대 |

anonymity 정 익명 | 07경기대 · 04지방직9급 |

anonymous 정 작자 불명의, 익명의
| 96동국대 · 06한양대 · 01서강대 · 06지방직9급 |

anonymously	정 익명으로	06경희대 · 06동국대 · 05국회사무처9급
antagonistic	보 적대의	02고려대
antagonize	정 적대하다, 대립(반목)하다	00고려대
antecedent	정 앞서는, 선행하는, 앞선 사건, 전례	97성균관대
anthropologist	보 인류학자	06중앙대
anthropology	보 인류학	04행정자치부7급
anticipate	보 예상하다, 기대하다	07건국대
anticipation	정 예상, 기대	02숙명여대
antipathy	보 반감, 혐오	04고려대
apathetic	정 무관심한, 냉담한	02고려대
appall	정 소름끼치게 하다, 섬뜩하게 하다	99고려대
appalled	정 놀라게 된, 소름끼치게 된	05경희대
apparatus	보 장치, 기계, 기구	05국민대
appease	정 달래다, 가라앉히다	05세종대
applause	보 박수 갈채, 칭찬	03행정자치부7급
apposite	보 적당한, 적절한	06중앙대
appreciate	보 평가하다, 감상하다	05고려대
appreciation	보 감상, 감사	06동국대
apprentice	보 계시, 도제(徒弟); 수습(공); 초심자	07성균관대
approbation	보 찬성, 시인	06세종대
aquarium	보 수족관	02고려대
aquatic	보 물위의, 수상의	02세종대
arbitrary	보 임의의, 멋대로의, 전횡적인	07중앙대 · 07건국대
arboretum	정 수목원	02고려대
ardent	정 열렬한, 열심인(eager)	97서강대
arduous	보 힘든	05중앙대
argumentative	정 토론하기를 좋아하는, 논쟁적인	94한국외대
arrogance	보 오만, 거만	02고려대
arrogant	보 거만한, 건방진	03행정자치부9급
articulate	정 또박또박 말하다	05항공대

artificial	정 인공적인, 인조의, 인위적인 ｜95중앙대｜
as long as	보 ~하는 한 ｜02고려대｜
assault	보 습격, 공습, 맹렬한 비난 ｜05국회사무처9급｜
assert	보 단언하다, 옹호하다 ｜06가톨릭대｜
asset	정 가치 있는 것, 이점, 자산, 재산 ｜95중앙대｜
assiduous	정 근면한 ｜97동국대｜
assiduously	정 부지런히, 근면하게 ｜02성균관대｜
assimilate	보 받아들이다, 동화·일치·순응시키다 ｜07중앙대｜
assimilation	정 동화, 융화 ｜07성신여대｜
assist	보 원조하다, 돕다 ｜02세종대｜
association	정 연상 ｜07지방직9급｜
assuage	보 누그러뜨리다, 진정·완화시키다 ｜07중앙대｜
assumption	정 가정 ｜96고려대｜
asteroid	정 소행성 ｜99한국외대｜
astronomy	보 천문학 ｜04행정자치부7급｜
at the bottom of one's heart	보 내심으로 ｜05건국대｜
atheistic	보 무신론(자)의 ｜07국민대｜
athlete	보 운동선수 ｜02건국대｜
atrophy	정 위축되다 ｜05고려대｜
attach	정 붙이다, 소속시키다, 구속하다 ｜04지방직9급｜
attachment	정 부착, 접착, 흡착 ｜05건국대｜
attend	보 출석하다, 간호하다 ｜05항공대｜
attentive	보 세심한, 경청하는 ｜05항공대｜
attractive	정 매력적인(charming, fascinating) ｜01고려대｜
attribute	정 속성, 특질, ~의 탓으로 돌리다 ｜94한국외대｜
auspicious	보 길조의, 상서로운 ｜05중앙대｜
austerity	정 엄격함, 준엄함, 검소 ｜95중앙대｜
authentic	보 믿을만한, 확실한 ｜06국민대·04동국대｜
authentically	정 확실히, 진짜처럼, 믿을만하게 ｜02고려대｜
authenticity	보 확실성, 신빙성 ｜07건국대｜
avalanche	보 눈사태, 쇄도 ｜05동국대·07중앙대｜
avert	정 피하다, 비키다(turn away)

| 00고려대 · 05가톨릭대 · 06명지대 |

aviation   정 비행, 항공 | 04행정자치부7급 |

avid   보 탐욕스러운, 몹시 욕심나는 | 02세종대 |

awesome   보 두려운, 무서운 | 05건국대 |

awkward   정 서투른, 보기 흉한, 다루기 힘든 | 01동국대 |

B

back up   정 지지하다 | 07성균관대 |

backbone   정 등뼈, 척추 | 06고려대 |

backdrop   보 배경막, (일반적) 배경 | 05동국대 |

baffle   정 좌절시키다, 곤란케 하다, 당황케 하다
| 07중앙대 · 04국회사무처9급 |

bait   보 미끼, 먹이; 유혹(물) | 04고려대 · 05성균관대 |

ban   정 금지하다 | 06국회사무처9급 |

banal   정 진부한, 평범한 | 02성균관대 · 06국민대 |

bankruptcy   정 파산, (명성 · 명예 등의) 실추 | 99한국외대 |

barbarian   정 야만인, 미개인 | 06단국대 |

barren   보 불모의, 임신을 못하는 | 02고려대 |

barrenness   보 불모임, 무력함 | 06명지대 |

barrier   보 장벽, 장애 | 02고려대 · 03행정자치부7급 |

be composed of   정 ~으로 구성되다 | 96한국외대 |

be in eclipse   정 (해, 달이) 이지러지다, 쇠퇴하다 | 05성균관대 |

be open to   보 ~을 받기 쉽다 | 02고려대 |

be prone to(be liable to)   정 ~하기 쉬운 | 97한국외대 |

bear out   보 증명하다, 입증하다 | 07중앙대 |

bearing   정 태도; 관계; 방위각; 자기의 위치(입장) 인식
| 01성균관대 |

befriend   정 친구가 되다, (친구로서) 돕다 | 00고려대 |

belittle   정 가치를 깎아 내리다, 경시하다 | 96고려대 |

bellicose	보 호전적인, 싸우기 좋아하는	02성균관대
belonging	보 소유물; 재산; 소지품	01성균관대
benefit	정 이익을 얻다, ~에게 이롭다	02동국대
benevolent	보 자비심 많은, 호의적인	07건국대
benign	보 자비로운, 친절한, 온화한	07중앙대 · 06세종대 · 01동국대 · 03행정자치부9급
bestow	보 주다, 수여하다	05건국대
bewilder	정 당황하게 하다	01성균관대
bewilderment	정 당황, 어리둥절함	07지방직9급
bias	정 선입관, 편견(prejudice)	00고려대 · 96고려대
bilateral	정 쌍방의, 양당의	04지방직9급
bilingual	보 두 나라 말을 하는	04지방직9급
bizarre	정 기괴한, 좀 별난, 별스러운	03서강대
bleak	보 한랭한, 황량한	05한국외대
blemish	정 흠, 오점, 결점	04고려대
blindness	보 맹목, 무분별	02건국대
blithe	정 즐거운, 쾌활한, 부주의한	99고려대
blunder	정 큰실수, 대실책	04국회사무처9급
blunt	보 무딘, 더딘	05경희대 · 06국민대
bold	정 대담한, 뻔뻔스런	05국민대
bombardment	정 폭격	97동국대
bombastic	보 과대한, 과장된	06세종대
bond	보 담보(저당)잡히다, 접착시키다	04고려대
boost	정 밀어 올리다, 증가시키다	06경희대
border	보 테두리, 가장자리	05성균관대
bored	보 지루함을 느끼는, 싫증내는	05건국대
bounce	보 되튀다, 뛰어다니다	05건국대
break out	보 발발하다	07경기대
breakthrough	보 돌파구, 획기적 진전	05고려대 · 06고려대
bribery	보 뇌물	02고려대
bridle	보 굴레(재갈 · 고삐 따위의 총칭); 고삐, 구속	07동국대

brittle | 보 | 부서지기 쉬운 | 07건국대 · 06가톨릭대 |

brochette | 정 | (요리용) 꼬챙이 | 01서강대 |

brochure | 정 | 소책자 | 01서강대 |

brutality | 보 | 잔인, 무자비 | 02세종대 |

buffer | 보 | 완충기(장치) | 06고려대 |

bulge | 보 | 부푼 것, 팽창 | 05고려대 |

burden | 정 | 짐, 부담, 책임, 짐을 지우다, 부담을 주다 | 95중앙대 |

burrow | 정 | 굴, 굴을 파다 | 06성균관대 |

C

cajole | 보 | 부추기다; 구워 삶다, 감언으로 속이다(coax) | 07동국대 · 06세종대 |

calamity | 보 | 재난; 재해 | 07건국대 |

calculable | 보 | 계산할 수 있는 | 05고려대 |

callous | 정 | 굳은(hardened), 무감각한, 냉담한 | 96동국대 · 04고려대 |

calm | 보 | 고요한, 조용한(quiet), 온화한, 침착한 | 07경희대 |

calumny | 정 | 중상, 비방 | 07중앙대 |

candid | 정 | 솔직한(frank, outspoken) | 00고려대 |

candor | 정 | 솔직함(frankness) | 00고려대 |

capability | 정 | 능력 | 04행정자치부7급 |

capricious | 보 | 변덕스러운 | 07성신여대 |

capsize | 정 | 뒤엎다, 전복시키다 | 06경희대 |

capture | 정 | 붙잡다, 체포하다(arrest), 공략하다, 함락시키다 | 01고려대 |

carnivorous | 보 | 육식성의, 육식류의 | 06성균관대 · 04고려대 · 04국회사무처9급 |

casual　　보 우연한, 뜻밖의, 일시적인 | 05성균관대 |

catalyst　　보 촉매, 기폭제 | 05동국대 · 07중앙대 |

catch(get, have) a glimpse of　정 ~을 흘끗 보다
| 97한국외대 |

categorize　　보 분류하다, 유별하다 | 07건국대 |

cavity　　보 움푹 팬 곳, 구멍 | 06국민대 |

cease　　정 그만두다, 멈추다 | 07건국대 |

cede　　보 인도하다, 양도하다 | 04고려대 |

celebrity　　정 유명인 | 06광운대 |

celestial　　정 하늘의, 천국의(heavenly) | 01고려대 |

ceremonious　　보 형식적인, 의식의 | 02동국대 |

challenge　　보 도전 | 05성균관대 |

charge　　정 (책임 등을) 맡기다, 고발하다, 청구하다
| 95중앙대 |

charitable　　보 자비로운 | 06경희대 |

charity　　보 자애, 자비 | 06고려대 |

charlatan　　정 돌팔이 의사, 사기꾼 | 97동국대 |

chauvinist　　정 열광적 애국주의자 | 97동국대 |

cheerfully　　보 기분 좋게 | 05건국대 |

chicanery　　정 속임수, 궤변, 핑계 | 04중앙대 |

chop　　정 자르다, 잘게 썰다 | 97서강대 |

chronological　　정 연대순의, 연대기의 | 02동국대 · 02고려대 |

circulate　　정 유통시키다 | 02세종대 |

circumscribe　　정 ~의 둘레에 선을 긋다, 에두르다 | 07중앙대 |

claim　　보 요구하다, 주장하다 | 06항공대 |

clash　　보 충돌, 불일치 | 06경희대 · 07건국대 |

classify　　정 분류하다 | 06성균관대 |

clear-cut　　보 윤곽이 뚜렷한, 명쾌한 | 05고려대 |

clerical　　보 목사의, 성직(자)의 | 07중앙대 |

cleverness　　보 영리함 | 02광운대 |

coax　　보 설득하다, 부추기다 | 06성균관대 |

coerce　　보 속박하다, 강요하다 | 06국민대 |

coercive　　보 강제적인 | 06동국대 |

cogent	보 적절한, 설득력 있는	05동덕여대
coherence	보 부착성, 응집성	06세종대
coherent	정 응집성의, 조리가 있는, 앞 뒤가 맞는, 일관성 있는	00동국대
coincide	보 동시에 일어나다, 부합하다	07국가직9급 · 07단국대
coincidence	보 일치	02숭실대
collaborative	보 협력하는, 합작하는	02건국대
collaborator	보 공동 제작자	06국민대
collapse	정 붕괴하다, 쇠약해지다	00고려대 · 07건국대
collective	정 집합적; 집단적; 공동적, 집합체	07동국대
collide	정 충돌하다, (의견 등이) 상충하다	99고려대
collusion	보 공모, 은밀한 결탁	05경희대 · 07경희대
come up with	정 ~을 제안하다, 찾아내다	04한양대
commendable	정 칭찬할 만한, 훌륭한	94한국외대
commensurate	정 같은 정도의, 적당한, 상응한	05동덕여대
commitment	보 범행, 실행	06명지대
committee	보 위원회	02고려대
commodity	보 일용품, 필수품	07건국대
companion	정 친구, 동료	00고려대
comparable	보 비교되는, 필적하는	07중앙대 · 94한국외대
compassionate	정 인정 깊은, 동정적인, 동정하다	00고려대
compel	보 강제하다, 억지로 ~을 시키다	05건국대
compelling	정 강제적인, 위압적인	00고려대
compensate	보 보상하다	07광운대
compensatory	정 보상의, 보답의	00고려대
competence	정 능력, 재능(ability)	99한국외대
competition	보 경쟁	06국회사무처9급
competitive	정 경쟁의, 경쟁적인	99고려대
compile	정 (자료를) 모으다, 편집하다	00고려대
complacent	보 자족하는	05경희대
complain	정 투덜대다, 불평하다(grumble)	96한국외대
complaint	정 불평(grumble)	99고려대

complement	보 보충물, 보완하는 것	07건국대
complementary	정 보충하는	07서울여대 · 00고려대
complex	정 종합빌딩, 복합체	06광운대
compliment	보 경의, 칭찬, 아첨	04고려대
complimentary	보 서로 보충(보완)하는	06국회사무처9급
comply	보 좇다, 동의하다, 승낙하다	05건국대
component	보 성분, 구성 요소	07건국대
composedly	보 태연하게, 침착하게	05건국대
composure	보 침착, 냉정	07서울여대
compound	정 합성하다, 조합하다, 혼합하다(mix)	07단국대
comprehension	보 이해, 포함	05가톨릭대
comprehensive	보 협력하는, 합작하는, 포괄적인	02건국대 · 02세종대
compromise	정 타협, 화해, 양보, 타협안; 절충물	07동국대 · 05경희대
concede	보 인정하다, 시인하다, 양보하다	07중앙대
concise	보 간결한	05고려대
condensation	정 응축, 압축	97동국대
condense	보 농축하다, 요약하다	05항공대 · 05건국대
condescend	보 자기를낮추다, 겸손하게 굴다	06경희대
conditional	보 조건부의, 잠정적인	02건국대
condolence	정 애도, *pl.* 조상, 조사	06농협대
condone	보 용서하다, 너그럽게 봐주다	07동국대 · 07일반경찰 · 05국회사무처9급
conduct	보 행위; 행동	07건국대
conductive	정 (전기 등의) 전도성의	96고려대
confederation	정 동맹, 연합(alliance)	97서강대
confident	정 확신하는	05경희대
confidential	정 은밀한, 비밀의(secret), 친밀한	01성균관대
configuration	정 배치, 형태	97서강대
confiscate	정 압수하다, 몰수하다	00동국대
confiscation	정 압수	99고려대

conflict	정 대립하다, 충돌하다, 충동	07국가직9급
conform	보 적합·순응시키다	07중앙대
conformity	정 순응주의; 적합, 일치	06명지대
confound	보 혼동하다, 뒤죽박죽으로 하다	04고려대
confrontation	정 직면, 대결	97서강대
confuse	보 혼동하다, 헷갈리게 하다, 잘못 알다	07중앙대
confusion	보 혼동, 혼란(상태), 분규; 당황	07경희대
congenial	보 같은 성질의, 마음이 맞는	05성균관대·04중앙대
congregate	보 모으다, 집합시키다	07건국대
congruity	보 적합성, 일치, 조화	05성균관대
conjunction	정 결합, 연결	05성균관대
conscience	보 양심	07지방직9급
consensus	정 (의견의) 일치, 합의(agreement)	00고려대
consequence	정 결과, 중요성	97성균관대
conservative	정 보수적인	00고려대
conserve	보 보존하다, 보호하다	05지방직9급
considerable	보 중요한, 꽤 많은	01행정자치부7급
considerate	정 사려 깊은, 신중한, 이해심 많은	97성균관대·05세종대
considered	보 신중한	01행정자치부7급
consistency	보 일관성; 언행일치	06고려대
consistent	보 일치하는, 양립하는, 모순되지 않는	01행정자치부7급
consolation	보 위로, 위안	05중앙대·07중앙대
consolatory	정 위안의, 위안이 되는(consoling)	01고려대
consolidate	보 결합하다, 굳게 하다, 강화하다	07중앙대
constant	보 불변의, 끊임없는, 계속적인	02동국대
constantly	정 끊임없이	96성균관대
constitution	보 구성, 구조	07건국대
constitutional	정 체질의, 타고난, 구성상의, 헌법의	01중앙대

constrict　뵈 압축하다, 억제하다 | 06성균관대 |

construct　뵈 조립하다, 세우다, 건조 · 축조 · 건설하다
| 07중앙대 |

consumer　정 소비자 | 02건국대 |

consummate　뵈 성취 · 완성하다 | 07중앙대 |

consumption　뵈 소비, 소모 | 07건국대 |

contagious　정 전염성의, 영향을 미치는 | 01중앙대 · 06중앙대 |

contaminated　뵈 더럽혀진, 오염된 | 05성균관대 |

contemplate　뵈 심사숙고하다, 응시하다 | 04중앙대 |

contemplation　뵈 심사숙고 | 04지방직9급 |

contemporary　뵈 동시대의, 현대의 | 05건국대 |

contemptibly　뵈 비열하게 | 06동국대 |

content　뵈 만족시키다 | 05한국외대 |

contest　뵈 경쟁하다 | 06성균관대 |

contingent　정 ~의 여하에 달린, 조건부의, 우연한
| 01중앙대 |

contort　뵈 뒤틀리다, 왜곡되다 | 05고려대 |

contour　뵈 윤곽, 외형, 등고선 | 05동국대 |

contract　정 협정, 계약, 계약하다, 축소하다, 줄이다
| 00동국대 · 05항공대 · 05고려대 |

contraction　뵈 축소, 단축 | 05서울여대 |

contradictory　뵈 모순된, 자가당착의 | 04중앙대 · 02건국대 |

contrast　뵈 대조, 대비, 현저한 사이 | 07성균관대 |

contribute　정 기부하다, 기여하다 | 02세종대 |

contribution　정 기부, 기부금, 기여 | 04고려대 |

controversial　뵈 논쟁의; 논쟁을 즐기는
| 06고려대 · 05지방직9급 |

convene　정 집합하다, 모으다, 소환하다(summon)
| 00동국대 · 06국민대 · 06가톨릭대 |

convenience　정 편의, 편리성 | 05경희대 |

conventional　정 전통적인, 틀에박힌 | 02건국대 |

convert　정 전환하다, 개조하다 | 06고려대 |

conviction　뵈 신념, 확신, 유죄판결 | 05고려대 |

convince	동 납득시키다, 확신시키다	06세종대
convinced	형 확신의, 신념의	04서강대
convincing	형 설득력 있는	06경희대
cooperation	명 협력, 협동, 제휴
	04고려대 · 05경희대 · 01행정자치부7급

cooperative	형 협동의, 협조적인	99고려대
cope with	동 ~에 대처하다, 극복하다	07국가직9급
correlation	명 상호 관계, 상관성	05성균관대
corrosion	명 부식, 부식 작용	97동국대
corruption	명 부패, 퇴폐	02고려대
cost	동 부담을 끼치다, 짐이 되다	04성균관대
costly	형 희생 · 손실이 큰	04한국외대
countenance	동 ~에게 호의를 보이다, 후원하다
	05국회사무처9급

courteous	형 예의바른	02성균관대
covert	형 숨은, 암암리의, 은밀한	05중앙대
craven	형 소심한, 겁 많은, 비열한, 겁쟁이
	00동국대 · 05국민대

craving	명 갈망, 열망	04고려대
craze	동 미치게 하다; 발광시키다; 열광(열중)하게 하다
	07단국대

| credible | 형 신뢰할 수 있는, 확실한 |
| | 05성균관대 · 97동국대 |

creditable	형 명예로운; 신용할 수 있는	07중앙대
crippling	형 큰 손해를 주는	02고려대
criterion	형 표준, 기준	02고려대
critical	형 비평의, 비판적인, 정밀한, 위기의
	07가톨릭대

criticize	동 비평하다, 비난하다	02건국대
crooked	형 구부러진, 부정직한	02건국대
crossroad	명 십자로, 기로	05경희대
crucial	형 결정적인, 중대한	05성균관대
cruel	형 잔인한, 무자비한	02건국대

cruelness	명 잔혹함, 비참함	06국회사무처9급
cuddle	동 꼭 껴안다, 부둥키다	07서울여대
culprit	명 죄인, 범죄자, 피의자	05국민대
cultivate	동 경작하다	06경희대
curable	형 치료할 수 있는	01중앙대
curative	형 치료용의; 치료력이 있는	07중앙대
cursory	형 몹시 서툰, 조잡한, 엉성한	03성균관대

D

daring	형 대담한, 용감한	02건국대
dearth	명 부족, 결핍(lack), 기근(famine)	01한국외대
debilitate	명 약하게 하다(weaken, enfeeble)	00고려대 · 07중앙대
debility	명 심신의 중증 장애, 쇠약, 허약	06서울시7급
debris	명 부스러기, 파편	05동국대
decant	동 (침전물이 뜨지않게) 가만히 따르다	05세종대
decay	명 쇠퇴하다(decline), 부패하다, 썩다(rot)	00고려대
deceive	동 속이다, 기만하다, 현혹시키다, 배반하다	07가톨릭대 · 07명지대
decimate	명 많은 사람을 죽이다, 대폭 감소하다	00고려대
decipher	명 (암호의) 해독, 해독(판독)하다	96고려대
decline	명 거절하다(refuse), 쇠퇴하다, 기울다	97고려대
dedication	명 헌신	02고려대
defame	동 비방하다, 중상하다, ~의 명예를 훼손하다	07단국대

default	보 불이행, 태만	07중앙대
defeat	정 (상대를) 이기다, 패배시키다, 좌절시키다
		01고려대
defer	보 늦추다, 연기하다	02광운대 · 05동덕여대
deference	정 복종, 존경	02고려대
defiant	보 도전적인, 반항적인	06가톨릭대 · 02광운대
deficit	정 적자	01한국외대
define	정 정의를 내리다, 분명히 하다	00고려대
deflect	보 비끼다, 빗나가게하다
		05건국대 · 05동덕여대
degrade	보 좌천시키다; 강등시키다, 타락하다
		07동국대
deject	보 낙담시키다	07명지대
dejected	보 기운 없는, 낙담한	05동국대
deleterious	보 해로운, 유독한	04중앙대
deliberate	보 고의적인, 의도적인
		06국민대 · 02세종대 · 05고려대 · 06경회대
deliberately	보 신중히; 일부러	06세종대 · 06중앙대
deliver on	정 약속을 지키다	02세종대
deluge	보 대홍수, 범람, 쇄도	07중앙대
delve	보 탐구하다	05세종대
demand	보 요구	04지방직9급
demerit	보 결점, 결함	05고려대
demobilize	보 부대를 해산하다	04동국대
demolish	정 파괴하다	01고려대
denial	보 부정	02고려대
denigration	정 명예 훼손, 더럽히기	00고려대
denomination	보 명칭, 이름	06세종대
denounce	보 공공연히 비난하다	02세종대 · 02고려대
dent	보 패인 곳, 쏙 들어간 곳	05경회대
deny	정 부인하다, 부정하다	97동국대 · 07경기대
departure	보 출발	06광운대
dependability	정 신뢰성	05경회대

dependable	보	믿을 수 있는	02광운대	
deplete	보	고갈 · 소모시키다	07중앙대	
deplorable	정	통탄할, 유감인	04중앙대	
deplore	보	한탄하다, 애도하다	05가톨릭대 · 04서울시9급	
deportment	보	행동, 품행	07건국대	
depression	보	의기소침, 불황	02건국대 · 05경희대	
deprivation	보	박탈	02숙명여대	
deprive	정	~에게서 빼앗다, 박탈하다	07경기대	
deregulation	보	규칙 철폐, 통제 해제	06고려대	
derelict	정	(노인 등이) 버려진, 유기된, (맡은 일에) 태만한	97동국대	
derivative	정	유래된, 파생된, 파생물	00동국대	
derogate	보	(가치, 명예를) 훼손하다	05항공대	
derogatory	보	(명예 등을) 손상시키는, 경멸적인	02건국대	
desecrate	정	(신성을) 모독하다	01고려대	
deserve	정	~할 가치가 있다, ~을 받을 만하다	01서강대 · 05지방직9급	
deserving	보	마땅히 받을만한, 공적있는	02건국대	
desirable	정	바람직한	06국가직9급	
despair	보	절망, 자포자기	06명지대	
desperate	보	자포자기의, 절망적인	07세종대 · 02건국대	
desperation	보	절망, 자포자기	02건국대	
despicable	보	야비한, 비열힌	05국민대	
despoliation	정	약탈	07중앙대	
despondent	정	낙담한, 의기소침한	07세종대	
destination	보	목적지, 행선지	05동덕여대	
destined	보	운명으로 정해진, 운명 지어진	02세종대	
destitute	정	빈곤한, 결핍한, ~을 갖지 않은	07단국대	
destroy	보	파괴하다, 파기하다	02동국대	
destruction	보	파괴	02건국대	
destructive	보	파괴적인, 해로운, 유해한	07동국대	
detective	정	탐정, 형사, 탐정의, 탐지하는	96동국대	
deteriorate	정	저하시키다, 타락시키다, 나빠지다

| 01성균관대 · 02한국외대 · 04중앙대 · 07단국대 · 07경희대 |

determination	보	결심, 결단	05고려대	
determined	보	결심한, 결의가 굳은	05건국대 · 02한국외대	
devastate	정	황폐시키다	07명지대	
devastating	보	황폐시키는, 파괴적인	05건국대	
deviate	정	빗나가다, 벗어나다	04중앙대	
devote	보	(노력, 시간, 돈을) 바치다, 헌신하다	05항공대	
devour	정	게걸스레 먹다, 탐식하다	04동국대	
dew	정	이슬, 이슬이 내리다	97동국대	
diagnosis	정	진단	00고려대	
dietary	정	식사의, 규정식(의)	95중앙대	
differentiate	정	구별하다, 식별하다	07건국대	
difficult	보	곤란한, 하기힘든	02경희대	
dignitary	보	(정부의) 고관, 고위 성직자	06광운대	
digress	보	옆길로 빗나가다	05동덕여대	
digression	정	본론을 벗어남, 여담	00한국외대	
dilatory	정	지체하는, 지연하는	95고려대 · 02세종대	
dilute	보	묽게 하다, 희박하게 하다	07중앙대	
diminish	정	축소하다, 줄이다(reduce)	01동국대	
disagreement	정	불일치, 의견 차이, 불화	00고려대	
disappear	정	사라지다	02건국대	
disappoint	보	실망시키다, 좌절시키다	01행정자치부9급	
disarming	정	(상대의) 의혹을 없애는, 적대감을 없애는	00고려대	
disaster	보	재앙, 재난	02성균관대	
disavow	보	부인하다, 거부하다	04고려대	
disband	정	해산하다, 해체하다	99한국외대	
discard	정	버리다, 해고하다	02고려대 · 05고려대 · 07세종대	
disconcert	정	~을 당황케 하다, 방해하다, 좌절시키다	07중앙대	
discord	정	불일치, 불화	05경희대	

discourage	정 ~을 못하게 하다, 좌절시키다	06경희대
discreet	보 지각있는, 분별있는, 사려깊은
		00고려대 · 02중앙대
discretionary	보 임의의, 자유재량의	02세종대
discriminate	정 구별하다, 식별하다	05경희대
discrimination	보 구별, 차별	02건국대 · 02중앙대
disdainful	보 경멸적인	06경희대
disguise	보 변장, 가장, 변장시키다, 숨기다
		07광운대 · 04서울시9급
disgust	보 싫어지게 하다	04고려대
disinfection	정 소독, 살균	97동국대
disinter	보 발굴하다, 드러내다	07중앙대
dismantle	보 장비를 떼어내다	04동국대
dismay	정 당황케하다, 놀라게하다	05한국외대
dismiss	정 해산시키다, 해고하다, 기각하다	97고려대
disorientation	보 방향 감각의 상실; 혼미	07단국대
disparity	정 부동, 불균형, 불일치	07중앙대
dispassionate	보 감정에 움직이지 않는, 침착한	04고려대
disperse	보 흩뜨리다, 퍼뜨리다
		05한국외대 · 07중앙대 · 02건국대
dispersive	보 흩어지는, 분산적인	05성균관대
disposal	정 처분, 처리	07건국대
disputable	보 논의할 여지가 있는, 확실치 않은	05고려대
disregard	보 무시, 경시	04고려대
disrupt	정 붕괴시키다, 분열시키다, 혼란시키다
		04서울시9급
disruption	보 붕괴; 분열; 중단, 두절; 혼란	00한국외대
dissipate	정 흩어지게 하다, 낭비하다(waste)
		96한국외대 · 07건국대
dissoluble	보 분해할 수 있는, 융해성의	05성균관대
distill	정 증류하다, 정제하다	99고려대
distinction	보 구별, 차별, 우수성	02한국외대 · 07세종대
distort	보 찡그리다, 비틀다, 왜곡하다	07단국대

distraction	보 주의 산만	05고려대	
distress	정 고통, 고민, 괴롭히다	99고려대	
distribution	정 분배, 배급	04한국외대	
distrust	보 불신, 의혹	04서울시9급	
disturbance	보 소동, 방해	06가톨릭대 · 04중앙대	
divergent	보 서로 다른	02고려대	
diverse	보 다양한, 각양각색의	98성균관대 · 04고려대	
diversified	정 다양한, 가지각색의	97동국대	
diversion	정 기분전환, 오락	04중앙대 · 05고려대	
diversity	보 차이(점); 변화(variety)	07명지대	
divest	보 벗게 하다, 빼앗다	04성균관대	
dividend	정 (주식의) 배당금	06국민대	
divulge	보 누설하다, 밝히다	07건국대 · 05세종대	
do away with	보 ~을 없애다, 폐지하다	04한양대	
docile	정 가르치기 쉬운, 유순한	05건국대	
dogmatic	정 독단적인, 교리의, 교리에 관한	00고려대 · 07중앙대	
doldrums	보 우울, 침체, 무풍지대	05고려대	
dominance	정 지배	05가톨릭대	
domineering	정 횡포한, 거만한(arrogant)	94한국외대	
dormant	보 활동을 멈춘, 동면의	05경희대	
dour	정 시무룩한, 기분이 언짢은(sullen)	01고려대	
downfall	보 낙하, 몰락	02숭실대	
drawback	정 약점	04지방직9급	
dread	정 두려워하다, 걱정하다	01서강대	
dreary	보 황량한; 처량한	07세종대	
drift	정 표류, 추세, 경향, 표류하다	01서강대	
drive	보 몰다, 쫓다	07세종대	
drooping	정 늘어진, 고개를 숙인, 풀이 죽은	01서강대	
drought	정 가뭄	07중앙대	
dubious	정 의심하는(doubtful)	01고려대	
dulcet	보 듣기에 상쾌한, 감미로운	06세종대	
duplicate	보 중복의, 똑같은, 복제의	04국회사무처9급	

| duplicity | 정 이중성, 겉과 속이 다름 | 00고려대 |
| dwindle | 정 작아지다, 축소되다, 감소되다 |

| 05건국대 · 06경희대 · 07국회사무처8급 |

 E

eccentric	정 괴상한, 괴짜의	01성균관대
eccentricity	보 기행, 기벽	06서울시7급
ecological	보 생태학적인	02세종대
economic	정 경제(상)의	94고려대
ecstasy	정 황홀, 무아의 경지	01동국대
editorial	보 (신문의) 사설, 논설	06국민대
eerie	정 무시무시한, 섬뜩한, 두려워하는	01서강대
effect	보 변화를 가져오다, 초래하다	05국회사무처9급
effective	정 유효한, 효과적인	01고려대
effectuate	보 야기하다, 실현되다, 실시하다	05경희대
efficiency	보 능률	04지방직9급
efficient	보 능률적인, 효과적인; 유효한, 유능한

| 07동국대 |

effusive	보 심정을 토로하는, 과장된	07중앙대 · 06단국대
egocentric	정 자기중심의, 이기적인	07성신여대
egomania	정 병적인 자기중심, 병적 자부심	94고려대
elastic	정 탄력 있는, 유연한	05고려대
elation	보 의기양양, 우쭐댐	05경희대
electrical	보 전기의	02동국대
eligible	보 자격이 있는, 적당한	05경희대 · 07일반경찰
eliminate	보 제거하다, 배제하다	07건국대 · 07세종대
elope	보 눈이 맞아 함께 달아나다	06서울시7급
eloquent	보 웅변의, 설득력 있는, 감동적인

| 04서강대 · 06중앙대 |

| elucidate | 보 명료하게 하다, 설명하다(explain) |

| 07중앙대 |

elude　　　　정 피하다(escape), (남의 눈을) 속이다

| 99고려대 |

emaciated　　보 여윈, 메마른 | 05경희대 |

emancipate　　보 해방하다, 이탈시키다 | 05가톨릭대 · 06세종대 |

embellish　　보 아름답게 하다, 꾸미다 | 07동국대 |

embezzle　　정 횡령하다, 착복하다 | 01성균관대 |

embezzlement　　정 횡령 | 05국회사무처9급 |

embitterment　　정 쓰라리게 함, 괴롭힘 | 00고려대 |

embody　　정 구체화하다, 유형화하다

| 06성균관대 · 05국회사무처9급 |

embrace　　정 포옹하다, 받아들이다, 이용하다 | 97동국대 |

emerge　　정 나타나다, 출현하다(appear)

| 96한국외대 · 06가톨릭대 · 07중앙대 |

emit　　정 (빛, 열, 향기등을) 내뿜다 | 05한국외대 |

empathy　　정 감정이입 | 01행정자치부7급 |

empirical　　정 경험적인, 실험에 근거를 둔 | 97서강대 |

emulate　　정 경쟁하다, 흉내내다, ~에 필적하다

| 97동국대 |

emulation　　정 경쟁, 겨룸 | 96고려대 |

encode　　정 암호화하다 | 01한국외대 |

encomium　　보 찬사, 칭찬 | 07중앙대 |

encompass　　보 둘러싸다, 포위하다 | 05세종대 |

encounter　　보 우연히 만나다, 마주치다 | 06세종대 |

encourage　　보 용기를 돋우다, 격려하다

| 07경기대 · 02한국외대 |

encumber　　정 방해하다(hamper), 귀찮게 굴다 | 94한국외대 |

endangered　　정 멸종위기에 이른 | 02건국대 |

endeavor　　보 애쓰다 | 07건국대 |

endorse　　정 승인(지지, 확인)하다, 배서하다 | 00고려대 |

endowment　　보 기증, 기부, 유증 | 07중앙대 |

energetic　　보 정력적인, 원기왕성한 | 06경희대 |

energize　　보 원기를 주다 | 05세종대 |

enervate	정 무기력하게 하다(weaken), 힘이 빠진
	01고려대 · 00동국대 · 05세종대
enfold	보 싸다, 접다, 포옹하다	05세종대
enhance	보 강화하다, 향상하다
	06경희대 · 05세종대 · 07광운대 · 01고려대
enigma	정 수수께끼, 불가사의한 사물	05고려대
enlighten	보 계몽하다, 계발하다	06세종대
enlightenment	정 계발, 계몽	06단국대
enlist	보 병적에 편입시키다	06세종대
enmesh	정 그물로 잡다, 곤란에 빠뜨리다	06세종대
enormity	보 극악, 흉악성	07중앙대
enormous	보 거대한, 막대한	04고려대
enraptured	보 도취된, 황홀해진	05동국대
ensconce	보 안치하다, 숨기다, 감추다	07중앙대
entail	정 일으키다, 수반하다	06단국대
entertain	정 즐겁게 해주다, 대접하다	00고려대
enthrall	보 매혹하다, 마음을 빼앗다	06세종대
enthusiasm	보 열렬함	06서울시7급
enthusiastic	보 열심인, 열광적인
	02고려대 · 06단국대 · 06서울시7급
entice	정 꾀다, 유혹하다	04고려대
entitle	정 권리(자격)를 부여하다, 표제를 달다
	00고려대 · 01성균관대
entreat	보 탄원하다, 애원하다	06성균관대
entreaty	보 간절한 부탁, 애원	06단국대
entrepreneur	보 기업가, 사업주	06중앙대
ephemeral	보 하루뿐인, 덧없는
	06국민대 · 02동국대 · 04중앙대
epidemic	정 전염병	05서강대
equal	정 동등한	04고려대
equate	보 같게 하다, 같다고 생각하다	05고려대
equitable	보 공정한, 정당한	06세종대
equivalent	정 동등한, 상당하는, 맞먹는

eradicate	정 뿌리째 뽑다; 근절하다	03서강대 · 06성균관대
erode	보 부식하다, 침식하다	06단국대 · 07광운대
erosion	정 (땅의) 침식(작용), 부식	96고려대
erratic	보 일정하지 않은, 변하기 쉬운	06고려대
erudition	정 박식, 박학	96고려대
erupt	보 분출하다, 폭발하다	04서울시9급
eschew	정 피하다, 삼가다	04고려대 · 07서울여대
esoteric	보 비교적인, 비밀의, 내밀한	07중앙대
esteem	보 존경, 존중	02고려대
estimate	정 평가하다, 어림잡다, 계산하다	96고려대
eternal	정 영원한	02동국대
ethereal	보 공기같은, 아주 가벼운, 희박한	04중앙대
ethnic	정 민족의, 민족 특유의, 소수 민족의

| 96한국외대 |

eulogy	보 찬사, 칭찬	07광운대
evacuate	보 철수시키다, 물러나다	07서울여대
evade	정 빠져나가다, 피하다(escape)	94한국외대
evaporate	정 증발시키다, 수분을 빼다	04중앙대
evoke	보 불러일으키다, 환기하다	04성균관대
evolve	정 (이론을) 전개하다, 진화하다, 발달하다

| 00고려대 |

exalted	정 고상한, 숭고한; 의기양양한	98성균관대
excavate	정 파다, 발굴하다(dig up)	99동국대
exclude	보 배제하다	02세종대
exclusion	보 제외	05가톨릭대
excursion	보 회유, 유람	07건국대
execution	정 실행, 실시, 달성	06고려대
exertion	보 노력	04지방직9급
exhausting	정 소모적인, (심신을) 피로하게 하는	02건국대
exhaustive	보 고갈시키는, 철저한	06동국대 · 05건국대
exonerate	보 결백을 증명하다, 면제하다	07서울여대
expand	보 퍼지다, 팽창하다	05고려대

expansion	보 팽창, 확장	06가톨릭대
expectation	보 예상, 기대	02건국대
expedite	보 재촉하다, 진척시키다	02세종대
expendable	정 소모할 수 있는, 소모되는	00고려대
experience	보 경험하다	02건국대
experiment	보 실험	02건국대
experimental	보 실험에 의한, 실험적인	02경희대
expire	정 만기가 되다, 끝나다	00고려대
explicate	보 해설하다; 해명하다; 해석하다	07중앙대
explicit	보 명백한, 명시된, 숨김없는

| 04성균관대 · 02중앙대 |

| exploit | 정 개발하다, 이용하다, 착취하다 |

| 00고려대 · 06성균관대 |

exploration	보 탐험, 탐구	06동국대
explosion	보 폭발	02건국대
export	보 수출하다	07광운대
exposition	보 자세한 설명, 전시	06성균관대
exposure	정 노출	02건국대
expression	보 표현, 어법	02건국대
extant	정 현존하고 있는	99한국외대
extemporaneous	보 준비 없는, 즉흥적인, 즉석의	07중앙대
extensive	보 광대한, 넓은	07서울여대
extenuation	정 경감, 정상 참작	06성균관대
exterminate	정 근절하다, 전멸(근절)시키다, 몰살하다

| 07동국대 |

| extermination | 정 박멸, 근절 | 06성균관대 |
| extinct | 정 (불 등이) 꺼진, (화산 등이) 활동을 그친 |

| 99한국외대 · 06동국대 |

extinction	정 전멸, 멸종	02건국대
extortion	보 강요, 강탈	06성균관대
extraordinary	보 비상한, 터무니없는	06고려대
extrapolate	보 미지의 사실을 기지의 사실로부터 추정하다

| 03서강대 |

extravagant 　보 낭비벽이 심한 | 05지방직9급 |

extricate 　정 구해내다, 해방시키다 | 99동국대 |

extrovert 　정 외향적인 사람(extravert) | 07중앙대 |

extroverted 　보 외향적인 | 02세종대 |

F

fable 　보 우화, 교훈적 이야기 | 04성균관대 |

fabricate 　보 조작하다, 제조하다 | 04성균관대 |

fabulous 　보 믿어지지 않는, 터무니없는 | 06국민대 |

face up to 　보 직시하다, 대담하게 맞서다 | 05동국대 |

facile 　정 유창한, 손쉬운, 평이한 | 97동국대 · 07건국대 |

facilitate 　정 쉽게 하다 | 07건국대 |

faculty 　보 능력, 재능 | 02건국대 |

fad 　정 (일시적) 유행, 열중 | 00고려대 |

fair 　보 공평한, 공정한 | 02세종대 |

fairness 　보 공평함 | 06고려대 |

fake 　정 가짜의, 모조의 | 04동국대 |

fall behind 　정 뒤처지다, 늦어지다 | 01고려대 |

falsify 　보 위조 · 변조하다, 속이다, 왜곡하다
| 07중앙대 |

familiarity 　정 친밀, 정통 | 06항공대 |

fantasy 　보 환상, 공상 | 07지방직9급 |

farfetched 　보 빙 둘러서 말하는, 무리한 | 06명지대 |

fascinating 　정 매혹적인, 매료시키는 (charming) | 95고려대 |

fastidious 　정 까다로운(particular) | 96고려대 · 05세종대 |

fatal 　정 치명적인, 숙명적인, 운명에 관한
| 01동국대 · 07가톨릭대 |

favorite 　보 좋아하는 것(사람) | 02숭실대 |

feasible 　정 실행할 수 있는, 가능한

| 02고려대 · 06경희대 · 06명지대 |

fecundity　보 다산; 풍요 ｜07경기대｜

feeble　보 연약한, 약한, 힘없는 ｜04고려대 · 07건국대｜

feed　보 먹이를 주다, 공급하다 ｜05지방직9급｜

felicitous　보 (표현 따위가) 교묘한, 알맞은, 행복한

| 04고려대 |

fertilizer　정 비료 ｜00고려대｜

fiasco　보 큰 실수, 실패 ｜05고려대 · 05동국대 · 07중앙대｜

fictitious　보 허구의, 가짜의 ｜06국민대｜

figurative　보 비유적인, 묘사적인 ｜05경희대｜

figure out　보 (비용을) 계산하다, 견적하다, 풀다

| 05국민대 |

filch　보 슬쩍 훔치다 ｜05세종대｜

fill up　보 ～을 채우다 ｜07성균관대｜

filth　보 오물, 쓰레기 ｜06단국대｜

fit　정 꼭 맞는, 건강한 ｜05경희대｜

fit into　정 적합하다, 일치하다 ｜05국민대｜

flamboyance　보 화려함, 현란함 ｜04중앙대｜

flammability　정 연소성, 인화성, (감정이) 격하기 쉬움

| 97동국대 |

flatter　보 아첨하다, 우쭐해하다 ｜04고려대｜

flattery　보 아첨 ｜06고려대｜

flaunt　정 자랑하다, 과시하다 ｜07중앙대｜

flexibility　보 구부리기 쉬움, 유연성 ｜07건국대｜

flexible　보 구부리기 쉬운, 휘기 쉬운

| 06고려대 · 07일반경찰 |

flimsy　정 약한, 부서지기 쉬운(fragile, frail)

| 01고려대 · 02고려대 |

flourish　보 번창하다, 번영하다

| 05경희대 · 06중앙대 · 05건국대 |

fluctuate　정 변화하다, 오르내리다, 동요하다

| 01성균관대 · 07건국대 |

fluid　보 유동체 ｜06고려대｜

folklore	보 민간 전승, 민속; 민속학	04성균관대
follow	보 따르다, 복종하다	05국회사무처9급
foolhardiness	보 무모함, 저돌적임	04고려대
foolish	보 어리석은	02동국대
foolproof	보 아주 간단한	06국민대
forbid	정 금지하다	01행정자치부9급
forecast	정 예보하다, 예측하다	05경희대
forensic	정 법정에 쓰이는, 토론에 적합한
	05성균관대 · 06세종대
forestall	정 미연에 방지하다	02한국외대
forestry	보 임업	02고려대
forfeit	정 벌금, 몰수(되다)	99고려대
forge	보 주조하다, 위조하다	05가톨릭대
forgery	보 위조	02고려대
forgiving	보 관대한, 인정 많은	06고려대
forgo	보 보류하다, 그만두다, 버리다	07중앙대
formal	보 정식의, 공식적인	05성균관대
former	정 전의, 앞의, 이전의	05국민대
formidable	정 무서운, 만만찮은, 굉장한	07중앙대
fortify	정 (방어를) 강화하다, 강하게 하다
	00고려대 · 05국회사무처9급
fortitude	보 굳건함	06서울시7급
fortitude	정 꿋꿋함, 용기, 불굴의 정신
	00고려대 · 02성균관대
fortuitous	정 우발적인, 우연의	06국민대
fortuitously	정 우연히(casually)	98성균관대
forward	보 나아가게 하다, 회송하다	02세종대
foster	정 키우다, 양육하다	05경희대
foundation	보 기초, 설립, 재단	06광운대
fraction	정 분수, 파편, 일부분, 소량
	95중앙대 · 05서울여대
fragile	보 망가지기 쉬운, 허약한	02고려대 · 06명지대
fragrant	보 냄새좋은, 향기로운	05건국대

fraternal	보 형제의	06명지대
fraud	보 사기, 사기꾼, 협작꾼	05국회사무처9급
frenzy	보 격앙시키다; 격노시키다	06중앙대
frequently	정 자주, 빈번히(often)	96성균관대
friendly	보 친한, 우호적인	06세종대
frightened	정 무서운, 겁나는	05지방직9급
frivolity	보 천박, 경솔	04지방직9급
frivolously	보 경솔하게, 하찮게	02고려대
frustrate	정 좌절시키다, 실망시키다	00고려대 · 07광운대
frustrated	보 실망한, 욕구불만의, 좌절된	05건국대
fugitive	정 도망자, 탈주자	06국민대
fumble	정 손으로 더듬다, 찾다	04국회사무처9급
function	정 구실, 기능, 역할, 구실을 하다, 역할을 다하다	00고려대
fundamental	정 기초의; 근원의, 근본적인; 중요한	99한국외대 · 06광운대 · 06가톨릭대
furtive	정 몰래하는, 은밀한	02성균관대
furtively	정 은밀하게, 몰래	96성균관대
fury	정 격노, 광분	02건국대
fussy	보 야단법석하는	02한국외대
futile	보 효과 없는, 쓸데없는	02성균관대 · 02한국외대 · 02경희대

G

gallant	보 씩씩한 사람	06단국대
garble	정 왜곡하다(distort), 혼동하다(confuse)	95고려대
garner	정 (득점을) 얻다, 저장하다, 비축하다	01고려대

garrulous	보 수다스러운	05서울여대
gaudy	정 촌스럽게 번지르르한, 야한, 저속한	02건국대
gelatinous	보 젤라틴 모양의, 아교질의	04중앙대
generative	보 생식의, 발생의	07건국대
generic	보 일반적인, 포괄적인	06명지대
generosity	정 관용, 너그러움	00고려대 · 06명지대
germinate	보 두 배로 하다, 겹치다	05건국대
get along	보 지내다, 살아나가다, 번영하다	05건국대
get along with	보 사이가 좋다	02고려대
get away from	보 ~로부터 도망치다, 피하다	07국가직9급
get lost	정 실종되다	07세종대
get through	보 이해시키다, 극복하다	05동국대
giant leap	정 대단히 큰 도약	07국민대
gigantic	보 거대한	02건국대
girth	정 둘레의 치수, 허리 둘레	06국민대
give in	보 굴복하다, 항복하다	07국가직9급
glib	정 입이 가벼운, 잘 재잘거리는, 경쾌한	97동국대
glimpse	정 힐끗 보다(glance)	96한국외대
glorify	정 칭찬하다, 찬송하다, 영광을 주다	01고려대 · 05한국외대
gloss over	보 용케 숨기다, 속이다	07동국대
glutton	정 대식가, 열중하는 사람	00동국대 · 05건국대
gluttonous	보 많이 먹는, 탐욕스러운	04국회사무처9급
go back on	보 철회하다	04한양대
gourmet	정 미식가	05건국대
gravel	정 자갈, 자갈을 깔다, 귀에 거슬리는	00고려대
gravitate	정 중력에 끌리다, 매력에 끌리다	06명지대
greedy	보 탐욕스러운, 게걸스러운	04국회사무처9급
gregarious	정 군집성의, 사교적인(sociable)	96고려대 · 99동국대
grievous	보 슬픈, 통탄할	07서울여대

grimace	보	얼굴을 찡그리다	06명지대
gripping	보	주의를 끄는, 매력 있는	06국민대
ground	정	지면, 땅, 근거, 동기	01서강대
groundless	정	근거 없는, 이유 없는	06경희대
guarantee	보	보증하다, ~을 확실히 하다, 보장하다	07단국대 · 00고려대 · 01고려대
guile	정	교활함, 기만, 배신	00고려대
gullibility	정	속기 쉬움, 멍청함	07중앙대
gullible	보	속기 쉬운	06명지대
gush	보	분출, 분출하다	05세종대

H

hail	보	싸락눈, 우박	07중앙대
hamper	보	방해하다, 훼방하다	06경희대 · 07건국대 · 02세종대
hangover	정	유물, 잔존물	01동국대
haphazard	정	우연, 우연의, 되는 대로의	97성균관대 · 94한국외대
harangue	정	열변, 열변을 토하다	97서강대
harmful	보	유해한	02동국대
harsh	보	거친	02세종대
hasten	정	재촉하다, 독촉하다	04한국외대
hatch	정	까다, 부화하다	07국민대
hatred	보	증오, 원한, 혐오	04고려대 · 02고려대
have an impact on	정	~에 영향을 미치다	06경희대
havoc	정	대황폐, 대파괴	06단국대
headline	보	(신문의) 머리기사, 제목	06국민대
hedonist	보	향락(쾌락)주의자	05건국대
herculean	정	힘이 드는, 곤란한, 초인적인, 거대한

| heredity | | 보 | 유전; 형질 유전; 세습; 전통 | | 00고려대 |

| heresy | 정 이단, 이교 | 97동국대 | | 07경희대 · 05중앙대 |

| heritage | 보 상속 재산, 유산 | 04중앙대 |

| hermit | 정 은둔자 | 02중앙대 |

| heterogeneous | 보 이질적인, 이종의 | 02성균관대 · 05성균관대 |

| hilarious | 보 명랑한, 즐거운 | 07건국대 · 02건국대 |

| hindsight | 정 (총의) 가늠자; 때늦은 지혜 |

| hitch | 보 매다, 걸다 | 06명지대 | | 06세종대 · 05고려대 |

| hoax | 정 사람을 속이기, 짖궂은 장난 | 05국민대 |

| hold forth | 보 ~을 제시하다 | 06명지대 |

| holocaust | 보 대학살, 몰살 | 02건국대 |

| homogeneous | 정 동종의, 등질의, 균등질의 |

| horrified | 보 겁에 질린, 충격을 받은 | 02성균관대 | | 02성균관대 · 05성균관대 |

| hospitable | 정 호의로써 맞이하는, 붙임성 있는 | 07중앙대 |

| hostile | 정 적대시하는, 반대하는(adverse) |

| hostility | 보 적의, 적개심, 적대 행위 | 07가톨릭대 | | 01중앙대 · 01동국대 |

| hue | 정 색(color), 특색 | 96한국외대 |

| humanitarian | 정 인도주의의, 박애의, 인도주의자, 박애주의자 |

| humble | 보 겸손한, 비천한 | 02건국대 | | 95고려대 · 07경희대 |

| husbandry | 보 농업 | 02고려대 |

| hyperbolic | 보 과장된, 과장법을 쓴 | 02중앙대 |

| hypertension | 정 고혈압, 과도한 긴장 | 94고려대 |

| hypothesis | 보 가설, 가정 | 05국민대 |

I

iconoclasm	정 인습 타파	96고려대
iconoclastic	정 인습 타파의, 인습 타파론자의	00동국대
identical	정 동일한, 같은	05서강대
identity	정 동일함, 일치	07건국대
ignoble	보 저열한, 비열한	04중앙대
ignominious	정 수치스러운, 불명예스러운	06고려대
ignorance	정 무지, 무식	04서울시9급
illegal	보 불법의	06성균관대
illiterate	보 무식한, 문맹의	06성균관대
illumination	보 조명, 환명, 계몽	04행정자치부7급
illusory	보 환영의, 착각의, 가공의	04성균관대
imaginative	정 상상의, 상상력이 풍부한, 공상적인(fanciful)	99한국외대
immaculate	보 오점 없는, 틀림없는	07명지대
immature	보 미숙한	07명지대
immense	보 거대한, 막대한	05한국외대
immerse	정 잠그다, 가라앉히다, 빠져들게하다, 몰두시키다(in)	07경희대 · 07명지대
imminent	정 절박한, 긴급한	06중앙대
immoral	보 부도덕한	02중앙대
immortal	정 불멸의, 불사의, 불후의	02동국대
immune	보 면역성의, 면제한	06성균관대
immunize	정 면역시키다	99한국외대
impair	정 약화시키다, 약하게 하다, 손상시키다(injure)	97성균관대 · 99고려대 · 07중앙대
impaired	정 손상된, (건강을) 해친	06명지대
impartial	정 편견이 없는, 공정한	95고려대 · 01고려대 · 02고려대
impatient	정 참지 못하는, 조급한	00고려대

impatiently	정 성급하게	05건국대
impeach	정 탄핵하다	05지방직9급
impeachment	보 탄핵, 고소, 비난	02중앙대
impeccable	정 결점이 없는, 나무랄 데 없는	00고려대
impede	보 방해하다, 막다	06경희대 · 02세종대
impediment	보 방해, 장애(물)	05고려대
impel	정 강요하다(oblige, compel, force)	00고려대
impending	보 절박한	07세종대
imperative	보 명령적인, 강제적인, 피할 수 없는, 절박한	07동국대
imperialistic	보 전제주의적인, 제국주의의	05가톨릭대
impertinent	정 관계없는, 부적절한, 건방진	01고려대 · 07중앙대
imperturbable	정 침착한, 태연한, 동요하지 않은, 냉정한	04성균관대
impervious	보 영향 받지 않는	06경희대
impetuous	정 성급한, 격렬한	05세종대
impetus	보 힘, 추진력	03행정자치부7급
impiety	보 불신앙, 불충실; 불경한(사악한) 행위	07단국대
implacable	보 달래기 어려운; 용서 없는, 무자비한(relentless)	04성균관대
implausible	정 받아들이기 어려운	97동국대
implement	보 이행하다, 실행하다	05중앙대
implication	정 포함, 함축, 암시, (어떤 일에) 연루됨	97성균관대 · 02성균관대
implied	보 함축된	05경희대
implore	보 간청하다, 애원하다	04서울시9급
imprecisely	보 부정확하게	02고려대
impromptu	정 즉흥적인, 즉흥 연설(시, 연주)	01고려대 · 05건국대
improper	보 부적당한, 타당치 않은	07중앙대
improve	정 개선하다, 향상시키다

| 01성균관대 · 02한국외대 · 02동국대 |

improvise | 정 즉흥적으로 하다, 즉석에서 하다 | 00한국외대 |

impugn | 보 비난하다, 반박하다 | 07중앙대 |

impute | 정 (잘못, 죄 등을) ~에게 돌리하다, ~의 탓으로 하다[to] | 04성균관대 |

in a nutshell | 정 아주 간결하게 | 05건국대 |

in hot water | 보 난처하여, 곤란하여 | 05건국대 |

in the long run | 보 긴 안목으로 보면, 결국에는 | 05건국대 |

in the nick of time | 정 아슬아슬한 때에, 꼭 알맞은 때에 | 07세종대 |

in the same boat | 보 피차일반, 같은 처지에 있는 | 05건국대 |

in the zone | 정 상태가 좋은 | 05고려대 |

inactive | 보 활동하지 않는, 활발하지 않은 | 05서울여대 |

inadvertently | 정 부주의로, 소홀히 | 06세종대 · 05건국대 |

inalienable | 보 (권리 등을) 양도할 수 없는 | 07동국대 |

inane | 보 공허한, 무의미한 | 05서울여대 |

inanimately | 보 활기없게 | 06경희대 |

inappropriate | 보 부적당한 | 02고려대 |

inaptitude | 보 부적당, 부적절 | 07서울여대 |

inaugural | 정 취임의, 개시의, 취임식 | 00고려대 |

inauspicious | 정 불길한, 불운한 | 01고려대 |

incapacity | 보 무능 | 05서울여대 |

incentive | 정 자극적인, 유발하는, 고무적인 | 05동덕여대 |

incitement | 정 자극, 고무, 선동 | 04경희대 |

inclemency | 보 무자비, 가혹 | 04중앙대 |

inclusively | 보 모든 것을 포함하여 | 05세종대 |

incoherent | 보 일관되지 않은, 모순된 | 05서울여대 |

incoherently | 보 모순되게, 뒤죽박죽으로 | 02고려대 |

incomparable | 정 유례 없는, 비길 데 없는, 비교가 안 되는 | 96고려대 |

incompatible | 보 맞지 않는, 사이가 나쁜, 모순된 | 07중앙대 · 04지방직9급 |

incompetent | 보 무능한, 쓸모없는 | 02세종대 |

inconspicuous	보 두드러지지 않는; 눈을 끌지 않는	07중앙대
incorruptible	보 부패하지 않는, 청렴한, 매수되지 않는 	04성균관대
incurable	보 낫지 않는, 불치의; 교정할 수 없는 	04성균관대 · 02고려대
indebt	보 ~에게 빚을 지게 하다	06명지대
indecent	보 버릇 없는, 부당한	02숭실대
indecisiveness	보 우유부단	05고려대
indefatigable	정 지칠 줄 모르는, 끈질긴	06중앙대
indelible	보 지울 수 없는, 지워지지 않는	06중앙대
indeterminate	보 불확실한, 불확정한, 막연한	07동국대
indict	보 기소하다	02고려대
indifference	보 무관심, 냉담	02고려대 · 02세종대 · 05경희대
indignant	보 분개한, 성난	06국회사무처8급
indignation	정 분개, 분노	02고려대
indispensable	정 필수적인, 없어서는 안될	00고려대
indoctrination	정 교화, (사상 등을) 주입하기	00고려대
induce	보 권유하다, 설득하다	07건국대 · 04동국대
industrious	보 근면한, 부지런한	06지방직9급
ineffable	보 말로 나타낼 수 없는, 이루 말할 수 없는 	04성균관대
ineluctable	보 불가피한	05세종대
inert	보 활발하지 않은, 활동력이 없는 	04중앙대 · 97동국대
inevitable	정 피할 수 없는, 부득이한, 불가피한 	05고려대 · 05성균관대 · 06국민대 · 06가톨릭대 · 07지방직9급
infallible	정 결코 잘못이 없는, 확실한	06성균관대
infatuated	보 얼빠진, 열중한	07세종대
infatuation	정 열중함, 심취	05중앙대
infeasible	보 실행 불가능한	05지방직9급
infection	보 전염, 감염	07가톨릭대
infer	정 나타내다, 의미하다, 암시하다	05동덕여대

inferior	형 하위의, 열등한	05고려대 · 06경희대
infiltrate	동 침투하다, 스며들다	01성균관대
infinite	형 무한한, 무수한	07중앙대
inflammatory	형 열광시키는, 선동적인	04고려대
inflexible	형 구부러지지, 불굴의, 완고한	07중앙대
inflict	동 (고통을) 가하다, 부과하다	99동국대
infraction	명 위반, 침범	98한국외대
infringed	형 법규를 어긴, (규정에) 위반한	05지방직9급
infuriate	동 격분시키다	04성균관대 · 00고려대
ingenious	형 재간있는, 독창성 있는	04동국대
ingenuously	부 솔직하게	06동국대
ingenuousness	명 솔직담백함	04중앙대
ingratitude	명 배은망덕	05서울여대
ingredient	명 (혼합물의) 성분, 재료	05국민대
inhabit	동 ~에 살다, 거주하다	06명지대
inherent	형 타고난, 고유의	00고려대 · 05서울여대
inhibition	명 금지, 금제	07건국대
inimitable	형 흉내낼 수 없는, 비길 데 없는	96고려대 · 01고려대
initial	형 처음의, 머리글자	96고려대
initiate	동 시작하다, 창시하다, 창설하다	07단국대
innocuous	형 해가 없는, 무해한(harmless)	01고려대 · 05경희대
innovation	명 혁신, 일신, 쇄신	06고려대
inoffensive	형 해가 되지 않는, 악의가 없는	05건국대
inordinate	형 무절제한, 과도한(excessive)	97동국대
inquisitive	형 호기심이 강한, 캐묻기를 좋아하는	01성균관대 · 07동국대
inquisitiveness	명 호기심, 캐묻기 좋아함	05고려대
insatiable	형 만족할 줄 모르는, 탐욕스러운	96동국대
inscription	명 비문, 비명	06선관위9급
inscrutable	형 불가사의한, 수수께끼 같은(mysterious)	96고려대

insensible	형 무감각한, 근소한(imperceptible) |01동국대|
insidious	형 틈을 엿보는, 교활한, 방심할 수 없는, 잠행성의 |07동국대|
insight	명 통찰, 간파; 통찰력 |06고려대·07중앙대·94한국외대|
insightful	형 통찰력이 있는 |04고려대|
insignificant	형 사소한, 미비한 |02숭실대|
insincere	형 불성실한, 성의가 없는 |04고려대|
insipid	형 재미없는, 무미건조한, (음식) 맛이 없는 |01고려대|
insolence	명 오만, 무례 |02고려대|
insolvent	형 지급불능의, 파산한 |05지방직9급|
inspire	동 고무하다, (감정이) 일어나게하다 |04고려대·05동덕여대|
institute	동 (제도,습관 등을) 만들다, 설립하다 |04성균관대|
institution	명 기관, 협회, 관습 |05중앙대|
instrument	형 기구, 악기, 수단 |05고려대|
insulate	형 격리시키다, 고립시키다 |05가톨릭대|
insult	형 모욕하다(affront), 창피를 주다 |00고려대|
insurgent	형 폭도, 폭동을 일으키는, 반항적인, (파도가) 밀려오는 |99동국대|
insurrection	명 범람, 폭동 |05중앙대|
integral	형 필수적인, 완전한 |06국민대|
integration	형 통합 |05서강대|
integrity	형 성실, 정직, 고결, 완전무결(의 상태) |07단국대·00고려대·94한국외대|
intelligent	형 지적인 |07세종대|
intensify	형 격렬하게 하다, 증감하다 |07중앙대|
intentionally	형 고의로, 의도적으로(deliberately) |98성균관대|

interest	몡 이자, 이해관계	06국민대
intermediary	혱 중간의; 매개의	07중앙대
intermittently	뷔 간헐적으로, 단속적으로	02성균관대
internalize	됭 (사상 등을) 자기 것으로 하다, 내면화하다, 습득하다	01성균관대
interrupt	됭 가로막다, 저지하다	06명지대
intertwined	됭 서로 얽힌	02한국외대
intimacy	몡 친밀함, 친교	06고려대
intimidate	됭 협박하다	02고려대
intoxication	몡 (술에) 취함, 도취, 중독	05중앙대
intransigent	혱 양보하지 않는, 비타협적인	97서강대
intricacy	몡 복잡	05서울여대
intrigue	됭 음모를 꾸미다, 음모, 술책	05건국대 · 05서울여대
intriguing	됭 흥미를 끄는	06국민대
intrinsic	혱 본래 갖추어진, 고유의	02성균관대 · 07중앙대
intuitive	혱 직관적인(능력), 직관력 있는	05국민대
inundate	혱 범람시키다, 침수시키다	07중앙대 · 05세종대
inundation	몡 범람, 침수, 홍수, 쇄도	05중앙대
invalidate	혱 무효로 하다, 무력하게 하다	00고려대
invert	됭 거꾸로 하다, 역으로 하다	02세종대
inverted	됭 거꾸로 된, 역의, 반전한	05지방직9급
investigate	됭 조사하다, 연구하다	05건희대
investigator	혱 연구자, 조사자	02세종대
invigorate	혱 기운 나게 하다	01고려대
invisible	혱 눈에 보이지 않는	99한국외대
invulnerable	혱 상처 입지 않는, 불사신의	02고려대
irascible	혱 성을 잘 내는, 성미가 급한, 성 마른	07중앙대
irregularity	혱 불규칙(성), 파격	06고려대
irregularly	됭 불규칙하게, 고르지 못하게	02성균관대
irrelevant	혱 부적절한, 관계가 없는	96고려대
irreversible	됭 거꾸로 할 수 없는, 철회할 수 없는

irrevocable	정 돌이킬 수 없는; 변명할 수 없는, 최종적인

| 04성균관대 · 96한국외대 |

irrigate	정 물을 대다; 관개하다	06서강대
irritable	보 성미가 급한	06동국대
isolate	정 고립시키다, 격리시키다	99한국외대
itinerary	정 여정, 여행 일정, 여행안내서	05동덕여대

| 97성균관대 |

J

jade	보 매우 피곤하게 하다	02세종대
jeopardy	정 위험(danger)	99동국대
jetlag	정 (제트기 여행의) 시차로 인한 피로	00한국외대
jocundity	정 명랑함, 쾌활함	96동국대
jovial	정 유쾌한, 쾌활한(gay)	01고려대
jubilation	정 환희, 환호(exultation)	00고려대
judge	보 판단하다	01행정자치부9급
judicious	보 현명한	02고려대
juridical	보 재판의, 사법상의	06세종대
juvenile	정 나이 어린, 소년 소녀의, 청소년, 아동	01고려대

K

| kaleidoscope | 보 만화경, 변화무쌍한 것 | 05동덕여대 |

keep up with	보 ~에 뒤떨어지지 않다	05건국대
kernel	보 (식물의) 핵, 핵심	06국민대
kick the habit	보 습관 등을 끊다	07성신여대
kleptomaniac	정 병적 도벽자	96동국대
knob	정 손잡이, 손잡이를 붙이다	97성균관대
knowing	정 알고 있는, 학식이 풍부한. 기민한, 아는 체하는	07성균관대
kudos	정 명성, 영광, 영예	07중앙대

L

lackluster	보 빛이 없는, 열기가 없는, 흐리멍텅한	04고려대
lag behind	보 처지다, 뒤떨어지다	06경희대
lamentable	보 슬퍼할, 통탄할	06국가직9급
lampoon	정 비아냥거리다, 풍자	05지방직9급
languidly	정 나른하게, 힘없이	96고려대
launch	정 진수시키다, 시작하나	06병시내
launder	보 세탁하다	06세종대
lax	정 (정신이) 해이한, 조심성 없는, 느슨한	99고려대
lay down	보 ~을 밑에(내려)놓다	06명지대
legislator	보 입법자, 법률 제정자	02세종대
legitimate	정 합법의, 적법의; 옳은, 정당한	03서강대 · 95고려대 · 00동국대 · 06고려대
leisure	정 자유시간, 여가	02동국대
let off	정 방출하다, 발사하다	97동국대
let on	정 폭로하다, 누설하다	97동국대

let out	정 누설하다, 유출하다	97동국대
let up	보 멈추다, 늦추다	05건국대 · 97동국대
lethargic	정 둔감한, 활발하지 못한, 졸리는, 혼수상태의	97성균관대 · 03서강대 · 06단국대
levity	보 경솔, 경박, 변덕	07중앙대
liberal	정 너그러운, 자유로운, 자유주의의	00고려대
likewise	정 그밖에, 게다가, 마찬가지로	97성균관대
limited	정 한정된, 편협한, 좁은	05동덕여대
linger	보 오래 머무르다, 떠나지 못하다	07건국대
linguist	보 언어학자	02건국대
listless	보 ~할 마음이 없는, 열의 없는, 무관심한, 냉담한	03서강대
literalness	보 직역	05고려대
litigate	보 제소하다, 소송하다	05동덕여대
litigious	보 소송(논쟁)하기 좋아하는; 소송해야할	03서강대 · 04고려대
loathing	보 몹시 싫어함, 혐오	02세종대
lofty	보 높은, 지위가 높은	07중앙대
logical	보 논리적인	07세종대 · 95고려대
logistical	보 병참(학)의, 병참(업무)의	01행정자치부7급
look down upon	보 ~을 경멸하다, 낮추다	02고려대
loosely	정 느슨하게, 산만하게	01고려대
lopsided	보 한쪽으로 기운	06세종대
lose faith in	보 ~을 신뢰하는 마음을 잃다	97성균관대
lose heart	정 (기운을 · 용기를) 잃다, 의기소침하다	97성균관대
lubricant	보 미끄럽게 하는, 윤활유, 윤활제	07단국대
lucid	보 맑은, 투명한	02세종대
lucrative	보 유리한, 수지맞는	06단국대 · 03행정자치부9급
ludicrous	정 우스운, 익살스러운, 바보같은	00동국대 · 06중앙대
lurch	보 갑자기 기울어지다, 비틀거리다	04국회사무처9급

□ **lustrous** 보 광택있는, 저명한 | 05서울여대 |

M

□ **magnified** 보 확대된, 과장된 | 05고려대 |
□ **maintain** 정 지속하다, 유지하다, 옹호하다, 지키다
| 07가톨릭대 · 02건국대 |

□ **make away with** 보 ~을 가져가 버리다, 파기하다 | 04한양대 |
□ **make off** 보 (급히) 떠나다, 도망치다 | 06명지대 |
□ **make out** 보 정밀하게 표시하다 | 07경기대 |
□ **make sense** 보 이치에 닿다, 뜻이 통하다 | 07국가직9급 |
□ **make up for** 보 보상하다, 만회하다 | 07국가직9급 |
□ **malaise** 정 불쾌함, 기분이 언짢음 | 00고려대 |
□ **malicious** 정 악의 있는, 심술궂은 | 06세종대 |
□ **malign** 보 악성의, 해로운 | 05서강대 |
□ **malinger** 정 꾀병을 부리다 | 07중앙대 |
□ **mammoth** 정 거대한 | 05서울여대 |
□ **manageable** 보 다루기 쉬운, 유순한 | 07중앙대 |
□ **mandatory** 정 명령적인, 강제적인, 의무적인
| 97동국대 · 05동덕여대 · 03행정자치부9급 |

□ **maneuver** 보 교묘하게 유도하다, 책략을 쓰다
| 04성균관대 · 05건국대 |

□ **manifest** 보 명백히 하다, 분명히 보여주다 | 07국가직9급 |
□ **manipulate** 정 조종하다 | 07건국대 |
□ **manipulation** 정 시장 조작 | 02광운대 |
□ **marine** 정 바다의, 해양의 | 02고려대 |
□ **marital** 정 결혼의, 부부 간의 | 01중앙대 |
□ **maritime** 정 바다의, 해상의 | 02세종대 |
□ **marshal** 정 열거하다, 정렬시키다, 집합시키다
| 04성균관대 |

materialize	보 ~에 형체를 부여하다	07경기대
maternal	정 어머니의, 모성의	06명지대
maternity	보 어머니임, 모성	05국민대
maudlin	정 감상적인, 눈물이 헤픈	96고려대 · 06세종대
maxim	정 격언, 금언	95고려대
meager	보 빈약한, 야윈, 불충분한, 무미건조한	07가톨릭대 · 04고려대 · 97동국대 · 07건국대
measure	정 측정, 치수, 척도(standard), 조치	94한국외대
meddlesome	정 참견하기 좋아하는	96동국대
medication	정 약물 치료, 약물(medicament)	01한국외대
mediocrity	보 평범, 범용	06명지대
meditation	보 명상	07지방직9급
menace	정 위협하다, 협박, 위협	07중앙대
mercy	정 자비(charity)	00고려대
meretricious	보 야한, 저속한	02세종대
merge	정 혼합하다, 몰입시키다, 합병하다	00고려대
mesmerize	보 최면술을 걸다	07건국대
meticulous	정 지나치게 세심한, 매우 신중한, 소심한	07동국대 · 06세종대
meticulously	정 세심하게, 꼼꼼하게	01고려대 · 05고려대 · 05세종대
miasma	보 (늪에서 나오는) 독기, 소기	05국민대
mindless	정 무지한, 지성적이지 못한, 경솔한	01동국대
miniature	정 소형의 모형, 축도, 소형의	97성균관대
minimize	보 최소로 하다	07건국대
mirth	정 환희, 즐거운 법석	00한국외대
misconduct	보 비행, 불량 행위, 위법 행위	05국회사무처9급
misnomer	정 잘못된 명칭, 잘못 부르기, 오기	97서강대
miss	정 놓치다, 잡지 못하다	06고려대
mission	보 임무, 사절(단)	05국민대
mistake	정 잘못, 틀림, 오해	07중앙대

mitigate	통 누그러뜨리다, 완화하다	07국민대
mockery	명 비웃음, 냉소	06고려대
moderate	형 온건한, 절제된, (날씨가) 온화한(mild)	99고려대
modest	형 겸손한, 삼가는, 알맞은	07중앙대
modestly	부 조심해서, 적당히	05고려대
modesty	명 겸손, 조심성	06고려대
mold	명 (주물의) 틀, 형, (틀에 넣어) 만들다	97동국대
mollify	통 누그러지게 하다, 달래다	07중앙대
momentary	형 순간의, 덧없는	06서강대
momentous	형 중대한, 중요한	07명지대 · 02한국외대
momentum	명 운동량, 여세	02고려대
monotonous	형 단조로운, 지루한	05경희대 · 02건국대 · 04가톨릭대
monstrous	형 괴물 같은, 거대한	07명지대
moody	형 변덕스러운, 침울한, 까다로운	99한국외대
moral	형 도덕(상)의, 윤리(상)의	06고려대
morale	명 사기, 의욕	05성균관대
morbid	형 병적인, 불건전한, 음침한	07중앙대
mortal	형 죽음을 면할 수 없는, 이 세상의	01서강대
mortgage	명 저당, 담보	06국민대
motivate	통 ~에게 동기를 주다, 자극하다(incite)	07경기대
motivation	명 자극, 동기부여, 열의	05중앙대
muddle	통 혼합하다, 혼란시키다	06명지대
multilateral	형 다각적인, 다국의	04지방직9급
multiply	통 증가시키다, 늘이다, 번식시키다, 곱하다	99한국외대
mundane	형 현세의, 세속적인	07명지대
mutual	형 서로의, 상호간의(reciprocal)	96한국외대 · 06경희대
mutuality	형 상호 관계, 상호 의존	07경기대

| mystic | 보 대식가, 폭식가, 지칠줄 모르는 | 05건국대 | |
| mythology | 정 신화 | 04성균관대 | |

N

nadir	정 천저, 최저점, 밑바닥, 침체기	97동국대	
nagging	정 성가시게 잔소리하는	06명지대	
nasty	정 불결한, 음란한, 비열한	00고려대	
nationalize	정 국유화하다	07경기대	
naturalize	보 귀화시키다	07경기대	
nature	보 자연, 천성, 인간성	06국회사무처9급	
nebulous	정 희미한, 흐릿한, 안개 낀, 모호한	00고려대	
negative	보 부정의, 부인(취소)의	07중앙대 · 05경회대	
negligence	보 태만	02고려대	
negligent	보 소홀한, 태만한	05건국대	
negligible	정 무시해도 좋은, 하찮은(trifling)	96고려대 · 07서울여대	
negotiate	보 협상하다	06국민대	
nerve	정 신경, 용기, 뻔뻔스러움	06국가직7급	
nestle	보 〔고어〕 깃들이다	06명지대	
nevertheless	정 그럼에도 불구하고	97성균관대	
nimble	보 재빠른, 저명한	05서울여대	
nitpicking	정 시시한 일을 문제 삼는	06국민대	
nocturnal	보 밤의, 야간의, 야행성의	06성균관대 · 06명지대	
nominal	정 명목적인, 이름뿐인	06국민대	
norm	정 기준; 규범; 모범	07건국대	
note	보 주목, 주의	05서강대	
notice	보 주의, 주목; 인지, 통지, 통고	07경회대 · 07세종대	

notoriety　　뽀 악명, 악명 높은 사람 | 06광운대 |
notorious　　뽀 유명한, 이름난 | 06고려대 |
nourish　　　정 영양분을 주다, 조장하다, 장려하다
　　　　　　| 00고려대 · 05건국대 |

novel　　　　뽀 신기한, 진기한 | 02성균관대 |
novice　　　뽀 신참자, 초심자, 풋내기
noxious　　　정 유독한, 해로운(harmful, poisonous)
　　　　　　| 01고려대 |

nuisance　　정 남에게 해가 되는 행위, 해, 귀찮은 사람
　　　　　　| 00고려대 |

numbness　　뽀 무감각, 마비 | 02건국대 |
numerical　　뽀 수의 | 02동국대 |
nymphomaniac　정 음란증의, 색광 | 96동국대 |

O

obdurate　　　정 완고한, 고집 센 | 07건국대 |
obfuscate　　정 어둡게하다, 흐리게 하다 | 07중앙대 |
obituary　　　뽀 사망의, 죽음의 | 06국민대 · 05동덕여대 |
objective　　뽀 객관적인, 실재의; 편건이 없는
　　　　　　| 07동국대 · 07성신여대 |

obligation　　뽀 의무, 책임, 채권, 은혜 | 04국회사무처9급 |
oblivion　　　정 망각, 잊기 쉬움(forgetfulness) | 99한국외대 |
obscene　　　뽀 외설적인, 음란한 | 02건국대 |
obscure　　　정 불명료한, 애매한
　　　　　　| 99한국외대 · 02세종대 · 02경희대 · 06서강대 |

obsequious　　뽀 아첨하는; 비굴한 | 06중앙대 |
observation　　뽀 관찰, 주시 | 02고려대 · 04지방직9급 |
observe　　　뽀 지키다, 준수하다, ~의 관습을 지키다
　　　　　　| 07가톨릭대 |

obsolete	형 쓸모 없이 된, 시대에 뒤진, 진부한
	07중앙대 · 06한양대 · 02중앙대
obstinate	형 완고한, 끈질긴; (저항 따위에) 완강한
	07단국대 · 05세종대
obtrusive	형 강요하는, 주제넘게 참견하는
	02세종대 · 02중앙대
obviate	동 미리 제거하다, 사전에 방지하다
	05세종대 · 07중앙대
obvious	형 명백한, 눈에 잘 띄는	03성균관대 · 99한국외대
obviously	형 명백하게, 두드러지게	06세종대
occasion	명 경우, 때, 특별한 일, 기회	04국회사무처9급
occasionally	형 때때로, 가끔	02성균관대
occupation	동 직업, 업무	02건국대
oddly	형 기묘하게, 기이하게	05건국대
odium	형 증오, 혐오; 지겨움; 비난, 악평	07중앙대
offend	동 화나게 하다, 위반하다(violate)	00고려대
offensive	동 화나게 하는, 불쾌한, 공격적인
	01동국대 · 95고려대 · 04서강대
officious	동 참견하는, 주제넘은	00고려대
omen	형 전조, 징조	07지방직9급
ominous	동 불길한, 조짐이 나쁜	01고려대
omnipotence	동 전능	07지방직9급
omnivorous	형 잡식성의	04고려대
on the go	형 끊임없이 활동하여, 계속 일하여	05건국대
on the grounds that	동 ~라는 이유로	02고려대
opponent	형 반대하는, 적대하는; 대립하는, 적, 상대
	07경희대 · 95고려대
opportune	형 시기적절한	06서울시7급
oppress	형 압박하다, 억압하다	07건국대
optimism	형 낙관주의	06서울시7급
opulence	형 풍부, 부유	02고려대
orator	형 연설자, 웅변가	02중앙대
ordinary	동 보통의, 정규의	07세종대

□ organ　　보 오르간, 기관 | 05고려대 |

□ ornate　　정 잘 꾸민, (문체가) 화려한 | 04고려대 |

□ orthodox　보 정통파의, 전통의; 전통적인, 인습적인
　　　　　　 | 04성균관대 |

□ osculate　 보 최대 접촉하다, 공유하다 | 05세종대 |

□ ostentatious　보 과시하는, 겉보기를 꾸미는, 화려한
　　　　　　 | 07동국대 · 02중앙대 |

□ otherwise　정 다른 방법으로, 그렇지는 않고, 만약 그렇지 않
　　　　　　 으면 | 07성균관대 |

□ out of step　정 발을 맞추지 않고, 조화되지 않고
　　　　　　 | 06국회사무처9급 |

□ out-polled　정 (여론 조사 등에서) 더 많은 지지를 얻은
　　　　　　 | 01고려대 |

□ outrageous　보 엄청난, 잔인한, 포악한 | 07지방직9급 |

□ outshine　정 ~보다 잘 빛나다, ~보다 뛰어나다
　　　　　　 | 00고려대 |

□ outweigh　정 보다 중요하다, 보다 무겁다 | 05고려대 |

□ overjoyed　정 대단히 기쁜 | 05경희대 |

□ overlay　　보 입히다, 바르다, 도금하다 | 06단국대 |

□ override　　정 무효로 하다, 뒤엎다 | 05국회사무처9급 |

□ overwhelm　정 압도하다, ~의 의기를 꺾다, 당황하게 하다
　　　　　　 | 07가톨릭대 |

P

□ packed　　정 만원인 | 05경희대 |

□ palliative　정 경감하는, 일시적으로 억제하는 | 04중앙대 |

□ paltry　　 정 얼마 안되는, 하찮은, 무가치한
　　　　　　 | 04고려대 · 05고려대 |

□ paradoxical　정 역설적인, 모순된 | 99고려대 · 06경희대 |

□ parasite　　보 기생 동식물 | 06국민대 |

parsimonious   정 인색한, 지나치게 | 05건국대 |

partially   정 부분적으로, 편파적으로, 불공평하게
| 97성균관대 |

partition   보 분할, 구분, 분배 | 04고려대 · 05서울여대 |

paternal   보 아버지의, 아버지다운 | 06명지대 |

pathetic   정 가슴 아픈, 불행한, 측은한
| 02중앙대 · 07건국대 · 97성균관대 |

pathology   보 병리학 | 01행정자치부7급 |

patriotism   보 애국심 | 07경희대 |

pedantic   정 현학적인, 박식한 체하는 | 01성균관대 |

penetrable   정 침투할 수 있는, 관통할 수 있는 | 97성균관대 |

penurious   보 몹시 아끼는, 인색한 | 05건국대 |

perception   보 지각, 인식 | 02숙명여대 |

percolate   정 거르다, 여과하다, 침투하다 | 07단국대 |

peremptory   보 단호한, 독단적인 | 03성균관대 |

perform   정 실행하다, 공연하다, 연기하다, 연주하다
| 01중앙대 |

performance   정 연기, 연주, 공연, 실행, 성적 | 99한국외대 |

perfunctory   정 형식적인, 겉치레의 | 01성균관대 · 05동덕여대 |

perilous   보 위험한 | 06가톨릭대 |

peripheral   보 주변의 | 02고려대 |

peripherally   정 옆으로, 주변으로 | 07국가직9급 |

perish   보 멸망하다, 죽다 | 06가톨릭대 |

permanence   보 영구, 내구성 | 02건국대 |

permit   보 허락하다, 허가하다, 인가하다 | 07성균관대 |

perplex   보 당혹케 하다, 복잡케 하다, 시끄럽게 하다
| 07가톨릭대 |

persistent   정 고집하는, 완고한, 끊임없는 | 07동국대 |

persistently   보 집요하게, 끈기 있게(tenaciously)
| 98성균관대 |

pertinent   보 적절한, 관계있는
| 02성균관대 · 06국회사무처9급 |

pessimism   보 비관주의 | 04서울시9급 |

pessimistic	정 비관적인	01고려대
pesticidal	보 살충제의	05건국대
petrify	정 돌이 되게 하다, 굳게 하다	05경희대
petty pace	보 작은 걸음	07국민대
phenomenal	보 자연현상의, 놀랄만한, 굉장한	02건국대
philanthropic	보 박애(주의)의, 인정 많은, 인자한	07성신여대
philanthropist	정 박애가, 박애주의자	06중앙대
philanthropy	정 박애(주의), 자선	02건국대
philologist	보 언어학자	06중앙대
pick up	보 줍다, 집다	05건국대
piecemeal	보 단편적인, 하나씩, 차츰	05건국대
pit	보 구덩이, 구멍	06항공대
placid	보 평온한, 조용한, 침착한; 매우 만족한	07가톨릭대 · 07중앙대
plagiarize	정 표절하다	07건국대
plausible	보 (말, 진술이) 그럴듯한, 정말같은	02성균관대 · 04중앙대
plethora	보 과다, 과잉	06세종대 · 97동국대
pliable	정 휘기 쉬운, 유연한	06중앙대
pliancy	보 유순함	06서울시7급
plight	보 곤경, 궁지, 어려운 처지(입장)	97성균관대 · 07경희대
plot	정 음모, 줄거리, 음모를 꾸미다	01서강대
plunge	정 뛰어들다, 몰입하게 하다	97동국대 · 07세종대
pluralism	정 다원론, 성직 겸임, 복수성	07경희대
poisonous	보 유독한, 유해한	05고려대
polarize	보 ~에 극성을 주다	02세종대
politeness	보 공손, 예의 바름	04지방직9급
pollute	정 오염시키다, (명예를) 더럽히다	96동국대
pomposity	보 거만, 과장됨	05성균관대
popularize	보 대중화하다, 보급시키다	02건국대

popularized   보 통속화 된 | 06서울시7급 |

porous   보 작은 구멍이 있는, 흡수성의
| 04국회사무처9급 |

portrait   정 초상 | 07세종대 |

possessions   정 재산 | 00고려대 |

possibility   보 가능성 | 06가톨릭대 |

possible   정 가능한, 할 수 있는, 있음직한 | 07동국대 |

posthumous   정 사후의 | 06서울시7급 |

potable   정 마시기에 적합한(drinkable) | 01한국외대 |

potent   보 세력 있는, 유력한 | 07서울여대 |

potential   보 잠재적인, 가능성 있는
| 05성균관대 · 05동덕여대 · 06국가직9급 |

pour   보 따르다, 쏟다, 붓다, 흘리다 | 07경희대 |

practicability   보 실행 가능성, 실용성 | 02고려대 |

practicable   정 실행 가능한 | 94한국외대 |

practical   보 실제의 | 07세종대 |

pragmatic   정 실용주의의, 실제적인, 참견 잘하는, 독단적인
| 00동국대 |

pragmatist   정 실용주의자 | 02세종대 · 99고려대 |

praise   보 칭찬, 찬양 | 07경희대 · 02고려대 |

precarious   정 불확실한, 불안정한, 근거 없는
| 07중앙대 · 05고려대 · 05건국대 |

precept   보 가르침, 격언 | 05국민대 |

precious   보 비싼, 귀중한 | 05건국대 |

precipitate   정 재촉하다, 촉진하다 | 00동국대 · 05가톨릭대 |

precipitation   정 강우(량), 투하, 낙하 | 97동국대 |

precipitous   정 험한, 가파른, 급경사의 | 02동국대 |

precocious   보 조숙한, 어른다운 | 06지방직9급 |

precursor   정 선구자, 선배, 선임자 | 97동국대 · 07중앙대 |

predatory   보 약탈하는, 포식성의 | 05국민대 · 06성균관대 |

predicament   정 곤경, 궁지 | 02고려대 |

predict   정 예언(예보, 예측)하다 | 96한국외대 · 06항공대 |

prediction   보 예언; 예보 | 07광운대 |

predilection	정 좋아함, 편애	97동국대·07중앙대
prejudiced	보 편견을 가진, 편파적인	05건국대
preliminary	보 예비적인, 준비의, 서문의	02경희대
preliterate	정 문자 사용 이전의(민족)	07건국대
premature	정 시기상조의, 너무 이른	02세종대
prematurely	보 미숙하게	05국회사무처9급
premeditated	정 미리 생각한, 계획적인	94한국외대
premise	정 전제, 재산, 토지	96고려대
preposterous	보 앞 뒤가 뒤바뀐, 터무니없는; 어리석은	07동국대·04고려대
prescribe	보 규정하다, 처방하다	05국회사무처9급
prescription	정 처방(약), 규정, 법규	01고려대
preserve	보 유지하다, 보존하다, 보호하다	07중앙대·05지방직9급
prestige	보 위신, 신망	05성균관대·07경희대
presumption	보 추정, 가정, 추측	06세종대
presumptuous	보 주제넘은, 뻔뻔한, 건방진	07중앙대·00고려대
pretence	정 구실, 겉치레, 허식	07성균관대
pretense	보 구실, 핑계	02고려대
preternatural	정 초자연적인; 이상한	06세종대
prevail	보 우세하다, 이기다, 보급되다	07중앙대·07건국대
prevalent	정 보급된, 널리 행해지는	06고려대
prevent	정 막다, 예방하다	06항공대
preventable	보 막을 수 있는, 방치할 수 있는	05고려대
preventive	정 예방의(precautionary), 방해하는	01동국대
previously	보 이전에	05국회사무처9급
primitive	정 원시적인, 초보적인	02중앙대
principle	보 원리, 원칙	06고려대·06중앙대
priority	정 보다 중요함, 먼저임	05고려대
private	보 사적인, 개인적인	06한양대
privileged	보 특권·특전이 있는, 특별 허가(면제)된

| 07단국대 |

problematical	보	불확실한, 문제의	02세종대
proclaim	보	선언하다, 공포하다	02건국대
procrastinate	보	지연하다	06중앙대
procrastination	보	지연, 지체	06광운대
procure	정	얻다, 손에 넣다(get)	01고려대
prodigious	보	거대한, 막대한, 이상한	04고려대
prodigiously	보	거대하게, 엄청나게	06동국대
producer	보	생산자, 제작자	02건국대
product	보	생산품, 결과	07세종대
productive	보	생산적인, 다산의	07세종대
profound	보	심오한, 깊은	03성균관대 · 05국민대
progress	정	전진, 진보	07세종대
prohibition	보	금지, 금제	07명지대
projection	보	투사, 발사, 계획	02건국대
proliferation	정	증식, 확산하다	97서강대
prolific	보	다산의	02고려대
prolong	보	공간을 늘리다, 길게 하다	05동덕여대
prominent	정	현저한, 눈에 띄는, 저명한

| 96한국외대 · 05성균관대 |

promote 보 증진하다, 촉진시키다

| 07일반경찰 · 97성균관대 · 05국회사무처9급 |

promotion	정	승진, 승격	07명지대
promulgate	보	반포하다, 공포하다, 선전하다	05건국대
prone	정	~하는 경향이 있는, ~하기 쉬운(liable)

| 96한국외대 |

propinquity	보	가까움, 친근; 유사	07중앙대
proponent	정	제안자, 발의자; 옹호자, 지지자	07경희대
proscribe	보	인권을 박탈하다, 추방하다	05동덕여대
prosecute	보	해내다, 기소하다	02고려대
prosperity	보	번영, 번창	02고려대
prostrate	보	넘어뜨리다, 굴복한	05세종대
prostration	보	엎드림, 쇠약, 피로	02건국대

protect	보 보호하다, 막다, 지키다	07중앙대
protrude	정 내밀다, 불쑥 나오다, 튀어나오다
		05세종대 · 05동덕여대
provide	정 공급하다, 준비하다	02건국대
provision	보 조항, 규정	04중앙대
proximity	정 근접, 가까움	06서강대
prudent	보 신중한, 조심성 있는, 분별 있는
		07중앙대 · 01고려대
prudential	보 신중한, 세심한, 분별 있는	05성균관대
prudently	보 신중하게, 조심성 있게	06세종대
psychologist	보 심리학자	02건국대
puberty	정 사춘기	05서울여대
pull off	정 ~을 벗다, 달성하다	07세종대
punctual	보 시간을 엄수하는, 어김없는
		07서울여대 · 01동국대
punishment	정 벌, 처벌	06고려대
purchase	보 사다, 구입하다	06국회사무처9급
purify	정 정화하다, 순화하다	96동국대 · 05중앙대
purity	보 순수	05서울여대
put an end to	정 ~을 끝내다, 그만두게 하다	07성신여대
put away	보 저축하다; 피하다, 내버리고 돌보지 않다
		99한국외대
put on	보 ~을 늘리다	07성신여대
put together	정 조립하다	04서울시9급
put up with	정 ~을 참다	99한국외대 · 05건국대

| quack | 보 돌팔이 의사, 사기꾼 | 05국민대 |
| quandary | 정 궁지, 곤경, 진퇴유곡 | 07중앙대 |

queasy　　　　　정 비위에 거슬리는, 메스꺼운, 불쾌한
　　　　　　　| 97성균관대 |

querulous　　　보 불평을 하는, 성 잘 내는 | 06중앙대 |

quiescent　　　보 정지한, 무활동의 | 05성균관대 |

quit　　　　　정 물러나다, 떠나다(leave), 그만두다
　　　　　　　| 01중앙대 |

quote　　　　　정 인용하다(cite) | 96한국외대 |

R

race against the clock 정 시간과 다투다, 촌각을 아끼다
　　　　　　　| 07성신여대 |

radical　　　　정 근본적인, 급진적인
　　　　　　　| 07가톨릭대 · 99한국외대 · 05경희대 · 02세종대 |

rage　　　　　정 분노 | 02건국대 |

ramification　　보 지류, 분지, 나뭇가지 | 06세종대 |

rampant　　　　정 과격한, 사나운 | 06세종대 |

rancid　　　　보 썩은 냄새가 나는, 역겨운 | 05세종대 |

rancorously　　보 원한에 사무쳐, 악의적으로 | 05세종대 |

ransack　　　　정 (구석구석까지) 찾다 | 07광운대 |

rapacity　　　보 강탈, 탐욕, 탐식 | 06명지대 |

rapture　　　　보 큰 기쁨, 환희 | 06단국대 |

ratify　　　　보 비준하다 | 05세종대 |

rational　　　　보 합리적인 | 05경희대 |

rationalist　　보 합리론자, 이성론자 | 02세종대 |

reason　　　　정 이유, 이성, 판단력, 추론하다 | 01서강대 |

reasonability　보 합리성 | 05경희대 |

reasonable　　보 분별 있는, 이치에 맞는 | 05국민대 |

reasonableness 보 분별, 사리, 이치 | 05경희대 |

reassure　　　보 재보증 하다, 안심시키다 | 07건국대 |

rebellion	뎡 모반, 반란	02세종대
rebound	뎡 되튀다, 반향하다	02건국대
rebuke	뎡 취소하다, 폐지하다	05동덕여대
rebuttal	뎡 반박, 거절	05성균관대
recapitulate	뎡 되풀이하다(repeat, reiterate), 요약하다	96고려대
recapture	뎡 되찾다, 생각해내다, 징수하다(levy)	01고려대
recede	뎡 물러나다, 퇴각하다	06경희대
receipt	뎡 수령, 받음, 영수증	07중앙대 · 01고려대
recess	뎡 휴식, 휴가, 후미진 곳, 우묵한 곳	97동국대
recessive	뎡 퇴행(역행)의	96고려대
recipe	뎡 요리법, 조리법	01고려대
reckless	뎡 분별없는, 무모한	06고려대
reckon	뎡 간주하다(regard)	96고려대
recognition	뎡 인식	04지방직9급
recognize	뎡 인정하다	05서강대
recommendation	뎡 권유	07지방직9급
recourse	뎡 의지, 의뢰, 의지가 되는 것	07중앙대
recuperate	뎡 (건강을) 회복하다, (손실을) 만회하다	00고려대
recuperation	뎡 회복, 만회	05건국대
recuperative	뎡 회복시키는, 회복력이 있는	00동국대
recurrent	뎡 재발하는, 정기적으로 일어나는	07지방직9급
redouble	뎡 배가 하다	02세종대
reduction	뎡 감소	06광운대
redundant	뎡 여분의, 과다한	02고려대 · 02중앙대
refer	뎡 ~에게 돌리다, 보내다	05동덕여대
reference	뎡 문의, 참조	02광운대
referendum	뎡 국민 투표	02고려대
refine	뎡 정련하다, 세련되게 하다	05동덕여대
reflect	뎡 반사하다, 반향하다, 반영하다

| 02건국대 · 00동국대 |

reflective   보 반사하는; 반영하는 | 07건국대 |

refractory   보 말을 안 듣는, 다루기 어려운, 고집 센
| 07중앙대 |

refute   보 논박하다 | 02고려대 |

regain   정 되찾다, 회복하다 | 02고려대 |

regenerate   정 재생하다, 혁신하다 | 99한국외대 |

regeneration   보 갱생, 재생 | 05건국대 |

regrettable   보 유감스런, 슬퍼할 만한 | 06고려대 |

rehabilitate   보 원상태로 되돌리다, 복원하다; 복권시키다
| 07동국대 |

rehabilitation   보 사회 복귀, 명예회복, 부흥, 복귀 | 07단국대 |

reimbursement   보 변제, 상환, 배상 | 06단국대 |

reinforce   보 강화하다, 보강하다 | 05고려대 |

reject   정 (요구 · 제의 등을) 거절하다, 사절하다, 각하하
다, 무시하다 | 07경희대 |

relatively   보 비교적, ~에 비례하여 | 07중앙대 |

release   정 해방하다, 석방하다, 개봉하다, 공개하다
| 01동국대 |

relegate   보 추방하다, 지위를 떨어뜨리다 | 04성균관대 |

relentless   보 가차 없는, 잔인한 | 06명지대 |

relevant   보 관련한, 적절한 | 02성균관대 |

reliable   보 의지가 되는, 믿음직한 | 04서강대 |

reliance   보 믿음, 의지 | 04성균관대 |

relieve   정 경감하다, 완화하다, 해방하다, 구제하다
| 97성균관대 · 05지방직9급 |

relinquish   보 포기하다 | 02고려대 |

reluctant   정 꺼리는, 내키지 않는 | 94한국외대 |

remedy   정 치료, 구제책, 의약
| 01고려대 · 05동국대 · 06서울시7급 |

reminder   정 생각나게 하는 사람 · 것, (무언가를) 상시시키
는 조언 | 07단국대 |

reminiscence   보 회상, 추억; 기억(상기)력 | 07경희대 |

remit	보 (돈을) 보내다, 용서하다	05한국외대
remittance	보 송금, 송금액, 송금 수단	07단국대
remonstrate	보 이의를 말하다, 항의하다, 질책하다, 충고하다	07단국대
remorse	정 후회, 양심의 가책, 죄책감	01동국대
render	정 행하다, 다하다, 주다	05동덕여대
rendition	정 연주, 연출, 번역	06동국대
renounce	보 그만두다, 포기하다	04중앙대 · 06명지대
renowned	보 유명한, 명성있는	06국회사무처9급
repeal	정 취소하다(cancel), 무효로 하다(annul)	97동국대
repellent	보 혐오감을 주는, 불쾌한	06중앙대
repentable	보 후회할만한	06국가직9급
repentant	정 후회하는(penitent)	01중앙대
replenish	정 채우다, 새로 보충하다	07중앙대 · 01동국대
replicate	보 복사하다, 모사하다, 복제하다	04성균관대 · 06경희대
repose	보 휴식, 수면, 마음의 평온	06선관위9급
reprehensible	정 비난할만한, 괘씸한	04고려대 · 06세종대
repression	정 억제, 억압	99고려대
reproach	보 질책, 비난	02중앙대
reproach	정 비난하다(rebuke, reprimand)	96한국외대
repugnant	보 비위에 거슬리는, 반항하는, 반내의	07중앙대
repulse	보 격퇴하다, 거절하다	05동덕여대
rescue	정 구하다, 구조하다	02건국대
resemblance	정 유사(성), 닮음	07성균관대
resent	정 ~을 불쾌하게 여기다, 분개하다	97한국외대
resentment	정 분개, 원한	06고려대 · 05중앙대
reserve	보 떼어두다, 비축하다, 준비해두다	05지방직9급
resignedly	보 체념하여, 복종하여	05건국대

resistance	정 저항, 반항, 반대, 방해	07가톨릭대
resistant	보 저항력있는	07중앙대
resolute	보 단호한	02중앙대
resolve	정 해결하다	06경희대
respectful	보 예의 바른	02광운대
respiratory	보 호흡의; 호흡을 위한	07중앙대
responsibility	보 책임, 책무, 의무	07건국대 · 04국회사무처9급
rest	정 휴식, 휴식하다, 앉다	01서강대
restive	보 고집 센; 다루기 힘든, 반항적인	07중앙대
restrain	정 제지하다, 억누르다, 억제하다	07중앙대
restraint	보 금지, 속박, 억제수단

| 04성균관대 · 06가톨릭대 |

restrict	정 제한하다, 한정하다	96고려대
restrictive	보 제한하는, 구속하는	02세종대
restrictively	보 한정적으로	05고려대
resurgence	정 부활(revival), 재기	07단국대
resuscitate	보 소생시키다, 부흥하다	05세종대
resuscitation	보 소생, 의식의 회복	06단국대
retail	정 소매하다	07중앙대
retain	정 보류하다, 유지하다	05고려대
retaliate	보 보복하다	05세종대
retaliation	정 보복, 앙갚음	05성균관대
retarded	보 발달이 늦은, 뒤진	05고려대
retentive	보 보유하는, 기억이 좋은	06세종대
reticence	보 과묵함	05중앙대
reticent	보 입이 무거운, 과묵한	02중앙대
retreat	보 퇴각하다, 후퇴하다

| 05성균관대 · 96한국외대 · 02세종대 |

retrieve	정 만회하다, 회복하다	04고려대
reveal	보 드러내다, 누설하다	06가톨릭대
revealing	보 뜻이 깊은, 살갗을 노출시키는	04성균관대
revere	정 존경하다; 숭배하다	07동국대
reverence	정 존경	00한국외대

revise	보 개정하다	02세종대
revive	보 소생하다, 기운나다	02건국대
revolt	정 반란을 일으키다, 반란, 반항	06선관위9급
revolution	보 혁명, 격변, 회전, 공전
		02건국대 · 96한국외대
revolve	정 회전하다, 공전하다	02건국대
rewarding	보 득이 되는, 할 보람이 있는	02세종대
ridicule	보 비웃다, 조소하다, 조롱, 비웃음
		04고려대 · 05경희대 · 02세종대
righteously	보 올바르게, 정직하게	05국회사무처9급
rigorous	정 엄격한, 엄한(severe), (날씨가) 혹독한
		99고려대
rinse	정 씻어내다, 헹구다	05지방직9급
roadblock	정 방책, 장애	05고려대
robbery	보 강도, 강도행위	02고려대 · 05국회사무처9급
roseate	정 장미빛의(rosy), 밝은, 쾌활한, 낙관적인
		01고려대
routine	보 일상의 일; 일과	01성균관대
rudimentary	정 원리의, 기본의, 미발달의	06국회사무처9급
run away	보 달아나다, 도피하다	05국민대
rust	정 녹, 얼룩, 녹슬다	97동국대

S

sagacious	정 기민한	06중앙대
sagacity	보 총명, 명민	07중앙대
salient	정 두드러진, 돌출한(projecting)	00고려대
salute	보 인사하다	07서울여대
salvage	보 해난 구조, 난파선 화물 구조, 인명 구조
		07동국대

sanction	정 허가, 인가	06세종대
sanguine	정 쾌활한, 낙천적인	02성균관대 · 05국민대
scarcity	정 부족, 결핍	97동국대
scare	보 공포	07지방직9급
scatter	보 흩뿌리다	07건국대 · 05한국외대
scavenger	보 거리 청소부	06국민대
schism	정 (단체의) 분리, 분열	07중앙대
scorn	보 경멸하다, 모욕하다	04고려대
scrupulous	정 빈틈없는, 꼼꼼한	06고려대 · 06국민대
scrutinize	정 정밀 조사하다(examine thoroughly)	01한국외대
scrutinizing	보 면밀히 조사하는	06국민대
scrutiny	정 정밀조사, 감시	02중앙대
seamless	정 솔기가 없는, 완벽한	06국민대
sear	정 상처 자국, 흉터	05건국대
seasonable	보 철에 맞는	06서울시7급
seclusion	정 격리, 은퇴(retirement)	99한국외대
secular	정 현세의, 세속의	07중앙대
secure	정 안전한, 확실하게 하다, 안전하게 하다	94한국외대
sedate	정 침착한, 냉정한, 진정시키다	00고려대
sedentary	정 앉아 있는, 앉아서 하는, 정착성의	97동국대 · 06경희대 · 06국회사무처9급
seductive	정 유혹하는, 매력적인	05고려대
segregation	정 (인종) 차별, 분리, 격리	05노동부9급
seldom	보 드물게, 좀처럼 ~않는	07중앙대
selfish	보 이기적인, 자기 본위의	02성균관대
sensibility	보 감각, 감수성	01행정자치부7급
sensible	보 분별 있는, 지각 있는	02동국대 · 04서강대
sensitive	정 민감한, 감수성이 강한	04서강대
separation	보 분리, 떨어짐	07명지대
sequence	보 연달아 일어남, 연속, 연쇄	07중앙대
serendipity	정 뜻밖의 발견(을 하는 능력)	06중앙대

servile	보 노예의, 비굴한	02세종대
servility	보 노예 근성, 비굴	05서울여대
servitude	보 노예 상태	05서울여대
severe	정 엄한	99고려대
shamble	보 비틀거리다, 휘청거리다	06세종대
shifting	정 이동하는, 변하는, 이동, 변화	01서강대
shortsightedness	정 근시안, 선견지명이 없음	05고려대
show off	보 나타나다, 참석하다	07세종대
shrink	정 줄다, 움츠리다	01서강대 · 05동국대
sign up	정 계약하다, 참가하다	07세종대
significant	보 중요한	98성균관대
similar	정 유사한, 비슷한	07중앙대
similarities	정 유사점, 닮은점	05경희대
simultaneous	정 동시에 일어나는, 동시의	01서강대
sincere	보 성실한, 진실한, 충심으로의	04고려대
sinew	보 근육, 완력	06국민대
singularity	보 단일, 이상, 기묘, 색다름	04행정자치부7급
sip	보 홀짝이다, 흡수하다	06단국대
size up	보 치수를 어림치다, 판단하다	05건국대
skeptic	보 회의론자	02세종대
skillful	정 솜씨 좋은, 숙련된	01동국대
skyrocket	보 급히 상승하다, 출세하다	06경희대
slap	보 찰싹 때리다, 혹평하다	06단국대
sleek	보 반들반들한, 광택을 내다	05세종대
slop	보 경사지게 하다	06단국대
sloppily	보 엉성하게, 단정치 못하게	05고려대
sloth	보 마음이 내키지 않음; 게으름, 나태	07중앙대
slovenly	보 단정치 못한; 초라한, 소홀한	07중앙대
sluggishness	보 게으름, 나태함, 동작이 느림	04고려대
smolder	보 연기가 나다, 그을리다	05세종대
smuggle	보 밀수입하다, 밀수출하다	02건국대
sneak	정 몰래 움직이다. 살금살금 들어가다(나오다)
		01성균관대

snobbish	보 속물의, 신사인 체하는	06국회사무처9급
soar	정 높이 치솟다, 활공하다
		96한국외대 · 07국회사무처8급
solace	보 위안, 기분전환	02고려대 · 06가톨릭대
solicit	보 간청하다	05세종대
solicitation	보 간청, 권유, 유혹	02숙명여대
soliloquy	정 혼잣말, 독백	00동국대
solitary	보 고독한	06국회사무처8급
solitude	보 고독	07경기대
solution	보 용해, 용액, 해체, 해결	07중앙대
somatic	정 신체의, 육체적인	06한양대
sordid	정 더러운, 불결한(squalid, dirty), 비참한
		01고려대
sore	정 아픈(painful), 슬픈(sad)	00고려대
spacious	보 공간이 넓은	05경희대
specific	정 특정한, 명확한, 특효가 있는
		01서강대 · 01고려대 · 02세종대
specious	정 그럴듯한, 허울 좋은	07중앙대 · 01서강대
spectacular	정 구경거리의, 볼 만한, 장관인
		01서강대 · 07건국대
speculation	보 사색, 심사, 추측	06동국대
speculative	정 사색적인, (땅 등에) 투기적인	01서강대
spew	보 내뿜다, 분출하다, 토하다	05한국외대
spill	보 엎지르다, 흩뜨리다	07경희대
spiritual	보 정신적인	02고려대
splash	보 (물 · 흙탕물 따위를) 튀기다	07경희대
splendor	정 화려함, 장관(magnificence)	00고려대
spoil	정 망쳐놓다, 손상하다, 해치다(injure)
		07경희대
sporadic	보 때때로 일어나는, 산발적인
		07중앙대 · 02세종대 · 92한국외대 · 02성균관대
sprightly	보 기운찬, 쾌활한	02세종대
spur	정 박차, 격려, 박차를 가하다	00고려대

squander	정 낭비하다	07중앙대
square	정 정방형, (네모진) 광장, 정방형으로 하다
		97서강대
squash	정 짓눌러 뭉크러뜨리다, 진압하다	97성균관대
squat	정 웅크리다, 땅에 엎드리다	01서강대
squeeze	정 압착하다, 짜다, 짜내다, 압박하다
		97성균관대
stability	보 안정	02고려대
stabilize	보 안정시키다, 견고하게 하다; 안정 장치를 하다
		07단국대
stable	보 안정된, 견고한	05고려대
stack	보 산더미처럼 쌓아올리다	07명지대
stagnate	보 썩다, 지체되다	07명지대
stagnation	보 침체, 불황	02숭실대
stain	보 더럽히다, 얼룩, 오점	04고려대 · 05경희대
stake	정 말뚝, 내기, 이해관계	05성균관대
stalemate	보 막다름, 교착 상태	05고려대
stand	정 ~와 맞서다, ~에 저항하다, 참다	04서강대
stare	정 빤히 처다보다(gaze)	96한국외대
starve	정 굶어죽다, 굶주리다	4한국외대
statement	정 성명, 진술	07광운대
static	정 정적인	06고려대
staunch	보 멈추게 하다, 억제하나ㅏ	05지방직9급
steel	보 강철	02동국대
stem	정 막다, 저지하다, 생기다
		07일반경찰 · 05국회사무처9급
steppingstone	정 디딤돌, 발판	05고려대
sterile	정 불모의, 불임의	02고려대
stiffen	보 뻣뻣하게 하다	05건국대
stifle	보 숨을 막다, 질식시키다, 억누르다
		04국회사무처9급
stigma	보 치욕, 오명, 오점	06명지대
stimulate	보 자극하다, 활기 띄게하다	02동국대 · 07중앙대

stinginess	보 인색함	06명지대
stingy	정 인색한, 구두쇠의, 부족한	99고려대
stipulate	보 규정하다, 약정하다	05지방직9급
stockpile	보 비축, 저장하다	07중앙대
stout	보 단단한	06가톨릭대
straddle	정 양다리 걸치다	05서강대
straight	보 곧은, 일직선의	07국가직9급
strain	정 잡아당기다, 꽉 조이다	07서울여대
strand	정 좌초시키다	07명지대
strategically	정 전략적으로, 전략상	97성균관대
strident	정 날카로운(shrill), 귀에 거슬리는	01고려대
stringent	보 절박한, 엄중한, 엄한	99고려대 · 05고려대
structure	정 구조, 조립	06고려대
struggle	보 투쟁, ~와 싸우다	07건국대 · 05노동부9급
stubbornness	보 완고, 완강함	05고려대 · 04지방직9급
stuff	보 채워넣다, 메우다	04국회사무처9급
stun	보 기절시키다, 아찔하게 하다	06고려대
subdue	보 정복하다, 복종시키다	06경희대
subjective	보 주관의, 주관적인	06고려대
subjugate	보 정복하다, 복종시키다	07중앙대 · 06세종대
sublime	정 장엄한; 숭고한, 최고의	07중앙대
subsidize	보 보조금을 지급하다	06경희대
substantial	정 실질적인, 많은, 풍부한
	04성균관대 · 06국민대 · 05동덕여대
substantiate	보 실체화하다, 실증하다	02건국대 · 99동국대
substitute	보 대용하다, 바꾸다, 대신하다	07중앙대
subterfuge	정 구실, 핑계; 속임수	06중앙대
subversive	정 전복하는, 파괴적인	07중앙대
successive	보 연속적인, 잇따른, 계속되는	05건국대
succinct	보 간결한, 간명한	07건국대
suck	정 빨다, 빨아들이다	06단국대
suffering	보 괴로움, 고통, 고생, 피해	06국회사무처9급
suggest	보 암시하다, 시사하다	02건국대

suicide	정 자살	02고려대
suitability	보 적합, 적당	07건국대
sullen	정 시무룩한, 음울한	01동국대
supercilious	정 거만한 (haughty, arrogant)	02광운대 · 96고려대
superficial	정 표면상의, 피상적인	06가톨릭대 · 03성균관대
superfluous	보 여분의, 불필요한	06동국대
superiority	정 잔혹함, 비참함	06국회사무처9급
supersede	보 ~에 대신하다, 지위를 빼앗다	05서강대 · 05경희대
supplant	보 밀어내다, 대신하다	07건국대 · 07중앙대
supplement	정 보충하다, 보완하다	02고려대
support	정 지탱하다(sustain), (가족을) 부양하다	00고려대
suppress	보 억압하다; 진압하다, 억누르다, 참다	07국민대 · 07동국대 · 02세종대
surpass	보 능가하다	02고려대
surrounding	정 주위 환경	04중앙대
survive	보 살아남다	02건국대
susceptible	정 ~에 걸리기 쉬운, 민감한	06경희대
suspect	정 의심하다	07광운대
suspend	보 매달다, 중지하다	02세종대
suspension	정 매달기, 미결정, 정지	00고려대
suspicious	보 의심스러운	02고려대 · 06고려대
sustain	정 떠받치다, 유지하다, 부양하다	07단국대 · 06항공대 · 06가톨릭대
sustainability	정 지속 능력, 유지 능력	07건국대
swarming	보 떼지어 모인, 가득찬	06세종대
swelling	정 부풀어 오름, 부풀기, 과장	01서강대 · 05경희대
symbolize	보 상징하다	02세종대
sympathetic	보 동정적인, 공감을 나타내는	04서강대
symptom	보 징후, 조짐, 전조〔of〕, 증상	07성균관대

synchronous	정 동시에 일어나는, 동시성의, 동시에 움직이는
		01서강대
synonymous	정 동의어의, 같은 뜻의	01서강대
systematic	보 조직적인, 계획적인	02성균관대

T

tacit	보 말없는, 조용한	01행정자치부7급
taciturn	보 말없는, 무언의	05국민대
tactful	정 재치 있는, 약삭빠른	94한국외대
tactile	정 촉각의, 만져서 알 수 있는(tangible)
		01고려대
take back	정 ~을 도로 찾다, 취소하다	06명지대
take care of	정 ~을 돌보다	02고려대
take it for granted	정 당연하게 여기다	01중앙대
take up	보 집어들다	05건국대
tamper	정 참견하다, 주무르다, 뒷거래하다	04고려대
tautological	정 동의어의, 동의어를 반복하는	96동국대
tawdry	보 야한, 값싸고 번지르르한, 값싼	04고려대
tedious	보 지루한, 싫증나는, 장황한, 끈덕진
		07가톨릭대
temper	보 부드럽게 하다, 진정시키다	05건국대
temporary	정 순간의, 덧없는	07세종대
temptation	보 유혹	06가톨릭대
tenet	정 신조, 주의	97동국대
tenure	보 보유, 보유권	06국민대
terminate	정 끝내다, 마치다, 〔교통〕 종점이 되다
		05고려대 · 95중앙대
termination	보 종료, 결말	06광운대 · 02건국대
terrify	보 무섭게하다, 놀래다	05한국외대

terse	정 간결한	01행정자치부7급
theatrical	정 연극적인, 극장의	97서강대
theoretical	정 이론적인, 이론상의
		00동국대 · 00고려대 · 97서강대
therapeutic	보 치료의	02세종대
thoroughgoing	정 철저한, 완전한	03성균관대
thoughtful	정 생각이 깊은, 사려 깊은, 인정 있는
		00고려대
threat	보 으름, 위협, 협박 (~의) 우려	07성균관대
threaten	정 위협하다	02고려대
thrilling	정 소름끼치는, 감동적인	00고려대
timely	보 시기 적절한	06서울시7급
timidity	정 소심, 겁 많음	96동국대
titanic	정 거대한(tremendous)	01동국대
tolerable	보 참을 수 있는, 웬만한	05중앙대
tolerance	보 인내	05가톨릭대
tolerate	보 관대히 다루다, 너그럽게 봐주다, 관대한
		02성균관대 · 02세종대
toll	보 통행세, 통행료, 대가, 희생	05동덕여대
touch	정 감동시키다	94한국외대
touchy	정 성미가 급한, 과민한, 까다로운, 인화성의
		96동국대
toxin	보 독소	05동국대
tractable	보 유순한, 온순한, 다루기 쉬운
		96동국대 · 07중앙대
trail	정 질질 끌다, 추적하다(track)	01고려대
trait	보 속성, 특색, 특성	05경희대
tranquil	정 조용한, 평온한	06중앙대
transcend	정 넘다, 초월하다, 능가하다	07중앙대
transcendent	보 뛰어난, 탁월한	06중앙대
transferable	보 옮길 수 있는, 이동할 수 있는	05동덕여대
transform	보 변형시키다	06고려대 · 02건국대
transformation	보 변형, 변화	07건국대

transfusion	정	옮겨 붓기, 주입	06단국대
transparency	보	투명성	05고려대
transplant	보	옮겨 심다, 옮기다	05건국대 · 06단국대
traverse	정	가로지르다, 통과하다	99동국대
treachery	정	배반, 반역, 변절	05국민대
treason	보	반역(죄), 모반, 배신, 배반	07경희대
tremendous	보	무서운, 굉장한, 엄청난	07동국대
tremulous	보	떠는, 떨리는, 전율하는, 진동하는, 소심한	97성균관대
trench	보	도랑, 〔군대〕 참호	07경희대
trend	정	방향; 경향, 동향, 추세; 시대 풍조	07경희대 · 00고려대
trepidation	보	공포, 동요	02건국대
trial	보	공판, 재판, 시도	07중앙대
trial and error	보	시행착오	04가톨릭대
tribute	보	공물, 조세; 과도한 세, 찬사, 칭찬	07경희대
trick	정	묘기, 비결	07광운대
trifle	보	(손에) 가지고 놀다, 가벼이 다루다, 우습게 보다	07가톨릭대
trigger	정	일으키다, 유발하다	05가톨릭대 · 02세종대
trivial	정	사소한, 하찮은	05고려대 · 02동국대
truce	보	정전, 휴전, 일시적 중지	05성균관대
truculent	정	야만적인, 잔인한	95고려대
trust	정	신뢰, 신용	06고려대
trustworthy	보	신뢰할 수 있는, 확실한	04서강대
turbulent	보	몹시 거친, 사나운	06중앙대 · 06경희대
turn out	정	끄다, 내쫓다, 해고하다	07경기대
typical	정	전형적인, 대표적인	01성균관대
typify	정	대표하다, 표본이 되다	02건국대

U

ubiquitous 정 도처에 존재하는, 편재하는
| 97서강대 · 05건국대 · 02고려대 |

ubiquity 정 도처에 존재하기, 편재성 | 06광운대 |

unabridged 보 생략되지 않은, 완전한 | 02중앙대 |

unanimously 보 만장일치로, 이의 없이
| 06경희대 · 05건국대 · 98성균관대 |

unbiased 보 선입관이 없는, 공평한 | 99한국외대 |

unconvinced 정 설득되지 않은, 납득하지 않은 | 06고려대 |

uncover 정 (덮개를) 열다, 폭로하다, 털어놓다
| 00고려대 |

undaunted 정 불굴의 | 05건국대 |

under the weather 정 몸 상태가 좋지 않아, 기분이 언짢아
| 05건국대 |

underdone 보 충분히 되지 않은, 설익은 | 07단국대 |

undermine 보 ~의 밑을 파다, (근본을) 침식하다
| 07중앙대 · 05고려대 · 05경희대 · 02한국외대 |

underscore 보 강조하다, 뒷받침하다, 예고하다
| 05지방직9급 |

undervalue 정 싸게 견적하다, 과소평가하나; 얕보다
| 07단국대 |

undesirable 정 바람직하지 않은 | 00고려대 |

undue 정 불필요한, 적당치 않은 | 95고려대 |

unduly 정 부당하게, 지나치게(excessively)
| 94한국외대 |

uneasy 보 불안한, 걱정스러운 | 02동국대 |

unfamiliar 정 생소한, 낯선, 경험이 없는 | 07동국대 |

unfathomable 보 깊이를 헤아릴 수 없는, 심오한 | 04성균관대 |

unilateral 정 일방적인, 단독적인 | 06경희대 · 04지방직9급 |

uninformed 보 알려지지 않은, 정보를 받지 못한 | 05건국대 |

unique	형 독특한, 유일한	06경희대
unity	형 일치, 일관성	02고려대
unmanageable	형 다루기 힘든, 제어하기 어려운	05건국대
unnerved	형 용기를 잃은, 기력을 잃은	05동국대
unobtrusive	형 주제넘지 않은, 겸손한, 삼가는	07단국대
unpalatable	형 입에 맞지 않는, 맛없는; 불쾌한, 싫은	07단국대
unpleasant	형 불쾌한, 싫은, 재미 없는	02경희대
unprecedented	형 선례(전례)가 없는, 미증유의	07단국대 · 06서강대 · 98한국외대
unpredictable	형 예측할 수 없는	06서강대 · 05경희대
unprepossessing	형 호감을 주지 못하는, 불쾌한	07단국대
unravel	형 풀다; 해명하다; 해결하다	07중앙대 · 07서울여대
unrealizable	형 이해할 수 없는, 실현할 수 없는	02고려대
unremunerative	형 무보수의, 수지가 맞지 않는	99동국대
unripe	형 익지 않은, 생것의	04고려대
unscientific	형 비과학적인	06고려대
unspoiled	형 손상되지 않은	05경희대
unstable	형 안정되지 않은, 변하기 쉬운	00동국대
unsusceptible	형 둔감한, ~에 물들지 않는	06국회사무처8급
untapped	형 마개가 열리지 않는, 사용되지 않은	05경희대
untenable	형 지킬 수 없는, 지지할 수 없는	04성균관대 · 05동덕여대
untimely	형 때 아닌, 시기상조의	95고려대
uphold	형 (질서,권리 등) 유지하다, 받들다	06국회사무처9급
up-to-date	형 최신식의	07지방직9급
urbane	형 도시풍의, 세련된	05세종대
useful	형 쓸모 있는, 유용한, 편리한	07동국대
utopian	형 공상적 사회 개혁론자, 몽상가	02세종대

V

vague   **보** 어렴풋한, 막연한, 모호한
| 06국민대 · 02세종대 |

vainglorious   **보** 자만심이 강한, 허영심이 강한 | 02건국대 |

valor   **보** 용기, 용맹 | 06단국대 |

vanish   **정** 사라지다(disappear) | 96한국외대 |

vapor   **정** 증기, 증발하다 | 97동국대 |

varied   **보** 여러 가지의, 잡다한, 다채로운 | 02성균관대 |

variegated   **정** 얼룩덜룩한; 변화가 많은 | 06중앙대 |

variety   **정** 다양성 | 02고려대 |

vast   **정** 광대한, 거대한; 방대(막대)한, 대단한
| 07가톨릭대 |

vegetarian   **보** 채식주의의, 채식주의자 | 05건국대 · 04고려대 |

vegetate   **보** 식물처럼 성장하다, 무성하게 나다
| 05경희대 |

veil   **보** 베일, 장막 | 06서울시7급 |

vein   **보** 정맥, 기질, 기분 | 06선관위9급 |

vent   **정** ~에 구멍을내다, (증기 · 액체 등을) 배출하다,
토해내다 | 07동국대 |

veracious   **정** 성실한, 진실한 | 06동국대 |

verbose   **정** 말이 많은, 장황한(wordy) | 94한국외대 |

verdant   **보** 신록의, 푸른 잎이 무성한 | 05경희대 |

verify   **정** 증명하다, 확인하다 | 02고려대 |

versatile   **보** 재주가 많은, 다방면의
| 06가톨릭대 · 05동덕여대 |

vertigo   **정** 현기증 | 94고려대 |

vex   **보** 짜증나게 하다, 애타게 하다 | 04고려대 |

vicarious   **정** 대리의 | 96고려대 |

vie   **정** ~와 경쟁하다 | 06국민대 |

vigilance   **정** 경계, 잠복근무 | 02고려대 |

vigilant	보 밤새워 지키는, 경계하고 있는, 방심하지 않는
		06국회사무처9급
vigorous	보 원기 왕성한, 활발한, 강력한 07경희대
vindicate	정 변호하다, 옹호하다 02고려대
vindictively	보 보복으로, 악의에 차서 02성균관대
violate	보 위반하다, 침해하다 05건국대
viscous	보 들러붙는, 끈적이는 07중앙대
vision	보 시가, 시야, 통찰력, 환상 06선관위9급
visionary	정 환영(환상)의, 공상에 잠기는, 비현실적인
		00동국대
vista	정 길게 내다보이는 경치, 전망 05동국대
visual	정 시각의, 광학상의(optical) 96동국대
vociferous	보 큰소리로 외치는, 떠들썩한 06경희대
voracious	보 게걸스레 먹는, 탐욕스러운
		06중앙대 · 04국회사무처9급
vulnerable	정 공격받기 쉬운, 상처받기 쉬운
		06동국대 · 99한국외대 · 07지방직9급 · 06국회사무처9급

W

wane	정 (달이) 이지러지다, 작아지다; 적어지다, 약해지다 04가톨릭대
wanton	정 터무니없는, 무리한, 제멋대로의 07중앙대
warrant	보 보증하다; 보장하다 07광운대
wax	보 커지다, 증대하다; (해가) 길어지다; (달이) 차다 04가톨릭대
weaken	보 약화시키다 02고려대
weed out	정 제거하다 07중앙대
weird	보 수상한, 기묘한 04동국대

well-preserved	정 잘 보존된, (나이에 비해) 젊어 보이는
		01성균관대	
willingness	정 기꺼이 함	04고려대	
wind up	보 감다, 청산하다, 폐쇄하다	05동국대	
withdraw	보 철회하다, 물러나다	02세종대	
wither	정 시들다, 말라죽다	00고려대	
withstand	정 저항하다, 버티다	00고려대	
wonder	정 불가사의, 경이, 놀라움	05성균관대	
work out	정 (문제 등을) 해결하다	05건국대	
worsen	정 악화하다, 악화시키다	07중앙대	
wrangle	정 말다툼하다, 언쟁, 논쟁(controversy)	00동국대	

Y

yielding	보 양보하는	05세종대	

문장완성
뽀개기 700제

문장완성 뽀개기 700제

지은이 장수용 · 김기원
펴낸이 안용백
펴낸곳 (주)넥서스

초판 1쇄 발행 2007년 5월 5일
초판 11쇄 발행 2012년 9월 15일

출판신고 2001년 12월 5일 제 313-2005-00004호
121-840 서울시 마포구 서교동 394-2
Tel (02)330-5500 Fax (02)330-5555

ISBN 978-89-6087-009-3 13740

www.nexusbook.com
넥서스ACADEMY는 (주)넥서스의 한자 · 수험서 전문 브랜드입니다.

문 장 완 성 교 재 가 진 화 한 다

문장완성
뽀개기 700제

장수용 · 김기원 지음

네서스ACADEMY

contents

문장완성 (혹자는 논리완성이라 명칭 짓는) 유형은 각 대학 편입 시험 및 공무원시험에서 평균적으로 적게는 20%에서 많게는 40%의 비중을 차지한다고 볼 수 있습니다. 문장완성 비중이 차지하는 비율이 이렇게 높음에도 불구하고 그 동안 국내에서는 문장완성 전문 교재가 정식으로 출간된 바는 단 한 번도 없었습니다. 이러한 현실 속에서 소량의 문장완성 문제가 포함된 독해 교재 또는 학원 교재를 통해서만 공부할 수 있는 것이 기존 국내 수험생들의 상황이었습니다.

이제 편입 및 공무원 시험을 준비하는 모든 분들의 요구와 눈높이에 맞춘 국내 최초의 본격 문장완성 전문 교재인 『문장완성 뽀개기 700제』가 드디어 선을 보입니다.

한 권의 교재에 기본편부터 실전편까지 모두 다루면서 동시에 모든 유형을 조화시키고자 부단한 노력을 기울였습니다. 본 교재를 통한 문장완성 문제 자체의 공략과 정답이 되는 이유에 대한 이해는 기본이고, 지문 및 보기에 등장하는 어휘들 및 표현들을 집중적으로 암기해 나간다면 문장완성 유형은 고득점의 영역이 될 것입니다.

본 교재에 대한 지난 1년간 보내주신 수험생들의 성원에 보답하고자 이번 개정판에는 수험생들의 요구를 좀 더 충족시킬 수 있도록 최선의 노력을 다하였습니다. 본 교재의 치밀한 공략을 위해서 차후에 강의를 통한 확실한 도움을 드릴 것을 약속드리면서 이만 머리말을 마칩니다.

진화하는 문장완성 교재 『문장완성 뽀개기 700제』의 진수를 느껴보시기 바랍니다.

2007년 4월 20일 저자 일동

Promising Your Dreams Will Come True.

이 책이 출간되기까지 많은 분들이 도움을 주셨습니다. 부족함이 많은 제자를 받아 주시고 많은 가르침을 주시는 영문과 교수님들, 까다로운 저자의 부탁에 귀찮은 내색 한번 보이지 않으시면서 지극한 정성을 보여 주시는 넥서스 신옥희 이사님, 본 교재의 집필에 많은 조언을 해주신 『Voca Bible』의 이재훈 선생님과 허민 선생님, 강의하는 데 많은 격려와 힘을 주시는 'Plan T 어학원'의 전수용 원장님, 앞으로 많은 활동을 같이 하게 될 'The World Best Columns'의 정득권 선생님, 세상에서 가장 열심히 공부하시는 '편입에 실패란 없다' 카페 회원님들, 그리고 사랑하는 부모님, 이 모든 분들의 격려와 질책이 있었기에 『문장완성 뽀개기 700제』가 완성되었습니다. 이 자리를 빌려 고개 숙여 감사의 인사를 전합니다.

이 책의 활용

1 차근차근 기초편부터 실전편까지 단계적으로 공부해 나갑니다.

2 기본영역의 난이도 별표를 활용하여 공부의 강약을 조절해 보세요.

3 기본영역의 상세 설명으로 이루어진 'Notes'로 실력이 쑥쑥! 문제를 푼 후 'Notes'를 꼼꼼히 체크해보세요.

4 하나의 문제는 꼭 2번씩! 문제의 앞 부분에 달린 정오표에 정오 여부를 체크하여 실력을 점검합니다.

5 실전편까지 완벽하게 공부하였다면, 마지막으로 Multi-Blank 100문제를 풀어 문장완성 만점에 도전하세요.

6 문장완성 문제에 단골로 등장하는 어휘·숙어 포켓북 '문장완성 기출 어휘.ZIP'으로 언제 어디서나 문장완성 문제를 만날 수 있습니다.

1 유형의 세분화

본 교재는 편입 및 공무원 시험에서 출제되는 – '어휘력 위주', '논리력 위주', '2어 문장완성', 'Multi-Blank' – 모든 영역에 대한 집중적인 공략을 할 수 있게끔 구성했습니다.

2 기본편을 통한 유형별 연습

문장완성 문제 자체가 '어휘력'과 '구문력' 그리고 '논리력' 모두를 요구하는 만큼, 초보자 혹은 기본 실력을 가진 분들이 본격적인 실전 수준의 문장완성을 바로 공부하기에는 벅찬 것이 사실입니다. 따라서 기본과 중급 수준의 문장완성 300문제를 통해서 점진적인 실력 다지기를 가능하게끔 구성했습니다.

3 실전편 18회를 통한 집중훈련

문장완성의 대표 유형들인 '어휘력 위주의 문제 10개', '논리력 위주의 문제 8개', '표현 위주의 문제 2개', '2어 문장완성 문제 5개'를 25문제씩 한 세트로 묶어서, 총 18회의 실전테스트를 구성했습니다. 이 450문제의 실전편이 본 교재의 백미로서 여러분들을 문장완성 영역의 막강한 고수로 만들어 드릴 것입니다.

4 영문 독해능력을 기르기 위한 논리력 증강

문장완성 문제도 독해를 요하는 문제이므로 문장 간의 "논리성"을 이해해야 합니다. 그러기 위해서는 장문의 문장완성 문제를 풀어보면서 작가가 주장하는 바(글의 주제 및 요지 파악)를 읽어 나가면서 찾아가는 연습을 해야 합니다. 특히 몇몇 대학 및 공무원 문제의 보편적인 문제로 출제되고 있습니다.

5 자세한 해설 및 단서의 정확한 제시

문장완성의 정답이 되는 근거는 반드시 제시된 지문 속에 있기 마련입니다. 다시 말해서 대부분의 문제에서 글쓴이가 말하고자 하는 바가 있다. 따라서 본 교재에서는 그 단서가 되는 부분 및 자세한 해설을 통해 문제에 대한 빠른 이해를 드리고자 합니다.

6 지문 및 보기항 어휘와 숙어의 완벽한 정리

문장완성에서 자주 출제되는 어휘에 대한 정의 및 파생어, 동의어, 반의어, *cf.*(참고), 예문을 제시하여 어휘의 단계적 학습을 가능하게 했습니다. 이 책에서 나온 어휘들을 철저하게 자기 것으로 소화한다면 동의어 찾기 문제에서도 좋은 점수를 받을 수 있습니다.

7 Multi-Blank 100문제 부록 첨가

특정 대학 및 대학원에서만 출제되는 독특한 유형인 'Multi-Blank' 또한 마지막 단원에 100문제를 부록으로 추가하여, 소외되는 유형이 없게끔 구성하였습니다.

8 최근 기출 경향 100%반영

지난 2~3년간 편입 및 공무원 문장완성 문제 수준의 변화는 상당했습니다. 예전처럼 너무나 상투적인 단서가 제시되어 있거나 짧은 지문이 아닌, 비교적 중·장문의 지문이 증가하고 있으며 논리 정보 장치를 통해서만 단서를 밝히는 것이 아닌 문맥 전체의 정확한 이해를 함으로써만 풀이가 가능한 문제들이 실제 시험에서 증가하고 있습니다. 본 교재는 이를 반영하여, 실전 대비에 완벽을 기할 수 있게끔 구성했습니다.

9 최근 기출 문제와 예상 문제의 조화

기출 문제뿐만 아니라 출제위원 교수님들은 공무원·편입 시험 및 각종 고시 출제위원으로 참가하시고 그 문제들에 대한 저작권을 가지고 계시므로, 편입 시험에서 출제된 문제들이 공무원 시험에 다시 출제되고, 공무원 시험에서 출제된 문제들이 편입 시험에 다시 출제되는 경우가 비일비재합니다. 이러한 점을 고려하였을 때, 본 교재는 최신 기출 문제들을 많이 반영하였으므로 문제은행으로서의 양적·질적 가치도 확보한 셈입니다. 본 교재의 문제들은, 정답까지 기억하시는 것을 추천해드릴 정도로 예상 문제로서의 가치가 뛰어나다고 자신있게 말씀드릴 수 있습니다.

문장완성 공략법

문장완성 공략법

Ⅰ 문장완성 유형 정의

특정 어휘나 어구 또는 문장을 삭제하여 빈칸을 만든 후, 불완전한 문장을 제시하여 보기항 중 올바른 어휘나 어구 또는 문장을 선택하여 완전한 문장을 완성하는 유형이다.

과거 GRE, SAT에서 도입된 이후, 국내에서는 국가고시와 대학원 입학시험에서 그 유래를 찾아 볼 수 있으며, 모든 대학 편입 영어시험 및 공무원, TEPS, GRE, SAT 시험에서 반드시 출제되는 유형이다.

논리완성이란 유형 정의로 더 잘 알려져 있으며 동일 개념이다.

이 유형은 크게 다음의 네 가지로 분류될 수 있다.

첫째, 어휘 위주의 문장완성
둘째, 논리력 위주의 문장완성
셋째, 2어 문장완성
넷째, Multi-Blank 문장완성

본 교재는 이들을 모두 반영하고 있다.

Ⅱ. 문장완성 공략법

1. 주력 어휘 교재의 1회독을 미리 하는 것이 바람직하다.

어휘력 위주의 문장완성이 됐든, 아니면 논리력 위주의 문장완성이 됐든 간에, 문장완성 문제 풀이에서 요구되는 어휘력이 순수 독해에서 요구되는 어휘력 수준보다도 더 높다고 볼 수 있다.

따라서 모든 준비생들 사이에서 정평이 나 있는 중·고급 어휘 교재 중 한 권 정도는 1회독을 하고 나서 본격적인 문장완성을 공략하는 것이 좋다고 생각된다. 그렇지 않다면 문장완성 문제 풀이를 하면서 공부를 할 경우, 문제 풀이와 그 쟁점의 이해를 하기는커녕 보기항에 나와 있는 어휘 공부가 되어 버리기 때문이다.

2. 모든 글을 순접이나 역접이냐의 단순한 관점으로 보아야 한다.

글의 전개 방식으로 분류를 해본다면, 진술 부연 · 예시 · 열거 · 인과 · 의견 제시 · 비유 · 첨가 등과 같은 순접의 논리 전개와 대조 · 양보 · 통념 비판 등과 같은 역접으로 분류할 수 있다.

그러나 이와 같이 협의적으로 세세하게 글의 전개 방식에 맞춰서 글을 따라가는 것보다는, 최소한 문장완성에서는 그 글의 핵심어(key word)와 순접으로 이어지느냐 아니면 역접으로 이어지느냐에 초점을 맞춰서 문제 풀이를 하면 된다. 또는 +(긍정), -(부정)의 의미를 확인한 후에 답을 찾아가는 것도 좋은 방법이다. 하지만 문제를 푸는 방법에 있어서 answer choice들을 빈칸에 끼워 넣고 해석한 후 답을 찾는 것은 피하는 것이 좋다. 시간은 절약할 수 있지만 부정확한 답을 고르게 되는 단점이 있다.

3. 논리 정보 장치를 잘 활용해야 한다.

주어진 지문의 글이 순접으로 진행되느냐 아니면 역접으로 진행되느냐를 '접속사, 접속부사, 기타 부사어구 또는 동사어구' 등으로 밝혀주는 연결 어구를 '논리 정보 장치' 라고 일컫는다.

우리 한국어와 다르게 영어의 경우 대문자와 구두점이 잘 발달되어 있기 때문에 글을 읽으면서 감각적으로 이 '논리 정보 장치' 를 쉽게 발견할 수 있다. 아래의 논리 정보 장치들을 통해서 글의 흐름 전개를 쉽게 파악할 수 있다.

순접 연결어 (same-direction connectives)	역접 연결어 (changing-direction connectives)
인과 관계 연결어구	**대조 관계를 나타내는 어구**
and, not only ~ but also, because, in that, since, like, for example, such as, so ~that, so ~ as to, as long as, 콜론-(:), 세미콜론-(;), thus, therefore, consequently, hence, if ~then, in the sense that 등	but, yet, in contrast (to), on the contrary, far from, rather than, on the other hand, more~than, not ~ but, instead of, unlike, otherwise, paradoxically , ironically,puzzlingly, unexpectedly, curiously, distinguish between A and B, substitute A for B, not so much A as B 등

목적, 수단, 결과를 나타내는 어구	양보 관계를 나타내는 어구
in order to, for, through, by, on the basis of, in terms of, result in, result from, lead to 등	although, though, albeit, even though, whereas, while, however, despite, in spite of, nonetheless, nevertheless, regardless of, even if, yet, and yet 등

유사 비교를 나타내는 어구	
correspondingly, in the same way, similarly, (just) as ~ so	

4. 모르는 단어가 나왔다고 책의 해설 부분을 미리 보지 말아야 한다.

사전을 통째로 외우고 시험장에 들어간다고 해서 모든 단어를 다 기억하면서 글을 읽을 수는 없다. 모든 어휘의 암기는 애당초 불가능한 싸움이기 때문이다.

그렇다고 모르는 단어가 나왔을 때 그 단어의 뜻을 유추한다는 건 더욱 더 말이 안 되는 논리이다. 지금 여러분들이 공부를 하는 이 시점부터 '모르는 단어가 등장했을 때 어휘 뜻을 먼저 파악하는 것이 아닌 침착하게 문제를 풀어 나가는 적응 훈련'을 충분히 해야 한다.

따라서 지문을 읽을 때 모르는 단어가 나오고 구문이 막힐 경우 절대로 먼저 해설 부분을 보고 문제 풀이를 하면 안 된다.

틀려도 좋다. 심지어 다 틀려서 빵점이 나와도 좋으니 모르는 단어는 통째로 죽인 채로 이 단어가 순접으로 연관되느냐 역접으로 연관되느냐만 생각하고 글을 읽자.

모르는 단어의 암기는 문제 풀이를 마친 후 복습을 할 때 하도록 하자.

5. 초보와 중급 단계에서는 직역을 해야 한다.

공부가 충분히 된 후 고수의 단계에 이르러 유창하게 한국어순으로 의역을 할 수 있을 때까지는 주어진 어순의 문장 그대로 직역을 해야 한다. 국어의 어순과 다르기 때문에 처음에는 적응을 하기 힘들겠지만, 속독과 정확한 구문 단위로 읽을 수 있게 해주므로 영어의 구문에 친숙해질 수 있을 것이다.

6. 문법 공부를 소홀히 하지 말아야 한다.

우리나라 대다수 사람들이 말하기를, 영어 글을 읽을 때 문법은 중요하지 않으며 어휘와 감만 가지고서도 좋은 독해력을 가질 수 있다는 망언을 일삼는다.

그냥 대충대충 남 하듯이 하면서 살아갈 거라면 이 말이 맞겠지만, 유창한 글들을 읽고자 하고, 훗날 한 기업을 대표해서 영문으로 작성된 사업문서와 같은 정확한 영문을 구사하기 위해서는 '품사론' 에 입각한 문법들을 제대로 숙지해야 한다.

탄탄한 문법 실력을 갖추고 글을 읽는 이와 그렇지 못한 이의 차이는 시험이 다가올수록 그 Gap이 엄청나게 벌어진다.

이는 합격 후 화려한 자신의 인생을 만들기 위하여 CNN 청취, TIME · ECONOMIST와 같은 세계 유명 사설을 읽고자 할 때 분명 큰 도움이 된다.

이 공부를 통하여 화려하게 사회로 뻗어나가기 위해서 민간인들은 감히 할 수 없는 공부를 하게 되는 것이다.

단언컨대, 정확한 구문력 없이 독해와 문장완성의 고득점 확보는 불가능하다.

7. 복습할 때 어휘 암기는 기본이고 모든 보기항의 정 · 오답이 되는 이유를 밝혀야 한다.

수험생들이 복습을 할 경우 큰 오류를 범하는 것은 모르는 어휘 몇 개 외우고 정답이 되는 이유만 알고 넘어가는 것이다.

시험 문제는 정답을 골라야 된다. 그런데 이 정답을 고르기 위해서 영어의 달인이 아닌 이상 특정 보기항 하나를 보고서 '이게 정답이다' 라고 단정하기는 쉽지 않다.

즉, 정답이 되는 보기항 하나를 골라내기 위해서는 정답이 아닌 보기항들도 같이 소거시킬 수 있어야 한다.

복습을 할 때, 정답이 되는 보기항이 왜 정답이 되며, 정답이 되지 않는 보기항은 왜 정답이 되지 않는지 그 이유에 대해서 지나가는 사람을 붙잡고도 그 논리에 대해서 설명을 할 수 있을 만큼 복습을 하자.

무조건 많은 문제를 푼다고 실력이 느는 것은 아니다. 문제 풀이 이후 맞았으면 왜 맞았고, 틀렸으면 왜 틀렸는지를 알아야 후에 언젠가 동일한 쟁점을 가진 문제를 접했을 때 그 문제를 풀어낼 수 있는 것이다.

문제를 많이 풀자! 대신 무작정 많이 푸는 것이 아닌 확실한 복습을 하면서 그 문제 풀이 양을 늘려야 한다는 것이다.

III. 문장완성 문제 유형

1. 어휘 위주의 문장완성

이어서 설명하게 될 '논리력' 위주의 문장완성 유형과 마찬가지로서 모든 시험에서 반드시 출제되는 유형이다. 문장완성 유형 자체 내에서는 가장 출제빈도가 높은 유형으로서, 결국 문제 풀이를 하고 난 후에 결과적으로 어휘력을 측정하는 문제였다고 판단되어지는 경우이다.

유제 1. 지금까지 배운 공략법을 이용하여 sentence completion 문제를 풀어보십시오.

Since you have failed three of the last four tests, you cannot afford to be ________ about passing for the term.
  ① sanguine   ② courteous
  ③ tolerant   ④ relevant   ⑤ bellicose

어구　**afford to R** ~할 여유가 있다 | **term** 학기 | **sanguine** 쾌활한, 희망에 찬, 자신만만한, 낙관적[낙천적]인, 혈색이 좋은 | **courteous** 예의바른, 정중한(polite) | **tolerant** 관대한, 아량있는 | **relevant** (당면한 문제에) 관련된; 적절한(proper), 타당한 | **bellicose** 호전적인(warlike); 싸움을 잘하는

해설　〈순접-인과〉
이 지문의 경우 Since라는 논리 정보 장치가 등장한다. Since는 접속사로서 주절의 시제가 현재완료일 경우에는 '~한 이후로'란 뜻을 갖지만, 주절의 시제가 현재완료가 아니라면 '~이기 때문에'라는 뜻을 가진다. 이 문장의 경우 주절의 시제가 현재시제로서(동사 can으로 알 수 있다) 주절과 종속절의 관계는 인과 관계라는 순접으로 진행이 된다. 그렇다면 '지난 4번의 시험 중 3번을 떨어진 사람은 ~을 하는 것에 대해서 여유가 없겠다'는 논리가 분명히 밝혀진다. 이와 같이 논리 관계는 쉽게 알 수 있더라도 보기항에 등장하는 각각의 어휘들에 대해서 뜻을 모른다면 문장완성 문제는 해결할 수가 없다. 어휘 공부 열심히 하자!

해석　당신은 지난 4번 시험 본 것 중 세 번을 실패했기 때문에, 당신은 이번 학기 합격선을 통과하는 것에 대해서 낙관적일 여유가 없다.

정답　①

2. 논리력 위주의 문장완성

문제 풀이에 있어서 요구되는 쟁점이 특정 어휘들에 대한 평가라기보다는 글의 전체 주제 또는 글의 흐름에 따른 논리력을 측정하는 유형으로서, 3~4년 전보다도 그 출제 문항의 수가 증가하고 있다.

유제 2 지금까지 배운 공략법을 이용하여 sentence completion 문제를 풀어보십시오.

It is easy in the world to live after the world's opinion; it is easy in solitude to live after our own; but the great man is he who in the midst of the crowd can perfectly ________.
　　① influence others suffering from solitude
　　② remain silent under any circumstance
　　③ keep the independence of solitude
　　④ forget his solitude in thinking

어구　the world's opinion 세상의 여론 | solitude 고독, 외로움 | in the midst of ~의 가운데에서 | under any circumstance 어떤 사정일지라도 | influence ~에 영향을 끼치다

해설　〈역접-대조〉
but이란 '역접' 을 가리키는 접속사가 등장했으므로, 앞의 두 문장과는 '역접-대조' 의 관계임이 분명하다. 세상의 여론을 따라가며 사는 것과 자신의 견해를 따르는 것이 쉬운 일이라는 앞의 두 내용과 역접의 관계를 가리키면서, 위대한 사람에 대해서 부연 설명을 해줄 수 있는 내용은 '다른 이 또는 자신의 견해를 따라가는 것이 아닌' '고독의 독립심' 자체의 유지인 것이다. 이와 같이 어떤 어휘들이 어렵거나 구문이 복잡해서가 아닌 글의 내용 자체의 이해를 필요로 하는 유형이 점차적으로 많이 증가하고 있다.

해석　세상 속에서 세상의 여론을 좇아 사는 것은 쉬우며, 우리 자신의 견해를 좇아서(=우리 자신의 의지대로) 사는 것도 쉬운 일이지만, 대중들 사이에서도 완벽하게 고독함의 독립을 유지할 수 있는 이가 위대한 사람이다.

정답　③

 **Check**

위 두 개의 구분은 사실상 큰 의미가 없다. 왜냐하면 결국 어휘 위주의 문장완성이라 할지라도 논리력 없이는 개별적인 어휘들에 대한 뜻 파악이 되어도 문제 풀이는 힘든 것이고, 글의 전체 내용에 대한 대의와 글의 흐름에 대해서 이해를 하고 있다손 치더라도 정답의 핵심어와 관련되는 특정 어휘에 대한 지식이 없다면 문제 풀이가 힘들기 때문이다.
즉, 문장완성은 결국 독해와 마찬가지로서 '어휘력' 과 '논리력' 그리고 '구문력' , 이 3박자가 맞아 떨어져야 고득점 확보가 가능해진다.

3. 2어 문장완성

앞서 설명한 '어휘력 위주의 문장완성'과 '논리력 위주의 문장완성'은 한 개의 괄호로 구성이 되어 있는 반면, 이 2어 문장완성은 2개의 괄호로 구성되어 있으며 논리력보다는 어휘력 위주의 문제가 많은 편이다. 2어 문장완성의 경우, 공무원시험에서는 많아야 2개 정도 출제되며, 편입시험에서는 모든 대학에서 다 출제되는 것이 아닌 '고려대(5문항), 건국대(5문항), 한국외대(2문항)' 등 몇몇 대학에서만 꾸준히 출제되며, 나머지 대학들에서는 간헐적으로 출제되고 있다. 하지만 가장 풍부한 어휘 실력과 논리력을 필요로 하는 유형이므로 어떠한 시험을 응시하든지 간에 이 유형 또한 같이 공부를 함으로써 문장완성 유형의 고수가 될 수 있을 것이다.

유제 3. 지금까지 배운 공략법을 이용하여 sentence completion 문제를 풀어보십시오.

Although he did not consider himself _______ , he felt that the inconsistencies in her story ________ a certain degree of incredulity on his part.

① an apostate - justified
② a hypocrite - demonstrated
③ a charlatan - dignified
④ a skeptic - warranted

어구 inconsistency 모순, 불일치 | **a certain degree of** 어느 정도의 | **incredulity** 의심, 믿기 어려움 | **apostate** 변절자 | **justified** 정당화된 | **hypocrite** 위선자 | **demonstrated** 증명된 | **charlatan** 사기꾼 | **dignified** 위엄있는, 고귀한 | **skeptic** 회의론자 | **warranted** 보장된

해설 〈역접-대조〉
첫 빈칸에는 보기항의 모든 단어가 올 수 있으므로 첫 빈칸과 둘째 빈칸에 올 단어의 관계를 보아야 한다. although는 역접-대조 관계를 나타낸다. 그는 회의론자가 아니라고 했지만 그녀의 이야기의 모순을 보고 회의적인(불신하는) 태도를 보인 것으로 보아 그는 회의론자로 볼 수 있다. 2어 문장완성의 특징은 두 개의 빈칸 중에 하나의 빈칸에는 보기항의 어휘가 2개 이상 올 수 있도록 함정을 만든다. 두 개의 단어 모두 괄호를 채워서 그 문장을 처음부터 끝까지 읽어보아야 한다. 뜻이 통하는지, 모든 부분이 연결이 되는지, 잘 살펴보아야 할 것이다.

해석 자신이 회의론자라고는 생각지 않았지만 그는 그녀의 이야기에 나타난 모순이 그가 가지게 된 의심을 어느 정도 보장해 주고 있다고 생각했다.

정답 ④

4. Multi-Blank

위에서 설명한 유형들과 달리 괄호가 1~2개가 아닌 5~10개의 괄호로 구성되는 유형이다. 공략법은 글 전체의 대의를 놓치지 않으면서, 개별 문장 또는 구·절 간의 논리 관계가 '순접이냐 역접이냐'에 초점을 맞추면 된다. 과거 3~4년 전만 해도 상당한 수준으로 출제가 됐지만, 최근에는 그 수준이 많이 하향됐다고 볼 수 있다.

제 2 편

유형별 문장완성

Notes

▶ while은 '그런데, 한편(으로는)'의 뜻으로 앞·뒤 문장의 대조(對照)를 나타낸다.
Ex. I've read fifty pages, while he's read only thirty. 나는 50페이지 읽었는데 그는 30페이지밖에 읽지 못하고 있다.

1 Because he was driving, he stayed _______ at the party while everyone else got drunk. [난이도 ★]

① inactive　② asleep　③ chatting　④ sober

어구　**get drunk** 술에 취하다 | **inactive** 활동하지 않는(dormant, immobile, static, stationary); 게으른(idle) | **asleep** 잠들어 | **chat** 잡담하다(converse), 담소하다 | **sober** 술 취하지 않은, 맑은 정신의; 착실한, 침착한

해설　이 문제에서 종속접속사 while은 앞·뒤의 내용이 대조를 이루는 논리 관계로 종속절에 '술 취한(got drunk)'과 반대되는 ④번의 '술을 마시지 않는(sober)'이 빈칸에 가장 적절하다.

해석　운전을 해야 했기 때문에 그는 파티에서 술을 마시지 않았다. 반면 그 외에 모든 사람들이 술에 취해 있었다.

정답　④

Notes

▶ fluid는 액체(liquid)와 같이 유동체의 뜻 외에 '상황이 변화할 것 같은(likely to change; not fixed)'의 뜻으로 의미를 익히자.
Ex. a fluid political situation 유동적인 정치적 상황

2 The situation is extremely ________ and it can be changing from day to day. [난이도 ★]

① fluid　② refined　③ cynical
④ neglectful　⑤ fluent

어구　**extremely** 지나치게, 극단적으로 | **from day to day** 매일매일 | **fluid** 불안정한, 유동적인, 흐르는, (말이) 유창한 | **refined** 정제된, 세련된 *cf.* **refine** ~을 순화하다, 세련되게 하다 | **cynical** 회의적인, 냉소적인 | **neglectful** 태만한, 부주의한 | **fluent** (말이)유창한, 능변의(eloquent)

해설　and(순접) 뒤의 문장은 앞문장에 대한 열거로 '상황이 매일매일 변할 수 있다'고 했으므로 빈칸에는 change와 동의 관계의 단어가 와야 적절하다.

해석　그 상황은 지나치게 유동적이고 매일매일 바뀔 수 있다.

정답　①

Notes

▶ **semi-colon**(;) 앞·뒤는 같은 방향,
〈~;thus/consequently, ~〉는 인과 관계,
〈~;however/nevertheless, ~〉는 반대 방향을 나타낸다.

3 There are no solitary, free living creatures; every form of life is ________ other forms. [난이도 ★]

① segregated from　② parallel to
③ dependent on　④ mimicked by

어구   **solitary** 고독한, 쓸쓸한, 홀로 | **living creature** 생물 | **segregated** 격리된, 인종 차별적인 | **parallel** 평행인, 대응하는 | **dependent** 의존적인 | **mimicked** 흉내내는

해설   semi-colon(;) 앞 · 뒤는 같은 방향이다. 빈칸에는 solitary(홀로)와 free-living(자유롭게 사는)의 반대 의미가 나와야 한다. 즉, sociable(사교적인)과 parasitic(기생적인)의 의미와 비슷한 의미의 단어가 요구되므로 dependent(의존적인)가 적절하다.

해석   어떠한 홀로, 자유롭게 사는 생물들도 없다; 모든 생명체는 다른 형태들에 의존적이다.

정답   ③

---

4   Ken lives by himself and tries never to see other human beings. Although he is a(an)__________, he is not lonely.

[난이도 ★]

① millionaire   ② hermit   ③ orator   ④ intellectual

어구   **by oneself** 혼자서 | **millionaire** 백만장자 *cf.* **billionaire** 억만장자 | **hermit** 은둔자 (recluse) | **orator** 연설자 | **intellectual** *a.*지적인, 총명한 *n.*지식인

해설   'Although(양보)' 절 내용과 주절의 내용은 반대이므로 빈칸에는 'not lonely'의 반대말이 나와야 한다.

해석   Ken은 혼자서 살았으며 결코 다른 이들을 만나려 하지 않았다. 비록 그가 은둔자일지라도 외롭지는 않았다.

정답   ②

---

5   A misconception frequently held by novice writers is that sentence structure mirrors thought : the more convoluted the structure, the more _________ the ideas.   [난이도 ★★★]

① complicated   ② elementary
③ fanciful   ④ blatant

어구   **misconception** 오해, 그릇된 생각 | **frequently** 종종, 때때로, 빈번한(often) | **novice** 신참자, 초심자(amateur, beginner, neophyte) | **mirror** *v.* 비추다, 반사하다; 반영시키다; 대표하다 *n.*거울 | **convoluted** 회선상의(spiral); 뒤얽힌, 매우 복잡한 | **fanciful** 1. 기발한, 별난, 변덕스러운(whimsical) 2. 공상의(imaginary), 비현실적인 (unreal)

해설   colon(:) 앞 뒤 내용은 같은 방향이다. '문장 구조는 사상을 반영한다'는 뜻은 구조와 사상이 같은 방향이라는 뜻이다. "문장 구조가 더 복잡할수록, 그 사상들은 더 복잡하다". 따라서 빈칸에는 'convoluted'와 비슷한 의미가 필요하므로 complicated가 적절하다.

해석   초보 작가들에 의해 빈번하게 취해진 잘못된 생각은 문장 구조는 사상을 반영한다는 것이다. 구조가 더 복잡하면 할수록, 그 사상들은 더 복잡하다.

정답   ①

 Notes

〈사람 관련 어휘〉

ascetic 금욕주의자 | **benefactor** 은인, 후원자 | **charlatan** 허풍선이 | **convert** 개종자 | **demagogue** (민중) 선동자, 선동 정치가 | **eccentric** 괴짜 | **extrovert** 외향적인 사람 | **felon** 중죄인; 악당 | **glutton** 대식가 | **heretic** 이교도, 이단자 | **insolvent** 지급 불능자 | **introvert** 내성적인 사람 | **matricide** 모친 살해범 | **miscreant** 이단자 | **misogamist** 결혼을 싫어하는 사람 | **neophyte** 신개종자(recent convert) | **nihilist** 허무주의자 | **novice** 초심자(=tyro) | **onlooker** 방관자, 구경꾼 | **pathologist** 병리학자 | **peacock** 허세부리는 사람 | **racist** 인종차별 주의자 | **recluse** 은둔자 | **skeptic** 회의론자 | **traggler** 부랑자 | **traitor** 배신자 | **utilitarian** 공리주의자 | **vanguard** 선구자 | **wooer** 구혼자 | **wretch** 불쌍한 사람 | **xenophobe** 외국(인)을 싫어하는 사람

 Notes

〈이중 비교구문〉

〈The 비교급 +주어 +(동사), the 비교급 +주어 +(동사)〉는 "더 ~하면 ~할수록, 더욱 더 ~하게 된다"는 뜻으로 인과 관계를 나타낸다. 즉, 앞 절은 원인, 뒷절은 결과를 나타낸다.
Ex. The sooner you do it, the better it will be. 빠를수록 좋다.

〈다양한 걸음걸이〉

stagger 비틀거리다(reel) |
falter (걸려) 넘어지다 |
totter 비틀거리다, 아장아장걷다(wobble) |
dodder(중풍) 떨다 |
shamble 휘청휘청 걷다 |
hobble 절뚝거리며 걷다 |
trot 바쁘게(급히) 걷다 |
stalk 으스대며 걷다 (swagger), 활보하다 |
toddle 아장아장 걷다, 산보하다(stroll) | **stride** 큰걸음으로 걷다 | **trudge** 터벅터벅 걷다(tramp, plod)

6 Tripping over a rock, Charles _________ and fell down.

[난이도 ★]

① slept　　② stopped　　③ regain　　④ stumbled

어구 **trip over** ~에 걸려 넘어지다 *cf.* trip 짧은 여행; 경쾌한 발걸음 | **fall down** 넘어지다, 실패하다 | **regain** 되찾다, 회복하다 *cf.* regain one's feet [footing, legs] (넘어진 사람이) 일어나다[서다] | **stumble** 비틀거리다; (말을) 더듬다; 실수하다(blunder) *Ex.* She stumbled and hurt herself.

해설 바위에 걸려서 넘어지기 전에 어떤 동작의 연결이 자연스러운가 생각해본다.

해석 바위에 걸려 넘어진 찰스는 비틀거리며 쓰러졌다.

정답　④

유형별 문장완성

제**2**편

2. 논리력 위주의 문장완성 5문항

〈뉘앙스 차이 – 능력·재능〉

ability 일반적인 말
gift/talent 어떤 일에 타고난 능력
aptitude (빠른 적응력과 습득 능력 때문에) 특정한 일을 하기에 적합한 능력
competence (특정한 일이 요구하는 바를) 감당·수행할 수 있는 충분한 능력
faculty (시력·청력·사고력과 같은) 인간의 일반적인 정신적·신체적 능력이나 기능

1 Zena's gift for painting seemed to be _________ ; both her mother and grandfather before her had been famed luminaries.

[난이도 ★★]

① inexplicable　　② innate　　③ simulated

④ accidental　　⑤ well-trained

어구 **gift** 타고난 재능; 선물 *Ex.* a person of many gifts 다재다능한 사람, a gift for music 음악적 재능 | **fame** *v.* 명성을 얻게 하다, 유명해지게 하다 *n.* 명성 *Ex.* good fame 호평 | **ill fame** 오명, 악명 | **luminary** 선각자, 장인; 발광체 Ex.a star[luminary] in the literary world 문단의 스타 | **inexplicable** 납득이 안 가는, 설명할 수 없는 | **innate** 타고난(indigenous) | **simulated** 1. (모피·피혁 등이) 모조의, 가짜의 | **simulated furs[pearls]** 1. 모조 모피[진주] 2. (행동·감정 등을) 가장한, ~인 체하는 3. 모의 실험[훈련]의 | **accidental** 우연한 *Ex.* an accidental death 사고사 | **accidental homicide** 과실 치사 | **an accidental war** 1. 우발적인 전쟁 2. 비본질적인, 부수적인 | **well-trained** 잘 훈련된

해설 우선 gift라는 단어의 의미를 정리하면 선물이라는 뜻 이외에 타고난 재능(talent)으로 선천적으로 어떤 일을 뛰어나게 잘 하는 타고난 능력이나 재주를 말한다. 부연 설명을 보면 어머니와 할아버지가 선각자이므로 제냐의 능력은 타고난 것임을 알 수 있다. [보기] ⑤

번에서 학습·연습·훈련을 통해서 능숙해지는 것은 후천적인 것이므로 부적절하다.

해석 제냐의 그림에 대한 재능은 타고난 것으로 보인다. 왜냐하면 그녀가 태어나기 전에 어머니와 할아버지가 선각자라는 명성을 얻었기 때문이다.

정답 ②

2 I didn't know that I was spelling a word or even that words existed; as my eyes followed the book, I was making my fingers go in monkey-like imitation. In the days that followed I learned to spell a great many words in this __________ way.　　　　[난이도 ★★]

① generous　　　　　　② indignant

③ uncomprehending　　　④ inefficient

어구 **spell** 철자를 쓰다, 맞춤법에 따라 쓰다 | **exist** 존재하다, 생존하다 | **follow** 뒤를 잇다, 따라가다 | **imitation** 모방, 흉내, 모조 | **in the days that followed** 그 다음날에 | **generous** 관대한, 후한, 풍부한 | **indignant** 분개한, 성난 | **uncomprehending** 이해력이 부족한, 이해 못하는 | **inefficient** 효과 없는; 무능한, 쓸모 없는

해설 세미콜론(;) 뒤 문장은 앞 문장에 대한 내용을 부연 설명하고 있다. 앞 문장을 통해 유추해보면 '나는 단어의 맞춤법을 몰라 원숭이처럼 흉내내면서(in monkey-like imitation) 맞춤법을 익혔다'는 내용과 비슷한 의미가 나와야 하므로 빈칸에는 '이해와는 상관없이'라는 의미가 쓰여야 적절하다.

해석 나는 내가 단어를 맞춤법에 따라 쓰고 있는지 혹은 심지어 그런 단어가 있는지 조차 몰랐다. 눈으로 책을 따라가면서 나는 계속 원숭이처럼 흉내내면서 손가락을 움직였다. 그 다음부터 나는 이런 이해와는 상관없는 방식으로 아주 많은 단어의 맞춤법을 배웠다.

정답 ③

3 Most Koreans don't want anyone to _______ our flag, our national anthem, or our monuments - anything that has special, emotional significance to us. Those things have been consecrated over time in our culture.　　　[난이도 ★★]

① esteem　　　　　　② venerate
③ glorify　　　　　　④ desecrate

어구 **flag** 기(旗) | **national anthem** 국가(國歌) | **monument** 기념물, 유물, 유적 | **consecrate** ~을 신성하게 하다, 성스럽게 하다(hallow, sanctify) | **esteem** (사람을) 존경하다, 존중하다(venerate) | **glorify** ~을 영광되게 하다 | **desecrate** 신성을 더럽히다, 모독하다(defile, dishonor, profane)

해설 뒤 문장의 부연 설명을 통해 유추하면 '국기, 국가, 기념물은 특별한 정서적인 중요성을 담고 있고 신성시되는 것'이라고 알 수 있다. 특히 주의해야 할 것은 Those things가 앞

에 나온 명사들을 가리키고, 부정어 not이 있으므로 consecrate의 반의어인 desecrate 가 쓰여야 적절하다.

해석 대부분의 한국인들은 누구든 우리의 태극기나 애국가나 기념물 중, 우리에게 정서적으로 특별한 의미가 있는 그 어느 것도 모독하기를 원치 않는다. 그런 것들은 우리 문화 속에서 오랜 세월 동안 신성화된 것들이다.

정답 ④

4 The new knowledge and the new techniques developed in biological research over recent decades have slowly begun to provide the understanding of human disease and the hope of definitive therapeutic and _________ measures.

[난이도 ★★★]

① drastic　　② preventive　③ repressive　④ rigorous

어구 decade 10년 | **disease** 병, 질병(ailment, illness, malady) | **definitive** 결정적인, 명확한 | **therapeutic** 치료의, 치료법의 | **therapeutics** (단수 취급) 치료법, 치료학 | **drastic** 격렬한, 철저한 | **preventive** 예방하는 | **repressive** 억압하는, 억누르는 | **rigorous** 엄밀한, 엄격한, 정밀한

해설 생물학에 관한 새로운 지식(the new knowledge)은 인간 질병의 이해를 가져왔다. 또한 새로운 기술(the new techniques)은 인간 질병에 대하여 무엇을 해줄 수 있을까 생각해 본다면 치료와 예방임을 알 수 있다.

해석 최근 수십 년 동안에 생물학 연구에서 이루어진 새로운 지식과 새로운 기술은 인간들의 질병을 이해하고 분명한 치료와 예방 조치에 대한 희망을 천천히 제공하기 시작했다.

정답 ②

Notes

▶ not ~ in any way는 부정문을 강조
in no way = not ~ in any way
in no sense = not ~ in any sense
by no means = not ~ by any means
on no account = not ~ on any account
under no circumstances = not ~ under any circumstances
Ex. Be sure to stress that they should never accept any kind of gift from a

5 It was a secret satisfaction to know that this gentleman often paid me the compliment of knowing more than himself by asking information, which, on my part, was imparted with much secrecy, _________ I did not wish to appear in any way superior to those with whom I was forced to associate.

[난이도 ★★★]

① although　　② however　　③ but
④ as　　⑤ moreover

어구 pay ~ the compliment ~을 칭찬하다 | **on my part** 나로서는, 내 편에서는 | **impart** 나누어 주다, 주다, 전하다 | **with much secrecy** 매우 은밀하게 | **associate with** ~와 사귀다 | **be forced to R** ~하도록 강요받다 | **however** 그러나, 그렇지만; 하지만(still; nevertheless) | **as** 1. [양태] ~와 마찬가지로 2. [대조] 한편 ~와 달리 (while) 3. [비교] ~와 같이, ~만큼 4. [시간] ~할 때 5. [원인·이유] ~때문에 | **moreover** *ad.* 그 위에, 더욱이, 또한

해설 윗문장은 인과 관계형 전개 방식이다. 앞부분에서의 secret, secrecy라는 단어와 후반부의 superior라는 단어를 잘 활용하여 접근한다. 필자가 자신이 알고 있던 정보를 "아주 은밀하게(with much secrecy)" 알려준 이유가 무엇인지를 밑줄친 부분 이하에서 진술하고 있음에 착안하여 as(because)가 적절하다

해석 내게 정보를 문의함으로써 내가 그 사람보다 더 많이 알고 있다는 점에 대해서 그 신사가 종종 칭찬을 해주는 것으로 알고 나는 은밀한 만족감을 느꼈다. 그런데 그런 문의에 대해서 내편에서 아주 은밀하게 대답해 주었다. 왜냐하면, 사정에 의해서 어쩔 수 없이 교제하게 되는 사람들에게 더 우수한 사람으로 보이는 것을 나는 결코 원하지 않았기 때문이었다.

정답 ④

stranger. And they should never under any circumstances get into a car with a stranger. 그들이 낯선 사람에게서 어떤 종류의 선물도 결코 받지 않도록 강조하라. 그리고, 그들은 낯선 사람과 결코 함께 차에 동승하지 않아야 한다.

유형별 문장완성

3. 2어 문장완성 5문항

1 The sugar dissolved in the water __________ ; finally all that remained was an almost _________ residue on the bottom of the glass.　　　　　　　[난이도★★]

① quickly – lumpy　　　　② immediately – fragrant

③ gradually – imperceptible　　④ spectacularly – opaque

어구 dissolve 녹이다, 용해하다 | residue 나머지, 잔류물 | lumpy 덩어리(투성이)의; 거친; 땅딸막하고 굼뜬; 모양이 보기 싫은 | immediately 곧, 바로(at once), 즉시 | fragrant 냄새 좋은, 향기로운, 방향성의; 유쾌한 *cf.* **fragrant memories** 즐거운 추억 | gradually 차차, 점차, 차례로 | imperceptible 감지할 수 없는; 알아차릴 수 없을 만큼의, 미세한 | spectacularly 볼 만하게, 웅장하게; 깜짝 놀라게 | opaque 불투명한(≠lucid); (전파·소리 따위를) 통과시키지 않는; 광택이 없는

해설 이 문장은 세미콜론(;) 앞 뒤 문장이 동의 관계로 되어 있다. 두 번째 문장은 첫 번째 문장의 결과를 부연 설명해준다. 이것은 지시하는 기능을 부사인 finally가 맡고 있는데, 앞 문장의 내용이 일어난 후 '마지막으로' 두 번째 문장의 내용이 일어나는 것이다. 우선 첫 번째 빈칸에 들어갈 수 없는 〔보기〕항을 지워보면 〔보기〕④가 설탕이 '웅장하게' 녹는다는 것은 문맥에 자연스럽지 않다. 〔보기〕①,②,③은 자연스럽게 연결된다. 두 번째 빈칸이 첫 번째 문장에 대한 결과가 되어야 하므로 imperceptible이 적절하다. 〔보기〕①은 설탕이 재빨리 녹아서 덩어리로 남을 수 없으며, 〔보기〕② 또한 '향기로운' 찌꺼기도 관용적으로 연결되지 않는다.

해석 설탕은 물에서 서서히 용해되었다; 결국 남은 것이라고는 유리잔 바닥에 거의 알아볼 수 없게 된 찌꺼기뿐이었다.

정답 ③

Notes

▶ **finally VS at last, in the end, at the end**

1. 여러 개 중에서 하나씩 하나씩 나열하다 마지막 것을 말할 때 finally를 쓴다.
Ex. We must increase productivity. We must reduce unemployment. And finally, we must compete in world markets.
2. at last는 finally처럼 오랫동안 기다려 왔다는 것을 나타낸다. 매우 많은 인내심을 가졌으며 불편함이 있었다가 마침내 어떻게 되었다는 말이다.
Ex. He passed the exam at last.

 **Notes**

〈조건부사절〉

suppose (that) 주어+동사: 만약 ~이라면(=supposing)
Supposing your father know it, what would he say? 당신 아버지가 그걸 아신다면 무엇이라고 말씀하실까요?
I will agree to go provided (that) my expenses are paid. 나의 수당을 지불한다면 떠나는 것에 동의할 것이다.

 **Notes**

▶ such+A +as+B = A+such as+B (B같은 A) : A와 B자리에는 (동)명사 위치
I like such outdoor activities as hiking and climbing. 나는 하이킹과 등반 같은 야외 활동을 좋아한다.

---

2 If your feeling for me has any reality, any honest basis, what I look like won't matter. Suppose that I'm beautiful, I'd always be ________ by the feeling that you had been taking a chance on just that, and that kind of love would ________ me.

[난이도 ★★★]

① forgotten – attract ② helped – surprise
③ haunted – disgust ④ frightened – trust
⑤ delighted – disappoint

어구 matter 중요하다(be important) | take a chance 기회를 잡다 | haunt 괴롭히다, (부정적인 생각 등이) 따라다니다, (머리에서) 떠나지 않다 | disgust 혐오하다, 미워하다 | disappoint 실망시키다

해설 첫 번째 빈칸은, won't matter(중요하지 않다)이 대응된다. 두 번째 빈칸에는 대등접속사 and에 의해 동격의 명사절 두 개가 병치되고 있다.

해석 나에 대한 당신의 감정이 어떤 실제, 어떤 정직한 근거를 가지고 있다면, 내가 본 것은 중요하지 않다. 내가 아름답다면, 당신이 그런 경우에 있어 기회를 잡을 수 있다는, 그런 종류의 사랑이 나를 미워하게 한다는 생각에 의해 괴롭힘을 항상 당할 것이다.

정답 ③

3 There has been a large amount of ________ and lack of ________ in the description of such categories as ethnic, and especially racial, groups.

[난이도 ★]

① bias – prejudice ② agreement – harmony
③ indoctrination – malaise ④ disagreement – consensus

어구 description 기술, 서술, 해설 | category 범주, 종류 | ethnic 인종의, 민족의, 인종학상의 | racial 인종(상)의, 종족의 | bias 성향, 편견, 선입견 | prejudice 편견(bias, misjudgement), 선입관(preoccupied, judgement) | agreement 협정, 일치, 조화 | harmony 조화, 일치 | indoctrination 주입, 가르침, 교화 | malaise 불쾌(감), 침체(상태) | disagreement 불일치, 논쟁, 의견차이 | consensus (의견, 증언 등의) 일치, 여론, 교감

해설 순접연결사 and 앞뒤에 있는 단어는 문맥상 동의 관계이므로 [보기]항만 보고 풀 수 있다. 이 문제 해석에서 주의해야 할 것은 "lack of+명사(부정의 의미를 내포)"를 고려해서 해석하지 않으면 안 된다. ① bias(편견) — prejudice(선입견)은 동의어 관계이지만 lack으로 인해서 반의어 관계가 되므로 안 된다. [보기]항 ④번을 제외하고 나머지 [보기]항도 마찬가지이다.

해석 민족단체나, 특히 종족단체와 같은 범주에 대한 기술에 있어서, 많은 논쟁과 부족한 의견 일치가 있어왔다.

정답 ④

4 So _______ was the saleswoman's pitch about the value of the used car that Hallie nearly missed the _______ in its logic.　　　　　　[난이도 ★]

① convincing – fallacy　　② inept – liability

③ relieving – reason　　④ tired – persuasiveness

어구　pitch (외판원의) 강매조의 선전 | **used car** 중고차 | **convincing** 설득력이 있는, 납득이 가게 하는 | **fallacy** 잘못된 생각(의견, 신념, 신앙); 궤변(sophism) | **inept** 부적당한, 서투른, 터무니없는 | **liability** 책임이 있음, 책임, 부채 | **relieving** 안심시키는, 안도하게 하는 | **persuasiveness** 설득력 있음

해설　'so ~that (원인-결과절)'에서 so와 뒤에 오는 형용사나 부사가 문장 앞에 나오면, 주어와 동사의 어순이 도치된다. 뒤에 나온 "missed"라는 단어를 단서로 해서, 원인과 결과의 관계가 될 만한 어구들을 선택하면 된다.

해석　여자 판매원이 그 중고차의 가치에 대해서 선전하는 말이 너무나 설득력이 있었기 때문에 할리는 그 논리 속에 있는 오류를 거의 놓칠 뻔했다.

정답　①

5 All the important food fish are caught on the continental shelf, the submerged plain which fringes the Atlantic shore. Here and there, flat-topped hills rise. These are comparative shallows, the banks where the fish abound. The notion that the sea is full of fish _______. A fisherman would starve to death out over the great deeps. _______. They feed mostly on plankton, organisms abundant only where the depth and temperatures are moderate.

[난이도 ★★]

① is taken for granted – The fish would so
② is assumed – The fish could so
③ makes a mistake – So could the fish
④ is mistaken – So would the fish

어구　**continental shelf** 대륙붕 | **submerge** 물속에 가라앉히다 | **fringe** 테를 두르다 | **flat~topped** 위가 평평한 | **comparative** 비교에 의한, 비교적인 | **shallow** 얕은 곳, 여울 | **abound** *v.* 풍부하다 | **abundant** *a.* 풍부한 | **inundate** *v.* 홍수가 나게 하다 | **notion** 개념, 관념(idea); 생각 | **starve** 굶주리다, 갈망하다(for), 굶겨 죽이다 | **deep** 깊은 곳, 깊은 바다, 심연 | **organism** 유기체 | **abundant** 풍부한(affluent, ample, copious, exuberant) | **temperature** 온도(degree) | **moderate** 온건한, 보통의 | **mistaken** 틀린, 오해한, 판단이 잘못된

해설　첫 번째 빈칸의 앞에서 설명하는 내용은 물고기는 주로 대륙붕에서 잡힌다는 것이며, 그 뒤의 내용은 깊은 바다에서는 어부가 물고기를 잡을 수 없다는 것이다. 따라서 바다에는

 **Notes**

▶ 정도 · 강조 부사어구가 문두에 위치한 경우 무조건 도치

⇨ 'so + 형용사 또는 부사 that 절'에서 so와 뒤에 오는 형용사나 부사가 강조되어 문장 앞에 나오면, 주어와 동사의 어순이 도치된다.
Ex. She looked so ridiculous that everyone burst out laughing.
= So ridiculous did she look that everyone burst out laughing.
그녀가 너무 우스꽝스러워 보여서 모든 이가 웃음을 터뜨렸다.

 **Notes**

물고기가 가득하다는 생각은 잘못된 것이다. notion이 주어로 나와 있기 때문에 ③은 해석이 부자연스러워 답이 될 수 없다. ④의 두 번째 항목으로 이를 확인해보면 '물고기 역시 마찬가지로 굶어죽고 말 것이다' 라는 내용으로 맞는 표현은 So would the fish이다. '~역시 마찬가지이다' 라는 표현은 'So+조동사+주어' 의 꼴로 쓰이는데 여기서 맞는 조동사는 앞 문장에서 쓰인 조동사 would이므로 ④가 답이 되는 것이다.

해석 　모든 중요한 식용 물고기는 대서양 해안을 에워싸고 물 속에 잠겨있는 평원인 대륙붕에서 잡힌다. 여기저기에 꼭대기가 평평한 봉우리가 솟아 있다. 여기가 물고기가 풍부한 비교적 얕은 여울이며 모래톱이다. 바다에 물고기가 가득하다는 생각은 잘못된 것이다. 어부는 깊은 대양에서 굶어 죽고 말 것이다. 물고기도 마찬가지이다. 그들은 대개 깊이와 온도가 적당한 곳에서만 풍부하게 볼 수 있는 유기체, 플랑크톤을 먹고 산다.

정답　④

유형별 문장완성

4. Multi-Blank 7문항

Notes

We can hear ourselves straining, "He's the greatest!" Our descriptions of celebrities overflow with ___(1)___. In popular magazine biographies we can learn that a Dr. Taylor is the "best-advertised doctor in America", an actor is the "luckiest man in the movies today", a Smith is "not only the greatest, but the first real showman in the Smith family." But, despite the "supercolossal" on the label, the contents are very ___(2)___.

[난이도 ★★]

1　① adjectives　　　　② superlatives
　　③ enthusiasm　　　④ epithets

2　① attractive　　　　② substantial
　　③ ordinary　　　　④ perfunctory

어구　**strain** 온 힘을 쏟다, 애쓰다 | **celebrity** 고명, 명성 | **overflow** 범람하다, 넘치다 | **supercolossal** 어마어마하게 큰, (표현이) 과장된 | **superlative** 최고, 최상, 과장된 말 | **enthusiasm** 열심, 열중 | **epithet** 형용어구, 수식어 | **attractive** 사람의 마음을 끄는; 매력적인 | **substantial** 실질적인; 실제상의, 내용이 풍부한 | **ordinary** 보통의, 통상의 | **perfunctory** 겉치레의, 형식적인

해설　1. 빈칸 뒤에 예로 제시된 표현들이 모두 최상급의 형태로 표현되었다는 것에서 착안해

서 최상급의 표현이라는 뜻의 superlative(최고)가 적절하다.

2. Despite(양보전치사)' 이하의 내용과 주절의 내용은 반대이다. 따라서 'supercolossal(어마어마하게 큰)'과 반대되는 형용사를 찾아본다면 ordinary(보통의)가 적절하다.

해석 우리는 스스로가 "그 사람이 최고야!"라고 목청을 돋우어 말하는 것을 들을 수 있다. 명사(名士)들에 대한 우리의 묘사는 최상급으로 넘쳐난다. 인기있는 잡지의 인명란에서 우리는 테일러 박사라는 사람은 "미국에서 가장 선전이 잘 된 의사"이며 어떤 배우는 "오늘날의 영화계에서 가장 운이 좋은 사람"이며, 또 스미스라는 사람은 "스미스 가문에서 가장 위대할 뿐만 아니라 최초의 진정한 연예인"이라는 것을 보게 된다. 그러나 호칭에 붙는 그런 "어마어마한" 표현들에도 불구하고 그 내용은 매우 평범하다.

정답 1 ② 2 ③

Notes

___(A)___. The only available devices for obtaining mechanical energy were clockwork, water-wheels and windmills. All land transport was on foot or by horse, and all water transport by rowing or sailing. Men were constantly ___(B)___ seasonal food shortages and gluts, and were periodically decimated by epidemics, whose causes they did not understand and which they had no rational means of combating. Bacon was impressed by this impotence and its evil consequences, and he could not be expected to foresee, what we have learned since, that men can bring even greater evils upon themselves by abusing the power which science gives them than they suffered when they were powerless in face of natural forces. 　　　　[난이도 ★★]

3 Which sentence would be most appropriate for the blank(A)?

① In the old days there were few machines
② In the old days men had little power over nature
③ Life in the old days was uncertain and harsh for many
④ The source of energy in the old days was limited

4 The best one to fill the blank (B) is

① driven to　　　　　　② at the mercy of
③ in the hand of　　　　④ on the lookout for

어구 **available** 이용할 수 있는, 유용한 | **device** 고안, 장치 | **clockwork** 시계장치, 태엽장치 | **water-wheel** 수차, 수력터빈 | **windmill** 풍차 | **row** (보트 따위를) 노로 젓다 | **shortage** 부족, 결핍 *cf.* short 짧은, 모자라는 | **shortly** 곧, 즉시 | **glut** *n.* 공급 과잉, 과도한 수량 *v.* 포식시키다 | **foresee** 예견하다, 예측하다 | **periodically** 정기적으로,

주기적으로 | **decimate** (병·전쟁 등이) 많은 사람을 죽이다 *Ex.* a population decimated by disease 병으로 격감한 인구 | **epidemic** 유행병 | **rational** 이성적인 (reasonable) | **impotence** 무력, 무능 | **machine** 기계; 기계장치 | **uncertain** (시기·수량 등이) 불명확한, 분명치 않은, 미정의 | **harsh** 거친; (소리·음이) 사나운, 호된

해설 3. 답으로 나와 있는 내용들이 모두 비슷비슷해 보이나, 그 다음에 연결되는 문장과 직접적인 관련이 있는 것을 답으로 골라야 한다. 그 다음의 내용이 기계의 힘을 얻기 위해 인간이 이용할 수 있었던 장치들이 몇 가지로 제한되어 있었다는 것이므로, 빈칸에는 이런 내용을 보다 추상적으로 표현하는 ④가 들어가야 한다.

       4. 빈칸에는 '어떤 상태로 내몰리다' 라는 뜻의 ①이 들어가야 한다. ②도 '~에 좌우되다' 의 뜻이긴 하지만, 좌우하는 것이 능동적인 힘을 갖는 것이어야 하므로, '계절 음식의 부족이나 공급 과잉' 의 상태와는 연결되기 힘들다.

해석 옛날에는 에너지의 원천이 아주 제한되어 있었으며 기계의 힘을 얻기 위해 이용할 수 있었던 장치들이란 태엽 장치, 수차, 풍차가 고작이었다. 모든 육로의 수송은 걷거나 말을 타는 것으로 이루어졌으며 수로의 모든 수송은 노 젓기나 돛단배로 이루어졌다. 인간은 끊임없이 계절 식품의 부족이나 공급 과잉을 겪었으며, 원인을 알 수도 없고 물리칠 합리적인 방법도 없는 유행병으로 정기적으로 떼죽음을 당했다. 베이컨은 이런 무능함과 그 무능함의 불행한 결과에 깊은 인상을 받았지만 그 이후로 우리가 알게 된 사실, 즉 인간들이 자연의 힘 앞에서 무력했을 때보다 과학이 가져다 준 힘을 남용해서 훨씬 더 엄청난 해악을 자초할 수 있다는 것을 내다볼 수는 없었을 것이다.

정답 3 ④ 4 ①

Notes

The second myth is even more persistent than the first one, and even more ___(A)___ in the way it tends to constrain our thinking. Suppose I gave you the pieces of a jigsaw puzzle and told you, "by the way, these pieces cannot be fit together." Would you try very hard to ___(B)___ the pieces together? Why should anyone try to build a smart computer, if he is told over and over again that computers are inherently ___(C)___?　　　　　[난이도 ★]

5 ① interesting   ② exciting
    ③ damaging   ④ profitable

6 ① make   ② fit
    ③ connect   ④ hold

7 ① expensive   ② stupid
    ③ complex   ④ dangerous

어구 **myth** 신화, 잘못된 통념, 가공의 이야기 | **persistent** 꾸준한, 영속하는 | **constrain** 강요하다, 감금하다, 억제하다 | **suppose (that)** 만약 ~이라면(supposing) | **jigsaw** 조각그림 맞추기 | **inherently** 생득적으로, 본질적으로 | **profitable** 유리한, 유익한 (gainful, lucrative) | **connect** 잇다, 연결[접속]하다 | **expensive** 값비싼(costly) | **complex** 복잡한, 착잡한, 합성의(composite) | **dangerous** 위험한, 위태로운

해설 5. 빈칸에 들어갈 말은, 우선 persistent와 and로 연결되어야 하고 '그것이 우리의 사고를 억제하는 방식에 있어서' 의 수식을 받기 때문에 부정적인 단어임을 알 수 있다. 따라서 답은 ③밖에 되지 않는다.

  6. '~을 끼워 맞추다' 는 'fit ~ together'이다

  7. 두 번째 그릇된 통념의 내용이 무엇인지는 조각 그림 퍼즐에 대한 예에서 엿볼 수 있다. 맞지도 않는다는 조각 그림들을 붙들고 열심히 끼워 맞추려고 할 사람이 없다는 것은 어떤 이야기를 들은 사람이 뛰어난 컴퓨터를 만들려고 하지 않을지를 짐작해 볼 수 있게 한다. 즉 빈칸에는 smart와 반대되는 단어가 들어가야 한다. 따라서 답은 ② 이다.

해석 두 번째 그릇된 통념은 첫 번째 것보다 훨씬 더 지속적이고 또 그것이 우리의 사고를 억제하는 방식에서 훨씬 더 큰 손상을 준다. 내가 당신에게 여러 조각의 그림 퍼즐을 건네주면서 "그런데, 이 조각들은 서로 들어맞을 수가 없다." 라고 말한다고 가정해보자. 그러면 당신은 그 조각들을 맞추기 위해 아주 열심히 노력하겠는가? 만약 어떤 사람이 컴퓨터란 본질적으로 시시한 것이라는 이야기를 반복해서 듣게 된다면, 그가 멋진 컴퓨터를 만들기 위해 노력해야 할 이유가 있을까?

정답 5 ③ 6 ② 7 ②

유형별 문장완성

제2편

5. 유의해야 할 문장완성 문제 6문항

1 We are expecting to earn an average _______ of 8% on our investments. [난이도 ★★]

① benefit   ② favor   ③ return   ④ asset

어구 earn (생활비를) 벌다, (명성 등을) 획득하다 | investment 투자, 투자액 | benefit 혜택; 이익 | asset 자산

해설 의미상 혼동되기 쉬운 단어에 대한 문제이다. 투자에서 거둬들이는 '수익' 이라는 뜻으로 return을 쓴다. benefit은 '혜택' 이라는 좀 더 광범위한 의미의 단어이며, favor는 사람에게 베푸는 '호의' 라는 뜻이므로 역시 어울리지 않는다. asset은 '자산' 이라는 뜻으로 투자 수익이 아니다.

해석 우리는 투자액에서 평균 8%의 수익률을 기대하고 있다.

정답 ③

2 The stream is so ________ that it is impossible to see the bottom even where it is shallow. [난이도 ★★]

Notes

〈의미상 혼동되기 쉬운 단어〉

come up (갑자기) 생기다
cf) **come up with** ~을 생각해내다
bring up (있었던 일을 다시) 꺼내다; 키우다
Something suddenly came up. 갑자기 일이 생겼어.
She brought up the subject on and off. 그녀는 가끔씩 그 이야기를 다시 꺼내곤 했다.

advice 〈지식이나 경험에서 나온 충고〉 조언, 권고
caution 〈위험이나 실패에 대한 경고〉 신중, 조심; 경고하다
warn 〈caution보다 강함, 무시하면 재난이나 벌을 초

래할 수 있음〉 경고, 주의; 경고하다

I'll take your advice. 네 충고를 받아들일게.

He cautioned me not to do it again. 그는 내게 다시는 하지 말라고 경고했다.

This is your last warning. 이번이 마지막 경고야.

Notes

▶ steal VS rob

steal의 목적어는 돈이나 시계처럼 훔친 물건임에 비해서 rob의 목적어는 사람, 집, 은행 등 물건을 도둑맞은 사람이나 장소입니다.

Ex. Someone has stolen all my money. 누군가 내 돈을 전부 훔쳤다.

Someone robbed the bank last night. 누군가 어젯밤에 그 은행을 털었다.

Notes

〈다의어〉

fine 좋은; 미세한; 벌금; 벌금을 부과하다

The weather is fine. 날씨가 좋다.

Take a look at this fine print. 이 작은 글자 좀 봐.

---

① turbid   ② turgid   ③ torpid
④ turbulent   ⑤ tortuous

어구   **stream** (폭이 좁은 물줄기) 시내 [관] **river** 강 | **canal** 운하 | **waterfall** 폭포 | **flow** *v.* 흐르다 *n.* 흐름 | **current** 흐름, 유동 | **torrent** 급류 | **bank** (강)둑, 제방; 기슭 | **lake** 호수 | **pond** 연못 | **reservoir** 저수지 | **swamp** *n.* 늪 *v.* 늪에 빠지게 하다 | **bottom** 1. 밑바닥; 강[바다] 바닥 2.기초, 토대; 근본; 진상, 원인 *Ex.* He is at the bottom of the class. 학급에서 꼴찌다. | **at (the) bottom** 마음속은, 실제는; 본질적으로 | **have no bottom** 이루 헤아릴 수 없다 | **shallow** 얕은(≠deep); (비유) 천박한, 피상적인 *Ex.* a shallow stream 얕은 시냇물 | **turbid** 흐린, 혼탁한, 흙탕물의, 탁한(muddy) | **turgid** 부은, 부어오른, (비유) 과장된(bloated, distended, swollen) | **torpid** 움직이지 않는, 둔한(lethargic), 동면 중인(dormant) | **turbulent** (파도·바람 따위가) 몹시 거친, 사나운(furious) | **tortuous** (길·흐름 따위의) 구불구불한, 비틀린, 비비 꼬인(twisting), 사악한(crooked)

해설   이 문제는 유사한 꼴의 단어들의 정확한 뜻을 묻는 문제로 각 단어의 뜻만 정확하게 알고 있으면 쉽게 풀 수 있는 문제이다. 즉 그 시내의 바닥이 먼지나 진흙으로 덮여 있어서 볼 수 없다는 뜻의 turbid가 답이다.

해석   그 시내는 너무 탁해서 얕은 곳까지도 그 바닥을 볼 수 없다.

정답   ①

---

3   Looting is wrong and looters have no legal title to the things they __________.   [난이도 ★]

① buy   ② steal   ③ sell
④ rob   ⑤ seek

어구   **looting** 약탈, 강탈(plunder) | **looter** 약탈·강탈자 | **have a title(right) to** ~에 대한 권리·자격을 갖다 | **legal** 법률(상)의, 법률에 관한; 합법의, 적법한 | **steal** (물건을) 훔치다, 몰래 빼앗다(from) *cf.* **rob** ~에게서 강탈[약탈]하다(deprive) | **seek** 찾다; 추구[탐구]하다, 조사하다; ~하려고 시도[노력]하다(to do)

해설   looting은 도덕적·윤리적으로 그릇되고 부정하며 looter(약탈자)가 훔친 물건이나 돈 (goods or money)을 훔치는 행위의 결과라고 보면 된다.

해석   약탈은 그릇된 짓이며, 따라서 약탈자에겐 자신이 훔친 물건에 대한 법적 권리가 전혀 없다.

정답   ②

---

4   A: What's wrong with your face? It looks swollen.
B: I had to go get a cavity _______ today. It really killed me.

① blocked   ② filled   ③ plugged   ④ stuffed

어구   **cavity** 충치로 인해 생긴 이의 함몰된 부분; 구멍(a hollow, a hole) | **plug** 틀어막다, ~에 마개를 하다 | **stuff** 채워 넣다

해설 [다의어 문제] '충치를 때우다' 는 fill a cavity인데, 위의 문장에서 get a cavity 다음에 fill이 과거분사 형태로 와서 '(의문사가) 충치를 때우도록 했다' 는 의미가 되어야 하므로 정답은 ②의 filled이다. 참고로, stuff은 구멍을 때운다는 의미라기보다는 박제나 봉제 인형, 만두 등의 '속을 채운다' 의 뜻이다.

해석 A: 얼굴이 왜 그래? 부어 보이는데.
B: 오늘 충치 하나를 때웠어. 죽는 줄 알았어.

정답 ②

5 The professor __________ but did not directly say that Americans are more concerned with making money than anything else. [난이도 ★★★]

① illustrated ② pondered
③ indicated ④ implied

어구 **concerned with** ~에 관심이 있는 | **make money** 돈을 벌다 | **illustrate** 설명하다, 예증하다 | **ponder** 신중히 고려하다(think about, brood, muse) | **indicate** 가리키다, 지적하다; (몸짓 따위로) 암시하다 | **imply** 암시하다(suggest), 의미하다(mean)

해설 [뉘앙스 차이] but 뒤에 did not directly say(직접 말하지 않았다)는 빈칸에 단어와 대조 관계를 이루므로 빈칸에 올 단어는 반대 의미라야 한다. imply와 indicate 둘 다 '암시하다' 라는 뜻이지만 indicate는 imply와 같은 의미라기보다는 '~으로 미루어 짐작하다' 라는 정도의 뜻이므로 위 문맥에 자연스럽지 않다.

해석 교수는 미국인이 다른 무엇보다도 돈을 버는 데 더 관심이 많다는 것을 암시하기는 했지만 직접적으로 말하지는 않았다.

정답 ④

6 A: Tom seems to be so bossy.
B: He's just a _______ tiger. In fact, his wife wears the pants in the house. [난이도 ★★]

① doll ② name ③ stone ④ paper

어구 **bossy** 명령하는, 우두머리인 체하는 | **in fact** 사실(대조 관계) | **wear the pants**(in the house) 집안에서 실권을 쥐다 | **paper tiger** 겉으로만 강한 척하는 사람, 종이호랑이

해설 겉으로만 강한 척하는 사람을 paper tiger(종이호랑이)라고 한다.

해석 A: 톰은 남에게 명령내리는 걸 너무 좋아하는 것 같아.
B: 겉으로만 강한 척 하는 거야. 사실 집에서는 아내가 실권을 쥐고 있대.

정답 ④

I got fined for DUI. 음주운전으로 벌금 먹었다. (DUI: Driving Under the Influence)

tip 팁(을 주다); 조언; 가장자리
Don't forget to tip him. 그에게 팁 주는 거 잊지마.
Give me some tips on this matter. 이 문제에 대한 조언을 좀 해주라.
It was just the tip of the iceberg. 그것은 빙산의 일각이었어.

work 일; 작동하다
It doesn't work. 작동을 안 한다.
I work out every day. 나는 매일 운동한다.
We worked out a solution. 우리는 해결책을 마련했다.

Notes

〈연어(collocation)〉

bear fruit 과실(결실)을 맺다
impose a ban[curfew] 규제(통행금지)를 시행하다
lift a ban 규제를 없애다
weigh the consequences 결과를 신중히 고려하다
long face 시무룩한 얼굴, 짜증난 얼굴
open question 미결의 문제
split second 눈 깜짝할 사이에
death toll 사망자 수
lip service 입에 발린 말

글 속에서 2개의 내용이 같은 방향(순접)으로 전개될지 반대 방향(역접)으로 전개될지는 아래 논리 정보 장치들에 의해서 결정된다. 문장완성 문제를 풀기에 앞서 아래 정리된 어구들을 꼭 정리하기 바란다.

추가 / ADDITION

- additionally 게다가, 더구나
- again 또
- also 또한
- and (then) 그리고
- as well as ~외에도
- at the same time 동시에, 또한
- besides 게다가
- between A and B A와 B사이에
- both ~ and 둘 다
- either ~ or 둘 중 어떤 것
- further 게다 가, 더 나아가
- furthermore 게다가
- in addition (to) ~외에도
- indeed 실로, 사실상
- last but not least 덜 중요하진 않지만 마지막으로
- likewise 유사하게
- moreover 게다가, 더구나
- neither ~ nor 둘 다 ~아니다
- next 다음으로
- not only A but also B (=B as well as A) A뿐 아니라 ~B도
- not to mention ~은 말할 필요도 없고
- on top of that 게다가
- or 즉
- plus 그 외에
- similarly 유사하게
- together with ~와 함께, ~와 더불어
- what's more 게다가

동의 / AGREEMENT

- according to ~에 따르면
- in accordance (=in agreement / conformity) ~에 일치하여

대조 / CONTRAST

- after (all) ~에도 불구하고
- alternatively 양자택일로; 대신으로
- although ~에도 불구하고
- as opposed to ~과 반대로
- at the same time 동시에, 또한
- but/ yet 그러나
- conversely 반대로
- despite ~에도 불구하고
- even though ~라 할지라도
- for all that 그에도 불구하고
- however 그러나
- in contrast 대조적으로
- in face of / in spite of / nevertheless / nonetheless / notwithstanding ~에도 불구하고
- on the contrary 반면에, 반대로
- on the other hand 반면에 또 다른 한편으로는
- still 그러나, 여전히 cf) 고요한, 정지한
- though ~에도 불구하고
- unlike ~와 달리
- whereas 반면에, ~에 반해서
- while 반면에
- that is not so 사실은 그렇지 않다

비교 / COMPARISON

- comparing 비교해 보면
- likewise 비슷하게
- in comparison 비교해 보면
- in the same way 비슷하게
- similarly 유사하게

강조 / EMPHASIS

- above all 무엇보다도
- a key feature 주요 특징
- a major concern 주요 관심사

definitely (=doubtlessly) 분명히
especially significant 특히 중요한
in any event 좌우간, 여하튼간에
indeed 실로, 사실상
in especial 특히
in fact 사실상
in particular 특히
more important(ly) 더 중요하게도
naturally 당연히
particularly 특히
positively 분명히
primarily 일차적으로
principally 주로, 대개
specifically 구체적으로
the basic cause 기본적 대의
the chief factor 주요 요인
the key point 핵심
the main reason 중요 이유
unquestionably / undoubtedly / without doubt 의심의 여지없이

시간 관련 / TIME RELATIONSHIP

after a while 잠시 후에
afterward(s) 나중에
as time goes by 시간이 흐름에 따라
at last 마침내
at present 현재로선
at this point 지금
at the same time / simultaneously 동시에
during ~동안에
here 지금
immediately 즉시, 당장
in the meantime /meanwhile 한편
lately / recently / currently / nowadays 최근에
later 나중에, 그 후에
meanwhile 한편
now / at the moment 지금
nowadays 현재는, 요즘에
presently 현재
shortly (after) ~한 직후
now 지금 [과거사실과 대비]
since ~한 이래
soon 곧
temporarily 일시적으로
then 그 때
thereafter 그 후로
throughout ~전반에 거쳐
thereupon 그 후로

until ~할 때까지
up until now 지금까지
while ~동안에
yet 아직

사건의 순서 / SEQUENCE OF EVENTS

first 첫째 second 둘째 third 셋째
subsequently 그 뒤, 계속되는
following 이어지는, 뒤따르는
then 그런 후에
next 다음으로
later 나중에
after that 그 후에
finally 마지막으로
at the same time 동시에, 또한

인과관계 · 설명 / EXPLANATION OF CAUSE OR CONSEQUENCE

as ~함에 따라, ~해서
because ~때문에
due to (=owing to, on account of, thanks to, on the ground of) ~ 때문에
for 왜냐하면, ~해서
in order that ~하기 위해
now that ~이니까, ~이므로
since ~이니까, ~이므로
so A that B A 해서 그 결과 B 하게 되다
that is because 그건 ~때문이다
that is why 그건 ~이유 때문이다
cause / result in / lead to / create / make

결과 / RESULT

accordingly 따라서
as a consequence 그 결과
as a result 그 결과
consequently 결과적으로
for this reason 이런 이유 때문에
hence 그래서
in short 간단히 말해
in consequence 따라서
so ~ that = such ~ that 너무 ~해서 ~하다
then 그래서, 그때
thereby / therefore / thus 따라서, 그래서
truly 실로

 ## 상황 / CIRCUMSTANCES

- **from the standpoint/viewpoint of** ～의 관점에서
- **in my opinion** 내 견해로는
- **in the midst of** ～의 와중에

 ## 조건 / CONDITION

- **as long as** ～하는 한
- **even if** ～라 할지라도
- **if** ～라면
- **if not** ～아니라면
- **in case of(that)** ～의 경우에
- **in the event of(that)** ～의 경우에
- **only if** 단지 ～라면
- **otherwise** 그렇지 않으면,그 반대의 경우라면
- **provided / providing (that)** ～라면
- **suppose** ～라 가정해 보자
- **whether or not** ～이든 아니든

 ## 예외 / 제외
EXCEPTION / EXCLUSION

- **apart / aside from** ～은 별도로 하고, 치워두고
- **but / except for / excepting / secluding / save for / saving** 외에는 ～을 제외하고
- **unless** ～가 아니라면

 ## 예 / EXAMPLE

- **for example** 예를 들면
- **for instance** 예를 들면
- **in another case** 다른 경우라면
- **including** ～을 포함하여
- **in particular** 특히
- **in this case** 이 경우
- **in this manner** 이런 식으로
- **namely / that is** 즉
- **such as** ～와 같은 것
- **take the case of** ～의 경우를 들어 보자
- **to illustrate** 예를 들면

 ## 목적 / PURPOSE

- **for this reason** 이런 이유 때문에

- **for your information** 정보를 주기 위해
- **in an effort to** ～할 노력으로
- **in order to** ～하기 위해
- **to the purpose of** ～의 목적으로
- **to this end** 이런 목적으로
- **with this in mind** 이를 명심하고
- **with this purpose** 이런 목적으로

 ## 대체 / SUBSTITUTION

- **in place of** ～대신에
- **instead o f** ～대신에
- **or** 혹은
- **rather** 차라리

 ## 반복, 재언급
REITERATION / REFORMULATION

- **in other words** 달리 말하자면
- **in short (=briefly)** 간단히 말하면
- **more simply** 더 간단히 말하면
- **namely (=viz)** 즉, 바꿔 말하면
- **rather** 차라리
- **so to speak** 말하자면
- **that is / that is to say** 즉
- **to make a long story short** 간단히 말하면
- **to put it another way** 달리 표현하자면

 ## 도입 / INTRODUCTION

- **in/with reference to** ～에 관하여
- **(at) first** 먼저
- **by the way** 그런데
- **concerning/in the first place** ～에 관하여
- **first of all** 먼저, 무엇보다도
- **initially** 우선
- **on the one hand** 한편으로
- **↔ on the other hand** 또 한편으로는
- **regarding** ～에 관해
- **speaking of** ～에 대해 말하자면
- **to begin(start) with** 우선, 먼저

 ## 매개 / INTERMEDIATING

- **by** ～으로
- **by means of** ～을 통해
- **this way** 이런 식으로
- **through (which)** ～을 통해

 ## 고백 / CONCESSION

- **after all** ～에도 불구하고
- **although** ～이지만
- **granted that /admitting** ～은 인정하지만

 ## 증거, 확실성
CERTAINTY / EVIDENCE

- **certainly** 분명히
- **doubtlessly** 의심의 여지없이
- **distinctly** 분명히
- **evidently** 분명히
- **explicitly** 분명히
- **indeed** 실로, 사실상
- **naturally** 당연히
- **needless to say** ～은 말할 필요도 없고
- **obviously** 분명히
- **of course** 물론
- **undoubtedly** 의심의 여지없이
- **unquestionably** 의론의 여지없이
- **without question** 의심의 여지없이
- **without a doubt** 의심의 여지없이

 ## 결론, 요약
CONCLUSION / SUMMARY

- **all things considered** 모든 걸 고려해 보면
- **at last / finally / eventually / in the end / in the long run / after all** 결국, 마침내
- **in brief / in short / briefly** 간단히 말해
- **in conclusion** 결론적으로
- **in summary** 요약하자면
- **last(ly)** 마지막으로
- **on the whole (=as a whole)** 대체로, 일반적으로
- **thus** 고로
- **to conclude** 결론짓자면
- **to sum up / to summarize** 요약하자면

기본영역 모의고사 15회

[난이도 ★]

1 ☐ ☐
2 ☐ ☐
3 ☐ ☐

1 I could tell he was only _________ to read, because his book was upside down.

① acting   ② behaving

③ deceiving   ④ pretending

[난이도 ★★★]

1 ☐ ☐
2 ☐ ☐
3 ☐ ☐

2 The candidate's speech was filled with empty promises, _________ and cliches.

① threats   ② ingenuity

③ platitudes   ④ anger

⑤ candor

[난이도 ★]

1 ☐ ☐
2 ☐ ☐
3 ☐ ☐

3 He was widely regarded as a _________ man because he revealed daily his distrust of human nature and human motives.

① disrespectful   ② cynical

③ fanatical   ④ misinformed

[난이도 ★]

1 ☐ ☐
2 ☐ ☐
3 ☐ ☐

4 While an animal brought from a warm country often dies in a cold region, a man is able to live almost anywhere by adapting himself to his _________.

① nature   ② surroundings

③ country   ④ native place

1 **어구** **upside down** 엉망으로, 거꾸로 | **act** *v.* 행동하다; (흔히 경멸적) ~처럼 행동하다; 연기하다 *n.* 행동; (연극) 막; 법령 | **behave** 행동하다, 처신하다 *cf.* Behave yourself! 점잖게[얌전히] 굴어라 | **deceive** 속이다(cheat) *cf.* be deceived 속다 | **pretend** ~인 체하다, 가장하다(affect, assume); 속이다

해설 because 가 이끄는 이유부사절에서 그가 책을 거꾸로 하고 있었다는 내용을 보면 그는 책을 읽지 않았다는 것을 알 수 있다. 참고로 pretend는 to부정사(—to read)를 목적어로 취한다. *Ex.* He pretended not to know her. 그는 그녀를 모르는 체 했다.

해석 그의 책이 거꾸로 있었기 때문에 나는 그가 단지 읽으려는 체만 했다는 것을 알 수 있었다.

2 **어구** **candidate** 후보, 지원자 *cf.* run candidate at ~에 입후보하다 | **empty promises** 공허한 약속 | **cliche** 진부한 말·표현 | **threat** 위협, 협박 | **ingenuity** 독창력, 정교함 | **platitude** 단조로움, 평범(한 의견)(monotony) | **candor** 공정, 솔직함(outspokenness)

해설 순접 연결 장치 and 앞 뒤에 열거된 empty promise와 cliches의 단어들과 자연스럽게 연결되는 것은 platitude이다.

해석 그 후보의 연설은 무의미한 공약과 평범한 생각 그리고 진부한 말들로 가득했다.

3 **어구** **distrust** 불신, 의혹, 의심(doubt, suspicion) | **reveal** (비밀·마음 등을) 드러내다; 누설하다(bare, expose) | **human nature** 인간, 인간성 | **disrespectful** 실례되는, 무례한 (rude, impertinent) | **fanatical** 광신적인, 열광적인 | **misinformed** *a.* 잘못된 정보를 받고 있는, 잘못 알려져 있는 [파] misinform *v.* 잘못 전하다, 오해하게 하다

해설 인간성과 인간의 순수한 동기들을 믿지 않고 계속해서 불평하는 사람은 "cynical(냉소적인)" 한 인간이라는 평을 받을 것이다.

해석 그는 인간성과 인간의 동기들에 대한 불신을 매일같이 토로했기 때문에 냉소적인 인간으로 널리 간주되었다.

4 **어구** **while** (접속사) ~인 반면에 | **anywhere** 어디든지 | **adapt** 적응하다, 순응하다(adjust, acclimatize) *cf.* adopt 채택하다, 양자로 삼다 | **adapt oneself to surroundings** 환경에 순응하다 | **native place** 출생지

해설 종속접속사 while절과 주절의 내용은 반대이다. 동물들은 환경이 바뀌면 적응하지 못하여 죽는 반면 인간은 환경에 적응하여 살 수 있다. 참고로 surrounding은 사람·사물 주변의 것들, 상태(조건)를 말한다.

해석 더운 기후 지역에서 데려온 동물은 종종 추운 지역에서는 죽는 반면에, 인간은 환경에 적응함으로써 거의 어디서든지 살 수 있다.

정답 1 ④ 2 ③ 3 ② 4 ②

[난이도 ★]

1 ☐ ☐
2 ☐ ☐
3 ☐ ☐

5 Paul knew that all available evidence indicated the invalidity of the theory in question; nevertheless, he personally ____________ it.

① explored ② supported

③ got rid of ④ despised

[난이도 ★★]

1 ☐ ☐
2 ☐ ☐
3 ☐ ☐

6 A : I'm thinking of going back to school to get another degree. It's so hard to find a job with a degree in literature.
B : Yeah, I know what you mean.
A : I ____________________ something more practical. If I'd been more sensible, I would have majored in economics.
B : Why did you major in literature?
A : I don't know! My mother wanted me to major in literature.
B : Oh? What does she do?
A : Mom? She's a literature professor.

① must have studied

② need not have studied

③ wouldn't have studied

④ should have studied

[난이도 ★]

1 ☐ ☐
2 ☐ ☐
3 ☐ ☐

7 My uncle's letters are annoyingly ________. They are wordy and always repeating the news of previous letters.

① abundant ② redundant

③ hyperbolic ④ reticent

Notes

5 **어구** **available** 얻을 수 있는; 쓸모 있는 | **indicate** 가리키다(point out), 지적하다; 암시하다 | **invalidity** 부당성, 무효 | **nevertheless** 그럼에도 불구하고 | **personally** 스스로; 개인적으로 | **explore** ~을 탐험하다, 탐구하다; 조사하다 | **support** ~을 받치다; 지지하다 | **get rid of** ~을 제거하다 | **despise** ~을 경멸하다, 멸시하다(look down on, scorn) *cf.* despite (전)~에도 불구하고(in spite of) *n.* 무례, 멸시(contempt); 악의, 원한(spite)

해설 위의 문제는 앞문장과 뒷문장을 반대 추론 해야 한다. 즉, semicolon(;) 다음에 접속부사 nevertheless가 나오고 있으므로 앞, 뒤 문장의 내용은 서로 반대되어야 한다.

해석 폴은 얻을 수 있는 모든 증거가 문제에서 그 이론의 부당성을 보여준다는 것을 알았다. 그럼에도 불구하고, 그는 개인적으로는 이론을 지지했다.

6 **어구** **sensible** 분별이 있는, 현명한 *cf.* sensitive 민감한, 섬세한 | **sensual** 관능적인, 음란한 | **major in** ~을 전공하다(specialize in) | **What does she do?** 직업이 뭐야?

해설 내용으로 보면 과거에 이루지 못한 유감이나 후회를 나타내야 하므로 '공부했어야만 했다'가 문맥상 적절하다.
① 틀림없이 공부했을 것이다. ② 공부할 필요가 없다. ③ 공부하지 않았어야 한다. ④ 공부했어야만 했다

해석 A: 나는 다른 학위를 위해서 다시 학교로 돌아갈 것을 생각하고 있어. 문학 학위를 가지고는 직장 구하기가 너무 힘들어.
B: 그래, 무슨 말인지 알아.
A: 나는 좀 더 실용적인 것을 공부해야만 했어. 내가 더 분별력이 있었더라면 경제학을 전공했었을 거야.
B: 왜 문학을 전공했어?
A: 모르겠어! 엄마는 내가 문학을 전공하기를 원했거든.
B: 그래? 엄마의 직업이 뭔데?
A: 엄마? 문학 교수이셔.

7 **어구** **letter** 글자, 편지, 문학 | **annoyingly** 짜증나게도, 성가시게도 | **wordy** 말 · 구두의; 수다스러운(talkative, loquacious, verbose), 장황한 *Ex.* 1. His style is rather wordy. 또는 He writes a prolix style. 그의 문체는 너저분하다 2. a wordy person; a windbag 말이 많은 사람 | **previous** 앞의, 이전의; 사전의 | **abundant** (자원 등이) 풍부한 | **redundant** (표현 · 문체가) 장황한; 여분의, 불필요한; 풍부한(superfluous, unnecessary) *Ex.* 1. He was made redundant. 그는 해고됐다. 2. a terse[redundant] sentence 간결한[장황한] 문장 3. excess[superfluous, overflowing, redundant] population 과잉 인구 | **hyperbolic** (언어)가 과장된(exaggerated); 과대한 | **reticent** *a.* 과묵한(쉽게 생각 · 감정을 드러내지 않는); 마음내키지 않는 [파] reticence 과묵, (입을) 조심함

해설 편지가 wordy(말이 많은)하고 이전 편지의 소식들을 반복하고 있다는 것으로 보아 빈칸에는 redundant(문체가 장황한)가 적절하다.

해석 내 삼촌의 편지는 짜증나게도 장황하다. 그 편지들은 장황하며 계속해서 이전 편지의 내용들을 반복한다.

정답 5 ② 6 ④ 7 ②

[난이도 ★★]
1 ☐ ☐
2 ☐ ☐
3 ☐ ☐

8 Each of us dies alone. That is as true of the scientists I have known as of anyone else. ______________ nearly all of them would see no reason why, just because the individual condition is tragic, so must the social condition be.

① Moreover　　　② As a result
③ Finally　　　　④ First of all
⑤ But

[난이도 ★★★]
1 ☐ ☐
2 ☐ ☐
3 ☐ ☐

9 During the 1980s, Glenn Loury was one of the most influential ________ thinkers on race in America. In 1990s, however, he began to move left-ward on the political spectrum, as he repudiated his old allies in their campaign against racial preference programs.

① conservative　　② radical
③ pro-life　　　　④ original
⑤ provocative

[난이도 ★★★]
1 ☐ ☐
2 ☐ ☐
3 ☐ ☐

10 Hoping to ________ our cat Fred, Lollipop, the poodle, lay very still, all bunched up, pretending to be a black rock until Fred came close.

① irritate repeatedly
② demonstrate kindness to
③ hoodwink
④ attack with a sudden unexpected maneuver

8

어구 **be true of** ~의 경우도 그러하다 | **tragic** 비극적인(cataclysmic, disastrous) | **moreover** *ad.* 그 위에, 더욱이, 또한 | **as a result** ~의 결과로서 | **finally** 최후의; 결국 (ultimately); 결정적으로(decisively) | **first of all** 우선 첫째로, 무엇보다도 *Ex.* First of all let me apologize for being late. 우선 첫째로 늦어서 죄송하다는 사과를 하겠습니다.

해설 첫 번째 문장의 내용을 빈칸 뒤에서는 tragic하다고 표현하고 있음에 착안하여 전체 문맥을 살핀다. 필자가 말하고자 하는 바는 과학자들이 생각하기에 개인적인 사정과 사회적인 사정 이 반드시 일치하는 것은 아니라고 하는 점이다.

해석 우리 각자는 혼자서 죽는다. 그것은 다른 모든 사람들의 경우만큼이나 내가 알고 있는 과학자들의 경우에도 동일하게 사실이다. 그러나 개인적인 사정이 비극적이라고 하는 이유로 사회적인 사정도 역시 그러해야 되는 이유를 그들 과학자들 중 거의 모든 이들이 인정할 수 없다.

9

어구 **influential** 영향력 있는 | **race** 인종 | **move left-ward** 좌파로 흐르다 | **political spectrum** 정치적 성향 | **repudiate** 거부하다, 인연을 끊다 | **ally** 동맹 | **racial preference** 인종적 선호 | **conservative** 보수적인 | **radical** 급진적인, 철저한 | **pro-life** 친생명적인(임신중절 합법화에 반대하는) | **provocative** 도발적인

해설 접속부사 however로 [역접 대조] 논리 전개라는 점에 착안해야 한다. 뒤쪽이 좌파, 즉 진보 적 성향으로 선회했다는 내용이 나왔으므로 앞쪽은 그 반대 입장인 우파, 즉 보수적 성향을 가지고 있었다는 말이 나와야 논리에 맞으므로 반의어를 찾아야 한다.

해석 1980년대 글렌루리는 미국의 인종 문제에 관한 가장 영향력 있는 보수적 사상가 중의 한 명이었다. 그러나 1990년대에 와서 그는 정치적 성향에 있어서 좌파로 선회하면서 인종적 선호 프로그램에 반대하는 운동을 벌이며 그의 옛 동료들과 인연을 끊었다.

10

어구 **lay still** 가만히 앉아있다 | **bunch** 모이다[up], 혹이 되다, 웅크리다 | **pretend** ~인 체하 다 | **come close** 가까이 가다 | **irritate** 초조하게 하다, 화나게 하다 | **demonstrate** 증 명하다, 설명하다 | **hoodwink** (남의) 눈을 속이다(blindfold); 현혹시키다 | **maneuver** 기동 작전; 계략

해설 분사구문(hoping~, pretending~)은 이유를 나타내기 때문에 앞의 내용과 뒤의 내용은 논리 적으로 순접 연결이 되어야 한다. 주절의 내용은 롤리팝(푸들)이 웅크려서 바위인 체한 것은 고양이(프레드)의 눈을 속이기 위한 것임을 알 수 있다. 따라서 'pretending~'에 대한 원인 이 되는 의미가 나와야 한다.

해석 우리 고양이 Fred의 눈을 속이려고 푸들 Lollipop은 가만히 누워 몸을 완전히 웅크려 Fred가 다가 올 때까지 시커먼 바위인 체하였다.

▶ 1. **see no reason** 이 유를 모르겠다.
  Ex. I see no reason (**why**) we should stay here. (→ why는 생략 가능)
  우리가 이곳에 머물러 있어 야 할 이유를 모르겠다.
Officials see no reason **for which** the sale cannot go through as planned.
  직원들은 판매가 계획대로 끝나지 못할 이유가 없다고 생각한다.
▶ 2. **도치 구문**: 마지막 문 장의 후반부 중 so를 강조하 여 so이하의 도치구문에 유의
  so must the social condition be: 사회적인 사 정도 또한 역시 비극적일 수 밖에 없다

▶ 분사구문은 결과 또는 이 유를 나타내기 때문에 앞 내 용과 같은 방향으로 연결된 다.

정답   8 ⑤   9 ①   10 ③

[난이도 ★]

1 □ □
2 □ □
3 □ □

11 Things that are good to eat generally taste sweet, and things that are poisonous taste bitter. The sweet taste, always linked with a pleasurable sensation, serves to attract the animal to a source of nourishment pleasing and beneficial to it. The bitter taste serves __________.

① as a medicine for sickness

② as a danger signal

③ to allay hunger

④ to attract foolish animals

[난이도 ★★]

1 □ □
2 □ □
3 □ □

[12-13]

The U.S. and the former Soviet Union are making deep cuts in their cold war arsenals. ___(12)___. the elimination of tens of thousands of surplus nuclear weapons will greatly reduce the threat of nuclear war. In the short term, however, chaotic conditions in the former Soviet Union pose a ___(13)___ that weapons or materials derived from them may find their way to renegade states or terrorist groups.

12 ① For example   ② In any case

③ As it were   ④ In the long run

13 ① question   ② danger

③ eulogy   ④ conflict

Notes

11 **어구** **taste** 기호, 좋아함(liking, favorite, hobby, zest) *cf.* propensity 나쁜 경향(liability), 버릇 | **attract** (주의·흥미 등을) 끌어당기다, ~의 마음을 끌다 *cf.* distract (마음·주의 등을) 빗나가게 하다, 흩뜨리다 | **poisonous** 유독한, 유해한(noxious, toxic, venomous); 악취를 뿜는 | **pleasurable** (사물이) 즐거운, 기쁜 | **sensation** *n.* 감각, 지각, 느낌(sense, feeling, impression); 큰 이야기 거리 [파] sensational *a.* 세상을 떠들썩하게 하는, 선풍적인 *Ex.* Two years ago, archaeologist made a sensational discovery. 2년 전에 고고학자들이 세상을 떠들썩하게 하는 발견을 했다. | **nourishment** 영양, 자양분, 음식, 영양분 | **beneficial** 유익한, 유리한, 유용한 [to] (advantageous, availing, helpful, useful) | **bitter** 맛이 쓴 *cf.* delicious 매우 맛있는 palatable 입에 맞는, sweet 맛이 단, sour 맛이 신, salty 맛이 짠, fishy 수상한, 의심스러운(doubtful, suspicious), 비린내 나는 | **taste** *v.* 맛이 나다, 맛을 보다 *n.* 맛(flavor) | **danger signal** 위험 신호 | **allay** 가라앉히다, 누그러트리다 *cf.* [혼] alley 골목길(back-lane) | **foolish** 미련한, 어리석은; 바보같은(senseless)

해설 앞문장에서 "독이 있는 것은 쓴맛이 난다"는 말을 통해 빈칸에는 부정적인 의미가 요구된다.

해석 먹기 좋은 것은 대개 단맛이 나고 독이 있는 것은 쓴맛이 난다. 단맛은 언제나 즐거운 느낌과 연계되어 있고, 동물들을 맛있고 몸에 좋은 영양원으로 이끄는 역할을 한다. 쓴맛은 위험하다는 것을 알려주는 신호 기능을 한다.

12-3 **어구** **make deep cuts in** ~을 대폭 삭감하다 | **arsenal** 군수품 창고, 무기고 | **elimination** 제거, 배제 [파] eliminate *v.* 제거하다, 배제하다(exclude) | **surplus** 나머지, 잉여(excess, plethora, extra material), 흑자 | **chaotic** 혼란한, 무질서한 *Ex.* be in an anarchical[a chaotic] condition; be in a state of anarchy 무정부 상태이다 | **pose** (의문·문제를) 제기하다 *Ex.* Advances in technology pose new security challenges. 기술 발전은 새로운 보안 문제를 제기하고 있다. | **renegade** 반역자, 배반자 | **eulogy** 찬사(praise) | **conflict** 투쟁, 전투, 싸움

해설 12. 빈칸 다음에 오는 내용은 군수 물자의 삭감이 가져올 긍정적인 결과이다. 반면, 그 다음 문장은 부정적인 결과를 설명하고 있다. 따라서 빈칸에는 다음 문장의 접속어구인 'in the short term'과 대조되는 이구기 들어가야 한다.
13. 우선 빈칸에 들어갈 명사와 그 이하의 that절이 서로 동격 관계로 되어 있으며 그 내용이 부정적이므로, 빈칸에는 부정적인 단어가 들어가야 한다. 그리고 앞의 pose와 가장 자연스럽게 연결되는 목적어는 question(problem)이다.

해석 미국과 구소련은 냉전 시대의 군수물자를 대폭 삭감하고 있다. 장기적으로 보면 이것은 수만의 잉여 핵무기를 제거함으로써 핵전쟁의 위협을 크게 줄이게 될 것이다. 그러나 단기적으로는 구소련의 혼란된 상황 때문에 그 와중에서 유출된 무기나 재료들이 변절한 국가들이나 테러 집단으로 흘러들어갈지 모른다는 문제가 제기된다.

▶ **for example** 예를 들면 (어떤 구체적으로 설명·증명하기위한 보기)
in any case 하여튼, 어쨌든
as it were [삽입구적으로] 말하자면, 마치
Ex. He is, as it were, a walking dictionary. 그는 말하자면 살아 있는 사전이다.
in the long run 결국은 (in the end)
cf. in the short run 단기적으로는, 당장은

정답 **11** ② **12** ④ **13** ①

14 In the US, the northern states tried to end slavery, but the southern states strongly disagreed with this, because they were very dependent on using slaves on their farms. This disagreement was one of the main ______ of the Civil War.

① polls
② causes
③ reforms
④ celebrities
⑤ supplements

15 Smart, durable and tenacious as well as obstinate, mean and downright ornery, the burro may have contributed more to the winning of the U.S. than any other animal, save perhaps the horse. Yet those qualities that once made the humble burro so useful have also made him the storm center of ______. Along with being a lovable critter, the burro is doing hateful things to the environment. Or so say his critics.

* **burro** 작은 당나귀

① jealousy
② controversy
③ accomplishment
④ ingenuity

16 ____________________________. The Black Penny was believed to be useful in curing mental disorders in cattle and was often borrowed by local English farmers for its supposed healing powers. The Black Penny was a coin belonging to the Turnbull family. To function properly, the coin had to be immersed into water that ran in a southerly direction; that water was then given to the sick animal to drink. The coin was smaller than an ordinary penny, but thicker. It was made of copper and zinc and had a raised rim. It was lost about 1827.

① Water running in southerly direction was scarce
② Animals with mental disorder were always cured
③ Some English farmers were superstitious
④ The Turnbull family was not superstitious

Notes

14 어구 **slavery** 노예제도 | **be dependent on** ~에 의존하다 | **disagreement** 견해 차이 | **poll** 투표, 여론조사 | **celebrity** 명성, 유명인사 | **supplement** *n.* 추가, 부가, 부록 *v.* 보충하다

해설 but 앞 뒤 내용은 대조를 이루고 있고 남부와 북부 주들 간의 노예제도에 대한 의견 차이와 시민전쟁과의 연관성을 찾아야 한다. 결과적으로 시민전쟁은 일어난 것이고 원인(cause)은 의견의 차이이다.

해석 북부 주들은 노예제도를 종식시키려 했지만, 노예를 이용해 농장을 운영해야만 했던 남부 주들은 반대를 했다. 이러한 의견 차이가 남북전쟁의 주된 원인들 중 하나가 되었다.

15 어구 **durable** 오래 견디는, 튼튼한; 영속성이 있는, 내구력이 있는 | **tenacious** 고집이 센, 완강한, 집요한 | **obstinate** 완고한, 끈질긴; 완강한; (병·해악 따위) 고치기 힘든 | **downright** *a.* 솔직한, 명백한 *ad.* 철저한 | **ornery** 하등의; 비열한; 고집센 | **critter** 가축, 소, 말 | **jealousy** 시기(envy), 질투 | **controversy** *n.* 논쟁(contention, debate, dispute), 논의, 말다툼(brawl) *cf.* controvert *v.* 논쟁하다, 논박하다 | **accomplishment** 성취, 업적 | **ingenuity** 발명의 재주, 현명함

해설 앞에서는 당나귀의 장점을, 뒤에서는 결점을 이야기하고 있다. 따라서 빈칸에는 ②가 들어가서 당나귀의 품성이 논쟁의 중심이 되고 있다는 내용이 되는 것이 가장 적절하다.

해석 완고하고 심술궂으며 철저하게 고약함과 동시에 영리하고 끈기가 있으며 참을성이 강한 당나귀는 아마도 말을 제외하고는 그 어떤 동물보다도 미국의 승리에 더 큰 공헌을 했을 것이다. 그러나 과거에는 그 초라한 당나귀를 참으로 쓸모 있는 동물로 만들었던 그 품성들이 이제 그를 폭풍 같은 논쟁의 중심지로 만들었다. 당나귀는 사랑스러운 작은 동물이면서, 동시에 환경에 미운 짓을 하고 있다. 혹은 비판자들이 그렇다고 말하고 있다.

16 어구 **mental** 정신의, 마음의; 관념적인 | **mental disorder** 정신 장애, 정신병 | **supposed** 상상된, 가정의, 소문이 난 | **healing power** 치유하는 힘 | **belong to** ~에 속하다, ~의 소유이다 | **function** 기능을 하다, 작용하나 | **immerse** 담그다, 가라앉히다, 적시다 | **southerly** 남쪽의 | **zinc** 아연 | **raised** 높인, 한층 높인, (효모로) 부풀게 한 | **rim** 가장자리, 변두리, 테두리 | **scarce** 부족한(insufficient), 적은, 드문, 진귀한(rare) | **superstitious** 미신의, 미신에 사로잡힌.

해설 빈칸 뒤에 첫 문장의 내용에서 힌트를 얻을 수 있다

해석 영국의 일부 농부들은 미신을 믿었다. 예전에는 사람들은 가축들의 정신병을 치료하는 데 검은 색 동전인 Black Penny가 효험이 있다고 믿었다. 병을 치료하는 힘이 있다고 소문이 났었기 때문에 영국에서 시골의 농부들은 이 동전을 종종 이용했다. Black Penny는 Turnbull가(家)에서 소유하고 있던 동전이었다. 제대로 기능을 발휘하기 위해서는, 이 동전을 남쪽 방향으로 흐르는 물에 담궈야 한다. 그리고 나서 그 물을 병을 앓고 있는 가축에게 먹이면 된다는 것이다. 이 동전은 일반적인 페니화보다 크기는 작지만, 더 두꺼웠다. 이 동전의 재질은 구리와 아연이었고, 가장자리가 솟아 있었다. 그런데 이 동전은 1827년경에 분실되었다.

▶ 비교급 + **than any other** +단수명사 : 어떤 다른 ~보다 더 ~한
Ex. This is tastier than any other coffee. 이것은 어떤 다른 커피보다 더 맛있다.

정답 **14** ② **15** ② **16** ③

S.C Practice 1

[난이도 ★★]
1 ☐☐
2 ☐☐
3 ☐☐

17 If we look at Genesis, the words that the first voice spoke were "Let there be light" and afterwards the sounds faded into the drifting wind. These words which were uttered at the dawn of time, however, have echoed through the long history of men. Generations upon generations of language have flourished, and though these languages may themselves have vanished, they have daughter languages, which in turn have split up and developed into new tongues. The tantalizing goal that linguists have set themselves is to work out a kind of common relationship between the world's myriad tongues, which they believe ________.

① will develop into sign language

② will vanish one day

③ no signs of assimilation

④ stem from one source

[난이도 ★]
1 ☐☐
2 ☐☐
3 ☐☐

18 Because the ancient Egyptians ________ the hour as one-twelfth of the time from dawn to dusk, its length varied during the ________ of the year.

① revered – occurrence

② imagined – dates

③ defined – course

④ idealized – seasons

[난이도 ★]
1 ☐☐
2 ☐☐
3 ☐☐

19 One must think of others and ________ himself in their place, and consider what will please and what will wound them.

① pull ② push

③ point ④ put

Notes

17 어구 Genesis (기독교 성경의) 창세기 | **fade** 희미[아련]해지다; (색이) 바래다; (소리가) 꺼져[사라져] 가다 | **flourish** 번영·번성하다 | **daughter language** 파생 언어 | **tantalize** 감질나게 하다, 애타게 하다 | **myriad** 무수한; 1만의; 가지각색의 *cf.* a myriad of, myriads of 무수한 | **sign language** 수화(手話) | **vanish** 사라지다(disappear) | **assimilation** 동화작용 | **stem from** 유래하다, 일어나다, 생기다

해설 '빛이 있어라'라는 성경 말씀이 daughter languages, new tongues 등으로 갈라져 나오는 가설에 대해 이야기하고 있는 지문이다. 따라서 언어학자들의 목표는 수많은 언어들의 공통적인 관계를 설정해 내는 것인데, 그 많은 언어들은 그들이 믿기에 한 개의 '원천'에서 비롯된 것이다.

해석 창세기를 보면, 태초의 말씀은 '빛이 있어라' 이었는데 이내 이 소리들은 바람에 사라져 버렸다. 그러나, 역사의 여명기에 행해졌던 이 말씀은 인류의 기나긴 역사를 통해 메아리치고 있다. 세대에 세대를 거치면서 언어는 번창하였다. 일부 언어들이 사라졌을지라도 그 언어들은 파생 언어들을 낳았고 이 언어들은 다시 갈라져서 새로운 언어들로 발전해 나갔다. 언어학자들이 스스로 세운 간절한 목표는 하나의 근원에서 기원했다고 믿는 세계의 무수한 언어들의 공통적인 관계를 이끌어 내는 것이다.

18 어구 **from dawn to dusk** 새벽부터 해질 때까지 | **vary** 바뀌다, 변화하다, 달라지다 | **revere** 숭배하다(worship), 경외하다, 존경하다(admire, venerate) | **occurrence** (사건 등의) 발생, 사건 | **imagine** 상상하다, 생각하다 | **date** 날짜, 년월일 | **define** 정의하다, 규정짓다 | **course** 진행, 추이, 경과 | **idealize** 이상화하다 | **season** 계절, 절기, 좋은 시기

해설 because 앞뒤 문장의 원인과 이유 관계를 잘 살펴서 [보기]항의 단어를 순서대로 넣고 정확하게 해석해 보자. 계절이 바뀌면서 밤과 낮의 시간의 길이(course)가 변화한다는 것을 의미한다는 것을 알아야 문제를 풀 수 있다.

해석 고대 이집트인들은 시간을 새벽부터 해질 때까지 시간의 12분의 1로 정의를 내렸기 때문에 그(한 시간의) 길이는 1년의 경과동안 계속 달랐다.

19 어구 **please** ~을 기쁘게 하다, 만족시키다 | **wound** ~을 부상하게 하다(damage, hurt); ~의 감정을 상하게 하다

해설 put ~ in one's place는 '~로 하여금 ~의 입장이 되게 하다, 입장을 바꾸어 보다'의 뜻이다.

해석 사람들은 다른 사람들에 대하여 생각하고 또한 자신을 다른 사람들의 입장에 놓아보아야 한다. 그리고 무엇이 그들을 기쁘게 하고 무엇이 그들의 감정을 상하게 하는지에 대해 생각해 보아야 한다.

▶ 시간의 경과를 나타내는 어구: **duration, lapse, passage, span, term**
Ex. in the course of ~의 경과 중에, ~동안에 (during)
for the duration of ~의 기간 중에
with the lapse of time 시간이 흐름에 따라
the passage of time 때의 경과

정답 17 ④ 18 ③ 19 ④

20 Just as midwifery was for hundreds of years ________ practice, something that women retained control over for themselves, so too the increasingly independent role of the midwife in the process of childbirth is a ________ domination by institutional medicine.

① a personal – reaction of

② a controversial – tolerance of

③ an autonomous – liberation from

④ a communal – celebration of

20 **어구** midwifery 조산술 | practice 실행, 실시, 실습(exercise) | retain 보류하다, 보유[유지]하다 | independent 독립한, 자주의 | domination 지배 | institutional 제도(상)의 | personal 개인의 | reaction 반응 *cf.* interaction 상호작용 | counteraction 반작용 | controversial 논쟁의; 논쟁을 즐기는; 논의의 여지가 있는 | autonomous 자치권이 있는, 자치의; 자율의 | celebration 축하 | dangerous 위험한, 위태로운

해설 〈주어+is+보어〉 구문 첫 빈칸은 practice와 something이 동격이므로 '여성들 스스로 통제권을 얻었다' 는 뜻과 비슷해야 하므로 'for themselves(그들 스스로의 힘으로)'와 같은 의미가 나와야 하고, 둘째 빈칸에는 'independent(독립적인)'과 비슷한 의미가 나와야 한다.

해석 산파술이 몇백 년 동안 자율적인 관습, 즉 스스로의 힘으로 여성들이 통제권을 가졌던 어떤 것, 이었던 것처럼, 역시 점차적으로 출산 과정에서 조산원의 역할은 제도적인 의학에 의한 지배로부터 해방이다.

▶ 〈주어+ **is**+보어〉 구문에서 보어가 명사이면 주어와 보어는 동격이고, 보어가 형용사이면 보어는 주어를 설명하므로 주어와 보어는 같은 방향의 비슷한 의미이어야 한다.
Ex. A hero is brave. 영웅은 용감하다.

정답 20 ③

[난이도 ★]

1 □ □
2 □ □
3 □ □

1 He _________ the problem, because he did not know the solution.
① degenerated　　　　② circumvented
③ menaced　　　　　④ prevailed

[난이도 ★]

1 □ □
2 □ □
3 □ □

2 Although many structures have been worn down by time, the legacy of the civilization still _________.
① lives on　　　　　② rejoice
③ disappear　　　　④ swallow of its pride

[난이도 ★★]

1 □ □
2 □ □
3 □ □

3 Communicating with others on electronic bulletin boards or in chat rooms, computer users can get to know people they might never meet in __________ ways.
① comprehensive　　② collaborative
③ contradictory　　　④ conventional

[난이도 ★★]

1 □ □
2 □ □
3 □ □

4 Danny was such a ___________ scientist that many of his colleagues had to study for several years in order to form opinions about his theories.
① brilliant　　　　　② autonomous
③ grim　　　　　　 ④ tractable
⑤ abandoned

Notes

1 **어구** **degenerate** 나빠지다, 퇴보하다 | **circumvent** 회피하다, 우회하다 | **menace** *v.* 위협하다(threaten) *n.* 협박, 위협 | **prevail** 우세하다, 유행하다

해설 because절과 주절은 인과관계로 원인에 대한 결과가 되는 의미가 나와야 한다.

해석 그는 해결책을 알지 못 했기 때문에 그 문제점에 대해 회피했다.

2 **어구** **wear down** 피로하게 하다(exhaust), 닳아 없어지게 하다(slowly diminish) *Ex.* Of course the tires will eventually wear down, but these tires are designed to last twice as long as conventional bicycle tires. 물론 결국에는 마모되겠지만, 이 바퀴는 기존의 자전거 바퀴보다 두 배는 오래 쓸 수 있도록 고안된 것입니다. | **by time** 시간에 의해 | **legacy** 유산, 유증(heritage, patrimony) | **civilization** 문명; 문명국 | **live on** 계속 살아가다; (돈을) 쓰다 | **rejoice** 기뻐하다, 좋아하다 | **disappear** 사라지다, 없어지다(vanish, fade away) | **swallow one's pride(grief)** 자존심(슬픔)을 버리다 *Ex.* Swallow your pride and bide your time. 자존심 같은 것은 버리고 때를 기다려라.

해설 양보부사절에 wear down(없어지다)와 반대되는 어구를 대응되어야 한다.

해석 많은 체계가 시간에 의해 사라짐에도 불구하고 문명의 유산은 여전히 이어지고 있다.

3 **어구** **communicate** 의사 소통하다, 통신하다, 교류하다 | **electronic** 전자의 | **bulletin board** 게시판 | **comprehensive** 이해력이 있는, 포괄적인 | **collaborative** 협력하는, 합작하는 | **contradictory** 모순된, 양립하지 않는 | **conventional** 전통적인(traditional), 틀에 박힌(trite, banal, stereotyped), 진부한 *cf.* conventional phraseology 상투적인 문구

해설 컴퓨터 사용자들이 전자 게시판이나 대화방에서 사람을 만나는 것은, 과거에는 있을 수 없었던 새로운 방법에 해당한다. 그러나 빈칸 앞에 부정어 never가 있으므로 빈칸에는 새로운 방법이 아닌 '전통적인', '진부한'이란 의미를 가진 conventional이 들어가는 것이 적절하다.

해석 진자 게시판이나 대화방에서 다른 사람들과 통신을 하면서, 컴퓨터 유저들은 그들이 종래의 방법으로는 결코 만나지 못했을지도 모르는 사람들을 알 수 있게 된다.

4 **어구** **colleague** 동료 | **in order to** *R* [목적] ~하기 위해서 | **brilliant** 찬란한, 두뇌가 명석한 | **autonomous** 자치권이 있는, 자율의 | **grim** 엄격한, 무자비한(severe, stern) | **tractable** 유순한, 다루기 쉬운(compliant, submissive, flexible, pliable) | **abandoned** 버림받은, 방탕한(deserted, forsaken, neglected)

해설 such ~ that 인과 구문으로 앞 뒤 내용은 같은 방향이다.

해석 Danny는 두뇌가 매우 명석한 과학자여서 많은 그의 동료들은 그의 이론에 관한 의견을 형성하기 위해서 수년 동안 연구해야 했다.

▶ 결과를 나타내는 **so**+형용사/부사+**that**과 **such**+(형용사)+명사+ **that** *Ex.* His speech was so great that it impressed us. = He made such a great speech that it impressed us. *그가 너무 멋진 연설을 해서 우리를 감동시켰다.*

정답 1 ② 2 ① 3 ④ 4 ①

[난이도 ★★]
1 ☐ ☐
2 ☐ ☐
3 ☐ ☐

5 Unfortunately he died after ten years of struggle against a disease. He is ________ by his wife and two sons.
① remained　　　　　② survived
③ followed　　　　　④ succeeded
⑤ deceased

[난이도 ★]
1 ☐ ☐
2 ☐ ☐
3 ☐ ☐

6 A : Let's go for a walk.
B : I'd like to, but I feel a bit under the weather.
A : ______________.
① That's great. Enjoy yourself.
② So would I.
③ Too bad. Let's do it later.
④ How about taking the umbrella with you?
⑤ It fit like a glove

[난이도 ★★★]
1 ☐ ☐
2 ☐ ☐
3 ☐ ☐

7 So long as learning is made continually repugnant, so long will there be a predisposition to ________ it when one is free from the authority of parents and teachers.
① reject　　　　　② master
③ eject　　　　　④ maximize

[난이도 ★]
1 ☐ ☐
2 ☐ ☐
3 ☐ ☐

8 A hobby is anything a person chooses to give time and energy regularly as a matter of personal interest rather than as means of ________.
① self-improvement　　　② successful life
③ spending one's time　　④ earning a living

Notes

▶ **survive** '~보다 오래 살다(live longer than)'
Ex. He survived his children. 자식들보다 오래 살았다.
He is survived by his wife and children. 유족에는 처와 자식들이 있다.

---

5 **어구** **struggle** *n*. 고투, 분투 *v*. 노력 · 분투하다 | **survive** 누구보다 오래 살다 | **follow** 뒤를 잇다, 따라가다 | **decease** 사망하다(die)

해설 우선 앞문장과 뒷문장의 관계에 유의해서 보자. 뒷문장은 앞의 내용을 설명하면서 부연 설명하고 있다. 즉, 그가 죽고 나자 부인과 두 아들이 유족으로 남았다는 내용이다. '~보다 오래 살다' 의 뜻으로 쓰인 survive가 빈칸에 들어가야 논리 전개가 자연스럽다. 〔보기〕③은 그의 아내와 두 아들이 그를 따라가고 있다라는 내용이 되므로 부자연스럽고 〔보기〕④의 succeed는 전치사 by와 연결되지 못한다. 두 번째 문장은 전치사 'by+행위자'가 나온 것으로 봐서 수동태 구조이므로 자동사인 〔보기〕①과 ⑤는 들어 갈 수 없으므로 소거한다.

해석 불행히도 그는 십 년간의 투병 생활 끝에 죽었다. 유족으로는 부인과 두 아들이 있다.

---

6 **어구** **would like to R** ~하고 싶다 | **under the weather** 기후 탓으로, 몸이 편치 않아; 불쾌하여 | **a bit** 약간 | **That's great.** 아주 좋다 | **enjoy oneself** 즐겁게 시간을 보내다 | **fit like a glove** 꼭 맞다

해설 A의 제안에 대해 B가 '몸이 좀 불편하여 거절하는' 점으로 미루어 빈칸에는 '위로' 의 표현이 쓰여야 가장 적절하다.

해석 A: 산책하러 가자. B: 그러고 싶지만, 몸이 약간 불편한 것 같아. A: 안됐구나. 다음에 하자.

▶ **so long as**
① [조건] ~하는 한
② [시간] ~하는 동안
Ex. Anything will do so long as it is interesting. [조건]
I love only you; as long as I live. [시간]

7 **어구** **So long as** [조건] ~하는 한 | **repugnant** 불쾌한(disgusting), 모순된 | **predisposition** 경향, 성질 | **authority** 권위, 허가, 당국 | **reject** 거절하다(refuse, turn down, decline), 사절하다, 물리치다, 무시하다 | **master** 습득하다 | **eject** 몰아내다, 내쫓다(expel, throw out) | **maximize** 최대화하다

해설 'so long as' 절과 주절의 내용은 같은 방향이다. 빈칸에는 repugnant(불쾌한)와 비슷한 의미라야 한다. 참고로 주절의 "so long will there be predisposition~"은 부사(구) 어순 강조 도치이다. *Ex.* Well do I remember her.

해석 배움이 계속해서 불쾌하게 존재하는 한 부모와 교사의 권위로부터 자유로울 때 배움을 거부하는 경향도 오랫동안 존재할 것이다.

---

8 **어구** **as a matter of** ~의 일로서 | **A rather than B** B이라기보다는 A | **as means of** ~의 수단으로서 | **self-improvement** 자기개선, 자기수양 | **earn a living** 생계를 세우다

해설 rather than의 앞, 뒤 내용이 논리적으로 대조 관계이므로 개인적인 흥미(관심)의 일(a matter of personal interest)이 아닌 것을 답으로 찾아야 한다. 그래서 '생계를 꾸려나가는 것(earning a living')은 개인적인 흥미의 문제는 아니라고 볼 수 있다.

해석 취미는 생계의 수단이라기보다는 개인적인 흥미의 일로서 시간과 정력을 규칙적으로 바치기 위해 선택하는 것이다.

정답 5 ② 6 ③ 7 ① 8 ④

S.C Practice 2

[난이도 ★]

1 ☐☐
2 ☐☐
3 ☐☐

9 True education begins in the cradle and grows through constant renewal of our cells and blood stream until the final graduation we call ________ .
① responsibility
② oath
③ stimulation
④ death
⑤ rehabilitation

[난이도 ★★]

1 ☐☐
2 ☐☐
3 ☐☐

10 Some of the best medical research men in the fight against infantile paralysis are convinced that the antipolio vaccine is absolutely safe. It has been administered to a large number of volunteers ________.
① with usual imperfections
② without ill effects
③ who have had polio
④ under one year of age
⑤ with perfect immunity

[난이도 ★★]

1 ☐☐
2 ☐☐
3 ☐☐

11 In some societies, ________ relations have a higher priority than ______ones. For example, in many Asian countries, a business person will leave his or her work to show hospitality to a guest even if it means the loss of a day's income. The more traditional a society is, the more it is expected that friends, relatives, and neighbors will help each other financially in time of need without formal contract for paying back the loan.
① old – new
② social – economic
③ financial – domestic
④ national – diplomatic

9 **어구** **cradle** 요람, 어린 시절 | **renewal** 재개, 회복, 부활 | **blood stream** 혈류 | **final** 마지막의, 궁극의 | **responsibility** 책임감 | **oath** 맹세, 서약, 선서 | **stimulation** 자극, 격려, 고무 | **death** 죽음 | **rehabilitation** 사회 복귀, 명예회복, 복구 [파] rehabilitate *v.* 회복시키다, 복원하다(renew, restore)

해설 이 문제는 the final graduation(최후의 졸업)의 정확한 뜻보다는 빈칸에 들어가 단어와의 관계가 목적어와 목적보어 관계이므로 유사한 단어가 와야 한다. 따라서 빈칸에는 death가 적절하다.

해석 우리가 죽음이라 부르는 최후의 졸업까지 참된 교육은 요람에서 시작하여 우리의 세포와 혈류의 끝없는 재생산을 통하여 성장한다.

10 **어구** **infantile paralysis** 소아마비 | **antipolio vaccine** 소아마비 백신 | **administer** 1. 관리·지배하다 2. (약을) 복용시키다 | **imperfection** 결함, 불완전(blemish, defect) | **ill effects** 부작용 | **polio** 소아마비(poliomyelitis) | **immunity** 면역

해설 앞문장과 뒷문장이 순접으로 진술 부연되어 있고, 앞문장에서 소아마비 백신이 안전하다(absolutely safe)고 했으므로 without ill effects(부작용 없이)가 빈칸에 들어가야 한다.

해석 소아마비와의 싸움에서 가장 뛰어난 몇몇 의학 연구가들이 소아마비 백신은 절대적으로 안전하다고 확신한다. 소아마비 백신은 부작용이 없이 수많은 지원자들에게 투약되어졌다.

11 **어구** **priority** 중요함, 우선권 | **hospitality** *n.* (방문객을) 환대함, 상냥함 *cf.* hospitable *a.* 환대하는 | **contract** *n.* 계약(compact) *v.* 1. 계약하다 2. 줄(어들)다; 좁아지다, 수축하다 *cf.* contraction 수축, 수렴; (말이나 글의) 단축 | **loan** 빌린 돈, 대부 | **financial** 재정(상)의, 재무의; 금융상의 | **domestic** 가정의, 가정적인; (동물이) 사육되어 길든(tame), 국내의 | **diplomatic** 외교의, 외교 관계의; 외교 수완이 있는, 책략에 능한(tactful)

해설 순접 예시 전개로 For example 이하에 단서를 찾아야 한다. 돈을 못 벌더라도 손님 접대를 하는 것, 차용증 없이도 친지들이 어려울 때 돈을 빌려주는 것 등은 경제적인 관계보다 사회적인 관계를 더 소중히 한다는 뜻이다.

해석 어떤 사회에서는 사회적인 관계가 경제적인 관계보다 더 중요시된다. 예를 들어 아시아 여러 국가에서는 장사하는 사람이 손님을 접대하기 위해서라면 그날 매상이 줄어드는 한이 있어도 자리를 뜰 것이다. 전통적인 사회일수록 어려울 때는 친구나 친척, 이웃들끼리 돈을 갚겠다는 공식적인 계약서 없이 경제적으로 서로 돕는 경우가 많다.

▶ **the** +비교급, **the** +비교급 : ~할수록 점점 더 ~하다
The more you run, the healthier you will be. 많이 달릴수록 더 건강해질 것이다.

정답 9 ④   10 ②   11 ②

12 Once pregnant, women face an uncomfortable reality: The stigma of unwed motherhood is greater than that of having an abortion. Students are often forced to drop out of school. Working women can find their careers ___________.

① increased　　　　　② destroyed

③ jeopardized　　　　④ revealed

[난이도 ★★]　1 ☐☐　2 ☐☐　3 ☐☐

13 We cannot assume that the educated persons of a community are its only clear-thinking inhabitants, for it has been shown that good judgement is not necessarily proportional to _______.

① experience　　　　② good intentions

③ education　　　　　④ wealth

[난이도 ★]　1 ☐☐　2 ☐☐　3 ☐☐

14 During World War Ⅱ, it sometimes did prove to be unlucky to be the third person lighting a cigarette on a match. If a group of soldiers in a foxhole kept a match lit for too long, __________ could see the light and have time to aim accurately and fire. A good number of soldiers died because they couldn't resist having that one match.

① sniffer　　　　　② snicker

③ sniper　　　　　④ skimmer

[난이도 ★]　1 ☐☐　2 ☐☐　3 ☐☐

Notes

▶ 부사절에서 "주어+**be**동사" 생략
① When (**he was**) young, Tom used to go to the aunt's. 탐은 어렸을 때 아주머니 집에 가곤했다.
② Once (**he was**) back in Korea, He found himself busy with the work. 한국에 돌아오자마자 그 일로 매우 바빠졌다.
→ (**he was**)와 같이 when과 once에 이끌리는 절의 동사가 be이고 주어가 주절의 주어와 일치할 때 이 부분은 종종 생략된다.

---

12 **어구** once 일단 ~하면 , ~하자마자 | face ~에 대응하다(confront); (사실·사정 등에) 직면하다 | uncomfortable (사람·물건이) 유쾌하지 않은, 기분이 언짢은; 귀찮은, 곤란한 | stigma 치욕, 불명예, 결점 | unwed 미혼의, 독신의 | motherhood 모성(애); 모권 | abortion 유산, 낙태, 실패 | drop out of school 학교를 그만두다 | increase 늘리다, 불리다, 증대(확대)하다 | destroy 파괴하다(demolish, annihilate), 부수다, 죽이다 | reveal 폭로하다, 보이다, 나타내다 | jeopardize 위태롭게 하다(endanger), 위험에 빠뜨리다

해설 앞문장 내용에 대한 colon(:)뒤에 부연 설명을 하고 있다. 미혼모 여성이 겪게 되는 현실에 대한 구체적인 예를 제시하는 문장을 보면 학생들은 학교를 그만두게 되고 근로 여성들은 직장을 그만두어야 하는 위험에 빠지게 된다.

해석 일단 임신을 하게 되면, 여성들은 살기 불쾌한 현실에 직면하게 된다. 즉, 미혼모라는 오명이 낙태의 오명보다 더 크다. 학생들은 종종 부득이하게 학교를 그만두게 된다. 일하는 여성들의 경우는 자신들의 직업이 위태로워질 수 있다.

13 **어구** assume 가정하다, 당연하다고 여기다 | community 공동체, 지역사회 | inhabitant 거주자, 주민 | proportional 비례하는 | good intention 좋은 의도

해설 for 이하가 앞의 내용에 대한 이유가 되어야 하고, 전체 글은 정확한 판단과 교육의 관계를 설명하고 있으므로 education이 된다.

해석 한 사회에서 교육 받은 사람들만이 유일하게 명확한 사고를 한다고 생각할 수는 없는데 왜냐하면 정확한 판단이 반드시 교육에 비례하는 것은 아니라는 점이 밝혀져 왔기 때문이다.

14 **어구** fire 불을 붙이다, 발사하다 | resist 저항하다, 견디다 | match 성냥 | foxhole l인용 참호, 은신처 | aim (총·타격의) 겨냥을 하다, 겨누다[at], 목표삼다 | fire *n.* 불, 화재 *v.* (화기·탄환을) 발사하다(discharge) | a good(great) number of 상당히 많은 | sniffer 냄새 맡는 사람 | snicker 킬킬거리는 웃음 | sniper 저격병 | skimmer 대충 훑어 읽는 사람

해설 이 문제는 각 단어의 뜻만 정확하게 알면 쉽게 풀 수 있는 문제이다. 정확하게 조준해서 발사하는 일을 하는 사람은 저격병(sniper)이다.

해석 제2차 세계 대전 동안에, 한 성냥으로 담배에 불 붙이는 세 번째 사람은 때때로 재수 없는 것으로 드러났다. 참호 안에 있는 일단의 병사들이 너무 오래 성냥을 켜두면, 저격수가 그 불빛을 보고서 정확히 조준을 하고 사격할 수 있는 시간을 가질 수 있었다. 그 하나의 성냥을 들고 있는 것을 피할 수 없었기 때문에 많은 병사들이 죽었다.

정답 **12** ③　**13** ③　**14** ③

[난이도 ★]

1 ☐ ☐
2 ☐ ☐
3 ☐ ☐

15 Flamingos and whales have something in common; both are suspension feeders. They obtain food by taking in large quantities of water and ejecting it through a filtering system, thus extracting preys or plants that are too __________ to be hunted individually.

① rare   ② small

③ dense   ④ delicate

[난이도 ★★]

1 ☐ ☐
2 ☐ ☐
3 ☐ ☐

16 Our sense of humor is one of our most valuable faculties. Thinkers simple and profound point out that the ability to see the funny side of things and to laugh at ourselves and our troubles is an asset of great importance. It can help us fight off adversity, get greater joy out of living, and __________.

① believe in what other people say

② fall in love with a charming lady

③ maintain our sanity

④ make a lot of money

⑤ look on the dark side of things

[난이도 ★]

1 ☐ ☐
2 ☐ ☐
3 ☐ ☐

17 Far from being __________, today's television advertising, with its constant barrage of last-minute sales and new-and-improved products, practically __________ the viewer.

① subtle – assails

② engaging – titillates

③ utilitarian – assists

④ informative – ignores

Notes

15 **어구** **flamingo** 홍학 | **common** 일반의, 흔한, 보통의; 공통의 *cf.* **uncommon** (보기) 드문, 진기한; 비범한 | **in common** 공통적으로 | **suspension** (기체, 액체 중의) 부유물, 현탁, 중지, 연기 | **feeder** 먹는 사람 | **obtain** 획득하다, 얻다(get, gain, attain, acquire, procure, come by) | **eject** 내쫓다, 토해내다 | **filtering** *n.* 여과기 [파] **filter** *v.* 여과하다, 거르다 | **extract** 추출하다, 뽑아내다 | **prey** 먹이 | **rare** 드문(infrequent, scarce) | **dense** 밀집한, (인구가) 조밀한 | **delicate** 섬세한, 민감한, 미묘한(subtle)

해설 두 번째 문장은 접속부사인 thus로 연결되어 있으므로, 뒷부분은 앞부분의 논리적인 결과가 되어야 한다. 물을 머금었다가 여과 체계를 통해 내뿜음으로써 먹이를 얻는다는 것은 하나씩 잡기에는 너무 '작은' 먹이를 잡기 위한 방법일 것이다.

해석 홍학과 고래는 공통된 점이 있다. 양자는 부유물을 잡아먹는 동물이다. 그들은 많은 물을 흡입했다가 여과장치를 통해 그 물을 내뿜어, 하나씩 잡기에는 너무 작은 먹이나 식물들을 추출해냄으로써 먹이를 얻는다.

16 **어구** **faculty** 능력, 재능 | **simple and profound** 단순하고 심오한 | **profound** *a.* 심오한 [파] **profoundly** *ad.* 심오하게(deeply) | **profundity** *n.* 심오함; 심연(abyss) *cf.* **recondite** *a.* 난해한(abstruse, profound, difficult to understand) | **laugh at** 무시하다, 비웃다 | **asset** 재산, 자산, 장점 | **fight off** 싸워 물리치다 | **adversity** 역경 | **fall in love with** ~와 사랑에 빠지다 | **charming** 매력적인 | **sanity** 제정신, 건전함, 온전함

해설 'and'라는 '열거'의 논리 정보 장치에 의해서 역경과 싸울 수 있고, 생활에서 즐거움을 얻을 수 있다는 내용과 순접의 내용이 필요하다.

해석 우리의 유머 감각은 가장 소중한 재능들 중 하나이다. 단순하면서도 심오한 사상가들은 사물의 즐거운 요소들을 볼 수 있는 능력과 자신과 자신의 역경을 비웃을 수 있는 능력은 매우 중요한 장점이라고 지적한다. 그러한 장점은 우리가 역경과 싸워 물리치도록 도와주고, 생활에서 보다 큰 즐거움을 얻고, 우리의 건전함을 유지하는 데 도움을 줄 수 있다.

17 **어구** **barrage** 탄막, 연발 사격 *Ex.* a barrage of questions 질문 공세 | **last-minute** 최종 순간의, 막바지의 | **subtle** 민감한, 치밀한, 교묘한 | **assail** 습격하다, (맹렬히) 공격하다; (비난·질문·요망 따위로) 추궁하다; 몰아세우다, 비난하다 | **engaging** 남의 마음을 끄는, 애교가 있는 | **titillate** 간질이다, 기분 좋게 자극하다 | **utilitarian** 공리적인, 실리주의의 | **informative** 정보를 제공해 주는, 유익한

해설 "far from(조금도 ~않다)"의 앞 뒤 내용은 상반되므로 반대되는 어구가 나와야 한다. 그리고 "barrage, last-minute" 같은 표현을 쓴 것으로 보아 부정적인 의미의 단어가 와야 되므로 [보기]③번은 적절하지 않다.

해석 오늘날 텔레비전에 등장하는 광고들은 치밀하기는커녕 끊임없이 퍼부어대는 필사적인 판매와 새롭고 개선된 상품으로 사실상 시청자들을 공격하고 있다.

▶ **too**+형용사/부사+**to**
R : 너무~해서 ~할 수 없다
The opera ticket is too expensive to buy. 그 오페라 티켓은 너무 비싸서 살 수 없다.

▶ **far from**
1. 조금도 ~않다
2. ~이기는커녕
3. 결코 ~아닌(anything but, not at all, never)
He is far from sad. 그는 조금도 슬프지 않다.
Far from studying hard, he did not even open the book. 그는 열심히 공부하기는커녕 책도 펴 보지 않았다.

정답 15 ② 16 ③ 17 ①

[난이도 ★★]

1 ☐ ☐
2 ☐ ☐
3 ☐ ☐

[18-19]

The American dream does not die. The dreams of a people either create folk literature or find their way into (18); and folk literature, again, is always based on something that happened. Our most persistent folk tales concern cowboys, gunslinging sheriffs and Indian-fighters. These folk figures did exist and this dream persists. Businessmen in Texas wear the high-heeled boots though they ride in air-conditioned cars and have forgotten the reason for the high heel. Our children play cowboy and Indian. And in these moral tales, virtue does not arise out of (19) or orderly process of law—it is imposed by violence and maintained by the threat of violence. Are these stories permanent because we know within ourselves that only the threat of violence makes it possible for us to live together in peace?

18 ① that
　　　　③ it

　　　　② them
　　　　④ this

19 ① reason
　　　　③ ethics

　　　　② wisdom
　　　　④ peace

[난이도 ★★]

1 ☐ ☐
2 ☐ ☐
3 ☐ ☐

20 More sirens here, day and night. The cars are faster, the advertisements more aggressive. And the game – all games – gets more intense. It's always like this when you're getting near the center of the world. _________ people smile. _________ they smile more and more, though never to other people, always to themselves.

　　① But – Actually
　　② And – Therefore
　　③ In fact – Nevertheless
　　④ However – Consequently

18-9 어구 find one's way 길을 찾아가다, 애써 나아가다, 들어가다 | again (and, and then, but then 다음에서) 한편, 반면에 | be based on ~에 근거를 두다, ~에 기반을 두다 | persistent 고집이 센, 완고한, 영속하는 | gunslinging 권총을 쏘는 | cowboy and Indian (아이들의) 서부극 놀이 | arise out of ~에서 생기다, 비롯되다 | orderly 차례로 된, 정돈된, 규율이 있는, 예의 바른 | impose (의무나 세금 등을) 지우다, 부과하다(place) | ever-increasing 항상 증가하는, 항상 늘어나는 | be compounded of ~으로 혼합되어 있다, ~을 섞어 만들어지다. | wisdom 현명함, 지혜, 금언 | ethics 윤리학, 도덕 원리

해설 18. 〔보기〕②의 복수형은 주어인 dreams를 받아야 하므로, 적절하지 않다. 그리고 지시대명사는 둘 다 앞에 나온 어구를 받을 수 있으나, 문맥상 부드럽지 않다.

19. 등위접속사로 이어지는 어구는 문법적으로 동일한 품사일 뿐만 아니라, 의미도 대등하다. or 다음에 사회 질서의 제도적 축을 형성하는 법률이라는 명사가 있으므로, 앞에는 그에 상응하는 심리적 축인 윤리가 나오는 것이 적절하다.

해석 미국의 꿈은 죽지 않았다. 어떤 민족은 자신들이 품고 있는 여러 가지의 꿈으로 토속 문학을 창조하거나 혹은 이 문학으로 들어가는 길을 모색한다. 그리고 한편으로 토속 문학이란 항상 실제로 일어났던 사실에 기반을 두고 있다. 미국인들이 가장 꿋꿋하게 간직해 온 민담은 카우보이와 권총을 쏘는 보안관과 인디언 전사들에 관한 것이다. 민간에 전해지는 이 인물들은 실제로 존재했었고, 그래서 이 꿈도 영속하는 것이다. 텍사스 주의 사업가들은 굽이 높은 장화를 신는다. 비록 냉방 장치가 있는 차를 타고 다니고, 그래서 굽이 높은 장화를 신어야 하는 이유를 잊어버렸으면서도 그들은 여전히 그런 신발을 신고 다니는 것이다. 또 우리의 아이들은 카우보이와 인디언이 등장하는 서부극 놀이를 한다. 그리고 이 같은 도덕적인 이야기에서 미덕은 윤리나 법을 준수하는 과정에서 비롯되지 않는다. 오히려 미덕은 폭력으로 강제되며, 그리고 폭력이 주는 위협으로 유지된다. 이러한 이야기들이 영속하는 것은 우리들 스스로가 내적으로는 오직 폭력을 두려워함으로써만 우리가 평화롭게 함께 살아갈 수 있다는 것을 알고 있기 때문일까?

20 어구 advertisement 광고 | aggressive 공격적인; 진취적인, 적극적인 | intense 강한, 격렬한 | more and more 더욱 많은; 더욱더 | Therefore 따라서, 그 결과로 | in fact 사실상 | nevertheless 그럼에도 불구하고 | consequently 결국

해설 빈칸 전후 내용이 대조가 되는지 확인하기 위해서는 그 내용이 긍정적인지 부정적인지를 파악해야 한다. 첫 번째 빈칸 앞의 내용을 보면 밤낮없이 사이렌 소리가 울리고 차들이 빨리 달리고 광고도 공격적이고 모든 일이 치열하다는 것은 부담스럽고 힘든 상황 즉 부정적인 분위기다. 그런데 미소를 짓는다는 것은 긍정적인 내용이므로 대조를 나타내는 연결 장치로 But이나 However 둘 다 쓰일 수 있다. 두 번째 빈칸에는 사람들이 미소를 짓기는 하지만 다른 사람이 아닌 자신을 향해(to themselves) 미소를 짓는다. 즉 겉모습과 다른 실제 모습을 나타내므로 빈칸에는 Actually(실제로는)가 적절하다.

해석 여기서는 밤낮없이 사이렌 소리가 많이 울린다. 차들도 더 빨리 달리고, 광고는 더 공격적이다. 그리고 모든 일이 더 치열해진다. 세계의 중심부로 들어갈수록 언제나 이와 같다. 하지만 사람들은 미소를 띠고 있다. 실제로는 다른 사람들이 아닌 자신을 향해 미소짓고 있는 것이다.

▶ 대조, 부정을 나타내는 부사 또는 부사구
in fact(사실),
actually(실제로),
instead(대신에),
even so(비록 그렇더라도),
more than(~보다 더한),
less than(~보다 더 못한),
as it were(말하자면)

정답 18 ③ 19 ③ 20 ①

[난이도 ★]

1 □ □
2 □ □
3 □ □

1 The doctor is a specialist in the human respiratory system. She knows most about __________.

① bones ② nerves

③ lungs ④ the stomach

⑤ eyes

[난이도 ★★]

1 □ □
2 □ □
3 □ □

2 A __________ person is one who is not under the influence of alcohol or drugs, one who is clearheaded, in full control of his or her senses.

① sober ② futile

③ reciprocal ④ controversial

[난이도 ★]

1 □ □
2 □ □
3 □ □

3 Despite the _______ of the materials with which he worked, many of Tiffany's glass masterpieces have survived for over seventy years.

① beauty ② abundance

③ majesty ④ fragility

[난이도 ★]

1 □ □
2 □ □
3 □ □

4 Medieval kingdoms did not become constitutional republics overnight; on the contrary, the change was ______________.

① unpopular ② unexpected

③ sufficient ④ gradual

1 **어구** **know most about** ~에 대하여 잘 알고 있다 *cf.* know what one is about[doing] 만사에 빈틈이 없다 | **respiratory** 호흡의 *cf.* respiratory organs 호흡기

해설 폐(lung)는 호흡기관(respiratory organs)에 속하므로 빈칸에 적절하다. 자주 출제되는 문제는 아니지만 평소에 의학 학술 용어의 정리가 필요하다.

해석 그 의사는 인간 호흡 분야에서 전문가이다. 그녀는 폐에 대해 가장 많이 안다.

2 **어구** **under the influence of** ~의 영향을 받다 | **clearheaded** 머리가 좋은, 명석한 *cf.* a clearheaded person; a person with a clear head; a bright person 두뇌가 명석한 사람 | **sober** 술 취하지 않은, 절제하는, 착실한 *cf.* drunk/drunken 술에 취한, intoxicated 술에 취한 [혼] somber 어둠침침한, 침울한(gloomy) | **controversial** 논박(반박)의 | **futile** 효과 없는, 쓸모없는(vain, fruitless); (사람이) 시시한 *cf.* make a futile attempt 헛된 시도를 하다. *Ex.* Attempts to convince him are futile. 그를 설득시키는 것은 쓸데없는 짓이다. [혼] fertile 기름진, 다산의, 상상력이 풍부한 | **reciprocal** 상호의(mutual); 답례의

해설 '술로 인해 정신이 흐려지지 않는' 의 의미의 단어로 sober(술 취하지 않은)가 적절하다.

해석 취하지 않은 사람이란 알코올이나 마약의 영향 하에 있지도 않고, 그 또는 그녀의 감각의 완전한 통제력 하에서 맑은 정신을 가진 사람이다.

3 **어구** **masterpiece** 걸작품 | **abundance** 풍부 | **majesty** 위엄 | **fragility** 깨지기 쉬움

해설 despite로 연결된 말은 앞 뒤 문장은 서로 대조를 이루므로, '70년 이상 유지되었다' 는 내용과 대조된 내용이 빈칸에 와야 하므로 '쉽게 부서진다' 는 뜻이 되어야 한다.

해석 티파니가 작품을 만들 때 사용했던 재료들이 쉽게 부서질 수 있는 것이었는데도 그의 유리로 된 많은 걸작품들이 70년이 넘게 잘 보존되어 왔다.

4 **어구** **medieval** 중세의(feudal) | **constitutional republic** 입헌 공화국 | **overnight** 밤새껏, 밤새도록; 하룻밤 사이에 | **unpopular** 인망이 없는, 인기가 없는; 평판이 나쁜, 유행하지 않는 | **unexpected** 예기치 않은, 뜻밖의, 돌연한(sudden) | **sufficient** 충분한, 족한(≠ deficient) *cf.* ample 충분한, 풍부한 abundant 풍족한, 풍부한 | **gradual** 단계적인, 점차적인, 점진적인, 순차적인

해설 on the contrary(이와는 반대로)는 앞의 내용에 대한 반박의 내용이 와야 한다. 단서는 overnight(하룻밤 만에)이고 부정어 not에 유의하자. 따라서 빈칸에는 unexpected(갑작스럽게)가 되어야 한다.

해석 중세왕국은 하룻밤 사이에 입헌공화국이 된 것이 아니었다. 그와는 반대로, 그 변화는 점진적인 것이었다.

정답 **1** ③ **2** ① **3** ④ **4** ②

Notes

▶ **bone** 뼈
1. a bone of contention 불화의 원인
2. bred in the bone (생각 · 성질을) 타고난, 뿌리깊은
3. close to[near] the bone 몹시 인색한; 빈궁한
4. make no bones of[about, to do] ~에 개의치 않다, ~을 예사로 하다; ~을 솔직히 인정하다, 숨기지 않다
5. No bones broken! 대단한 것 아냐, 괜찮아!
6. spare bones 수고를 아끼다

nerve 신경
1. be all nerves 매우 신경 과민이다
2. get on a person's nerves ~의 신경을 건드리다, 신경질나게 하다, ~을 안달하게 하다
3. live on one's nerves 바싹 긴장하며 살다
4. What a nerve! 참 뻔뻔스럽군!

lungs 폐
1. at the top of one's lungs (목청이 터지도록) 큰 소리로, 소리지르며
2. have good lungs 목소리가 크다

stomach 위, 복부 (abdomen, belly); [비유] 욕망; 식욕 *cf.* stoma (식물의) 기공, 작은 구멍

S.C Practice 3

[난이도 ★★]

1 ☐ ☐
2 ☐ ☐
3 ☐ ☐

5 Considering how long she had yearned to see Italy, her first reaction was curiously ___________.

① meditative   ② tepid

③ categorical   ④ insightful

[난이도 ★★]

1 ☐ ☐
2 ☐ ☐
3 ☐ ☐

6 Unfortunately, in social systems there is likely to be a fundamental _________ between the short-term and long-term consequences of a policy.

① agreement   ② conflict

③ harmony   ④ consensus

[난이도 ★]

1 ☐ ☐
2 ☐ ☐
3 ☐ ☐

7 Waiter : What would you like to order, sir?

Tom   : Have you any suggestions?

Waiter : Well, we have some very good stew today. It comes with vegetables, potatoes and a glass of wine.

Tom   : That sounds good. I'll have that, please.

Waiter : ________________ There's nothing like a warm stew on a cold day.

① I think you've made a good choice.

② Is there anything else you'd like?

③ I'll have it ready for you immediately.

④ How would you like it prepared?

Notes

▶ **considering**+전치사
~을 고려하면, ~을 생각하면
(in view of);~에 비해서
Ex. He looks young
considering his age. 그는
나이에 비해서 젊어 보인다.

5 **어구** **considering** ~임을 생각하면 I **yearn** 그리워하다; 간절히 ~하고 싶어하다 I **curiously** 진기한 듯이; 이상하게도 I **meditative** 묵상의, 명상적인 I **tepid** (차(茶) 따위가) 미지근한 (lukewarm); 열의 없는, (접대 등이) 시들한 I **categorical** 절대적인, 무조건의; 명백한 (explicit) I **insightful** 통찰력이 있는

해설 Considering이하의 절은 주절과 인과 관계이다. '오랫동안 이탈리아를 그리워했다' 고 전 제한 뒤, '이상하게(curiously)' 라는 단어를 썼으므로 '미온적인' 의외(意外)의 반응을 보였 음을 알 수 있다.

해석 그녀가 얼마나 오랫동안 이탈리아에 가 보기를 갈망했는지를 고려해 보면, 그녀의 첫 반응은(이탈 리아를 본 첫 반응은) 이상하게도 미온적이었다.

6 **어구** **unfortunately** 불행히도, 유감스럽게도 I **be likely to R** ~일 것 같다 I **fundamental** 기 초의; 근본적인(radical) I **short-term** 단기적인 I **long-term** 장기적인 I **consequence** 결과(result, outcome); 중대성(importance) I **agreement** 동의, 협정, 계약 I **conflict** 투쟁, 충돌, 대립 I **harmony** 균형 I **consensus** 일치, 합의, 여론

해설 문장 중에 형용사나 부사가 있다면 이것은 key word가 될 가능성이 있다. 부사 Unfortunately(대조)가 포함된 문장의 내용은 부정적이다. 정책의 단·장기적인 결과 사이 에 대립 관계가 있음을 알 수 있다. 여기서 [보기] 항에 단어들을 잘 살펴보면 [보기]②를 제외 한 세 단어는 모두 긍정적 의미로 답이 될 수 없음을 쉽게 알 수 있다.

해석 불행하게도 사회제도에서 정책의 단기적이고 장기적인 결과들 간의 근본적인 대립이 있을 것 같다.

7 **해설** ①과 ③이 일단 올 수 있는 말이다. [보기]③의 '금방 준비해 올리겠습니다' 도 좋은 말이지만, 뒤를 보면 '추운 날씨엔 따뜻한 스튜만한 음식이 없죠' 라는 말이 나온다. 이 말은 곧 훌륭한 선택을 했다는 말과 더욱 잘 어울리는 말이므로 정답은 ①이다.

해석 웨이터: 주문하시겠습니까?
톰: 권할 만한 음식이라도 있나요?
웨이터: 오늘은 맛있는 스튜요리가 준비되어 있는데요. 거기에 야채, 감자, 와인까지 함께 나옵니다.
톰: 그거 좋겠군요. 그걸로 주세요.
웨이터: 잘 선택하셨습니다. 추운 날씨엔 따뜻한 스튜만한 음식이 없죠.

정답 5 ② 6 ② 7 ①

[난이도 ★]

1 ☐ ☐
2 ☐ ☐
3 ☐ ☐

8 In 1966, Edward Hall compared the nature of culture to an iceberg. You can see part of an iceberg, but most of the iceberg is below the water and cannot be seen. __________, most aspects of culture are not visible. These invisible aspects are things that we are familiar with but don't usually think about or question.

① Nevertheless   ② Similarly

③ In contrast   ④ After all

[난이도 ★★]

1 ☐ ☐
2 ☐ ☐
3 ☐ ☐

9 We do not care to look at the same thing all the time. If we are to be interested in a display, something distinctive and original must be shown. __________ cannot be practised forever.

① Document   ② Decoration

③ Creature   ④ Imitation

⑤ Signature

[난이도 ★★]

1 ☐ ☐
2 ☐ ☐
3 ☐ ☐

10 Critics who have spoken out on these issues have been jailed or silenced by authoritarian governments, and international investors have been prepared to turn a blind eye to the __________ violations which have caused political instability.

① animal abuse   ② child abuse

③ international trade   ④ peace talks

⑤ human right

8 **어구** compare A to B A를 B에 비유하다 *cf.* compare A with B A와 B를 비교하다 | iceberg 빙산 *cf.* glacier 빙하, ice floe 유빙, icicle 고드름 | aspect 양상, 형세, 국면 | visible 눈에 보이는, 볼 수 있는(can be seen) | invisible 눈에 보이지 않는, 감추어진 | nevertheless 그럼에도 불구하고 | in contrast 대조적으로 | after all [문두에서] 하지만, [문미에서] 역시

해설 빙산을 문화에 비유해서 설명하고 있고 문화도 빙산과 마찬가지로 보여지지 않는 측면들이 있다고 했으므로 Similarly가 순접 연결로 적절하다.

해석 1966년에 에드워드 홀은 문화의 본질을 빙산에 비유했다. 당신은 빙산의 일부는 볼 수 있으나 그것의 대부분은 물 아래에 있어 보이지 않는다. 유사하게, 대부분의 문화의 측면들은 눈에 보여지지 않는다. 이러한 보이지 않는 면들은 우리가 친숙하긴 하지만 평소에 생각해 보거나 의문시해 보지 않았던 것들이다

9 **어구** care to R [부정문·의문문] ~하고 싶어하다 | be interested in ~에 관심이 있다 | display 진열 | distinctive 독특한, 특유한(다른 것과 뚜렷이 구분되는) *cf.* discrepancy 차이, 불일치, distinct 별개의, 다른, 뚜렷한, different 다른[from] | original 최초의, 독창적인 | document 문서, 증권 | decoration 장식 | creature 창조물, 생물 | imitation 모방 [파] imitate *v.* (남의 것을) 모방하다 *cf.* duplicate *v.* 복제하다, 사본을 만들다, reproduce *v.* 재생(재현)하다 | signature 서명

해설 문장의 논리 구조를 살펴보면 첫 문장에서 같은 것을 보는 걸 좋아하지 않는다고 했으므로 특징적(distinctive)이고 독창적인(original) 것과 대조되는 어구가 빈칸에 와야 하므로 imitation(모방)이 적절하다.

해석 우리는 항상 동일한 것을 바라보고 싶어하지 않는다. 만일 우리가 어떤 진열에 대해 흥미를 가지려면 무언가 특징이 있고 독창적인 것이 진열되어져야 한다. 모방은 영구적으로 계속 실행될 수가 없다.

10 **어구** speak out 주저않고 말하다 | jail 수감하다 | silence *v.* 침묵시키다 *n.* 침묵(serenity, tranquility) | authoritarian 권위주의의, 독재주의의 | turn a blind eye to ~을 못 본 체하다 | violation 위반, 침해 | instability 불안정(insecurity) | abuse 학대, 남용

해설 감옥에 갇히거나 침묵을 지킬 수밖에 없는 경우가 정치적 불안을 야기하기 위해서는 '인권의 침해'가 논리상 타당하다.

해석 이들 사안에 대해 솔직한 의견을 밝힌 비평가들은 독재적인 정부에 의해 투옥되거나 침묵을 지키게 되었고, 따라서 국제 투자가들은 정치적 불안을 초래해 온 그런 인권 침해 사례들을 못 본 체할 마음의 준비가 되어 있었다.

정답 8 ② 9 ④ 10 ⑤

[난이도 ★]

1 ☐☐
2 ☐☐
3 ☐☐

11 Newspapers are more than a source of amusement for their readers. They include reports on weather, on business, and on local, national, and international affairs. For many people, newspapers provide __________.

① distraction   ② information
③ propaganda   ④ love affairs

[난이도 ★★★]

1 ☐☐
2 ☐☐
3 ☐☐

12 Roman historians who study the period B.C.30 to A.D. 180 can _______ the "Augustan peace" only by failing to recognize that this peace in many respects resembled that of death.

① decry   ② applaud
③ ridicule   ④ demand
⑤ disprove

[난이도 ★]

1 ☐☐
2 ☐☐
3 ☐☐

13 Automobile license plates went on sale this morning, January 2 new license plates must be obtained by February 15. At midmorning today many people were standing in line to pay their license fees. I decided to wait a couple of weeks, hoping that by that time the line would be ________ .

① earlier   ② longer
③ shorter   ④ later

[난이도 ★★]

1 ☐☐
2 ☐☐
3 ☐☐

14 She fainted since she, and old person, had worked too long in the hot sun, which __________ her of all her energy.

① absolved   ② deprived
③ animated   ④ provided

11 **어구** **more than** ~보다 이상 | **amusement** 즐거움, 오락물 | **affair** 일, 업무, 관심사 | **distraction** 기분 전환, 오락 | **information** 정보 | **propaganda** *n.* 선전, 선전 활동 *cf.* propagandize *v.* 선전하다, 선교하다, 전도하다

해설 신문이 단순히 오락물이 아닌 reports(보도)를 포함하므로 빈칸에는 information(정보)이 답이 된다.

해석 신문은 독자들에게 즐거움을 주는 원천 그 이상의 것이다. 신문은 날씨, 사업, 지방이나 국가 그리고 국제 문제들에 대한 보도를 포함하고 있다. 많은 사람들에게 신문은 정보를 제공한다.

12 **어구** **historian** 역사가 | **recognize** 알아보다, 인지하다, 인정하다 | **respect** 존경 | **resemble** ~와 닮다, ~와 공통점이 있다 | **decry** 공공연히 비난[중상]하다 | **applaud** 박수갈채하다, 성원하다, 칭찬하다(clap for, acclaim) | **ridicule** 비웃음, 조소, 조롱 | **demand** 요구하다, 청구하다 | **disprove** ~의 반증을 들다

해설 'only' 앞 뒤는 반대 방향이다. 'this peace in many respects resembled that of death'가 부정적 의미이므로 'Roman historians' ~ the "Augustan peace"는 긍정적 의미라야 한다. 따라서 빈칸에는 applaud(칭찬하다)가 적절하다. 〔보기〕 ④ demand는 긍정 의미이지만 "로마 역사가들이 아우구스투스 평화를 요구했다"가 되어 어색하다.

해석 기원전 30년부터 기원 후 180년까지의 기간을 연구하는 로마 역사가들은 이 평화는 많은 관점들에서 죽음의 그것과 닮았다는 것을 단지 인식하는 것을 실패함으로써 "아우구스투스 평화를 칭찬할 수 있다.

13 **어구** **license plate** 번호판 | **go on sale** 판매되다 | **obtain** 얻다, 달성하다 | **fee** 요금, 수수료 (charge, fare) | **a couple of weeks** 2주 | **by that time** 그때쯤이면

해설 이 문제를 풀기 위해서는 인과 관계를 통해 추론을 하자. 앞의 내용을 보면 오늘 아침에 새로운 자동차 번호판을 받기 위해 줄을 길게 서 있다고 했으므로 2주 뒤에는 그 줄이 어떻게 될지 생각해 보면 된다.

해석 자동차 번호판이 1월 2일 오늘 아침 판매되기 시작했다. 2월 15일까지는 신규 번호판을 구입해야 한다. 오늘 오전 중에 허가료를 내려고 많은 사람들이 줄 서 있었다. 나는 2주쯤 기다리기로 작정했다. 그때쯤이면 그 줄이 짧아져 있을 것이라는 것이 내 생각이다.

14 **어구** **faint** 기절하다 | **deprive** ~에게서 빼앗다, 박탈하다 | **animate** ~에 생명을 불어넣다, 격려하다

해설 관계대명사 which는 앞에 나온 문장 전체를 선행사로 하므로 순접 연결사이다. 노파가 태양 아래에서 일을 했다는 사실이 원인이 되어 어떤 결과를 요구될지 생각해 보면 된다. 참고로 동사 deprive는 deprive A of B(A에게서 B를 빼앗다)의 어법을 따른다.

해석 한 노파가 뜨거운 태양 아래에서 너무 오랫동안 일했기 때문에, 온몸에서 힘이 빠져 기절하고 말았다.

▶ only(단지, ~뿐)가 포함된 문장은 반대 관계를 나타낸다.
Ex. It was an hour after lunchtime, but only four customers had shown up. 점심시간이 지난 지 한 시간이 되었지만 찾아온 손님은 고작 네 명뿐이었습니다.

정답 11 ② 12 ② 13 ③ 14 ②

[난이도 ★★]

1 □ □
2 □ □
3 □ □

15 Courts are being tougher and computer security is improving gradually. For example, ___________ obvious passwords are being used, and access-control software and "dial-back" systems have been developed. Scrambling devices and audit traits are also available.

① more
② less
③ logically
④ scientifically

[난이도 ★★]

1 □ □
2 □ □
3 □ □

16 Stephen maintains that an infant's reactions to its first stressful experiences are part of a natural process of development, not harbingers of childhood unhappiness or _________ signs of adolescent anxiety.

① prophetic
② normal
③ monotonous
④ virtual
⑤ typical

[난이도 ★]

1 □ □
2 □ □
3 □ □

17 Some people think that population means strength. They think that large nations with many people can conquer neighboring nations with fewer people. They think that if their own nation does not increase its population, a neighboring nation which does increase its population will conquer them. ___________, some nations think that they must have more and more babies, more and more people, if they are to remain strong and free.

① In contrast
② So far
③ For this reason
④ In addition
⑤ To begin with

15 **어구** **security** 보호, 안전, 보안; 안심 | **obvious** 명백한, 알기 쉬운, 대번에 알 수 있는 | **access-control software** 엑세스 관리 소프트웨어 | **scramble** 1. 기어오르다, 붙잡고 오르다 2. 서로 쟁탈하다, 빼앗다 3. (도청 방지를 위해) 파장[주파수]을 바꾸다 | **audit** 회계 감사, 결산 | **logically** 논리적으로 | **scientifically** 과학적으로

해설 이 문제는 예시(for example) 순접 논리 전개로 진술된 내용을 바탕으로 유추하여 접근해야 한다. '보안이 개선(향상)되고 있다' 는 내용으로 미루어 암호(password)는 아무나 쉽게 풀 수 없는 형태가 되어야 한다. 다시 말해 '좀 더 알기 쉽지 않은(less obvious) 암호가 사용되고 있다' 는 뜻의 문장이 되는 것이 글의 흐름상 가장 적절하다.

해석 (컴퓨터(사이버) 범죄에 대한) 법원의 판결은 더욱 엄격해지고 있고 컴퓨터 보안은 점점 개선되고 있다. 예를 들자면, 좀 더 풀기 어려운 암호가 사용되고 있고, 엑세스 관리 소프트웨어와 재다이얼 시스템이 개발되었다. 도청 방지 장치와 회계 감사 추적 장치도 이용 가능하다

16 **어구** **harbinger** 전조, 예고; 선구자(forerunner, herald) | **childhood** 어린 시절, 초기의 시대 *cf.* adulthood 성인임 | **adolescent** 청년기; 청소년기의, 미숙한 | **prophetic** 예언의, 경고의 | **normal** 정상의, 보통의(common), 표준적인, 전형적인 | **monotonous** 단조로운, 변화가 없는, 지루한(boring, tedious) | **virtual** 가상의 | **typical** 전형적인, 모범적인

해설 이 문제를 푸는 방법은 not A or B(A나 B도 아닌)로 A와 B가 비슷한 단어가 요구된다. childhood unhappiness와 adolescent anxiety는 소거되고 'harbingers' = '________ signs' 관계가 논리적으로 성립된다. harbinger는 사건 · 변화의 예고이므로 빈칸에는 비슷한 의미가 나와야 한다.

해석 Stephen은 최초의 스트레스를 주는 경험들에 대한 아기들의 반응들은 어린 시절의 불행의 조짐이나 청소년기고민의 전조가 아니라, 자연스러운 발달 과정의 한 부분이라고 주장한다.

17 **어구** **strength** 힘 | **neighboring** 이웃의, 인접해 있는 | **increase** 증가하다 | **conquer** 정복하다 | **more and more** 더욱, 더 | **in contrast** 대조적으로 | **so far** 지금까지 | **for this reason** 이런 이유로 해서 | **in addition** 게다가 | **to begin with** 우선

해설 빈칸 앞문장과 뒷문장과의 상관 관계를 살펴보면 앞문장은 이유를 제시하고 있으므로 앞문장의 이유로 인한 결과를 제시하는 의미가 와야 한다.

해석 어떤 이들은 인구는 힘을 의미한다고 생각한다. 그들은 많은 인구를 가진 대국들이 보다 적은 인구를 가진 이웃 국가들을 정복할 수 있다고 생각한다. 그들은 만일 자신들의 국가가 인구를 증가시키지 못한다면 인구가 증가하는 이웃 국가가 자신들을 정복할 것이라고 생각한다. 이런 이유로 해서, 일부 국가들은, 그들이 여전히 강하고 자유롭기 원한다면, 더욱 더 많은 아기들과 더욱 더 많은 사람들이 있어야 한다고 생각한다.

정답 15 ② 16 ① 17 ③

[난이도 ★★]
1 ☐ ☐
2 ☐ ☐
3 ☐ ☐

[18-19]

To human beings ___(A)___ seems more natural and universal than telling stories. Surely there is no human culture, ___(B)___ "primitive", without its stories and habits of storytelling, its myths of the origin of the world, its legends of the tribe or groups of stories about folk heroes. From our earliest childhood we hear stories and learn to repeat them. As adults, we hear, read, see and tell stories all day long. For example, in the newspaper, on television, we encounter with co-workers or family members. In a continuous silent internal activity, we tell stories to ourselves all day long. Jokes are one form of ___(C)___. Advertising is another. At night we sleep and are out, unconscious minds tell us more stories in our dreams, often exceedingly strange ones.

18 빈칸 (A), (C)에 공통으로 들어갈 가장 적합한 단어를 고르시오.
① everything   ② it
③ narration   ④ dialogue

19 빈칸 (B)에 문맥상 가장 적합한 단어를 고르시오.
① however   ② despite
③ while   ④ whatever

[난이도 ★★★]
1 ☐ ☐
2 ☐ ☐
3 ☐ ☐

20 As I would not be a slave, so I would not be a master, this _________ my idea of democracy; whatever differs from this, to the extent of the _________ is no democracy.
① epitomizes – difference
② confirms – belief
③ expresses – opposition
④ explicates – dependence

Notes

18-9 어구 **universal** 보편적인(catholic, omnipresent, ubiquitous) | **primitive** 원시의; 원시적인 | **storytelling** 이야기하기 | **myth** 신화; 전설(legend) | **repeat** 반복하다, 되풀이하다 | **tribe** 부족, 종족 | **encounter** *n.* (우연히) 만남, 조우 *v.* ~와 우연히 만나다, 마주치다 | **co-worker** 함께 일하는 사람, 협력자, 동료(fellow worker) | **unconscious** 무의식중의, 모르는 *cf.* subconscious 잠재의식(의) | **exceedingly** 대단히, 매우, 몹시 | **strange** 이상한(odd, queer, quaint, bizarre, peculiarity) | **narration** 서술, 이야기(story) | **dialogue** 문답, 대화

해설 18. ~it 은 앞에 이것이 가리키는 대상도 없고 (B)뒤에 진주어로 쓸 만한 부정사나 that절도 없으므로 적절하지 않다. ①, ④는 의미상 연결이 되지 않는다.

19. 술어동사가 하나뿐이므로 구조상 ③, ④와 같은 접속사는 올 수 없다. ④의 whatever가 부사로 쓰이는 경우는 있지만 그럴 때는 반드시 앞에 부정어가 오고 또 위치도 문장 맨 뒤에만 쓰인다. 그리고 뒤에 목적어가 될 명사가 없으므로 ②의 전치사도 불가능하다.

해석 인간에게 나레이션은 이야기를 하는 것보다 더 자연스럽고 보편적인 것 같다. 아무리 "원시적"이라도 인간이 만들어 낸 문화는 어느 것이나 자신의 이야기와 이야기하는 습관이 있으며, 또 세상의 기원에 대한 신화와 부족의 전설과 부족의 영웅들에 대한 여러 이야기들이 분명히 존재한다. 아주 어린 시절에 우리는 이야기를 듣고 또 그것을 되풀이해서 이야기하는 것을 배운다. 성인이 되어서 우리는 하루 종일 이야기를 듣고, 읽고, 보고, 그리고 말한다. 예를 들어 신문과 텔레비전에서 동료나 가족들과 마주치면서 말이다. 끊임없이 일어나는 우리 내부의 조용한 활동에서 우리는 우리 자신에게 하루 종일 이야기를 한다. 농담은 이런 나레이션의 한 가지 형태이고 광고는 또 다른 예인 것이다. 밤에 우리가 잠들어 의식이 없을 때 무의식이 우리에게 꿈에서 더 많은 이야기들을 때로는 매우 이상한 이야기들을 해준다.

20 어구 **master** 주인; 교장; 장인 | **differ from** ~와 다르다 | **to the extent** ~정도[범위]까지 *cf.* to a great extent 대부분은, 크게, to some[a certain] extent 어느 정도까지는, 다소, to the full[utmost] extent of one's power, 힘껏, 전력을 다하여, to the extent that ~ ~인 정도까지, ~이라는 점에서; ~인 한[바]에는 | **epitomize** 요약하다, 발췌하다 | **difference** 차이점; 의견의 차이 | **confirm** 확인하다, 확증하다 | **belief** 믿음, 확신; 신뢰(faith, creed) | **opposition** 반대 *cf.* have an opposition to ~에 반대이다 | **explicate** (원리 따위를) 해설하다, 상설하다(explain)

해설 민주주의에 대한 나의 생각이 첫 번째 빈칸에 들어가고 두 번째 빈칸에는 나의 민주주의의 생각에 반대되는 의견이 나와야 한다. 두 번째 빈칸의 단서는 동사 differ(다르다)이다. 참고로 this는 지시대명사로 앞문장에 대한 내용을 받는다.

해석 내가 노예가 아닌 것처럼, 난 주인도 아니다. 이것이 민주주의에 대한 나의 생각을 요약한 것이다. 그러므로 이와 다른 생각이 무엇이든, 그 차이의 정도까지에 있어 민주주의는 아니다.

▶ 방식(양태) 부사절
(Just) as 주어 + 동사, **so** 주어 + 동사: 마치 ~하듯이 그렇게 ~하다
Ex. Just as the French love their wine, so the English love their beer. 프랑스인들이 그들의 와인을 좋아하는 것처럼 영국인들은 그들의 맥주를 좋아한다.

정답 18 ③　19 ①　20 ①

S.C Practice 4

[난이도 ★★]
1 ☐ ☐
2 ☐ ☐
·3 ☐ ☐

1 In case of emergency, the crew must _________ all possible material.

① atrophy   ② duplicate
③ incinerate   ④ emulate
⑤ jettison

[난이도 ★★]
1 ☐ ☐
2 ☐ ☐
3 ☐ ☐

2 At one point in his talk, the speaker _______ to tell us of an incident in his childhood, but then he got right back to his topic.

① resumed   ② digressed
③ adjourned   ④ rebuked
⑤ commended

[난이도 ★★]
1 ☐ ☐
2 ☐ ☐
3 ☐ ☐

3 My confidence in my ability to play the violin was really _________ when I failed to impress the audience in the last concert.

① undermined   ② considered
③ loosened   ④ frustrated

1 **어구** **in case of emergency** 위급한 경우에, 비상시에 | **material** 재료, 물건(article, goods) | **atrophy** *n.* 위축, 발육 불능 *v.* 위축시키다 | **duplicate** *v.* 이중으로 하다, 두 배로 하다; 복사하다 *a.* 이중의, 중복의, 한쌍의(same, equal, identical) | **incinerate** 태워서 재로 만들다, 태워 없애다 | **emulate** 모방하다, 본뜨다(copy the actions of), ~와 다투다, 겨루다, 경쟁하다(vie with, rival) | **jettison** (긴급시에 중량을 줄이기 위해 배·항공기에서) 짐을 버리다; (원하는 것을) 포기하다, 버리다

해설 배가 침몰하는 비상사태에 처했을 때, 선원들이 가능한 모든 물건들을 "**jettison** (바다에 던지다)"해야만 하는 것은 당연하다.

해석 (배가 침몰하는) 비상시에, 선원들은 가능한 모든 물품들을 바다에 던져야 한다.

2 **어구** **talk** 이야기, 연설, 회담 | **incident** 사건, 사례 | **get back to** ~로 돌아오다 | **resume** 재개하다, 다시 차지하다(reoccupy), 회복하다(recover) | **digress** 일탈하다 | **adjourn** (회의 등을) 며칠 연기하다 | **rebuke** *v.* 질책하다(reprimand, reprove, chide) *n.* 견책, 비난(reproof, censure) *Ex.* give[receive] a rebuke 견책하다[견책당하다] | **commend** 칭찬하다

해설 본론에서 벗어나서 다른 이야기를 하는 것을 영어로 **digress**라 한다. 등위접속사 but으로 연결된 등위절 문장이 '곧바로 주제로 돌아왔다'는 뜻이라는 점에 착안해야 한다.

해석 이야기를 하던 한 시점에서 연사는 유년시절의 한 사건에 대해 이야기하기 위해 일탈했다가 그의 주제로 곧바로 돌아왔다.

3 **어구** **confidence** 신용, 신임; 자신감(self-reliance), 신뢰 | **impress** ~에게 감명을 주다, 인상을 지우다 | **undermine** 1. 밑을 파다 2. (침식 작용으로) ~의 뿌리[토대]를 침식하다 3. (명성 등을) 몰래 손상시키다 *Ex.* undermine a wall 성벽 밑에 땅굴을 파다, The sea had undermined the cliff. 바닷물이 절벽 아래를 침식하고 있었다. It undermined her confidence in us. 그것은 우리에 대한 그녀의 신뢰를 훼손했다. | **consider** 숙고하다; 고려하다; 간주하다 | **loosen** 풀다, 느슨하게 하다(unfasten) | **sabotage** 파괴하다(damage, undermine); 방해하다 | **frustrate** 1. (적 따위를) 쳐부수다, 꺾다 2. (계획 따위를) 헛되게 하다, 실패하게 하다 3. (사람을) 실망시키다

해설 순접 인과 관계로 when 종속절에서 청중에게 감명을 주지 못한 바이올린 연주가의 연주에 대한 자신감이 어떠했을까 생각해 본다면 자신감이 손상되었다는 의미로 undermine이 적절하다.

해석 바이올린을 연주할 수 있는 나의 능력에 관한 자신감은 마지막 공연에서 청중에게 강한 인상도 주지 못했을 때 매우 손상되었다.

정답 1 ⑤   2 ②   3 ①

[난이도 ★]
1 □ □
2 □ □
3 □ □

4 We may interpret the following French sentence in two or three different ways. But it is__________.

① intelligible   ② explicit

③ ambiguous   ④ obvious

[난이도 ★]
1 □ □
2 □ □
3 □ □

5 "________________" is an American proverb that you may have heard. The idea is that if you do something too fast, it may not turn out well.

① Cut your coat according to your cloth.

② Prevention is better than cure.

③ Don't bite the hand that feeds you.

④ Every cloud has a silver lining.

⑤ Haste makes waste.

[난이도 ★]
1 □ □
2 □ □
3 □ □

6 A : I'm Susan, Ted's sister.

B : It's nice to meet you. I'm Matt.

A : So, how do you know Ted?

B : We work together.

A : You mean at Atlas Window Cleaners?

B : Yeah.

A : Do you like the work? It seems dangerous.

B : It's O.K. It's just a temporary job.

A : Oh? What are you planning to do?

B : Well, I'd like to be a computer programmer. In fact, I just registered for a computer training course at Elmhurst College.

A : ________________________________ Are you taking the intensive program?

B : No, I work all day, so I have no time.

A : Neither do I. I'm taking evening classes.

① Give me a break!

② What a coincidence! So did I.

③ You're telling me! Me too.

④ Oh! Don't take offence any more.

4 **어구** **interpret** 해석하다; 이해하다 | **following** *a.* 다음의, 그 뒤에 오는 *n.* 추정자; 예찬자 | **sentence** *n.* 문장; 판단; 판결 *v.* ~에게 판결을 내리다 | **intelligible** 이해할 수 있는, 알기 쉬운, 명료한 *cf.* sensible 분별있는, 현명한 *Ex.* The book is intelligible to anyone. 그 책은 누구라도 다 이해할 수 있다. | **explicit** 뚜렷한, 명백한; 노골적인; 숨김없는 | **ambiguous** 애매모호한, 명료하지 않은(equivocal, indefinite, uncertain, unclear) | **obvious** 명백한, 분명한(evident, clear)

해설 프랑스 문장을 2~3가지 다른 방법으로 해석한다면 해석된 문장의 뜻이 명확하지 않다는 것을 유추할 수 있다. 그리고 [보기]②번과 ④번은 동의어 관계이므로 소거할 수 있다.

해석 우리는 이하의 프랑스어 문장을 두세 가지의 다른 방법으로 해석을 할지도 모른다. 그러나 뜻이 명확하지 않다.

5 **어구** **proverb** 속담, 격언(maxim, aphorism, epigram) | **turn out** 1. (가스 · 불 등을) 끄다 2. 생산하다 3. 해고하다 4. 결국 ~임이 드러나다, [결과] ~이 되다 5. [양태 부사와 함께] (사태 등이) 진전하다, 끝나다 | **according to** ~에 따라, ~에 의하여 | **prevention** 예방, 저지 | **silver lining** 구름의 흰 가장자리 | **haste** *n.* 서두름, 경솔함 [파] hastily *ad.* 바삐, 성급히 (hurriedly)

해설 ① 옷에 맞게 코트를 잘라라(신분에 어울리게 행동해라). ② 예방이 치료보다 낫다. ③ 먹이를 주는 손을 물지 말아라(은혜를 원수로 갚지 마라). ④ 모든 구름은 은빛 가장자리를 가지고 있다(괴로움이 있으면 즐거움도 있다). ⑤서두르면 일을 그르친다.

해석 "서두르면 일을 그르친다"는 것은 당신이 들어보았을 수 있는 미국 속담이다. 그 뜻은 당신이 너무 빨리 어떤 일을 하면 좋지 않은 결과가 나올 수 있다는 뜻이다.

6 **어구** **Give me a break.** 한번만 너그럽게 봐줘. | **What a coincidence! So did I.** 정말로 우연의 일치구나! 나도 그래. | **You're telling me.** 네 말이 맞아. | **Oh! Don`t take offence any more.** 더 이상 화내지 마.

해설 Matt가 컴퓨터 강좌에 등록했다는 말에 대해 자연스럽게 연결될 수 있는 문장을 유추해보면 된다.

해석 A: 난 Susan, Ted의 누나야.
B: 만나서 반가워. 나는 Matt야.
A: 그래. 어떻게 Ted를 아니?
B: 함께 일해.
A: Atlas Window Cleaners에서 일한다는 말이니?
B: 그래
A: 그 일이 마음에 드니? 위험한 것 같은데
B: 괜찮아. 그저 임시직이야.
A: 그래? 뭘 할 계획이니?
B: 글쎄, 컴퓨터 프로그래머가 되고 싶어. 사실은 Elmhurst대학의 컴퓨터 강좌에 등록했어.
A: 정말 우연의 일치야! 나도 등록했거든. 집중 강좌를 들을 거니?
B: 아니. 나는 하루 종일 일해. 그래서 시간이 없어.
A: 나도 시간이 없어. 저녁 강좌를 들을 거야.

정답 4 ③ **5** ⑤ **6** ②

[난이도 ★★]
1 ☐ ☐
2 ☐ ☐
3 ☐ ☐

7 We are polluting our air, __________ our water supply, killing off wildlife, and raising the noise level of our cities.
① sustaining
② cramming
③ contaminating
④ annihilating
⑤ decimating

[난이도 ★★]
1 ☐ ☐
2 ☐ ☐
3 ☐ ☐

8 Magaret Mead's reputation was established with the publication of her first book in 1928 and was _________ by her many subsequent contributions to anthropology.
① obscured
② enhanced
③ deteriorated
④ restored

[난이도 ★★]
1 ☐ ☐
2 ☐ ☐
3 ☐ ☐

9 Thanks to the natural resources of the country, every American, until quite recently, could reasonably look forward to making more money than his father, so that, if he made less, the _________ must be his; he was either lazy or inefficient.
① wealth
② fault
③ expense
④ possession

Notes

▶ contaminate는 뒤에 오는 목적어로 food, blood, soil, water supplies를 취한다. *Ex.* Drinking water supplies are believed to have been contaminated.

7

어구 **water supply** 상수원(도) | **kill off [out]** 절멸시키다(extinguish) | **wildlife** [집합적] 야생 생물 | **sustain** (아래서) 떠받치다; 지탱·부양하다; 계속·유지하다 | **cram** (장소·용기 속에) 밀어·채워 넣다; 주입하다 cf. cram down a person's throat (생각·의견 등을) 아무에게 강요하다 | **contaminate** 더럽히다, 오염되게 하다(poison, pollute, adulterate) | **annihilate** (적이나 무장 세력을) 전멸·근절시키다(destroy, defeat) ; (법률 따위를) 폐지하다(annul) | **decimate** 열에 하나씩 죽이다, 학살하다; (전염병 등이) 많은 사람을 죽이다

해설 순접 연결 장치 and 앞 뒤에 열거된 단어들 pollute, kill off, raise로 판단해 보면 동의어 관계로 연결되는 것은 contaminate뿐이다.

해석 우리는 대기를 오염시키고, 상수원을 더럽히며, 야생 동식물을 죽여 없애고, 도시의 소음 수준을 높이고 있다.

8

어구 **reputation** 명성(fame); 평판 cf. have[enjoy] a reputation for ~라는 소문이다, ~로 유명하다 *Ex.* He has the reputation of being a miser. 그는 구두쇠로 통하고 있다. of great [no] reputation 평판이 높은[무명의], be well[ill] reputed of 평판이 좋다[나쁘다] | **established** 확립된, 확인된, 정통이 있는, 정착한, 제정된 | **publication** 발행, 출간 [파] publish *v.* 발표하다; (책을) 발행하다 | **subsequent** 뒤의(사람·것); 차후의 | **contribution** 기부; 기여, 공헌; 기고, 투고 | **anthropology** 인류학; [신학·철학] 인간학 | **obscure** 어둡게 하다, (명성 따위를) 가리다, 모호하게 하다; 어두운, 모호한 | **enhance** 향상하다, 높이다(heighten) | **deteriorate** (질을) 나쁘게 하다(lower in quality), (가치를) 저하시키다(≠ ameliorate 개선하다) | **restore** 원래의 장소에 되돌리다; 되찾다, 회복시키다; 부흥하다

해설 and의 순접 연결로 established(확인된, 확립된)와 적절하게 대응되는 단어를 찾는다.

해석 Magaret Mead의 명성은 1928년에 그녀의 첫 번째 책의 출판에 의해 확인되었고 인류학에 많은 계속되는 공헌에 의해서 향상되었다.

9

어구 **thanks to** ~ 때문에 | **look forward to ~ing** ~을 고대하다 | **lazy** 게으른, 나태한 | **inefficient** 무능한, 비효율적인 | **fault** 책임, 과실, 원인, 탓 *Ex.* The fault lies with you. (It's your fault.) 책임은 너에게 있다. | **expense** 소비, 지출, 손실 | **possession** 소유, 소유물 cf. 소유, 재산(means, riches, effects, goods, funds, possessions, belongs)

해설 이 문제를 풀기 위해서 결과를 통한 원인을 추론해야 한다. '미국인이 돈을 많이 벌게 되는 것(→ 결과)'은 '그 나라의 천연자원 덕택(→ 원인)'이지만 돈을 덜 벌게 된다면 미국인이 게으르거나 무능했다는 것이 원인이자 잘못이 된다.

해석 국가의 천연자원 덕분에, 모든 미국인이, 아주 최근까지는 자기 아버지보다 돈을 더 많이 벌 거라고 합리적으로 기대할 수 있었다. 그래서, 돈을 적게 번다면 그 잘못은 자신의 것임에 분명하다. 즉, 그가 게으르거나 무능했기 때문이다.

정답 7 ③ 8 ② 9 ②

S.C Practice 4

[난이도 ★★]
1 □ □
2 □ □
3 □ □

10 The lines of communication between the conscious and the unconscious zones of the human psyche have all been ________, and we have been split in two.

① cut
② connected
③ diverged
④ activated

[난이도 ★★]
1 □ □
2 □ □
3 □ □

11 The greatest thinkers have always been most deeply conscious of their own________. What they have known has only convinced them of the vastness of what remains unknown.

① thought
② wisdom
③ ignorance
④ accomplishment

[난이도 ★★★]
1 □ □
2 □ □
3 □ □

12 Although he was a grown man with a family, he behaved in an ________ manner, clamoring attention if he did not get his way.

① infantile
② inoffensive
③ eclectic
④ estranged
⑤ imposing

[난이도 ★★]
1 □ □
2 □ □
3 □ □

13 The typical American student is generally friendly and open-minded. He is physically helpful and generous with his time. He is mentally alert and likes to discuss new ideas. ________, his friendship is often shallow, and his tolerance of and respect for other cultures is often limited.

① Hence
② Moreover
③ Therefore
④ Furthermore
⑤ Nevertheless

10 **어구** **lines of communication** 연락선, 통신 | **(un)conscious** 의식이 있는(없는) | **psyche** 영혼, 정신 | **split** 쪼개다 | **diverge** 갈리다, 분기하다, 빗나가게 하다(separate, branch off) (≠ converge 수렴하다) | **activate** 활동시키다, 촉진하다(motivate, stir)

해설 and 앞뒤의 내용이 논리적 관계가 순접이어야 하므로 빈칸에는 split(쪼개진)와 순접을 이루는 cut이 답이 된다.

해석 인간 정신의 의식과 무의식 영역 사이에 있는 연락선은 모두 단절되어져 있으며, 우리는 두 부분으로 나누어져 있다.

11 **어구** **be conscious of** ~을 인식하다 | **vastness** 광대함, 거대함 | **thought** 사고 | **wisdom** 지혜 | **ignorance** 무지 | **accomplishment** 업적, 성취

해설 앞문장에 대해 뒷문장은 부연 설명을 하고 있다. 위대한 사상가들이 알고 있는 것은 미지의 것들이라고 자신들에게 확신시키므로 그들은 ignorance(무지)를 인식한다고 해야 자연스럽다.

해석 가장 위대한 사상가들조차도 항상 자기 자신의 무지에 대하여 매우 깊이 인식해왔다. 그들이 알고 있던 것은 단지 사상가들에게 알지 못한 채로 존재하는 것에 대한 거대함만을 확신시켜 주었다.

12 **어구** **a grown man** 어른 | **clamor for** 요란하게 ~을 요구하다 | **get one's way** 마음대로 하다 | **infantile** 유아적인 | **inoffensive** 불쾌하지 않은 | **eclectic** 절충적인 | **estranged** 사이가 멀어진, 소연한 | **imposing** 인상적인, 당당한

해설 양보절에 '어른' 이라는 말이 나왔으므로 이 의미와 대립되는 내용이 주절에 나와야 한다는 점을 유의한다면 '유아적' 이라는 뜻의 infantile을 쉽게 고를 수 있다.

해석 그는 비록 가정을 가진 어른이었지만 유아적인 처신을 하면서 자기 마음대로 되지 않으면 요란하게 시정을 요구했다.

13 **어구** **friendly** 친한, 친절한, 상냥한, 마음에 드는 | **open-minded** 편견이 없는, 너그러운 *cf.* high-minded 고결한 마음의, strong-minded 의지가 강한, absent-minded 멍청한, 정신 나간 | **alert** 방심하지 않는, 기민한 | **shallow** 얕은 | **tolerance** 관용 | **hence** 그러므로 (therefore, and thus), 따라서, 지금부터 | **moreover** 게다가, 더욱이 | **therefore** 그러므로, 그 결과 | **furthermore** 게다가, 더욱이

해설 괄호 앞과 뒤의 내용이 상반되어 있으므로 nevertheless(그럼에도 불구하고)가 들어가야 옳다.

해석 전형적인 미국 학생은 일반적으로 친절하고 개방적이다. 그는 실제로 도움이 되고, 시간에 대해 관대하다. 그는 정신적으로 민첩하고, 새로운 생각에 대해 토론하기를 좋아한다. 그럼에도 불구하고, 그들의 우정은 종종 얕고, 다른 문화에 대한 그의 관용과 존중은 종종 제한되어 있다.

정답 10 ① 11 ③ 12 ① 13 ⑤

S.C Practice 4

[난이도 ★★★]
1 □ □
2 □ □
3 □ □

[14-15]

Britain long ago ___(14)___ its dubious pride of place as the heaviest taxer to Sweden. In 1976, Britons enjoyed the spectacle of Swedish filmmaker Ingmar Bergman fleeing to their country in search of a tax haven! In comparisons among nations, Sweden holds the world record, ___(15)___ half of its gross domestic product in taxes.

14 ① surrendered ② reduced
  ③ jeopardized ④ enhanced

15 ① to be deposited ② to afford
  ③ claiming ④ having been afflicted

[난이도 ★★]
1 □ □
2 □ □
3 □ □

16 Before I left home, my father said to me, "Son, remember the ancient proverbs which I have taught you. 'If you go to a land of one-eyed men, close one eye and join them. If you go to a land of one-legged men, limp with them; do not walk alone.' " This proverb has the same message as the English proverb '______________'.

① Birds of a feather flock together.
② When in Rome, do as the Romans do.
③ Do to others as you would be done by.
④ A man is known by the company he keeps.
⑤ In the kingdom of the blind, the one-eyed is a king.

14-5 **어구** **dubious** 의심스러운, 모호한, 수상한 (uncertain) | **spectacle** 광경, 구경거리 | **flee** 도망가다 | **haven** 피난처, 안식처 | **gross** 큰, 두드러진, 총계의 | **domestic** 가정의, 국내의 | **surrender** 양도하다, 항복하다 | **reduce** 줄이다, 떨어뜨리다, 격하시키다(lower) | **jeopardize** 위태롭게 하다, 위태로운 경지에 빠뜨리다 | **enhance** 향상시키다 | **afflict** 괴롭히다(distress)

해설 14. 첫 문장의 예로 제시하고 있는 두 번째 문장의 내용과 전체 글을 정리하는 마지막 문장에 나오는 스웨덴이 세계 기록을 보유하고 있다는 내용으로 미루어 보아 영국이 가장 세금을 많이 부과하던 나라로서의 지위를 스웨덴에게 '넘겨주었음'을 알 수 있다. 또한 구문에 유의해 보면 '_____ A to B'로 되어 있는 것을 알 수 있는데 이런 구문에 자연스럽게 들어갈 수 있는 답은 ①이다.

15. 우선 빈칸 앞에 쉼표가 있는 것으로 보아 빈칸에는 부정사보다는 뒷부분을 분사구문으로 만드는 것이 더 자연스럽다. 또한 빈칸에 들어가는 준동사의 주어는 주절의 주어인 Sweden이므로 수동으로 되어 있는 ④는 답이 되기 어렵다. 내용으로 보아도 스웨덴이 세금 면에서 세계 기록을 보유하고 있는 것은 국내 총 생산의 반을 세금으로 '요구하기' 때문이다

해석 영국은 오래 전에 세금을 가장 많이 부과하는 나라로서의 다소 미심쩍은 자부심을 스웨덴에게 넘겨주었다. 1976년에 영국인들은 스웨덴의 영화감독인 잉그마르 버그만이 세금 피난처를 찾아 자기 나라로 도망오는 광경을 즐겁게 지켜보았다. 여러 나라들을 비교해 보면 스웨덴은 국내 총생산의 반을 세금으로 요구해서 그 방면의 세계 기록을 보유하고 있다.

16 **어구** **proverb** 속담, 격언 | **limp** 절뚝거리다, 느릿느릿 가다, 진척이 안 되다 | **feather** 깃털 | **flock** 떼짓다, 모이다 | **Rome** 로마 | **Roman** 로마의, 로마사람 | **company** 교제, 동석; 동료, 친구들(associates, companions); 회사

해설 ① 같은 깃털을 가진 새들끼리 모인다.(유유상종)
② 로마에서는 로마인들이 하는 대로 행동하라.(로마에서는 로마법에 따르라)
③ 당신이 대접을 받고자 하는 대로 다른 사람을 대접하라.
④ 사람은 그가 사귀는 친구를 보면 알 수 있나.
⑤ 장님나라에서는 애꾸 눈이 왕이다.

해석 내가 집을 떠나기 전에, 아버지는 나에게 말씀하셨다. "아들아, 내가 너한테 가르쳐준 옛 속담을 기억해라. '외눈들이 사는 곳에 가면, 한쪽 눈을 감고 그들과 어울려라. 외다리가 사는 곳에 가면, 그들과 함께 다리를 절어라. 그리고 혼자 걷지 말아라.'" 이 속담은 영국 속담 "로마에서는 로마법에 따르라"와 같은 교훈을 가지고 있다.

정답 14 ① 15 ③ 16 ②

17 What is the truth? How can you recognize it? "That which is true conforms to fact or reality." The shopper who reads the bargains on sale, the juror who reviews the evidence after a trial, the businessman who scans the financial page in the newspaper – these people are all trying to find the truth. This kind of truth based on actual fact is different from the truth that the scientist seeks to discover in nature or the philosopher in his quiet meditation. The everyday kind of truth that we all seek is the _________ between what is claimed and what actually exists, between what is offered and what is delivered.

① illusion　　　② agreement

③ deviation　　④ maintenance

18 He seems distrustful and almost officially defiant of philosophic rigor, and he has, in fact, often been in the line of thinkers who find academic and professional philosophy too _______ for their _______ and bohemian tastes.

① humorous – meticulous

② precise – serious

③ liberal – religious

④ circumspect – bold

17 **어구** recognize ~을 인정하다, 인지하다, 알아보다 | conform (물체가 틀에) 따르다 | reality 진실; 현실, 사실, 실재 | shopper 물건 파는 사람; 물품 조달 대리인 | bargain 매매, 계약, 협정; 거래; 싼 물건, 특가품 *cf.* on sale 팔려고 내놓은 판매 중 | juror 배심원; 선서자; 심사원 | review ~을 다시 조사하다; 정밀하게 살피다, 관찰하다; 복습하다 | evidence 증거, 물증; 증언, 흔적, 징표 *cf.* testimony (법률적인) 증거 | trial 시도, 시험, 실험; 시련, 고난; 공판, 재판, 심리 | businessman 실업가(특히 기업의 경영자, 관리자); 상인 | scan ~을 자세히 조사하다, 정밀 검사하다; (신문 등을) 대충 훑어보다 | financial 재정(상)의, 재무의; 재계의; 금융의 | based ~에 근거(기반)을 둔 | actual 현실의, 실제상의(factual), 사실상의; 현행의 | seek ~을 찾다; 조사하다; 추구하다; 노력하다 | discover ~을 발견하다; 알다, 깨닫다 | philosopher 철학자, 현인 | meditation 명상; 심사숙고, 묵상; 명상록 | claim (당연한 것으로서 권리 · 유산 등을) 요구하다, 청구하다; (권리 · 사실 등을) 주장하다, 승인을 구하다 | offer (물건 · 원조 등을)제공하다 | deliver (물건 · 편지를)배달하다,(전언 등을) 전하다; 넘겨주다, 인도하다, 포기하다; 설교하다; 해방시키다 | illusion 환각, 환영(幻影); 착각; 환상 | agreement 협정, 계약; 일치, 조화; 동의, 합의, 승낙 | deviation 탈선, 일탈(행위); 편향, 편차 | maintenance 지속; 유지, 보존; 부양

해설 진술한 내용을 바탕으로 추론하여 문제에 접근해야 한다. 본문의 앞부분에 '참된 것, 곧 진리는 사실 혹은 현실과 합치된다'고 했으므로 빈칸에는 '일치, 조화'의 뜻을 지닌 ②의 agreement가 들어가는 것이 가장 적절하다.

해석 진리란 무엇인가? 우리는 어떻게 그것을 인식할 수 있을까? '참된 것은 사실 혹은 현실에 합치된다.' 판매 중인 싼 물건들을 찾아서 읽는 사람들, 재판이 끝난 후에 증거 등을 재검토하는 배심원들, 신문의 금융 면을 훑어보는 사람들 – 이러한 사람들은 모두 진리를 찾고 있다. 실제 사실에 바탕을 둔 이러한 진리는 과학자들이 자연 속에서 발견하려 하거나 혹은 철학자들이 조용한 명상 속에서 발견하려 하는 진리와는 다르다. 우리 모두가 찾는 평범한 종류의 진리는 주장된 것과 실제로 존재하는 것, 제공된 것과 전해들은 것 간의 일치이다.

18 **어구** distrustful 의심이 많은, 믿지 않는 | defiant 반항적인, 도전적인, 거만한 | rigor 엄격함, 가혹함, 어려움 | humorous 우스운, 재미있는(comical) | meticulous 너무 신중한, 소심한, 좀스러운 | precise 정확한, 세밀한 | serious 심각한 | liberal 자유로운 | religious 종교적인, 경건한 *cf.* secular 세속적인 | circumspect 신중한, 용의주도한 | bold 대범한, 버릇없는

해설 첫 번째 빈칸에는 academic and professional이 대응되고, 두 번째 빈칸에는 bohemian이 and에 의해 순접 관계로 대응된다.

해석 그의 철학적인 엄격함을 불신하고, 거의 공식적으로 그것에 도전하는 것처럼 보인다. 그리고, 사실상 종종 그들의 대담하고 보헤미안적인(자유분방한) 취향에는 너무 신중하고 학술적이고 전문적인 철학을 찾는 사상가들의 계보에 속해 왔다.

정답 17 ② 18 ④

19 Speciesism is a prejudice or attitude of bias in favor of the interests of members of one's own species and against those of members of other species. Speciesism is wrong for the same reason racism and sexism are wrong – because all beings' interests should count equally. This is often called "the principle of equality". All the arguments to prove human __________ cannot shatter this hard fact: in suffering, the animals are our equals. For any individual who can suffer, the degree of suffering, not the species of the sufferer is what should count.

① superiority   ② genetics

③ nature   ④ suffering

⑤ cruelness

20 The best reading is that which leads us into the __________ mood, and not that which is merely occupied with the report of events. The tremendous amount of time spent on newspapers I do not consider reading at all, for the average readers of papers are mainly concerned with getting reports about events and happenings without __________ value.

① hilarious   ② exhilarating

③ contemplative   ④ exciting

⑤ gloomy

19 **어구** **speciesism** 종(에 의한) 차별 | **in favor of** 1. ~에 찬성(지지)하여, ~에 편을 들어(for) (≠against ~에 반대하여) 2. ~의 이익이 되도록, ~을 위해(in the interests of) *Ex.* I am in favor of your proposal. 당신 제안에 찬성이요. | **prejudice** 편견, 선입관; 편애; 침해 | **interest** 관심, 흥미; 중요성; 이자; (복수)이익 | **bias** (직물) 사선, 엇갈림; 선입관, 편견 | **racism** 민족주의, 인종적 편견 | **count** 세다; 중요하다; 의지하다[on] | **shatter** 산산이 부수다, 파편 | **sufferer** 괴로워하는(고민하는) 사람; 수난자; 이재민, 조난자, 피해자, 환자 | **what should count** 중요해야 한다는 것 | **superiority** 우월, 우위, 거만 *cf.* inferiority 열등 | **genetics** (단수) 유전학, (복수) 유전적 특질 | **nature** 자연, 천성, 인간성 | **suffering** 괴로움, 고통, 고생, 피해 | **cruelness** 잔혹함, 비참함

해설 종차별은 한 종이 다른 종보다 우월(superiority)하다고 차별이나 편견을 갖는 것은 어떤 종족이라 하더라도 고통을 느끼므로 빈칸에는 ①번이 적절하다.

해석 종차별은 자신의 종족 구성원들의 이익에 편을 들고 다른 종족의 구성원들의 이익에는 반대하는 편견의 태도를 말한다. 종차별은 인종차별주의나 성차별주의가 모든 인간들의 이익은 똑같이 중요하기 때문에 잘못된 것과 같은 이유로 잘못된 것이다. 이것은 종종 "평등의 원칙"이라 불린다. 인간의 우월성을 증명하기 위한 모든 주장들은 이러한 엄연한 사실을 깰 수 없다. 즉 고통스러울 때, 동물들도 우리와 똑같은 존재들이다. 고통을 느낄 수 있는 어떤 개인에게, 고통을 받는 자의 종이 아닌 고통의 정도는 중요한 것이어야 한다.

20 **어구** **be occupied with** ~에 전념(몰두)하다 | **tremendous** 무서운, 굉장한, 무시무시한; (차이 따위가) 엄청난, 어이없는 | **not~at all** 결코 ~않다 | **be concerned with** ~와 관계하다 | **hilarious** 법석대는, 유쾌한, 즐거운 | **exhilarating** 명랑(쾌활)하게 하는 | **contemplative** 사색적인 | **exciting** 흥분시키는, 자극적인 | **gloomy** 침울한, 우울한 (murky)

해설 [not A but B] 구문의 변형인 [B, and not A] 구문은 병치구문을 형성함과 동시에 두 개의 A와 B는 내용상 대조(contrast)를 형성하게 된다는 점에서 문제에 접근한다.

해석 최고의 독서는 단지 사건들의 보고에만 열중하는 독서가 아니라 우리를 사색적인 분위기로 이끌어가는 그러한 독서인 것이다. 신문들을 읽느라고 소비된 엄청난 시간을 나는 결코 독서라고 간주하지 않는다. 왜냐하면, 보통의 신문 독자들은 사색적인 가치 없이 단지 사건들과 일어난 일들에 대한 보고들만을 얻기에만 관심이 있기 때문이다.

▶ **강조 구문**: 타동사의 목적어 문두로 강조

위 문장에서 consider가 5형식동사로 The amount of ~ newspapers 부분이 목적어이고, reading 이 목적보어가 되고 있다. 목적어를 강조하기 위하여 이를 문두로 위치시키고 도치시키지 않는다. 단 목적어 앞에 부정어·한정어가 있으면 도치한다. This trip with you I will never ever forget. 너와의 이 여행을 나는 결코 잊지 못할 것이다. Only her name do I remember. 그녀의 이름만을 난 기억할 뿐이다.

정답 19 ① 20 ③

[난이도 ★]

1 ☐ ☐
2 ☐ ☐
3 ☐ ☐

1 Their _________ chatter made me wish I had earplugs.
① vociferous ② lethal
③ punctilious ④ gregarious

[난이도 ★★]

1 ☐ ☐
2 ☐ ☐
3 ☐ ☐

2 The society was not _________ and required much help from outside.
① self-centered ② self-indulgent
③ self-absorbed ④ self-conscious
⑤ self-sufficient

[난이도 ★★]

1 ☐ ☐
2 ☐ ☐
3 ☐ ☐

3 To _________ any chance of the egg turning bad, do not let it sit outside all afternoon at the picnic.
① permeate ② distribute
③ annihilate ④ forestall

[난이도 ★★]

1 ☐ ☐
2 ☐ ☐
3 ☐ ☐

4 Rebecca delayed the bus because she was _______ in her purse for the correct change.
① baffling ② stuffing
③ lurching ④ fumbling
⑤ stifling

Notes

▶ **make** 사역동사
1. **make**+목+**do** [강제적 or 비강제적으로] (~으로 하여금) ~을 시키다, ~하게 하다
Ex. They made him drink. 그에게 마시게 하다.
→ He was made to drink. 그는 마시기를 강요당했다. [수동에서는 to부정사]
I'll make him go there whether he wants to or not. 원하든 원치 않든 그를 거기에 가게 하겠다.
2. **make**+목+**done** (사람을) ~시키다, (~에게) 하도록 하다
Ex. Too much wine makes men drunk. 과음은 사람을 취하게 한다.
I made myself understood in English. 영어로 의사소통을 했다.

---

1 **어구** **chatter** 잡담 *Ex.* amusing chatter 즐거운 대화 eternal chatter 끊임없는 잡담 ∣ **earplug** 귀마개 ∣ **vociferous** *a.* 시끄러운(boisterous, clamorous, loud) [파] vociferate *v.* 큰 소리로 외치다(shout, bawl, exclaim, cry out) ∣ **lethal** 죽음을 가져오는, 치명적인(fatal) *Ex.* a lethal weapon 흉기 ∣ **punctilious** 정확한, 세심한, 꼼꼼한 ∣ **gregarious** (사람이) 사교적인; 군거하는

해설 이 문제의 단서는 earplug(귀마개)이고 make(사역동사)를 잘 읽어내야 한다.

해석 그들의 시끄러운 잡담이 귀마개가 있었으면 좋겠다라고 바라게끔 만들었다.

2 **어구** 〔보기〕 **self-centered** 자기 중심적인(egoistic, selfish) ∣ **self-indulgent** 방종한 ∣ **self-absorbed** 제 생각 · 이익에 여념이 없는 ∣ **self-conscious** 자의식이 강한 ∣ **self-sufficient** 자급자족의, 제 힘으로 해나갈 수 있는

해설 not이 들어 있는 부분의 내용과 그 뒷문장 간에는 반의적인 관계에 놓여 있음에 유의하면 그 사회가 외부로부터 많은 도움을 필요로 하므로 자급자족하는 사회는 아니라고 할 수 있다.

해석 그 사회는 자급자족을 하지 못해, 외부로부터 많은 도움을 필요로 했다.

3 **어구** **turn(go) bad** 상하다 ∣ **permeate** 스며들다, 침투하다 ∣ **distribute** 분배하다(dispense), 배포시키다(circulate), 유통시키다 ∣ **annihilate** 전멸시키다(eradicate) *Ex.* annihilate the enemy soldiers 적군 병사들을 전멸시키다 ∣ **forestall** 앞질러 방해하다; (이익을 위해) 매점하다 *Ex.* prevent[forestall] misfortune; keep[ward] off evil fortune 액을 막다

해설 문장 전후의 인과 관계를 따져보자. 계란을 야외에 두지 말라는 목적(이유)이 무엇일까 생각해 본다면 '어떤 일이 시작 · 발생하지 않도록 사전에 대책을 써서 미리 막다'라는 뜻으로 forestall이 적절하다. 참고로 문두의 to부정사는 부사적 용법의 목적으로 '~하기 위해서'라고 해석한다. 오답으로 〔보기〕③은 '어떤 것을 완전히 파괴하여 없애다 또는 상대를 완전하게 패배시키다'라는 뜻으로 빈칸에 적절하지 않다.

해석 계란이 상하는 것을 방지하기 위해서는, 소풍갔을 때 오후 내내 야외에 그대로 놓아두어서는 안 된다.

4 **어구** **change** 거스름돈, 잔돈 ∣ **baffle** 당황하게 하다(embarrass, embroil, perplex, dismay), 좌절시키다 ∣ **stuff** 채워 넣다, 메우다 ∣ **lurch** 갑자기 기울어지다, 비틀거리다 ∣ **fumble** 손으로 더듬다, 찾다 ∣ **stifle** 숨을 막다, 질식시키다, 억누르다, 억제하다(smother, suffocate, choke, restrain)

해설 버스를 지체시킨 이유로 알맞은 단어를 유추해서 찾자.

해석 레베카가 지갑에서 알맞은 잔돈을 찾느라 버스를 지체시켰다.

정답 **1** ① **2** ⑤ **3** ④ **4** ④

[난이도 ★]
1 ☐☐
2 ☐☐
3 ☐☐

5 ________ is the revealing of the truth about a situation or person, especially when it involves dishonesty or shocking behavior.

① Tax   ② Exposure
③ Stock   ④ Tiredness
⑤ Census

[난이도 ★★]
1 ☐☐
2 ☐☐
3 ☐☐

6 Fitness experts claims that jogging is ________; once you begin to jog regularly, you may be unable to stop, because you are sure to love it more and more all the time.

① healthy   ② exotic
③ addictive   ④ overrated

[난이도 ★★]
1 ☐☐
2 ☐☐
3 ☐☐

7 Although some species of shark attack human beings, most are relatively ________; some will not strike out even when harpooned.

① hostile   ② offensive
③ preventive   ④ benign

[난이도 ★]
1 ☐☐
2 ☐☐
3 ☐☐

8 A man is essentially a ________ animal and tends to ________ others.

① perverse – work with
② insensible – be concerned about
③ selfish – resent
④ gregarious – associate with

Notes

5 **어구** reveal 폭로하다, 밝히다 | **tax** 세금 | **stock** 주식 | **tiredness** 피로, 권태 | **exposure** 노출, 폭로 *cf.* expose 노출시키다, 폭로하다, conceal 감추다 | **census** 인구조사

해설 특정 명사에 대한 정의를 하고 있는 문장으로 부정행위, 불법행위, 음모와 같은 나쁜 내용의 사실을 들추어 내어 남들이 알게 하는 것은 폭로(exposure)이다.

해석 폭로는 어떤 상황 또는 사람에 관하여, 특히 그것이 부정행위나 충격적인 행위와 관련될 때, 진실을 밝히는 것이다.

6 **어구** fitness 적당, 타당성(propriety); 건강 | **regularly** 규칙적으로 | **more and more** 점점 | **all the time** 그동안 줄곧, 시종 | **exotic** 외래의, 이국적인 | **addictive** 중독성이 있는, 습관성의 | **overrated** 과대 평가된 *cf.* overrate 과대 평가하다 (≠ underrate 과소 평가하다)

해설 세미콜론(;) 다음 문장에서 jogging은 '일단 시작하면 멈출 수 없는 것'으로 앞문장에 대한 부연 설명의 내용이다. 빈칸에는 이를 나타내는 말로 addictive(중독성이 있는)란 단어가 요구된다.

해석 건강 전문가들은 jogging(조깅)이 중독성이 있다고 주장한다. 일단 당신이 jogging을 규칙적으로 하게 되면 그만둘 수 없게 될 것이다. 당신이 분명 조깅에 시종일관 점점 더 빠져들게 될 것이기 때문이다.

▶ 부연 설명에 사용되는 어구, 구두법
 that is(즉), say, 콜론(:), 세미콜론(;), 콤마(,)

7 **어구** species 종(種) | **shark** 상어 | **relatively** 비교적 | **strike out** 힘차게 나아가다 | **harpoon** ~에 작살을 꽂다; 작살 | **hostile** 악의적인(malign, malevolent, malicious), 해로운(harmful, hurtful) | **offensive** 불쾌한, 싫은; 무례한, 더러운, 비열한; 공격적인 | **preventive** 예방의 | **benign** 양순한; 친절한

해설 두 절이 양보의 접속사 Although로 연결되고 있으므로, 주절의 내용은 종속절과 반대여야 한다. 따라서 '인간을 공격하는 성질'과 반대되는 의미의 단어를 유추하면 benign이 적절하다.

해석 몇몇 종의 상어는 사람을 공격하지만 대부분의 종은 비교적 포악하지 않다. 작살에 맞고도 힘차게 빠져나가려 하지 않는 종도 더러 있다.

8 **어구** essentially 필수적으로 | **tend to R** ~하는 경향이 있다, ~하기 쉽다 | **perverse** 외고집의, 정도를 벗어난 *cf.* perversive 나쁜 길로 이끄는, 악용하는, pervert 타락시키다, 왜곡하다 | **insensible** 무감각한; 무관심한, 냉담한 | **be concerned about** ~을 걱정하다 | **selfish** 이기적인(egocentric) | **resent** 분개하다, 원망하다 | **gregarious** 사교적인, 군집적인 | **associate with** 사귀다, 협력하다

해설 and 앞 뒤에는 순접의 단어가 대응되어야 한다.

해석 인간은 필수적으로 군집성의 동물이고 다른 이와 어울리는 경향이 있다.

▶ ~하기 쉽다, 경향이 있다
tend to-V
= be likely to-V
= be liable to-V
= be apt to-V
= be prone to-V
= be susceptible to-V
= be subject to-V
= be inclined to-V
= have a tendency to-V

정답 5 ② 6 ③ 7 ④ 8 ④

S.C Practice 5

9 The concept of "self" is preeminently important in our society, for it is the value attached to the individual which decisively distinguished the free from the __________.

① democratic system

② socialism

③ foreign countries

④ authoritarian system

⑤ dictators

10 Much of the art of being a good teacher or healer consists in staying just one step ahead of your patients or pupils. If you are not ahead, it is unlikely that you will be able to lead them anywhere, but if you are two steps ahead, it is likely that __________.

① they will be healed without fail

② they will lead you

③ they will love you

④ you will not catch them

⑤ you will lose them

11 Fred enjoyed the company of women and he understood them. He knew __________ married women to look after houses and husbands and children, having to serve up perhaps twenty meals a week and to nurse the family through its problems and illnesses.

① that life was not easy for

② how many times a week

③ everything there was to know about

④ what it was like for

Notes

9 **어구** self 자아 | **preeminently** 굉장히, 현저하게, 탁월하게 | **attached to** ~에 소속된 · 부착된 | **decisively** 결정적으로, 단호히 | **distinguish A from B** A와 B를 구별하다 *cf.* tell(know) ~ from 구별하다 | **authoritarian** 권위 · 독재주의 | **dictator** 독재자

해설 자아는 개인에게 속한 자유이며 그 가치는 자유주의와 구별되는 것을 찾아야 한다. 단서는 distinguish A from B로 A와 B는 대조 관계이므로 the free(자유주의)와 상반되는 것은 authoritarian system(권위적인 제도)이다. 〔보기〕⑤번 dictator(독재자)는 사람(person)이므로 제도(system)와 비교의 대상이 되지 않으므로 오답이다.

해석 자아라는 개념은 우리 사회에서 굉장히 중요하다. 왜냐하면 자아라는 것은 자유 사회를 권위적인 제도로부터 결정적으로 구분시켜주는 개인에게 속한 가치이기 때문이다.

10 **어구** art 기술, 기교, 예술 | **healer** 치료사, 의사 | **consist in** ~에 존재하다 | **ahead of** ~의 앞에서 | **unlikely** 가능성이 없는 | **without fail** 틀림없이

해설 첫 문장에서 '딱(just) 한 걸음만 앞서 있어야 학생들이나 환자들을 인도할 수 있는 좋은 선생이나 의사가 된다' 고 했으므로, 두 걸음이나 앞서 있다면 저 사람들을 놓치게 될 것이라는 논리가 타당하다.

해석 훌륭한 선생님이나 의사가 되는 기술의 상당 부분은 환자나 학생보다 항상 바로 한 걸음 앞에 있는 것에 있다. 만일 앞서 있지 못한다면, 그들을 어떤 곳으로든 인도할 수 없을 것이다. 그러나 만일 두 걸음 앞서 있게 되면 그들을 놓치게 될 것이다.

11 **어구** nurse ~을 간호하다, 병구완하다, 병 시중들다 | **through** [원인, 동기, 결과] ~ 때문에, ~의 이유로(~탓으로) *Ex.* He neglected his work through a multitude of other interests. | **company** *n.* 사귐. 교제(association), 동석, 합석 | **what ~ like** 어떠한 것

해설 밑줄친 부분은 knew의 목적어가 되고 to 이하의 의미상의 주어가 필요하기 때문이다. I was poor once and I knew what that's like.

해석 Fred는 즐겨 여성들과 함께 있었고 그들을 이해했다. 그는 결혼한 여성들이 가사와 남편과 자녀들을 보살피고, 일주일에 줄잡아 스무 번의 식사 시중을 들어야 하고 가족에게 문제가 생기고 질병에 걸렸을 때 가족을 병간호하는 것이 어떠한 것이라는 것을 알고 있었다.

정답 9 ④ 10 ⑤ 11 ④

▶ 대조 관계를 이루는 동사들
distinguish between A and B A와 B를 구별하다
= distinguish from A to B
Ex. distinguish between good and evil 선악을 구별하다
know A from B A와 B를 구별하다
Ex. know right from wrong 옳고 그른 것을 구별하다
mistake A for B A를 B로 잘못 생각하다
reconcile A with B 화해시키다, 조화시키다
Ex. reconcile one's work for living with one's study 생계를 위한 일과 공부를 양립시켜 나아가다
replace A with B; substitute B for A; substitute A with[by] B A를 B로 대신하다
Ex. replace a worn tire by[with] a new one 헌 타이어를 새 것으로 갈다
Ex. They substituted coal for oil. = They substituted oil with coal. 그들은 석유 대신에 석탄을 사용했다.
oscillate between A and B (마음 · 의견이) 흔들리다, 동요하다
Ex. He always oscillates between different ideas. 그는 언제나 여러 가지 생각으로 갈팡질팡한다.
shift from A to B 바뀌다, 옮기다; 위치가 변경되다
not so much A as B A라기보다는 오히려 B
Ex. She didn't so much dislike me as hate me. 그녀는 나를 싫어했다기보다는 오히려 미워했다.

S.C Practice 5

[난이도 ★★]
1 □ □
2 □ □
3 □ □

12 __________ is a wonderful word that fits a great many happy social occasions. In general, it's polite to say "______!" (with a lot of enthusiasm in your voice) when a person has accomplished something. The accomplishment may be academic(such as a graduation), vocational(such as a job promotion), or personal(such as the birth of a child or grandchild)

① Congratulations

② Shame on you

③ Good luck

④ TGIF(Thank God it's Friday)

[난이도 ★★]
1 □ □
2 □ □
3 □ □

13 "Why doesn't she marry? She must have had plenty of chances." There was a dry chuckle. "I don't think so. My husband was keen on her himself once, but he thinks she will never marry. She just isn't like that, isn't like that at all __________ ."

① She is very smart.

② She is infuriated.

③ She had something attractive.

④ She is terribly crazy.

⑤ Something missing somewhere.

[난이도 ★]
1 □ □
2 □ □
3 □ □

14 If politics is to be for people, then the first requirement is that the powers of government must be limited, that those in power must be accountable to the people and that governments must be able to be changed if they forfeit popular support. Socialism without __________ is not worth having, for socialism without __________ will in time create a new and arrogant ruling class.

① liberty   ② power

③ authority   ④ charity

Notes

12 어구 **enthusiasm** 열광, 열중, 열정(ardor, passion, zeal) | **accomplish** 성취하다, 완성하다 | **vocational** 직업의 | **Shame on you** 부끄럽지 않느냐 | **Good luck** 행운이 있기를 | **TGIF**(Thank God it's Friday) 고마워라, 금요일이다(주말의 해방감을 나타내는 말)

해설 단어의 정의를 요구하는 문제로 단서는 when a person has accomplished something까지 읽어야 Congratulations(축하합니다)라는 답을 찾아낼 수 있다.

해석 축하는 매우 많은 행복한 사회적에 적합한 경이로운 단어이다. 일반적으로 어떤 사람이 어떤 것을 성취했을 때 (당신의 목소리에 많은 열정을 가지고) "축하합니다!"를 말하는 것이 공손하다. 성취는 학구적인(졸업과 같은), 직업적인(승진과 같은), 또는 개인적인 (아이나 손자의 출생과 같은) 것일 수도 있다.

13 어구 **chuckle** 킬킬거리는 웃음(giggle) | **be keen on** ~에 대해서 열렬하다, 열심이다 | **infuriated** 격노한, 노발대발하는 | **attractive** 사람의 마음을 끄는; 매력적인 | **terribly** 무섭게, 몹시, 굉장히 | **crazy** 미친 | **missing** 행방불명인, 없어진, 결여된, 잃어버린(lost)

해설 이 문제를 풀기 위해서는 a dry chuckle 이라는 표현과 연결사 but을 살려서 문맥을 잘 파악해 보면 된다.

해석 "그녀는 왜 결혼을 하지 않았을까? 그녀가 많은 기회를 가졌음에 틀림없어요." 누군가가 킬킬대며 냉담하게 웃었다. "나는 그렇게 생각하지 않아요. 내 남편은 한때 그녀에게 열렬한 적이 있었지요. 그러나 그는 그녀가 결코 결혼하지 않을 거라고 생각하고 있어요. 그녀는 그렇지 않아요. 결코 그렇지 않아요. 어딘가 좀 모자라는 점이 있을 겁니다."

14 어구 **accountable** 책임이 있는, 설명할 수 있는 | **forfeit** v.~을 잃다, 몰수되다 n. 벌금(fine) | **in time** 조만간, 결국 | **arrogant** 거만한(haughty) | **ruling class** 집권당, 야당 | **liberty** 자유 | **power** 힘, 권력 | **authority** 권위, 권한 | **charity** 자선, 자선단체

해설 이 문제는 글의 흐름에 맞는 결론을 완성시켜야 한다 국민을 위한 사회주의 국가가 되기 위해서 정부의 권력 제한, 국민에 대한 책임, 정부를 교체해야 한다. 그러기 위해서는 국민들에게 자유가 있어야 한다.

해석 만일 정치가 국민을 위한 것이라면, 그렇다면 첫 번째 요구 사항은 정부의 권력이 제한되어져야 한다는 것이고, 권력을 가진 사람들이 국민에게 책임을 져야 한다는 것이고, 그리고 만일 그들이 대중의 지지를 몰수당한다면 정부가 바뀌어져야 한다는 것이다. 자유가 없는 사회주의는 소유할 가치가 없다. 왜냐하면 자유가 없는 사회주의는 조만간 거만한 새로운 통치계급을 만들어 낼 것이기 때문이다.

▶ 'at all+부정문'을 강조하는 부사구

at all은 부정문에서는 「결코 ~이 아니다」로 해석하고 의문문에서는 「도대체」라는 의미를 가져서 강조하고, 조건문에서는 「일단 ~ 할 바에는, 적어도, 조금이라도」로 해석하게 된다.

She was not at all upset by the news. 그녀는 소식을 듣고도 전혀 놀라지 않았다.

Why do you have to go at all? 도대체 왜 가지 않으면 안 되지요?

Do it well, if at all. 이미 해야 할 것이라면, 잘 하시오.

It snows here very rarely if at all. 이곳에서는 눈이 온다고 해도 아주 드물게 온다.

정답 12 ① 13 ⑤ 14 ①

[난이도 ★★]

15 We are becoming increasingly aware of man's dependence on the natural environment for his well-being, _______ the dangers for man if the environment is destroyed, over-exploited or disregarded, and _______ man's duty, not only to his fellow human beings, but also to the world of nature to which he fundamentally belongs.

① on – on   ② of – of
③ against – out of   ④ under – for

[난이도 ★★]

[16-17]

In 1972, the International Telecommunication Union decided that astronomical time (based on the movements of the earth) could not differ from atomic time (based on the cycles of an atom of the isotope cesium-133) by more than 0.9 second a year. Because the two systems are inherently out of ___(A)___, it's periodically necessary to add "leap second" to bring them into sync, Most people didn't notice, but one of those seconds was added after midnight on Dec.31. 2005, just before 2006 began. "A leap second", says Jonathan Betts of the Royal Observatory, "asks the atomic clocks to hold their breath for one second, so that the earth can ___(B)___." So far, the compromise has worked.

16 Which of the following best fits into ___(A)___ ?
① step   ② competition
③ practice   ④ shape
⑤ place

17 Which of the following best fits into ___(B)___?
① stay still   ② keep moving
③ move slowly   ④ go faster
⑤ catch up

Notes

▶ 형용사/분사 +전치사
accustomed to ~에 익숙한
capable of ~을 할 수 있는
famous for ~로 유명한
aware of ~을 알고 있는
afraid of ~을 두려워하는
free from ~에서 자유로운
necessary for ~에 필요한
related to ~와 관련된
responsible for ~에 책임 있는
tired of ~에 질린
wrong with ~에 잘못된
disappointed with ~에 실망한

15 **어구** **increasingly** 점점 더, 더욱더(more and more) | **exploit** 개발하다, 경제적으로 이용하다 | **disregard** 돌보지 않다, 무시하다, 등한시하다 | **fellow** 동료 | **fundamentally** 근본적으로, 본질적으로 | **against** ~을 향하여, ~와 마주 대하여, ~에 반대하여 | **out of** ~의 밖에 (으로); ~의 안(속)에서(≠ into)

해설 위의 문제는 빈칸에 적절한 전치사 채우기 문제로 전치사구가 앞문장의 어느 부분과 연결이 되는지 잘 파악해야 한다. 빈칸 뒤에 올 명사를 하나씩 넣어보고 전치사의 목적어로 자연스럽게 연결되는지 보면 된다. for the dangers(인간의 복지와 위험을 위해)는 자연스럽게 연결되지 않는다. 전치사 on과 연결시켜 보아도 자연스럽지 못하다. on 앞의 of 이하와 빈칸이 하를 연결시켜 보면 자연스럽게 이어지는 것을 알 수 있다. 즉, 인간이 자신의 복지를 자연 환경에 의존하고 있다는 것과 그 환경이 파괴되거나 지나치게 개발되거나 등한시되면 인간에게는 위험이 닥치리라는 것을 알게 된다는 것이다. 따라서 빈칸에는 aware와 연결되는 of가 들어가야 하며, 같은 방법으로 두 번째 빈칸에 들어갈 전치사도 of임을 알 수 있다.

해석 우리는 인간이 자신의 복지를 자연환경에 의존하고 있다는 사실과 만약 그 환경을 파괴하거나, 지나치게 개발하거나 또는 등한시하면 인간에게 위험이 닥치리라는 사실 및 인간은 동료 인간들에게 뿐 아니라 그가 근본적으로 속해 있는 자연 세계에 대해서도 져야 할 의무가 있다는 사실을 점점 더 뚜렷하게 인식하고 있다.

16-7 **어구** **astronomical time** 천문학적 시간 | **atomic** 원자의, 극소의 | **more than(less than)** +수사+명사 ~이상의(이하의) | **isotope** 동위원소 | **inherently** 고유의, 본래의, 타고난 | **periodically** 주기적인, 정기적인 | **leap second** 윤초(閏秒) *cf.* (a) leap year; an intercalary[a bissextile] year 윤년(閏年) *Ex.* Leap year comes around every four years. 윤년은 4년마다 든다. | **bring into** ~을 생기게 하다, 출현시키다 | **sync** 시간을 일치시킴, 동시성 | **compromise** 타협(negotiation), 화해(conciliation), 양보 | **competition** 경쟁, 시합 | **practice** 실행, 실습, 연습, 습관 | **stay still** 여전히 머무르다 | **keep moving** 움직임을 유지하다 | **move slowly** 천천히 움직이다 | **go faster** 더 빨리 가다

해설 16 간단한 숙어 문제로 천문학적 시간과 원자 시간은 앞문장에서 다르다고(differ) 결정을 내렸으므로 두 시스템은 조화되지 않는다는 의미의 out of place(조화되지 않고, 발을 맞추지 않고)가 자연스럽다.

17. 이 문제는 상식이 필요할 수도 있지만 문맥에서 찾아본다면 두 번째 빈칸에는 두 시스템의 시간을 맞추기 위해서는 윤초라는 것을 적용해야 하므로 원자 시계는 멈추고 지구는 따라잡아야 하므로 catch up(따라잡다, 급히 집어 올리다)가 정답이다.

해석 1972년에, 국제 전기통신 연맹은 (지구의 운동에 근거한) 천문학적 시간은 (동위원소 세슘 133의 원자의 주기에 근거한) 원자 시간과 1년에 0.9초 이상까지 다를 수 없다고 결정했다. 이 두 가지 시스템은 본래 조화되지 않기 때문에, 그것들을 동시성으로 나타내기 위해서는 (시간을 맞추기 위해서) 주기적으로 "윤초"를 더하는 것이 필요하다. 대부분의 사람들은 알아차리지 못했지만, 이러한 초들 중 하나가 2006년이 시작되기 전에 2005년 12월 31일 자정 이후에 더해졌다. 로열 천문대의 요나단 베츠는 말하길 "1 윤초란 원자 시계로 하여금 1초 동안 숨을 멈추게 요구하여 지구가 따라잡을 수 있는 시간이다" 라고 하였다. 지금까지 그러한 타협이 작용하고 있다.

정답 15 ② 16 ⑤ 17 ⑤

18 Colorgenics, the study of the language of color, is a recent area of study. Associating colors with emotions, ___________ , is not new. Colors have always been used to describe not only our feelings, but also our physical health and attitudes. 'Red with rage' describes anger; 'in the pink' means to be in good health; 'feeling blue' is a sad way to feel; and 'green with envy' indicates a jealous attitude. According to colorgenics experts, colors not only are a mirror of ourselves, but they have an effect on us as well.

① therefore   ② somehow

③ however   ④ so far

19 Investigators are trying to determine whether the recent rash of fires is the work of ________ or simply a ________ of unfortunate accidents.

① a pyromaniac – source

② an accomplice – consequence

③ a criminal – premonition

④ an arsonist – series

20 My daughter does not know how to read, but she lets you read to her, likes to hear the same tales over and over again. She follows the story page by page, knows exactly where everything comes, and catches you up immediately, __________.

① if you skip a line

② as life is delightful

③ when the train is crowded

④ because it is difficult to enjoy the play

18 **어구** **associate** ~을 연상하다, 관련지어 생각하다, 관련시키다 | **emotion** 감정, 정서; 감동(≠ reason 이성) | **blue** 기분이 좋지 않은, 우울한, 울적한(depressed, dejected, melancholy) | **green** (병, 공포 따위로) 안색이 창백한(pale, wan), 질투심이 많은 | **mirror** 반영

해설 색채 언어학은 최근에 시작된 것이고, 색채와 감정을 연결시키는 것은 '새로운 일이 아니다' 라고 했으니, 둘 사이에는 역접의 의미를 갖는 접속사가 필요하다.

해석 색채언어학인 컬러제닉스(colorgenics)는 최근에 시작된 연구 영역이다. 그러나, 색채와 감정 (emotions)을 관련시키는 것은 새로운 것은 아니다. 색채는 우리의 감정뿐 아니라 신체 건강을 기술하는 데 항상 사용되어 왔다. red with rage?는 분노를 나타내고, in the pink?는 건강이 좋은 상태를 뜻하며, feeling blue?는 슬픈 감정을 나타내고, green with envy?는 질투심이 많은 태도를 가리킨다. 색채 언어학 전문가에 따르면, 색채는 우리 자신의 거울일 뿐 아니라 우리에게 영향을 끼치기도 한다.

19 **어구** **try to** ~하려고 애쓰다 | **determine** ~에게 결심시키다, 결심하다, 결정하다(decide, make up one's mind) | **rash** *n.* 발진(發疹), 뾰루지, 빈발 *a.* 분별없는, 경솔한; 성급한 *Ex.* a rash act 경솔한 행위 | **unfortunate** 불운한, 불행한; 유감스러운 | **pyromaniac** 방화광 | **accomplice** 공범자, 연루된 사람 | **consequence** 결과, 영향, 중대성 | **criminal** *a.* 범죄의; 죄있는; 죄되는; 형사상의 *cf.* criminally *ad.* 범죄적으로, 죄를 범하여, 형사상, crime *n.* (형사상) 죄, 범죄 | **premonition** 예고, 징조, 전조 | **arsonist** 방화범

해설 이 문제에서는 화재(fires)를 언급하고 있고 이미 벌어진 사건에 대한 애기하고 있으므로 4번이 정답이다. 〔보기〕①번은 source라는 단어가 논리적으로 앞 뒤 단어 간에 응집성이 없으므로 연결되지 않는다.

해석 조사관들은 최근에 잇달아 일어난 화재들이 방화범의 소행인지 아니면 단지 운이 없어 일어난 사고들인지를 규명하기 위해 노력하고 있다.

20 **어구** **tale** 이야기, 설화 | **catch ~ up** ~을 따라가다 | **immediately** 즉시, 곧 | **skip** ~을 뛰어넘다, 빠뜨리고 읽다 | **crowded** 1. (공간적) 붐비는, 혼잡한; 만원의 2.(시간적) (일 따위로) 꽉 짜인

해설 진술한 내용을 바탕으로 추론해서 문제에 접근해야 한다. 본문의 앞부분에 '딸아이가 글을 읽을 줄 몰라 읽어주는 것을 좋아하고 이야기가 어디서 일어나는지 알고 있다'고 했으므로 빈칸에는 'skip a line(한줄 건너뛰다)' 들어가는 것이 가장 적절하다.

해석 내 딸은 글을 읽을 줄은 모르지만, 자기 대신 글을 읽어 달라고 해서 똑같은 이야기를 몇 번이고 되풀이해서 듣기를 좋아한다. 그 애는 한 페이지 한 페이지 이야기를 따라 하고, 모든 일이 어디에서 일어나는지 정확히 알고 있으며, 한 줄을 빠뜨리고 읽으면 즉시 말을 멈추게 한다.

정답 18 ③ 19 ④ 20 ①

[난이도 ★★]

1 □ □
2 □ □
3 □ □

1 She is good at organizing people without seeming arrogant or __________ .

① official
② inaugural
③ officious
④ expire

[난이도 ★]

1 □ □
2 □ □
3 □ □

2 According to the __________ trade agreement, both countries will buy more of each other's products.

① bilateral　　　　　② bilingual
③ unilateral　　　　 ④ multilateral

[난이도 ★★]

1 □ □
2 □ □
3 □ □

3 As Machell's lavishly carved throne clearly illustrates, so California craftsmen were not afraid of __________.

① competition　　　　② embellishment
③ imitation　　　　　 ④ antiquity

[난이도 ★]

1 □ □
2 □ □
3 □ □

4 Farming tends to keep people from wandering; thus, wherever the ground was cultivated, __________.

① villages sprang up
② farmers were comfortable
③ people became farmers
④ crops grew
⑤ people needed plows

1 **어구** **organize** 조직하다, 편성하다 | **arrogant** 거만한, 오만한 | **official** 공무상의, 공식의, 형식적인(formal) *cf.* officious (외교상) 비공식적인 | **inaugural** 취임의, 개시의 | **officious** 참견하기 좋아하는, 주제넘게 나서는, 비공식의, 친절한 | **expire** 만기가 되다, 기간이 끝나다

해설 삭제 연결사 or로 앞 뒤 단어의 관계를 보면 arrogant(거만한)와 병치되는 적절한 어구를 찾으면 된다.

해석 그녀는 거만하거나 주제넘게 나서는 것처럼 보이지 않고 사람들을 조직하는 데 능했다.

2 **어구** **trade agreement** 무역협정 | **bilateral** 쌍방의, 양당의 | **bilingual** 두 언어를 구사하는, 두 언어로 말한(쓴) | **unilateral** 일면적인, 일방적인 | **multilateral** 다변의(many-sided), 다국의, 3개국 이상이 관여된

해설 both, each other 등의 표현이 나오는 것으로 보아 두 나라를 모두 가리키는 단어가 필요함을 알 수 있다. 따라서 빈칸에는 bilateral이 적절하다.

해석 쌍무 무역협정에 따르자면 두 국가는 상대방 국가의 상품들을 보다 더 많이 구매해야 할 것이다

3 **어구** **lavishly** 아낌없이, 분별없이 | **carved** *a.* 새겨진, 조각된 *v.* 조각하다 *Ex.* carve an image in wood 나무로 상을 조각하다 | **illustrate** 실례를 들어[구체적으로] 설명하다 | **craftsman** 장인; 공예가 | **competition** 경쟁; 시합 [관] compete *v.* 경쟁하다 | **embellishment** 장식(decoration) | **antiquity** 낡음, 고대 유물

해설 as ~ so 구문으로 순접 관계로 앞의 내용이 뒤의 내용과 같은 방향이므로 마쉘이 조각한 옥좌를 통해서 유추한다면 장인들도 조각을 한다고 볼 수 있다. 단서는 carved(조각된)이므로 embellishment(장식)이 빈칸에 적절하다.

해석 Machell이 심할 정도로 조각한 왕좌가 분명히 보여주듯이 캘리포니아의 장인들은 화려한 장식을 겁내지 않았다.

4 **어구** **farming** 농사 | **keep A from ~ing** A가 ~하지 못하게 하다 | **wander** 배회하다, 떠돌다(roam, range, rove, ramble) | **cultivate** 1. 경작하다(till) 2. (과학 발전을) 촉진시키다 | **spring** 1. 뛰어오르다 2. 일어나다, 생기다 3. 물이 솟아나다 *cf.* spring-sprang-sprung | **comfortable** 기분 좋은, 편안한, 안락한(at home, cozy, snug) | **plow** 쟁기, 연장(plough)

해설 이 문제를 푸는 방법은 thus(그래서)라는 결과를 나타내는 접속부사가 순접 인과 관계를 의미한다는 것에서 착안해야 한다. 앞문장에서 농업은 사람들로 하여금 방황하지 않게 하였다고 했고 사람들이 방황하지 않게 하려면 정착해야 되므로 마을이 생겨났다고 해야 앞문장의 내용과 연결이 자연스럽다.

해석 농업은 사람들로 하여금 방랑하지 못하게끔 하는 경향이 있다. 따라서 토지가 경작되는 곳은 어디에서라도 마을이 생겼다.

정답 1 ③ 2 ① 3 ② 4 ①

S.C Practice 6

[난이도 ★★]
1 ☐ ☐
2 ☐ ☐
3 ☐ ☐

5 Since creative people are self-starters, giving them greater __________ can be a powerful reward.

① interference   ② leisure

③ autonomy   ④ salary

⑤ advice

[난이도 ★★]
1 ☐ ☐
2 ☐ ☐
3 ☐ ☐

6 __________ their older sisters and mothers, who often had children late, many young women today say they would like to raise their children first and then go to work.

① Whereas   ② In contrast

③ Despite   ④ Unlike

⑤ However

[난이도 ★]
1 ☐ ☐
2 ☐ ☐
3 ☐ ☐

7 A : Even though we've been going out for two years, she and I are still not talking the same language.

B : __________________

① You're right, She doesn't have a liking for English.

② So, do you intend to be through with her?

③ She must have gotten stuck in lots of work.

④ You never fail to please me.

[난이도 ★★]
1 ☐ ☐
2 ☐ ☐
3 ☐ ☐

8 Few of us take the pains to study our cherished convictions ; indeed, we almost have a natural _______ doing so.

① aptitude for   ② repugnance to

③ interest in   ④ ignorance of

Notes

5 **어구** **self-starter** 자발적인 사람 | **interference** 방해, 간섭(meddling) | **leisure** 여가; 형편이 좋을 때 | **autonomy** 자치, 자율

해설 since라는 인과 논리를 가리키는 연결 장치에 의해서 앞문장의 내용이 '자발적으로 일을 행하는 사람'을 가리키므로, 그들에게 더 커다란 보상이 되기 위해서는 자율·자치를 주어야 한다.

해석 창의적인 사람들은 자발적으로 일하는 사람들이기 때문에, 그들에게 보다 큰 자율권을 부여하는 것이 커다란 보상이 될 수 있다.

6 **어구** **have children late** 늦게 아이를 갖다 | **raise children** 아이를 기르다 〔보기〕**whereas** ~임에 반하여(while on the other hand) *Ex.* Some students like mathematics, whereas others do not. 수학을 좋아하는 학생이 있는 데 반하여 싫어하는 학생도 있다. | **despite** ~에도 불구하고 | **however** 그러나

해설 빈칸 뒤에 명사구가 이어지므로 접속사인 whereas나 however는 부적절하고, in contrast는 명사구를 받는 with나 to가 있어야 한다. 그리고 전치사 despite는 의미상 부적절하다. 그러므로 unlike는 전치사로서 명사구를 이끌 수 있을 뿐만 아니라 '~을 닮지 않고, ~와 달라서'의 의미이므로 적절하다.

해석 종종 늦게 아이들을 가졌던 그들의 언니와 어머니들과 달리, 오늘날의 많은 젊은 여성들은 먼저 아이들을 기르고 난 다음에 직장에 다니고 싶다고 한다.

7 **어구** **talk(speak) the same language** 말이 통하다 | **be through with** ~와 끝내다 | **get stuck in** ~에 빠지다, ~ 때문에 꼼짝 못하다

해설 생활영어 문제로 go out은 사귀다의 의미로 접근하면 글의 문맥을 충분히 파악할 수 있다. 〔보기〕①의 경우 A의 어떤 부분에 대하여 B가 You're right(네 말이 옳다)로 대답했는지가 명백하지 않으므로 답이 될 수 없다.
① 맞아, 그녀는 영어를 좋아하지 않아. ③ 그녀는 일이 많아서 꼼짝 못하고 있음이 틀림없다. ④ 너는 늘 나를 즐겁게 하는구나.

해석 A: 비록 2년 동안 교제했을지라도, 그녀와 나는 여전히 의견이 일치하지 않는다.
B: 그래서, 너는 그녀와 헤어질 작정이냐?

8 **어구** **pain** (몸의 일부의) 아픔, 고통 | **take the pains** 수고를 다하다 | **cherish** 소중히 하다 | **conviction** 신념, 확신 | **indeed** 실로, 참으로, 과연 | **aptitude** 경향, 습성[to] | **repugnance** 질색, 강한 반감 | **interest** 관심, 흥미 | **ignorance** 무지

해설 순접 연결사 세미콜론(;)뒤에 'indeed'가 나오므로 'do not take the pains(수고하지 않는다)'보다 내용의 정도가 더 높아야 한다.

해석 우리들 중 거의 아무도 우리의 소중한 신념들을 연구하기 위해서 수고하지 않는다. 사실상, 우리는 그렇게 하는 데 거의 천부적인 혐오를 가지고 있다.

정답 5 ③ 6 ④ 7 ② 8 ②

▶ since 종속접속사는 이유를 들 때는 '~때문에', 「주절에 완료형을 수반하여 '~한 이래'로 의미를 갖는다.
Ex. Since we live in the computer era, you should get used to personal computers. 우리는 컴퓨터 시대에 살고 있으니까 PC를 익히도록 해야 한다.
I have known her since she was a child. 어린이였을 때부터 지금까지 그녀를 알고 있다.

▶ **in contrast VS on the contrary**
in contrast는 '차이점에 대한 설명'으로서 '비교/대조'에 쓰이게 된다. 반면, on the contrary는 '앞서 나온 내용에 대한 강한 반박'으로 쓰인다.
Ex. A: Your parents didn't want you to go abroad, did they?
B: On the contrary, they were all for it.
Ex. I read a lot as a child, but my daughter, in contrast, just seems interested in television.

▶ 문장 간에 **even**(오히려, 정말로), **indeed**(사실상), **not only~ but also** 뒤에 언급된 내용이 앞의 내용보다 더 높은 정도를 나타낸다. 반대로 앞의 내용은 뒤의 내용보다 정도가 낮아야 한다.
예를 들면, I am **willing**, even **eager**, to help. 기꺼이, 아니 열심히 도와드리겠습니다.

[난이도 ★★]
1 ☐ ☐
2 ☐ ☐
3 ☐ ☐

9 It seems that time goes quickly when you are engrossed in something, while it passes slowly when you _______.

① are having a hard time
② are implicated in something
③ had finished it successfully
④ are thinking in something on the spur of the moment

[난이도 ★★]
1 ☐ ☐
2 ☐ ☐
3 ☐ ☐

10 There is an interesting notion in the U.S that education must be related directly to a specific area of work and, thus, that an academic program must __________ career enrollment.

① be interlocked with　　② brush up
③ accede to　　④ keep close tabs on
⑤ shed light on

[난이도 ★★★]
1 ☐ ☐
2 ☐ ☐
3 ☐ ☐

11 When one is trying to ferret out the causes of some undesirable situation, it is much more common to blame the misery úpon some luckless individual or class of individuals than to dig for the actual cause. Scapegoats are thus quite convenient, for they __________.

① save thinking
② appreciate criticism
③ accent the cause
④ accept responsibility
⑤ make the situation worse

9 **어구** **be engrossed in** ~에 몰두하다(be absorbed in) | **have a hard time[difficulty] [trouble]**어려움을 겪다 | **implicated** 관련된 | **on the spur of the moment** 즉흥적으로

해설 while은 앞 뒤 내용이 대조적이어야 한다. '뭔가에 몰두해 있을 때에는 시간이 빨리 간다' 는 내용과 '역접' 의 접속사 while이 있으므로 빈칸에는 어떤 때 '시간이 느리게 가는지' 를 유추해야 한다. '무엇으로부터 벗어나고 싶을 때' 이며, ①의 '어려움을 겪고 있을 때' 가 가장 적절하다.
② 넌 뭔가에 관련되어 있다.(몰두하고 있을 때' 와 비슷한 뜻) ③ 너는 일을 성공적으로 끝냈다. ④ 너는 즉흥적으로 뭔가를 생각하고 있다.

해석 뭔가에 몰두해 있을 때는 시간이 빨리 가는 반면 어려운 일을 겪고 있을 때는 시간이 느리게 지나가는 것 같다.

10 **어구** **notion** 개념, 관념(idea); 생각 be related directly to ~와 직접적인 관계가 있다 | **specific area** 특정 분야 | **career enrollment** 직업 등록 | **interlock** 연결 · 결합하다 (link) | **be interlocked with** ~와 연관되다 | **brush up** 다듬다, 연마하다 | **accede** [to] 동의 · 응하다 *cf.* accede to terms [an offer] 조건[제의]에 응하다, accede to the throne 즉위하다 | **keep/close tabs on** ~에 주의 · 감시하다(watch sb/sth carefully, keep an eye on) *Ex.* It's not always possible to keep tabs on everyone's movements. | **shed[throw] light on** ~을 해명하다, 밝히다; ~을 비추다 *Ex.* Recent research has shed light on the causes of the disease.

해설 and, thus[결과] 앞의 내용에 유의해야 한다. 미국의 교육이 특정 직업과 관계가 있다고 했으므로 그 결과로 생기는 교육 프로그램은 취업(→직업 선택)과 관계가 있어야 하겠다. 그리고 be related directly to가 문제 해결의 단서가 된다.

해석 미국에는 교육이 특정 직업 분야와 직접 연관되어야 하며, 따라서 대학 교과과정은 취업과 맞물려져야 하다는 흥미로운 견해가 존재한다.

11 **어구** **ferret out** (비밀 · 범인 등을) 찾아내다, 탐색하다 | **undesirable** 바람직하지 않은, 불쾌한 | **misery** 고통(pain, agony) | **dig for** 탐구 · 연구하다 | **actual cause** 실제 원인 | **scapegoat** (성서) 속죄양, 희생자(victim) | **save thinking** 생각을 덜어주다 | **accent** 강조하다(accentuate) | **make the situation worse** 상황을 더 악화시키다

해설 바람직하지 못한 상황의 원인을 밝히고자 할 때 속죄양(→운이 없는 개인이나 집단)의 탓으로 하기 편하다고 했으므로 빈칸에는 속죄양이 책임을 감수해야 한다는 내용이 와야 자연스럽다.

해석 우리는 어떤 바람직하지 못한 상황의 원인을 밝혀내고자 할 때, 실제 원인을 찾기보다는 그 고통의 이유를 운이 없는 개인이나 집단의 탓으로 돌리는 것이 훨씬 더 일반적이다. 따라서 희생양이란 매우 편리한 존재로, 이는 희생양이 책임을 감수하기 때문이다.

정답 9 ① 10 ① 11 ④

[난이도 ★★]
1 ☐ ☐
2 ☐ ☐
3 ☐ ☐

12 Every writer has, inevitably a limited creative range. The reader should always take note of the scope of this range. Nor should he blame the writer for remaining within it. _________ , he should realize that only as far as he does so is he a successful artist.

① As a consequence
② In addition
③ What is more
④ On the contrary
⑤ By the way

[난이도 ★]
1 ☐ ☐
2 ☐ ☐
3 ☐ ☐

13 Because the lawyer's _________ was considered so good, his _________ were always respected.

① judgement – decisions
② intuition – whims
③ clientele – actions
④ knowledge – antiquities

[난이도 ★★★]
1 ☐ ☐
2 ☐ ☐
3 ☐ ☐

[14-15]

Even the social scientist who is occupied with the study of what are called institutions must draw his ultimate data from the experience of the senses. Suppose, __(1)__ that he is engaged on a study of the role of trade unions in contemporary England. The abstract conception "trade union" is simply a shorthand for certain types of behavior by certain people, __(2)__ which we can only be aware __(3)__ sensory perception.

14 (1)에 들어갈 가장 적합한 말은?

① in spite of
② as a result
③ in addition
④ for instance

15 (2)-(3)에 들어갈 말이 모두 맞는 것은?

① by - of
② of - by
③ in - of
④ for - through

12 **어구** **inevitably** 불가피하게, 필연적으로 | **take note of** ~을 주목하다 | **blame** *v.* (누구를) 나무라다, 비난하다[for] *n.* 비난, 나무람, 책임, 죄 | **as far as** [한계] ~하는 한(in so far as) | **as a consequence (of)** ~의 결과로서, ~ 때문에(in consequence (of)) | **in addition** 게다가 | **what is more** 게다가 또, 그 외에(moreover) | **on the contrary** 이에 반하여, 그러하기는커녕 | **by the way** 1. 도중에 2. 말이 나온 김에 3. 그런데

해설 빈칸 이하 문장과 그 앞문장의 내용을 잘 연결해 본다. 특히 최종문의 does so 부분은 앞문장의 remaining within it을 받고 있는 데에서 hint를 얻으면 된다.

해석 모든 작가에게는 불가피하게 한정된 창조적 범위가 있다. 독자는 항상 이러한 범위의 한계를 주목해야 한다. 또한, 그는 작가가 그 범위 안에 머무는 것을 이유로 작가를 비난해서는 안 된다. 그와는 반대로 그가 그렇게 하는 한에 있어서만, 성공적인 예술가가 된다는 점을 깨달아야 한다.

13 **어구** **decision** 결정, 판결 *cf.* verdict (배심원) 평결, (일반적) 판단, 판정 return a verdict of ~의 평결을 내려 답신하다 | **adjudication** (법률) 판결, 심판 | **intuition** 직관(feeling, inspiration) | **whim** 변덕(caprice, levity) *cf.* whimsical 마음이 잘 변하는, 변덕스런 | **clientele** 소송 의뢰인, 단골손님 | **antiquity** 오래됨, 낡음; 고대 (*pl.*) 고대(옛) 생활(문화)의 소산, 고대의 풍습 · 제도

해설 because절과 주절은 인과관계로 변호사의 판단이 믿을 만하기 때문에 판단에 의한 결정도 존경받았다는 것이 자연스럽다.

해석 그 변호사의 판단은 너무 훌륭한 것으로 생각되어져 그의 결정은 언제나 존중되어졌다.

14-5 **어구** **institution** 제도, 공공단체 | **ultimate** 궁극적인 | **trade union** 노동조합 | **contemporary** 동시대의, 현대의 | **abstract** 추상적인 | **shorthand** 속기, 속기술 | **sensory** 감각의 | **perception** 지각, 직감, 통찰, 이해

해설 14. 문장 전후간의 관계를 따져보아야 한다 첫 문장은 작자가 전달하고 자 하는 내용, 즉 주장하고자 하는 내용이고, 두 번째 문장은 그 주장하는 내용을 뒷받침하기 위한 예가 되어야 문장 간의 흐름이 자연스럽다.

15. 두 번째 빈칸에는 be aware와 연결되는 전치사가 들어가야 한다. 왜냐하면 관계대명사 which가 be aware _____ 의 목적어가 되기 때문이다. 세 번째 빈칸에는 '감각의, 인지에 의해서' 라는 내용이 되어야 하므로 by(~에 의해서)가 들어가야 한다.

해석 소위 제도를 연구하는데 몰두하는 사회과학자라 해도 그의 궁극적인 자료는 감각의 경험에서 이끌어내야 한다. 예를 들어 그가 현대 영국에서 노동조합의 역할에 대한 연구를 한다고 가정해보자. "노동조합"이라는 추상적인 개념은, 우리가 감각의 인지를 통해서 알 수 밖에 없는 어떤 사람들의 어떤 유형의 행동들에 대한 속기에 지나지 않는다.

Notes

▶ **what**의 관용표현
what one is 인품, 성격
what one has 재산, 가지고 있는 것
what one does 행실
what is better 더욱 좋은 것은
what is worse 설상가상으로
A is to B what(as) C is to D A와 B의 관계는 C와 D의 관계와 같다
what with A and (what with) B A때문이기도 하고 B때문이기도 하다
what by A and (what by) B A도 하고 B도 해서

정답 **12** ④ **13** ① **14** ④ **15** ②

[난이도 ★★]
1 □ □
2 □ □
3 □ □

16 _________ he had not the most dignified aspect in the world, but the spectators gazed at him as if there were something superhuman and divine in his person. They even shaded their eyes with their hands, as if they were dazzled by the glory of his countenance.

① Because　　② Now that
③ In that　　④ Although
⑤ However

[난이도 ★★★]
1 □ □
2 □ □
3 □ □

17 Parrots and mynah birds are famous for their ability to reproduce human speech. Mynah birds can imitate human vowel sounds better than parrots, but parrots can remember a larger vocabulary. The record is 100 words. The parrot, with its vivid green and red feathers, is more brightly colored than the black mynah bird. Many parrots learn to associate particular words with specific actions. They may say "good bye" when someone leaves the room or "hello" when the telephone rings. It is difficult, however, to show that such words have a real meaning for the parrot. __________.

① The parrot has a very complicated means of delivering meaning
② They do not serve among parrots for communication
③ Words cannot be linked to expression of one's ideas
④ Human action has something to do with a message
⑤ Mynah birds can understand what parrots utter

Notes

16 **어구** **dignified** 고귀한, 당당한, 엄숙한, 위엄있는 | **as if** 마치 ~인 것처럼 | **superhuman** 초인적인 | **divine** 신성한, 신적인 | **dazzle** 눈부시게 하다 | **countenance** 용모, 안색, 찬동, 동의, 후원 | **now that** 이제~ 했으므로 [Now that S+V, S+V. "이제 S+V했으므로 S+V하자"] *Ex.* Now (that) I have finished school, I must live independently of my parents. 졸업을 한 이상 부모님에게 폐를 끼쳐서는 안 되겠다. | **in that** ~이라는 점에서, ~이므로 (since, because) *Ex.* The conclusion is wrong in that it is based on false premises. 잘못된 전제에 근거하고 있다는 점에서 그 결론은 틀렸다.

해설 첫 문장에서 컴마(comma), but 전후가 서로 대조적인 내용으로 이루어져 있고, 양보구문은 즉 대조구문을 이루기 때문에 Although가 적절한 것이 된다. 참고로 하나 주의할 것이 있다. 원래 한 문장 내에서 등위접속사(but), 종속접속사가 동시에 사용될 수 없는 것이 원칙이다. 그런데 이 문장에서처럼 대조되는 내용임을 강조하기 위하여 이들을 동시에 사용하는 경우도 허다하다는 점이다.

해석 비록 그가 가장 고귀한 측면을 전혀 지니고 있지는 않았음에도 불구하고, 관중들은 그에게 초인적이고도 신성한 어떤 것이 있는 것처럼 그를 바라보았다. 그들은 마치 자신들이 그의 얼굴의 영광에 의해서 눈이 부시기라도 하듯이 심지어 손으로 눈을 가리기조차 했다.

17 **어구** **parrot** 앵무새 | **mynah bird** 구관조 | **reproduce** 재생하다(re-create), 복사하다(copy), 낳다(give birth to) | **vowel sound** 모음 | **vivid** 힘찬, 선명한; 생기가 넘치는 *cf.* vital 생명의; 매우 중대한; 활기찬 | **feather** 깃털 | **associate A with B** A와 B를 연관시키다 | **complicated** 복잡한, 정교한(complex, intricate) | **deliver meaning** 의미를 전달하다 | **serve** 도움이 되다 | **utter** 입 밖에 내다, 발언하다.

해설 앵무새들에게 단어들이 어떤 의미를 갖고 있지 못하다는 내용은 결국 단어들의 의미에 대해서 이해할 수 없다는 내용이나 마찬가지이다. 따라서 단어들의 '이해'의 요소가 많이 반영되는 대화의 수단은 못 되는 것이다.

해석 앵무새와 구관조는 인간의 말을 똑같이 따라하는 능력으로 유명하다. 구관조가 앵무새보다 인간의 모음을 더 잘 흉내낼 수 있지만, 앵무새가 더 많은 어휘를 기억할 수 있다. 그 최고 기록은 100단어에 이른다. 선명한 적녹색 깃털을 가진 앵무새는 검정색 구관조보다 더 밝은 색을 띠고 있다. 많은 앵무새들이 특정 단어를 특정 행동과 연결하는 법을 습득한다. 앵무새는 누군가가 방을 나가면 "안녕히 가세요"라고, 전화벨이 울리면 "여보세요"라고 말할지도 모른다. 하지만 그러한 단어들이 앵무새에게 실제 의미를 갖는지 입증하기란 어렵다. 그 단어들이 앵무새들 간에는 의사소통의 구실을 하지 않을 것이다.

<hr>

▶ 부정문 + in the world
'he had not the most dignified aspect in the world' 부분에서 **in the world**는 부정문과 결합하여 부정문을 강조하는 기능을 수행하게 된다. 부정문에서 「결코 ~이 아니다(~하지 않는다)」라는 의미를 가지게 된다. 그리고 때로는 의문문에 사용되어 「도대체」라고 번역되는 바, **on earth**와 같은 의미를 가져서 의문문을 강조하는 기능도 수행하게 된다.
Ex. It has passed through his mind that there **was no** one **in the world** who cared what sort of memory he left behind him. 자신이 죽은 후, 자신이 어떤 종류의 기억을 남기게 될 것인지에 대해서 관심을 갖는 사람이 전혀 없을 것이라는 생각이 들었다.
How **on earth** do we raise half a million dollars in a week? 일주일 안에 도대체 어떻게 5천만 달러를 모금할 수 있단 말이오?

정답 **16** ④ **17** ②

18 Wildlife officials would introduce five bears to the Bitterrot Mountains each year for five consecutive years, starting in 2002. They anticipate that the grizzly population, with its slow reproductive cycle, would take more than 100 years to reach the projected goal of about 300 bears. Therefore, Wildlife officials have a plan ______________.

① to live with five bears in the Bitterrot Mountains

② to observe the grizzlies' behavior in a wild state

③ to set bears free to increase their population

④ to reproduce bears in an extremely controlled situation

19 Henry was ________ about the ________ of his family heirlooms and personal mementos in the fire.

① depressed – meaning

② noncommittal – eradication

③ mournful – insurance

④ distraught – destruction

20 I think that having learned our letters we should read the best that is in literature. However, even the college-bred and so-called liberally educated men here and elsewhere have really little or no acquaintance with the recorded wisdom of mankind, ___________.

① the best-sellers   ② the novel films

③ the TV documentaries   ④ the soap opera

⑤ the ancient classics

[난이도 ★]
1 ☐ ☐
2 ☐ ☐
3 ☐ ☐

[난이도 ★]
1 ☐ ☐
2 ☐ ☐
3 ☐ ☐

[난이도 ★★]
1 ☐ ☐
2 ☐ ☐
3 ☐ ☐

18 **어구** **consecutive** 연속적인, 잇따른 | **anticipate** 예상하다; 기대하다(look forward to; expect) [파] anticipation 예상, 기대 | **grizzly** 회색의, 회색을 띤 | **reproductive** 생식의, 재생의 | **wild state** 야생상태 | **population** 개체 수 | **set ~ free** ~을 풀어주다 | **reproduce** 재생시키다, 번식시키다

해설 곰을 풀어놓아서 번식을 늘리는 것은 projected goal이 아니므로 매우 통제된 상황에서 곰을 번식시키려는 계획을 해야 한다.

해석 야생동물 관리는 2002년부터 시작하여 5년간 연속하여 매년 Bitterrot산에 다섯 마리의 곰을 풀어놓을 것이다. 그들은 느린 번식 주기를 갖고 있는 회색 곰의 개체 수가 대략 300마리의 계획된 목표에 도달하는 데 100년 이상이 걸릴 것으로 예상하고 있다. 따라서 야생동물 관리가 극도로 통제된 상황에서 곰을 번식시킬 계획을 가지고 있다.

19 **어구** **heirloom** 가보(家寶) | **memento** 기념물, 유품, 추억 | **depressed** 내리눌린, 낮아진, (노면 따위) 패인, 우울한, 풀이 죽은 | **noncommittal** 언질을 주지 않는, 애매한 | **eradication** 근절, 박멸, 소거 [파] eradicate *v.* 뿌리째 뽑다(root up); 근절하다(root out), 박멸하다 | **mournful** 슬픔에 잠긴, 애도하는 | **insurance** 보험, 보험금, 대비 | **distraught** 미친(frantic), 정신이 혼란한 [관] distracted *a.* 괴로운, 마음이 산란한; 미친(듯한)

해설 이 문제를 풀기 위해서는 화재(fire)라는 단어를 통해 화재가 나서 어떤 상태에 빠져 있을까를 유추해서 답에 접근하자.

해석 헨리는 화재로 가보와 개인적인 기념품들을 잃어버린 것 때문에 제 정신이 아니었다.

20 **어구** **letters** 문학, 글 | **college-bred** 대학 교육을 받은 | **so-called** 소위, 이른바 | **liberally educated** 교양 과목을 공부한 | **have acquaintance with** ~에 대해 정통하다, 알다 | **novel** 새로운 | **documentary** 기록물, 기록 영화 | **soap opera** (연속) 드라마 | **ancient classics** 오래된 고전작품

해설 첫 문장에서 작가가 주장하는 내용은 '최고의 문학작품의 독서' 이다. 두 번째 문장에서 'however' 라는 '역접-대조' 라는 접속부사에 의해서 반대 내용인 '고전작품을 잘 알지 못한다' 는 내용이 옳다.

해석 나는 우리가 문학을 배웠기 때문에 최고의 문학 작품을 읽어야 한다고 생각한다. 그러나 어느 곳에서나 대학 교육을 받았거나 소위 교양 교육을 받은 이들조차도 실상 기록으로 남겨진 인류의 지혜인 오랜 고전들을 거의 알지 못하거나 전혀 모르고 있다.

정답 18 ④ 19 ④ 20 ⑤

1 The department store has developed rapid order processing to _______ deliveries to customers.

① expedite　　② degrade
③ submerge　　④ fluctuate

2 Medical facilities in some areas of the world today are very _________. People are dying of diseases that are easily treatable with modern medicine.

① pathetic　　② developed
③ explicit　　④ immoral

3 Since language is a form ________, we react to a language's pattern as we would react to any of his action.

① of spoken words
② of community class
③ of different dialects
④ of speech community
⑤ of social behavior

1 **어구** **store** 저장하다(accumulate, garner, save, reserve, collect) | **develop** ~을 발달(발전)시키다; (자원·토지를) 개발하다 | **order** 순서, 차례; 질서; 주문 | **delivery** (편지·물건 등의) 배달; 인도, 교부; 구조, 해방; (아기의) 분만 | **expedite** ~을 진척시키다, 촉진시키다; 신속히 처리하다 | **degrade** ~의 지위를 낮추다, 좌천시키다, 면직하다; 품위를 떨어뜨리다 | **submerge** ~을 물에 잠그다; 물속에 넣다 | **fluctuate** (의견·감정이) 흔들리다; (양·시세가) 변동하다

해설 이 문제를 풀기 위해서는 뒤에 부정사의 목적을 통해 이유를 추론해야 한다. 앞에서 '빠른 주문 처리 공정'과 호응할 수 있는 단어가 쓰여야 하므로 'expedite(배달을 신속히 처리하다)'가 적절하다.

해석 그 백화점은 고객들에게 물건 배달을 신속히 처리하기 위해 빠른 주문 처리 공정을 개발하고 있다.

2 **어구** **medical facilities** 의료시설 *cf.* health care 의료서비스 | **die of** ~으로 죽다 | **treatable** (병이) 치료가 가능한 | **modern medicine** 현대 의학 | **pathetic** 애처로운, 구슬픈(miserable), 극히 적은, 아주 불충분한(inadequate) *Ex.* a pathetic sight(story) 슬픈 광경(이야기), a pathetic return on our investment 투자에 비해 형편없이 적은 이익 | **developed** (국가 등이) 고도로 발전한, 공업화한, (경제·공업 기술 등이) 진보된, 선진의 *Ex.* developed countries 선진국 | **explicit** 명백한, 노골적인 | **immoral** 부도덕한

해설 부연 설명을 보면 치료 받을 수 있는 질병으로부터 죽어가는 것은 의료서비스를 받지 못해서 죽어가는 것이므로 빈칸에는 pathetic(아주 불충분한)이 적절하다.

해석 오늘날 지구의 몇몇 지역에서는 의료시설이 매우 불충분하다. 사람들은 현대 의학으로 쉽사리 치료될 수 있는 질병으로 죽어가고 있다.

3 **어구** **since** 1. ~이기 때문에 2. ~한 이래로 | **react to** ~에 반응을 하다(answer, respond to), 상호 작용하다(interact with) *cf.* react against ~에 반대하다 | **spoken words** 구어 | **community class** 지역사회 계급 | **different dialects** 상이한 방언(지방사투리) *Ex.* He talked with the villagers in their dialect. | **speech community** 언어 공동체 | **social behavior** 사회적 행동

해설 이 문제를 푸는 방법은 since라는 이유를 나타내는 접속사가 순접 인과 관계를 의미한다는 것에서 착안해야 한다. 주절의 내용은 언어의 양식과 인간의 행동에 반응한다고 했으므로 언어는 사회적 행동의 한 형태라고 볼 수 있다.

해석 언어는 사회적 행동의 한 형태이기 때문에 우리는 어떠한 사람의 행동에 대하여 반응을 일으키듯이 언어 양식에 대해 반응을 일으킨다.

정답 1 ① 2 ① 3 ⑤

[난이도 ★]

1 ☐ ☐
2 ☐ ☐
3 ☐ ☐

4 The success of your stay is assured by our exceptional meeting facilities and __________ accommodations.

① observant　　　② sympathetic

③ luxurious　　　④ affectionate

[난이도 ★★★]

1 ☐ ☐
2 ☐ ☐
3 ☐ ☐

5 It would be difficult for one so ____________ to be led to believe that all men are equal and that we must disregard race, color, and creed.

① emotional　　　② intolerant

③ democratic　　　④ broadminded

[난이도 ★★★]

1 ☐ ☐
2 ☐ ☐
3 ☐ ☐

6 Like a person raking dead leaves from a new lawn, we must be careful that in removing the old and unwanted, we do not __________ the new.

① destroy　　　② bury

③ undermine　　　④ drown out

Notes

4 **어구** **stay** 머무름, 체류 | **assure** 보증하다 | **exceptional** 보통(정상)이 아닌; 빼어난; 특별한 *cf.* except ~을 제외하고 | **meeting facilities** 회의용 시설물들 | **accommodations** 숙박 시설; 적응; 화해 [파] accommodate v. 편의를 제공하다; 수용하다; 조정(화해)시키다 | **observant** 관찰력이 예리한; 준수하는(of) | **sympathetic** 동정적인; 인정 있는; 마음이 맞는 | **luxurious** 호화로운, 고급스러운 | **affectionate** 애정 깊은; 다정한

해설 and 순접 연결사 앞에 쓰이는 어구(our exceptional meeting facilities)에 유사한 어구를 빈칸에 채워 넣으면 된다.

해석 저희는 남달리 빼어난 회의용 시설과 고급스러운 숙박시설을 자랑하고 있기 때문에 고객 여러분이 이곳에 체류하시면서 만족하실 것이라는 점은 장담할 수 있습니다.

5 **어구** **equal** 동일한, 평등한 | **disregard** 무시하다, 경시하다 | **race** 인종, 민족 | **creed** 신조, 신념, 주의 | **emotional** 감정적인 [파] emotion 감정, 정서; 감동(≠reason 이성) | **intolerant** 참을 수 없는, 편협한, 옹졸한(narrow-minded) | **broadminded** 마음이 넓은, 관대한(broadminded, tolerant, open-minded, unbiased, patient, catholic)

해설 이 문장의 경우 'it is+형용사+for+명사+to R' 구문이다. 여기에서 so 뒤 형용사가 앞에 있는 사람(one)을 수식하므로 "~하기에(to R) 어려운 사람"이라고 해석이 된다. 모든 인간은 평등하고 인종과 얼굴색, 신조(신념)에 의해 사람을 보지 말 것을 믿으라고 했을 때 그렇게 하기 어렵다면 어떤 사람일까? 라고 생각해 본 후에 빈칸에 하나씩 단어를 넣어본다. [보기] ②와④는 반의어이고 [보기]③,④는 difficult와는 어울리지 않는다.

해석 매우 편협한 사람에게 모든 사람은 평등하며 인종, 피부색, 신념을 무시해야 한다는 것을 믿도록 이끄는 일은 어려울 것이다.

6 **어구** **like** [전치사] ~처럼 | **rake** 1. (바닥에 낙엽 등을) 갈퀴로 긁다, 긁어내다 2. ~을 찾아다니다, 샅샅이 뒤지다(search through, ransack) 3. ~을 할퀴다(scratch) 4. ~을 훑어보다 (skim) | **dead leaves** 낙엽 | **unwanted** 한가한, 불필요한, 쓸모없는 | **destroy** (공격이나 피해를 가해) 완전히 파괴하다, 부수다 | **bury** 묻다, 매장하다 | **undermine** ~의 밑을 파다, ~의 근본을 침식하다(to make sth weaker at the base); (명성을) 손상시키다 | **drown out** (홍수가 사람을) 떠내려 보내다, 몰아내다

해설 오답을 답으로 할 가능성이 높은 문제이다. rake는 "표면에 있는 낙엽을 갈퀴로 긁다, 긁어내다"의 의미로 새로운 잔디에서 낙엽을 긁어모을 때 새로운 잔디에 손상을 입혀서는 안 된다는 것을 알 수 있다. 뒤의 내용도 비교-순접 관계로 보아 빈칸에는 undermine(~의 밑을 파다, ~의 토대를 침식하다)이 적절하다. [보기]①에 destroy는 "(공격이나 피해를 주어서) 완전히 없애다"의 의미로 사용되는데 앞문장에 remove를 보고 "오래된 것(the old)을 제거할 때 새로운 것(the new)은 없애면 안 된다"고 생각해서 destroy로 답을 해서는 안 된다.

해석 새로운 잔디로부터 낙엽을 긁어모으는 사람처럼 우리는 다음과 같은 사실에 주의해야 한다. 즉, 옛 것, 그리고 쓸모 없는 것들을 제거하는 데 있어 우리는 새로운 것의 근본을 침식해서는 안 된다.

정답 4 ③ 5 ② 6 ③

▶ 유사한 표현 (explanation)으로 문제 접근 : and 전후에 쓰이는 표현은 유사한 내용(synonym)이라야 한다.
Ex. The diaries of the early farmers told of hardships, calamities and adversities that made their lives miserable. 초기 농부들의 일기에는 그들의 삶을 비참하게 하는 고난, 재난, 역경을 보여주었다.
→ 문장에서 and 전후에 hardships, calamities and adversities는 어렵고 힘든 상황을 나타내 주는 유사어(synonym)들이다

▶ **lead** 목적어 **to R** : ~가 ~하도록 유도하다(권하다) – be led to R (수동태)

[난이도 ★★]

1 □□
2 □□
3 □□

7 The purpose of environmental water retention areas is to __________ the permeation of water into the soil in order to reduce harmful chemicals reaching the ground water and waterways.

① slow down　　　　② inject

③ stand up for　　　④ evaporate

[난이도 ★★]

1 □□
2 □□
3 □□

8 She says that she has the ability to see the future in advance. She ________ that I would enter the university that I wanted to go to. I'm student of that university now.

① predicted　　　　② postponed

③ persuaded　　　　④ pretended

[난이도 ★]

1 □□
2 □□
3 □□

9 A : Finding a stranger on our doorstep startled me, but the _________ expression on his face told me not to worry.

B : In his usual _________ manner, my neighbor carefully picked up the ant in his kitchen, brought it outside, and gently put it down on the sidewalk.

① benign　　　　　② arrogant

③ lucrative　　　　④ mandatory

7 **어구** **retention** *n.* 보류, 유보 [파] retain *v.* 보류하다, 억제하다(hold back) | **permeation** 투과, 스며듦(infiltration) | **inject** *v.* 주입시키다, 주사하다, 삽입하다 [파] injection *n.* 주사, 주입 | **stand up for** 지지하다(support, prop up) | **evaporate** 증발시키다

해설 지하수와 지하수로에 화학물질이 도달하는 것을 막기 위해서 permeation of water into the soil(토양 속으로의 물의 침투)을 어떻게 해야 할지를 유추해 본다면 slow down(느리게 하다)이 적절하다.

해석 환경적인 물 보유 지역의 목적은 해로운 화학물질들이 지하수와 지하수로로 가는 것을 줄이기 위하여 토양 속으로의 물의 침투를 느리게 하는 것이다.

8 **어구** **in advance** 앞에, 미리 | **postpone** 연기하다(delay, put off, delay), 뒤로 미루다 | **persuade** 설득하다(sway) | **pretend** ~인 체하다 | **predict** 예언하다(prophesy), 예보하다

해설 이 문제의 단서는 in advance(사전에)로 앞으로 일어날 일에 대해서 미리 알고 있다는 의미로 predict가 적절하다.

해석 그녀는 미래를 미리 볼 수 있는 능력이 있다고 말한다. 그녀는 내가 가고 싶은 대학에 들어갈 것이라고 예언했다. 나는 지금 그 대학의 학생이다.

9 **어구** **startle** 깜짝 놀라게 하다 | **pick up** 1. 줍다, 집어 올리다(들다) 2. 되찾다, 회복하다 3. 마중 나가다 | **arrogant** 거만한, 건방진 | **lucrative** 유리한, 수지가 맞는 | **mandatory** *a.* 명령의, 강제적인(obligatory, compulsory, incumbent, imperative) *cf.* mandate *n.* 명령

해설 'Finding a stranger ~, but~'의 but은 낯선 사람에 대한 반대적인 느낌을 주는 표현이 이어짐을 말해주는 것이다. 즉 '~told me not to worry'는 걱정하지 말라는 것이므로 긍정적 의미가 주어를 수식하게 됨을 알 수 있으므로 benign(자비로운, 친절한)이 답임을 알 수 있다.

해석 A: 현관 계단에서 낯선 사람을 보고 놀랐어요. 그러나 얼굴에 나타난 온화한 표정이 날보고 걱정하지 말라고 알려주더군요.
B: 대개 그렇듯 온화하게, 내 이웃인 그 사람은 부엌에 있던 개미를 집어 들어서, 밖으로 가져가선 가만히 길에 내려놓더군요.

정답 7 ① 8 ① 9 ①

[난이도 ★★]

1 ☐ ☐
2 ☐ ☐
3 ☐ ☐

10 Environment is the factor that ultimately determines which species will survive. Adaptation to environment is the basic requirement of life. The creature that fails in this, though it remains true to the ways of its own kind, is bound to __________.

① require
② perish
③ reproduce
④ adapt
⑤ live

[난이도 ★★]

1 ☐ ☐
2 ☐ ☐
3 ☐ ☐

11 As we grow older, we learn to accept philosophically the trials and hardships of life. We learn wisdom from our errors. Sometimes it is only by ________ mistakes that we can really know how to live correctly.

① preventing
② forestalling
③ making
④ predicting
⑤ prognosticating

[난이도 ★★]

1 ☐ ☐
2 ☐ ☐
3 ☐ ☐

12 Futurology is a dangerous game, but it does not seem ______ to dream of the 21st century as the 'Pacific century' – just as the 19th century was the age of Europe and the 20th century was the age of the Superpowers.

① plausible
② unreasonable
③ promising
④ likely

Notes

10 **어구** **ultimately** 결국, 마침내 | **species** 종(류) | **adaptation** 적응(acculturation) | **remain true** 여전히 충실하다 | **be bound to R** 반드시 ~하게 되어 있는 *Ex.* a plan bound to succeed 틀림없이 성공할 계획 | **perish** 멸망·소멸하다(expire, pass away) | **reproduce** 번식(생식)하다; 재생하다 [파] reproduction *n.* 생식, 번식; 재생 | **adapt** 적응·순응시키다

해설 '환경에 적응하지 못하면 어떤 종도 살아남을 수가 없다' 라는 앞문장의 내용으로 단서가 되는 survive와 반의적인 관계의 단어가 빈칸에 와야 하므로 perish가 적절하다.

해석 환경이란 결국 어느 종이 살아남을 것인가를 결정해주는 요인이다. 환경에의 적응은 삶의 기본적인 요건이다. 이에 적응을 하지 못하는 생물은 비록 자신이 속한 종의 (생존) 방식에 여전히 충실하다 할지라도 멸망할 수밖에 없을 것이다.

11 **어구** **grow old** 나이를 먹다 | **philosophically** 철학적으로 | **trial** 시련, 시험, 시도 | **hardship** 고난, 고초, 곤경(suffering) | **forestall** 앞지르다, 선수 치다, 기선을 잡다 | **predict** 예측하다(foretell), 예상하다 | **prognosticate** 예측하다, 미리 알리다

해설 이 글은 진술–부연형(Statement-Support) 전개 방식을 이루고 있다. 따라서 앞에서 진술된 표현이 마지막 문장의 내용과 일치해야 한다. 다만 마지막 문장의 구조를 잘 이해해야 한다. 마지막 문장은 부사구(by -ing)를 강조하고 있는 it is ~ that ~강조구문이다.

해석 우리가 나이를 먹어감에 따라서 인생의 시련과 고난을 철학적으로 받아들이는 것을 배우게 된다. 우리는 우리 자신의 실수로부터 지혜를 배운다. 때로 우리가 바르게 사는 법을 진실로 알 수 있게 되는 것은 우리가 실수를 범한다는 이유 때문만인 것이다.

12 **어구** **futurology** 미래학 | **superpower** 강대국 | **plausible** 그럴듯한, 정말 같은 (trustworthy) | **unreasonable** 비합리적인; 이치에 맞지 않는, 이성을 좇지 않는

해설 역접 연결 장치 but은 앞 뒤 문장이 대조되므로 but 다음에는 대조된 내용이 와야 한다. but 앞에서는 '위험하다' 고 했으므로 위험하지 않다. 즉, '근거 없는 것은 아니다' 라는 뜻이 와야 한다. 참고로 not seem에서 부정어 not과 unreasonable(이치에 맞지 않는)이 상쇄되어 긍정이 된다.

해석 미래학은 위험한 게임이다. 그러나 19세기를 유럽의 시대로, 20세기를 강대국의 시대로 보는 것처럼 21세기가 태평양 시대가 될 것이라고 보는 것이 전혀 비합리적인 것 같지는 않다.

▶ 첫째 줄에 which는 의문형 용사로 뒤에 명사 species를 꾸며주며 타동사 determine의 목적절을 이끈다.

▶ (두 번) 강조구문
위의 마지막 문장은 강조구문인데 초점부사(only, merely, just, simply 등)를 이용하여 다시 한번 강조했다. *Ex.* Perhaps it is only in childhood that books have any deep influence on our lives. 책이 우리의 삶에 어떻게든 깊은 영향을 미치는 것은 단지 어린 시절뿐이다.

▶ 유의어 **seem, appear, look**
seem은 보통 말하는 사람의 주관적인 판단을 나타낸다.
appear는 외관이 그와 같이 보인다는 것을 뜻하는데 「실제는 그렇지 않을지도 모른다」는 뜻이 함축되어 있는 경우도 있다.
look은 **appear**와 마찬가지로 외면적인 것을 나타내는데 「실제로도 그렇다」는 뜻이 담겨 있는 경우가 많다
He seems glad to see us. 그는 우리들을 만나 기뻐하는 것 같다.
The house appears to be deserted. 그 집은 빈집인 것 같다.
She looked very much frightened. 그녀는 몹시 겁을 먹은 것같이 보였다.
promising 가능성이 있는

정답 **10** ② **11** ③ **12** ②

13 Astronomers have finally pierced the veil that has surrounded the ninth planet since it was first sighted 60 years ago. They find a frigid, rocky world with bright polar caps, a surface of frozen methane. Yet many questions will _______ as long as Pluto continues to be the only planet not visited by a scientific spacecraft.

① be solved　　　　② become complicated
③ remain unanswered　　④ be raised

14 For many years, alligator skin was popular in the United States for making fashionable leather shoes and purses. From 1870 to 1965 at least ten million alligators were killed in the United States for leather. Then, in 1967, the government made laws against hunting alligators. After that the alligator population began to grow again. Now there are __________.

① more alligators than there were in 1967
② more alligators hunters than in 1870
③ still more alligators killed in America
④ fewer alligators than they expected

15 It must seem odd to the duck and deer populations that Americans have paid more than $255 million this summer for the experience of being prey. In Jurassic Park we had the supreme thrill of being hunted for food by creatures far larger, faster, and better armed than we are. With the raptors closing in, we saw how __________ this human body is. Take away our guns and high-voltage fences and we are tasty mounds of unwrapped meat.

① vulnerable　　　　② magnanimous
③ agile　　　　　　④ superior
⑤ experienced

13 어구 astronomer 천문학자 | pierce 찌르다, 꿰뚫어보다 | frigid 혹한의, 냉담한 | rocky 바위가 많은 | polar 자극의, 극성을 갖는 | frozed 언, 얼음이 깔린 | methane 메탄 | spacecraft 우주선 | solve (문제·수수께끼 따위를) 풀다, 설명하다, (곤란 따위를) 해결하다 | complicated 복잡한, 까다로운 | unanswered 대답 없는; 반박되지 않은

해설 앞의 두 문장과 그 다음 문장은 역접을 나타내는 yet으로 연결되어 있다. 앞의 내용은 명왕성에 대해 새로운 사실들이 발견되었다는 것이므로 뒤에는 이런 사실과 대조되는 내용이 와야 한다.

해석 60년 전에 처음으로 아홉 번째 행성이 관측된 이래 천문학자들이 마침내 그 행성을 둘러싸고 있던 베일을 꿰뚫어 보게 되었다. 그들은 밝은 자극성 꼭대기와 냉각된 메탄 표면으로 이루어진 아주 차가운 바위투성이의 세계를 발견해냈다. 그러나 명왕성이 여전히 과학 우주선이 갈 수 없는 유일한 행성으로 남아있는 한, 많은 의문들이 풀리지 않은 채로 있을 것이다.

14 어구 popular 민중의, 대중적인, 인기 있는, 유행의 | alligator 악어, 악어가죽 | popular 민중의, 서민의, 대중적인 | fashionable 유행의, 사교계의, 상류의 | purse 지갑 | at least 적어도 | leather 가죽 | make laws against ~에 반대하여 법을 제정하다

해설 미국에서 더 많은 악어들이 죽어가므로 악어 사냥 금지법을 제정한 이후 악어 수가 늘어났으므로 지금은 1967년보다 더 많은 악어가 있다.

해석 수년 동안 악어가죽은 미국 내에서 유행하는 가죽 구두와 지갑을 제조하기 위해 유행했었다. 1870년에서 1965년까지 적어도 천만 마리의 악어들이 미국에서 가죽을 위해 죽었다. 다음에 1967년에 정부에서는 악어 사냥을 금지하는 법을 제정했다. 그 후로 악어 개체 수는 다시 증가하기 시작했다. 지금은 1967년보다 더 많은 악어가 있다.

15 어구 odd 이상한, 기묘한(queer, quaint, strange) | population 개체군, 집단 | prey 먹이, 희생물 | supreme 최고의 | better armed 보다 잘 무장한 | raptor 육식 공룡 | close in 다가오다 | take away 치우다 | high-voltagefence 고압 담장 | tasly 맛좋은 | mound 작은 언덕, 무더기, 더미 | unwrapped meat 비포장 육 | vulnerable 상처·공격 받기 쉬운, 취약한 | magnanimous 관대한 | agile 기민한, 민첩한 | experienced 노련한, 경험 많은 *cf.* verdant 푸릇푸릇한, 순진한

해설 마지막 문장에서 인간의 몸은 (공룡에게) 맛있는 비포장된 고기덩어리라고 했으므로, 인간은 나약한 존재라는 내용이 옳다.

해석 미국인들이 올 여름 먹이가 되는 경험을 하는 데 2억 5천 5백만 달러 이상을 지불했다는 사실은 오리나 사슴에게는 분명 괴이하게 보일 것이다. 영화 '쥬라기 공원'에서 우리는 우리보다 훨씬 크고, 빠르며, 무장이 더 잘된 동물들에 의해 먹잇감으로 사냥되는 최고의 전율을 맛봤다. 육식 공룡들이 접근해 올 때, 우리는 우리의 육신이 얼마나 나약한지를 보았다. 총과 고전압 담장마저 없다면 우리 인간은 맛 좋은 비포장된 고기덩어리일 뿐이다.

정답 13 ③ 14 ① 15 ①

Notes

▶ **as long as** ~하는 한, ~하는 동안
cf. **as soon as** ~하자마자
 I will never forget you **as long as** I exist. 내가 존재하고 있는 동안은 널 잊지 않겠다.
 As soon as he met me, he talked fast. 그는 나를 만나자마자 빠르게 말했다.

[난이도 ★★★]
1 ☐ ☐
2 ☐ ☐
3 ☐ ☐

16 What, then, is amnesia? If you say only that it is ______ memory, you include in the group of amnesics any man who forgets his wife's birthday or goes off to the office without his wristwatch. Actually, amnesia is something a bit more sinister. It is loss of memory, to be sure, but it is of the sort brought on by injury, overwork, worry or a nasty blow on the ______.

① a powerful – heart
② a prodigious – mind
③ a short – nerves
④ loss of – head

[난이도 ★★]
1 ☐ ☐
2 ☐ ☐
3 ☐ ☐

17 Little did the English people owe him for his services, and heavily did they pay for his adventures. He was in England only twice for a few short months in his ten years reign; ______________ his memory has always stirred English hearts, and seems to present throughout the centuries the pattern of fighting man.

① therefore
② hence
③ yet
④ furthermore
⑤ indeed

16 **어구** **amnesia** 기억상실, 건망증 | **amnesic** 건망증 환자 | **sinister** 불길한, 해로운 | **nasty** 더러운, 곤란한, 심한 | **prodigious** 거대한, 막대한(vast, enormous), 이상한, 놀라운

해설 우선 첫 번째 빈칸에 들어갈 수 있는 말을 고를 때, amnesia(기억상실)의 뜻을 이미 알고 있었던 경우라면 ①과 ②는 쉽게 제외시킬 수 있다. amnesia의 뜻을 모른다 해도 자기 아내의 생일을 잊어버리거나 시계를 풀어두고 회사에 가는 사람과 관련이 있는 것으로 보아 ①과 ②는 제외시킬 수 있다. 또한 본문을 끝까지 읽어보면 저절로 이 단어의 뜻을 추측할 수 있게 되는데, 마지막 문장에서 바로 이 단어를 'loss of memory'로 정의하고 있기 때문이다. ③의 a short memory란 무언가를 잘 잊어버리는 것을 뜻한다. 두 번째 빈칸에 ③과 ④를 넣어보면 ④임을 알 수 있다. 왜냐하면 a nasty blow on the ______는 신체의 일부분에 대한 심한 타격을 말하므로 ④의 head가 더 적합하기 때문이다. 또한 마지막 문장에서 그건 분명히 기억의 상실이긴 하다는 말로 시작하는 것으로 보아 이미 앞에서 이 단어를 그렇게 정의 내렸을 것임을 추측해 볼 수 있다.

해석 그러면 기억 상실증이란 무엇인가? 만약 그것이 기억을 잃어버리는 것이라고만 말한다면 아내의 생일을 잊어버리거나 손목시계를 풀어 놓은 채로 회사에 가는 사람들 모두를 기억 상실증 환자에 포함시켜야 할 것이다. 실제로 기억 상실증이란 그보다는 더 불길한 어떤 것이다. 그것은 분명히 기억의 상실이긴 하지만, 부상이나 과로, 또는 걱정이나 머리에 입은 심한 타격 등에 의해 생기는 그런 종류의 것이다.

17 **어구** **pay for** 지불하다 | **reign** 통치 | **stir English heart** 영국인의 심금을 울리다 | **the pattern of fighting man** 전사의 전형(모범) | **therefore** 그런 까닭에, 따라서; 그 결과(로서) *Ex.* I think, therefore I am. 나는 생각한다, 그러므로 나는 존재한다. (Descartes의 말) | **hence** 그러므로, 지금부터 | **yet** 그러나 | **furthermore** 더욱이, 그 위에 | **indeed** [강조] 실로, 참으로, [양보] 과연, 정말, 확실히, [접속사] 그뿐 아니라 *Ex.* He is a good fellow, Indeed, a trustworthy one. 그는 좋은 녀석이야, 게다가 믿을 수 있는 놈이지.

해설 이 문제는 빈칸 앞부분 내용과 그 다음의 내용이 대조 관계(Contrast)라는 것을 알 수 있다. 참고로 Little(부정부사)이 문두로 위치하여 주어와 동사가 도치 *Ex.* Under no circumstances must the door be left open. 그 어떤 경우에노 ㄱ 문은 열린 채 방치되어서는 안된다.

해석 그의 봉사에 대해서 영국인들은 덕을 입은 바가 거의 없었고, 또한 그의 모험적인 일들에 대해서 이미 영국인들은 과다하게 그 빛을 지불했다. 그는 10년의 통치 기간 동안 단지 짧은 수개월 간 두 번만 영국에 있었을 뿐이었다. 그러나 그 사람에 대한 기억은 언제나 영국인들의 심금을 울렸고, 또한 수세기에 걸쳐서 전사의 전형을 표현해 주는 것처럼 보인다.

정답 16 ④ 17 ③

[난이도 ★★★]

1 □□
2 □□
3 □□

18 I do not mean to suggest that we should seek to eliminate fear altogether from human life. Were this humanly possible, it would not be practically __________.
Fear is the elemental alarm system of the human organism which warns of approaching dangers and without which man could not have survived in either the primitive or modern world. Fear, moreover, is a powerfully creative force.

① desirable　　　　　② repentable
③ lamentable　　　　④ potential

[난이도 ★★]

1 □□
2 □□
3 □□

19 Although the whale shark is found in equatorial waters around the world, it is __________ encountered by divers because of its low numbers and _______ nature.

① successfully – aggressive
② anxiously – unfortunate
③ constantly – indifferent
④ rarely – solitary

[난이도 ★★★]

1 □□
2 □□
3 □□

20 One of the results of scientific development has been the amazingly increased _______ of ideas and the language in which they are clothed, along with the mobility of human beings themselves. Cheap books and newspapers, radio, television and the cinema have shrunk distances, as it were, to a point where an expression coined by a journalist sitting in an office in London may be well known all over the English-speaking world _______.

① inefficiency – for the time being
② diversity – for ever
③ power – a few years later
④ audacity – from time to time
⑤ mobility – in a few days

18 어구 mean 1. (글·말 따위가) 의미하다, ~의 뜻으로 말하다 2. 빗대어서 말하다 3. 의도하다, 예정하다, 계획하다, ~할 작정이다 | suggest 1. 제의하다, 제안하다(propose, propound) 2. 암시하다(insinuate) | eliminate 제거하다, 제외하다 | altogether 전적으로, 완전히 | humanly possible 인간의 판단으로 가능한 | elemental alarm system 기본적인 경보장치 | survive 살아남다, 생존하다 | desirable 바람직한 | repentable 후회할 만한 | lamentable 슬퍼할, 통탄할 | potential 잠재적인, 가능한

해설 밑줄이 있는 앞문장의 "두려움을 인간의 삶에서 완전히 제거하자는 것이 아니다."와 순접의 내용이 되어야 하므로 부정적인 의미의 단어를 찾자.

해석 나는 우리가 인간 삶에서 완전히 두려움을 제거하려고 노력해야 된다고 말하는 것은 아니다. 만약 이것이 인간적인 판단으로 가능하다면, 실제로 인생은 바람직하지 못할 것이다.
두려움이란 위험이 다가오는 것에 대해 경고해주는 인간 신체의 기본적인 경보장치이다. 그리고 두려움이 없다면 인간은 원시세계이든 현대세계이든 생존할 수 없을 것이다. 게다가 두려움은 강력한 창조적인 힘이다.

19 어구 whale shark 고래상어 | equatorial 적도의, 매우 더운 | encounter 우연히 만나다, 마주치다, 교전하다 | aggressive 침략적인, 공격적인, 적극적인 | anxiously 근심하여, 걱정하여, 열망하여 | constantly 끊임없이, 항상, 빈번히 | indifferent 무관심한, 냉담한, 중요하지 않은, 공평한 | rarely 드물게, 좀처럼 ~하지 않는(seldom) | solitary 고독한, 외톨의, 외로운, 혼자의(alone), 쓸쓸한

해설 우선 〔보기〕항에서 안 되는 답부터 지워나가면 '마주치다' 라는 의미의 동사와 successfully 의 부사는 의미상 어울리지 않는다. 그리고 양보 대조 관계를 나타내는 접속사 although가 왔으므로, 뒤에 오는 동사는 앞에 있는 found(발견하다)와 반대 의미인 단어가 와야 하므로 rarely encountered(거의 마주치지 않는)가 적절하다.

해석 고래상어는 적도 부근의 바다에서 발견되고 있다. 하지만 그 수가 적고, 혼자 다니는 습성 때문에 잠수부들과 마주치는 경우는 거의 없다.

20 어구 mobility 이동성, 운동성, 기동력 | clothe (옷을) 입다, 덮다, (언어로) 표현한다 *cf.* clothes 옷, 의복 | as it were 말하자면, 다시 말해 | coin (동전을) 주조하다, 만들어내다 | inefficiency 비능률 | the time being 당분간 | diversity 다양성 | audacity 대담, 용기

해설 첫 번째 빈칸에는 along with에 의해 mobility가 대응된다. 두 번째 빈칸에는 두 번째 문장의 정동사인 have shrunk distances가 대응된다.

해석 과학 발달의 결과 중 하나는 인간 자신의 이동성과 더불어, 생각이나 그 생각을 표현하는 언어의 이동성이 놀라울 만큼 증가해왔다는 것이다. 몇 푼이면 살 수 있는 책과 신문, 라디오, TV, 영화는 말하자면 런던의 한 사무실에 앉아있는 기자가 만들어낸 표현이 수일 내에 전 영어권으로 잘 알려질 만큼 거리를 축소해 놓았다.

정답 18 ① **19** ④ **20** ⑤

S.C Practice 8

[난이도 ★★]
1 □ □
2 □ □
3 □ □

1 The strong smell of garlic seemed to ________ the whole flat.
① pervade
② polish
③ alleviate
④ overwhelm
⑤ explicate

[난이도 ★★]
1 □ □
2 □ □
3 □ □

2 But as time went on, his company didn't secure adequate cash. So it was unable to pay its bill and became ____________.
① inverted
② insolvent
③ infeasible
④ infringed

[난이도 ★]
1 □ □
2 □ □
3 □ □

3 The squirrel, upon recognizing danger, had _________ his legs without ado.
① put to
② taken to
③ charged
④ stood

[난이도 ★★★]
1 □ □
2 □ □
3 □ □

4 Many people, with anxiety, became unable to contemplate their true situation and with it to plan accordingly. Anxiety, and the wish to _________ it by clinging to each other, and to reduce its sting by continuing as much as possible with their usual way of life incapacitated many.
① contradict
② counteract
③ frustrate
④ encourage
⑤ deprecate

1 **어구** **garlic** *n.* 마늘 | **flat** *n.* 아파트, 플랫식 주택 *a.* 평평한 | **pervade** ~에 널리 퍼지다 (spread); ~에 가득 차다 | **polish** 닦다, 윤을 내다 | **alleviate** 경감하다; 완화하다, 누그러 뜨리다 | **overwhelm** 압도하다, ~의 의기를 꺾다 *Ex.* They overwhelmed me with questions. 그들은 질문 공세로 나를 질리게 했다. | **explicate** 설명하다, 밝히다

해설 어휘력 문제로 강한 마늘냄새가 아파트 전체를 어떻게 했을까 생각해 본다면 널리 퍼졌다가 가장 자연스럽다.

해석 마늘의 강한 냄새가 아파트 전체에 진동하는 듯했다.

2 **어구** **secure** 안전하게 하다, 확고히 하다, 확보하다 | **adequate** 적절한, 충분한(enough) | **inverted** 거꾸로 된, 역의, 반전한 | **infeasible** 실행 불가능한 | **infringed** 법규를 어긴, (규정을) 위반한 | **insolvent** 지급 불능의, 파산한(bankrupt)

해설 회사가 자금을 구하지 못해 대금을 지불하지 못하여 파산 상태가 된 것이다.

해석 시간이 흘러감에 따라, 그의 회사는 적절한 돈을 구하지 못했다. 그래서 그 회사는 대금을 지불하지 못하게 되어, 파산 상태가 되었다.

3 **어구** **squirrel** 다람쥐 | **(up)on ~ing** ~하자마자, ~할 때 | **ado** 야단법석, 소동, 수고 | **stand on one's own legs** 혼자 힘으로 ~하다

해설 숙어 문제로 위험을 알아차리고 난 후의 행동으로 take to one's legs(달아나다)가 적절하다.

해석 위험을 알아채자마자, 그 다람쥐는 힘들이지 않고 달아났다.

4 **어구** **with anxiety** 근심스럽게, 걱정하여 | **contemplate** 심사숙고하다(ponder, meditate) | **accordingly** [바로 앞에 동사를 수식하여] (그것에) 따라서, 그에 맞게 | **cling to** ~에 매달 리다, 집착하다 | **sting** *n.* 찌름; 아픔, 고통 *v.* 찌르다 | **incapacitate** 무능력하게 하다 (disable) | **usual way of life** 일상적인 삶의 방식 | **contradict** 부인·반박하다 | **counteract** 방해하다; 중화하다(offset, neutralize) | **frustrate** (계획 따위를) 헛되게 하 다; 좌절시키다(baffle) | **deprecate** 비난·반대하다(condemn)

해설 두 번째 문장은 불안감(anxiety)에 대한 구체적인 내용이다. the wish와 동격 to부정사로 빈 칸 and(열거) 뒤에 to reduce its sting로 판단해 볼 때 빈칸에는 reduce와 counteract는 동 의 관계로 놓여 있어야 논리적으로 자연스럽다.

해석 많은 이들이 불안감 때문에 자신들의 실제 상황을 숙고할 수 없고, 그로 인해 상황에 맞게 계획을 세 울 수도 없게 되었다. 불안감과, 서로에게 매달림으로써 그 불안감을 반감시키고, 또한 자신의 일상 적인 삶의 방식을 가능한 한 지속함으로써 불안감으로 인한 고통을 줄이고자 하는 소망은 많은 이들 을 무력하게 만들었다.

정답 **1** ① **2** ② **3** ② **4** ②

[난이도 ★★★]

1 □ □
2 □ □
3 □ □

5 Rain forests have so much rich growth that people have long thought that they were __________.

① indestructible　　② unrecoverable
③ irresponsible　　④ incurable
⑤ impressionable

[난이도 ★★★]

1 □ □
2 □ □
3 □ □

6 Despite the fact that the two council members belonged to different political parties, they ______ the issue of how to finance the town debt.

① complicated　　② avoided
③ attested to　　④ agreed on

[난이도 ★]

1 □ □
2 □ □
3 □ □

7 If you are inviting your guests to feel comfortable and to do in your house the things that they would do on their own, you would say to her or him, "__________"

① Let's keep in touch.
② Make yourself at home.
③ I will catch you later.
④ It serves you right!

[난이도 ★★]

1 □ □
2 □ □
3 □ □

8 Ignorance is the mother of suspicion. We can rid ourselves of our suspiciousness only by __________ .

① analyzing it
② brooding over it
③ procuring more knowledge
④ forgetting its existence
⑤ repeating its error

5

어구 rain forest (열대)우림 | **rich growth** 비옥한 성장 | **indestructible** 파괴할 수 없는, 불멸의 | **unrecoverable** 회복 불가능한 | **irresponsible** 책임이 없는; 무책임한 | **incurable** 불치의 | **impressionable** 민감한, 감동받기 쉬운

해설 인과 연결 장치 so ~ that~으로 주절에서 열대우림이 비옥한 성장을 해왔으므로 종속절에는 '열대우림은 파괴되지 않는다' 라는 내용이 와야 자연스럽다.

해석 열대우림이 너무도 무성히 생장을 하므로 사람들은 오랫동안 '열대 우림은 파괴되지 않는다' 라고 생각을 해왔다.

6

어구 council 회의; 심의회 | **belong to** ~에 속하다, ~의 것이다 | **different** 다른, 상이한 | **political** 정치의, 정치상의 | **finance** 재정, 재무 | **complicate** 복잡하게하다 | **avoid** 피하다 | **attest** 입증하다 | **agree** 동의하다

해설 Despite(양보전치사) 이하의 내용과 주절의 내용은 반대이다. 따라서 빈칸에는 'belonged to different political parties(다른 정당에 속했다)' 와 반대의미의 동사가 나와야 자연스럽다.

해석 그 두 명의 위원회 위원들은 다른 정당들에 속해있다는 사실에도 불구하고, 그 도시의 부채에 재정을 조달하는 방법에 대한 문제에 동의했다.

7

어구 comfortable 편안한, 기분 좋은(at home, cozy, snug) | **on one's own** 스스로; 독립하여; 단독으로, 혼자서 *Ex.* do something on one's own 자신의 창의[책임]로 ~을 하다 | **Let's keep in touch.** 계속 연락하자.(Keep me informed.) | **I will catch you later.** 또 보자.(See you again.) | **It serves him or her right!** 당신은 그런 꼴을 당해 싸다!

해설 손님을 초대해서 "편히 하세요."라고 표현할 때는 "Make yourself at home."이라고 말한다.

해석 만일 당신이 손님들을 초대해서 마음을 편하게 하고 그들이 혼자서 하고 싶은 것을 당신 집에서 하도록 하고 싶을 때, 당신은 그들에게 "편히 하세요."라고 말한다.

8

어구 ignorance 무지 *cf.* have no idea 모르겠다, new to ~에 생소한 | **suspicion** 의심 | **rid A of B** A에게서 B를 없애다 | **suspiciousness** 의심 | **by ~ing** ~함으로써 | **analyze** 분석하다 | **brood** 알을 품다, 곰곰이 생각하다 | **procure** 얻다, 획득하다

해설 무지가 의심을 만들어낸다고 했고, 무지는 '충분한 지식이나 정보가 없는' 또는 '교육을 받지 못해 전반적으로 아는 것이 없는 것' 이므로 교육을 통해 무지를 없애야겠다.

해석 무지는 의심의 어머니이다. 우리는 많은 지식을 얻음으로써만 의심을 없앨 수 있다.

정답 5 ① 6 ④ 7 ② 8 ③

Notes

▶ 결과부사절을 만드는 종속접속사 (특수 어순에 주의)
so+(형용사/부사)+**that** 주어 동사 :
너무 (형용사/부사) 해서 결국 ~하다
such+(관사+형용사)+명사 **that**+주어+동사 :
매우 (~한) (명사) 라서 결국 ~하다
He was so honest a man that she believed him.
= He was such an honest man that she believed him.
그는 아주 정직한 사람이어서 그녀는 그를 믿었다.

9 When she discovered a worthy cause, Mrs. Saunders contributed freely her time and talents, but her monetary gifts were of necessity __________.
① limited
② generous
③ charitable
④ active
⑤ wasted

10 Every book on writing you can find these days says essentially the same thing; __________ . Take it a bite at a time. Dispense with the adjective frills.
① Don't make hasty
② Learn to avoid mistakes
③ Keep it short
④ Use the right words

11 The technique confers the self-confidence of power : man is now by far ______ his environment than he was in former times.
① less at the mercy of
② more dependent on
③ more controlled by
④ less emulated by
⑤ less indifferent to

12 His ______ was so great that he became the ______ of all our disputes about art and music.
① euphony – censor
② irascibility – canister
③ contumely – reimburser
④ erudition – arbiter
⑤ pomposity – idolater

Notes

9 **어구** **cause** 원인, 대의, 명분 | **talent** 재주, 재능, 솜씨 | **contribute** (대가 없이) 바치다, 기부하다, 공헌하다 | **monetary gift** 금전적인 능력(기증) | **of necessity** 어쩔 수 없이 (inevitably, certainly, unavoidably) | **limited** 제한된 | **generous** 관대한, 풍부한 | **charitable** 자비로운, 관대한 [관] charity 자선행위, 자선기금 | **active** 동적인, 민첩한, 적극적인 | **wasted** 1. 헛된 2. (심신이) 쇠약해진, 지쳐 있는

해설 but 앞 뒤의 내용이 대조 관계를 이루고 있으므로 시간과 재능은 freely(자유롭게)하지만 금전적 기증은 자유롭지 못했다가 와야 하므로 limited(제한된)가 와야 한다.

해석 Mrs. Saunders는 가치 있는 명분을 발견하자 자신의 시간과 재능을 마음껏 바쳤다. 그러나 그녀의 금전적 기증은 어쩔 수 없이 제한됐다.

10 **어구** **essentially** 본질적으로 | **take it a bite** 한 입만 먹다, 작은 양을 먹다 *cf.* a bite 한 입씩 [부사어구], a sip 한 모금씩 | **dispense with** ~없이 지내다 | **adjective** 형용사의, 수식어가 많은 | **frill** (주름) 장식, 겉치레, 허식 | **make haste** 서두르다 | **keep it short(terse)** 간결하게 하다

해설 앞문장은 뒷문장을 뒷받침해주는 부연 설명으로 되어 있다. 세미콜론 뒤 두 번째와 세 번째 문장이 첫 번째 문장과 자연스럽게 연결되어야 한다.

해석 요즘에 눈에 띄는 작문에 관한 책은 모두가 본질적으로 같은 말을 하고 있다. 즉, 간결성을 유지하라. 짧게 써라. 그리고 수식어가 많은 요소는 없애라.

11 **어구** **confer** 부여(수여)하다 | **self-confidence** 신용, 신뢰, 자신감 | **power** 힘, 능력, 지배력 | **at the mercy of** ~에 좌우(지배)되어 | **emulate** 지지 않으려고 애쓰다, 겨루다 | **indifferent** 무관심한

해설 이 문제는 문맥을 통해서 충분히 답을 추론할 수 있다. 기술로 인해서 능력을 지니고 있다는 자신감이 있다면, 그 결과는 어떻게 될 것인가? at the mercy of라는 표현을 숙지하고 있어야 한다.

해석 기술로 인해서 (인간은) 지배에 대한 자신감을 얻게 되었다. 인간은 오늘날 이전 시대에 그러했던 것보다 훨씬 환경에 덜 좌우되게 되었다.

12 **어구** **euphony** 기분 좋은 소리 | **censor** 검열관 | **irascibility** 성급함 | **reimburser** 변상(변제)하는 사람 | **erudition** 박식함 | **arbiter** 조정자, 중재인 | **pomposity** 거만함, 건방짐 | **idolater** 우상 숭배자

해설 두 번째 빈칸에는 dispute가 대응된다. 첫 번째 빈칸에는 so+형용사[원인]+that S+V[결과]에서 이 형용사가 명사화되어 주어로서 앞으로 나간 것이다. 그러므로 두 번째 빈칸의 정답이 결과이므로 이에 해당하는 원인을 찾으면 된다.

해석 그는 너무 박식해서 미술과 음악에 관한 우리의 모든 논쟁 중재자가 되었다.

▶ 비교급 강조부사
이 문장에서 **by far**는 비교급을 강조하고 있다. 일반적으로 원급을 강조할 경우에는 **very**를 사용하는 비교급을 강조할 경우에는 **much, far, by far, even, still** 등을 사용한다. 이들 중 **much, far, by far** 는 동시에 최상급을 강조하는 기능도 수행한다.
The Third Five Year Plan places **even** more emphasis on exports. 제3차 5개년 계획은 수출을 훨씬 강조하고 있다.

정답 9 ① 10 ③ 11 ① 12 ④

[난이도 ★★]
1 □ □
2 □ □
3 □ □

13 He ________ his fine secretary by leaving all the work to her and doing nothing himself ; I wouldn't put up with him.
① loses track of
② takes a stand on
③ make a point of
④ takes advantage of

[난이도 ★★★]
1 □ □
2 □ □
3 □ □

14 Perhaps it is only in childhood that books have any deep influence on our lives. In later life we admire, we are entertained, we may modify some views we already hold, but we are more likely to find in books merely a(an) ________ of what is in our minds already: as in a love affair it is our own features that we see reflected flatteringly back.
① negation　　　　② modification
③ confirmation　　　④ amusement
⑤ confrontation

[난이도 ★★]
1 □ □
2 □ □
3 □ □

15 For years, the Republic of South Africa was a nation in trouble. Located at the southern tip of the continent, South Africa is the most industrialized country in Africa. It has large deposits of gold and diamonds, a good climate, and great natural beauty. But it has also been the scene of terrible racial violence. This violence was a result of the official government policy of racial ________ called apartheid, the Africans word for "apartness".
① segregation　　　② suggestion
③ selection　　　　④ struggle

13 **어구** **put up with~** 참다, 견디다(endure, bear, tolerate, stand) | **loses track of** ~의 소식이 끊어지다, ~을 놓치다 | **takes a stand on** ~의 위치에 서다, ~에 입각하다 | **make a point of** ~을 주장하다, 반드시 ~하다

해설 advantage는 유리한 자가 받거나 유리한 자에게 주는 이익의 뜻이며, take advantage of ~ 는 '남을 자신에게 유리하게 이용할 때' 쓰는 표현이다. leave all the work to do와 do nothing himself ~라고 하는 문맥을 통해 ④ takes advantage of라는 답을 찾을 수 있다.

해석 그는 모든 일을 그의 비서에게 맡겨 놓고 자신은 아무 일도 하지 않음으로써 그녀를 이용하고 있다; 나는 참을 수 없다.

14 **어구** **have an influence on** 영향을 끼치다(influence) | **entertained** 즐거운 | **modify** 수정 하다 | **reflected** 반사된, 반영된 | **flatteringly** 흡족하면서 | **negation** 부정, 부인(denial, contradiction) | **modification** 수정, 변경 | **confirmation** 확인, 인가, 비준 [파] confirm *v.* 확실히 하다, 확증하다, 확인하다 | **amusement** 즐거움, 오락 | **confrontation** *n.* 직 면, 대결 [파] confront *v.* 직면하다(face, meet, stand up to)

해설 이 문제는 난이도가 높은 문제 유형이다. 구문과 전체 문장 간의 논리 접근이 필요하다. 우선 앞문장에서는 책이 삶에 있어 깊은 영향을 끼치는 때는 어린 시절이라고 했다. But 이하의 내용은 앞문장의 내용과 반대되어 결국 나이가 들면 어린 시절에는 영향을 받은 것이 책의 내용을 그대로 받아들이는 것(영향 받는 것)이 아니라 책을 읽어 이미 알고 있던 것들(in our minds already)을 우리의 기억 속에서 하나의 확인하는(find confirmation) 정도로 보아야 자연스럽다. 또한 마지막 문장에서 말하는 "사랑의 문제"인데 그 과거의 사랑 속에서 그때 나의 모습이 반사되어 보인다는 것을 확인(발견)하는 의미로 본다면 콜론(:) 앞의 내용에 대한 부연 설명으로 적합하다고 볼 수 있다. 참고로 마지막 문장은 It ~ that~ 강조구문이다.

해석 아마도 단지 어린시절에서만 책들은 우리의 삶에 깊은 영향을 끼칠 것이다. 훗날에 우리는 존경하며 즐거워하며 이미 갖고 있었던 몇몇 견해를 수정할 수 있지만, 우리는 책들 속에서 이미 우리 마음속에 있었던 것을 단순히 확인해주는 것만을 발견하게 될 것 같다. 즉, 사랑의 문제에 있어서처럼, 우리는 흡족하게 반사되는 것으로 보게 되는 것은 바로 우리 자신의 모습들이다.

15 **어구** **in trouble** 분쟁에 | **tip** 끝, 첨단; 조언, 경고 | **deposit** 부착물; 침전물; (광석 · 석유 · 천연 가스 등의) 매장물, (은행) 예금 | **apartheid** 남아프리카의 인종 차별정책 | **apart** 떨어져, 분리된 | **segregation** (인종)차별, 분리, 격리 | **selection** 선택 | **struggle** 투쟁, ~와 싸 우다[against, with]

해설 빈칸은 뒤에 오는 분사의 수식을 받아 순접 연결로 apartheid의 동격어구 명사 apartness와 비슷한 의미의 단어가 요구되므로 segregation(분리)이 적절하다.

해석 수년간 남아프리카 공화국은 분쟁 국가였다. 아프리카 대륙의 남쪽 끝에 위치해 있는 남아프리카 공화국은 아프리카에서 가장 산업화된 나라이다. 그 나라는 금과 다이아몬드의 막대한 매장량, 아름다운 날씨, 멋진 자연의 아름다움을 가지고 있다. 그러나 그 나라는 또한 끔찍한 인종 폭력의 장이 되어 왔다. 이 폭력은 '분리'를 의미하는 아프리카 말인 apartheid라고 불리는 인종 차별에 대한 공식적인 정부 정책의 결과였다.

정답 13 ④ 14 ③ 15 ①

[16-18]

Disaster is rarely as persuasive as it seems from recorded accounts. The fact of being on the record makes it appear continuous and ubiquitous whereas it is more likely to have been ___(16)___ both in time and place. Besides, persistence of the normal is usually ___(17)___ than the effect of disturbance. After reading the newspaper of today, one expects to face a world consisting of strikes, crimes, school shutdowns, overturned cars, and muggers. But one can come home in the evening without having encountered more than one or two of these ___(18)___.

16 ① sporadic ② durable

③ simultaneous ④ diachronic

17 ① deeper ② shorter

③ greater ④ better

18 ① things ② phenomena

③ realities ④ data

19 The name of the housing development is a ________; although it is called "Forest Hills," it is located in a ________ valley.

① dilution – river

② fallacy – neglected

③ misnomer – treeless

④ fault – barren

16-8 어구 **persuasive** 설득력 있는, 말재주가 있는 | **ubiquitous** 어디에나 존재하는, 편재하는 | **persistence** 고집, 지속성 | **shutdown** 활동 정지, 조업 정지 | **overturn** 전복하다, 좌절시키다 | **mugger** 늦악어 | **sporadic** 때때로 일어나는(occasional), 산발적인 | **durable** 오래 견디는, 튼튼한 | **simultaneous** 동시의 | **diachronic** 통시적(通時的)인 | **data** 자료, 데이터 | **phenomena** 현상

해설 16. 빈칸이 들어가는 문장은 주절과 종속절이 접속사 whereas로 연결되어 있으므로 종속절에는 주절과 반대되는 내용이 와야 한다. 따라서 _____ both in time and place와 continuous and ubiquitous가 반대되는 내용이 될 수 있어야 하므로 빈칸에는 '산발적인' 이라는 의미인 sporadic이 들어가야 자연스럽다.

17. 빈칸이 들어가는 문장은 앞문장과 besides로 연결되어 있다. 따라서 뒷문장은 앞문장을 부연 설명하는 내용이어야 한다. 앞문장은, 실제로는 재난이 시간적으로나 공간적으로나 산발적으로 일어나지만, 그런 재난이 기록되어 우리 앞에 나타남으로 해서 실제보다 더 지속적이고 편재하는 것같이 보인다는 내용이다. 따라서 그 다음 문장이 앞문장을 부연해서 설명하려면 재난이 실제보다 더 크게 우리에게 다가온다는 내용이 되어야 한다. 이런 내용에 맞으려면 답은 ②밖에 될 수 없다. 즉, 우리가 느끼기에 비정상적인 것이 정상적인 것보다 더 오래 지속되는 것 같으므로 우리가 실제보다 재난에 대해 더 심각하게 느끼는 것이다.

18. these _____ 이 무엇을 가리키는지를 보면 앞문장의 'strikes, crimes, school shutdowns, overturned cars, and muggers'를 가리키는 것을 알 수 있다. 따라서 이런 것들을 표현할 수 있는 단어는 phenomena이다.

해석 기록된 글에서 보는 것만큼 재난이 그렇게 설득력 있기는 드물다. 기록되어 있다는 사실은 재난이 실제로는 시간적으로나 공간적으로 모두 산발적일 가능성이 높은 데에도 계속적이며 편재하는 것처럼 보이게 만든다. 게다가 정상적인 것은 대개 동요의 효과보다 더 짧게 지속된다. 사람들은 그 날 신문을 읽고 난 후면, 파업이나 범죄 및 학교 폐쇄와 전복된 차들 그리고 늦악어들로 이루어진 세계와 마주해야 한다고 예상한다. 그러나 저녁이면 이런 일들 중 한 가지나 두 가지 이상과 마주치지 않고서 집으로 돌아올 수 있다.

19 어구 **housing development** (특히 민간의) 계획 주택, 집단 주택지, 집단 주택 | **be located in** ~에 위치하다 | **dilution** 묽게 함, 희석, 희박 [관] attenuate 묽게 하다 | **fallacy** 그릇된 생각, 오류(error, falsehood) | **misnomer** 잘못된 명칭, 오칭 | **barren** 불모의(arid, desert), 열매를 맺지 않는, 시시한

해설 두 번째 빈칸에서 "is called"라는 표현이 있는 것에 착안하여 although[양보]로 앞 뒤 문장은 반대 관계의 논리 전개가 되고 있으므로 Forest Hills과 반대의 의미를 찾자. *Ex.* Everyone calls him Hiro. → He is called Hiro. 그는 Hiro라고 불린다.

해석 그 집단 주택의 이름은 잘못된 것이다. 왜냐하면 "숲이 있는 언덕" 이라는 이름이지만, 사실은 나무가 없는 계곡에 위치하고 있기 때문이다.

정답 16 ① 17 ② 18 ② 19 ③

20 Images of her childhood came back to her: her authoritarian mother, who favored her brothers and always made her feel guilty. And her father, a broken man who was afraid of his wife and agreed with her whenever possible, giving in to her every whim. These painful recollections gave way to a feeling of injustice toward her husband. She had reproached him about everything that reminded her of her father, and it was her constant reproaches that had inhibited him, broken him and little by little made him like her father. The cycle had thus begun all over again. Without even realizing it, she had re-created the thing she hated most, __________________.

① the recollections of her childhood

② her husband who is too selfish to love others

③ the relationship between her father and mother

④ the sympathy for her parents' unhappy marriage life

20 **어구** authoritarian 권위적인, 권위주의의 | whim 변덕, 일시적 기분 | injustice 부당함, 불의, 불법 | remind ~of ~에게 ~을 생각나게 하다 | reproach 비난하다, 책망하다 | sympathy 동정(compassion) | re-create 재창조하다, 새로 만들다 | recollection 회상, 추억 (retrospect) | selfish 이기적인 | marriage life 결혼생활 | sympathy 동정, 호의

해설 이 글은 한 여성의 어린 시절의 안 좋았던 모습을 그리고 있다. 빈칸은 이 글의 결론 부분이고, 빈칸 앞에 '그녀가 가장 증오했던 것' 과 내용상 비슷한 의미가 와야 한다.

해석 그녀의 어린 시절 모습들이 그녀에게 떠올랐다. 그녀의 남동생들을 편애하고, 그녀로 하여금 죄의식을 느끼게 만든 그녀의 권위적인 엄마, 엄마를 무서워하고 엄마의 모든 변덕에 굴복하며 언제나 엄마의 의견에 동의했던 실의에 빠진 남자인 아버지의 모습, 이러한 고통스러운 회상이 그녀가 남편에 대해 부당한 감정을 갖게 되는 계기가 되었다. 그녀는 아버지를 상기시키는 모든 것에 대해서 남편을 비난했다. 그를 억압하고, 절망에 빠뜨리고 서서히 그를 그녀의 아버지와 닮게 만든 것은 그녀의 지속적인 비난이었다. 그래서 그 상황이 되풀이되기 시작했다. 깨닫지도 못한 채, 그녀는 자기가 가장 싫어했던 그 상황, 그녀 아버지와 어머니의 관계를 다시 만들어내고 말았다.

정답 20 ③

[난이도 ★★]
1 □□
2 □□
3 □□

1 I've just made a terrible _______ : I've made two appointments for the same hour!
① occasion　　② blunder
③ duplicate　　④ obligation
⑤ responsibility

[난이도 ★]
1 □□
2 □□
3 □□

2 Today, the automobile is mostly thought of as _______. Outside the cities it is hard to discharge the business of daily living without its help.
① a necessity　　② a luxury
③ a burden　　④ a threat to our lives

[난이도 ★]
1 □□
2 □□
3 □□

3 Don't tell Anne about Paul and Jane breaking up – you know what a/an _______ she is ; it will be all over the town in no time.
① talker　　② liar
③ gossip　　④ scavenger

[난이도 ★★]
1 □□
2 □□
3 □□

4 Government officials should be absolutely _______, but unfortunately some will accept money for favors.
① adversary　　② incorruptible
③ invariable　　④ unsophisticated
⑤ exquisite

Notes

1 **어구** appointment 약속, 예약, 지정, 임명 | occasion 경우, 때, 특별한 일, 기회 | blunder 큰 실수, 대실책(error) | duplicate 중복의, 똑같은, 복제 | obligation 의무, 책임, 채권, 은혜 | responsibility 책임, 의무

해설 콜론(:)은 부연 설명으로 같은 시간에 두 개의 약속을 했으므로 make a blunder(실수하다)가 적절하다.

해석 나는 방금 끔찍한 실수를 저질렀다. 같은 시간에 두 개의 약속을 한 것이다!

2 **어구** discharge (임무를) 수행하다 | necessity 필수품 | luxury 사치(품) | burden 짐, 부담 | threat 위협

해설 논리적인 인과 관계를 통해 추론해보라. 도시 밖에서 자동차의 도움 없이 일상사를 처리할 수 없다면 자동차는 없어서는 안 될 필수품이다.

해석 오늘날 자동차는 대개 필수품으로 여겨진다. 도시를 벗어나면 자동차의 도움 없이 일상적인 일도 처리하기가 어렵다.

3 **어구** break up 해체하다; 해산하다; (부부 등을) 헤어지게 하다 | over the town 마을 전체에 | in no time 곧, 즉시 | talker 말하는 사람 | liar 거짓말쟁이(falsifier, fibber, fraud) | gossip 잡담(chatter); 수다쟁이 | scavenger 썩은 고기를 먹는 동물; 폐품업자

해설 세미콜론 이하의 부연 설명을 보면 '폴과 제인이 헤어진 일이 마을에 알려질 것'이라고 했으므로 앤은 남의 이야기를 떠벌리는 여자라는 것을 유추할 수 있다.

해석 폴과 제인이 헤어졌다는 것에 대해 앤에게 말하지 마. 그녀가 얼마나 수다쟁이인지 너도 알 거고 그 소문은 순식간에 마을 전체에 퍼질 거야.

4 **어구** official 공무원 | absolutely 절대적으로. 무조건적으로; 완전히 | accept (선물·호의 등을 기꺼이) 받아들이다; (초대·신청을) 수락하다 | favor 호의, 친절; 편의, 부탁, 청, 청탁 | adversary 적, 반대자; 상대자 | incorruptible 부패하지 않는; 매수되지 않는, 청렴 결백한 | invariable 불변의, 변화가 없는 | unsophisticated 순박한, 소박한, 천진난만한 | exquisite 아주 아름다운; 더없이 훌륭한, 절묘한

해설 이 문제는 대조에 의한 유추를 해야 한다. but 이하의 '유감스럽게도 편의를 봐주기 위해 돈을 받는다'는 부정적인 뜻으로 미루어 앞문장의 내용은 그 반대가 되어야 한다. 또 당위성을 나타내는 should가 있으므로 빈칸에는 ②가 쓰여야 한다.

해석 정부 공무원들은 절대적으로 청렴해야 하지만, 유감스럽게도 몇몇 공무원들은 편의를 봐주는 대가로 돈을 받곤 한다.

▶ **대화 conversation**
chat *n.* 잡담, 한담 *vi.* (격식 없이) 잡담을 하다
talk *v.* 말하다, 이야기하다 *n.* 대화
dialogue 대화(dialog)
gossip *n.* 가십, 남의 뒷말 *vi.* (남의 이야기나 사생활 등을) 지껄이다
discourse *n.* 이야기, 담화, 담론
speak to(with) (특정 주제에 관하여) ~와 이야기하다
have a word with ~와 잠깐 (짧은) 이야기를 나누다.

정답 1 ② 2 ① 3 ③ 4 ②

S.C Practice 9

5 Using genetic engineering tools and techniques, we have
_____ entirely new classes of anti-microbial agents.

① hired　　　　　　　　② trained

③ educated　　　　　　④ discovered

6 Such _______ is refreshing but in diplomatic circles it must
be avoided as everything said must be carefully evaluated.

① integrity　　　　　　② candor

③ duplicity　　　　　　④ guile

7 His neighbors never liked him even though plaques and
medals proved that he had done very _________ work in the
community.

① inconsequential　　　② laudable

③ homely　　　　　　　④ lambent

8 One of the major problems of the modern age is the
___________ in morals. There are too many people who put
self-interest before everything.

① loss　　　　　　　　② corruption

③ decline　　　　　　　④ dismissal

Notes

5 어구 genetic engineering 유전 공학 | **tool** 도구(implement) *cf.* utensil 가정용품, 부엌세간, 주방기구 | **technique** (전문) 기술 | **entirely** 완전히 | **anti-microbial** 항균성의 | **agent** 화학적(물리적, 생물학적) 변화를 주는 것 | **educate** 교육시키다 | **discover** *v.* 발견하다 *cf.* discovery *n.* 발견, 발견물 | **hire** 고용하다 | **train** 훈련시키다

해설 빈칸에는 anti-microbial agents를 목적어로 취하는 동사가 필요하다. agent를 사람으로 이해하면 오답을 고르기 쉽다. 여기서 agent는 물질이라는 의미이므로 discovered가 정답이다.

해석 유전 공학 장비와 기술을 사용하여 우리는 완전히 새로운 종류의 항균성 물질을 개발해냈다.

6 어구 **refreshing** 상쾌한, 산뜻한, 후련한 | **diplomatic** 외교상의, 교섭에 능한 | **circles** (동일한) 집단, ~계 | **evaluate** 평가하다, 사정하다, ~의 값을 구하다 | **integrity** 성실, 완전 | **candor** 솔직, 허심탄회, 정직 | **duplicity** 표리부동, 겉 다르고 속 다름, 위선(hypocrisy) | **guile** 교활

해설 보어 자리에 위치한 형용사 refreshing으로 보아 [보기]항에 부정 의미의 단어 duplicity와 guile은 주어로 적절하지 못하다. as(이유접속사) 이하에서 외교 관계에서 말들이 신중하게 고려되기 때문에 'candor(솔직)는 피해야 한다' 가 문맥과 자연스럽게 해석이 된다.

해석 그러한 솔직함은 상쾌하고 후련하긴 하지만, 외교계에서 그것은 피해야 한다. 왜냐하면, 외교계에서는 말한 모든 것이 신중하게 평가되기 때문이다.

7 어구 **neighbor** 이웃 | **plaque** 장식판, 기념명판 | **inconsequential** 불합리한, 중요하지 않은 | **laudable** 칭찬할 만한(admirable, commendable) | **homely** 가정적인; 수수한(plain); 세련되지 않은, 못생긴 | **lambent** 부드럽게 빛나는

해설 'even though~'절 내용과 주절의 내용은 반대이며 대조 추론으로 접근한다. 감사패와 매달은 그가 지역사회에서 어떠한 일을 했을 때 받을 수 있을까 생각해 본다면 빈칸에는 laudable(칭찬할 만한)이 적절하다.

해석 비록 감사패와 메달들이 그가 그 지역에 매우 칭찬할 만한 일들을 했다는 것을 증명했더라도 그의 이웃들은 그를 결코 좋아하지 않았다.

8 어구 **before** (순서, 계급, 선택) ~에 앞서서, 우선하여(in preference to) *Ex.* He puts wealth before fame. | **self-interest** 자기 이익 | **loss** 손실 | **corruption** 타락; 퇴폐; 부패(행위) | **decline** *n.* 경사, 내리받이, 쇠퇴; 쇠약, 퇴보, 타락 *v.* (아래로) 기울다; (해가) 지다, (힘 · 건강 등이) 쇠하다, 감퇴하다, (인기 · 물가 등이) 떨어지다 | **dismissal** 해산, 퇴거, 해고

해설 어법에 주의해서 풀어야 하는 문제이다. corruption은 그 자체로도 도덕의 타락이라는 의미이고, 뒤에는 전치사 of가 와야 한다. in을 취하는 타락의 의미는 decline이다.

해석 현대의 주요한 문제 중의 하나는 도덕성의 타락이다. 다른 모든 것보다 자기 이익을 앞세우는 사람이 너무 많다.

정답 5 ④ 6 ② 7 ② 8 ③

[난이도 ★]

1 ☐ ☐
2 ☐ ☐
3 ☐ ☐

9 Many foods can be successfully preserved by drying. The bacteria and molds that cause decay and fermentation in food cannot thrive without __________.

① moisture   ② drying
③ heat   ④ powder
⑤ freezing

[난이도 ★★]

1 ☐ ☐
2 ☐ ☐
3 ☐ ☐

10 What I found __________ about Delhi was how it successfully balances its colonial characteristics and Indian spirit.

① plausible   ② incredible
③ remarkable   ④ hypocritical

[난이도 ★★]

1 ☐ ☐
2 ☐ ☐
3 ☐ ☐

11 What he lacked in size and strength, he __________ in quickness of movement, and in that fire that burned in him.

① took up   ② made up
③ dispense with   ④ let up
⑤ fall out

[난이도 ★★]

1 ☐ ☐
2 ☐ ☐
3 ☐ ☐

12 Of all natural resources water has become the most precious. By far the greater part of the earth's surface is covered by its enveloping seas, yet in the midst of this plenty we are __________.

① in want   ② abundant in water
③ in dilemma   ④ optimistic
⑤ secure

9 **어구** successfully 성공적으로, 훌륭하게 | **preserve** 보전하다, 보존하다 | **mold** 곰팡이 | **decay** 부패, 썩다 | **fermentation** 발효(작용); 소동, 흥분 | **thrive** 번창하다; 번영하다, 잘 자라다 | **moisture** 습기, 습윤(humidity, dampness) | **drying** 건조 | **powder** 가루, 분말; 화약 | **freezing** 결빙, 냉동; 빙점

해설 뒷문장은 앞문장에 대해 부연 설명하고 있다. 뒷문장에 강한 긍정(not ~ without)으로 되어 있으므로 빈칸에는 drying(건조)과 반대되는 의미의 단어가 와야 한다.

해석 많은 음식은 건조에 의해서 성공적으로 보존될 수 있다. 음식에 파손과 발효작용을 일으키는 박테리아와 곰팡이는 습기 없이는 번성하지 못한다.

10 **어구** balance 균형을 잡다 | **colonial characteristics** 식민지적 특성 | **plausible** (이유 등이) 그럴 듯한 | **incredible** 믿을 수 없는, 신뢰할 수 없는 | **remarkable** 주목할 만한, 훌륭한 | **hypocritical** 위선적인

해설 what = how it successfully balances(굉장히 성공적으로 균형을 이루고 있는 것)

해석 내가 델리에 관해서 주목할 만한 점이라고 발견한 것은 어떻게 (영국의 지배를 받았던) 식민지적 특성과 인도의 정신이 굉장히 성공적으로 균형을 이루고 있느냐는 점이었다.

11 **어구** lack in ~이 부족하다 | **quickness** 빠름, 민첩함 | **take up** 집어 올리다, 채택하다, 차지하다 | **make up** 조합하다, 날조하다, 보충(벌충)하다 | **dispense with** ~없이 지내다(do without, get along without, managed without) | **let up** 누그러지다, 멈추다(stop, lull, slacken) | **fall out** 논쟁하다(argue, fight, quarrel)

해설 목적어를 강조하기 위하여 목적절(What ~ strength)이 강조되어 문두로 위치되고 있다. 그의 몸집과 체력이 부족한 것을 신속한 동작과 불길(정열)로써 어떻게 해야 할지 생각해 보자.

해석 그는 신속한 동작과 자신의 내면에서 붙 타우르고 있던 불길로써, 몸집과 체력 면에서 부족했던 것을 보완했다.

12 **어구** resources 자원(a natural resource), 자산(assets), 수단(means) | **precious** 귀중한 | **by far** 단연코 | **envelop** 에워싸다, 봉하다 | **in the midst of** ~의 와중에서 | **want** n. 결핍(lack), 부족(shortage) v. 원하다 | **abundant** 풍부한(rich), 많은(plentiful) | **in dilemma** 딜레마(진퇴유곡)에 빠진 | **optimistic** 낙관적인, 낙천적인 | **secure** 안전한, 안정된

해설 대조 연결 장치인 yet(그러나)을 잘 활용해 본다. 명사로 사용되는 want는 결핍, 부족 등의 의미를 갖고 있다. 참고로 in want of의 형식으로 사용되어 「필요, 소용」의 의미로 사용된다. *Ex.* The company failed for(from) want of capital. 그 회사는 자금부족으로 도산했다. He is in want of ready money. 그는 현금이 필요하다.

해석 모든 천연자원 중에서 물이 가장 소중한 것이 되었다. 단연 대다수의 지구 표면은 바다로 에워 쌓여 덮여 있다. 그러나 이러한 풍부함의 와중에서도 우리는 (물의) 부족 상황에 처해 있는 것이다.

정답 9 ① 10 ③ 11 ② 12 ①

▶ 「부분, 분량」을 나타내는 전치사 **of**가 이끄는 부사구는 : 문장의 앞으로 위치하는 경우가 빈번한데, 수의 많고 적음이나 최상급을 포함하는 문장에서 빈번하게 나타난다. 특히 최상급 문장의 경우를 주목해야 한다.
Of all natural resources water has become the most precious.

[난이도 ★★]
1 ☐ ☐
2 ☐ ☐
3 ☐ ☐

13 A great thinker is often in advance of his time, and must appeal from the neglect or depreciation of his own day to the judgement of futurity. The very strangeness and originality of his ideas _______ or the changes he would introduce interfere with the interest of individuals and classes which are bound up with things as they are.

① are quite familiar to many

② are accepted by the multitude

③ rouse the hostility of the slaves of custom

④ may appeal to all regards of their origin

[난이도 ★★]
1 ☐ ☐
2 ☐ ☐
3 ☐ ☐

14 If we never used our legs at all, and even in the house went round, say, sitting on a pair of roller skates, in time the human race would lose the use of its legs. In the end, legs themselves might very well cease to be, since their function was not exercised. So does the person who is satisfied with a simple repetitive job which makes no demand on his intelligence. Unless he uses that intelligence in other ways it will become _______ like a knife which is not sharpened against steel.

① lightened   ② useful

③ blunted   ④ functional

[난이도 ★★]
1 ☐ ☐
2 ☐ ☐
3 ☐ ☐

15 The candidate denounced as _______ his rival's solution to the problem of unemployment, but offered no _______ alternative.

① arbitrary – altruistic   ② salutary – absolute

③ convoluted – provincial   ④ unworkable – viable

13 **어구** in advance of ~에 앞서서 | appeal to ~에 호소하다 | depreciation 가치의 감소(저하), 화폐 가치의 저하(하락), 평가절하 *cf.* appreciation (올바른) 평가, 판단, 이해, 감상, 감사 | futurity 미래, 후세 | interest 흥미, 이해관계 | be bound up with 속박되다 | multitude 다수, 군중 | rouse 깨우다, 일으키다 | hostility 적개심 | custom 관습, 풍습, 관행

해설 ① 많은 사람들에게 매우 익숙하다. ② 다수에 의하여 받아들여진다. ③ 관습의 노예들에게 적개심을 일으키다. ④ 그들의 태생에 대한 모든 고려에 호소할 수도 있다.

해석 위대한 사상가는 종종 시대를 앞서고, 자기 시대를 무시하거나 경시하고 미래의 판단에 호소한다. 그의 생각의 매우 이상한 점 그리고 독창성은 관습의 노예들에게 적개심을 일으키거나 또는 그가 도입하려는 변화는 현상태의 것들에 속박되는 개인이나 계층의 이해관계를 충돌시킨다.

14 **어구** cease 그만두다(desist), 멈추다, ~하지 않게 되다 | lightened 밝아진 | useful 유용한 | functional 실용적인

해설 not sharpened와 상응하는 단어인 blunted(무딘)가 정답이 된다.

해석 만일 우리가 우리의 다리를 전혀 사용하지 않는다면, 그리고 집에서조차 롤러스케이트 위에 앉아서 이리저리 다닌다면, 조만간 인류는 다리를 사용하지 못하게 될 것이다. 결국, 양다리는 그 기능이 사용되지 않으므로 양쪽 다리 자체가 존재하지 못할지도 모른다. 그의 지식이 요구되지 않는 단순 반복적인 업무에 만족하는 사람도 마찬가지이다. 만일 그가 지식을 다른 방향으로 사용하지 않는다면 그것은 숫돌에 갈지 않은 칼처럼 무뎌질 것이다.

15 **어구** denounce 비난하다, 탄핵하다 | unemployment 실직, 실업 상태, 실업률 | alternative 양자택일, 대안 | arbitrary 마음대로 하는, 독단적인, 자의적인 | altruistic 이타적인 | salutary (충고 등이) 유익한, 건전한, 건강에 좋은 | convoluted 회선상의, 뒤얽힌, 복잡한 | provincial 지방의, 시골의, 세련되지 않은, 편협한 | unworkable 가공할 수 없는, 쓸모없는, 실행할 수 없는 | viable (태아가) 생존할 수 있는, (계획 등이) 존속될 수 있는

해설 첫 번째 빈칸은 "비난하다"라는 동사가 있으므로, 부정적인 의미의 형용사가 와야 한다. 글의 전개가 역접 대조를 나타내는 but으로 나왔으므로 두 번째 빈칸에는 이와 반대되는 내용의 표현을 찾아야 된다.

해석 그 후보자는 실업 문제의 해결책으로 경쟁자가 내놓은 안을 쓸모 없는 것이라고 비난했다. 하지만 그도 존속할 수 있는 대안은 전혀 제안하지 않았다.

정답 13 ③ 14 ③ 15 ④

[난이도 ★★]
1 ☐ ☐
2 ☐ ☐
3 ☐ ☐

[16-18]

This is the story of paper, a romantic, exciting story because this vital ___(1)___ has served mankind's progress for more than 1840 years. Today paper touches man's thoughts, his health, his foods, his education, his habits, and his culture. Man's claim to ___(2)___ over the other creatures of the universe is founded in part upon his ability to draw from and contribute of the world's store house of knowledge. Struggling to express himself, his first attempts to record his thoughts were scratching on the walls of caves and on the cliffs above the ageless rivers. It was in Babylon ___(3)___ soft clay tables were first used to post the records of the day's business. Filing clerks to juggle these baked tablets had to be powerful youths.

16 윗글의 (1)에 들어갈 것으로 가장 적합한 것은?

① commodity　　　　② weed

③ method　　　　④ manuscript

17 윗글의 (2)에 들어갈 것으로 가장 적합한 것은?

① superiority　　　　② conquest

③ development　　　　④ ingenuity

18 윗글의 (3)에 들어갈 것으로 가장 적합한 것은?

① these　　　　② those

③ this　　　　④ that

[난이도 ★★]
1 ☐ ☐
2 ☐ ☐
3 ☐ ☐

19 To some avid palygoers, the return of classic theater dramas is _______; to others it seems _______, as it merely reveals the lack of quality in more modern offerings.

① endless – fitting　　　　② deplored – natural

③ welcome – ironic　　　　④ inane – regrettable

⑤ wholesome – incomprehensible

16-8 어구 **vital** 생명의, 긴밀한 관계가 있는, 활기 있는 | **storehouse** 저장소, 창고 | **scratching** 긁음, 할큄 | **ageless** 늙지 않는, 영원한 | **post** 알리다, 우체통에 넣다 | **juggle** 속이다, 곡예를 하다, 재주를 부리다 | **tablet** 서자판, 명판 | **commodity** 일용품, 필수품 | **weed** 잡초 | **manuscript** 원고, 사본 | **superiority** 우월, 우위 | **conquest** 정복[of], 획득 | **development** 발달, 발전

해설 16. this vital _____가 종이를 가리키므로 답이 될 수 있는 것은 ①뿐이다.

17. 인간이 다른 사람이 쌓아놓은 지식을 이용할 수 있고, 거기에 더 보탤 수 있는 능력을 가졌으므로, 우주의 다른 생물들에 비해 무엇을 주장할 수 있는가를 생각해보면 된다.

18. 빈칸이 들어가는 문장은 It ~ that~ 강조구문이다. 따라서 빈칸에는 **that**이 들어가야 한다.

해석 이 이야기는 종이에 관한 것인데, 이 중요한 상품이 1840년 이상 인류의 진보에 보상해왔다는 점을 고려할 때 낭만적이고도 흥미로운 이야기이다. 오늘날 종이는 인류의 생각, 건강, 음식물, 교육, 습관 및 문화에까지 손길을 뻗치고 있다. 인간이 우주의 다른 생물들보다 더 우월하다고 주장하는 근거는 부분적으로는 인간이 세계의 지식 저장고에서 지식을 끌어내고 또 더 보태는 능력을 지녔다는 데에 기반하고 있다. 인간이 자신을 표현하기 위해 애쓰는 과정에서 인간의 생각을 기록하려는 최초의 시도는 동굴의 벽과 나이를 알 수 없을 정도로 오래된 강 위에 솟아오른 절벽 위에 손으로 긁어놓은 것이었다. 매일의 일정에 대한 기록을 남기기 위해 부드러운 흙판이 처음으로 사용된 것은 바빌론에서였다. 이 불에 구운 글자판을 다루는 문서 담당자는 힘이 좋은 젊은이들이어야 했다.

19 어구 **avid** 욕심많은, 열심인, 갈망하는 | **offering** (신에게의) 헌납, 헌금 | **endless** 끝없는, 영원한 | **deplore** 비탄하다, 개탄하다 | **natural** 자연의 | **inane** 어리석은, 공허한, 텅빈, 휴회하는 | **wholesome** 건강에 좋은 (healthy, salubrious), 건전한, 신중한

해설 두 개의 빈칸이 부정대명사 some ~ others ~ 와 세미콜론(;)에 의해 반의 관계로 대응된다.

해석 연극 구경을 열심히 다니는 어떤 사람들에게 고전적인 연극이 다시 성행하는 것은 유익한 일이다. 반면에, 다른 사람들에게 이는 이해할 수 없는 현상인 것 같다. 왜냐하면 보다 현대적인 작품들에서 고전연극은 특징이 없다는 깃을 드러낼 뿐이다.

정답 16 ① 17 ① 18 ④ 19 ⑤

[난이도 ★★★]

1 □ □
2 □ □
3 □ □

20 In medicine, the prevailing idea has been that the body seeks equilibrium, a steady state. When it is ill, say, with a fever, it tries to return to health by sweating and other means of cooling itself. This is the homeostatic view. It states that in each bodily function there is an ideal mean, and that a healthy person's functions will flutter randomly about that middle number. According to the discipline of chronobiology, this approach __________ . Bodily functions do fluctuate, but not randomly. They move up and down quite regularly.

① is valid enough   ② is supported by evidence

③ is always the case   ④ is not justly estimated

⑤ is faulty, or at least incomplete

20 **어구** **prevailing** 지배적인, 우세한, 널리 퍼진 | **equilibrium** 평형(상태), 균형 | **steady state** 꾸준한 상태 | **say** 말하자면, 가령 | **homeostatic** 균일한, 균일 상태의, 항상적인 *cf.* homeostasis (생리) 항상성(恒常性) | **an ideal mean** 이상적인 평균 | **flutter** 펄럭이다, 떨리다, 정처없이 헤매다 | **chronobiology** 시간 생물학 (생체 내에서 인지되는 주기적 현상을 취급함) | **approach** 접근(access) | **fluctuate** 오르내리다, 변동하다 | **valid** 근거가 확실한, 확실한, 정당한 | **faulty** 과실있는, (기계 장치 따위가) 결점[결함]이 많은; 그릇[잘못]된, 비난할 만한 *Ex.* faulty reasoning 그릇[잘못]된 추론

해설 이 글은 전체적으로 대조형(contrast) 전개 방식을 취하고 있다. 앞부분에서는 일반적인 견해를 소개하고 마지막 세 문장에서는 이를 시간 생물학적인 관점에서 이를 비판하고 있다. 우선 이 글을 정확하게 분석하기 위해서는 첫 문장에 prevailing이라는 단어를 잘 활용할 수 있어야 한다. 일반인의 생각을 소개하고 이를 비판하는 글에서 이 문장의 경우처럼 idea, notion, conception, belief, thought 등의 단어 앞에 common, widespread, prevalent, prevailing 등의 단어를 부가하여 일반적으로 믿고 있는 일반인의 생각을 소개하는 경우가 많다. 이런 경우에는 결국 이러한 일반인의 관점을 비판하는 이른바 통념비판형 전개 방식을 사용하게 되는데, 이 글은 다만 그 비판을 또 다른 제3의 이론(이 글에서는 chronobiology)을 빌려서 비판하는 형식을 취하고 있는 점에 주목해야 한다.

해석 의학에 있어서, 지배적인 생물학적인 생각은 신체가 평형상태, 즉 정상의 상태를 추구한다는 것이다. 예를 들자면, 몸에 열이 나며 아플 때에는 스스로 땀을 내거나 열을 식히는 다른 방법들을 통해서 건강한 상태로 되돌아가려고 한다. 이것은 항상성(恒常性)의 관점이다. 이 관점에 의하면 각각의 신체 기능에는 이상적인 중간 수치가 있으며 건강한 사람의 기능은 그 중간 수치쯤에서 임의로 움직인다는 것이다. (그러나) 시간 생물학적인 관점에서 보면, 이러한 접근법은 잘못되었거나 혹은 적어도 불완전한 것이다. 신체 기능은 실제로 변화되기는 하지만, 자의적으로 (닥치는 대로) 변화하지는 않는다. 그것들은 매우 규칙적으로 오르내리는 것이다.

정답 20 ⑤

[난이도 ★]

1 □ □
2 □ □
3 □ □

1 Glue is to separate what dismissal is to _________.
① consume　　　　② employ
③ burn　　　　④ explode

[난이도 ★★]

1 □ □
2 □ □
3 □ □

2 "Employment of general managers and top _______ is projected to decline further in most manufacturing industries."
① profits　　　　② salaries
③ products　　　　④ executives

[난이도 ★★]

1 □ □
2 □ □
3 □ □

3 The full moon is a bit _______ in western cultures.
① oblique　　　　② omniscient
③ ominous　　　　④ opaque
⑤ obsolete

Notes

▶ 관계대명사 **what** 주요 관용표현

A is to B what(as) C is to D : A와 B의 관계는 C 와 D의 관계와 같다.
Ex. Reading is to the mind **what(as)** exercise is to the body.
= **What** exercise is to the body, reading is to the mind.
= **As** exercise is to the body, (**so**) reading is to the mind.
독서와 정신의 관계는 운동 과 신체의 관계와 마찬가지 이다.

---

1 **어구** **glue** 접착제, 아교 | **dismissal** 면직, 해고, 해산 *cf.* discharge 해고, lay-off 해고하 다(dismiss; fire (out), lay off [일시적으로]; turn off; give sb the shake) | **separate** 분 리하다, 떼어놓다, 가르다 | **consume** 소비하다, 다 써버리다 | **burn** 연소하다, 불에 타다, 지피다(make a fire) *cf.* incinerate 태워서 재로 만들다, 소각하다, cremate 화장하다 [관] combustion 연소, scorch 1. 그을리다, ~의 겉을 태우다(singe) 2. 시들게 하다, 말려죽이 다(wither) 3. 마구 헐뜯다(criticize severely) 4. ~을 초토화하다(devastate) | **explode** *v.* 폭발하다(blast, burst, detonate, erupt, rage, bluster) *cf.* explosion *n.* 폭발, 폭파, 급격 한 증가

해설 두 단어의 관계가 반대 관계로 유추하면 접착제가 분리되는 것의 관계는 해고(dismissal)와 고용하다(employ)의 관계가 같다고 할 수 있다.

해석 접착제가 분리되는 것의 관계는 해고하다와 고용하다의 관계와 같다.

2 **어구** **employment** 고용 | **general manager** 총괄 매니저 | **be projected to R** ~할 것으로 예측되다 | **decline** 하락하다, 거절하다(turn down) | **further** 추후로, 더욱 더 | **manufacturing industry** 제조업계 | **profit** 이익, 수익 | **salary** 봉급 | **executive** 간부, 임원

해설 and는 서로 동등한 어구(여기에서는 사람)를 연결해 주는 순접연결사이고 Employment의 대상으로 적합한 것은 사람이므로 executives이고 형용사 top과 의미가 자연스러워야 한다.

해석 총괄 매니저와 고위 간부의 채용 규모는 대다수의 제조업종에서 더욱 감소할 것으로 예상되고 있다.

3 **어구** **full moon** 만월 | **a bit** 다소 *cf.* quite a few[a little, a bit] 꽤 많은, 상당수의 | **oblique** 비스듬한, 기울어진; 간접적인; 사선의 | **omniscient** 전지(全知)의; 박식한, 모든 것을 알고 있는 | **ominous** 불길한, 나쁜 징조의; 험악한 | **opaque** 불투명한; 분명하지 않은; 광택이 없는, 우중충한 | **obsolete** 폐용이 된, 안 쓰이는; 진부한; 시대에 뒤떨어진

해설 이 문제는 관련어구를 찾는 문제로 빈칸에 [보기]항의 단어를 넣어보고 추론하여 하나씩 소 거해 나간다. 우선 주체가 사물인 '보름달(the full moon)'이며, '서양 문화에서 보름달은 어 떻게 생각하는가'에 해당하는 단어가 와야 하므로, 심리적으로 혹은 정신적인 뜻을 담고 있 는 단어가 쓰여야 한다. ①의 경우 '형상'에 관련된 단어로 '비스듬한, 양쪽 모양이 같지 않 는'의 뜻이므로 보름달의 '둥근 모양'과 논리적으로 모순된다. ②의 뜻은 '전지(全知)의'이므 로 '생물로서 인식하는 것'이 주어가 되어야 하므로 적절치 못하다. ⑤의 '진부한'은 '시간' 에 관련된 단어이므로 역시 적절치 못하다. 가장 적절한 것은 ③의 '불길한'이다.

해석 서양 문화에서 보름달은 다소 불길한 것이다.

▶ 달과 관련 표현
the man in the moon
(사람처럼 보이는) 달 표면의 반점; 가상의 인물:
Ex She doesn't know it any more than the man in the moon. 그녀는 그것을 전혀 모른다.
the prime of the moon 초승달
The moon is at the full. 만월이다.
cf. at the full 한창인, 최고조에, 만월인
ask[cry, wish] for the moon 불가능한 것을 요구 하다, 없는 것을 바라다

정답 1 ② 2 ④ 3 ③

[난이도 ★★]
1 □ □
2 □ □
3 □ □

4 Man is the slave of custom to such an extent that even the simplest of improvement in the most common of occupations is adopted __________.
① because of its relationship benefits
② rapidly and with little opposition
③ by the majority of individuals
④ with hesitation and reluctance
⑤ freely

[난이도 ★★★]
1 □ □
2 □ □
3 □ □

5 Bill Clinton's Big Speech was a flop, and his long-held ambition of reaching the White House seemed destined to go _______________.
① satisfied　　　　② unfulfilled
③ forgotten　　　　④ unmarked
⑤ disappointed

[난이도 ★]
1 □ □
2 □ □
3 □ □

6 That sugar ________ the teeth has known for years, but this knowledge has had no apparent adverse effects on the American confectionery industry.
① decays　　　　② withers
③ withstands　　　④ nourishes

4 **어구** **the slave of custom** 관습의 노예 *cf.* custom (특정 사회 · 장소 · 시대에서) 널리 전통적으로 받아들여진 행동방식 | **to an extent that** ~할 정도로 | **occupation** 직업, 점유, 점령, 주소 | **adopt** (의견 · 방침을) 채용 · 채택하다(adjust, fit), 양자로 삼다 *cf.* adapt *v.* 적응시키다(adjust, fit)), adept *a.* 숙련된(skillful), 정통한(proficient) | **benefit** 이득, 혜택, 자선공연 | **rapidly and with little opposition** 신속히 반대하지 않고 | **by the majority of individuals** 대다수의 개인에 의해 | **hesitation** 주저, 망설임 | **reluctance** 마지못해 함

해설 such ~ that ~ 구문으로 원인–결과의 구문이다. 순접–인과 관계이므로 주절에서 인간은 관습의 노예라고 했으므로 종속절에서는 직업의 개선에 있어서도 어느 정도는 따른다는 의미가 와야 한다. 하지만 어느 정도만(to an extent)을 보여주므로 무조건적으로 따르는 것은 아니다. 그러므로 [보기]②번은 적절하지 않다.

해석 심지어 가장 흔한 직업들에 있어서의 가장 단순한 개선마저도 망설이고, 마지못해서 채택할 정도로 인간은 관습의 노예이다.

5 **어구** **big Speech** 대 연설 | **flop** 실패(자, 작)(failure); 털썩 떨어짐 | **long-held** 오래 품어온 *cf.* longheaded 머리가 좋은, 선견지명이 있는 | **reach** ~에 도달하다; ~의 마음이 움직이다 | **be destined to R** ~할 운명 · 예정인 *Ex.* They were destined never to meet again. 그들은 두 번 다시 못 만날 운명이었다. | **unfulfilled** 실현 · 성취되지 않은 | **unmarked** 표가 없는; 눈에 띄지 않는.

해설 앞문장과 순접의 내용을 나타내는 연결 장치인 and(so)에 유의해서 분석해 보면 클린턴의 연설이 실패작(flop)이 되었으므로 백악관에 입성하고자 하는 그의 야망도 성취되지 않았다고 해야 자연스러운 논리의 전개이다. [보기]항 ①번과 ⑤번은 사람을 주어로 쓰는 감정형용사이므로 [보기]에서 소거한다. 참고로 go는 나쁜 쪽 변화를 나타내는 불완전자동사로 부정적 의미의 단어를 선택해야 한다.

해석 Bill Clinton의 대 연설은 실패작이었고, 그 결과로 그가 오랫동안 품어온 백악관 입성의 야망은 실현되지 못할 운명처럼 보였다.

6 **어구** **have an effect on** ~에 영향을 끼치다 | **apparent** 명백한, 겉모양만의 | **adverse** 반대의, 반하는 | **confectionery** 과자류, 제과점 | **decay** 부식(부패)시키다, (이가) 썩게 하다 | **wither** 시들게 하다, 쇠퇴시키다 | **withstand** 저항하다, 견디어내다 | **nourish** 기르다, 조장하다

해설 단순 유추 문제로 설탕이 치아를 어떻게 할까? 유추해 볼 수 있다. 다른 접근 방법으로 but 이하 문장에서 '제과산업에 악영향을 주지 않았다'는 것은 긍정적인 내용이므로 but 앞문장의 내용은 부정적인 내용이라야 한다.

해석 설탕이 치아를 썩게 한다고 몇 년 동안 알려져 왔지만, 그러한 사실이 미국의 제과산업에 확실히 드러나는 악영향을 주진 않았다.

정답 4 ④   5 ②   6 ①

[난이도 ★★]
1 □ □
2 □ □
3 □ □

7 The evidence was so strong against his client that the lawyer thought a jury would certainly find him guilty. He therefore advised the client to plead guilty, to have a trial by a judge, and to hope for _________ .

① appeal
② mercy
③ conviction
④ acquittal
⑤ taboo

[난이도 ★]
1 □ □
2 □ □
3 □ □

8 A : The pedestrian crossing is too far, why don't we just cross over here?
B : No way! You can be heavily fined for _________.

① trespassing
② soliciting
③ speeding
④ jaywalking
⑤ overpassing

[난이도 ★★]
1 □ □
2 □ □
3 □ □

9 The very existence of nuclear weapons confronts humanity with the most fateful choices in its history on earth. Previously steps must be taken to _____________ their use by irresponsible governments to bring about the inevitable destruction of life on Earth.

① promote
② encourage
③ intensify
④ prevent
⑤ diversify

7　**어구**　jury *n*. [집합적] 배심원 *cf.* juror *n*. (보통명사) 배심원 한 사람 | **guilty** 유죄의, 가책을 느끼는 | **therefore** 그러므로, 그 결과 | **plead guilty** 유죄를 인정하다, 가책을 느끼다 | **trial** 공판, 재판 | **judge** *n*. 판사, 심판관 *v*. 판단하다 | **jury** 배심(원단), 심사위원회 | **find guilty** 유죄로 판결하다 | **appeal** 애원, 간청, 항소, 상소 | **mercy** (죄인 등에 대한) 자비, 인정 | **conviction** 유죄의 판결, 설득, 신념, 확신 | **acquittal** 무죄 방면, 석방, (임무) 수행 | **taboo** 금기(하는 말), 추방

　　해설　인과관계 연결사 so ~that+(결과)구문으로 유죄가 유력한 피고인(defendant)이 재판을 받고 난 후에 판사에게 무엇을 바랄 것인지를 생각해 본다면 mercy(자비, 선처)를 구한다가 자연스럽다. 그리고 hope for뒤에 오는 어구는 긍정적인 어구이지만 앞에서 유죄를 인정하고 acquittal(무죄석방)을 바란다는 옳지 않다.

　　해석　그의 의뢰인에 대한 증거가 너무 확실해서 변호사는 배심원이 그를 유죄로 판결할 것이라 생각했으므로, 의뢰인에게 유죄를 인정하고, 판사에게 재판을 받은 후, 판사의 선처를 구하라고 조언했다.

8　**어구**　pedestrian 보행자, 도보의 | **fine** 벌금, 과태료 *cf.* violate traffic regulations 교통법규를 위반하다, a traffic citation 딱지 | **trespassing** 침입 | **soliciting** 간청, 구걸 | **speeding** 속도위반, 속도를 위반한 | **jaywalk** 교통규칙을[신호를] 무시하고 횡단하다 | **overpassing** 극복 *cf.* overpass 넘다, 극복하다

　　해설　무단 횡단(cross over)의 뜻에 해당하는 내용이 나오기 위해서는 jaywalk가 가장 적절하다.

　　해석　A: 횡단보도가 너무 멀리 있어. 그냥 여기서 건너가는 게 어때?
　　　　　B: 안 돼! 무단 횡단하다가 엄청난 벌금을 물 수도 있어.

9　**어구**　existence 존재 | **confront** ~에 직면하다, ~와 마주 대하다; ~와 만나다 [with] | **fateful** 운명을 결정하다, 중대한 | **take step(measure)** 조치를 취하다 | **bring about** 일으키다; 해내다 | **inevitable** 피할 수 없는 | **promote** 장려하다 | **encourage** 격려하다(spur), 고무시키다, 도모하다 | **intensify** 강렬하게 하다, 강화하다 | **prevent** 금지하다(prohibit) | **diversify** 다양하게 하다, 분산시키다

　　해설　Previously steps must be taken을 보면 목적이나 의도가 핵무기의 사용을 막고자 하는 것임을 알 수 있다.

　　해석　핵무기가 존재한다는 그 사실 때문에, 인류는 역사상 가장 중요한 선택의 기로에 서 있다. 지구상 생명의 필연적인 파멸을 가져올 무책임한 정부에 의한 핵무기의 사용을 막기 위해서는 예방조치가 강구되어야 한다.

▶ 긍정의 목적 · 의도: ~하기 위해서
so that 주어 (can/may)+ 동사원형
= in order that 주어 (can/ may)+ 동사원형
= so as to + 동사원형
= in order to +동사원형
Ex. In the fall the fire company burns off vacant lots and fields **in order to prevent** accidental grass fires. 가을에는 소방대가 우연히 일어나는 들불을 미리 예방하기 위하여 공한지와 들판을 태운다.

정답 **7** ② **8** ④ **9** ④

[난이도 ★★]

1
2
3

10 It is because their speech is still __________ that as a rule there is some pleasure in listening to countrymen talk.

① sophisticated ② elaborate
③ cultivated ④ unrefined
⑤ polished

[난이도 ★]

1
2
3

11 We spent what seemed like an infinite amount of time and energy developing an _______ research design with which we finally were all pleased.

① significant ② reliable
③ intricate ④ reluctant

[난이도 ★★]

1
2
3

12 There was a student who was always ____________. For example, one day before class, he put a long homework assignment on the board and made us think that the teacher had given it. We all had long faces until the teacher came in. Then we realized that someone had played a joke on us.

① not taking advice, stubborn
② pull one's leg
③ hurrying up or moving faster
④ wanting to know other people's business

10 **어구** **as a rule** 일반적으로(in general) | **countrymen talk** 시골사람들 말 | **sophisticated** 세련된, 정교한, 최신의, 닳아빠진 | **elaborate** *a.* 공들인, 정교한, 정성들여 만든 *v.* 정성들여 만들다 *Ex.* an elaborate design 정교한 도안 | **cultivated** 교양 있는, 세련된, 배양된 | **unrefined** 세련되지 않은, 조잡한 | **polished** 세련된, 윤택있는

해설 이 문제는 인과 관계로 논리 전개를 하고 있다. 이 문장은 이유를 나타내는 because가 이끄는 부사절이 강조되고 있다. 그러므로 결과를 통한 원인을 추론하면 된다.

해석 일반적으로 시골 사람들의 말에 귀를 기울임으로써 즐거움을 느끼게 되는 이유는 바로 그들의 말이 여전히 세련되지 못했다는 점 때문인 것이다.

11 **어구** **infinite** 무한한, 무수한; 막대한, 끝없는 *cf.* infinitely 무한히; 대단히 | **be pleased with** ~에 만족해하다 | **intricate** 뒤얽힌, 복잡한(complicated) | **significant** 1. 중대한, 중요한(important) 2. 함축성 있는 | **reliable** 의지가 되는, 믿음직한; 확실한 | **reluctant** 마음 내키지 않는

해설 만족스러운 결과물을 얻기 위해 들인 시간과 노력을 고려해 본다면 어렵고 힘든 연구 계획임을 추론할 수 있다.

해석 우리는 엄청난 양의 시간과 노력 같은 것을 들여서 복잡한 연구 계획을 개발했고 결국에는 우리 모두가 그 디자인에 만족해했다.

12 **어구** **assignment** 과제, 할당(물) | **have(make, pull, put on, wear) a long face** 우울한 표정을 짓다 | **play a joke(trick)on** 장난치다, 속이다 | **stubborn** 고집센, 완고한 (tenacious, obdurate) | **pull(draw) one's leg** 남을 놀리다(kidding or tricking someone)

해설 For example은 앞문장에 대한 부연 설명을 하므로 순접 연결이다.
　① 충고를 받아들이지 않는, 고집센
　② 누군가를 놀리거나 속이는 것
　③ 서두르거나 빨리 움직임
　④ 다른 사람들의 일을 알기를 원함

해석 항상 누군가를 놀리는 한 학생이 있었다. 예를 들면 어느 날 수업 전에 그는 긴 숙제를 칠판에 적어 놓고는 우리로 하여금 선생님이 그 숙제를 내준 것이라고 생각하게끔 만들었다. 우리 모두는 선생님이 들어올 때까지 얼굴을 찡그리고 있었다. 그러고 나면 우리는 누군가 우리를 놀렸다는 것을 알았다.

정답　10 ④　11 ③　12 ②

[난이도 ★★]
1 ☐☐
2 ☐☐
3 ☐☐

[13-14]

Adult laughter is more subtle, but we also laugh at what we used to fear. The feeling of achievement, or lack of it, remains a crucial factor. Giving a first dinner party is an anxious event for a new bride. Will the food be good? Will the guests get along? All goes will; the party is over. Now she laughs freely. Her pleasure ___(1)___, is the foundation for her pleasure in recalling the evening's activities. She couldn't enjoy the second pleasure without the first, more important one ___(2)___.

13 (1)에 들어갈 말은?

① to be a proof of her anxiety

② chattering with the guests

③ from having proved her success

④ in freedom to enjoy the dinner party

⑤ of the guests in a humorous situation

14 (2)에 들어갈 말은?

① the mastery of anxiety

② thing to strengthen social bonds

③ fir denying an unendurable reality

④ to survive frightening situations

⑤ as a social response after a crisis

[난이도 ★★]
1 ☐☐
2 ☐☐
3 ☐☐

15 The attorney's vibrant voice and _________ sense of timing were as useful to him as his prodigious preparation, attention to detail, and _________ of the law.

① deficient – conception   ② excellent – ignorance

③ shaky – command   ④ outstanding – mastery

13-4 어구 subtle 희박한, 미묘한, 예민한, 교활한 | crucial 최종적인, 결정적인 | factor 요인, 요소 | anxious 걱정하여, 염려하여[about; at; for]; 열망하는 | foundation 창설, 기초 | anxiety 걱정, 불안(misgiving), 염원 | humorous 유머러스한, 익살스러운 | bond 묶는[매는] 것; 유대, 인연; 결속 | crisis 위기, (흥망의) 갈림길

해설 13. 글의 서두에서 성취의 느낌이 웃음의 결정적인 요소가 된다는 것이 분명하게 나와 있다. 그리고 파티에 대해 계속 걱정을 하다가 무사히 끝나게 되어 웃는 웃음은 걱정하던 일을 무사히 끝낸 데서 오는 것임을 알 수 있다. 따라서 답은 ③이 된다.

14. 첫 번째 즐거움과 두 번째 즐거움이 각각 무엇을 가리키는지는 앞문장에 분명하게 나와 있다. 두 번째 즐거움이란 '그날 저녁의 활동들을 회상하는 데에서 느끼는 즐거움(her pleasure in recalling the evening's activities)'이고 첫 번째 즐거움이란 '자신의 성공을 증명한 데에서 오는 즐거움(her pleasure from having proved her success)'이다. 이러한 성취의 느낌은 불안감을 극복한 데서 온 것이므로 답은 ①이 된다.

해석 어른의 웃음은 더 미묘하고, 우리는 우리가 전에 두려워했던 것에 대해서도 웃을 수 있다. 성취의 느낌이나 그런 느낌의 결여는 여전히 결정적인 요소로 남아 있다. 처음으로 디너파티를 여는 것은 새 신부에게는 걱정스러운 행사이다. 음식은 맛있을까? 손님들은 서로 잘 어울릴까? 모든 것이 잘 진행되고, 파티가 끝난다. 이제 그녀는 자유롭게 웃는다. 자신의 성공을 증명해 보인 데에서 오는 그녀의 즐거움은 그날 저녁의 활동들을 회상하는 데에서 느끼는 즐거움의 기반이 된다. 불안감의 극복이라는 더 중요한 첫 번째 즐거움이 없다면 그녀는 두 번째 즐거움을 누릴 수 없을 것이다.

15 어구 attorney 변호사, 검사, (법률) 대리인 | useful 쓸모있는, 유용한, 유익한 | prodigious 엄청난 | detail *n.* 세부, 상세, 항목 *v.* 상술하다, 열거하다 *cf.* detailed 상세한, 자세한, 정밀한 | deficient 부족한 | conception 개념, 임신, 태아 | ignorance 무지 | shaky 흔들리는, 불확실한 | command *n.* 명령, 지휘 *v.* 명령하다; 내려다보다(overlook) | outstanding 두드러진, 뛰어난(distinguished, remarkable, prominent, eminent) | mastery 전문적 지식, 지배, 우세

해설 비교구문 as useful as 앞 뒤의 내용은 순접 연결이다.

해석 그 변호사의 힘찬 목소리와 타이밍을 잡는 걸출한 감각은 엄청난 준비와 세부사항에 대한 관심과 법의 전문적 지식만큼이나 그에게 유익하다.

정답 13 ③ **14** ① **15** ④

[16-17]
For a very long time dowsing has been looked upon by many people with skepticism and suspicion, or simply ___(16)___ under the label of the supernatural which defies logical explanation. Both these viewpoints ___(17)___ what is now becoming appreciated as a skill, although a paranormal skill, but one which is not beyond the man in the street.

16 ① designation   ② designative
    ③ designator   ④ designated

17 ① make allowances for   ② take it for granted
    ③ do little justice to   ④ keep track of

18 The eruption ________ tons of mineral-rich volcanic ash, restoring the ________ soil nutrients long since by decades of farming.
    ① deposited – depleted   ② clumped – harvested
    ③ removed – secreted   ④ displaced – entrenched

[난이도 ★★★]
1 □ □
2 □ □
3 □ □

[난이도 ★★★]
1 □ □
2 □ □
3 □ □

16-7 어구 dowse 점(占)막대기로 수맥(광맥)을 찾다 | skepticism 회의주의, 회의, 의심 | suspicion 의심, 불신 | label 딱지, 표찰, 호칭 | supernatural 초자연의, 이상한 | defy 반항하다, 저항하다 | paranormal 이상하여 과학으로 설명되지 않는 | the man in the street 평범한 사람 | designate 명시하다, 칭하다 | designator 지명자, 지시자 | make allowances for ~을 고려하다, ~을 참작하다 | take it for granted ~을 당연시 여기다 | justice 정의(righteousness), 공정, 공평 | do little justice to ~에 대한 평가를 내리지 못하다 | track 지나간 자국, 흔적, 통로 | keep track of ~의 진로를 알다, 놓치지 않고 따라가다

해설 16. 등위접속사 or 이하가 앞문장의 어디에 연결되는지를 파악하는 것이 중요하다. 막대기로 수맥을 진단하는 일이 사람들의 회의와 의혹(skepticism and suspicion)을 받거나 아니면 초자연적인 힘으로 지칭되어 왔다는 의미가 되어야 하고 또 dowsing has been 에 연결되어야 하므로 빈칸에는 앞에 과거분사 looked와 병치되는 과거분사가 와야 한다.

27. 빈칸 이하를 보면 이제는 막대기 수맥진단이 어엿한 기술로 인정받는다는 내용이 나오므로, 이러한 것을 의심의 눈초리로 보거나 또는 초자연적인 힘으로 분류하는 견해들은 이것을 제대로 평가하지 못하는 것이 된다.

해석 막대기로 수맥을 진단하는 일은 오랫동안 많은 사람들에 의해 회의와 의혹의 시선을 받거나 아니면 단순하게 논리적인 설명이 안 되는 초자연적인 힘으로 분류되어 있다. 이런 두 가지 견해는 모두 과학으로 설명되지는 않지만 하나의 기술로 인정되어 가고 있으며 평범한 사람들도 못 할 것 없는 기술에 대해 온당한 평가를 내리지 못하고 있다.

18 어구 eruption 폭발, 분화, 분출, 발생 | mineral-rich 광물질이 풍부한 | volcanic ash 화산재 | nutrient 영양물, 영양제 | long since 오래 전에 | deposit 두다, 침전시키다, 맡기다 | deplete 비우다, 고갈시키다 | clump 떼를 짓게 하다 | remove ~을 옮기다, 이전[이동]시키다, ~을 제거하다(get rid of, eliminate); 벗(기)다; 해고하다 [파] removal 제거 | secrete 비밀로 하다, 숨기다, 분비하다 | displace 바꿔 놓다, 대신 들어서다 | entrench 참호로 에워싸다 *Ex.* The enemy were entrenched beyond the hill. 적은 언덕 너머에 참호를 구축하고 있었다.

해설 첫 번째 빈칸에는 주어와 목적어의 의미를 연결할 만한 동사를 찾고, restoring 분사구문은 앞 뒤 문장의 인과 관계로 연결되므로 "(파손·손상·훼손된 것을 다시 본 상태로) 되돌려놓다"라는 의미인 restore가 나왔다는 것을 파악한다. 따라서 그 뒤에는 그와 반대의 개념이 나와야 한다.

해석 그 폭발로 광물질이 풍부하게 함유된 수십 톤의 화산재가 쌓였기 때문에, 수십 년 동안 농사를 지어서 고갈된 토양의 자양분을 복원시켰다.

정답 16 ④ 17 ③ 18 ①

[난이도 ★★]

1 ☐ ☐
2 ☐ ☐
3 ☐ ☐

19 Since two-year olds normally express a broad range of emotions, be prepared for everything from delight to rage. However, you should consult your pediatrician if your child seems very passive or withdrawn, perpetually sad or highly demanding and unsatisfied most of the time. These could be signs of depression, caused either by some kind of hidden stress or biological problems. If __________ depression, he'll probably refer your child to a mental health professional for a consultation.

① your child complains about

② your doctor suspects   ③ your doctor is in

④ you insist on   ⑤ you believe in

[난이도 ★★]

1 ☐ ☐
2 ☐ ☐
3 ☐ ☐

20 The Maori ideal in individual behavior was explicit. Generosity was the personal virtue most esteemed. Unless an individual displayed generosity, in all his dealings with people, he __________ attaining social recognition.

① put emphasis on   ② made much of

③ took less advantage of   ④ stood little chance of

⑤ focused on

Notes

19 어구 **normally** 정상적으로, 일반적으로(generally) | **broad** 드넓은(wide, commodious) | **a broad range of** 광범위한 | **rage** 격노, 분노 | **delight** 기쁨, 즐거움(pleasure) | **pediatrician** 소아과 의사 | **passive** 활기 없는, 소극적인 *cf.* active 적극적인 | **withdrawn** 내향적인 | **perpetually** 끊임없이 | **demanding** 요구가 지나친, 힘든, 벅찬 | **suspect** 의심하다 | **depression** 우울증 | **refer A to B** A를 B에게 보내다, 맡기다 | **consultation** 상담, 진찰 | **complains about** ~에 대해 불평하다 | **suspect** ~이 아닌가 의심하다 | **insist on** 주장하다 | **believe in** 존재를 믿다

해설 앞의 문장에서 소아과 의사의 상담을 받아 보라고 했으므로, 다른 이의 판단보다는 우선적으로 소아과 의사의 상담을 통해서 우울증이 판명된다면 정신건강 전문의에게 가볼 것을 권고받는다는 내용이 타당하다.

해석 나이가 두 살인 아이들은 보통은 다양한 감정을 표현하므로, 즐거움에서부터 분노 표출에 이르기까지 모든 감정에 준비를 하고 있어야 한다. 그러나 만일 당신 아이가 너무 소극적이거나 내향적이고, 계속 기분이 좋지 않거나 요구가 지나치고, 대체적으로 만족해하지 않는다면 소아과 의사의 상담을 받아 봐야 할 것이다. 이런 행동은 모종의 숨겨진 스트레스나 생물학적인 문제에 의해 야기된 우울증의 징후들일 수도 있다. 만일 상담 의사가 우울증을 의심한다면, 아마도 진찰을 위해 당신 아이를 정신건강 전문의에게 가보라고 할 것이다.

20 어구 **Maori** 마오리족의 | **explicit** 명백한, 뚜렷한 | **generosity** 관대 | **esteem** 존경·존중하다 | **display** 표시하다, 보이다 | **dealings** 관계 | **social recognition** 사회적 인정 | **put emphasis on** ~을 강조하다 | **make much of** ~을 중시하다, 이용하다 | **stand little chance of** ~의 가망성이 거의 없다 | **focus on** ~에 집중하다

해설 관대함이 마오리족의 가장 존경받는 덕목이었으므로, 이를(관대함) 행하지 못한다면 존경받지 못한다는 논리가 타당하다.

해석 개인의 행동에 있어서 마오리족의 이상은 분명했다. 관대함은 가장 존경받는 개인의 덕목이었다. 개인이 사람과의 모든 관계에 있어 관대함을 보이지 못하면, 그가 사회적인 인정을 받을 수 있는 가망성은 거의 없었다.

▶ **orthopedist** 정형외과 의사
neurologist 신경과 전문의
ophthalmologist 안과 의사(oculist)
pediatrician 소아과 의사
veterinarian 수의사
obstetrician 산부인과 의사
psychiatrist 정신과 의사

정답 **19** ② **20** ④

[난이도 ★]

1 ☐ ☐
2 ☐ ☐
3 ☐ ☐

1 If someone who is bankrupt is left high and dry, you leave him __________.

① thirsty
② drunk
③ stranded
④ in safety

[난이도 ★★]

1 ☐ ☐
2 ☐ ☐
3 ☐ ☐

2 A person who takes a portion of profit by misappropriating funds is guilty of __________.

① embezzlement
② fraud
③ assault
④ misconduct
⑤ robbery

[난이도 ★]

1 ☐ ☐
2 ☐ ☐
3 ☐ ☐

3 Mathematics is the product of thought operating by means of ________ for the purpose of expressing general laws.

① words
② science
③ signs
④ examples
⑤ face

[난이도 ★]

1 ☐ ☐
2 ☐ ☐
3 ☐ ☐

4 It is no surprise that societies have codes of behavior; the character of the codes, on the other hand, can often be __________.

① predictable
② unexpected
③ admirable
④ explicit
⑤ confusing

Notes

1 어구 **bankrupt** 파산된(insolvent) ǀ **high and dry** (배가) 해안에 밀려 올라와서, 버려져 (deserted), 꼼짝 못하게 되어(stranded) ǀ **thirsty** 목마른, 갈망하는 ǀ **drunk** 술 취한 (intoxicated), (기쁨 등에) 도취한 ǀ **strand** 좌초하다, 기슭에 남겨놓다, [보통 수동으로] 오 도 가도 못하게 하다, 어찌할 바를 모르게 하다

해설 조건절과 주절은 순접 연결로 인과 관계이고 이 문제에서는 high and dry(꼼짝 못하게 되어) 와 비슷한 의미의 단어를 찾으면 된다. *Ex.* Her date left her high and dry.

해석 파산한 사람이 꼼짝 못하게 되는 상황에 처한다는 것은 그를 난처한 입장에 내버려두는 것을 의미한다.

2 어구 **portion** 한 조각, 부분, 몫 ǀ **profit** 이익, 수익 ǀ **misappropriate** 남의 돈을 남용하다, 착 복하다, 횡령하다 ǀ **embezzlement** 횡령 ǀ **fraud** 사기, 사기꾼, 협잡꾼, 부정수단 ǀ **assault** 습격, 공습, 맹렬한 비난 ǀ **misconduct** 비행, 불량행위, 위법행위 ǀ **robbery** 강 도, 강도행위

해설 횡령한 돈으로 이익을 챙기는 사람의 죄책을 묻는 문제로 embezzlement가 적합하다

해석 횡령한 돈으로 이익의 일부를 챙긴 사람은 횡령죄이다.

3 어구 **mathematics** 수학 ǀ **by means of** ~에 의하여, ~을 수단으로 ǀ **for the purpose of** ~ing ~하기 위하여

해설 expressing(나타내는 것)을 통해서 만들어지는 것이 무엇인가 유추해보면 된다.

해석 수학은 일반 법칙을 표현하기 위하여 기호에 의해 작용하는 생각의 산물이다.

4 어구 **It is no surprise that** ~ 놀랄 일이 아니다 ǀ **character** 특성, 성질; 인격, 성격 ǀ **code** (컴퓨터에 기억되는) 부호, 규약 ǀ **on the other hand** 반면에 ǀ **predictable** 예언(예상)할 수 있는 ǀ **unexpected** 예기치 않은, 의외의, 뜻밖의(sudden, fortuitous) ǀ **admirable** 감 탄할 만한, 훌륭한(excellent) ǀ **explicit** 명백한, 뚜렷한(distinct, definite) ǀ **confusing** 혼 란시키는, 당황케 하는

해설 가장 명백한 논리적 단서로 on the other hand가 와 앞 뒤 내용이 반대되는 내용이 와야 한 다. 흔히 사회가 행동의 code(부호·규약)를 가졌으므로 행동에 대한 예측을 할 수 있지만 종 종 그렇지 않을 수 있다는 내용이 와야 하므로 unexpected(예기치 않은)가 와야 한다.

해석 사회가 행동의 코드를 가지고 있다는 것은 놀랄 일이 아니다. 반면에 코드의 성격이 종종 예기치 못 할 수도 있다.

▶ 기호 · 상징 sign,
symbol signal *n.* 신호 *v.*
신호하다
symbolize / represent
상징하다
stand for 나타내다, 의미하다
embody 구체화하다, 구현 하다
token 표시, 증거
emblem 상징, 표상 (symbol)
memento 기념물 (souvenir), 기념으로 남긴 물건
trace *n.* 자취, 흔적 *v.* ~을 추적해서 찾아내다
sign 기호, 기호, 표지, 조짐 *cf.* signal

정답 1 ③ 2 ① 3 ③ 4 ②

[난이도 ★★]
1 ☐ ☐
2 ☐ ☐
3 ☐ ☐

5 On no account are the children to be left on their own. They are too young to be left without any___________.
① care
② discrimination
③ looking after
④ supervision
⑤ reproach

[난이도 ★★]
1 ☐ ☐
2 ☐ ☐
3 ☐ ☐

6 Because the governor disagreed with their purposes, he ________ three bills passed by the legislature.
① approved
② released
③ translated
④ vetoed

[난이도 ★]
1 ☐ ☐
2 ☐ ☐
3 ☐ ☐

7 A man who cannot win honor in his own ________ will have a very small chance of winning it from posterity.
① right
② country
③ age
④ field
⑤ way

[난이도 ★★]
1 ☐ ☐
2 ☐ ☐
3 ☐ ☐

8 The job of Congress is to pass laws. Before a bill become a law, it must be approved by both houses of Congress and by the president. If the president vetoes a bill, it can still become a law if the president's veto is ________ by at least a two-thirds majority of each house of Congress.
① overridden
② fortified
③ prescribed
④ effected
⑤ countenanced

▶ 부정어구 문두로 올 때 도치
흔히 **never, hardly,
seldom, nor** 등 부정어를
강조할 때 문장의 맨 앞으로
가면서 주어와 동사가 도치
된다.
I had never dreamed I
would work under him.
[도치] → **Never** <u>had</u> I
<u>dreamed</u> I would work
under him.
그 사람 밑에서 일하게 될 줄
은 꿈에도 생각 못 했어.

5

어구 **on no account** 결코 ~하지 않다 | **on one's own** 자력으로(independently), 독립해서, 자기 책임 아래서 | **care** 걱정, 주의, 관심 | **discrimination** 구별, 식별; 차별 | **look after** ~을 돌보다(take care of, watch over, tend) | **supervision** 감독, 관리, 지휘 | **reproach** 질책, 비난

해설 아이들을 어떤 이유에서든 내버려 두면 안 된다고 했으므로 아이들에 대한 간섭이 있어야 하겠다.

해석 결코 아이들을 자기 마음대로 하게 내버려 두어서는 안 된다. 아이들은 너무 어려서 (부모들의) 간섭 없이 방치되어서는 안 된다.

6

어구 **governor** 주지사 | **purpose** 목적(aim), 의지, 요점 | **bill** 법안 | **legislature** 입법부, 의회 | **approve** ~을 승인하다(sanction); 찬성하다 | **release** ~을 석방하다, 풀어놓다 | **translate** ~을 번역하다; 해석하다 | **veto** (제안·의안을) 거부하다

해설 이 문제는 이유에 의해 추론을 해야 한다. 앞에서 '법안의 취지에 반대했다'고 했으므로 빈칸에는 '거부하다'라는 의미의 ④가 들어가는 것이 가장 자연스런 문장을 만든다.

해석 주지사는 법안의 취지에 반대했기 때문에 의회에서 통과된 그 세 법안을 거부했다.

7

어구 **win honor** 명성을 얻다 | **posterity** 후손(descendant), 자손 *cf.* ancestor 조상, 선조 (forefather) | **right** 권리 | **field** 영역

해설 문장의 논리 구조를 살펴보면 posterity와 대조를 이루는 단어가 와야 함을 알 수 있다. 즉 후손들에게 존경받을 가능성이 거의 없는 사람은, 자신의 '시대'에도 존경을 얻지 못했던 사람이다.

해석 자기 시대에 명성을 얻지 못한 사람은 후손으로부터 명성을 얻을 기회도 매우 적을 것이다.

8

어구 **pass a law** 법을 통과하다 | **bill** 법안, 목록, 지폐, 전단 | **house** 의회, 하원, 집 | **veto** *n.* 거부권 *v.* 거부권을 행사하다 | **Congress** 의회, 국회 | **override** (결정 따위를) 무효로 하다, 뒤엎다 | **fortify** 강화하다(strengthen, aggrandize) | **prescribe** 규정하다, 처방하다 | **effect** 변화를 가져오다, 초래하다 | **countenance** ~에게 호의를 보이다, 후원하다

해설 if는 조건과 양보, 두 가지로 해석이 가능하며, 앞 뒤 문맥으로 해석하는 습관을 들여야 한다. 주절의 still이 '여전히'라는 양보의 개념인 것으로 보아 if를 양보로 해석해야 한다.

해석 의회의 일은 법을 통과시키는 것이다. 법안은 법이 되기 전에 의회와 대통령의 승인이 있어야 한다. 비록 대통령이 법안을 거부했다면 그 대통령의 거부가 적어도 의회의 3분의 2에 의해서 무효로 결정되면 그 법안은 법이 될 수 있다.

정답 5 ④　6 ④　7 ③　8 ①

[난이도 ★★★]
1 ☐☐
2 ☐☐
3 ☐☐

9 Just as such apparently basic things as rocks, clouds, and clams are, in fact, intricately structured entities, so the self, too, is not an "elementary particle", but is __________ construction.

① a complicated　　　② an illusory
③ a distorted　　　④ an amorphous

[난이도 ★]
1 ☐☐
2 ☐☐
3 ☐☐

10 It is desirable to have a good reputation. The good opinion of our associates and acquaintances is not to be despised. There is often a great distinction between character and reputation. Reputation is what the world believes us for the time; character is what we truly are. Reputation and character may be in harmony, but they frequently are as __________ as light and darkness.

① parallel　　　② opposite
③ alternative　　　④ temporary

[난이도 ★★]
1 ☐☐
2 ☐☐
3 ☐☐

11 She did not hear the story as many women had heard the same, with a paralyzed inability to accept its significance. She wept at once, with sudden, wild abandonment in her sister's arms. However, when the storm of grief had __________ itself, she went away to her room alone.

① stunned　　　② kept silent
③ aggravated　　　④ yielded
⑤ sprawled

Notes

9 **어구** **apparently** 명백히, 외관상으로는 | **rock** 바위 | **intricate** 뒤얽힌, 얽히고 설킨; 복잡한 (complicated) | **entity** 실재, 존재 | **elementary** 기본의, 초보의 | **construction** 건설, 구조 | **complicated** 복잡한 *cf.* complicate 복잡하게 하다, 까다롭게 하다 | **illusory** 환영의; 착각의 | **distorted** 일그러진, 비틀어진 [파] distort (얼굴 따위를) 찡그리다, 비틀다, 왜곡하다 *cf.* a distorted view 편견 | **distorted vision** 난시 | **amorphous** 무정형(無定形)의

해설 이 문장에서 쓰인 구문은 just as 주어+동사, so 주어 +동사(마치 ~인 것처럼, 그렇게 ~하다)이다. ʹjust asʹ 다음에 나오는 내용과 ʹsoʹ 다음에 나오는 내용도 같아야 한다. 그리고 이 문제의 단서는 intricately(복잡하게)이므로 비슷한 의미의 단어를 찾으면 된다.

해석 사실상, 바위들, 구름들, 그리고 조개류들과 같은 그런 겉으로 보기에 기본적인 것들이 복잡한 구조의 존재물인 것처럼, 그렇게 자아 역시 단순한 입자가 아니라, 복잡한 구조이다.

10 **어구** **desirable** 바람직한 | **have[enjoy] the reputation** 평판이 좋다, 유명하다 | **reputation** 명성, 평판 | **associate** 동료, 친구; 연합시키다 | **acquaintance** 지식, 아는 사람 | **despise** 경멸하다, 멸시하다 | **the world** 세상 사람들 | **be in harmony** 조화를 이루다 | **parallel** 평행선의 | **opposite** 맞은편의, 정반대의 (것) | **alternative** *a.* 대안의, 양자 택일의 *n.* 대안(other choice) | **temporary** 일시의, 순간의, 덧없는

해설 but 앞 뒤 내용은 반대이므로 in harmony와 반대되는 어구로 opposite(반대되는)가 적절하다. 또는 대조 · 비교 구문을 통한 빛과 어둠의 관계에 비추어 알 수 있다.

해석 평판이 좋다는 것은 바람직하다. 우리의 동료와 아는 사람들에 대한 좋은 의견이 무시되어져서는 안 된다. 인격과 평판 사이에는 커다란 차이가 있다. 평판은 그 시간 동안에 세상 사람들이 우리에 대하여 믿고 있는 모습이다; 인격은 우리의 진실한 모습이다. 평판과 인격은 서로 조화할 수 있다. 그러나 평판과 인격은 빛과 어둠처럼 자주 반대된다.

11 **어구** **paralyzed** 마비된 | **weep** 울다, 슬퍼하다 | **abandonment** 자포자기 | **stun** 기절시키나, 놀라게 하다 *cf.* paralyze 마비시키다, anesthetize 마취시키다, 감각을 마비시키다, hypnotize 최면을 걸다(mesmerize) | **keep silent** 잠잠해지다 | **aggravate** 악화시키다, 심하게 하다(make worse, worsen, exacerbate) | **yield** 이익을 가져오다, 양보하다, 굴복하다, 산출하다(produce, crop) | **sprawl** 팔 · 다리를 쭉 펴다

해설 However 전후에는 대조되는 표현이 온다. 그녀는 그 소식을 듣고는 자포자기하여 울었으나 however 뒤에는 울지 않았다는 내용이 와야 논리적 관계가 성립하므로 keep silent가 빈 칸에 적절하다.

해석 많은 여자들이 그 중요성을 받아들이지 못하는 마비된 능력을 가지고서 그 이야기를 들었던 것처럼 그녀는 그 이야기를 듣지 않았다. 그녀는 그녀의 누이 팔에 안겨서 갑작스럽고 미친 듯이 자포자기 하면서 한번 울었다. 그러나 슬픔의 격정이 잠잠해지자 그녀는 홀로 그녀의 방으로 가버렸다.

▶ 비례, 양태를 나타내는 **as**(~함에 따라, ~처럼), **as if**(마치~저럼)
Do in Rome **as** the Romans do. 로마에서는 로마 사람들이 하는 것처럼 하라.
He looks **as if** he is getting younger. 그는 더 젊어지는 것처럼 보인다.

정답 **9** ① **10** ② **11** ②

[난이도 ★★]
1 ☐ ☐
2 ☐ ☐
3 ☐ ☐

12 Some people like to dream about things that are not possible. They plan wonderful vacations, but they have no money. They think of getting married to someone they do not even know. These people, we say, are __________.

① building a solid future

② telling telltales

③ building castles in the air

④ making a plain living

⑤ making a new life for themselves

[난이도 ★★]
1 ☐ ☐
2 ☐ ☐
3 ☐ ☐

13 A foolish consistency is the hobgoblin of little minds, adored by little statesmen and philosophers and divines. With consistency a great soul __________.

① has surely something to do

② is undoubtedly concerned

③ has simply nothing to do

④ is greatly satisfied

⑤ is well acquainted

[난이도 ★★★]
1 ☐ ☐
2 ☐ ☐
3 ☐ ☐

14 Many animals commonly thought to be _______ are actually omnivorous: foxes, for example, frequently feed on berries and fruit. Likewise, many animals that are generally believed to be herbivores are actually omnivores, among them some species of mice whose diet at certain times of the year may depend primarily on insects.

① carnivorous ② voracious

③ porous ④ greedy

⑤ gluttonous

12 **어구** wonderful 놀라운, 경이적인(marvelous, miraculous) | vacation 휴가 *cf.* vocation 휴가일, 직업(job) | avocation 부업, 취미 | solid 견고한, 확실한, 고체의 | telltale 남의 비밀을 폭로하는 것, 고자질 | build castles in the air 사상누각을 짓다, 공상에 잠기다 | plain 소박한, 검소한, 못생긴

해설 가능성 없는 일에 대해 공상하기 좋아하는 경우의 예를 들어주는 글로서, 'build castles in the air'가 가지고 있는 '공상에 잠기다'의 뜻을 물어보는 문제이다.

해석 어떤 이들은 가능치 않은 일에 대해 꿈꾸기를 좋아한다. 그들은 굉장한 휴가를 계획하지만 돈이 한 푼도 없다. 그들은 알기조차 못하는 누군가와의 결혼을 고려한다. 우리는 이러한 이들은 공상을 하고 있다고 말한다.

13 **어구** foolish 어리석은(ridiculous, silly, stupid) | consistency 일관성 | hobgoblin 개구쟁이, 도깨비 | little minds 소인배들 | adore 숭배 · 동경하다(worship), 존경하다(revere) | divine 성직자 | great soul 큰 인물 | have something to do with ~과 관련이 있다 | undoubtedly 의심할 바 없이 | have nothing to do with ~과 관련이 없다 | be acquainted with ~을 잘 알다

해설 소인배들은 어리석게 일관성을 부린다고 했다. 즉, 이 문장에서 'consistency'는 'foolish'와 결합되어 '고집'으로 생각하면 되므로, 이하에서 대인들은 저러한 '고집'과 아무 상관이 없다는 내용이 논리적으로 옳다.

해석 어리석은 일관성(고집)이란 소인배들이 장난을 치는 것으로, 하찮은 정치인과 철학자 그리고 성직자들이 숭배하는 것이다. 반면 대인은 일관됨에 대해 별다른 신경을 쓸 일이 없다.

14 **어구** omnivorous 아무거나 먹는, 잡식성의 | feed on ~을 먹이로 하다, ~을 먹고 살다 | berry 베리(딸기류의 열매) | likewise 같이, 마찬가지로 | herbivore 초식동물 | carnivorous 육식성의 | voracious 게걸스레 먹는, 식욕이 왕성한 | porous 작은 구멍이 있는, 흡수성의 | greedy 탐욕스러운, 게걸스러운 | gluttonous 많이 먹는, 탐욕스러운 [파] glutton *n.* 대식가 *cf.* gourmet 미식가, 식도락가

해설 콜론(:) 바로 뒤에 여우를 예로 들고 있다. 따라서 육식성으로 여겨지는 동물이 실제로는 잡식성이라는 내용이 되어야 한다. 즉 육식성을 뜻하는 carnivorous가 된다.

해석 흔히 육식성이라 여겨지는 많은 동물들이 실제로는 잡식성이다. 예를 들어 여우는 종종 베리와 과일을 먹고 산다. 마찬가지로 대개 초식동물로 생각되는 많은 동물들이 실제로는 잡식성이고, 그들 중에 어떤 쥐과의 종은 일 년 중 특정한 시기에 식사를 주로 곤충에 의존할 수도 있다.

정답 12 ③ 13 ③ 14 ①

[난이도 ★]

1 ☐☐
2 ☐☐
3 ☐☐

15 How they toiled and sweated to get the day in! But their efforts were rewarded, for the harvest was an even bigger success than they had hoped. Sometimes the work was hard: the implements had been designed for human beings and not for animals, and it was a great _______ that no animal was able to use any tool that involved standing on his hind legs. But the pigs were so clever that they could think of a way going round every difficulty.

① drawback   ② demand

③ efficiency   ④ exertion

[난이도 ★★]

1 ☐☐
2 ☐☐
3 ☐☐

16 One example is the new breed of cattle being developed by the Brazilians and specially adapted to withstand the pests and the climate of the tropics. The Brazilians today are developing their own civilization-not a European civilization, but one which is _______ the tropical climate, tropical vegetations, tropical light, and tropical colors. And so it is that they are not only working on a new breed of cattle, but also on _______ grass that is suitable to feed them.

① adapted to – a new type of

② not agreeable to – wild

③ not found in – tall rank

④ strange to – verdant

15 어구 **toil** 힘써 일하다 | **harvest** 수확물(crop) *cf.* gain 곡식 | **sweat** 땀을 흘리다, 스며나오다 (ooze) | **get in** 거두어들이다 | **implement** 도구 | **hind** 뒤쪽의 | **go round** 우회하다, 돌아가다 | **drawback** 약점 | **demand** 요구 | **efficiency** 능률 | **exertion** 노력

해설 빈칸이 포함된 문장은 앞문장과 and로 순접 연결되어 앞문장의 내용이 '도구는 동물이 아니라 인류를 위해 설계되었다' 로 유추한다면 동물은 도구를 사용하지 못하는 drawback(결점)을 가졌다는 것을 알 수 있다.

해석 그들은 거두어 들이기 위해 얼마나 힘써 일하고 땀을 흘렸는지! 그러나 수확은 그들이 기대했던 것보다 훨씬 큰 성공이었기 때문에 그들의 노력은 보상받게 되었다. 때때로 일이 힘들었다. 도구는 동물이 아니라 인류를 위해 설계되었다. 그리고 동물은 뒷다리로 서는 것을 포함하여 어떤 도구도 사용할 수 없다는 것이 큰 약점이었다. 그러나 돼지는 매우 현명해서 모든 난관을 우회하는 방법을 생각할 수 있었다.

16 어구 **breed** 품종, 종족 | **adapt** 적응시키다 | **withstand** 저항하다, 견디다 | **pest** 귀찮은 것, 해충 | **tropic** 열대 | **tropical** 열대의 | **vegetation** 식물, 초목 | **suitable** 적합한 | **feed** 먹이다 | **agreeable** 기분 좋은, 유쾌한(pleasing) | **rank** 열, 행렬 | **verdant** 푸릇푸릇한, 신록의, 순진한

해설 이 문제는 첫 번째 빈칸에 들어가는 단어만으로 쉽게 답을 고를 수 있다. 브라질인들은 유럽 문명이 아니라 그들 자신의 새로운 문명을 개발하고 있다고 했는데 브라질이 열대지방에 속한다는 것을 생각하면 답은 ①이 될 수밖에 없다. ②, ③, ④는 모두 비슷한 뜻으로 서로 변별력을 가지지 못한다. ①항목에 나오는 두 번째 어구를 빈칸에 넣어 확인해 보면 이는 더욱 분명해진다. 즉 새로운 품종의 소에게 먹이기 위해 브라질인들은 '새로운 종류의 풀' 까지 개발하고 있는 것이다.

해석 한 가지 예로 브라질 사람들이 개발하여 특히 해충과 열대기후를 견디는 데 적응이 된 새로운 품종의 소를 들 수 있다. 오늘날 브라질인들은 그들 자신만의 독특한 문명을 개발하고 있다. 유럽 문명이 아니고 열대기후, 열대 식물, 열대의 빛, 그리고 열대의 색에 적합한 문명 말이다. 그래서 그들은 새로운 품종의 소를 개발하고 있을 뿐 아니라 그 소들에게 먹이는 데 적합한 새로운 종류의 풀도 개발하는 것이다.

정답 15 ① 16 ①

[17-18]
If we hope to live ___(17)___, but in true consciousness of our existence, then our greatest need and most difficult achievement is to find meaning in our lives. It is well known how many have lost the will to live, and have stopped trying, because such meaning has ___(18)___ them.

17 ① not for a long time
② not just from moment to moment
③ in strenuous efforts
④ not just in poverty

18 ① evaded   ② avoided
③ derided   ④ held

19 Despite the apparently bewildering complexity of this procedure, the underlying ______ is quite ______.
① simplicity — calculated
② principle — elementary
③ confusion — imaginary
④ purpose — effective

20 Drawn to home waters by a blend of acute senses of smell and taste, the spawning salmon combats ______ to reach the ______ of native streams.
① all other life – peace
② nature – solitude
③ definitively – origin
④ any obstacles – sanctuary
⑤ daily – regions

17-8 **어구** **consciousness** 의식, 자각 ǀ **existence** 존재, 실재 ǀ **achievement** 성취, 업적 ǀ **moment** 순간, (어느 특정한) 때, 기회 ǀ **strenuous** 정력적인, 열심인, 고된, 힘든 (backbreaking, arduous) ǀ **evade** 회피하다, 벗어나다 (노력을) 헛되이 하다 ǀ **avoid** 피하다, 회피하다 ǀ **deride** 조소[조롱]하다

해설 17. 빈칸 다음에 but구문이 와 있는 것으로 보아 빈칸에는 not 구문이 들어가야 자연스러우며 그 내용은 but 이하의 내용에 대조되는 내용이어야 한다. 따라서 답은 ②가 된다.

18. because 이하의 내용으로 '그들이 그런 의미를 찾을 수 없었기 때문에'라는 내용이 와야하나, 주어가 such meaning으로 되어 있으므로 이런 구문에 적합한 동사는 evade뿐이다. 여기서 evade는 '사물이 사람의 노력을 보람 없게 하다'의 뜻으로, His name evaded my memory.(나는 도저히 그의 이름이 기억나지 않았다.)와 같은 경우에 쓰인다.

해석 만약 우리가 그저 순간순간을 이어가며 사는 것이 아니라 우리의 존재를 진정으로 의식하며 살기를 바란다면 가장 필요하면서도 가장 어려운 성취는 우리의 삶에서 의미를 찾는 일이다. 그런 의미를 찾지 못했기 때문에 살아가려는 의지를 잃어버리고 살려는 노력을 포기한 사람들이 얼마나 많은가를 사람들은 잘 알고 있다.

19 **어구** **bewildering** 어리둥절케[당황케] 하는 ǀ **complexity** 복잡성, 착잡 ǀ **underlying** 밑에 있는; 기초가 되는, 근원적인(fundamental) ǀ **simplicity** 단순함, 소박함 ǀ **confusion** 혼란, 당황, 헷갈림 ǀ **imaginary** 상상의, 가상의 ǀ **effective** 유효한, 효과적인, 사실상의 (actual), 유능한

해설 'Despite(양보전치사)'가 있으므로 주절과 종속절의 의미는 서로 대조를 이루어야 한다. 둘째 빈칸에는 'complexity(복잡함)'의 반대 의미가 나와야 한다.

해석 이 절차(과정)는 겉으로 보기에는 당황스러울 정도로 복잡하지만, 그 밑에 있는 기본 원리는 꽤 기초적이며 단순하다.

20 **어구** **blend** 혼합물, 혼성 ǀ **acute** 날카로운, 예민한, 영리한, 급격한 ǀ **spawn** (알을) 낳다, 산란하다 ǀ **solitude** 고독; 황야 ǀ **definitively** 결정적으로 ǀ **obstacle** 장애, 방해물 (impediment, hindrance, barrier) ǀ **sanctuary** 거룩한 장소, 성당(聖堂), 성역

해설 첫 번째 빈칸에는 타동사 combat의 목적어인 명사이므로 어울림을 고려한다. 두 번째 빈칸에는 native streams가 of에 의해 빈칸에 동격으로 대응된다.

해석 예민한 후각과 미각으로 태어났던 곳의 물에 이끌리는 알을 품은 연어는 어떤 장애물과도 싸워서 고향의 물결이라는 안전한 장소에 도달한다.

▶ 양보전치사 despite=in spite of= with all '그럼에도 불구하고'

Ex. **Despite** her diligent work, she was plucked in the examination.

= **In spite of** her hard work, she was unsuccessful in the examination.

= **With all** her hard study, she flunked in the examination.

그녀는 열심히 공부를 했는데도 시험에 떨어졌다.

정답 17 ② **18** ① **19** ② **20** ④

기본영역 문장완성 모의고사 15회

제3편

S.C Practice 12

[난이도 ★]
1
2
3

1 The soldiers held out for a while, but in the end were overwhelmed by _______ numbers.
① sheer
② considerable
③ mere
④ major
⑤ widespread

[난이도 ★]
1
2
3

2 Youth cannot accept death as inevitable. His mother is Nature, and he believes himself to be, like her, _________.
① obnoxious
② immortal
③ seasonal
④ transient
⑤ glorified

[난이도 ★★]
1
2
3

3 The head of the department thought he had the perfect scheme, but in the end it _________ on him.
① hindered
② revolved
③ rammed
④ backfired

[난이도 ★]
1
2
3

4 In our day there are only two ways, peaceful co-existence or the most destructive war in history. There is _____________ .
① not a short cut
② scarcely a way
③ not some means
④ no third choice
⑤ a different way

1 **어구** **hold out** 저항을 계속하다, (최후까지) 버티다 | **overwhelm** ~을 압도하다, 당황하게 하다; 전복시키다 [파] overwhelming *a.* 압도적인 | **sheer** 얇은, 섞인 것이 없는; 순수한; (절벽이) 가파른, 깎아지른 듯한; 완전한, 더없는 | **considerable** 중요한; 적지 않은, 상당히 큰; 많은, 다수의 | **mere** 단순한, 순전한 | **widespread** 광범위한; 만연된, 보급된; 넓게 펼쳐진

해설 '결국 압도당했다(in the end were overwhelmed)' 로 미루어 by 이하는 그 원인이 되어야 한다. '많은 수의 사람들에 의해 그렇게 되었다' 가 가장 적절하다. 빈칸에는 '많은, 다수의' 의 뜻을 지닌 ②가 쓰여야 한다.

해석 그 군인들은 잠시 동안은 저항을 계속했지만, 결국 많은 수의 일원들에게 압도당했다.

2 **어구** **inevitable** 불가피한, (논리적으로) 필연의 | **Nature** 대자연 | **obnoxious** 불쾌한, 싫은 (annoying, irritating) | **immortal** 불멸의, 죽지 않는(undying) *Ex.* immortal fame 불후의 명성, a monumental work 불후의 명작 | **seasonal** 계절의, 주기적인 *Ex.* seasonal fluctuation 계절적 변동, seasonal influence 계절 요인 | **transient** 일시적인(passing), 순간적인, 덧없는 | **glorified** *a.* 찬미의 *cf.* glorify *v.* 찬미하다, 찬송하다

해설 첫 문장에서 젊음은 죽음을 받아들일 수 없다고 했으므로 빈칸에는 immortal(불멸의)이 적절하다. 위 문장에서 대명사 He는 youth(젊음, 청춘)를 받고 있다. *Ex.* Youth is the flower of life. or Youth is a treasure. 청춘은 인생의 꽃이다.

해석 젊음은 죽음을 불가피한 것으로 받아들일 수가 없다. 그의 어머니는 대자연이며, 자기 자신을 그녀(대자연)처럼 불멸하는 것으로 믿는다.

3 **어구** **perfect** 완전한, 결점이 없는, 숙달한, 정확한 | **scheme** 계획; 음모 | **in the end** 결국 | **hinder** 방해하다, 훼방놓다 | **revolve** 공전하다, 운행하다, 순환하다 | **ram** ~에 심하게 부딪치다, 밀어붙이다 | **backfire** 맞불을 놓다, 예상을 뒤엎다 *Ex.* Unfortunately, the plan backfired.

해설 접속사 but(대조)의 앞과 뒤의 내용은 반대 방향에 유의해야 하는 문제이다. 부장은 자신이 완벽한 계획안을 가지고 있다고 생각했지만 결국 자신이 의도했던 것과 반대의 결과(the opposite effect)를 초래했다는 것이 가장 자연스럽다. 〔보기〕①에 hinder(방해하다)는 전치사 on과 같이 쓰이지 않는다.

해석 부장은 자신이 완벽한 계획안을 가지고 있다고 생각했지만 결국 반대의 결과를 초래했다.

4 **어구** **co-existence** 공존 | **destructive** 파괴적인, 파괴주의적인, 유해한 *cf.* constructive 건설적인 | **scarcely** 간신히, 거의 ~이 아니다 | **means** 수단, 재산 | **third choice** 제3의 선택

해설 이 문제의 단서는 there are only two ways이다.

해석 우리의 시대에는 평화적인 공생 또는 역사에서 가장 파괴적인 전쟁이라는 단지 두 개의 길만이 있다. 제3의 선택은 없다.

정답 1 ② 2 ② 3 ④ 4 ④

S.C Practice 12

5 Plato long ago said of democracy that its insistence on equality had the __________ effect of producing tyranny.

① impractical
② official
③ productive
④ paradoxical
⑤ hyperbolic

6 Avalanches not only endanger life but they block important avenues of communication and _______ commercial activity.

① deplore
② disguise
③ disrupt
④ implore
⑤ erupt

7 This attitude – that nothing is easier than to love – has continued to be the prevalent idea about love in spite of the overwhelming evidence _________.

① in vain
② in addition
③ by and large
④ to the contrary

5 **어구** **insistence** 주장, 고집 | **equality** 같음, 평등 | **tyranny** 폭정, 전제 정치 *Ex.* groan under tyranny 폭정에 시달리다 | **impractical** 실용적이지 못한 | **official** 공무상의, 공식의 | **productive** 생산적인, 다산의, 비옥한 | **paradoxical** 모순된, 역설적인 *Ex.* Comedians, paradoxical as it may seem, may be too natural. 역설적으로 보일지 모르지만, 코미디언들은 너무나 자연스러울 수도 있다. | **hyperbolic** 과장된, 과대한; 쌍곡선의

해설 민주주의에서 평등과 전제군주와의 관계는 서로 양립할 수 없는 모순된 관계라고 볼 수 있다.

해석 Plato가 오래 전에 민주주의에 대해서 말하기를 민주주의가 평등을 고집하는 것은 폭정을 초래하는 역설적인 결과를 가져온다고 했다.

6 **어구** **avalanche** 눈사태, 쇄도 | **endanger** 위험에 빠뜨리다 | **block** (통로·관 따위를) 막다, (진행·행동을) 방해하다 | **avenue** 대로, 길, 방법 | **deplore** 비탄하다, 애도하다 | **disguise** 변장시키다, 위장시키다(beguile, masquerade, mask), 숨기다(hide) | **erupt** 분출하다, 폭발하다 | **disrupt** 붕괴시키다, 분열시키다, 혼란시키다

해설 순접 연결의(and) 앞에 나온 동사들(endanger, block)로 보아 부정적인 단어가 들어가야 한다.

해석 눈사태는 생명을 위협할 뿐만 아니라, 중요한 통신 경로를 막고, 상업활동을 혼란시킨다.

7 **어구** **attitude** 태도, 마음가짐, 자세(posture) | **prevalent** (널리) 보급된, 유행하고 있는 | **in spite of** ~에도 불구하고(despite) | **overwhelming** 압도적인, 저항할 수 없는 | **evidence** 증거(testimony) | **in vain** 헛되이, 무익하게(vainly) | **in addition** 게다가, 그 위에(additionally) | **by and large** 대체로(on the whole) | **to the contrary** 그와 반대로, 그와는 달리

해설 적절한 부사구를 찾는 문제로 in spite of는 앞뒤 관계가 역접 관계이므로 입도직인 증거 (overwhelming evidence)는 일반적인 생각(prevalent idea)과는 상반되고 있음으로 접속 부사 to the contrary가 적절하다

해석 사랑하는 것보다 더 쉬운 것은 없다는 이런 식의 태도는 그와 반대로 압도적인 증거에도 불구하고 널리 퍼진 사랑에 관한 생각으로 계속 유지될 것이다.

정답 5 ④ **6** ③ **7** ④

8 White's ___________ and embarrassing remarks clearly annoyed the President, and White House staff have reportedly been instructed to exercise more discretion from now on when speaking publicly.

① impeccable　　　　② discreet

③ judicious　　　　④ candid

9 Brushing teeth is one way to reduce tooth decay. When brushing is not possible, the mouth should be ________ with water. This helps to loosen food particles from between the teeth.

① fed　　　　② relieved

③ cured　　　　④ rinsed

⑤ filled

10 Physicists rejected the innovative experimental technique because, although it resolved some problems, it also produced new _________ .

① data　　　　② interpretations

③ complications　　　　④ hypotheses

⑤ consistencies

11 A beaver is a small animal that lives in northern forests. It cuts down trees with its teeth. It puts the trees in a small river. Then the beaver makes a nice home in the water. This is hard work, and it takes a lot of time. We sometimes say that someone at work is __________.

① as lazy as a beaver　　　　② as small as a beaver

③ as big as a beaver　　　　④ as busy as a beaver

⑤ as quick as a beaver

[난이도 ★★]
1 □ □
2 □ □
3 □ □

[난이도 ★]
1 □ □
2 □ □
3 □ □

[난이도 ★★★]
1 □ □
2 □ □
3 □ □

[난이도 ★★]
1 □ □
2 □ □
3 □ □

Notes

▶ **종속접속사 다음에 「S + be」의 생략**

1. 종속접속사 다음에는 S+V 완전한 문장이 와야 한다.
2. 종속접속사 다음에 S+V 가 없을 때는 "S + be 동사" 가 생략된 것이다.
While traveling in Europe, he was taken ill.
= While (he was) **traveling** in Europe, he was taken ill.
유럽을 여행하는 동안 그는 병이 났다.

8

어구 **remark** 비평(comment), 말, 주목 ∣ **annoy** 약오르게 하다, 괴롭히다, 불쾌하게 하다 ∣ **reportedly** 전하는 바에 의하면, 소문에 의하면 ∣ **discretion** 행동(선택, 판단)의 자유, 분별, 신중 ∣ **impeccable** 죄를 범하지 않는, 결점없는, 나무랄 데 없는 ∣ **discreet** 사려(분별, 지각)있는, 신중한 ∣ **judicious** 사려분별이 있는, 현명한 ∣ **candid** 솔직한, 숨김없는, 거리낌없는

해설 순접 연결사 and 로 이어져 있으며 embarrassing과 유사한 단어가 앞에서 함께 remarks를 수식해야 한다. 또한 뒤에 나오는 more discretion 으로 보아 신중함이 없었다는 것을 나타낼 수 있는 단어가 빈칸에 와야 한다는 것을 알 수 있다.

해석 화이트의 거리낌 없고 난처한 발언은 분명히 대통령을 화나게 했으며, 전하는 바에 의하면 백악관의 간부들은 이제부터 공개적으로 발언할 때는 더 신중을 기하여 하라는 지시를 받았다고 한다.

9

어구 **loosen** 느슨하게 하다, 이완시키다(ease, relax, slacken, unfasten) ∣ **particle** 극소량, 조각, 입자 ∣ **feed** 먹이를 주다, 공급하다 ∣ **relieve** 경감하다, 안도케 하다 ∣ **cure** 치료하다 ∣ **fill** 채우다 ∣ **rinse** 씻어내다, 헹구다

해설 '입을 물로 씻어내다' 라는 표현으로 rinse ~ with water가 적절하다.

해석 양치질은 충치를 줄이는 한 가지 방법이다. 양치질이 가능하지 않을 때는, 물로 입을 헹궈야 한다. 이것은 이 사이로부터 음식물 조각을 빼내는 것을 돕는다.

10

어구 **reject** (요구·제의 등을) 거절하다(decline, rebuff, refuse) ∣ **innovative** 혁신적인 ∣ **resolve** 용해하다, (문제·곤란 따위를) 해결하다, 결심하다 ∣ **interpretation** 통역, 해석, 설명 ∣ **complication** 복잡, 분규, 합병증, 뒤얽힌 관계 ∣ **hypotheses** 가정, 가설 ∣ **consistencies** 일관성, 일치, 조화

해설 논리력을 묻는 문제로 이유부사절 because 이하에 양보부사절이 들어가서 두 문장이 대조를 이루고 있다. 혁신적인 기술이 몇 가지 문제는 해결할지라도 모든 문제를 해결하는 것은 아니므로 해결할 수 없는 다른 문제가 있다는 것을 알 수 있다. 따라서 빈칸에는 부정적인 의미를 갖는 단어가 와야 한다.

해석 물리학자들은 혁신적인 실험 기술을 거절했다. 왜냐하면, 비록 그것이 몇몇 문제를 해결한다 할지라도 그것은 또한 새로운 복잡한 것들을 생기게 했다.

11

어구 **beaver** 비버, 해리 ∣ **at work** 일하고 있는, 작동하고 있는.

해설 비버가 하는 일은 힘들고 많은 시간을 필요로 한다고 했으므로, 비버 같다는 소리를 듣기 위해서는 부지런하다는 내용이 논리적으로 옳다.

해석 비버는 북부 지방의 숲에 살고 있는 조그만 동물이다. 이놈은 자기 이빨로 나무를 잘라, 조그만 강으로 가져간다. 그리고 나서 이놈은 물에다 멋들어진 집을 짓는다. 이것은 힘든 일이고, 많은 시간이 걸린다. 우리는 가끔 일하고 있는 누군가를 비버처럼 부지런하다고 이야기한다.

정답 8 ④ 9 ④ 10 ③ 11 ④

[난이도 ★★]

12 We need not concern ourselves with one class of readers, the relatives and intimates to whom we write informal letters. They forgive us our misspellings and read our meanings between the lines because they know us. It is the unknown reader or the half-stranger who ______________.

① has sympathy with us   ② understands us well

③ indicates our mistakes   ④ is indifferent to us

⑤ is the problem

[난이도 ★★]

13 Work is necessary for peace of mind as health of body. A day of worry is more exhausting than a week of work. Exercise of the muscles keeps the body in health, and exercise of the brain belongs ______________.

① to you cleverness   ② about exhaustion

③ to peace of mind   ④ about a strong body

⑤ nowhere

[난이도 ★★]

14 Sociologists and psychologists have argued for centuries about how a person's character is formed. The argument has long been known as "Nature versus Nurture", for the two main opposing theories. The first theory says that character is formed genetically before birth. According to this theory, nature-through genetics-determines what a person will be like. The other theory says, on the contrary, that a person's character is formed after birth. According to this theory, the most important factors are ______________.

① physical and scientific

② theoretical and practical

③ natural and genetic

④ cultural and environmental

Notes

12 **어구** concern oneself with ~을 걱정하다 | relative *n.* 친척(kinsman) *a.* 비교적인, 상대적인 | intimate 친밀한, 친숙한; 친밀한 사람 | misspelling 잘못된 철자 | be indifferent to ~에게 무관심하다 | sympathy 동정, 호의, 공감 | indifferent 무관심한, 냉담한

해설 대조형(Contrast) 전개 방식을 이루고 있고, 밑줄친 부분에는 앞에 있는 두 문장의 내용과 정반대되는 내용이 와야 된다. 앞부분에서의 relatives and intimates라는 단어들과 마지막 문장의 unknown reader or the half-stranger를 대조시켜 볼 것.

해석 우리는 우리가 부친 편지를 읽게 되는 한 부류의 독자들, 즉 친척들이나 친밀한 사람들에 대해서는 걱정할 필요가 없다. 그들은 우리를 알고 있기 때문에 우리의 잘못된 철자를 용서해주고 또한 행간을 읽어주기도 한다. (그러나) 문제가 되는 것은 다름 아닌 미지의 독자나 제대로 알지 못하는 사람들인 것이다.

13 **어구** exhaust 다 써버리다, 고갈시키다 | muscle 근육 | belong to ~에 속하다, ~의 소유물이다 | cleverness 영리함, 솜씨 있음, 교묘; 민첩 | exhaustion 고갈, 기진맥진 | peace of mind 마음의 평화

해설 〔보기〕①의 belong에 to가 연결된 형태는 적절하나, 내용상 '영리함'은 제시문과 직접적인 관계가 없다. ②,④의 about은 belong와 어울리지 않는다. ⑤ nowhere 즉, 어디에도 속하지 않는다는 것은 내용상 맞지 않는다. ③ 문장 구조상 '신체의 건강'에 대조되는 어구가 들어가야 한다는 것을 알 수 있다. 따라서 마음의 평화를 뜻하는 to peace of mind가 가장 적절하다.

해석 노동은 신체의 건강과 마찬가지로 정신의 평화를 위해서도 필요하다. 걱정하는 하루는 노동하는 일주일보다 더 피곤하다. 근육의 운동은 신체를 건강하게 유지시키고, 두뇌의 운동은 마음의 평화에 속한다.

14 **어구** sociologist 사회학자 | psychologist 심리학자 | character 성격, 인격, 성질 | genetics 유전학 | physical 물리직인 | scientific 과학직인 | theoretical 이론직인 | practical 실제적인 | natural 자연적인 | genetic 유전적인

해설 후천적 성격 형성에 관한 내용으로 보아 빈칸에는 〔보기〕④ cultural and environmental(문화적인, 환경적인)이 적절하다.

해석 사회학자들과 심리학자들은 수세기에 걸쳐 사람의 성격이 어떻게 형성되었는지에 대해 논쟁을 벌여왔다. 그 논쟁은 두 개의 주요 대립되는 이론인 '선천성 대 후천성'으로 오랫동안 잘 알려져 있다. 첫 번째 이론은 태어나기 전에 유전적으로 형성된다는 것이다. 이 이론에 따르면 천성이 – 유전을 통한 – 사람의 성격을 결정한다는 것이다. 이와는 반대로 다른 이론은 사람의 성격은 태어난 후에 형성된다고 한다. 이 이론에 따를 경우 가장 중요한 요소는 문화와 환경이다.

▶ 'It is(was)+강조어구+that' 강조구문
it은 문장의 특정 어구를 강조할 때 that과 함께 쓰이며 **"It ~ that 강조구문"**이라고 한다.
12번 문제에서 마지막 문장은 주어를 강조한 문장이다. 이를 원래의 문장으로 환원해 보자.
It is the unknown reader or the half-stranger **who** is the problem.(강조구문)
→The unknown reader or the half-stranger is the problem. (환원문장)

▶ **be known** +전치사
be known to ~에게 알려지다 **[대상]**
be known as ~으로서 알려지다 **[자격]**
be known for ~으로 유명하다 **[이유]**
be known by ~에 의해 알 수 있다. **[판단]**
He **is known for** his humor. 그가 익살스럽다는 것은 다 알고 있다.
The tree **is known by** its fruit. 나무는 과일을 보면 안다.

정답 **12** ⑤ **13** ③ **14** ④

15 It is common knowledge that ability to do a particular job and performance on the job do not always go hand in hand. Persons with great potential abilities sometimes fall down on the job because of laziness or lack of interest in the job, while persons with mediocre talents have often achieved excellent results through their _________ and their loyalty to the interests of their employers. It is clear, therefore, that the final test of any employee is his performance on the job.

① industry   ② talent

③ knowledge   ④ good score in the test

[16-18]

Beverly Hills Hairdresser Umberto Savone finally noticed that the ___(16)___ price of a cut, wash and blow-dry was driving clients away from his Wilshire Boulevard shop. To ___(17)___, Savone unveiled the "mini-serve." For a trimmed-down price of $15 customers can get their hair clipped and soaped. ___(18)___, the blow-dry is strictly do-it-yourself.

16 ① hair-raising   ② hair-splitting

③ hair-raised   ④ hair-splitted

17 ① make a profit bigger

② provide more services

③ lure clients back

④ improve the shop's image

18 ① By and large   ② Hence

③ In addition   ④ And yet

Notes

15 어구 **common knowledge** 상식 | **performance** 수행 태도, 성과, 수행 | **go hand in hand** 동반하다, 협력하다 | **potential ability** 잠재능력 | **fall down on** 실패하다 | **laziness** 게으름 | **mediocre talent** 평범한 재능 | **employer** 고용주(≠employee 종업원) | **through industry and loyalty** 근면과 성실함을 통해서 | **talent** 재능, 소질 | **knowledge** 지식(information), 학술 | **good score in the test** 좋은 성적

해설 순접 연결(and)로 빈칸에 들어갈 단어는 뒤에 나오는 loyalty(성실, 충성)와 상응하는 industry(근면)이다.

해석 특정한 업무를 하는 능력과 업무에서의 성과가 늘 동반하지 않는다는 것은 상식이다. 큰 잠재능력을 가진 사람은 게으름이나 직업에 대한 흥미의 부족으로 인하여 때때로 업무에서 실패하기도 한다. 반면에 평범한 재능을 가진 사람은 그들의 근면성과 고용자의 이익에 대한 성실함으로 종종 멋진 결과를 이루기도 한다. 그러므로 종업원에 대한 최종 심사는 업무에 대한 그의 수행 태도라는 것이 명백해진다.

16-8 어구 **blow-dry** 헤어드라이어로 머리를 다듬는 것 | **unveil** 드러내다, 폭로하다 | **trimmed-down** 잘라낸, 다듬은 | **clip** 자르다, 잘라내다 | **hair-raising** 머리털이 곤두서는 듯한, 오싹해지는 | **provide** (필요품을) 주다, 공급[지급]하다 | **lure** 유인하다, 꾀어들이다 | **improve** (부족한 점을 고쳐) 개선하다; 향상시키다

해설 16. 빈칸에는 '머리카락을 곤두서게 할 정도의' 라는 의미가 들어가야 한다. 답으로는 모두 명사와 분사가 합쳐져서 형용사가 된 합성어가 제시되어 있는데, 이와 같은 합성어는 명사+분사+목적어가 변형된 형태이다. 즉 ______ price는 the price +분사+hair가 변형된 형태라고 볼 수 있다. 이럴 경우 머리카락을 '곤두서게' 하는 의미가 되어야 하므로 능동형인 현재분사 raising이 들어가야 한다. 따라서 답은 hair-raising이 된다.
17. 첫 문장의 내용이 사본느가 손님들이 떨어져 나가게 된 원인을 알아차렸다는 것이고, 두 번째 문장이 그 원인을 제거해 줄 새로운 서비스를 선보였다는 내용이므로 빈칸에는 '손님을 다시 끌어들이기 위해' 라는 의미가 들어가야 자연스럽다.
18. 앞문장과 빈칸이 포함된 문장과의 내용을 살펴보면 서로 대조적인 내용임을 알 수 있다. 따라서 역접을 나타내는 접속사나 접속부사가 들어가야 한다.

해석 베벌리힐즈의 미용사인 움베르또 사본느는 머리카락을 자르고 감겨주고 또 드라이어로 말려주고서 자신이 받는 값이, 머리카락이 곤두설 정도로 비싸기 때문에 고객들이 자신의 윌셔 불러바드 가게를 외면하고 있다는 것을 마침내 알아차렸다. 고객들을 다시 유인하기 위해 사본느는 "미니 서비스"를 선보였다. 15달러의 삭감된 가격만 받고 그는 고객들의 머리를 자르고 감겨준다. 그러나 머리 말리는 것은 반드시 고객 스스로 해야 한다.

▶ **명사 + 분사 [합성어]**
time-consuming 시간이 걸리는
thought-provoking 시사하는 바가 있는
mouth-watering 군침이 도는
self-made 자수성가한
self-employed 자영업을 하는
college-bred 대학 교육을 받은

정답 15 ① 16 ① 17 ③ 18 ④

19 Scholars' sense of the uniqueness of the central concept of "the state" at the time when political science became an academic field quite naturally led to striving for a correspondingly _______ mode of study.

① through   ② distinctive

③ dependable   ④ scientific

20 The search for wealth and the search for happiness often go hand in hand. Not infrequently, however, it is the pursuit _______ the attainment of wealth that produces the most happiness. Time and again men and women who have become rich recall that the happiest times of their lives were the years in which they were struggling to __________.

① rather than – stay alive

② as well as – remain rich

③ instead of – be famous

④ not – be in jeopardy

⑤ despite – be penurious

19 **어구** unique 유일(무이)한, 하나밖에 없는 | **central** 중심의, 중앙의, 중심적인 | **political science** 정치과학 | **academic field** 학문분야 | **strive for** 노력하다, 얻으려고 애쓰다 | **corresponding** 대응하는, 상응하는, 일치하는 | **distinctive** 독특한, 특이한 | **dependable** 신뢰할[믿을] 수 있는; 신빙성 있는 | **scientific** 과학적인

해설 문장의 해석이 다소 난해하지만 우선적으로 단서가 될 만한 것을 찾아보자. 우선 A lead to B(A가 B를 이끌다)에서 A와 B는 비슷한 의미의 단어가 빈칸에 와야 한다. 빈칸 앞에 부사 correspondingly(유사하게도)라는 단어는 앞에 나온 단어(uniqueness)를 가리키므로 uniqueness와 유사한 단어를 찾으면 쉽게 풀 수 있다.

해석 정치학이 학술분야가 되었을 그 시기에 "국가"의 중심개념의 독특함에 대한 학자들의 느낌은 유사하게 독특한 연구방법을 추구하도록 아주 자연스럽게 이끌었다.

20 **어구** go hand in hand with ~와 조화되다 | **pursuit** 추적, 추격; 추구[of], 수행, 종사, 일, 직업, 연구 | **attainment** 도달, 달성; 학식 | **time and again** = **time after time** 몇 번이고, 재삼재사 | **struggle to** ~ 하려고 분투(노력)하다 | **in jeopardy** 위험에 빠진 | **penurious** 가난한(poor, indigent), 빈곤한

해설 이 문제는 대조형(contrast) 연결사인 however를 잘 살려서 해석해야 한다. 그리고 두 번째와 세 번째 문장은 진술과 부연의 관계(Statement-Support)를 이루고 있기 때문에 세 번째 문장의 내용을 잘 활용하여 문제의 정답을 도출해내어야 한다. 특히 문맥상 두 번째 문장에서 the pursuit(of wealth)와 the attainment of wealth는 서로 대조적인 의미를 가지고 있어야 함을 세 번째 문장의 내용으로부터 추론해낼 수 있어야 한다. 참고로 that 다음에 동사 produces가 오고 있음을 통해서 강조구문에서 주어를 강조할 경우 그 주부가 B rather than A(A라기보다는 B)형식으로 되는 경우가 많다는 점을 주목해야 한다.

해석 부를 추구하는 일과 행복을 추구하는 일은 서로 조화되는 것이다. 그러나, 너무나 자주, 가장 큰 행복을 가져다주는 것은 부의 획득이라기보다는 부를 추구하는 과정인 것이다. 부자가 된 남녀들은 삶의 과정 중에서 가장 행복했던 시절은 그들이 살아남고자 노력(투쟁)했던 그 시절이라고 거듭해서 회상하고 있다.

정답 19 ② **20** ①

S.C Practice 13

[난이도 ★]

1 ☐ ☐
2 ☐ ☐
3 ☐ ☐

1 One of the most intriguing things about the Web is its ability to __________ so-called virtual communities.

① solve   ② pirate

③ create   ④ delegate

[난이도 ★]

1 ☐ ☐
2 ☐ ☐
3 ☐ ☐

2 Relying heavily on contributions from users, the new travel guide contains a wealth of excellent, __________ advice.

① sarcastic   ② eclectic

③ hackneyed   ④ lubricant

[난이도 ★]

1 ☐ ☐
2 ☐ ☐
3 ☐ ☐

3 Experts predict that the current economic slowdown will be followed by a period of __________ growth.

① agreeing   ② consistent

③ surrounded   ④ coincident

⑤ eligible

[난이도 ★★★]

1 ☐ ☐
2 ☐ ☐
3 ☐ ☐

4 I could not wish for a more __________ occasion on which to announce my plans for enlarging our establishment.

① ominous   ② propitious

③ magnificent   ④ pronounced

⑤ opaque

Notes

1 **어구** **intriguing** 음모를 꾸미는, 흥미로운 | **Web** [컴퓨터] =WORLD WIDE WEB | **so-called** 소위, 이른바 | **virtual** 실제의, 사실상의, [컴퓨터] 가상의 | **pirate** *v.* 무단 사용하다, 표절하다 *n.* 해적, 저작권 침해자 | **delegate** 대표로 보내다, 위임하다

해설 현실에 없는 가상 공동체(virtual communities)를 존재하게 한다는 의미로 동사 create(창조하다)가 적절하다.

해석 인터넷에 관해서 가장 흥미로운 것은 이른바 "가상 공동체"를 창조해 낼 수 있는 능력이 있다는 점이다.

2 **어구** **rely on** ~에 의존하다 | **heavily** 몹시, 크게 | **contribution** 투고, 기고 | **a wealth of advice** 풍부한 양의 조언 | **sarcastic** 빈정거리는, 신랄한 | **eclectic** 어느 한쪽에 치우치지 않는, 절충적인, 다방면의(wide-ranging), (취미·의견 등이) 폭넓은 | **hackneyed** 낡은, 진부한 | **lubricant** *a.*매끄럽게 하는 *n.* 윤활유 *cf.* lubricate *v.*~에 기름을 바르다, 뇌물을 주다, 매수하다

해설 이 문제의 단서는 a wealth of excellent이고 사용자들의 투고에 크게 의존한 여행 책자이므로 eclectic(다방면의)이 적절하다.

해석 새 여행 안내책자에는 이용자들의 투고에 크게 의존하여, 여러 분야에 걸친 뛰어난 조언이 풍부하게 실려 있다.

3 **어구** **predict** 예견하다, 예측하다(foretell, forecast, soothsay, prognosticate) | **slowdown** 경기 후퇴·침체(downturn) | **follow** 동행하다, 따르다, ~의 뒤에 일어나다(생기다) | **agreeing** 동의하는 | **consistent** 지속적인, 일관성 있는(coherent) | **surrounded** 둘러싸인 | **coincident** 일치하는 | **eligible** 적격의, 적임의

해설 이 문제에서는 be followed by를 정확하게 해석하여 빈칸에 들어갈 단어를 유추하여야 한다. economic slowdown과 반대가 되면 명사 growth와 자연스럽게 연결되는 형용사를 찾으면 된다.

해석 전문가들은 현재의 경기 침체 뒤에는 지속적인 성장기가 이어질 것이라고 예측하고 있다.

4 **어구** **wish for(after)** ~을 바라다 | **announce** 발표하다 | **enlarge** 확대하다, 확장하다, 증대하다(increase) | **establishment** 설립(setting up, foundation), 시설 | **ominous** *a.* 불길한, 조짐이 나쁜(sinister, portentous), 전조가 되는 *cf.* omen *n.* 불길한 전조, 흉조(portent) | **propitious** 길조의, 순조로운, (형편이) 좋은(auspicious, favorable) | **magnificent** 장대한(grand), 훌륭한, 엄청난 | **pronounced** 뚜렷한, 명백한, 확고한 *cf.* pronounce *v.* 발음하다 | **opaque** 불투명한, 광택이 없는, 우둔한

해설 I could not wish for는 실현되어서 안 되는 소망을 나타내어 빈칸에는 부정적 의미의 단어가 와야 하므로 ominous(불길한)가 적절하다.

해석 나는 우리 시설의 확장에 대한 나의 계획을 발표함에 있어서 더 불길한 때를 바랄 수 없다.

정답 1 ③ 2 ② 3 ② 4 ①

[난이도 ★★★]
1 □ □
2 □ □
3 □ □

5 __________ as reason is and limited as law is as the institutionalized medium of reason, that's all we have standing between us and the tyranny of mere will and the cruelty of unbridled, undisciplined feeling.

① Reliable   ② Potent

③ Fragile   ④ Divine

⑤ Human

[난이도 ★★★]
1 □ □
2 □ □
3 □ □

6 Many of Korea's quaint customs, spawned by the exigencies of industrial growth, have fallen into _________ fortunately.

① obliteration   ② desuetude

③ concatenation   ④ chasm

⑤ soliloquy

[난이도 ★★]
1 □ □
2 □ □
3 □ □

7 Eighty percent of the population has been adversely affected by the drought, and food reserves may not be _________ for the month.

① efficient   ② conducive

③ sufficient   ④ pessimistic

5 **어구** **institutionalized** 제도화된 | **limited** 한정된; 좁은 | **medium** 매개물, 매체 | **tyranny** 전제 정치; 폭정, 포학 | **mere will** 순수 의지 | **cruelty** 잔혹(함) | **unbridled** 고삐 풀린, 억제할 수 없는 | **undisciplined** 훈련이 없는, 규율 없는, 방자한, 미숙한 | **reliable** 의지가 되는, 믿음직한; 확실한 | **potent** 힘센, 유력한; 효능 있는 | **fragile** 1. (물체 등이) 망가지기 쉬운(brittle), (신념 등이) 무너지기 쉬운; 무른(frail) 2. (체질이) 허약한 | **divine** 신성한(holy, sacred)

해설 순접 연결 장치 and 뒤에 열거된 limited가 단서가 된다. 위에서 말하는 이성과 법(→이성화된 매개체)과의 관계를 잘 따져보자.

해석 이성이란 나약하여 법이 이성의 제도화된 매개체로서 한계가 있다 할지라도, 법은 우리 자신과 순수 의지의 포악함이나 억제되지 않고 제멋대로인 감정의 잔인함 사이에 우리가 가지고 있는 전부이다.

6 **어구** **quaint** 괴상한; 이상한(incongruous, strange) *Ex.* a quaint person 괴짜, a quaint sense of humor 독특한 유머 감각 | **spawn** *v.* 야기하다, 알을 낳다 *n.* 알, 결과 | **exigency** 긴급함, 위급함, 긴급한 상태 | **fall into** (어떤 상태로) 되다, (곤경에) 빠져들다(get into, run into), ~하기 시작하다(begin) *Ex.* get[fall, run] into difficulties 곤경에 빠지다 | **obliteration** 삭제, 말살 [파] obliterate *v.* (문자 · 기호 따위를) 지우다, 말살하다(blot out); 흔적으로 없애다(destroy) *Ex.* obliterate one's footprints 발자국을 없애다, obliterate one's sad memories 슬픈 기억을 잊다 | **desuetude** 이용되지 않음, 폐지(disuse) | **chasm** 간격, (감정 · 의견의) 차이, 틈 *Ex.* Despite the continued economic prosperity, there exists a huge chasm between the wealthy and the poor. 지속적인 경제 발전에도 불구하고 빈부 격차는 여전히 크다. | **soliloquy** 혼자말(하기); (연극의) 독백

해설 부정적인 의미의 주어가 부사 fortunately(다행히도, 운좋게도)가 와서 긍정적인 내용으로 바뀌는 것을 알 수 있다. 〔보기〕①번은 '괴상한 관습이 삭제되었다' 가 아니라 fall[pass] into desuetude(안 쓰이게 되다)가 적절하다.

해석 산업 성장의 긴급한 상황에 의해 야기된 수많은 한국의 괴상한 관습들이 다행히두 존재하지 않게 되었다.

7 **어구** **population** 인구, 주민 [the~] | **be adversely affected by** ~로 인해 악영향을 받다, 피해를 입다 | **drought** 가뭄(aridity, dearth, deficiency) | **food reserves** 비축 식량 | **efficient** 능률적인, 효율적인(effective), 유능한(competent) | **conducive** 도움이 되는 | **sufficient** 충분한 | **pessimistic** 비관적인(≠ optimistic 낙관적인)

해설 순접 and로 앞 뒤 내용은 인과 관계이므로 가뭄으로 피해를 입어서 가뭄에 대비한 비축식량이 부족하다(not sufficient)가 빈칸에 적절하다. 그리고 문장 내에 부정어(not)에 주의해서 접근하자.

해석 인구의 80퍼센트가 가뭄으로 피해를 입었는데, 비축해 놓은 식량은 이번 달을 견디기에 충분하지 않을지도 모른다.

정답 5 ③ **6** ② **7** ③

[난이도 ★★★]
1 ☐ ☐
2 ☐ ☐
3 ☐ ☐

8 At the touch of the button the machine cranks out 1,200 neatly shaped cakes of rice an hour, about three times as fast as its __________ -flesh and blood- , and the company provides the raw fish pre-sliced and frozen.

① patron
② contemporary
③ counterclaim
④ counterpart

[난이도 ★]
1 ☐ ☐
2 ☐ ☐
3 ☐ ☐

9 Individual differences in mental traits assume importance in fitting workers to jobs because such personal characteristics are persistent and relatively little influenced by training and __________.

① argument
② effect
③ affectation
④ experience

[난이도 ★]
1 ☐ ☐
2 ☐ ☐
3 ☐ ☐

10 Power may be compared to a great river. While kept within its due bounds it is both beautiful and useful, but when it overflows its bank, it is then too uncontrolled — it bears down all before it and brings destruction and desolation wherever it comes. __________________.

① Liberty increases the power of men
② Power is like a great river which can do good and bad
③ Liberty is protection against lawless power
④ A great river is powerful
⑤ We should love a great river

Notes

8 **어구** **crank out** 기계적으로 생산하다 | **neatly** 산뜻하게, 말쑥하게, 교묘하게, 적절히 *cf.* neat 단정한, 깔끔한(tidy) | **shaped** 모양이 난 | **three times as fast as** ~보다 3배나 빠르게 | **flesh and blood** (육신을 지닌) 인간 *cf.* flesh blood 신인, 새로운 피 | **raw fish** 날생선 | **sliced** 얇게 썬 | **frozen** 냉동한, 차가운 | **patron** 보호자, 후견인 | **contemporary** *n.* 동시대의 사람, 동기생 *a.* 동시대의, 현대의 | **counterclaim** 반대 요구, 반소 | **counterpart** 상대물(사람)

해설 이 문제는 다소 해석이 어렵지만 기계(the machine)와 비교되는 대상이 무엇인지를 찾아내면 쉽게 풀 수 있다. flesh and blood가 살아있는 인간을 말해주므로 빈칸에는 인간과 동격이 되는 상대자(counterpart)가 적절하다.

해석 버튼을 누르면 그 기계는 자신의 상대자인 인간보다 세 배나 빠르게, 한 시간에 1,200개씩 깔끔한 모양의 쌀떡을 기계적으로 생산한다. 또한 그 회사는 미리 썰어져 냉동된 날생선을 제공한다.

9 **어구** **mental** 마음의, 정신의 *cf.* bodily 육체의(physical) | **trait** 특색, 특성(attribute, characteristic, feature) | **assume** 가정하다(presume), ~을 지니다, ~을 띠다 | **fit A to B** A를 B에 적응시키다 | **persistent** 고집하는, 지속적인 | **relatively** 비교적, ~에 비교해서 | **argument** 논의, 논증, 요지 | **affectation** *n.* 인체함, 가장 *cf.* affected *a.* 1. 영향 받는 2. (병에) 걸린 3. 감동한

해설 and 병렬 구조로 training(교육, 훈련)과 비슷한 의미가 빈칸에 나와야 하므로 experience(경험)가 적절하다.

해석 노동자들을 업무에 적응시킬 때 정신적 특성의 개인적인 차이는 중요성을 지닌다. 왜냐하면 그러한 개인적 특성은 지속적이며 훈련이나 경험에 의해 상대적으로 거의 영향을 받지 않기 때문이다.

▶ 경험과 관련된 단어
background, education, practice, training, episode, event, incident 등

10 **어구** **be compared to** ~에 비유되다 | **due** 적당 · 정당한 | **bound** 경계, 범위 | **overflow** 범람하다 | **bank** 둑(levee), 제방 | **bear down** 압도하다, 격파하다 | **desolation** 황폐화, 폐허

해설 권력을 강에 비유한 첫 문장에 이어서, 강의 이로움과 해를 끼치는 두 특징을 모두 설명하므로 이점과 해로움이 모두 언급되어야 옳다.

해석 권력이란 큰 강에 비유될 수 있다. 그 적당한 범위 내에 유지되는 동안 강은 아름다우며 동시에 유용하지만, 제방을 넘치게 되면 억제할 수 없게 되어, 앞에 있는 모든 것을 집어삼키고 닥치는 대로 파괴와 폐허를 초래한다. 권력이란 이로울 수도 해로울 수도 있는 큰 강과도 같은 것이다.

정답 8 ④ 9 ④ 10 ②

11 The instinctive foundation of the intellectual life is curiosity, which is found among animals in its elementary form. Intelligence demands an alert curiosity, but it must be of a certain kind. The sort that leads village neighbors to try to peer through curtains after dark has no very high value. The widespread interest in gossip is inspired, not by love of knowledge, but by malice: no one gossips about other people's secret virtues, but only about their __________.

① well-known virtues ② public malice

③ secret vices ④ unknown advantages

⑤ alert curiosity

12 An organism comprises cells, and a cell is constituted of molecules which must socialize with one another. Each molecule has to see through what the others are doing. Each one must be capable of receiving messages and must be __________ disciplined to react.

① immodestly ② sufficiently

③ meagerly ④ superficially

13 In spite of her husband's __________ salary, she was __________ in everything she bought.

① huge – elegant ② small – a miser

③ poor – extravagant ④ abundant – prodigal

Notes

11 **어구** instinctive 본능적인 | foundation 기초, 토대 | elementary 초보의, 초등의 | alert 경계를 늦추지 않는 | peer 자세히 들여다보다 | gossip 잡담, 소문; 잡담하다, 숙덕거리다 | inspire 고무시키다, 격려하다 | malice 악의 | secret virtue 알려지지 않은 장점 | vice 결점, 약점, 부도덕(sin) | virtue 미덕, 장점 | malice 악의, 원한 | alert 방심하지 않는, 날쌘

해설 커튼 사이로 남의 집을 들여다 보는 '다른 이의 비밀을 캔다' 는 범위가 옳으며, 또한 장점보다는 '단점' 을 몰래 숙덕거린다는 구체적 내용이 전체 문맥상 논리적으로 옳다.

해석 지적 생물체의 본능적인 토대는 호기심이며, 이는 동물들에게서 초보적인 형태로 발견된다. 지능에는 경계를 늦추지 않는 호기심이 요구되지만, 그 호기심은 반드시 일정한 종류의 것이어야 한다. 마을 이웃들로 하여금 어두워진 후 커튼 사이로 남의 집을 들여다보게 만드는 그런 종류의 호기심엔 전혀 높은 가치가 없다. 남의 뒷말에 많은 이들이 보이는 관심은 지식에 대한 사랑이 아니라 악의에 의해서 생겨나게 된다. 즉, 그 누구도 타인의 숨겨진 장점에 대해서가 아니라, 그들의 드러나지 않은 결점에 대해서만 숙덕거릴 뿐이다.

12 **어구** organism 유기체 | comprise 포함하다, 구성하다(constitute, contain) | be constituted of 구성되다 | discipline v. 훈련하다, 훈계[징계]하다, 통제하다(control), 정리하다 n. 훈련, 학과 | receive messages 메시지를 주고받다 | react 서로 작용하다, 반대하다 | immodestly 겸손하지 않게 | sufficiently 충분히 | meagerly 적게, 불충분하게 | superficially 피상적으로

해설 이 문제는 유기체가 어떻게 구성되는지 구체적으로 설명하고 있는 글이다. 유기체를 이루는 분자들 간에 연락을 취하고 반응을 하기 위해서는 질서가 잘 잡혀 있어야 하므로 부사로 sufficiently가 적절하다.

해석 유기체는 세포로 구성된다. 그리고 세포는 서로 간에 교류하는 분자들로 구성된다. 각각의 분자는 다른 것들이 하는 것을 꿰뚫어 보아야 한다. 각각의 분자는 서로 간에 연락을 취하고 반응할 만큼 충분히 통제되어야 한다.

13 **어구** huge 거대한 | elegant 우아한 | miser 구두쇠 | poor 빈약한, 초라한, 불쌍한, 부족한, 서투른, 열등한 | extravagant 낭비벽이 있는, 사치스러운 | abundant 풍부한 | prodigal 낭비하는

해설 in spite of는 양보로 앞 뒤 문장의 내용은 반대이므로 두 개의 빈칸에 들어가는 단어들은 반대되는 의미의 단어가 들어가면 된다.

해석 남편의 적은 월급에도 불구하고 그녀는 구입했던 모든 것에 사치스러웠다.

정답 11 ③   12 ②   13 ③

S.C Practice 13

[난이도 ★★]

1 ☐ ☐
2 ☐ ☐
3 ☐ ☐

14 Business will account for 80 percent of Internet use and private users just 20 percent, a well-known technologist attending the economic forum here predicted Tuesday. Michael Dell, who runs Dell Corporation, made the forecast at a session on the "Future of the Internet." Microsoft president Bill Gates on Monday ______________ high expectations about trading and banking in cyber-space. "Is everybody going to be shopping, banking there? It's just not realistic, it takes time for these things to happen," he said.

① dampened   ② bolstered

③ illuminated   ④ ensnared

⑤ solidified

[난이도 ★★]

1 ☐ ☐
2 ☐ ☐
3 ☐ ☐

[15-16]

The world's population in 1985 was 5 billion, almost double its population in 1950. Each year the world's population grows by about the population of Mexico, which was almost 80 million in 1985. By the year 2000 the world's population is expected to be approximately ____ (15)____ billion. This population growth is ____(16)____ increasing interest to national planners and others concerned about the future ____(17)____ overpopulation leads to a wide variety of serious problems such as environmental pollution, famine, crime, etc.

15 ① 5.2   ② 5.5

  ③ 6.2   ④ 6.5

16 ① against   ② that

  ③ both   ④ of

17 ① as   ② though

  ③ while   ④ however

14 **어구** **account for** ~을 설명하다(explain), ~의 비율을 차지하다 | **technologist** 공학자 | **forecast** 예견하다(predict, foresee, prophesy) | **cyber-space** 가상공간 | **bank** 은행 일을 보다 | **dampen** (열기를) 꺾다, 축축하게 하다 | **bolster** 지지·강화하다 | **illuminate** 조명하다; 명백히 하다 | **ensnare** 함정에 빠트리다 | **solidify** 굳건히 하다

해설 이어서 등장하는 마지막 문장에서 빌 게이츠 회장이 말하기를 가상공간에서 쇼핑을 하고 은행 일을 보게 되는 것은 비현실적이라고 했으므로, '높은 기대치의 열기를 꺾다'는 내용이 논리상 적합하다.

해석 비즈니스가 인터넷 이용의 80%를 차지하게 될 것이고, 개인 이용자들은 겨우 20%를 차지하게 될 것이라고 경제 포럼에 참석한 한 저명한 공학자가 화요일에 예측했다. Dell Corporation사를 운영하고 있는 Michael Dell은 "인터넷의 미래"를 주제로 했던 한 회의에서 그러한 예견을 했었다. (반면) Microsoft의 Bill Gates 회장은 월요일에 가상 공간에서의 상거래와 금융에 대한 높은 기대에 찬물을 끼얹었다. 그는 "모든 사람이 그곳에서 쇼핑을 하고 은행 일을 보게 될까요? 현실성이 전혀 없는 일이고, 이런 일들이 벌어지려면 시간이 걸릴 겁니다."라고 말했다.

15-7 **어구** **billion** 10억 | **population** 인구 | **approximately** 대략, 거의 | **national** 국민의, 국가의, 전국적인 | **environmental** 주위의; 환경의 | **overpopulation** 인구 과잉 | **famine** 기근, 굶주림(starvation, hunger)

해설 15. 1985년에선 2천년까지의 차이는 15년이고 세계 인구는 매년 8천만씩 불어난다고 했으므로, 그 사이에 불어날 인구는 대략 12억이고 현재의 인구가 50억이라고 했으므로 답은 ③이 된다.

16. of+추상명사의 꼴이 되어 형용사구를 이루는 구문이다. 인구 증가는 사람들에게 흥미롭다는 내용이므로 추상명사인 interest와 합쳐 형용사구를 이룰 of가 빈칸에 들어가야 한다.

17. 빈칸 앞문장과 뒷문장이 어떤 관계인지를 파악하는 것이 중요하다. 인구 과잉이 많은 문제를 일으키기 때문에 사람들이 점점 더 그 문제에 관심을 가지는 것이다. 따라서 빈칸에는 이유를 나타내는 접속사가 와야 한다.

해석 1985년에 세계의 인구는 50억이었는데 그것은 1950에 비해 거의 두 배에 달하는 수였다. 매년 세계 인구는 1985년에 약 8천만인 멕시코의 인구만큼씩 늘어나고 있다. 2천년 경에는 세계 인구가 대략 62억이 될 것으로 예상된다. 이러한 인구 성장은 국가의 계획을 설립하는 사람들이나 미래에 관심을 가진 사람들에게 점점 더 큰 관심사가 되고 있는데 왜냐하면 인구 과잉은 환경오염, 기근, 범죄 등과 같은 광범위한 종류의 심각한 문제를 일으키기 때문이다.

정답 14 ① 15 ③ 16 ④ 17 ①

18 Psychologists tell us that to be happy we need a mixture of enjoyable leisure time and satisfying work. I doubt that my great-grandmother, who raised 14 children and took in laundry, had much of either. She did have a network of close friends and family, and maybe this is what fulfilled her. If she was happy with what she had, perhaps it was because she didn't expect life to be very different. We, ___________, with so many choices and such pressure to succeed in every area, have turned happiness into one more thing we "must have." We're so self- conscious about our "right" to it that it's making us miserable. So we chase it and equate it with wealth and success, without noticing that the people who have those things aren't necessarily happier.

① for example   ② on the other hand

③ in addition   ④ in short

19 The government is setting ______ standards on thermal pollution, since it has found present regulation to be ______ in many respects and unable to safeguard our water.

① controlled – immaterial

② relaxed – severe

③ indelible – severe

④ stringent – deficient

18 **어구** mixture 혼합, 혼합물, 감정의 교착 | **enjoyable** 즐거운, 재미있는, 유쾌한(pleasant) | **great-grandmother** 증조모 | **fulfill** 채우다, 만족시키다 | **turn A into B** A와 B를 바꾸다 | **miserable** 비참한(wretched, abject) | **chase** 뒤쫓다, ~을 추구하다 | **equate A with B** A와 B를 동일시하다 | **for example** 예를 들어 | **in addition** 게다가 | **in short** 한마디로 말하면, 요약하면

해설 적절한 연결사를 찾는 문제이다. 빈칸 앞 뒤 내용이 반대이므로 역접을 나타내는 부사로 on the other hand(이에 반해서, 다른 한편)가 적절하다.

해석 심리학자들은 행복해지기 위해서는, 즐길 수 있는 여가시간과 만족스러운 일이 혼합되어야 한다고 한다. 나는 14명의 자식들을 키우고 세탁소에서 일하셨던 나의 증조모는 둘 중에서 어느 하나만 많이 가졌다고 생각하지 않는다. 그녀는 가까운 친구와 가족들과의 관계를 가지고 있었고, 아마도 이것이 그녀를 충족시킨 것일 것이다. 만약 그녀가 자신이 가지고 있었던 것에 만족해했다면 아마도 그것은 그녀가 인생은 매우 다르다는 기대를 하지 않았기 때문일 것이다. 반대로 매우 많은 선택과 모든 분야에서 성공하기 위한 압박감이 있는 우리로서는 행복을 우리가 "가져가야 할 것"보다 하나 더 가져야만 하는 것으로 바꾸어 버렸다. 우리는 행복에 대한 우리의 "권리"를 너무 의식해서 행복 그것이 우리를 비참하게 만들고 있다. 그래서 우리는 부와 성공을 가진 사람들이 반드시 더 행복한 것은 아니라는 것을 알지 못하고 그것을 추구하고 그것을 부와 성공과 동일시한다.

19 **어구** thermal pollution (원자력 발전소의 폐수 따위에 의한) 열공해 | **regulation** 규제, 법규 | **safeguard** 지키다, 보호하다 | **immaterial** 실체 없는, 비물질적인 | **stringent** 엄격한, 강력한 | **indelible** 지울 수 없는, 지워지지 않는 | **deficient** 부족한, 충분하지 않은

해설 앞문장과 뒷문장이 이유를 설명하는 접속사 since로 연결되므로 뒷문장이 앞문장의 원인이 되어야 한다. 따라서 첫 번째 빈칸에 들어갈 말은 두 번째 빈칸에 들어갈 말의 결과가 되어야 하며 두 단어는 서로 대조적인 의미를 지녀야 한다. 이런 것을 염두에 두고 답에 나와 있는 짝들을 살펴보았을 때, 위의 조건을 충족시키는 답은 ②와 ④이다. 그러나 두 번째 빈칸이 들어가는 어구와 그 이하의 어구들이 순접을 나타내는 접속사 and로 연결되어 있으며 and 이하의 내용이 우리의 물을 제대로 보호할 수 없다는 내용이므로 두 번째 빈칸에도 현재의 규제가 많은 면에서 '부족하다'고 해야 자연스럽게 연결된다. 따라서 답은 ④이다.

해석 정부는 열공해에 대해 강력한 기준을 마련하고 있는데, 그것은 현재의 규제가 여러 면에서 불충분하며 우리의 물을 제대로 보호할 수 없다는 것을 밝혀냈기 때문이다.

정답 18 ② 19 ④

20 Before about 1960, virtually all accounts of evolution assumed most adaptation to be a product of selection at the level of populations; recent studies of evolution, however, have found no __________ this __________ view of selection.

① departures from – controversial

② basis for – pervasive

③ bias toward – unchallenged

④ precursors of – innovative

20 **어구** **virtually** 사실상, 실질적으로 | **evolution** 전개, 발전, 진전 | **assume**+(목적어)+**to be**+ (보어) ~라고 추정하다, 추측[가정]하다 | **adaptation** 적응, 적합, 순응 | **selection** 선발, 선택 | **population** 인구, 주민 수 | **departure** 출발, 떠남; 이탈 | **controversial** 논쟁의; 논의의 여지가 있는 | **basis** 기초, 토대 | **pervasive** 퍼지는, 널리 미치는; 스며드는 | **innovative** 혁신적인

해설 'however' 앞뒤의 내용은 반대. 또한 'Before about 1960'와 'recent'의 반대이다. 그리고 두 번째 빈칸에는 'virtually all'과 비슷한 의미가 와야 하고, 첫 번째 빈칸에는 'assumed(가 정)'와 실제의 차이이므로 빈칸에는 '근거'의 의미가 와야 자연스럽다.

해석 약 1960년 전에, 사실상 진화의 모든 설명들은 대부분의 적응을 인구들의 수준에서 선택의 산물이 라고 가정했다. 그렇지만, 최근 진화의 연구들은 이 온통 퍼진 선택의 견해에 대한 근거도 발견하지 못했다.

정답 20 ②

S.C Practice 14

[난이도 ★★★]

1 ☐☐
2 ☐☐
3 ☐☐

1 The hypocrite __________ feelings that he does not possess but feels he should display.
① depicts
② decries
③ simulates
④ emulates

[난이도 ★]

1 ☐☐
2 ☐☐
3 ☐☐

2 The salvage, study, and display of this incredible dinosaur bone will be a significant __________ to the scientific community.
① definition
② contribution
③ squabble
④ edification

[난이도 ★★]

1 ☐☐
2 ☐☐
3 ☐☐

3 There is a difference between women's voices and the voices of all the others who live meaningless lives within a world where they have no part in decisions _______.
① made too far away
② too far away made
③ make too far away
④ far away made too

1 **어구** **hypocrite** 위선자 [관] hypocrisy *n.* 위선, hypocritical *a.* 위선적인 | **possess** 소유하다, 가지고 있다(own) | **display** 보여주다 | **depict** 묘사하다, 그리다(represent, delineate) | **decry** 공공연히 비난하다, 헐뜯다(condemn, criticize) | **simulate** 1. 가장하다(pretend) 2. 흉내내다 | **emulate** 1. 겨루다, 경쟁하다(contend, compete) 2. 흉내내다(imitate, mimic)

해설 위선자는 속마음과는 다르게 겉치레로 보이는 언행을 하는 사람이므로 빈칸에는 simulate가 적절하다. 참고로 simulate와 emulate는 '흉내를 내다'의 의미로 동의어이다.

해석 위선자는 자신이 지니고 있지는 않지만 나타내 보여야 한다고 느끼는 감정들을 (마음속에 있는 것처럼) 가장해 보여준다.

2 **어구** **salvage** 해난구조, 폐품 수집 | **incredible** 믿을 수 없는, 거짓말 같은 | **dinosaur** 공룡 | **significant** 중요한, 의의 있는 | **the scientific community** 과학계 | **definition** 한정; 정의, 설명 | **contribution** *n.* 기여, 공헌[to] [파] contribute *v.* 기부하다, 기여하다 | **squabble** *n.* 언쟁, 입싸움 *v.* 다투다(argue, bicker, quarrel) | **edification** *n.* (인성 등의) 함양, 교화 [파] edify *v.* ~을 교화하다

해설 단순 어휘력 측정 문제로 significant와 어울리면서 전치사 to와 자연스럽게 연결되는 것은 contribution이다.

해석 믿을 수 없을 만큼 굉장한 공룡의 뼈를 수집하여 연구하고 전시하는 일은 과학계에 뜻깊은 기여가 될 것입니다.

3 **어구** **difference** 다름; 차이점(between); 의견의 차이; 불화; (국제 간의) 분쟁 | **live meaningless lives** 무의미한 삶을 살다 | **meaningless** 의미 없는, 무의미한 | **have no part in** ~에 아무런 역할을 하지 않다 | **decision** 결정, 결심 | **decision-making** 의사 결정 | **come to (reach, arrive at) a decision** 결정되다 | **too far away** 너무 먼 곳에서

해설 decision-making(의사 결정)이므로 빈칸에 들어갈 표현은 decisions를 수식해야 하므로 make가 아니라 과거분사 made여야 하고, '너무 먼 곳에서'는 부사어로 과거분사 뒤에 오고 그 순서는 too far away이다.

해석 여자들은 발언권과 너무 먼 곳에서 행해지는 의사 결정에 아무런 역할도 하지 못하는 그런 세계에서 무의미한 삶을 살아가는 다른 모든 사람들의 발언권 사이에는 차이가 있다.

정답 1 ③ 2 ② 3 ①

[난이도 ★★★]
1 □ □
2 □ □
3 □ □

4 During a period of protracted illness, the sick can become infirm, _________ both the strength to work and many of the specific skills they once possessed.

① regaining

② denying

② pursuing

④ insuring

⑤ losing

[난이도 ★★]
1 □ □
2 □ □
3 □ □

5 Marshal Philippe Petain, unlike any other French citizen of this century, has been, paradoxically, the object of both great veneration and great _________.

① reverence

② praise

③ empathy

④ contempt

[난이도 ★★★]
1 □ □
2 □ □
3 □ □

6 Americans enjoy eating high-fat, sugary junk food and then exercise excessively. They heavily advertise alcohol and tobacco, while declaring a war on all other drugs. I find American attitudes about health _________.

① contradictory

② mature

③ optimistic

④ academic

4 **어구** **protracted** (병·교섭 따위) 오래 끄는 | **infirm** 약한, 우유부단한, 견고하지 못한 | **specific** 특정한, 일정한 | **regain** 되찾다, 회복하다, ~에 되돌아가다 | **deny** 부정하다, 부인하다, 인정하지 않다 | **pursue** 뒤쫓다(chase, trace), 추적하다, 추구하다(seek) | **insure** 보증하다(guarantee), 책임 맡다, 확실히 하다

해설 이 문제의 〔보기〕들을 보면 빈칸에는 분사가 요구되고 있다는 것을 알 수 있다. 분사구문은 주절의 결과를 나타내므로 주절의 내용과 순접이라야 한다. 분사구문의 의미상 주어(the sick)와 주절의 주어가 같고 can become infirm(허약하게 될 수 있다)가 부정적 의미이므로 빈칸에는 infirm과 비슷한 부정적인 의미가 나와야 한다.

해석 오래 끄는 질병을 앓는 기간 동안, 아픈 사람들은 그들이 예전에 소유했던 일에 대한 힘과 특별한 기술들의 많은 것들을 잃으면서 허약하게 될 수 있다.

5 **어구** **unlike** ~와는 달리 | **paradoxically** 역설적으로 | **veneration** 존경, 숭배 *cf.* hold a person in veneration 아무를 존경[숭배]하다 | **reverence** 우러러 공경하는 마음, 숭배 | **praise** 칭찬, 찬양 | **empathy** (심리학) 감정이입, 공감 | **contempt** 경멸, 멸시(disdain, scorn, abhorrence, disrespect) *cf.* contempt of court [Congress] 법정[국회] 모욕죄

해설 〈paradoxically, both A and B〉에서 A와 B는 반대 의미가 나와야 되므로 빈칸에는 veneration(존경)과 반대 의미가 요구된다.

해석 역설적으로 어떤 다른 프랑스 시민과는 달리 Marshal Philippe Petain은 금세기의 큰 존경과 큰 경멸의 대상이 되어왔다.

▶ **paradoxically, ironically**는 함께 쓰인 〈**both -and**〉, 〈**either-or**〉의 and/or 앞 뒤의 내용은 반대 방향이다. 또한 〈**whether-or**〉에서 or 앞 뒤의 내용도 반대 방향이다.

6 **어구** **junk food** 쓰레기 음식 | **excessively** 지나치게 | **contradictory** 모순되는, 양립치 않는 *Ex.* To untangle the knot of contradictory advice, they have desperately sought better information. 그들은 서로 모순되는 조언의 매듭을 풀기 위해서, 필사적으로 더 나은 정보를 찾고 있다. | **mature** 성숙한, 숙성된(ripe), 만기가 된 | **optimistic** 낙관적인(cheerful, confident) | **academic** 학구적인(collegiate, educational)

해설 주제를 추론하는 문제로 미국인들의 식습관과 건강에 대한 잘못된 단면을 보여주고 있다.

해석 미국인들은 고지방이면서 설탕이 가득 든 쓰레기 음식을 섭취하는 것을 좋아하고, 그리고서 운동을 과하게 한다. 그들은 모든 다른 마약과의 전쟁을 선포하는 반면 술과 담배를 엄청나게 광고한다. 나는 건강에 대한 미국인의 태도가 모순된다고 본다.

정답 4 ⑤   5 ④   6 ①

7 During the past 200 years, the most important political change has been the rise of democracy. In one country after another, the power to govern has been __________ from kings and ruling classes to the whole people.

① negotiated

② established

③ transferred

④ developed

[난이도 ★★]
1 ☐☐
2 ☐☐
3 ☐☐

8 A : I see you're changing the oil.
B : Yes. It hasn't been changed in a long time.
A : Can I give you a hand?
B : Sure. ________
A : No, not at all. I'd be happy to help.
B : Thanks. I appreciate it.

① Why not?

② If you don't mind.

③ I'm glad to hear that!

④ That's very kind of you.

[난이도 ★★]
1 ☐☐
2 ☐☐
3 ☐☐

9 We cannot assume that the educated persons of a community are its only clear-thinking inhabitants, for it has been shown that good judgement is not necessarily proportional to ____________.

① experience

② good intentions

③ education

④ wealth

[난이도 ★★]
1 ☐☐
2 ☐☐
3 ☐☐

7 **어구** **rise** 발생, 출현, 성장 | **govern** 통치하다, 지배하다, 억제하다 | **ruling class** 지배계층 | **negotiate** 협상하다[with], 매도하다 | **establish** 설립하다, 확립하다, 제정하다, 세우다 (set up, build, found) | **transfer** 보내다, (재산·권리 등을) 양도하다, 이전하다, (책임 등을) 전가하다 | **develop** 개발하다, 발달하다(evolve), (이론을) 전개하다

해설 위 문제의 단서는 the rise of democracy(민주주의의 태동)이다.

해석 지난 200년 동안에, 가장 중요한 정치적 변화는 민주주의의 등장이었다. 모든 국가에서 차례대로, 통치 권력이 왕과 지배계층으로부터 모든 국민에게로 옮겨졌다.

8 **어구** **give ~ a hand** ~를 돕다 박수갈채를 보내다 | **appreciate** 1. ~을 높이 평가하다 2. (사물을) 올바로 인식하다 3. (문학을) 감상하다 4. (호의를) 고맙게 생각하다, 감사하다

해설 'No, not at all.'이라는 대답은 앞의 말을 부정한 것이다. ①는 '왜 아니죠?' 의 뜻으로 의문문이므로, 뒤에 이에 대한 대답이 이어져야 하는데 그렇지 않아 답이 될 수 없고, ③은 '그 얘기를 들으니 기쁘군요' 이며, ④는 '참 친절하시군요' 인데 뒤에 이어지는 내용과 어울리지 않는다. ②에서 동사 mind는 '꺼리다, 싫어하다' 의 뜻으로 '당신이 싫어하지만 않는다면(괜찮으시다면)' 이다. 이와 'No, not at all.'이라는 대답은 '(도와주는 것을) 꺼리지 않는다, 즉 도와주겠다' 는 긍정의 뜻이므로 문맥상 잘 어울린다.

해석 A: 엔진오일을 교환하고 있군요.
B: 네. 오랫동안 갈지 않았거든요.
A: 도와 드릴까요?
B: 물론이죠. 괜찮으시다면요.
A: 전혀, 그렇지 않습니다. 기꺼이 도와드리지요.
B: 고맙습니다. 도와주셔서 감사합니다.

9 **어구** **assume** 가정하다, 당연하다고 여기다 | **community** 공동체, 지역사회 | **inhabitant** 거주자, 주민 | **proportional** 비례하는 | **experience** 경험, 체험 | **intention** 의향, 의지 | **education** 교육, 훈육 | **wealth** 부(富), 재산(riches), 부유

해설 for 이하가 앞의 내용에 대한 이유가 되어야 하고, 전체 글은 정확한 판단과 교육의 관계를 설명하고 있으므로 답은 ③이 된다.

해석 어떤 사회에서 교육 받은 사람들만이 유일하게 명확한 사고를 한다고 생각할 수는 없는데 왜냐하면 정확한 판단이 반드시 교육에 비례하는 것은 아니라는 점이 밝혀져 왔기 때문이다.

[난이도 ★★]

1

2

3

10 Scientists will discover many subtle genetic factors in the makeup of human beings, and those discoveries will challenge the basic concept of equality on which our society is based. Once we can say that there are differences between people that are easily demonstrable at the genetic level, then society will have to come to grips with understanding __________ — and we are not prepared for that.

① equality ② scientific discoveries

③ science ④ diversity

⑤ competition among human beings

[난이도 ★★★]

1

2

3

11 In the Roman circus one of the most popular sports was performed by one who leaps. This "leaper" rode two horses by vaulting expertly from one animal to the other. When people today speak of __________ conversation, they mean a conversation in which the participants flit from one subject to another.

① desultory ② compensatory

③ inexorable ④ obstinate

⑤ critical

[난이도 ★★]

1

2

3

12 It is now evidenced that what seems to be a single memory is actually a complex construction. For instance, when we think of a hammer, our brain hurriedly retrieves the tool's name, its appearance, its function, and the sound of its clang, each extracted from a different region of the brain. Therefore, the weakening of memory is in fact the failure to __________ separate parts of information stocked in your brain. Many of us begin to experience the breakdown of that assembly process as early as in our 20s.

① put together ② put up with

③ fill in for ④ make up for

⑤ concentrate on

10 어구 **subtle** 미묘한, 이해하기 어려운 | **genetic factor** 유전인자 | **makeup** 구성 | **challenge** 이의를 제기하다 | **equality** 평등 | **demonstrable** 논증 ; 논증할 수 있는 | **come (get) to grips with** ~와 맞붙어 싸우다, ~와 대처하다, 애써 노력하다 | **diversity** 상이, 차이

해설 첫 문장에서 이해하기 어렵고 미묘한 유전인자들을 발견할 것이라고 했으므로, 이해하고 노력해야 할 것은 그만큼 차이가 있고 상이한 의미를 가진 'diversity'가 옳은 것이다.

해석 과학자들은 인간을 구성하고 있는 많은 이해하기 어려운 유전 인자들을 발견할 것이며, 그러한 발견들은 우리 사회의 기초가 되고 평등이라는 기본 개념에 의문을 제기할 것이다. 일단 우리가 사람들 사이에 유전적인 차원에서 쉽게 증명할 수 있는 차이가 존재한다고 말할 수 있게 된다면, 사회는 사람들 사이의 차이를 이해하려고 노력해야 할 것이다. 그러나 우리는 그럴 준비가 되어 있지 않다.

11 어구 **leap** 껑충 뛰다, 도약하다 | **vault** 뛰다, 도약하다 | **expertly** 노련하게 | **flit** (휙휙) 날아다니다, 왔다갔다 하다 | **desultory** 일관성 없는 | **compensatory** 보상의 | **inexorable** 냉혹한 | **obstinate** 완고한

해설 도약을 하면서 한 개의 말이 아닌 두 개의 말을 타는 행위를 왔다갔다 한다는 내용을 대화에 비유한다면 하나의 주제로 일관되게 지속하는 것이 아닌 주제에서 벗어난 언급을 자주 한다는 내용이 옳다.

해석 로마시대 원형 곡예장에서 가장 인기 있던 스포츠 중 하나는 도약하는 사람이 보여주는 것이었다. 이 "도약하는 사람"은 한 동물에서 다른 동물로 노련하게 뛰어 타면서 두 마리의 말을 탔다. 오늘날 사람들이 갈피를 못 잡는 대화라고 말할 때는, 대화 참여자들이 한 주제에서 다른 주제로 왔다갔다 하는 대화를 의미하는 것이다.

12 어구 **evidence** 증거, 입증하다 | **construction** 건설, 구성 | **put up with** 참다 | **fill in for** ~의 대리 역할을 하다 | **make up for** 보상하다(compensate) | **concentrate on** ~에 집중하다

해설 빈칸에 있는 문상의 예시분으로 마지막 문장에 Many of us~가 나오므로 "the breakdown of that assembly process(그 종합 과정의 쇠퇴)"와 "the failure to ＿＿＿ separate parts of information"이 같은 내용이 되므로 빈칸에는 ① put together(조립하다)가 와야 한다.

해석 한 개의 기억처럼 보이는 것이 실제로는 복잡한 조합 과정이라는 것이 현재 증명되고 있다. 예를 들어, 우리가 망치를 생각할 때 우리의 두뇌는 그 도구의 이름, 모양, 기능 그리고 울리는 소리를 서둘러 생각해 낸다. 그 각각의 기억은 두뇌의 다른 부분에서 끌어내는 것이다. 그러므로 기억의 약화는 사실상 두뇌에 저장된 독립된 부분을 종합하는 데 실패하기 때문에 온다. 많은 사람들이 20대에 벌써 그 종합 과정의 쇠약을 경험하기 시작한다.

정답 10 ④ 11 ① 12 ①

13 The scholars have found that gender differences are reflected in the ways that children use language while they play. Boys often use commands when they talk to each other. For instance, when a boy is captain he might say, "You go first. Don't wait for me." As the leader of the other boys, he tells them exactly what to do. But when a girl wants to influence her friends, she uses different forms of language. Instead of using commands, she will say, "Let's try it this way. Let's do this." This is how she tries to direct the other girls without sounding bossy. By using the form "let's", she also emphasizes the fact that the girls all belong to the same group. These differences seem to be part of growing up in a given culture and following its rules of gender. If men and women can understand that many of their differences are _______________, they may be able to improve their relationships.

① cultural, not personal

② temporary, not permanent

③ individual, not social

④ voluntary, not compulsory

14 Koreans are gregarious, and _____________. They're so into other people that they don't read books much and they tend to fall asleep when they're by themselves. They are not sort of people who want to get away from it all, and they don't make a national habit out of rolling their eyes at the prospect of being with their parents. They work hard at their relationships. They don't have fixed bedtimes and will stay up half the night talking with you, flop asleep on the floor and get up early and go to work the next day. They live at close quarters, and so it's a fortunate thing that they like company.

① sociable   ② idle

③ patient   ④ reserved

Notes

13 **어구** **gender** 성, 성별 | **reflect** 반사하다, 반영하다 | **command** 명령 | **for instance** 예를 들어 | **direct** *v.* (사람·물건·말·눈·주의·노력 등을) (똑바로) 돌리다, 향하게 하다 [파] direction *n.* 지도, 지휘; 감독, 방향 *cf.* in all directions 사방팔방으로 (in every direction) | **emphasize** 강조하다 | **temporary** 일시적인 | **permanent** 영구적인 | **individual** 개인적인 | **social** 사회적인 | **voluntary** 자발적인 | **compulsory** 강제적인

해설 글 전체에서 성별에 따라 나타나는 차이에 관해 이야기하고 있고, growing up in a given culture(주어진 문화에서 성장하는 것)라는 표현이 나와 있으므로 밑줄 친 곳에 cultural(문화적인)이 들어가는 것이 옳다.

해석 학자들은 어린이들이 놀이를 하는 동안 언어를 사용하는 방식에 성별의 차이가 반영된다는 것을 발견했다. 소년들은 서로 이야기할 때 명령하는 말을 쓴다. 예를 들어, 한 소년이 "네가 먼저 가라. 나를 기다리지 마라."라고 말한다면 그가 대장이다. 다른 소년들의 지도자로서, 그는 그들에게 무엇을 할지 분명하게 말한다. 그러나 소녀는 친구들에게 영향력을 마치고 싶을 때, 다른 언어 형식을 사용한다. 명령을 사용하는 대신, 그녀는 "이런 식으로 해보자. 이걸 해보자."라고 말할 것이다. 이것은 소녀가 두목처럼 들리지 않도록 하면서 다른 소년들을 지도하는 방식이다. "~하자"라는 형식을 사용하여, 같은 모임에 그 소녀들 모두 속해 있다는 사실도 강조한다. 이러한 차이는 주어진 문화에서 성장하는 것과 성별에 관한 규칙에 따르는 것의 일부분을 보여준다. 만약 남자와 여자가 대부분의 차이가 문화적인 것이지, 개인적인 것이 아니라는 점을 이해할 수 있다면, 그들은 관계를 개선시킬 수 있을 것이다.

14 **어구** **get away from it all** 도시 생활의 혼잡을 피해 휴가를 가다 | **roll one's eyes** 눈을 부라리다 | **flop** 픽 쓰러지다 | **company** 친교, 친구 | **patient** 인내심이 강한, 끈질긴 | **reserved** 내성적인, 예약된

해설 gregarious는 '사교적인'이라는 뜻이므로 정답은 sociable이 된다.

해석 한국 사람은 사교적이다. 그들은 다른 사람들에게 너무 몰두하여서 혼자 있을 때는 책도 별로 읽지 않고 혼자 잠을 잔다. 그들은 도시 생활의 혼잡을 피해 휴가를 떠나는 그런 종류의 사람들은 아니다. 그리고 그들은 부모의 기대로부터 벗어나려는 민족적 습성을 갖고 있지도 않다. 그들은 타인과의 관계에 신경을 많이 쓴다. 그들은 정해진 취침시간도 없고, 이야기하면서 거의 날을 새다가, 마루에서 푹 쓰러져 자고, 다음날 일찍 일어나 출근한다. 그들은 가까운 지역에서 산다. 그래서 그들이 친교를 유지하는 데는 아주 좋다.

▶ **fall/ go /run** +형용사
fall asleep 곯아떨어지다
ill(몸져 눕다)
in love with(사랑에 빠지다)
short of(부족해지다)
go dead(움직이지 않다)
mad(미치다)
bankrupt(파산하다)
run low(short)(부족해지다)
down(쇠약해지다)
dry(고갈되다)

정답 13 ① 14 ①

[15-17]

The only real ___(15)___ to grading is not to grade, to refuse to turn the classroom into an arena where students are pitted against each other. This is done in several colleges and universities by offering nongraded ___(16)___ of each student for each course at the end of the term. Ideally, such evaluations describe at length the nature and quality of a student's work but do not rank him or her ___(17)___.

15 ① way   ② preference
     ③ purpose   ④ alternative

16 ① speculations   ② manipulations
     ③ calculations   ④ evaluations

17 ① in light of achievement
     ② with regard to individuality
     ③ in competition with others
     ④ with a view to testing

18 The books you read for ________ can be read in a state of relaxation, and nothing is lost. But a great book, a book that raises and tries to answer great fundamental questions, demands the most _______ reading of which you are capable. You don't absorb the ideas of a great thinker the way you absorb the crooning of a popular singer. You have to reach for them. You cannot do that while you fall asleep.

① pleasure – active   ② research – intensive
③ fun – passive   ④ study – extensive

Notes

15-7 어구 **arena** 원형극장, 경기장, 활동 무대 | **pit** 구덩이에 넣다, 함정에 빠뜨리다 | **evaluation** 평가 | **at length** 마침내, 상세히, 장시간에 걸쳐 | **rank** 분류하다, 등급을 매기다 | **purpose** 목적(aim), 의도, 의지, 용도 | **alternative** 양자 택일, 달리 취할 방도 | **speculation** 사색, 숙고 | **manipulation** 교묘히 다루기 | **calculation** 계산(하기)

해설 15. A is B의 문장 구조로 되어 있으므로 ______ to grading이 not to grade와 같아야 한다. 따라서 빈칸에는 grading에 대한 대안이란 의미가 들어가야 한다. 빈칸 다음에 오는 to 때문에 ②를 생각할 수도 있겠지만 preference는 preference A to B의 꼴로 와야 한다.

16. 답에 나와 있는 단어들의 정확한 뜻을 알고 있으면 쉽게 정답을 고를 수 있는 문제이다 (speculation 사색, 추측/manipulation 조종, 조작/calculation 계산(computation), 의도(forethought) evaluation 평가)이런 단어의 의미를 정확하게 모르고 있었다 해도 그 다음 문장에서 다시 evaluation이란 단어가 반복되므로, 그것을 힌트로 답을 고를 수 있다.

17. 빈칸이 포함되는 절과 그 앞의 절이 역접을 나타내는 접속사 but으로 연결되어 있으므로 그 앞의 내용과 뒤의 내용은 서로 대조를 이루는 것이어야 한다. 이렇게 보면 빈칸을 포함한 절은 학업이나 시험의 결과와 관련하여 학생을 평가하지 않는다는 내용이 들어가야 한다. 이렇게 보면 답은 ①이 된다. ④는 '시험을 치를 목적으로' 라는 의미가 되므로 답이 될 수 없다.

해석 등급을 매겨 평가하는 일의 실질적인 유일한 대안은 등급을 매기지 않고, 교실에 학생들을 몰아넣어 서로 싸우도록 하는 경기장으로 만들기를 거부하는 일이다. 이러한 방법은 몇몇 대학이나 대학교들에서 시행되는데, 이들 대학에서는 학기말에 각각의 학생들에게 각 강좌에 대해 등급이 없는 평가를 내려준다. 이상적으로 그런 평가에서는 학생이 한 학업의 특성과 특질을 자세하게 적어주지만 성과의 견지에서 학생의 등급을 매기지는 않는다.

18 어구 **in a state of relaxation** 편안한 상태에서 | **capable of** ~할 수 있는 | **absorb** 흡수하다, 빨아들이다, 완화시키다, (사람·마음을) 열중케 하다 | **croon** 낮은 소리로 노래하다

해설 첫 번째 빈칸에 들어갈 내용이 [보기] 중 pleasure나 fun이 되는데 두 번째 빈칸에 들어갈 말은 a great book을 읽을 때이므로 active(적극적인)가 문맥상 자연스럽다.

해석 당신이 즐거움을 얻기 위해 읽는 책들은 편한 상태로 읽을 수 있다. 그렇게 해도 전혀 잃어버리는 것이 없다. 그러나 위대한 책, 즉 크고 근본적인 질문을 제기하고 답을 구해야 하는 책은 당신이 할 수 있는 가장 적극적인 독서를 요구한다. 당신이 대중 가수의 감상적인 유행가에 몰두하는 방식으로 위대한 사상가의 이념에 몰두하지 못한다. 당신은 그것들에 도달해야 한다. 당신은 당신이 잠자는 동안에 그것을 할 수 없다.

▶ **주어+동사+the way+주어+동사**

방법을 나타내는 선행사 **the way**를 수식하는 형용사절은 선행사 또는 관계 부사 **how** 중 하나는 반드시 생략한다.

Please show me **the way (in which)** you went to the post office.

= Please show me **how** you went to the post office.

나에게 네가 영어를 배운 방법을 좀 말해줘.

정답 15 ④ 16 ④ 17 ① 18 ①

[난이도 ★★★]
1 ☐ ☐
2 ☐ ☐
3 ☐ ☐

19 The struggle of the generations is one of the obvious constants of human affairs ; therefore, it may be ________ to suggest that the rivalry between young and old in Western society during the current decade is uniquely critical.

① perennial　　　　② disturbing

③ precious　　　　④ presumptuous

[난이도 ★]
1 ☐ ☐
2 ☐ ☐
3 ☐ ☐

20 A pedigree is the record of an animal's or a plant's family. Keeping a record of animal pedigrees has enabled breeders to develop fine varieties of domestic animals. A good example is the breeding of fine racehorses. The livestock exhibited at fairs and exposition have ________.

① trainers　　　　② good instinct

③ good pedigrees　　　　④ few offspring

19 **어구** **struggle** 노력, 싸움 | **generation** 세대 | **constant** 변치 않는, 일정한 | **presumptuous** 주제넘은 | **current** 통용하고 있는; 현행의 | **critical** 비평의, 정밀한, 위기의; 중대한 | **uniquely** 유일(무이)하게(solely) | **perennial** 연중 끊이지 않는 | **disturbing** 교란시키는, 불온한 | **preciously** 비싼, 귀중한

해설 세미콜론(;) therefore는 앞·뒤 문장은 순접연결로 인과관계를 나타낸다. 앞문장에서 세대 간의 갈등은 obvious constants(분명하게 늘 일어나는 일)이라고 했으므로 세대 간의 경쟁 (갈등)이 유일하게 중대하다고(uniquely critical) 주장하는 것은 어떠한지 생각해 보아야 한 다. 빈칸에는 부정적인 의미를 갖는 단어인 presumptuous(뻔뻔스러운)가 적절하다.

해석 세대 간의 갈등은 인간 문제들의 분명한 늘 일어나는 일들 중 하나이다; 따라서 현 10년간 서방사 회에서 젊은이들과 나이든 사람들 사이의 경쟁은 유일하게 중대하다고 주장하는 것은 주제넘을 지 도 모른다.

20 **어구** **pedigree** 혈통, 가계 | **breeder** (가축의) 종, 양육(사육)자, 품종 개량가 | **offspring** 자식, 자손, 결과(result)

해설 동물 혈통을 기록하면 좋은 품종을 개발할 수 있다는 내용으로 볼 때 밑줄친 곳에는 '좋은 혈통을 가지고 있다' 가 적절하다.

해석 혈통이란 동물이나 식물의 종에 대한 기록이다. 동물의 혈통을 기록해두는 것은 품종 개량가들이 좋은 품종의 다양한 가축동물을 개발하는 것을 가능하게 해준다. 좋은 예는 훌륭한 경주마 육성이 다. 전시장과 설명회에 전시되어지는 가축들은 좋은 혈통을 가지고 있다.

▶ 타동사+목적어+**to R**
enable(가능하게 하다),
cause(초래하다),
invite(~하고 싶게 만들다),
order(명령하다),
allow(허락하다) +목적어
+**to R**
Long exposure to
moisture will **cause** nails
to rust. 습기에 오래 노출되
는 것은 못을 녹슬게 만든다.
The cool water of the lake
invited us to swim. 시원
한 호수가 우리를 수영을 하
고 싶게 만들었다.
I **order** him to leave the
room. 그에게 방에서 나가
라고 명령했다.

정답 **19** ④ **20** ③

[난이도 ★]

1 □ □
2 □ □
3 □ □

1 The doctor decided to _______ some medicine.
① prescribe   ② proscribe
③ describe   ④ subscribe

[난이도 ★★]

1 □ □
2 □ □
3 □ □

2 Grease and water will not mix; oil and water are as ______ as fire and water.
① attached   ② addictive
③ collateral   ④ incompatible

[난이도 ★★]

1 □ □
2 □ □
3 □ □

3 Whether the cause of poetry _______ in the hearts of those who attended would be difficult to determine.
① advanced   ② organized
③ fled   ④ loved

[난이도 ★★]

1 □ □
2 □ □
3 □ □

4 Several types of forget-me-not plants grow best in cool, damp places, but others _______ in dry soil.
① thrive   ② remain
③ merely survive   ④ die
⑤ surround

Notes

1 **어구** **decide** 해결하다, ~을 결심하다(determine) | **medicine** 약, 약물 | **prescribe** 규정하다, 지시하다, 명하다(order) | **proscribe** 인권을 박탈하다, 추방하다 | **describe** 묘사하다, 기술하다 | **subscribe** 승낙하다, 기부하다

해설 이 문제는 유사한 꼴의 단어들의 정확한 뜻을 묻는 문제로 각 단어의 뜻만 정확하게 알고 있으면 쉽게 풀 수 있는 문제이다. 즉 약을 처방하다는 뜻의 prescribe가 답이다.

해석 의사는 약을 처방하기로 결정했다.

2 **어구** **grease** 유지, 기름, 지방 | **attach** 붙이다, 소속시키다, 구속하다 | **addictive** 습관성의, 중독성의 | **collateral** 평행한, 부대적인, 이차적인

해설 이 문장은 순접 연결로 기름과 물, 불과 물은 상반되는 관계이므로 incompatible(양립할 수 없는, 조화되지 않는)가 들어가는 것이 옳다.

해석 기름과 물은 섞이지 않을 것이다. 기름과 물은 불과 물처럼 조화되지 않는다.

3 **어구** **cause** 원인, 근거; 주장, 대의 | **advance** *v.* 나아가다, 전진하다(시키다) *n.* 전진, 진보 *cf.* in advance 미리, 앞서서(beforehand) | **organize** 조직하다 | **flee** 달아나다

해설 in the hearts(마음속에) 부사구와 자연스럽게 연결되는 단어를 찾아라.

해석 시(詩)의 대의가 참석한 사람들의 마음속에 깊이 (이해되어) 들어갔는지는 확인하기 어려울 것이다.

4 **어구** **forget-me-not** 물망초 | **grow** 성장하다, 자라다; (사건 등이) 일어나다, 발생하다 | **damp** 습한 | **soil** 토양, 흙 | **thrive** 번창하다, 번영하다 | **survive** 생존하다 | **surround** 에워싸다, 둘러싸다

해설 이 문제를 해결하는 열쇠는 두 문장을 연결하는 접속사 but이다. 즉 앞의 내용과 뒤의 내용은 서로 반전을 이루어야 한다. 몇 종류의 물망초가 서늘하고 습한 곳에서 자라기는 해도 '건조한 토양에서 잘 자라는 것도 있다'라는 내용이어야 논리적 구조가 자연스러우므로 빈칸에는 앞문장의 grow best와 유사한 내용의 어구가 들어가야 한다.

해석 물망초과의 몇몇 식물들은 서늘하고 습한 곳에서 가장 잘 자라지만 또 어떤 것은 건조한 토양에서도 무성하게 잘 자란다.

▶ those(he/that) who/which+동사+ '~하는 사람들(것들)' : 막연한 사람이나 대상을 나타내며 he who~/ that which~는 단수 형태이다.
God helps **those who** help themselves. [속담] 신은 스스로를 돕는 사람들을 돕는다.
Those which were once truths are true no longer. 옛날에 진리였던 것들이 이제는 더 이상 진리가 아니다.
That which is bought cheap is the dearest. [속담] 싼 게 비지떡.

정답 1 ① 2 ④ 3 ① 4 ①

[난이도 ★]

1 ☐ ☐
2 ☐ ☐
3 ☐ ☐

5 The economic stability of nations and continents is often affected by the abundance or __________ of precipitation.

① dearth
② allusion
③ force
④ condensation
⑤ rainfall

[난이도 ★★]

1 ☐ ☐
2 ☐ ☐
3 ☐ ☐

6 Since viruses can travel from one place to another as fast as a phone call, a single strain can quickly __________ in computers hundreds of miles apart.

① be dead
② come
③ be gone
④ turn up

[난이도 ★★★]

1 ☐ ☐
2 ☐ ☐
3 ☐ ☐

7 The duties and powers of administrative agencies are derived from executive orders issued ________ to statutes.

① pertinent
② irrelevant
③ conducive
④ indispensable
⑤ pursuant

Notes

5 **어구** **economic stability** 경제적 안정 | **be affected by** ~에 의해 영향받다 | **abundance** 풍부(affluence, opulence) | **precipitation** 투하, 낙하; [기상] 강수·강우(량) | **dearth** 부족, 결핍(lack, scarcity) *cf.* a dearth of housing 주택난 | **a water dearth** 물기근 | **allusion** 암시(implication) | **condensation** 응축, 응결; 요약 | **rainfall** 강우, 강수량

해설 or(역접·대조)로 보아 abundance와 반의 관계의 단어로 dearth가 와야 한다.

해석 국가와 대륙의 경제적 안정은 종종 강우량이 충분한지 부족한지에 의해 영향을 받는다.

6 **어구** **virus** 바이러스 | **strain** 균종, 품종 | **apart** 떨어져서 | **dead** 죽은, 생명이 없는 | **gone** 지나간, 사라진; 없어진; 가버린

해설 종속절은 주절의 원인을 설명하므로 수백 마일이나 떨어져 있는 컴퓨터에도 금방 나타날 수 있다고 해야 자연스럽게 연결된다.

해석 바이러스는 전화만큼 빠르게 한 장소에서 다른 장소로 움직일 수 있으므로 단 하나의 균종도 빠른 시간 내에 수백 마일이나 떨어져 있는 컴퓨터들에 나타날 수 있다.

7 **어구** **administrative agency** 행정기관 | **be derived from** ~로부터 나오다(비롯되다) | **issued** 발행된, 발령된 | **pertinent** 1. 적절한, 타당한, 꼭 들어맞는(proper, appropriate) 2. 관계 있는, 관련된;(~에) 속하는[to] *Ex.* a pertinent remark 적절한 말, pertinent details 관련 항목 | **irrelevant** 부적절한, 무관계한(beside the point, extraneous) | **conducive** (~에게) 도움이 되는, 이바지하는(to) *Ex.* Exercise promotes health. = Exercise is conducive to health. 운동은 건강을 증진한다. | **indispensable** ~에 없어서는 안 되는, 필수적인 *Ex.* things indispensable to life 생필품, an indispensable obligation(duty) 피할 수 없는 의무 | **pursuant** (법에) 따르는, ~에 준하는 (in accordance with) *Ex.* pursuant to the rules 규칙에 따라서, 규칙대로

해설 위 문제는 문장 구조를 잘 분석하여야 문제에 접근하기 쉽다. 과거분사(issued)와 빈칸에 올 단어는 둘 다 앞의 명사를 수식하고 있다. → executive orders (which are) issued pursuant to statutes 그리고 규칙(rule)은 법령보다 하위에 있으므로 규칙이 법령(statute)을 준수해야 한다는 의미로 pursuant가 적절하다. 〔보기〕①에 pertinent는 특정 상황(문제)에 적절하다는 의미로 사용되므로 오답이다.

해석 행정기관의 의무와 힘은 법령에 맞게 발령된 행정명령으로부터 나온다.

정답 5 ① 6 ④ 7 ⑤

8 The more the habits of any particular animal are studied by a naturalist, the more he attributes to _______ and the less to unlearned instinct.

① power　　　　② reason
③ inheritance　④ chance
⑤ habit

[난이도 ★★]

9 The pressure of population on available resources is the key to understanding history ; consequently, any historical writing that takes no cognizance of demographic facts is intrinsically _________ .

① flawed　　　　② marginal
③ substantive　④ philosophical
⑤ demonstrative

[난이도 ★★★]

10 Local farmers struggled to stop the passage of the deal with hard-line demonstrations but the government refused to _______ to their demands.

① yield　　　　② present
③ snort　　　　④ be confused

[난이도 ★★]

Notes

8 **어구** naturalist 자연주의자, 박물학자 | **attribute** ~의 탓으로 돌리다, 기인하다, (성질 등이) 있다고 생각하다 | **unlearned** 배우지 못한, 정통하지 않은 | **inheritance** 유산, 상속, 유전, 타고난 재능

해설 'the 비교급~, the 비교급~'의 구문은 문맥의 전개 논리상, 앞의 비교급이 원인이고 뒤의 비교급이 그 결과에 해당한다. 그러므로 본문에서는 'habits'의 결과에 해당될 수 있는 것이 와야 한다. 그런데 그 결과에 해당하는 것이 두 개로 그 하나가 'less ~ instinct'이다.

해석 자연주의자가 특정한 어떤 동물의 여러 가지 습성을 연구하면 할수록, 그는 그 원인을 점점 더 이성의 탓으로 돌리게 되고, 타고난 본능의 탓으로 여기는 경우는 더욱 줄어들게 된다.

9 **어구** consequently 따라서, 그 결과로서 | **takes no cognizance of** ~을 인지하지 못하다 | **demographic** 인구 통계학상의 *n.*인구학(-s) | **flawed** 흠이 있는, 결함이 있는 *cf.* flaw 흠, 오점 | **marginal** 가장자리의, 인접한 | **substantive** 실재적인, 본질적인, 자립의 | **philosophical** 철학(상)의 | **demonstrative** (감정이) 노골적인, 논증적인, 예증적인

해설 'consequently'는 앞 뒤 문장이 인과 관계에 있다. 인구학의 사실을 인식하지 못하는 역사의 기록이므로 빈칸에는 'the key to understanding history(역사를 이해하는 열쇠)'와 반대되는 부정적 의미의 형용사가 와야 한다.

해석 이용 가능한 자원에 거주 인구의 압력은 역사를 이해하는 데 열쇠이다. 따라서, 모든 인구학의 사실들을 인지하지 않은 역사의 기록은 본질적으로 결점을 가지고 있다.

10 **어구** struggle 1. 버둥거리다 2. 노력[분투]하다[to do] 3. 애쓰며 가다[나아가다], 그럭저럭 해나가다[along; in] | **passage** 한 구절; 통행, 통과 | **hard-line** *a.* 강경 노선의 *cf.* hard-liner 강경론자; 강경 노선의 사람 | **refuse** 1. (부탁·요구·명령·제의 등을) 거절하다, 거부하다, 물리치다(≠ accept) 2. ~하려 하지 않다[to do] | **give in** (서류 따위를) 제출하다, 굴복하다, 항복하다(yield) | **snort** (경멸·분개 등으로) 콧방귀 뀌다

해설 'but' 앞, 뒤는 반대. to stop the passage of the deal = their demands로 지역농민(Local farmers)과 정부(government) 간의 이해 관계의 차이를 알면 쉽게 풀 수 있다. 그러므로 빈칸에는 정부가 농민들의 요구(their demands)를 들어주지 않았다는 말이 나와야된다.

해석 지역 농민들은 강경한 시위를 벌이며 협상 통과를 막기 위해 투쟁하였지만 그 지역 정부는 그들의 요구(협상통과 반대)에 굴복하지 않았다.

▶ **The pressure of population on available resources ?**
As the world **population** continues to grow geometrically, great pressure is being placed on arable land, water, energy, and biological resources to provide an adequate supply **of** food.
세계 인구가 기하학적으로 계속하여 증가함에 따라 적절한 식량 공급을 제공하기 위해 경작 가능한 토지와 물과 에너지 그리고 생물학적 자원들에 커다란 압력이 가해지고 있다.

정답 8 ② 9 ① 10 ①

[난이도 ★★]
1 ☐ ☐
2 ☐ ☐
3 ☐ ☐

11 So often have I removed, so rough has been the treatment of my little library at each change of place, and, to tell the truth, so little care have I given to its well-being at normal times, that even the comeliest of my books show the results of __________.

① unfair usage　　② great care
③ hard study　　④ high price

[난이도 ★★]
1 ☐ ☐
2 ☐ ☐
3 ☐ ☐

12 The point of my keeping a notebook has never been, nor is it now, to have an accurate factual record of what I have been doing or thinking. That would be a different impulse entirely, an instinct for __________ which I sometimes envy but do not possess.

① severity　　② reality
③ punctuality　　④ histrionics
⑤ relativity

[난이도 ★★]
1 ☐ ☐
2 ☐ ☐
3 ☐ ☐

13 The appears to exit an inverse relationship between the birth rate and the degree of development of a nation. Thus, the greater the degree of industrial and scientific progress, urbanization, and elevation of the standard of living, the more the birth rate tends to be __________.

① stabilized　　② sustained
③ depressed　　④ higher
⑤ lower

11 **어구**   treatment 치료(therapy) | **to tell the truth** 사실을 말하자면(truth to tell) | **comely** 얼굴이 잘생긴, 알맞은, 어울리는 | **great care** 잘 보살핌 | **hard study** 열심히 공부함 | **high price** 고가(高價)

해설   전체가 'so~that~'의 구조로 '~해서 ~하였다'로 해석되는 하나의 문장으로 구성되어 있다. 앞부분의 so에는 often, rough, little care가 있기 때문에 unfair usage(부당한 취급)가 답임을 알 수 있다.

해석   너무 자주 이사를 하고 각각의 장소를 바꿀 때마다 나의 작은 서재를 너무 거칠게 다루었고, 사실대로 말하면 평상시에도 관리를 소홀히 해서 나의 책들 중 가장 모양이 좋은 것조차 부당한 취급의 결과를 보여준다.

12 **어구**   point 요점, 논지, 목적 | **keep a notebook** 노트를 기록하다 | **factual** 사실 · 실제의 | **impulse** 충동, 욕구 | **instinct** 본능 | **severity** *n.* 엄함, 심함, 혹독함 [파] severe *a.* 엄한, 엄격한(rigorous), (아픔 · 폭풍 따위가) 맹렬한, 격심한, 심한 | **punctuality** 시간 엄수, 정확함 | **histrionics** 연극 | **relativity** 관련성.

해설   노트 기록과 같은 행위를 하지만, 사실적인 기록을 하기 위함이 아니었다는 얘기는 결국 정확성을 필요로 하는 '꼼꼼함'을 시기했다는 내용으로 볼 수 있다.

해석   내가 노트를 기록하는 이유는, 이전에도 또한 지금도, 내가 해 온 일이나 생각해 온 바를 정확하고 사실적으로 기록하기 위해서가 결코 아니다. 그것은 전적으로 다른 욕구로서, 내가 간혹 부러워는 하지만 소유하지 못한 꼼꼼함에 대한 본능일 것이다.

13 **어구**   the 비교급~, the 비교급~ ~할수록 더욱 ~하다 | **inverse** 반대의 | **urbanization** 도시화 | **elevation** 높이, 고도, 상승 | **standards** 표준(criterion, norm, average), 기준, 등급 | **tend to** ~하는 경향이 있다 | **stabilize** 안정시키다, 고정시키다 | **sustain** 떠받치다, 견디다, 지속하다 | **depress** 낙담시키다 | **higher** 더욱 높아진

해설   제시문의 서두에서 국가의 발전 정도와 출생률이 반대 관계에 있다고 했으므로, 빈칸에는 더욱 낮아진다는 뜻의 lower가 적절하다

해석   한 국가의 출생률과 발전 정도 사이에는 반대 관계가 존재하는 것으로 나타난다. 그러므로 산업적, 과학적 발전 정도, 도시화, 생활 수준 상승이 크면 클수록 출생률은 더욱 낮은 경향이 있다.

정답   11 ①   12 ③   13 ⑤

Notes

▶ So 형용사/부사 +동사+ 주어 + that +주어+동사

주격보어 도치 단, 주어가 **짧은 대명사이면** 도치가 일어나지 않는다.

so great/ (**such**) was her joy that she shed tears.
= Her joy was **so** great(**such**) **that** she shed tears.
그녀는 너무나 기쁜 나머지 눈물을 흘렸다.
[예외] Very glad I am of your success. = I am glad very glad of your success.
네가 성공하다니 나는 너무 기쁘다.

14 Some people argue against capital punishment because there used to be so much racial prejudice against blacks, and it was mostly blacks who were executed. It is no doubt that capital punishment was used unjustly in many cases, but today racial prejudice is not as great. Capital punishment could be given to all those who deserve such a sentence. Only 17 out of 47 men executed since 1947 were black. As a black American, I do not think the racial prejudice argument is ___________ any more.

① valid　　　　　② trivial　　　　　③ ethica

④ reckless　　　　⑤ irrelevant

15 Elements of culture can be divided into two categories. The first is the material culture, which is made up of all the physical objects that people make and give meaning to. Books, clothing, and buildings are some examples. We have a shared understanding of their purposes and meanings. _________, nonmaterial culture consists of human creations that are not physical. Examples of nonmaterial culture are values and customs. Our beliefs and the languages we speak are also part of our nonmaterial culture.

① In contrast　　　　　② In addition

③ Above all　　　　　④ As a result

16 The Mediterranean Sea linked three continents: Europe, Asia and Africa. Surrounding that sea was a world of diverse peoples, languages, and religions. Even its northern shores, largely united by Christianity, exhibited a remarkable variety of languages, customs, currencies, and political economies. ___________, the peoples who inhabited the shores of the Mediterranean were united in common world view-as the name suggests, they saw themselves as living at the center of the world.

① Moreover　　　② In brief　　　③ Therefore

④ However　　　⑤ As a matter of fact

14 **어구** **argue against** ~에 반대하다 | **capital punishment** 사형 | **execute** 처형하다 | **no doubt** 분명, 물론 *cf.* There is no doubt about it. = I'm quite sure[certain] of it. = I'm positive(that it will be so). 그것은 떼어 놓은 당상이다 | **unjustly** 부당하게 | **sentence** 판결, 선고 | **valid** 타당한, 유효한 | **trivial** 사소한 | **reckless** 무분별한

해설 사형 판결을 받을 이들에게는 그 판결이 적용될 수 있으며, 처형당한 47명 중 17명이 흑인이었다고 작가가 주장하므로, 그러한 사실이 인종 편견이라는 주장은 타당하지 못하다는 논리가 적합하다.

해석 과거에는 흑인들에 대한 인종 편견이 너무 많았고, 또 처형당한 이들이 대부분 흑인이었다는 이유 때문에 어떤 이들은 사형제도에 반대한다. 물론 사형제도가 잘못 이용된 경우가 많긴 했지만, 오늘날은 인종 편견이 전만큼 심하지 않다. 오늘날 사형제도는 사형 판결을 받아 마땅한 모든 이에게 적용될 수 있다. 1947년 이후에 처형당한 47명 중 17명만이 흑인이었다. 미국에 살고 있는 흑인으로서 나는 인종 편견이라는 주장이 이젠 더 이상 타당하지 않다고 생각한다.

15 **어구** **category** 범주, 부문 | **material** *a.* 물질의, 육체적인; 중요한 *n.* 재료, 요소 *cf.* be material to ~에 중요하다 | **be made up of** ~으로 이루어져 있다 | **creation** 창조, 창작 | **custom** 풍습, 관습, 습관 | **in addition** 게다가, 더구나 | **above all** 특히, 무엇보다도 | **as a result** 그 결과, 결과적으로

해설 밑줄친 빈칸의 앞부분에서는 물질적인 문화를, 뒤에서는 비물질적인 문화를 설명하고 있으므로, 빈칸에는 in contrast(반대로, 대조적으로)가 적절하다.

해석 문화의 요소들은 두 개의 범주를 나눌 수 있다. 첫째는 물질적인 문화이다. 그것은 사람들이 만들고 의미를 부여하는 모든 물질적인 대상들로 이루어져 있다. 책, 옷 그리고 건물들이 몇 가지 예이다. 우리는 그것들의 목적과 의미에 대해 나누어진 이해를 가지고 있다. 대조적으로, 비물질적인 문화는 인간의 육체적이지 않은 창조로 이루어진다. 비물질적인 문화의 예는 가치와 관습이다. 우리의 믿음과 우리가 말하는 언어는 또한 우리의 비물질적인 문화의 일부이다.

16 **어구** **Mediterranean Sea** 지중해 | **continent** 대륙 | **currency** 통화, 화폐; (화폐) 유통 | **moreover** 게다가, 더욱이 | **in brief** 요컨대, 간단히 말해서 | **therefore** 그러므로 | **as a matter of fact** 사실상

해설 빈칸 앞에서 exhibited a remarkable variety of ~ (상당히 다양한 ~을 나타냈다)가 있으며 빈칸 뒤에는 The people ~ were united in common world view(사람들은 공통적인 세계관으로 뭉쳤다)가 있으므로 둘의 관계는 대조적이기 때문에 however가 적절하다.

해석 지중해는 유럽, 아시아 그리고 아프리카 세 개의 대륙을 연결한다. 다양한 민족들과 언어들과 종교들의 세계가 그 바다를 둘러싸고 있다. 심지어 북쪽 해변은 주로 기독교로 연합되어 있는데, 언어, 관습, 화폐 그리고 정치, 경제의 놀랄 만한 다양성을 보여준다. 그러나 이 지중해 해변가에 거주하는 민족들은 공통적인 세계관으로 단합되어 있다. 이름이 의미하듯이 그들은 자신들이 세계의 중심에 살고 있다고 생각한다.

정답 14 ① 15 ① 16 ④

[난이도 ★★]

1 ☐ ☐
2 ☐ ☐
3 ☐ ☐

[17-18]

In the past twenty years people have become increasingly worried about the effects of air pollution. Therefore, some governments have required automobile manufacturers to ___(17)___ this problem. As a result, many new cars today have antipollution devices which decrease the amount of ___(18)___ into the air.

17 ① grope measures for   ② find a solution to
③ contrive an answer of   ④ make a device for

18 ① increasing pollution   ② traffic waste
③ accumulated fumes   ④ pollutants released

[난이도 ★★]

1 ☐ ☐
2 ☐ ☐
3 ☐ ☐

19 After the visitors left, we had to drive to the supermarket to ________ our ________ supply of food.
① release – abundant   ② decrease – adequate
③ replenish – diminished   ④ abandon – increased

[난이도 ★★]

1 ☐ ☐
2 ☐ ☐
3 ☐ ☐

20 The government is setting ______ standards on thermal pollution, since it has found present regulation to be ____ in many respects and unable to safeguard our water.
① controlled – immaterial   ② relaxed – severe
③ indelible – severe   ④ stringent – deficient

17-8 어구 **manufacturer** 제조업자 | **antipollution** 공해 방지의 | **device** 궁리, 고안물, 장치 | **antipollution** 공해 반대[방지](의) | **decrease** 줄어들다, 감소하다 | **measure** 재다, 계량[측정, 측량]하다, ~의 정도를 나타내다 | **contrive** 연구하다; 고안하다 | **device** 고안; 계획, 장치 | **waste** *v.* 헛되이 하다, 낭비하다 *n.* 낭비, 허비 (*pl*)폐물, 쓰레기 | **fume** 증기, 가스, 연기(smoke)

해설 17. 사람들이 점점 더 대기오염에 대해 걱정을 많이 하게 되자 정부가 자동차 제조업체들에게 요구한 것은 이 문제에 대한 해결 방안을 찾도록 하는 일일 것이다. 따라서 답은 ②가 된다.

18. which 이하가 '공해 방지 장치'를 수식하는 형용사구이므로 공해 방지 장치가 어떤 일을 하는지 생각해보면, 공해 물질을 줄이는 장치임을 짐작해 볼 수 있다. 또한 빈칸 다음에 into라는 전치사가 오는데, 이와 가장 자연스럽게 연결되는 것은 '대기 중에 방출되는'의 의미를 만드는 released이다.

해석 지난 20년 동안 사람들은 대기 오염이 가져올 결과에 대해 점점 더 걱정을 많이 하게 되었다. 이에 따라 어떤 정부에서는 자동차 제조업체들이 이 문제에 대한 해결책을 찾도록 요구해왔다. 그 결과 오늘날 새로 나오는 많은 차들에는 대기 중에 방출되는 공해 물질의 양을 줄이는 공해 방지 장치가 부착되어 있다.

19 어구 **supply** 공급, 공급량; (*pl*)식량, 양식 | **release** ~을 석방하다, 방출하다; 풀어놓다 | **abundant** 풍족한, 풍부한, 많은 | **replenish** ~을 보충하다, 벌충하다 | **adequate** 적절한(proper, pertinent), 충분한; 알맞은(appropriate) | **diminished** 감소된 | **abandon** ~을 포기하다(give up)

해설 두 빈칸을 동시에 만족시키는 단어들을 골라야 한다. 손님들이 다녀갔다는 점, 그리고 슈퍼마켓으로 갔다는 점을 고려할 때, '줄어든 양식을 다시 채워 넣기 위해'라는 내용이 적절하다.

해석 손님들이 다녀간 후에, 우리는 줄어든 양식을 다시 채워 넣기 위해 운전해서 슈퍼마켓에 가야 했다.

20 어구 **standards** 표준, 기준(criteria) | **thermal pollution** (원자력 발전소의 폐수 따위에 의한) 열공해 | **regulation** 규제, 법규 | **safeguard** 지키다, 보호하다 | **stringent** 엄격한, 강력한 | **deficient** 부족한, 불충분한

해설 앞문장과 뒷문장이 이유를 설명하는 접속사 since로 연결되므로 뒷문장이 앞문장의 원인이 되어야 한다. 따라서 첫 번째 빈칸에 들어갈 말은 두 번째 빈칸에 들어갈 말의 결과가 되어야 하며 두 단어는 서로 대조적인 의미를 지녀야 한다. 이런 것을 염두에 두고 답에 나와 있는 짝들을 살펴보았을 때, 위의 조건을 충족시키는 답은 ②와 ④이다. 그러나 두 번째 빈칸이 들어가는 어구와 그 이하의 어구들이 순접을 나타내는 접속사 and로 연결되어 있으며 and 이하의 내용이 우리의 물을 제대로 보호할 수 없다는 내용이므로 두 번째 빈칸에도 현재의 규제가 많은 면에서 '부족하다'고 해야 자연스럽게 연결된다. 따라서 답은 ④이다.

해석 정부는 열공해에 대해 강력한 기준을 마련하고 있는데, 그것은 현재의 규제가 여러 면에서 불충분하며 우리의 물을 제대로 보호할 수 없다는 것을 밝혀냈기 때문이다.

정답 17 ② 18 ④ 19 ③ 20 ④

실전영역 모의고사 18회

S.C Practice 1

1 Many scientists feel that the earth is in a ___________ position and that if we do not do something to help it today, tomorrow may be too late.

① precarious ② profligate
③ precocious ④ prevalent

2 Granting scholarships to foreign students from developing countries can be a way of __________ good will between countries.

① devoting ② fostering
③ grappling ④ prescribing

3 This kind of scientific paper requires a __________ style of writing rather than a redundant one.

① consistent ② terse
③ logistical ④ tacit

4 Everyone sometimes forgets or neglects something. When we have to admit that we are in the wrong, a suitable excuse may somewhat soften the injured party, especially if it is made very politely. On the other hand, a grossly inadequate excuse may __________.

① often be necessary ② not injure the party
③ make you polite ④ increase the vexation

1 **어구** **feel that** ~이라고 생각하다 | **earth** 1. (the~) 지구 2. 대지, (바다에 대하여) 육지, (하늘에 대하여) 지면 3. (암석에 대하여) 흙, 땅, (각종) 토양 4. (천국·지옥에 대하여) 이 세상, 현세, 이승 *cf.* unearth 발굴하다 | **position** 위치, 장소, 지위, 태도, 상태 | **precarious** 불안한, 불안정한, 위태로운(insecure, unsafe, venerable) | **profligate** 방탕한, 낭비하는(prodigal) | **precocious** 조숙한 | **prevalent** 널리 보급된, 우세한 (prevailing)

해설 [순접-열거] that ~ and that ~ tomorrow may be too late

해석 많은 과학자들은 지구는 불안한 상태에 있으며, 만일 우리가 오늘날 지구를 도울 조치를 취하지 않는다면 내일은 너무 늦을 것이라고 느낀다.

2 **어구** **grant** 주다, 승인하다 | **scholarship** 장학금 | **developing country** 개발도상국 | **good will** 호의, 친절, 단골, 영업권 | **devote** (노력·돈·시간을) 바치다 | **foster** 장려하다, 기르다(nurse), 양육하다, 촉진하다(promote) | **grapple** 붙잡다, 이해하다, 격투하다 | **prescribe** 규정하다, 처방하다

해설 [순접-인과] can be a way of ~ good will

해석 개발도상국에서 온 외국 학생들에게 장학금을 줌으로써 국가들 간의 친선을 장려할 수 있는 방법이 될 수 있다.

3 **어구** **scientific paper** 과학문서 | **require** 필요로 하다, 요구하다 | **redundant** 넘쳐나는, 중복되는, 잉여의 | **consistent** 일치하는(coherent), 안정된 | **terse** 간결한 | **logistical** 병참학의 | **tacit** 무언의, 침묵의

해설 [역접-양보] rather than a redundant one

해석 이와 같은 과학 문서는 중복되는 내용보다는 간결한 내용의 스타일을 필요로 한다.

4 **어구** **soften** 누그러뜨리다, 부드럽게 하다 | **party** 당사자, 관계자, 당파, 일행, 모임 | **grossly** 크게, 심하게, 조잡하게 | **inadequate** 부적당한, 불충분한(unsatisfactory) | **vexation** 짜증, 화나게 함, 고민거리

해설 [역접-대조] On the other hand

해석 모든 사람은 가끔씩 어떤 것을 망각하거나 무시한다. 우리가 잘못되고 있다고 인정해야 할 때, 적절한 변명은 상처받은 당사자를 약간 누그러뜨릴 수 있을 것이다. 특히 그것을 매우 정중하게 한다면 말이다. 그러나 매우 부적절한 변명은 분노를 증가시킬 것이다.

정답 1 ① 2 ② 3 ② 4 ④

5 Language purists wish to __________ change in language or dialect differentiation because of their false belief that some languages are better than others, or that change leads to corruption.

① stem   ② promote

③ condone   ④ follow

⑤ embody

6 Since John has been raised in a very hostile environment, he has become ________ to hardship.

① callous   ② intuitive

③ spurious   ④ sensitive

7 It is now clear that the thieves waited a full five years before __________ the loot from its hiding place.

① dazzling   ② wrestling

③ restoring   ④ retrieving

8 Despite repeated urgings to reconsider his resignation, Adams remained __________ to his refusal.

① innate   ② unstable

③ muscular   ④ adamant

Memo

5 **어구** **purist** 순수론자 | **dialect** 방언, 지방사투리 | **differentiation** 차별(의 인정), 구분; 차별 대우; 특수화 | **corruption** 타락, 부패, (언어의) 순수성 상실 | **stem** 막다, 저지하다 | **promote** 촉진·장려하다 | **condone** 묵과하다, 봐주다, 용서하다 | **embody** 구체화하다, 구현하다

해설 [순접-인과] because of their false belief

해석 언어 순수론자들은 일부 언어들이 다른 언어보다 더 낫거나 또는 그 변화는 부패를 야기한다는 그릇된 믿음 때문에 언어와 방언의 차별에서의 변화를 막기 원한다.

6 **어구** **be raised** 양육되다, 길러지다, 사육되다 | **hardship** 고난, 곤경, 어려운 일 | **callous** 무감각한(insensible), 냉담한, (피부가) 굳은 *cf.* callow 아직 깃털이 나지 않은(unfledged); 경험이 없는(inexperienced, verdant), 풋내기의 | **intuitive** 직관적인, 직각의 | **spurious** 가짜의, 위조의, 사생아의 | **sensitive** 민감한, 예민한 *cf.* sensible 분별 있는, 양식을 갖춘 (rational), 감수성이 강한

해설 [순접-인과/유추] since ~ in a very hostile environment

해석 John이 매우 적대적인(비우호적인) 환경에서 양육되었기 때문에 그는 난관에 대해 무감각하게 되었다.

7 **어구** **thieves** (thief의 복수) | **thief** 도둑, 절도 | **loot** 약탈품, 전리품, 강탈 | **dazzle** 눈부시게 하다, 현혹시키다 | **wrestle** 격투하다, ~ 을 넘어뜨리다 | **restore** 반환하다, 되돌려주다, 복구하다 | **retrieve** 되찾다, 회수하다, 상기하다

해설 [순접-유추] the loot from its hiding place

해석 그 도둑들이 약탈한 물건들을 숨겨두었던 장소에서 되찾을 때까지 만 5년을 기다렸다는 것이 이제 분명해졌다.

8 **어구** **urging** 재촉 | **reconsider** 재고하다, 다시 생각하다 | **resignation** 사직, 사임, 사표, 체념 | **remain** ~ 하지 않은 채 남아 있다 | **innate** 타고난, 선천적인, 본질적인 | **unstable** 불안정한, (마음이) 변하기 쉬운, 동요하는 | **muscular** 근(육)의, 강건한, (표현 등이) 힘찬 | **adamant** (사람, 태도 등이) 단호한, 확고한, 완고한

해설 [역접-유추] Despite ~

해석 그의 사임에 대하여 재고해 보도록 줄곧 요구 당했음에도 불구하고, 아담스는 그의 거절의 뜻을 단호하게 굽히지 않은 채로 남아 있었다.

정답 5 ① 6 ① 7 ④ 8 ④

9 The safe is located behind the service desk for the
__________ of your personal belongings such as jewelry and
cameras.

① convenience   ② temperament

③ protection   ④ compliment

10 Poe conceived of God as a poet. The universe therefore
was an artistic creation, a poem composed by God. The
reader may conclude Poe felt that man's proper response
to God would be __________.

① submissive   ② aesthetic

③ mystical   ④ philosophical

11 The minds of young people are flexible and elastic, and
easily accommodate themselves to any one they fall in with.
They find grounds of attraction both where they agree with
another and where they differ: what is ____________ to
themselves creates sympathy: what is supplemental
creates admiration and esteem.

① kindred   ② private   ③ essential   ④ plastic

12 In educating students for adult work and adult life,
American schools try, above all, to be practical. American
education has been greatly influenced by the writings of a
famous 20th-century philosopher named John Dewey.
Dewey believed that the only worthwhile knowledge was
knowledge that __________. He convinced educators that it
was pointless to make students memorize useless facts
that they would quickly forget. Rather, schools should teach
thinking processes and skills that affect how people live and
work.

① has the right purpose   ② is common to all people

③ can be used in a real life   ④ can explain human nature

9 **어구** **safe** 금고 | **locate** ~에 위치시키다 | **belonging** 소지품 | **convenience** 편리, 편의 | **temperament** 기질, 성질 | **protection** 보호, 후원 | **compliment** 칭찬, 아첨(flattering remark) *v.*칭찬하다(praise)

해설 [순접-유추] personal belongings such as jewelry

해석 금고는 보석과 카메라와 같은 당신의 개인 소집품의 보호를 위해 서비스 데스크 뒤에 있다.

10 **어구** **conceive** (생각 · 의견 · 감정 등을) 마음에 품다, (계획 등을) 생각해내다(devise); 임신하다 *cf.* conception 개념; 생각; 임신 | **conclude** 결론을 내리다 | **response** 반응, 대답 | **submissive** 복종적인, 순종하는 | **aesthetic** 미적인 | **mystical** 신비적인 | **philosophical** 철학적인

해설 [순접-진술 부연] an artistic creation, a poem composed by God

해석 Poe는 신을 시인으로 보았다. 우주는 신에 의해 만들어진 예술적인 창조물, 즉 시였다. Poe가 신에 대한 인간의 적절한 반응은 미적일 것이라고 생각했다고 독자들은 결론을 내렸다.

11 **어구** **flexible** 잘 휘어지는, 유연성이 있는(pliable), 적응성이 있는 | **elastic** 유연한, 쾌활한, 탄성 있는 | **accommodate oneself to** ~에 적응하다 | **fall in with** 빠져들다 | **sympathy** 동정심, 공감대 | **supplemental** 보충의, 추가의 | **admiration** 존경 | **esteem** 경의 | **kindred** 혈연의, 유사한, 마음이 맞는 | **private** 사적인, 비밀의 | **essential** 본질적인, 필수적인(intrinsic, necessary, indispensable) | **plastic** 유연한, 합성의

해설 [역접-대조] ; ~ supplemental

해석 젊은이의 마음은 유연성이 있으며 쾌활하다. 그리고 쉽게 자신이 빠져 드는 어떠한 것에라도 동화가 된다. 다른 이와 동의하며 다른 면이 있는 매력의 장소를 찾는다. 그들에게 필수적인 것은 공감대를 만들며, 부가적인 것은 존경과 경의를 만든다.

12 **어구** **above all** 무엇보다도 | **practical** 실제의, 실리상의, 실용적인, 경험이 풍부한 | **influence** 영향을 끼치다 | **worthwhile** 할 보람이 있는, 훌륭한 | **convince** 확신시키다. | **pointless** 적절하지 못한, 무의미한

해설 [순접-진술 부연] try to be practical

해석 어른의 일이나 어른들의 삶에 대비해서 학생들을 교육시킬 때, 미국 학교들은 무엇보다도 실용적인 것을 가르치려고 노력했다. 미국의 교육은 20세기의 유명한 존 듀이라는 철학자의 글에 많은 영향을 받았다. 듀이는 유일한 가치 있는 지식은 실제 삶에 이용될 수 있는 지식이라고 믿었다. 그는 교육자들에게 학생들이 쉽게 잊어버리는 쓸모 없는 지식을 암기시키는 것은 무의미하다고 확신시켰다. 오히려, 학교는 어떻게 사람이 살아가고 일을 하는 방법에 영향을 끼칠 수 있는 사고 과정이나 기술을 가르쳐야 한다고 확신시켰다.

정답 9 ③ 10 ② 11 ③ 12 ③

13 The mosquito is the insect most willing to duel with man. At one time or another, we have all stood on a bed in our pajamas with a slipper in our hand and our eyes fixed on the ceiling. Faced with man, the mosquito's strategy has evolved. It has learned to be quicker, more inconspicuous and livelier on the takeoff. Some bold mosquitos of the latest generation do not hesitate to hide under their victims' pillows. They have discovered the principle of Edgar Allan Poe's Stolen Letter: the best hiding place is the most obvious one, for we always think of looking farther away for something that is ___________.

① so clever　　② very near

③ really brave　　④ quite annoying

14 The Danish flag, a large white cross on a red field, is the oldest unchanged flag in the world. Its design is more than seven hundred years old. There is an unusual legend that tells of how the flag came to be. About A.D. 1218, King Valdemar Ⅱ of Denmark led a crusade against the pagans who were attacking his colonies. In 1219 the Danes won the war, saving their lands. According to legend, at a critical point in the battle ___________ mysteriously appeared in the sky. The Danes say that King Valdemar adopted this design as the national flag.

① a red banner wearing white garment

② Jesus Christ wearing white garment

③ an angel with a red flag in her left hand

④ Jesus Christ bearing wooden cross on his back

15 There are simply no _________ for buying stock in certain industries since rapidly changing environmental restrictions will make a profitable return on any investment very unlikely.

① incentives　　② arrangements

③ explanations　　④ conditions

⑤ procedures

Memo

13 **어구** **mosquito** 모기 | **duel** 결투, 투쟁, 결투하다 | **at one time and another** 이런저런 때, 이런저런 경우에 | **pajama** 파자마, 파자마 차림 | **ceiling** 천장 | **face** 직면하다 | **strategy** 전략, 책략 | **evolve** 진화하다(시키다); 발전하다(시키다) *cf.* evolution 진화, 발전 | **inconspicuous** 두드러지지 않는, 눈을 끌지 않는 | **lively** 생기에 넘친, 기운찬, 팔팔한, 활발한 **takeoff** 출발, 도약, 이륙 | **pillow** 베개, 머리 받침대 | **principle** 원리 , 원칙, 근본 방침 | **obvious** 명백한, 명확한, 눈에 잘 띄는, 명료한(clear, evident) | **annoy** 괴롭히다, 귀찮게 하다

해설 [순접-인과] ~ the most obvious one, for ~

해석 모기는 인간과 기꺼이 가장 잘 싸우는 곤충이다. 이런 저런 때, 우리는 파자마 차림으로 손에 슬리퍼를 들고 우리 눈은 천장에 고정시키고 침대 위에 서 있다. 인간에 맞서는 모기의 전략이 전개된다. 모기는 더 빨라지고 더 눈에 안 띄고 그리고 더 활발하게 이륙한다. 최근의 어떤 대담한 모기는 희생자의 베개 밑에 숨는 것을 주저하지 않는다. 그 모기들은 Edgar Allan Poe's Stolen Letter 책에 나오는 원리 즉, 최고의 숨는 장소는 가장 명백한 장소라는 것, 왜냐하면 우리는 항상 가까운데 있는 것을 멀리서 찾기 때문이다.

14 **어구** **Danish** 덴마크 사람의, 덴마크 말 | **Dane** 덴마크 사람 | **cross** 십자가 | **unusual** 비범한, 이상한 | **legend** 전설 | **tell of** ~에 대해서 말하다 | **come to be** 탄생하다, 존재하다 | **crusade** 십자군 | **pagan** 이교도 | **colony** 식민지 | **critical** 결정적인, 중요한, 비판적인 | **battle** 전투, 싸움(fight), 전쟁, 투쟁 | **mysteriously** 신비롭게도, 불가사의하게 | **adopt** 채용하다, 받아들이다 | **banner** 깃발 | **garment** 옷, 의복 | **bear** 입다 | **wooden** 나무로 된

해설 [순접-진술 부연] ~ a large white cross on a red field ~

해석 붉은 바탕에 커다란 흰 십자가가 있는 덴마크의 국기는 전 세계에서 가장 오랫동안 변하지 않은 국기이다. 그것의 디자인은 700년 이상이나 되었다. 어떻게 그 국기가 탄생하게 되었는지에 관해 말해주는 이상한 전설이 있다. 서기 1218년경에 덴마크의 국왕 Valdemar 2세는 그의 식민지를 공격하고 있었던 이교도들에 대항하기 위해 십자군을 이끌었다. 1219년에 덴마크 사람들은 그 전쟁에시 **승**리하여 그들의 국가를 구했다. 진실에 따르면, ㄱ 전쟁의 결정적인 시점에서 흰 천으로 된 붉은 깃발이 불가사의하게 하늘에 나타났다. 덴마크 사람들은 Valdemar 국왕이 이 디자인을 국기로 채택했다고 말한다.

15 **어구** **profitable** 이익이 되는(gainful, lucrative) | **unlikely** 일어날 것 같지 않은, 가망 없는 | **incentive** 자극, 유인 | **explanation** 설명, 변명 | **procedure** 순서, 수속, 절차

해설 [순접-인과] since ~ will make a profitable return ~ very unlikely

해석 급변해가는 환경에 따른 제약들로 말미암아 어떤 투자에서든지 이익을 보는 것이 거의 불가능해 보이므로 어떤 산업 분야에서 주식을 살 동기는 전혀 없다.

정답 13 ② 14 ① 15 ①

16 The little-known but rapidly expanding use of computers in mapmaking is technologically similar to the more __________ uses in designing everything from bolts to satellites.

① recent
② impromptu
③ publicized
④ ingenuous
⑤ secure

17 Greek philosophers, overly enthusiastic about the deductive method of geometry, held to a naive faith in the power of reasoning. Even though they might have proved by this method that the sensed world is merely illusory, or that there is no such thing as change, they would not have been startled at their results because they believed __________.

① in a merciful God
② reasoning to be infallible
③ that their reasoning could be faulty
④ that their senses could not deceive them

18 In the earliest days the only round objects that man could use were those found in nature, for he had no tools. Later, when people learned to make tools, they could __________.

① make their own round objects
② use the round objects in nature
③ forge hammers and nails
④ compete with the other animals

19 Building a dam single – handedly seemed an impossible task, but he __________ it with grim determination.

① set on
② set about
③ put in for
④ put up with

16 **어구** **bolt** 빗장, 볼트 | **impromptu** 즉석의, 준비 없이(extemporaneous) | **publicize** 선전하다, 주의를 끌다(advertise, cry) | **ingenuous** 솔직한, 개방적인

해설 [순접-비교] The little-known but ~ expanding use ~ is similar to ~ in designing everything from bolts to satellites

해석 지도 제작에 있어서 컴퓨터의 급속도로 광범위한 사용은 거의 잘 알려져 있는 것은 아니지만, 볼트 부속품에서 인공위성에 이르기까지의 모든 것을 설계함에 있어서 보다 공개적으로 사용되고 있는 것과는 기술적으로 유사하다.

17 **어구** **enthusiastic** 열심인, 열정적인(passionate, ardent, fanatic, fervent) | **deductive** 연역적인 *cf.* inductive 귀납적인 | **hold to** 고수하다, 붙들다 | **naive faith** 순수한 믿음 | **reasoning** 추론, 추리, 논의, 이론; 논법; 추리력 | **geometry** 기하학 | **illusory** 감각적인, 환상을 일으키는, 가공의 | **startle** 놀라게 하다 | **merciful** 자비로운 | **infallible** 오류가 없는, 절대적으로 확실한 | **deceive** 속이다, 기만하다(cheat, fool) *cf.* deceit 기만, 속임

해설 [순접-진술 부연] held to a naive faith in the power of reasoning

해석 연역적 기하학 방식에 대해 지나치게 열정적이었던 그리스 철학자들은 이성의 힘에 대한 순진한 믿음을 갖고 있었다. 비록 그들이 이런 방법으로 감각적 세계가 단지 환상적이라는 것, 혹은 변화와 같은 그런 것은 없다는 것을 증명했다 하더라도, 그들은 추론에는 오류가 없다고 믿었기 때문에 놀라지 않았을 것이다.

18 **어구** **object** 물체 | **tool** 도구 | **forge** (쇠를) 만들어 내다(make), 단조하다, 날조하다, 꾸며내다 | **compete with** 경쟁하다, 겨루다

해설 [순접-인과] when people learned to make tools

해석 초기에 인간이 사용할 수 있는 유일한 둥근 물체는 자연에서 발견된 것들이었다. 왜냐하면 인간에게는 다른 도구가 전혀 없었기 때문이다. 나중에 인간이 도구를 만드는 법을 알게 되자, 그들은 자신들의 둥근 물체를 만들 수 있었다.

19 **어구** **single-handedly** 단독으로, 한손으로 | **grim** 엄(격)한, 모진(severe, stern), (사실 따위가) 냉혹한, 무자비한(cruel), 굳센 *cf.* hold(hang, cling) on like grim death 결사적으로 달라붙다 | **determination** 결심, 결단력, 결정 | **set on** 공격하다, 부추기다 | **set about** 착수하다 | **put in for** 출원하다, 신청하다 | **put up with** 견디다

해설 [순접-역접] seemed an impossible task, but

해석 단독으로 댐을 건설한다는 것이 불가능한 일로 보였지만 그는 굳센 결단력을 가지고서 그것을 착수했다.

정답 16 ③ 17 ② 18 ① 19 ②

20 If they can only forget their differences and __________, they may have a chance to win the game.
① be fed up   ② black out   ③ break out
④ pull together   ⑤ go too far

21 Fred, a very conscientious worker, made __________ of everything he did and for that reason could never keep a job. He'd had jobs __________ over the years but only for a few weeks at a time.
① sense – plentiful   ② a fool – scant
③ a halt – notorious   ④ a botch – galore
⑤ a point – prodigious

22 Many hours of practice in a day are required of a successful pianist, so it is often not so much __________ as __________ which distinguishes the professional from the amateur.
① genius – comprehension
② technique – information
③ fortitude – mediocrity
④ talent – discipline
⑤ money – investment

23 Although over the years __________ resources had been devoted in this country to alleviating the problem, a satisfactory solution remained __________.
① adequate – probable
② natural – artificial
③ capital – decisive
④ substantial – elusive
⑤ conventional – inspirational

20 **어구** **differences** 의견의 차이, 차별 | **win** 얻다, 획득하다, 이기다, 설득하다(persuade, induce) | **be fed up (with)** ~로 물리다, 식상하다 | **black out** 잠시 의식(기억) 등을 잃다, 정전되다 | **break out** 발발하다 | **pull(come, work) together** 함께하다, 단결하다 | **go too far** (행동 · 말 등이) 너무 심하다(carry it too far) *cf.* It's adding insult to injury. 그건 엎친 데 덮치게 하는 격이다.

해설 [순접-인과] If they can only forget~ and

해석 만일 그들의 차이점을 잊고 단결할 수만 있다면, 그들이 시합에 이길 가능성이 있다.

21 **어구** **conscientious** 성실한, 양심적인 | **keep a job** 직장을 계속 다니다 | **make sense of** 이해하다 | **plentiful** 풍부한 | **make a fool of** 조롱하다 | **scant** 부족한 | **make a halt of** 중단하다 | **notorious** 사악하기로 유명한 | **make a botch of** 망치다(make a mess of) *cf.* mess 엉망인 상태 | **galore** 풍부한[명사 뒤에만 위치] | **make a point of** 주장하다 | **prodigious** 거대한(enormous)

해설 [순접-인과/ 역접-대조] ~ and for that reason ~ never keep a job / ~ but only for a few weeks

해석 성실한 직장인이었던 Fred는 자신이 한 모든 것을 망쳐놓았으며, 그러한 이유 때문에 한 직장을 계속 다닐 수 없었다. 몇 년 동안 그는 많은 일자리를 가졌지만, 한 곳에서 단지 몇 주만 다녔다.

22 **어구** **be required of** ~에 요구되다 | **distinguish A from B** A와 B를 구별하다 | **genius** 천재, 특수한 재능, ~의 재주(talent) | **comprehension** 이해 | **fortitude** 불굴의 의지, 인내(patience), 용기(courage, prowess) | **mediocrity** 보통, 평범함 | **discipline** 훈련, 수양, 학과, 처벌

해설 [역접-대조] not so much A as B

해석 매일 많은 시간의 연습이 피아니스트로 성공하는 데 요구된다. 그래서 재능이 아닌 훈련을 통해 전문가와 아마추어가 구분된다.

23 **어구** **be devoted to** ~에 헌신하다 | **alleviate** (고통을) 누그러뜨리다, 완화시키다(ease) | **satisfactory** 만족스러운 | **adequate** 적당한 | **probable** 그럴듯한 | **artificial** 인공의, 인위적인 | **capital** 훌륭한, 사형에 처할 | **substantial** 실질적인, 내용이 풍부한(considerable, meaningful) | **decisive** 단호한, 결정적인 | **elusive** (뜻, 성격 등을) 파악하기 어려운, 도망가기 쉬운, 교묘히 잘 빠져나가는 | **conventional** *a.* 전통적인(traditional), 틀에 박힌(trite, banal) *cf.* conventionalize *v.* ~을 인습화하다, 관례화하다 | **inspirational** 고무하는

해설 [역접-양보] Although

해석 비록 몇 년간 걸쳐서 실질적인 자원들을 이 나라에서 그 문제를 누그러뜨리는 데 바쳤지만, 만족스러운 해결책은 달성하기 어려운 상태였다.

정답 20 ④ 21 ④ 22 ④ 23 ④

24 Our football team ___________ its winning season to a number of __________ factors.

① resumes – irrelevant

② receives – conditional

③ obtains – assuring

④ distributes – optimistic

⑤ attributes – favorable

25 The books you read for __________ can be read in a state of relaxation, and nothing is lost. But a great book, a book that raises and tries to answer great fundamental questions, demands the most __________ reading of which you are capable. You don't absorb the ideas of a great thinker the way you absorb the crooning of a popular singer. You have to reach for them. You cannot do while you are asleep.

① pleasure – active   ② research – intensive

③ fun – passive   ④ study – extensive

24 **어구** **season** *n.* 계절, 한창때 *v.* 양념을 치다 *cf.* an addictive (식품) 첨가물, condiment 조미료, 양념 | **a number of** (복수 명사) 수많은 | **resume** *v.* 재개하다, (건강을) 회복하다, ~을 다시 시작하다 *n.* 요약, 이력서 | **irrelevant** 부적절한 | **conditional** 잠정적인 | **assuring** 확신을 가진 | **distribute** *v.* 분배하다, 배분하다(dispense, ration) *cf.* distribution *n.* 분배, 배분, 살포 | **optimistic** 낙관적인 | **attribute(ascribe) A to B** A의 탓을 B로 돌리다

해설 [순접-유추] ~ its winning season to

해석 우리 축구팀은 이번 시즌의 승리를 수많은 순조로운 요소들의 덕분으로 여기고 있다.

25 **어구** **state** 상태 | **relaxation** 긴장을 풂, 휴양; 경감, 완화 | **fundamental** 근본적인(radical) | **absorb** 흡수하다 | **a great thinker** 위대한 사상가 | **crooning** 읊조림, (작은 소리로 노래하는) 감상적인 유행가 | **a popular singer** 대중가수 | **intensive** 집중적인, 강한, 격렬한, 철저한 | **passive** 수동적인 | **active** 활동적인(acting), 적극적인(energetic) *cf.* passive 수동적인, dynamic 역동적인(active, vital) | **extensive** 넓은, 광대한, 광범위하게 미치는, (지식 따위가) 해박한

해설 [역접-대조] ~ in a state of relaxation ~. But a great book

해석 당신이 즐거움을 얻기 위해서 읽는 책들은 긴장을 푸는 상태에서 읽을 수 있으나 잃을 것은 없다. 그러나 중요한 근본적인 문제들을 제기하고 문제들에 대답하려는 책인 위대한 책은 당신이 할 수 있는 가장 적극적인 독서를 요구한다. 대중가수의 감상적인 유행가를 흡수하는 방식으로 위대한 사상가의 사상을 흡수하지 못한다. 당신은 그들을 얻으려고 노력해야 한다. 잠자고 있는 동안에는 당신은 그것을 얻을 수 없다.

Memo

정답 24 ⑤   25 ①

1 Like many other reformers, Alice Paul, author of the Equal Rights Amendment introduced in Congress in 1923, received little honor in her lifetime but has gained considerable fame __________.

① previously ② prematurely
③ anonymously ④ righteously
⑤ posthumously

2 As a lawyer myself, I would like to say just how ______ I am by the current popularity of lawyer jokes. I think I do a good job for my clients and that I am appropriately paid for the long hours I put in service to their interests. But somehow being well paid for work well done is considered bad form.

① annoyed and insulted
② tired and exhausted
③ disappointed and relaxed
④ interested and encouraged
⑤ pleased and impressed

3 Mary was very annoyed that her secretary did not meet her deadlines, and she warned her that her laziness and __________ could result in her dismissal.

① tediousness ② menace
③ dispute ④ procrastination
⑤ concession

1 **어구** reformer 개혁가 | Equal Rights Amendment 평등권 수정 조항 | considerable 상당한 | fame 명성, 명예(renown, reputation, celebrity) *cf.* accolade 명예(honour), 표창(award) | previously 이전에, 미리 | prematurely 조숙하게, 시기상조로, 너무 이르게 [파] premature 시기상조의, 너무 이른 | anonymously 익명으로, 작자 불명으로 | righteously 바르게, 정의롭게, 정당하게 | posthumously 사후에

해설 [역접-대조] in her lifetime but ~ after her death, following her death

해석 많은 다른 개혁가들처럼, 1923년 의회에 도입된 평등권 수정조항(ERA)의 입안자였던 Alice Paul은 그녀의 일생 동안은 별로 영예를 받지 못했으나 사후에 상당한 명성을 얻었다.

2 **어구** popularity 인기 | bad form 버릇 없음, 예의가 아님 | annoyed 몹시 불쾌하게(성가시게) 느끼는, 화가 난 | insulted 모욕을 당한, 모욕감을 느끼는 | tired 피곤한, 지친, 싫증난, 지겨운 | exhausted 지칠 대로 지친 | disappointed 실망한 | relaxed 느슨한, 긴장이 풀린 | encouraged 고무된 | impressed 감명 받은

해설 [순접-진술 부연/유추] somehow being well paid for work well done is considered bad form

해석 변호사로서 나는 오늘날 변호사에 대한 농담이 만연하고 있는 것에 얼마나 불쾌하고 모욕당한다고 느끼는지에 대해서 말하고 싶다. 나는 의뢰인들을 위해서 좋은 일을 하고 있고, 그들의 이해관계에 대한 서비스를 하면서 쏟는 긴 시간에 대해 적절히 지불을 받고 있다고 생각한다. 하지만 좋은 일을 하는 데 대해 좋은 보수를 받는 것이 예의가 아닌 것으로 여겨지고 있다.

3 **어구** annoyed 화난, 귀찮은 | meet deadline 마감 시한을 맞추다 | laziness 게으름 | dismissal 해고 | tediousness 지루함 | menace 위협 | dispute *n.* 토론, 논의, 논박, 논쟁, 싸움(quarrel) *v.* 논쟁하다[with;against]; 논의하다(discuss) | procrastination 연기, 미룸 | concession 양보, 허가

해설 [순접-열거/인과] laziness and ~ result in

해석 메리는 비서가 기한을 맞추지 못하자 무척 화가 나서 게으르고 미루기를 거듭하면 해고시킬 수 있다고 그녀에게 경고했다.

정답 1 ⑤ **2** ① **3** ④

4 Although retiring, almost self-effacing in his private life, he displays in his plays and essays a strong penchant for publicity and __________.

① shyness ② redemption
③ controversy ④ evasion
⑤ recipe

5 The Bulgarian __________ is a classic of ethnic politics. He tried to solve the minority problem by denying the Turks a separate existence and forcing them to assimilate or flee to Turkey.

① paragon ② turmoil
③ extermination ④ vengeance

6 A convincing set of proofs lies around us, though this simple and powerful point has rarely been articulated in popular writing, and therefore remains largely __________.

① unappreciated ② recognized
③ criticized ④ acknowledged

7 The artist of the Chinese avant-garde have used Western styles __________ and meaningfully to accomplish artistic ends of their own.

① obsequiously ② shamefully
③ cannily ④ fortuitously
⑤ problematically

Memo

4 **어구** retiring 수줍은, 은퇴하는 | self-effacing 주제넘지 않는, 삼가는 | penchant 경향, 기호 (liking) | publicity 널리 알려짐, 명성, 광고 | shyness 수줍음 [파] shy 수줍어하는 (bashful) | redemption 상환, 이행, 구출 | controversy 논쟁 | evasion (책임·의무 등의) 회피; 탈세 | recipe 처방(전), 비책; (요리의) 조리법 *cf.* cuisine 요리법

해설 [순접-열거] publicity and

해석 그는 비록 사생활에서는 삼가고 거의 자신을 내세우지 않았지만, 자신의 희곡과 수필에서는 널리 알려지고 논쟁하는 것을 크게 좋아하는 사람이다.

5 **어구** classic 고전, 명작 | solve 1. (문제·수수께끼 따위를) 풀다, 해답하다, 설명하다 2. (곤란 따위를) 해결하다, ~결말을 짓다 3. ~을 녹이다, 용해하다(melt) | separate existence 분리 독립 | assimilate 동화시키다, 흡수하다 | flee 달아나다 | paragon 전형, 모범 (perfect example) | turmoil 소란, 동요, 혼란 | extermination 전멸, 박멸 | vengeance 복수 *cf.* with a vengeance 심하게, 극단으로 [관] avenge, revenge

해설 [순접-진술 부연] by denying a separate existence and forcing them to ~

해석 불가리아의 혼란은 인종 정치의 전형이다. 그는 터키인의 분리 독립을 거부하고 그들이 동화되든가 아니면 조국으로 돌아가기를 강요함으로써 소수민족 문제를 해결하려고 했다.

6 **어구** convincing 설득력 있는(cogent) *cf.* convinced 확신에 찬 | articulate 분명하게 말(발음) 하다 | largely 대체로(in general, at large) | unappreciated 이해되지 않는, 감상되지 않는, (호의를) 고맙게 여기지 않는 | recognized 인정되는 | criticized 비평받는 | acknowledged 인정된, 승인된

해설 [순접-인과] ~ and therefore

해석 비록 이러한 단순하고도 강력한 논점이 대중적인 저술들에 있어서 분명하게 밝혀진 적은 거의 없었기에, 따라서 대체도 이해되지 않은 채로 머물고 있음에도 불구하고, 설득력 있는 일련의 증거들이 우리들 주변에 있다.

7 **어구** avant-garde 전위파, 선구자; 전위파의, 선구자의 | obsequiously 비굴하게, 아첨하면서 | shamefully 수치스럽게 | cannily 기민하게, 신중하게 | fortuitously 우연히, 뜻밖에 | problematically 미심쩍게, 불확실하게

해설 [순접-열거] and meaningfully

해석 중국의 전위 예술가가 자기 자신의 예술적 목표를 성취하기 위해서 서양의 예술 형태를 기민하고도 의미심장하게 사용했다.

정답 4 ③   5 ②   6 ①   7 ③

8 What made Ann such a fine counselor was her __________, her ability to put herself in her client's place and feel his emotions as if they were her own.

① integrity ② empathy

③ tenacity ④ impartiality

⑤ aloofness

9 I wish I belonged to some group with common tradition and common ties. I wish I belonged to the class of 1910, somewhere, and could go back to reunions. I __________ the sense of continuity of association that old college friends obviously possess.

① hate ② miss ③ reprove ④ repent

10 A society lacking language would be incapable of engaging in any but the simplest of cooperative enterprises. An individual or group of individuals would have no way of planning such activities, of explaining them to others, or of directing the actions of the participants in cooperative enterprises toward the __________ goal. Each individual would be to a large extent dependent on his own strength and ability since he would lack the means of securing the help of others.

① individual ② special

③ common ④ intensive

11 The first semester of my junior year at Princeton University is a __________, and my grades show it. D's and F's predominate, and a note from the dean puts me on academic probation. Flunk one more course, and I'm out.

① disaster ② luxury

③ sceptic ④ happiness

Memo

8 **어구** fine 훌륭한, 뛰어난; (날씨 따위가) 갠, 정제된, 순수한 | put oneself in one's place ~의 입장에서 생각하다 | integrity 성실, 정직, 완전함 | empathy 공감, 감정이입 | tenacity 고집, 불굴, 용기 | impartiality 공정함 | aloofness 무관심, 냉담

해설 [순접-진술 부연] put herself in her client's place

해석 Ann이 뛰어난 상담원이 된 이유는 그녀의 다른 이에 대한 이해심 때문이었다. 자신을 손님의 입장에서 생각해 보며, 손님의 감정이 자신의 것인 것처럼 느끼는 능력이 그녀에게는 있었다.

9 **어구** reunion 재결합, 친목회 | continuity 지속성, 연속성 | miss 그리워하다 | reprove 꾸짖다, 비난하다 | repent 후회하다, 유감으로 생각하다

해설 [순접-유추] I wish I belonged to ~.

해석 나는 공동의 전통과 공동의 연대를 가진 어떤 그룹에 속하기를 바란다. 나는 1910년 졸업반에 속하기를, 그리고 어딘가 동창회로 다시 돌아갈 수 있기를 바란다. 나는 옛 대학 친구들이 분명히 유지하고 있는 지속적인 연대감을 그리워한다.

10 **어구** be incapable of ~을 할 수 없다 | engage in ~에 종사하다 | any but ~이외의 모두 (all but, all except) | enterprise 기획, 사업, 기업체 | participant 참가자 | to a large extent 상당한 정도로 | lack *v.* 부족하다, 결핍되다 *n.* 부족(want), 결핍, 없음 | intensive 강도 높은

해설 [순접-진술 부연] ~incapable of engaging in any but the simplest of cooperative enterprises.

해석 언어가 없는 사회는 가장 단순한 사업 외에 어떠한 사업도 착수할 수 없을 것이다. 개인 또는 개인의 집단은 그러한 활동을 계획하고, 그 활동을 그들에게 설명할 수 있는, 다시 말해 공통된 목적을 위한 협동적인 사업 참여자들의 활동을 이끌어 갈 수 있는 방법을 전혀 갖지 못할 것이다. 각 개인은 다른 사람들의 도움을 확보할 수 있는 수단이 결여되어 있기 때문에 상당한 정도로 자기 자신의 힘과 능력에 의존할 것이다.

11 **어구** predominate 주권을 장악하다, 우위를 차지하다, 우세하다; 눈에 띄다, 두드러지다 | dean (대학의) 학장, (천주교의) 지역 수석 사제, 지구장 | note *n.* (짧은) 기록, 각서; 짧은 편지 *v.* 적어두다(jot down), 써놓다, 주목하다, 알아차리다(notice), 지시하다 | probation (낙제, 처벌된 학생의) 유예, 근신 기간, 가석방 | flunk 낙제, (시험에) 실패(낙제)하다 | disaster *n.* 재앙, 불행, 재난; 실패작 [파] disastrous *a.* 비참한; 재난의, 재해의 (catastrophic) | luxury 사치, 사치품 | sceptic 회의론자, 의심 많은 사람

해설 이 문제를 푸는 방법은 부연 설명에 의한 추론으로 뒤에 '학점이 아주 나쁘고 한 과목만 더 낙제하면 퇴학 당한다'는 내용으로 미루어 빈칸에는 disaster가 쓰여야 한다.

해석 프린스턴 대학에서 2학년 첫 학기는 비참했다. 내 학점을 보면 그렇다. D와 F가 아주 많아 학장으로부터 온 편지에는 나를 학점 유예 기간에 처한다는 것이다. 한 과목만 더 낙제하면 나는 퇴학당한다.

정답 8 ② 9 ② 10 ③ 11 ①

12 Why are people in some parts of the world called by their mother's family name instead of their father's? Why do people in widely separated parts of the world speak related language? What did human beings look like when they first began to use tools or make pottery? Such questions are dealt with by the science of __________.

① genealogy　　　　　② archaeology
③ architecture　　　　④ anthropology

13 Today there are various kinds of motorcycles. Streetbikes are mostly for riding in cities. Touring bikes are fast motorcycles designed for long highway trips. Trail bikes are for riding through fields and climbing hills. Thus each of these kinds has its own __________. Small cycles are more like bicycles. Mopeds resemble bikes with motors attached. Motor scooters are bicycles with small wheels and little power. The one thing that all these cycles have in common is that they are all self-propelled, two-wheeled vehicles.

① elevation　　　　　② settlement
③ purpose　　　　　　④ beauty

14 Many teenagers dread and fear warts and pimples. A dermatologist, or skin doctor, says that a lot of these skin blemishes may actually be caused by fear. Dr. Hilton Kline has done studies indicating that, in some cases, warts and pimples are caused by anxiety. According to one of his studies, college students are more likely to break out in pimples just before a big exam. He's also shown that warts can be cured through __________, by having the patient imagine that the warts are falling off. In other words, the key to clear skin may all be in your mind.

① hypnosis　　　　　② affection
③ nutrition　　　　　④ cleansing

12 **어구** pottery 도기(류), 도기 제조법 | genealogy 족보, 혈통, 족보학 | archaeology 고고학 | architecture 건축학, 구조, 구성 | anthropology 인류학

해설 [순접-진술 부연] ~ by their mother's family name instead of their father's

해석 왜 세계의 어떤 지역에 사는 사람들은 그들의 아버지의 이름이 대신에 어머니 가족의 이름으로 불리어지는가? 왜 세계의 널리 고립된 지역에 사는 사람들이 관련된 언어를 말할까? 그들이 처음으로 도구를 사용하거나 도기를 만들기 시작했을 때, 사람들은 어떤 모습이었을까? 그러한 질문들은 인류학에서 다루어진다.

13 **어구** moped 모터 달린 자전거 | attached 부착된 | motor scooter 스쿠터 | wheel 바퀴, 차, 핸들(steering wheel), 회전 | self-propelled 자력으로 추진하는, 자동 추진식의 | vehicle 수송 수단, 탈것, 전달 수단, 매개체 | elevation 고도, 숭고함, 승진 | settlement 해결, 이민, 청산

해설 [순접-열거] for riding in cities. ~ for long highway trips. ~ for riding through fields and climbing hills.

해석 오늘날 다양한 종류의 오토바이가 있다. Streetbike는 주로 도시에서 타기 위한 것이다. Touring bikes는 긴 고속도로 여행을 위해 고안된 속도가 빠른 motorcycles이다. Trail bikes는 들판과 오르막 언덕을 타고 가기 위해서 만들어졌다. 그래서 이러한 종류의 각각은 나름대로의 목적을 지닌다. 소형 cycle은 자전거와 더 비슷하다. Moped는 모터를 부착한 자전거를 닮았다. Motor scooter는 작은 바퀴와 적은 동력을 가진 자전거이다. 모든 이런 사이클이 가지고 있는 공통점 한 가지는 그들이 자동으로 추진되는 두 개의 바퀴를 가진 수송 수단이라는 것이다.

14 **어구** dread 두려워하다 | wart 사마귀, 혹, 쓸모 없는 사람 | pimple (병리) 뾰루지, 여드름 | dermatologist 피부병 전문의 | blemish 결점, 흠, 오점, 얼룩(stain) | anxiety 걱정 | break out 발진하다, 종기가 생기다 | patient *a.* 인내심이 강한, 끈기 있는 *n.* 환자, 병자 *cf.* patience *n.* 인내(력), 참을성; 끈기 있는 | fall off 떨어지다, 분리되다 | in other words 달리 말하자면(namely, that is, that is to say, or) | hypnosis 최면 상태, 최면술 | affection 애정 | nutrition 영양, 영양물, 음식물 | cleansing 청소, 세탁, 살인

해설 [순접-유추] In other words, the key to clear skin may all be in your mind

해석 많은 십대들은 사마귀와 여드름을 두려워하고 무서워한다. 피부병 전문의 혹은 피부과 의사는 많은 이러한 피부 결함은 실제적으로 두려움에 의해 야기되었을지도 모른다고 말한다. Hilton Kline 박사가 연구하기를 어떤 경우에 사마귀와 여드름이 걱정에 의해서 야기된다고 지시하고 있다. 그의 한 연구에 의하면 대학생들은 큰 시험을 앞두고 여드름이 더 생기기 쉽다. 그는 환자에게 사마귀가 떨어지고 있다고 상상하게 함으로써 최면술을 통해서 사마귀가 치료될 수 있다는 것을 또한 보여주었다. 즉 피부를 깨끗하게 하는 핵심은 모두 당신의 마음속에 있을지도 모른다.

Memo

정답 12 ④ 13 ③ 14 ①

15 Bah, the hero of Jonathan Gash's mystery novels, is an antiques dealer who gives the reader advice on how to tell __________ antiques from the real thing.
① priceless   ② spurious
③ corollary   ④ authentic
⑤ state-of-the-art

16 It is lucky physician who can predict whether an infant is to become a giant, a dwarf, or an ordinary adult, since most babies look alike and the curious arrangements of chromosomes that govern stature are __________.
① irrelevant   ② inimitable
③ incomparable   ④ inscrutable
⑤ irreversible

17 John must be from a very affluent home. I don't think he has ever suffered from any __________ in his life.
① pain   ② malady
③ execration   ④ deprivation
⑤ communication problems

18 The Neoplatonists' conception of a deity, in which perfection was measured by abundant fecundity, was contradicted by that of the Aristotelians, in which perfection was displayed in the __________ of creation.
① profusion   ② precision
③ variety   ④ clarity
⑤ economy

15 **어구** **hero** 주인공, 영웅 | **antique** *a.* 고대의(ancient), 옛날의 *n.* 골동품 | **tell A from B** A와 B를 구별하다 | **real** 진실의, 현실의 | **priceless** 대단히 귀중한 | **spurious** 가짜의, 위조의 | **corollary** 유추 | **authentic** 진짜의, 진정한 | **antiquated** 골동품의 | **state-of-the-art** 최첨단의

해설 [역접-대조] tell ~ from real thing

해석 Jonathan Gash의 미스테리 소설들의 주인공인 Bah는 골동품 상인인데 독자에게 모조 골동품과 진짜 골동품을 구별하는 방법에 관한 조언을 한다.

16 **어구** **dwarf** 난장이 | **chromosome** 염색체 | **stature** (특히 사람의) 키, 신장 | **irrelevant** 부적절한, 무관계한 | **inimitable** 흉내 낼 수 없는, 독특한 | **incomparable** 견줄 데 없는, 비교가 되지 않는 | **inscrutable** 불가사의한

해설 [순접-인과] lucky physician ~ can predict whether an infant is to become a giant, a dwarf, or an ordinary adult, since

해석 유아가 거인이 될지, 난쟁이가 될지 또는 보통의 성인이 될지를 예언할 수 있는 의사는 운이 좋은 사람이다. 왜냐하면, 대부분의 아기들은 서로 같아 보이고 또한 신장을 지배하는 염색체의 정교한 배열이 불가사의하기 때문이다.

17 **어구** **affluent** 부유한 | **suffer from** 괴로워하다, 고민하다, 고생하다; 상처입다; 앓다, 병들다 [from] | **malady** (만성적인) 병, 질병 *cf.* ailment, disease | **execration** 증오, 저주(의 주문), 몹시 싫은 것 | **deprivation** 궁핍, 상실

해설 [순접-진술 부연] John must be from a very affluent home

해석 John은 매우 부유한 가정의 출신임에 틀림이 없다. 나는 그가 결코 자신의 삶에서 어떠한 궁핍 때문에 고통을 받은 적이 있다고 생각하지 않는다.

18 **어구** **neo** 새로운, 근대의 뜻의 결합사 | **conception** 개념, 생각 | **deity** 신성, 신위 | **abundant** 풍부한, 많은 | **fecundity** 다산, 비옥, 생산력 | **profusion** 수(양)가 엄청나게 많음, 풍부함 | **precision** 정밀, 정확 | **variety** 다양성 | **clarity** 명석, 명확함(clearness)

해설 타동사의 수동태구문으로 빈칸은 by 구문의 일부이므로 주어와 수동태 동사의 의미를 확인하자. 수동태의 동사 'was contradicted'가 부정적인 의미이므로 주부인 'The Neoplatonists conception of a deity'와 by이하의 어구는 반대 방향이다. 따라서 'abundant fecundity'의 반대말이 빈칸에 와야 한다.

해석 그 속에서 완전함은 풍부한 다산성에 의해 측정되었던 신(新)에 대한 신 플라톤주의자들의 개념은 그 속에서 완전함은 창조의 절약으로 표시되었던 아리스토텔레스 학설 신봉자들의 개념에 의해 부정되었다.

정답 15 ② 16 ④ 17 ④ 18 ⑤

19 A : Who won the soccer game?
B : No one. It rained last night. They had to call __________ the game as the ground was too wet to play on.

① on ② for
③ in ④ off

20 The Asian rim countries where boat people continue to wash up are not able to __________. The best hope is that Vietnam will become increasingly able to hold its own people.

① bear fruit ② bear a burden
③ blow their own trumpet ④ hit the nail on the head
⑤ strike pay dirt

21 Perhaps part of the __________ of adolescent behavior is traceable to the violent swing between being __________ and wanting to be independent.

① maturity – radical
② predictability – moody
③ irony – mature
④ capriciousness – dependent
⑤ creativity – unpredictable

22 A charismatic leader is usually the __________ a national crisis; somehow, the most efficient and __________ leadership is not enough to cope with major tribulation.

① cause of – democratic
② harbinger of – ignominious
③ victim of – bureaucratic
④ foil to – insouciant
⑤ solution to – businesslike

19 **어구** **call on** 방문하다 | **call for** 요구하다(ask for, demand), 청하다 | **call in** 초청하다 | **call off** 취소하다

해설 [순접–유추] No one. It rained last night.

해석 A : 축구게임 누가 이겼니?
B : 어제 비가 와서 게임을 안 했어. 경기를 할 수 없을 정도로 땅이 많이 젖어서 게임을 취소했어.

20 **어구** **rim** 연안, 테두리 | **wash up** 파도에 밀려 상륙하다 | **hold** 수용하다 | **bear fruit** 열매(결실)을 맺다 | **bear a burden** 부담(비용)을 지니다 | **blow their own trumpet** 자화자찬하다 | **hit the nail on the head** 못의 머리를 치다, 정곡을 찌르다 | **strike pay dirt** 사금을 발견하다, 횡재하다

해설 [순접–유추] The best hope is~

해석 보트 난민들이 계속해서 상륙하고 있는 아시아의 연안 국가들이 무한한 부담을 지닐 수는 없다. 최선의 희망은 베트남 자신의 국민 수용 능력의 증가이다.

21 **어구** **adolescent** 청년기의 | **violent** 격렬한 | **traceable** 추적할 수 있는 | **swing** 흔들림 | **maturity** 성숙, 원숙, 지불 만기 | **radical** 과격한 | **predictability** 예측할 수 있음 | **moody** 침울한 | **capriciousness** 변덕스러움 | **creativity** 창조적임

해설 [역접 – 대조] the violent swing between being ~ and wanting to be independent

해석 아마도 청년기의 행동의 변덕스러운 부분을 거슬러 올라가면 남에게 의존하려 하는 것과 의존하지 않으려고 하는 것 사이의 심한 동요가 나타난다.

22 **어구** **efficient** (사람이) 유능한, 적임의(capable, able) | **cope with** 잘 처리하다, 대처하다 (manage successfully) | **tribulation** 고난, 고생, 시련; 재난 | **harbinger** 선구자, 예고 | **ignominious** 불명예스러운, 창피한 | **foil** 좌절시키다, (계획 이행을) 훼방놓다, 쓸모없게 하다(frustrate, baffle) | **insouciant** 무관심한, 태평한(happy) | **businesslike** 사무적(능률적)인, 민첩한

해설 [역접–대조/유추] charismatic ~ national crisis

해석 카리스마적 지도자는 보통 국가 위기 하에서 해결책이 된다. 여하튼 가장 유능하고 행정력이 뛰어난 지도력도 중요한 (국가) 시련에 대처하기에는 충분하지 못하다.

정답   19 ④   20 ②   21 ④   22 ⑤

23 The fact is that surface fleets are becoming increasingly ________________ in the nuclear age, but the Navy, understandably, is reluctant to __________ this.

① powerful – redress　　② obsolete – concede

③ diverse – resist　　④ mechanized – disrupt

⑤ complex – enhance

24 He is so ____________ that he cannot be disturbed by ____________ matters.

① involved – simple　　② excited – ordinary

③ spiritual – mundane　　④ secular – temporal

⑤ happy – somber

25 His ____________ for ____________ was obvious when he repeatedly refused to say who he was or why he was there.

① request – silence　　② desire – secrecy

③ distaste – date　　④ struggle – recognition

⑤ need – intimidation

23 **어구** be reluctant to R ~하기를 주저하다 | **redress** 회복하다, 바로잡다 | **obsolete** 진부한,
시대에 뒤떨어진(out of date, out of fashion, outmoded) | **concede** 인정하다, 시인하다 |
diverse 다양한, 별개의 | **enhance** *v.* 더하다, 향상하다, 높아지다 *cf.* enhancement 증진,
증대, 증강

해설 [역접-대조] ~ but the Navy is reluctant

해석 수상함대가 핵무기 시대에는 점점 시대에 뒤떨어진 것이 되어가고 있는 것이 사실이지만, 이해할 수
있듯이 해군은 이것을 마지못해 인정할 뿐이다.

24 **어구** disturbed 걱정스러운, 동요한 | **mundane** 현세의, 세속적인(earthly, worldly) |
secular 현세의, 비종교적인 | **somber** 우울한, 흐린

해설 [순접-인과] so ~ that

해석 그는 무척 공상적이어서 세속적인 문제들에 현혹되어질 수 없다.

25 **어구** obvious 명백한 | **secrecy** 비밀 엄수, 입이 무거움 | **distaste** 혐오, 싫음, 반감(hatred,
enmity) | **struggle** 노력, 싸움 | **recognition** 인지, 승인, 허가 | **intimidation** 위협, 협박

해설 [순접-인과] when he ~ refused to say who he was or why he was there

해석 그는 자신이 누구인지 혹은 거기에 왜 있었는지 말하기를 반복적으로 거절할 때 비밀엄수에 대한 갈
망이 명백했었다.

정답 23 ② 24 ③ 25 ②

S.C Practice 3

1 An example of an illegitimate method of argument is to __________ dissimilar cases together under the pretense that the same principles apply to each.

① facsimile   ② simulate   ③ subscribe
④ wade   ⑤ lump

2 It was in a churchyard on a grey, damp afternoon - all very solitary and quiet, with a very few mourners; and __________ , although a very true and kindly friend was passing from us.

① with hostility   ② not any repentance
③ no desolate sense of loss
④ with much grief   ⑤ under a curse

3 She said she had called him an idiot in a __________ fashion and had not meant to offend him.

① old-fashioned   ② cumbersome
③ cutting-edge   ④ jocular
⑤ timorous

4 The taxi cabbie kept his cash in a hideaway behind his tape-recorder. Unfortunately, a robber who had merely intended to steal the tape-recorder discovered the __________ and also stole the cash.

① skid-row   ② chamber
③ shopping center   ④ cache
⑤ black market

1

어구 **illegitimate** 불법의, 합리적이지 못한 | **method** 1. 방법, [특히] 조직적 방법, 방식 2. (일을 하는) 순서, (생각 따위의) 조리 | **dissimilar** 다른 | **under the pretense that** ~라는 구실·핑계하에 | **principle** 원칙 | **facsimile** 복사하다 | **simulate** 흉내내다 | **subscribe** 동의하다, 정기구독하다, 서명하다 | **wade** 힘차게 전진하다 | **lump ~ together** 한결같이 취급하다, 일률적으로 다루다

해설 [순접-유추] ~ illegitimate ~ under the pretense that the same principles apply to each

해석 논쟁에 대한 합리적이지 못한 예증은 동일한 원칙이 각각의 사례에 적용된다는 구실 하에 각기 다른 사례를 일률적으로 다루는 것이다.

2

어구 **churchyard** 묘지 | **grey** 회색의, 쓸쓸한 | **damp** 축축한, 의기소침한 | **solitary** 고독한, 쓸쓸한 | **mourner** 애도자 | **pass from** ~를 떠나다, ~을 떠나 죽다 | **hostility** 적대감 | **repentance** 후회 | **desolate** 황폐한, 쓸쓸한, 비참한 | **sense of loss** 상실감 | **grief** 슬픔 | **under a curse** 저주를 받아

해설 [역접-대조] although a very true and kindly friend was passing from us

해석 음산하고 축축한 오후의 교회 묘지에서의 일이었다. 주위는 아주 적적하고 조용했으며, 오직 극소수의 애도자들만 있었다. 아주 참되고 다정한 한 친구가 우리에게서 떠나가고 있음에도 어떤 쓸쓸한 상실감도 없었다.

3

어구 **idiot** 바보 | **in a ~ fashion** ~한 식으로 | **offend** (감정을) 상하게 하다, (법률 등을) 위반하다 | **old-fashioned** 구식의 | **cumbersome** 귀찮은(clumsy, awkward), 운반하기 힘든 | **cutting-edge** 최첨단의 | **jocular** 농담의, 즐거운(jolly), 웃기는(jocose, jocund) | **timorous** 겁이 많은

해설 [순접-열거] had not meant to offend him

해석 그녀는 농담으로 그를 바보라고 한 것이며 그의 마음을 상하게 할 의도는 없었다고 말했다.

4

어구 **cabbie** 택시 운전사(cabdriver) | **hideaway** 은신처, 숨길 장소 | **merely** 단지 | **steal** 훔치다(thieve, pilfer) | **skid-row** 우범지대 | **chamber** 방, 응접실 | **shopping center** 시장 | **cache** 숨겨두는 장소, 은신처(hideout) *cf.* cachet (공문서 등의) 봉인, 캡슐 | **black market** 암시장

해설 [순접-유추] kept his cash in a hideaway → a robber ~ also stole the cash.

해석 그 택시 운전사는 돈을 녹음기 뒤에 숨겨두었다. 불행하게도 강도가 들어 녹음기만 훔치려 하다가 돈이 숨겨져 있는 것을 발견하여 돈까지 훔쳤다.

정답 1 ⑤ 2 ③ 3 ④ 4 ④

5 Over the past year it has been East Asia's fragile security, rather than its __________ economics, which has captured the headlines.

① outrageous 　② robust
③ sagacious 　④ faked
⑤ chilly

6 The spring floods had washed away the bridge; we were forced to take a __________ route.

① circular 　② devious
③ fantastic 　④ damp

7 I regard that play as the most fatuous and __________ production of the season.

① gripping 　② inane
③ resplendent 　④ prophetic
⑤ glamorous

8 Whereas the historian's primary task is to __________ human actions, the business of the psychologist is to explain them.

① influence 　② describe
③ record 　④ predict

Memo

5　**어구**　**fragile** 취약한, 깨지기 쉬운, (체질이) 허약한 | **security** 안보, 안전, 방어, 보증 | **economics** 경제학, 경제상황 | **capture** 사로잡다(take possession of), ~을 담다 | **headline** 큰 제목 | **outrageous** 난폭한, 터무니없는(vociferous, violent, vehement) | **robust** 활발한, 튼튼한(strong and healthy) | **sagacious** 현명한 | **faked** 가짜의 | **chilly** 차가운, 냉담한

　해설　[역접-대조] ~ fragile security rather than

　해석　지난 1년 동안 머릿기사로 등장한 것은 동아시아의 활기찬 경제보다는 취약한 안보였다.

6　**어구**　**wash away** (제방 · 다리 따위를) 휩쓸어 가다, 떠내려 보내다 | **circular** 원형의, 순환의 | **devious** 1.우회하는 (≠ in direction) 2. 솔직하지 못한, 속임수의 | **fantastic** 환상적인, 이상한, 터무니없는 | **damp** 축축한, 기운이 없는 | **circuitous** 에움길의, 우회로의 (roundabout)

　해설　[순접-인과] The spring floods had washed away the bridge

　해석　봄에 홍수로 다리가 유실되었기 때문에, 우리는 우회로로 가야만 했다.

7　**어구**　**fatuous** 얼빠진, 어리석은, 백치의 | **gripping** 주의를 끄는 | **inane** 어리석은, 공허한, 텅 빈 | **resplendent** 빛나는, 눈부신 | **prophetic** 예언의, 예언적인, 경고의 | **glamorous** 매력에 찬, 매혹적인

　해설　[순접-열거] the most fatuous and

　해석　나는 그 희곡을 이 계절에 나온 가장 어리석고 공허한 작품으로 생각한다.

8　**어구**　**whereas** ~임에 반하여, ~인 까닭에(because, as, as long as, though) | **primary task** 주된 일 | **psychologist** 심리학자 | **describe** 묘사하나, 기술하나 | **predict** 예언하다, 예보하다(foretell, adumbrate, pretend)

　해설　[역접-대조] whereas

　해석　역사가의 주된 직무가 인간의 행위들을 기록하는 것임에 반하여, 심리학자의 일은 그 행위들을 설명하는 것이다.

정답 5 ② 　6 ② 　7 ② 　8 ③

9 Industrial leaders are worried lest new inventions make their plants unprofitable to operate; they therefore wish to protect themselves against possible __________.

① depreciation
② despoliation
③ obsolescence
④ casualties
⑤ bankruptcies

10 The school board felt that the textbook should not be taught in the classroom until certain offensive passages were __________.

① extirpated
② extracted
③ banished
④ appended
⑤ expurgated

11 Albert Schweitzer was born on October 29, 1875 in Kaysersberg, a town near Strasbourg in Alsace, Germany. Schweitzer had been called the greatest Christian of his time. He based his personal philosophy on a "reverence for life" and on a deep commitment to serve humanity through thought and action. And he was a man of great strength who faced great problems with courage. The threat of war, the reality of imprisonment during World War One as a German citizen, and the unbearable heat in Africa did not deter him at all. He believed that man could overcome these obstacles if __________.

① he had a sense of idealism
② he didn't mind about his nationality
③ he were not afraid of imprisonment
④ he wanted to help the poor in a foreign country

Memo

9

어구 **lest** [부정 종속접속사] ~하지나 않을까 하여, ~하지 않기 위해서 | **unprofitable** 가치 저하, 경시 | **despoliation** 약탈, 강탈(plunder, pilage) *cf.* privation 결핍, 궁핍, 박탈, 몰수 | **obsolescence** *n.* 위축, 차차 쓰이지 않게 됨, 퇴화(atrophy) *cf.* obsolesce *v.* 쇠퇴하다, 시대에 뒤떨어지다, 퇴행하다, obsolescent *a.* 쇠퇴하는, 퇴화의(atrophied) | **casualty** 사고, 재난, 사상자 | **bankruptcy** *n.* 파산(상태), 도산(insolvency) *cf.* bankrupt *n.* 파산 선고를 받은 사람, 파산자, 지불 불능자(insolvent) *a.* 파산한, 도산한, 지불 불능의(insolvent) *v.* 파산시키다(make bankrupt)

해설 [순접-인과] lest new inventions make their plants unprofitable; ~ therefore

해석 업계 지도자들은 새 발명품들이 나와서 그들의 공장 설비가 쓸모 없게 되지는 않을까 걱정이다. 그래서, 그들은 못 쓰게 될 수도 있는 것들을 보호하고자 한다.

10

어구 **school board** 교육 위원회 | **offensive** *a.* 공격적인, 불쾌한 [파] offend *v.* 성나게 하다; 기분을 상하게 하다, offense *n.* 1. (규칙·법령 따위의) 위반, 반칙; 범죄(against) 2. (일의 진행·행동 따위를) 방해하다(hinder) | **extirpate** *v.* 근절시키다, 일소하다 *cf.* extirpation *n.* 근절, 박멸, 멸종, extirpative *a.* 근절하는(힘이 있는), extirpator *n.* 근절자 | **extract** 발췌하다(abstract), 추출하다 | **banish** 추방하다, 유형에 처하다(exile, deport) | **append** 덧붙이다, ~에 매달다 cf. appendix 부록; 맹장 | **expurgate** *v.* 삭제하다, 깨끗이 하다 *cf.* expurgation *n.* 깎아버림, 삭제, expurgator *n.* 삭제자, expurgatorial *a.* 삭제(자)에 관한; 삭제적인, expurgatory *a.* 삭제[정정]의

해설 [순접-유추] the textbook should not be taught in the classroom until ~

해석 교육 위원회의 생각으로 그 교재는 공격적인 글귀들을 삭제한 후에 교실에서 사용되어야 한다는 것이다.

11

어구 **base A on B** A의 바탕을 B에 두다 | **reverence** 존경 | **serve humanity** 인류에 봉사하다 | **courage** 용기 | **imprisonment** 투옥 | **unbearable** 견딜 수 없는 | **deter** 그만두게 하다, 저지하다(check, inhibit from action) | **overcome** 극복하다 | **obstacle** 장애물

해설 [순접-인과] ~ could overcome these obstacles if

해석 Albert Schweitzer는 29일에 Kaysersberg라는 독일의 알사스 스트라보그 근처의 마을에서 태어났다. 슈바이처는 그의 시대에 위대한 크리스천이라 불리었다. 그는 생명에 대한 존경심, 그리고 생각과 행동을 통해 인류에게 봉사하는 깊은 헌신을 그의 개인의 철학에 바탕으로 두었다. 그리고 그는 큰 어려움에 직면했을 때 용기 있게 대처한 위대한 사람이었다. 1차 세계대전 때 전쟁의 위협, 독일 시민으로서 투옥의 현실과 아프리카에서의 견딜 수 없는 더위 등도 그를 전혀 막지 못했다. 그는 인간이 외국에서 불쌍한 사람을 돕고자 하는 마음만 있다면 이런 고난을 극복할 수 있다고 믿었다.

정답 9 ③ 10 ⑤ 11 ④

12 There appears to exist an inverse relationship between the birth rate and the degree of development of a nation. Thus, the greater the degree of industrial and scientific progress, urbanization, and elevation of the standard of living, the more the birth rate tends to be _________.

① stabilized　　② sustained　　③ depressed
④ higher　　⑤ lower

13 ______________________. Those who want to curb the press point out that it is no longer the "fragile" thing it was when the First Amendment was written. But neither is the Government. When Franklin Roosevelt took office, the federal budget, in 1979 dollars, amounted to about $38 billion. In fiscal 2005, it will be over $2.3 trillion. When Roosevelt took office, the federal bureaucracy consisted of 600,000 people. Today it adds up to more than 2.8 million. Such figures can only suggest that the growth of Government has been far more dramatic than the growth of the press that attempts to cover and monitor it. With innumerable Xerox machines and printing presses, through tons of publications, reports, tapes and films, countless Government departments churn out enough information, and disinformation, to overwhelm an army of reporters. To a lesser extent this is true of other large institutions : corporations, unions, foundations, all of which try to manage the news and use the press to their ends.

① The press should not be expected to be what it is not
② The press is indeed a peculiar institution, full of paradoxes
③ The press played an essential part in bringing off the American Revolution
④ The press is not too powerful; if anything, it is not powerful enough
⑤ The commercial press is the only alternative to the subsidized

12 **어구** inverse 반대의 | **birth rate** 출생률 | **development** 1. 발달, 발전; 성장(growth) 2. (자원·기술 따위의) 개발; (재능 따위의) 계발 | **urbanization** 도시화 | **stabilized** 안정된 | **sustained** 지속된 | **depressed** 우울한, 불경기의

해설 [순접-인과] an inverse relationship ~. Thus

해석 한 나라의 출생률과 발전의 정도 사이에는 반대의 관계가 존재하는 것처럼 보인다. 그래서 산업적인, 그리고 과학적인 발전의 정도와 도시화 및 삶의 표준의 상승이 높으면 높을수록, 출생률은 더욱 더 낮은 경향이 있다.

13 **어구** curb 억제·통제하다 | **no longer** 더 이상 ~않다 | **fragile** 허약한 | **take office** 취임하다 | **amount to** ~에 이르다(add up to) | **fiscal** 국고의, 국가 세입의, 재정상의, 회계의 | **bureaucracy** 관료 정치(주의, 제도) | **far more dramatic** 훨씬 더 극적인 | **cover** 취재하다 | **monitor** 감시하다, 청취하다 | **innumerable** 셀 수 없이 많은, 무수한(countless) | **churn out** 대량 생산하다 | **disinformation** (속이기 위한) 허위 정보 | **overwhelm** 압도하다, 당황하게 하다 | **an army of** 한 떼의, 수많은 | **peculiar** 특이한, 괴상한 | **paradox** 역설 | **play a part in ~ing** 역할을 담당하다 | **bring off** ~을 훌륭히 해내다 | **if anything** (사실상) 어떤가 하면 | **alternative** 대안

해석 언론은 지나치게 강하지도 않고, 설사 강하다 하더라도 지나치게 강한 건 아니다. 언론을 억제하기를 원하는 이들은 헌법 수정 제1조가 성문화되었을 때 언론이 더 이상 약한 존재가 아니라는 점을 지적한다. 하지만 정부 또한 약하지 않다. Franklin Roosevelt가 취임했을 때, 연방예산이 1979년 시가로 거의 380억 달러에 달했다. 2005년 회계연도에는 2조 3천억 달러가 넘을 것이다. 루즈벨트가 취임했을 때, 연방관료는 600,000명으로 구성되었다. 오늘날 모두 합하여 2백 8십만 명 이상에 달한다. 그와 같은 수치는 정부를 보호하고 감시하려고 시도하는 언론의 성장보다 훨씬 더 급진적으로 정부의 성장이 있어 왔음을 정말로 시사해주는 것이다. 수많은 제록스 기계 및 인쇄기, 수톤의 출판물과 보고서, 테이프 및 영상을 통하여, 무수한 정부 부서들은 수많은 보도진을 압도할 정도의 충분한 정보와 허위정보를 대량으로 쏟아낸다. 보다 적은 정도이긴 하나 이런 일은 다른 대규모 기관들 즉, 기업, 노조, 재단에도 해당하는데, 이들 기관들도 모두 뉴스를 관리하려고 애쓰며 언론을 그들의 목적에 맞게 이용한다.

정답 12 ⑤ 13 ④

14 A fortunate but small number of people work at jobs which are in themselves __________ and are not performed chiefly for the return they make.

① painful   ② useful   ③ wearisome
④ constructive   ⑤ pleasurable

15 Pessimists predict that if the world's population continues to grow as its present at its present rate, it will soon __________ world food production and there will be massive famines.

① devour   ② express   ③ surpass   ④ reduce

16 He worked __________ at his task for weeks before he felt satisfied that the results would justify his long effort.

① occasionally   ② vindictively
③ assiduously   ④ irregularly
⑤ intermittently

17 Before one __________, one should make an attempt to discover the artist's purpose.

① analyzes   ② criticizes   ③ deliberates
④ assigns   ⑤ purchases

18 A : Can you __________ with this desk? I want to move it.
B : Where are you going to put it?

① put up   ② give a ring
③ give a ride   ④ give me a hand

Memo

14 **어구** **fortunate** 운이 좋은 | **work** 일하다, 노력하다, 종사하다, 작동하다 | **chiefly for** 주로 ~ 때문에 | **return** 반환, 보답, 수익 | **painful** 아픈 | **wearisome** 지루한, 피곤하게 하는 | **constructive** 건설적인 | **pleasurable** 즐거운, 기쁜

해설 [순접-열거] and are not performed chiefly for the return

해석 운이 좋지만 그 수가 얼마 안 되는 사람들은 일 그 자체가 즐겁고 주로 그 일에서 오는 이익 때문에만 행해지지 않는 그런 일에 종사한다.

15 **어구** **pessimist** 비관론자 | **predict** 예견하다 (foresee, forecast, foretell, prophesy, soothsay) | **massive** 거대한, 대규모의(huge, colossal, prodigious, vast, immense) | **famine** 기근, 굶주림(starvation, hunger) [혼] feminine *n.*여성(female) | **surpass** 능가하다, 앞지르다 | **devour** 집어삼키다

해설 [순접-열거] and there will be massive famines

해석 염세적인 사람들은 세계 인구가 현재의 증가율대로 계속 증가한다면 곧 세계 식량 생산량을 능가할 것이라고 대규모의 기근이 발생할 것으로 예상하고 있다

16 **어구** **justify** ~이 정당하다고 증명하다 | **occasionally** 이따금씩 | **vindictively** 앙심을 품고서 | **assiduously** 근면하게, 성실하게 | **irregularly** 불규칙하게 | **intermittently** 때때로

해설 [순접-유추] before ~ the results would justify his long effort

해석 그는 결과가 자기의 오랫동안의 노력에 합당하다고 만족하기 전까지 몇 주 동안 열심히 성실히 일했다.

17 **어구** **make an attempt** 시도하다 | **deliberate** 잘 생각하다, 숙고하다(ponder, meditate) | **assign** 할당하다, 분배하다(allot, apportion)

해설 [순접-유추] Before ~ one should make an attempt to discover the artist's purpose

해석 비평하기 전에, 그 예술가의 의도를 발견하려고 시도해야만 한다.

18 **어구** **put up with** 참다(bear, endure) | **give a ring** 전화하다(call up) | **give a ride**(lift) (차를) 태워주다

해설 [순접-유추] give a hand → 도와주다(help, aid)

해석 A : 이 책상 옮기는 데 도와줄 수 있니? 옮기고 싶어.
　　B : 어디에 둘 건데?

정답 14 ⑤ 15 ③ 16 ③ 17 ② 18 ④

19 For those who wish them good luck, the absence of really bad news from the expedition doesn't necessarily __________ good news.

① be equal to   ② amount to
③ differ in   ④ vary in

20 Because of the __________ caused by the flood, the general living conditions in the region have ____________. Many people have lost all their belongings.

① trepidation – improved
② devastation – deteriorated
③ question – disappeared
④ confusion – resolved
⑤ movement – prevailed

21 The bygone belief that education was the province of __________ , and not required by the masses, has been suplanted by our conviction that education is absolutely __________ for everyone if our nation is to progress.

① monarchy – preposterous
② church – impossible
③ populace – desirable
④ elite – mandatory
⑤ laymen – beneficial

22 I can hear her __________ in my room. What's __________ her this time?

① sobbing – upset   ② giggling – taken
③ growling – made   ④ humming – snapped

Memo

19 **어구** wish them good luck 그들의 행운을 빌다 | expedition 탐험대 | not necessarily 반드시 ~한 것은 아니다 | be equal to ~과 대등하다 | amount to (총계·금액이) ~이 되다, 결국 ~이 되다 | differ in ~라는 점에서 다르다(vary in) | vary in ~라는 점에서 다르다

해설 [대조-유추] the absence of really bad news~ ~ good news

해석 그들의 행운을 빌었던 사람에게는 탐험대로부터 진짜 나쁜 소식이 없다는 것만으로 반드시 좋은 소식과 일치하지 않는다.

20 **어구** flood 1. 홍수(deluge, inundation, rush), 2. 범람 [혼] draught(draft) 도안, 설계도; 초안 | belonging 소유물 | trepidation 전율, 공포 | devastation 유린, 황폐 | deteriorate 가치를 저하시키다, 타락하다 | confusion 혼란 | prevail 유행하다

해설 [순접-인과] Because of ~ / ~ lost all their belongings

해석 홍수 때문에 빚어진 파괴 때문에 그 지역의 전반적인 삶의 조건들은 악화되었다. 많은 사람들은 자신들의 소유물을 잃어버렸다.

21 **어구** bygone 지나간 | province 범위, 분야 | mass 덩어리, 모임, 다량, 일반대중(populace), 부피(bulk); 크기(size) | supplant ~을 밀어내고 대신하다 | conviction 신념, 확신

해설 과거에는 교육이 지도층(elite)을 위한 것이라는 믿음이 현재에는 모든 사람들(대중을 포함)에게 이익이 된다고 보고 있다. 문장에서 시제에 유의하며 읽어나가자. 과거의 잘못된 믿음과 현재의 믿음 사이에 대립으로 문제에 접근하자. 그리고 동의어 관계인 beneficial과 progress가 순접의 연결어인 if로 연결되어 있다. 예를 들면 산업혁명 시대에는 많은 공장을 건설하여 많은 생산 위주(공장 굴뚝의 연기, 오폐수 등)였지만 현재에는 환경오염 문제가 제기되면서 생산 위주에서 환경 친화적 제품을 생산해야 된다는 식의 논리 관계가 성립하여야겠다
[역접-유추] has been supplanted

해석 교육은 엘리트의 분야이며 대중은 이를 필요로 하지 않는다는 과거의 신념이 우리나라가 발전하려면 교육은 모든 사람에게 필수적이라는 신념으로 대체됐다.

22 **어구** sob 흐느껴 울다 | upset 뒤집다, 괴롭히다 | giggle (낄낄거리며) 웃다 | growl (동물이) 으르렁거리다, ~에게 불평하다(complain) | hum 콧노래를 부르다 | snap (딱하고) 소리 나다, 스냅촬영하다

해설 [순접-유추]

해석 나는 그녀가 방에서 흐느끼는 것을 들을 수 있었다. 이번에 무엇이 그녀를 화나게 했을까?

정답 19 ① 20 ② 21 ④ 22 ①

23 It is not knowledge, be it great or small, but the __________ of knowledge, which misleads men; and the best remedy against this is not __________, but knowing something really well.

① despite – admission

② conceit – ignorance

③ ignorance – learning

④ arrogance – knowledge

24 The doctor warned him that his __________ nature made him susceptible to a stroke and urged him to curb his temper.

① chronic　　　② chimerical　　　③ choleric

④ capricious　　　⑤ candid

25 When he first began buying stock, the businessman felt __________, but his successes now give him great __________.

① uncertain – assurance

② nervous – timidity

③ confident – wealth

④ scared – uncertainty

23 **어구** be it A or B A이건 B이건 간에 I **mislead** 오도하다, 잘못 인도하다, 현혹시키다 (misguide, beguile) I **remedy** 치료책 I **despite** ~에도 불구하고 *n.* 무례, 멸시, 모욕 (contempt), 악의, 원한 I **conceit** 자부심(pride), 자만, 상상 I **ignorance** 무지 I **arrogance** 거만

해설 [역접-대조] ~ but knowing

해석 지식이 크든지 작든지 간에 인간을 오도하는 것은 지식이 아니라 지식에 대한 허영이며, 이에 대한 최상의 치료는 무지가 아닌 박식한 것이다.

24 **어구** **susceptible to** ~에 민감한, ~에 걸리기 쉬운 I **stroke** 때리기, 발작, 뇌졸중 I **curb** 억누르다, 억제하다 I **chronic** 만성의, 고질적인(inveterate) *cf.* acute 급성의 I **choleric** 성내는, 성난(cranky) I **capricious** *a.* 변덕스러운, 일시적인(fickle) *cf.* caprice *n.* 변덕(whim, levity), 줏대가 없음 I **candid** 정직한, 솔직한, 공정한

해설 [순접-인과] ~ urged him to curb his temper

해석 의사는 그가 성마른 성격 때문에 뇌졸증에 걸릴 수도 있다고 경고하면서 그가 성질을 억제할 것을 강력히 권고했다.

25 **어구** **stock** 주식, 줄기, 군체 I **businessman** 사업가 I **uncertain** 불확실한 I **assurance** 확신, 보증, 자신(self-confidence), 철면피(impudence) I **nervous** 신경질적인, 신경의 I **timidity** 겁, 수줍음(cowardice, shyness, trepidation) I **confident** 확신하는 I **scared** 겁먹은 I **uncertainty** 불확실

해설 [역접-대조] ~ but ~

해석 그 사업가가 처음 주식을 사기 시작했을 때, 그는 불확실함을 느꼈다. 그러나 그의 성공은 그에게 상당한 확신을 주었다.

정답 23 ② 24 ③ 25 ①

1 The student of human nature can find endless matter for observation in the behavior of his fellow card players. __________ and generosity, prudence and audacity, courage and timidity, weakness and strength; all these men show at the card table according to their natures.

① Feebleness ② Consideration
③ Meanness ④ Altruism
⑤ Intrepidness

2 Tellingly termed the P.L.K., for _______ Little King, by foreign observers, Hussein has survived numerous coup and assassination attempts, guiding his nation of 4 million from wartime defeat by Israel to an ongoing peace process.

① cruel ② meek ③ cheeky
④ rebellious ⑤ plucky

3 In the long history of the world, only a few generations have been granted the role of defending freedom in its hour of maximum danger. I do not ________ from this responsibility – I welcome it.

① prop up ② stand on my own feet
③ incept ④ shrink
⑤ intermit

4 The servant girl burst into tears when the lady of the house __________ her for breaking an antique vase.

① heave ② upbraid ③ uproot
④ pacify ⑤ distort

Memo

1 **어구** **human nature** 인간성 | **card player** 카드 놀이를 하는 사람 | **generosity** 관대함 (leniency, clemency, benevolence) | **prudence** 조심성 | **audacity** 대담성 | **courage** 용기 | **timidity** 소심함 | **weakness** 약점, 단점(defect, demerit, vice) | **strength** 강력함 | **feebleness** 허약함 | **consideration** 사려, 배려, 고려, 숙고(contemplation, meditation) | **meanness** 비열함 | **altruism** 이타주의 | **intrepidness** 용맹(boldness)

해설 [순접-열거] prudence and audacity, courage and timidity, weakness and strength

해석 인간성을 연구하는 사람은 함께 카드 놀이를 하는 동료의 행동에서 끝없는 관찰의 자료를 얻을 수 있다. 비열함과 관대함, 조심성과 대담성, 용기와 겁 많음, 허약함과 강력함 등 이런 모든 것들을 사람들은 각자 자신의 성격에 따라 노름판에서 보여준다.

2 **어구** **tellingly** 재미 있게, 유효하게 | **term** 이름짓다, 칭하다, 부르다 | **observer** 관찰자 | **numerous** 무수히 많은 | **coup** 공격, 쿠데타 | **assassination** 암살 | **defeat** 쳐부수다, 지우다(beat), (계획, 희망 등을) 좌절시키다 | **ongoing** 진행하는 | **cruel** 잔인한 | **meek** 온순한 | **cheeky** 건방진 | **rebellious** 반란의 | **plucky** 불굴의, 용기 있는

해설 [순접-인과] survived numerous coup and assassination attempts

해석 외국의 관찰자들에게는 '용감한 작은 왕'이라고 의미심장하게 불리는 후세인 국왕은 수많은 쿠데타와 암살기도에서 살아남아 이스라엘과의 전쟁에서 패배한 400만 국민들을 평화적인 해결 방안으로 이끌고 있다.

3 **어구** **grant** 부여하다 | **maximum** 최대의 | **welcome** 환영하다 *cf.* greet 인사하다 salute 경례하다, bow 인사하다, farewell 작별인사 | **prop up** 후원·지지하다(countenance) | **stand on one's own feet** 자립하다 | **incept** 섭취하다, 시작하다 | **shrink** 위축되다, 수축되다 | **intermit** 잠시 멈추다

해설 [순접-신술 부연] —I welcome it

해석 기나긴 세계 역사에서 단지 몇 세대만이 최대의 위험에 처했을 때, 자유를 수호할 역할을 부여받았다. 나는 이 책임을 회피하지 않는다. 오히려 환영한다.

4 **어구** **servant girl** 하녀 | **burst into tears** 눈물을 흘리다 | **antique** 골동품의 | **heave** (들어)올리다(lift), 부풀리다, 토하다(vomit), 던지다(throw) | **upbraid** 비난하다(berate, vituperate) | **uproot** 철거시키다, 제거하다 | **pacify** 달래다 | **distort** 왜곡하다(falsify, pervert), 비틀다(deform)

해설 [순접-인과] burst into tears when ~

해석 하녀는 그 집 마님이 골동품 꽃병을 깬 것에 대해서 심하게 꾸짖자 왈칵 눈물을 쏟았다.

정답 1 ③ 2 ⑤ 3 ④ 4 ②

5 For a long time, Americans have nervously congratulated themselves that terror was an evil native to other lands. The complacent thought picked up, almost unconsciously, on the founding America premise of a new world divinely sponsored, a sort of __________ conception.

① reconcilable　　② minute
③ immaculate　　④ volatile
⑤ facetious

6 Because he is __________ , we cannot predict what course he will follow at any moment.

① incoherent　　② sedate
③ capricious　　④ deleterious
⑤ inebriated

7 A significant manifestation of the concern of the community with the general welfare is the collection and __________ of statistics.

① dissemination　　② accumulation
③ compiling　　④ filing
⑤ preparation

8 I can vouch for his honesty; I have always found him __________.

① venal　　② venial
③ voracious　　④ veracious
⑤ volatile

5 **어구** nervously 신경질적으로, 불안하게 | **terror** *n*. (물리력이나 폭력으로 인한) 좀처럼 사라지지 않는 커다란 공포 [파] terrific *a*. [구어] 멋진, 훌륭한(unusually fine), 굉장한, 무서운, terrible *a*. [구어] 아주 나쁜(very bad), 무서운, 지독한, 맹렬한(intense) | **evil** *a*. 나쁜, 사악한; 유해한; 불길한 *n*. 악(vice), 악의(malice), 사악(wickedness); 악행(sin) | **native to** ~에 고유한 | **complacent** 자기 만족의 | **pick up on** ~을 이해하다, 알아차리다 *cf*. pick up 터득하다, 얻다(get, gain), 회복하다, 차로 마중나가다 | **founding** 설립한 | **divinely** 신에 의하여 | **conception** 개념, 임신, 태아 | **reconcilable** 화해할 수 있는 | **minute** 미세한; 분 | **immaculate** 더럽혀지지 않은 | **volatile** 휘발성의, 변덕스러운 | **facetious** 익살스러운

해설 [순접–진술 부연] terror was an evil native to other lands

해석 오랫동안 미국인들은 불안하게 스스로를 축하해 오기를 테러는 다른 나라에서만 발생하는 악이라는 것이다. 이러한 자기 만족에 가득찬 생각은, 거의 무의식적으로, 미국이란 신세계의 건물은 신의 후원을 입고 건축되었다는 일종의 '무원죄 잉태론'에서 나온 것이다.

6 **어구** predict 예언하다, 예측하다 | incoherent 앞뒤가 맞지 않는, 모순된 | sedate *a*. 침착한, 조용한, 냉정한 *v*. 진정시키다(calm down, tranquilize) *cf*. sedative drug 진정제 | capricious (마음이) 잘 변하는, 신뢰할 수 없는(irregular, unreliable) | deleterious 해로운(harmful, injurious, detrimental), 유독한 | inebriate 취하게 하다

해설 [순접–인과] Because ~ we cannot predict what course he will follow

해석 그는 변덕스럽기 때문에, 우리는 그가 당장에라도 어떤 노정을 쫓아갈지 예측할 수 없다.

7 **어구** significant 중대한, 주목할 만한 | manifestation 표현, 표시, 명시 | community 공동사회 | concern for ~에 대한 관심 | welfare 복지, 복리, 행복(well-being), 복지사업 | statistics [단수 취급] 통계학, [복수 취급] 통계자료 | dissemination 보급, 널리 퍼뜨림 | accumulation 축적(gathering, amassing), 저축 | compile (자료를) 수집하다, 편집하다 | preparation 준비, 대비, 예습

해설 [순접–유추] the collection and

해석 지역 사회에서 일반 복지에 대한 관심이 두드러지게 나타나는 것은 통계 자료의 수집과 보급이다.

8 **어구** vouch ~을 책임지다, 보증하다(assure, insure, guarantee, warrant) | venal 매수할 수 있는, 돈 위주의 | venial 용서할 수 있는 | voracious 게걸스럽게 먹는, 대식하는 | veracious *a*. 정직한, 성실한(truthful, veritable, honest) *cf*. veracity *n*. 진실을 말함; 정직, 성실 [혼] voracious 게걸스레 먹는, 탐욕스러운 | volatile 쾌활한, 변덕스러운

해설 [순접–인과] vouch for his honesty

해석 나는 그가 정직한 사람이라는 것을 보증할 수 있다. 나는 늘 그를 정직한 사람으로 보아 왔다.

정답 5 ③ 6 ③ 7 ① 8 ④

Memo

9 Although I am not a(an) __________, I am interested in tracing the origin of English words.

① entomologist　　　② graphologist

③ anglophile　　　④ numismatist

⑤ etymologist

10 The boys were afraid Mr. Norton would lose his temper when he saw what their baseball had done to his fence, but much to their relief, he was very __________ about it.

① belligerent　　　② indolent

③ unilateral　　　④ nonchalant

11 Every good story is carefully contrived; the elements of the story are __________ to fit with one another in order to make an effect on the reader.

① read　　　② emphasized

③ reared　　　④ planned

⑤ reduced

12 Our earth is in a continuous process of modification. We err when we speak of the "everlasting hills", for the hills __________.

① have stood for ages

② are truly ageless

③ were not always here

④ will remain forever

9 **어구** **trace** 추적하다, 조사하다 | **entomologist** 곤충학자 | **graphologist** 필적학자 | **anglophile** 친영파 사람 | **numismatist** 고전·메달 연구가[수집가] | **etymologist** 어원학자

해설 [역접-양보] Although ~, I am interested in ~ the origin of ~ words

해석 나는 어원학자는 아니지만, 영어 단어의 기원을 추적하는 것에 흥미가 있다.

10 **어구** **temper** 기질, 천성, 성질, 기분(mood) *cf.* disposition 성질, 기분 | **lose one' temper** 화를 내다(hit the ceiling) | **belligerent** 교전 중인, 호전적인 | **indolent** 게으른 | **unilateral** 일방적인, 한쪽만의 *cf.* bilateral 양측의, trilateral 세변이 있는, multilateral 다변의, 3개국 이상이 관계하고 있는 | **nonchalant** 무관심한, 태연한, 냉정한

해설 [역접-대조] Mr. Norton would lose his temper ~ but~

해석 소년들은 노튼 씨가 야구공이 울타리에 흠집을 낸 것을 보고는 화를 낼지도 몰라 두려워했으나, 다행히도 그는 이 일에 대해서 아주 무관심했다.

11 **어구** **contrive** 고안하다 | **fit with** 적합하다, 조화하다 | **in order to R** ~하기 위하여 | **make an effect on** ~에 영향을 주다 | **emphasize** 강조하다 | **rear** 기르다, 사육하다

해설 [순접-진술 부연] ~ is carefully contrived

해석 모든 좋은 이야기들은 신중하게 고안되어져 있다. 독자에게 영향을 미치기 위해 소설의 구성 요소들이 서로서로에게 들어 맞도록 짜여져 있다.

12 **어구** **process** 진행, 경과, 진전, 발전 | **modification** 변경 | **err** *v.* 실수하다(make a mistake, blunder) [파] error *n.* 잘못, 실수 | **everlasting** 영원한(eternal)

해설 [순접-인과] in a continuous process of modification

해석 우리 지구는 계속 변화하는 과정 속에 있다. "영원한 언덕"이라고 말할 때 우리는 잘못을 범하고 있는 것이다. 왜냐하면 그 언덕들은 항상 이곳에 있지는 않았기 때문이다.

정답 9 ⑤ 10 ④ 11 ④ 12 ③

13 Because a man has his faults it does not follow that what he has produced, sponsored or is associated with is worthless. Likewise, __________, it does not follow that his every idea is too good to be looked into.

① because the man is not praisable

② because the man is beyond praise

③ because the man has no idea

④ because the man is short-sighted

14 Since this is a country in which action is consistently preferred to talk, we find that lengthy discussions are __________.

① genuine   ② free

③ rare   ④ stimulating

15 I'd like to take __________ of this opportunity to thank you all for your cooperation.

① profit   ② benefit

③ advantage   ④ occasion

16 A university training enables a man to see things as they are, to go right to the point, and to disentangle a __________ of thought.

① line   ② point

③ mass   ④ plethora

⑤ skein

13 어구 **fault** 과실, 잘못(mistake), 허물, 결점, 흠(defect) | **sponsor** 후원·보증하다 | **be associated with** ~과 관련되다 | **worthless** 가치 없는, 쓸모없는(useless) | **likewise** 마찬가지로 | **look into** 조사하다

해설 [순접-비교] Because a man has his faults ~. Likewise

해석 어떤 사람이 결점이 있다고 해서 그가 만들어내는 것, 그가 보증한 것, 또는 그와 관련된 것이 쓸모없다는 것은 아니다. 마찬가지로, 그 사람이 훌륭하다고 해서 그의 생각 하나하나가 너무 좋아서 조사해 볼 필요가 없는 것은 아니다.

14 어구 **A be preferred to B** A가 B보다 선호되다 | **lengthy** 기다란, 장황한 | **discussion** 논의, 토론(의견을 교환하거나 의사를 결정하는 과정) *cf.* debate 토론, 논의, talks 회담, confer 의논(상의)하다, negotiate 협상하다 | **genuine** 진짜의 | **free** 자유로운, 면제된 | **rare** 1. 희귀한(uncommon), 드문(infrequent) 2. 아주 뛰어난(excellent), 훌륭한(fine) | **stimulating** 자극적인

해설 [순접-인과] Since ~ action ~ is preferred to talk

해석 국가는 말보다 행동을 선호하기 때문에 우리는 장황한 토론이 드문 것을 알게 된다.

15 어구 **opportunity** 기회 | **cooperation** 협력, 협동 | **profit** 이익, 이득 | **benefit** 이익; 이득, 은혜; 자선 공연 | **advantage** 유리(한 조건, 입장), 이익(profit); 편의

해설 [순접-인과] take advantage of = make use of ~을 이용하다

해석 나는 당신의 협력에 감사하기 위해 이 기회를 이용하고 싶다.

16 어구 **disentangle** 얽힌 것을 풀다, 해결하다 | **plethora** 과다, 과잉(glut) | **skein** 실타래, 엉클어짐

해설 [순접-열거] to go right to the point, and to disentangle

해석 대학 교육을 통하여 사람은 사물을 있는 그대로 볼 수 있고, 요점으로 바로 파악할 수 있으며, 사고의 혼란을 해결할 수 있다.

Memo

정답 13 ② 14 ③ 15 ③ 16 ⑤

17 If Shakespeare needs any excuse for the __________ of language (the high key in which he pitched most of his dramatic dialogue) it should be remembered that he was doing on the plastic stage of his own day what on the pictorial stage of our day is not so much required.

① paucity　　　　　　　② verbosity

③ placidity　　　　　　④ prolixity

⑤ exuberance

18 Many older people, teachers and professors among them, hold opinions that are rather old-fashioned and __________. This sometimes leads them into dramatic conflicts with their younger, more radical colleagues, to say nothing of their students.

① affirmative　　　　　② out-of-date

③ cutting-edge　　　　④ liberal

19 A : Why do you hate him?
B : I'm sick of his bossing us _______ like that. Who does he think he is?

① around　　　② against　　　③ with

④ in　　　　　⑤ up

20 Many businesses are _______ drug testing for their employees, despite objections from civil liberties groups that it contravenes people's right to privacy.

① insisting on　　　　② living up to

③ playing with　　　　④ opening fire on

17 **어구** pitch ~의 음의 높이를 정하다 | plastic 감수성이 강한, 쉬 영향을 받는 | pictorial 그림과 같은 | paucity 소수, 소량, 결핍 | verbosity 장황함, 말이 많음 | placidity 평온함, 침착함 | prolixity 지루함, 장황함

해설 [순접-유추] he was doing ~ what on the pictorial stage of our day is not so much required

해석 셰익스피어가 언어를 구사함에 있어 그 풍부함(그의 대부분의 극대화에서 쓴 흥분된 어투)에 대한 변명을 필요로 한다면, 셰익스피어는 자신의 시대의 조형 무대 위에서는, 우리 시대의 그림으로 나타내는 무대에서 그렇게 많이 요구되지 않는 말까지도 하고 있었다는 사실을 기억해야 한다.

18 **어구** old-fashioned 구식의 | dramatic 1. 극의, 연극의; 희극의 2. 극적인, 연극 같은, 인상적인 | conflict 1. 투쟁(struggle), 전투(fight, battle) 2. (의견, 사상, 이해 등의) 충돌, 불일치 | to say nothing of ~은 말할 것도 없고 | affirmative 긍정적인(positive), 단정적인 | out-of-date 시대에 뒤떨어진 | cutting edge 최첨단의 | liberal 자유주의의

해설 [순접-열거] old-fashioned and

해석 교사와 교수를 포함하여 연로한 사람들의 많은 수가 매우 낡고 보수적인 의견을 갖고 있다. 이 때문에 이들은 때때로 그들이 가르치는 학생들은 말할 것도 없고 젊고 보다 급진적인 동료들과 심한 마찰을 일으키기도 한다.

19 **어구** be sick of 넌더리가 나다, 골치아프다 | boss around 부려먹다

해설 [순접-유추] Why do you hate him

해석 A: 왜 그를 미워하죠?
B: 그가 그렇게 우리를 부려먹은 것에 대해 넌더리가 납니다. 도대체 자기가 뭐라고.

20 **어구** civil 시민의(으로 이루어지는), 국가의 | contravene ~과 모순되다, 반대(반박)하다, 위반하다 | insist on 강력히 주장하다, 고집하다 | live up to ~에 따라 생활하다, (이상을) 실현하다 | play with (물건을) 가지고 놀다 | open fire on ~에게 사격을 개시하다, 시작하다

해설 [역접-양보] despite objections ~ that it contravenes people's right to privacy

해석 많은 기업들은 그들의 직원들에 대한 약물 검사를 주장하고 있다. 약물 검사는 개인적 자유에 대한 사람들의 권리를 침해한다는 시민자유단체들의 반대에도 불구하고 말이다.

정답 17 ⑤ 18 ② 19 ① 20 ①

21 For those Puritans who believed that _________ obligations were imposed by divine will, the correct course of action was not withdrawal from the world but conscientious _________ of the duties of business.

① practical – mystification

② inherent – manipulation

③ secular – discharge

④ earthly – disavowal

⑤ trying – moderation

22 President Anwar el-Sadat of Egypt, disregarding _________ criticism in the Arab world and in his own Government, _________ accepted Prime Minister Menahem Begin's invitation to visit Israel in order to address the Israeli Parliament.

① categorical – previously

② blemished – stiffly

③ charismatic – meticulously

④ acrimonious – formally

⑤ malignant – plaintively

23 Human eyes are accustomed to _________ a specific object, and once this happens, everything around the object seems to be reduced to _________.

① looking for – disorder

② glossing over – minutia

③ focusing on – background

④ probing into – specifics

⑤ rebounding from – equivalence

21 **어구** **puritan** 청교도, 엄격한 사람 | **obligation** 의무, 책임(charge, commitment) | **divine will** 신의 뜻·의지 | **withdrawal** 철회, 탈퇴 | **practical** 실제적인, 실질적인(pragmatic) | **mystification** 신비화, 당혹, 속이기 | **manipulation** 교묘히 다루기, 조작 | **secular** 세속의, 현세의 | **disavowal** 부인, 거부

해설 [역접-대조] not withdrawal from the world but

해석 세속의 의무들이 신의 뜻에 의해 부과되었다고 믿었던 청교도들은 그 의무 수행의 옳은 행위 과정은 세상을 등지는 것이 아니라 해야 할 일을 양심적으로 이행해내는 것이었다.

22 **어구** **disregard** 무시하다 | **criticism** 비평 | **prime** 수위의, 주요한, 최상의(chief, primary) | **Prime Minister** 수상 | **in order to R** ~하기 위해서 | **visit** *v.* 방문하다(go to see, go and see) *n.* 방문 *cf.* drop by(in) 잠시 들르다(stop by, come by) | **categorical** 절대적인, 무조건의(ultimate, absolute) | **blemish** 손상하다, 흠내다 | **stiffly** 단단하게, 완고히 | **meticulously** 좀스럽게, 꼼꼼하게 | **acrimonious** 엄한, 신랄한 | **malignant** 악의 있는, 해로운 | **plaintively** 슬프게, 애달프게

해설 [역접-유추] President Anwar el-Sadat of Egypt disregarding ~ accepted Prime Minister Menahem Begin's invitation

해석 아랍 세계와 자신의 정부로부터 알고 있는 신랄한 비난을 무시하면서 이집트 대통령 Anwar el-Sadat는 이스라엘 의회에서 연설하기 위하여 이스라엘을 방문해달라는 Menahem Begin 수상의 초청을 공식적으로 수락했다.

23 **어구** **be accustomed to** ~에 익숙하다 | **gloss over** 겉치레하다, 숨기다 | **minutia** 사소한 점, 세목 | **prove into** 면밀히 조사하다, 탐사하다(explore, delve into) | **rebound from** 되튀다 | **equivalence** 같음, 등가

해설 [순접-인과/유추] and once this happens,

해석 인간의 눈은 하나의 특정 물체를 집중적으로 바라보는 것에 익숙해져 있다. 일단 이렇게 되면, 그 물체 주위의 모든 것은 그것의 배경으로 전환하는 것처럼 보인다.

정답 21 ③ 22 ④ 23 ③

24 The ___________ man treated everyone in a ___________ manner.
① supercilious – depreciatory
② superficial – thorough
③ suspicious – ingenuous
④ supercilious – obsequious
⑤ corrupt – ubiquitous

25 Although ________ in her own responses to the plays she reviewed, the theater critic was, paradoxically, ________ those who would deny that a reviewer must have a single method of interpretation.
① dogmatic – impatient of
② eclectic – suspicious of
③ partisan – hostile toward
④ capricious – intrigued by
⑤ indulgent – indebted do

24 **어구** **supercilious** 거만한, 남을 얕보는(haughty, arrogant) | **depreciatory** 얕보는 | **superficial** 천박한, 피상적인; 표면의(≠ profound, deep), 심오한 | **ingenuous** 솔직한, 꾸밈없는 (naive, simple, frank) | **obsequious** 아첨하는, 추종하는 | **ubiquitous** 도처에 있는, 편재하는(omnipresent), 보편적인(universal)

해설 [순접-유추] treated everyone in a ~ manner

해석 그 거만한 남자는 모든 사람을 멸시하는 태도로 상대했다.

25 **어구** **paradoxically** 역설적으로 | **dogmatic** 독단적인, 독단주의의 | **eclectic** (방법 따위가) 절충적인, (여러 가지를) 취사 선택하는 | **partisan** 맹종하는 | **capricious** 변덕스러운, 변하기 쉬운 | **intrigue** 음모를 꾸미다 밀통하다 | **indulgent** 관대한, 봐주는

해설 [역접-양보] Although ~, the theater critic ~ would deny that a reviewer must have a single method of interpretation

해석 그 연극 비평가는 자기가 감상한 회곡들에 대한 자신의 반응들에 있어서는 취사 선택하는 절충 방식이었지만, 역설적으로 그 평론가는 한 가지 해석 방법만을 지니고 있어야 한다는 점을 부인하는 사람들에 대해서는 회의적이었다.

정답 24 ① 25 ②

S.C Practice 5

1 I think I could turn and live with animals, they are so placid and self-contained. I stand and look at them long and long. They do not sweat and whine about their condition. No one is dissatisfied, not one is __________ with the mania of owning things.

① independent　　② tranquil　　③ disgruntled
④ demented　　⑤ condemned

2 Critics denounce video games for promoting violence and destruction, despite the lack of solid evidence to support such claims. The evidence for gaming's curative and therapeutic benefits, by contrast, is rather more __________.

① convincing　　② benevolent　　③ intemperate
④ persuaded　　⑤ recumbent

3 Since I did not expect to address you this evening, my remarks will have to be __________.

① inappropriate　　　② complicated
③ decipherable　　　④ temporary
⑤ extempore

4 Decked out in the splashing silks of his trade, he seems terribly young and __________, unknowing – until you look at his eyes, when those eyes are examining a horse he is about to ride.

① lapidified　　② neoteric　　③ flimsy
④ spotless　　⑤ masculine

1 **어구** **placid** 평온한 | **self-contained** 말이 없는, 독립적인 | **whine** 불평하다 | **dissatisfied** 불만족스러운 | **mania** 열광(frenzy, fanaticism), 광(madness) | **independent** 독립적인 | **tranquil** 조용한, 평온한 | **disgruntled** 불만에 찬 | **demented** 미친, 정신장애가 있는 | **condemned** 비난 받는

해설 [순접-유추] **No one is dissatisfied**

해석 나는 돌아가 동물들과 함께 살 수 있다고 생각한다. 동물들은 너무도 평온하고 말이 없다. 나는 서서 오래 동물들을 바라본다. 동물들은 자신들의 여건 때문에 땀을 흘리지도 않고 자신들이 처한 상황을 불평하지도 않는다. 불만에 차 있거나 물건을 소유하고 싶은 광기로 발광하는 동물들은 하나도 없다.

2 **어구** **denounce** 비난하다 | **promote** 조장·장려하다 | **solid** 견고한 | **curative** 치료를 하는 | **therapeutic** 회복시키는, 치료의 | **by contrast** 정반대로 | **convincing** 설득력이 있는 | **benevolent** 은혜로운 | **intemperate** 무절제한 | **recumbent** 태만한

해설 [역접-대조] **by contrast**

해석 비평가들은 오락게임들이 폭력과 파괴를 조장한다고 비난을 한다. 그와 같은 주장을 할 만한 탄탄한 증거가 부족함에도 말이다. 이와는 반대로, 게임이 치료를 하며 회복을 시켜주는 장점에 대한 증거가 보다 더 설득력이 있다.

3 **어구** **expect** 기대하다(look forward to, anticipate) | **address** 이야기를 하다, 보내다, 처리하다 | **inappropriate** 부적절한(impertinent, irrelevant), 온당치 못한 | **complicated** 복잡한, 번거로운, 알기 어려운(complex, intricate, entangled, sophisticated, knotty) | **decipherable** 해독할 수 있는 | **temporary** 일시적인, 임시의 | **extempore** 즉흥적인, 임시변통의

해설 [순접-인과] **since**

해석 오늘 저녁 당신에게 말을 건네리라 예상하지 못했기 때문에 내 말은 즉흥적일 것이다.

4 **어구** **deck out** 장식하다, 입히다 | **splashing silks** 얼룩 무늬 옷 | **terribly** 지독하게, 굉장히 | **lapidify** 돌이 되게 하다, 딱딱하게 하다 | **neoteric** 현대의, 최신의 | **flimsy** 약한, 부서지기 쉬운, 허약한 | **spotless** 매우 깨끗한, 결점이 없는(immaculate) *cf*. spot 더러움, 오점 | **on the spot** 즉석에서 | **masculine** 남성의, 용감한

해설 [순접-열거] **terribly young, and _____ , unknowing** ~ [분사구문의 결과]

해석 자신의 직업에서 입는 얼룩 무늬의 경기복을 입고 나간 그는 정말 어리고 약해 보인다. 그의 두 눈을 볼 때까지는 언제 그의 두 눈이 자기가 탈 말을 살피는가를 모를 정도로 말이다.

정답 1 ④ 2 ① 3 ⑤ 4 ③

5 Ruth's sprained ankle will __________ her for a while, but it won't be long before she's back in action in the soccer field.

① nerve   ② enervate

③ compel   ④ puncture

⑤ exclude

6 Although his purpose was to ________ and not to entertain his audience, many of his listeners were amused and not enlightened.

① edify   ② admonish

③ scold   ④ divert

⑤ simulate

7 Most traditional histories are nationalistic, patriotic, sentimental, and preoccupied with the national ego and the delusion of the particular country's complete __________.

① prosperity   ② dependence

③ superiority   ④ peacefulness

8 Bird are able to discriminate between ________ and persecutors, but seldom to distinguish the individuals they know and trust from strangers very well.

① stranger   ② master

③ friends   ④ protectors

Memo

5 **어구** sprained 삔 | ankle 발목 | for a while 잠시 동안 | it will not be long before 곧 ~할 것이다 | nerve 격려하다; 신경, 용기 | enervate (힘, 활력 등을) 빼앗다, 힘을 약하게 하다 *a.* 연약한, 무기력한 | compel 강제로 내몰다 | puncture 망쳐놓다, 찌르다 | exclude 배척하다

해설 [역접-대조] but

해석 루스가 발목을 삐었기 때문에 잠시 활동을 할 수 없게 됐지만, 곧 회복되어서 축구 경기에 참가하게 될 것이다.

6 **어구** entertain 기분 좋게 해주다 | enlightened 계몽된, 교화된 *cf.* enlighten 계몽시키다 | edify 교화하다, 품성을 높이다(instruct) | admonish 훈계하다(reprove), 깨우치다, 권고하다(advise) | scold (어린애 따위를) 꾸짖다, ~에게 잔소리하다 | divert (주의·관심을) 돌리다, 즐겁게 하다; 전용[유용]하다 | simulate 가장하다, 흉내내다

해설 [순접-열거] ~ and not to entertain

해석 그의 의도는 청중을 즐겁게 하려는 것이 아니라 청중에게 교훈을 주려는 것이지만 많은 청중들은 깨닫기보다는 즐거워했다.

7 **어구** nationalistic 민족적인 | patriotic 애국적인 | sentimental 감상적인 | preoccupied 선취된, 몰두한 | national ego 민족적 애욕 | delusion 현혹, 기만, 미혹 | prosperity 번성, 번영 | superiority 우월성

해설 [순접-열거] preoccupied with the national ego and

해석 전통 역사의 대부분은 민족적, 애국적, 감상적이고, 민족적 야욕과 특정 국가의 절대적 우월성이라는 망상에 사로잡혀 있다.

8 **어구** discriminate between A and B A와 B를 구별하다 | persecutor 박해자, 학대자 | seldom 좀처럼 ~하지 않는, 드물게 | distinguish A from B A와 B를 구별하다, 식별하다 | individual 개인, 개체, 사람 | stranger 모르는[낯선] 사람; 경험 없는 사람, 문외한 | master 주인; 대가 | friends 벗, 지지자, 후원자 | protectors 보호자, 옹호자

해설 [역접-대조] discriminate between ~ and persecutors

해석 때때로 새는 자신을 보호하는 존재와 학대하는 존재를 구별할 수 있다. 하지만 자신이 알고 믿는 사람과 낯선 사람은 좀처럼 잘 구별하지 못한다.

정답 5 ② 6 ① 7 ③ 8 ④

9 The teacher suspected cheating as soon as he noticed the pupil's __________ glance at his classmate's paper.

① futile　　　　② sporadic　　　　③ pertinent

④ inevitable　　⑤ furtive

10 Punctuality is important, and people who are consistently late for appointments are thought to be __________.

① diligent　　　　② friendly

③ practical　　　　④ inconsiderate

11 But because we are fully alive to the danger lest biography should too easily degenerate into idle and impertinent gossip about unimportant things, we need not therefore go to the other extreme of maintaining that biography is __________.

① pertinent　　　　② valueless

③ important　　　　④ harmless

12 When a group of persons has been conquered by a nation and has been forced to learn the language and customs of the conquering nation, there is much resistance on the part of the conquered people to doing so. When, however, people voluntarily leave their home country and go to a new country, they should not hesitate to __________.

① learn the customs and language of their new home

② retain the customs and feelings of their old home

③ discover ways in which their new home can be improved

④ speak their own language

⑤ find it difficult to learn a new language

9 **어구** suspect *v.* 의심하다, 어렴풋이 알아채다 *cf.* suspicion *n.* 의심, suspectable *a.* 혐의를 걸 수 있는, 수상한 | **glance** 흘깃 봄, 곁눈질, 섬광 | **paper** 시험 문제, 논문 | **futile** 무익한 (vain) | **sporadic** 때때로 일어나는(occasional), 산발적인(intermittent), 드문드문한 (scattered) | **pertinent** 적절한 | **inevitable** 필연적인, 부득이한, 피할 수 없는 (inescapable, unavoidable) | **furtive** 은밀한, 수상한

해설 [순접-유추] suspected cheating

해석 그 교사가 어떠한 학생이 친구의 시험지를 은밀하게 곁눈질하는 것을 보고 부정행위를 하였다고 의심했었다.

10 **어구** punctuality 시간엄수 | **consistently** 시종일관 | **late** *a.* 늦은, 최근의, (최근에) 돌아간 *cf.* lately *ad.* 요즈음, 최근(of late) | **appointment** 약속, 임명, 지명 | **diligent** 근면한 | **friendly** 우호적인, 친한 | **inconsiderate** 분별력이 없는

해설 [순접-열거] Punctuality is important, and

해석 시간 엄수는 중요하다. 그래서 시종일관 약속에 늦는 이들은 예의가 없다고 생각되어진다.

11 **어구** be alive to ~에 민감하다, 알아차리다 | **lest S should** ~하지 않기 위해서 | **degenerate** 타락하다, 퇴보하다 | **idle** 무익한, 태만한, 한가한 | **impertinent** 건방진, 무관계한 | **gossip** 잡담(chatter) | **extreme** 극단, 극치 | **go to the extreme** 극단까지 치닫다 | **maintain** 주장하다, 유지하다 | **pertinent** 적절한 | **valueless** 하찮은 | **harmless** 해롭지 않은

해설 [순접-인과] because we are fully alive to the danger

해석 우리는 일대기가 중요하지 않은 것들에 관한 무익하고 부적절한 잡담으로 너무나 쉽사리 퇴보하지 않게 하기 위해 충분히 그 위험을 감지하고 있기 때문에, 따라서 우리는 일대기가 무가치하다는 다른 극단적인 주장까지 갈 필요가 없다.

12 **어구** conquer 정복하다 | **be forced to R** ~하지 않을 수 없다 | **conquering** 정복한 (vanquishing) | **voluntarily** 자발적으로 | **hesitate** 주저하다 | **retain** 보류하다 | **find + it + 목적격보어 + to R** …가 ~한 것을 알게 되다 *Ex.* Now I find it hard to think of myself anywhere else. 이제 나는 그 밖에 다른 곳에 내 자신이 있는 것을 생각할 수 없다.

해설 [역접-대조] there is much resistance ~ however

해석 한 사람들 단체가 한 나라의 정복을 당하고 정복한 나라의 말과 풍속을 배우도록 강요받을 때, 피정복 국민들의 입장에서는 그렇게 하는 데 대하여 저항이 많게 된다. 그러나 사람들이 자진해서 본국을 떠나 새로운 나라로 갔을 때에는 새로운 나라의 습관들과 언어를 배우는 것을 주저해서는 안 된다.

정답 9 ⑤ 10 ④ 11 ② 12 ①

13 The acceleration of value change is one of the most dramatic developments in the entire cultural history of the human race. It shatters the presumed identity between one generation and the next. It makes _______________ the assumption that the values of future generations will resemble our own, and also makes it impossible to predict future values by a simple straight-line projection.

① necessary ② humble
③ natural ④ untenable
⑤ progressive

14 History is rewritten by each succeeding generation. Not only does the content increase, but the interpretation of past event is forever _________.

① rotating ② changing ③ traditional
④ unchanged ⑤ wandering

15 As the reputation of books is raised, not by their freedom from defect, but by the greatness of their beauties, so should that of men be prized, not for their _________ from fault but for the size of those virtues they are possessed of.

① exemption ② bulk ③ goodness
④ hatred ⑤ butts

16 I received _________ phone calls, warning me not to go to the police about what I'd seen.

① anonymous ② industrious
③ precocious ④ monotonous

13 **어구** acceleration 가속, 촉진 | shatter 부수다, 파괴하다 | presume 가정하다, 추정하다, 상상하다 | assumption 가정, 전제, 추정 | by a simple straight-line projection 단순히 일직선적 예상을 함으로써 | untenable 지탱하기 어려운, 지킬 수 없는 | progressive 점진적인

해설 [순접-유추] shatters the presumed identity

해석 가치 변화가 가속화되는 것은 인류의 전 문화 역사에 걸쳐 가장 극적인 발달 중의 하나이다. 그것은 한 세대와 다음 세대 사이에 있다고 추정된 동일성을 산산조각내 버린다. 그것은 미래 세대의 가치가 우리 시대의 가치와 비슷할 것이라는 주장을 견지할 수 없게 하고, 단순히 일직선으로 미래 가치를 예측하는 것을 불가능하게 만든다.

14 **어구** succeeding 계속되는 | generation 세대 | content 내용 | interpretation 해석 | rotate 회전하다 | wander 돌아다니다, 떠돌다(roam, range)

해설 [순접-진술 부연] rewritten

해석 역사는 다음 세대에 의해 다시 쓰인다. 내용이 늘어날 뿐만 아니라 과거 사건을 해석하는 것 또한 영원히 변하고 있다.

15 **어구** freedom 면제, 해제, 전혀 없음 | freedom from defect 결점이 없음 | be possessed of ~에 몰두하다 | exemption 면제, 공제 | bulk 크기, 부피 | goodness 덕 | hatred 원한 | butt 목표, 공초, 조롱의 대상

해설 [역접-대조] not ~ but for the size

해석 책의 평판이 결점이 없다는 것 때문이 아니고, 아름다움의 위대함 때문에 높아지는 것처럼 사람들의 명성도 그와 같이 칭송되어야 한다. 즉 과실이 없다는 이유 때문이 아니고 그들이 몰두하는 미덕의 크기에 의하여 평가되어야 한다.

16 **어구** anonymous 신원 불명의, 익명의 | industrious 근면한 | precocious 조숙한 | monotonous 단조로운

해설 [순접-유추] warning me not to go to the police

해석 나는 신원불명의 전화 통화를 받았고 그 전화는 나에게 내가 본 것에 대하여 경찰에게 알리지 말라고 경고했다.

정답 13 ④ 14 ② 15 ① 16 ①

17 Though he was realistic and pragmatic in most things, he was an ardent devotee of plays of __________.

① satire ② fantasy ③ realism
④ emotion ⑤ politics

18 Although the members of Congress wanted to go home, no hope for an early __________ could be entertained.

① postponement ② compromise
③ adjustment ④ adjournment
⑤ trip

19 A : Why so blue, Tom?
B : My golf score is on the skids.
A : __________________. There are millions of people who can't afford to play golf in this country.

① That's my favorite color
② Count your blessings
③ That does it
④ I play truant
⑤ I always cut it close

20 Don't be surprised if, after keeping up a sustained false front of cheeriness, you find yourself even further down in the dumps. He who whistles to keep up his spirits may easily __________.

① lose all his friends
② get down in the mouth
③ learn many cheery tunes
④ see his courage become real

17 **어구** realistic 현실주의의, 사실주의의, 실재론(자)의 | pragmatic 실용주의의, 실제적인 | ardent 열렬한, 불타는 | devotee 열애가, 열성가 | satire 풍자, 풍자문학 | fantasy 공상, 환상 | politics [학문명] 정치학, 정치적 견해

해설 [역접-양보] Though he was realistic and pragmatic

해석 그는 매사에 현실적이고 실용주의적이었지만 공상적인 연극에도 열렬한 애호가였다.

18 **어구** entertain 대접하다, 마음에 품다, 생각하다 | adjustment 조정, 조절 | compromise 양보, 화해, 타협(composition) | adjournment 휴회, 산회, 연기(postponement)

해설 [역접-양보] Although the members of Congress wanted to go home

해석 국회의원들은 고향에 가고 싶었지만, 일찍 폐회할 희망이 없었다.

19 **어구** be on the skids 추락하다 | afford 여유가 있다 | count your blessings 복 받았다 | That does it. 그거면 될 거야. | play truant 농땡이 부리다

해설 [순접-유추] There are millions of people who can't afford ~

해석 A: 톰, 왜 그렇게 우울해 있어?
B: 골프 성적이 떨어졌어.
A: 넌 복 받은 거야. 우리나라에는 골프 칠 여유가 없는 사람이 허다해.

20 **어구** sustained 지속된, 일련의 | front 정면, 얼굴, 태도 | down in the dumps 의기소침한, 우울하여 | keep up one's spirits 기운내다 | get down in the mouth 풀이 죽다

해설 [순접-부연 설명] you find yourself even further down in the dumps

해석 거짓으로 계속해서 유쾌한 표정을 짓고 난 다음에 훨씬 의기소침해진다고 해서 놀라지 말아라. 너는 더욱더 풀이 죽은 너 모습을 찾아라. 용기를 내기 위해 휘파람을 부는 사람은 쉽게 풀이 죽는다.

정답 17 ② 18 ④ 19 ② 20 ②

21 Investigators agree not only that systematic studies have failed to __________ answers to the question of what causes schizophrenia, but also that the question itself has been __________ formulated.

① clarify – completely
② challenge – weakly
③ enhance – profitably
④ enumerate – specifically
⑤ yield – incorrectly

22 The politician's oratorical technique is characterized by such an artificial and grandiose style that his underlying import is often obscure; namely, the __________ is certainly there, but it is always secondary to the __________.

① effect – audience
② training – emotion
③ logic – rhetoric
④ affectation – contrast
⑤ reaction – experience

23 Gender selection is one of many advanced techniques doctors have developed to assist in __________. As the technologies spread, they've fueled a worldwide boom in assisted-reproduction treatments. Couples from disparate cultures, nationalities and religions all share at least one thing: a powerful __________ to have children of their own genetic stripe.

① contraception – action
② concept – motive
③ conception – drive
④ conceit – medicine
⑤ concession – capability

21 **어구** systematic 체계적인 | fail to R ~하지 못하다 | schizophrenia 정신분열 | enhance 향상하다 | enumerate 열거하다, 세다 | yield 생기게 하다, 산출하다, 굴복하다

해설 [순접-첨가] not only that ~ but also that

해석 연구가들은 정신분열을 야기하는 것들의 문제에 대해서 체계적인 연구들이 대답들을 만들지 못했을 뿐만 아니라 그 문제 자체가 부정확하게 형식화되어져 있다는 점에 동의를 한다.

22 **어구** oratorical 연설의, 웅변의 | artificial 인위적인(synthetic), 모조의(fake), 젠체하는 (pretend) | grandiose 1. 웅장한, 당당한, 숭고한(sublime) 2. 과장의, 거드름피우는, 젠체하는(pretentious) *cf.* grandiloquent 호언장담하는, 과장된(bombastic), 자랑하는(boastful) | underlying 근원적인, 우선하는, 기본적인 | import *n.* 의미, 취지, 수입 *v.* 수입하다 *cf.* export *v.* 수출하다 | obscure 애매모호한, 무명의 | namely 즉, 다시 말하자면 | secondary 부차적인, 종속적인, 제2의 | rhetoric 과장, 웅변술, 설득력 | affectation 인체함 | reaction 반응

해설 [순접-진술부연] namely

해석 그 정치가의 웅변기술은 아주 인위적이고 과장된 스타일로 특징을 이루고 있어서 그의 근원적인 취지는 종종 애매모호해진다. 논리는 분명히 저기에 있지만 논리가 과장에 늘상 부수적이게 된다.

23 **어구** gender selection 성의 선택 | advanced 진보한, 발달한(highly, developed), 진보적인(progressive) | assist 돕다, 거들다; 원조하다(help, aid) *cf.* assistant 보조자, 협력자 | fuel 자극하다, 기름을 붓다 | boom 활성, 인기 | assisted-reproduction 원조복제 | disparate 별개의 | at least 적어도 | genetic 발생의, 유전학의 | stripe 종류, 줄무늬 | contraception 피임 | motive 동기 | drive 운전, 욕망, 욕구 | conceit 자부심, 자만, 허영 | concession 양보, 허가

해설 [순접-유추] they've fueled a worldwide boom in assisted-reproduction treatments

해석 성의 선택은 임신을 돕기 위하여 의사들이 계발한 많은 고급 기술 중의 하나이다. 기술이 확산되면서 기술은 원조 복제 치료법에 대한 전 세계적인 활성화를 자극했다. 다른 문화, 국적, 종교를 가진 부부들은 모두 적어도 한 가지는 공유한다. 그들 자신의 유전적 종류의 아이를 가지고 싶어하는 강한 욕구가 그것이다.

정답 21 ⑤ 22 ③ 23 ③

24 ___________ change of the kind that a computer brings is likely to prove disrupting and disturbing. This is because people in stable organizations tend to expect a steady continuation of existing arrangements, and because departments ___________ to change frequently find they have become too inflexible to assimilate it without stress.

① Outrageous – predetermined

② Radical – inclined

③ Sluggish – opposed

④ Accelerated – unaccustomed

⑤ Ongoing – enthusiastic

25 ___________ by public opinion, but be sure that you refrain from "being involved in ___________ at all costs."

① Justified – aristocracy

② Overshadowed – autonomy

③ Wooed – scandal

④ Surpassed – tyranny

24 **어구** **be likely to R** ~할 것 같다 | **disrupting** 붕괴되는 | **disturbing** 교란하는, 불편을 야기 시키는(putting to inconvenience) | **stable** 안정된, 견실한 | **steady** 고정된, 안정된 | **continuation** 계속, 존속, 연장 | **arrangement** 배열, 조정, 정리 | **department** (회사 등의) 과, 부서 | **frequently** 빈번하게(often and often again, very often) *cf.* as often as not 종종, 대개(more often than not) | **inflexible** 융통성 없는 | **assimilate** 받아들이다, 동화 시키다 | **outrageous** 난폭한, 터무니없는 | **predetermined** 미리 결정된 | **radical** 급진 적인 | **sluggish** 1. 느린(slow), 굼뜬(slack) 2. 게으른, 나태한(idle, lazy) 3. 활기없는, 활발치 못한(inert, listless, lethargic, leggard) | **accelerate** 가속화시키다 | **unaccustomed** 익숙하지 않은 | **ongoing** 지속적인 | **enthusiastic** 열정적인

해설 [순접–인과] because ~ inflexible

해석 컴퓨터가 가져오는 종류의 가속화된 변화는 아마도 붕괴적이고 혼란스러울 것 같다. 이것은 안정적인 조직의 사람들이 현재 상태의 배치에 대해 안정적으로 계속되는 것을 기대하는 경향이 있기 때문이고, 변화에 익숙하지 않은 부서들이 스트레스 없이 그것을 동화시키는 데 자신들이 너무 유연성 없게 된 것을 자주 발견하기 때문이다.

25 **어구** **public opinion** 여론 | **refrain from ~ing** ~을 삼가다 | **be involved in** ~에 연루되다 | **at all costs** 어떠한 희생을 감수하고서라도, 무슨 일이 있어도 | **aristocracy** 귀족정치 | **overshadow** 볼품 없어 보이게 하다, 그늘지게 하다, ~보다 중요하다 | **autonomy** 자치, 자율 | **woo** (재앙을) 초래하다, 구애하다 | **scandal** 추문 | **surpass** ~을 능가하다 | **tyranny** 폭정

해설 [순접–유추] refrain ~ at all costs

해석 여론에 의해 초래된 일이지만 어떠한 희생을 감수하고서라도 스캔들에 연루되지 않도록 삼갈 것을 명심하시오.

정답 24 ④   25 ③

1 He's still a __________ as far as film acting is concerned, and she is inexperienced and not much of an actress.
① skillful expert
② tenacious beginner
③ unskillful defrauder
④ complete novice

2 Enriched beyond the dreams of any normal person's __________ , she accumulated possessions with a singleminded lust that calls to mind ancient Romans who gorged themselves, then vomited so they could gorge again.
① seducement ② indigence
③ indigene ④ avarice
⑤ frugality

3 The value of a knowledge of physical science as a means of 'getting on' is unquestionable. There is no occupation whose pursuer will not find some knowledge of science to be __________.
① absorbing ② acceptable
③ profitable ④ interesting

4 She used to be a famous actress, but she's now in __________ ; she never appears on stage now.
① eclipse ② eclectic
③ zenith ④ peak

Memo

1 어구 as far as ~ be concerned ~에 관한 한 | inexperienced 미숙한 | not much of 대단한 ~은 아니다 | skillful 실력 좋은 | tenacious 끈덕진 | unskillful 미숙한 | defrauder 사기꾼 | novice 초보자

해설 [순접-열거] and she is inexperienced ~

해석 그는 영화 연기에 관한 한 완전한 초보 수준의 배우이며, 그녀 또한 경험이 없고 연기를 잘하는 사람은 아니다.

2 어구 enrich oneself 재산을 모으다(be enriched) | accumulate 축적하다 | possession 소유, 재산 | singleminded 목적이 단 하나인 | lust 욕망 | call (bring) to mind 상기하다, 기억하다 | gorge 게걸스럽게 먹다 | vomit 토하다 | seducement 유혹 | indigence 가난, 빈곤 | indigene 원주민, 토착 | avarice 탐욕 | frugality 검소

해설 [순접-유추] accumulated possessions with a singleminded lust

해석 보통 사람의 탐욕스러운 꿈을 훨씬 초월하여 부를 축적한 그녀는 오직 한결 같은 욕망으로 소유물을 축적하였지만, 고대 로마인들이 게걸스럽게 먹고 또 다시 게걸스럽게 먹기 위해 토했던 일을 상기시킨다.

3 어구 physical science 자연과학 | means 수단, 재산 | get on 성공하다, 출세하다 | unquestionable 당연한 | occupation 직업, 점유, 점령 | pursuer 추구자, 종사자, 연구자 | absorbing 흡수하는, 열중케 하는, 열심히 하는 | acceptable 받아들일 수 있는, 조건에 맞는 | profitable 유익한, 유리한, 돈벌이가 되는 | interesting 흥미 있는

해설 as a means of 'getting on'

해석 자연과학에 대한 지식이 '출세'의 수단으로서 가치가 있는 것은 당연하다. 직업에 종사하는 사람이 과학적 지식이 돈벌이가 될 것을 알지 못하는 그런 직업은 없다.

4 어구 used to R ~이곤 · ~하곤 했다 | famous 유명한, 이름난, 잘 알려진(well-known) *cf.* infamous 수치스러운, 불명예스러운, 악명 높은 | eclipse (명성 · 영광의) 실추; ~을 실추시키다 | eclectic 절충주의자 | zenith 절정, 전성기 (heyday) | peak 절정, 끝

해설 [역접-대조] ~ be a famous actress, but

해석 그녀는 유명한 여배우였지만 현재는 쇠퇴기에 있다. 그녀는 현재 전혀 무대에 등장하지 않고 있다.

정답 1 ④ 2 ④ 3 ③ 4 ①

5 More than anything else, the contemporary __________ stems from breakdown in the relationship of the individual to society.

① revenue   ② covenant
③ demoralization   ④ deficit
⑤ gentility

6 The lands are unendingly subject to a complex of activities of ceaseless wearing down summarized in the term __________.

① revolution   ② subdivision
③ relief   ④ cul-de-sac
⑤ erosion

7 Is it right to continue to improve world health and reduce __________ if by doing so future famine and disorder become certain?

① mortality   ② fertility
③ longevity   ④ nutrition
⑤ euthanasia

8 How pleasant it is to have our anticipations fulfilled, to observe what we expected, and to have verified that which we knew was __________.

① true   ② fictitious
③ romantic   ④ rumored

5 **어구** contemporary 현대의, 동시대의 | **stem from** ~에 기인하다 | **revenue** 수익, 세입 (annual income) | **covenant** 계약 | **demoralization** 타락, 퇴폐 | **deficit** 결손 | **gentility** 고상함

해설 [순접-인과] stem from breakdown

해석 어느 것보다도 현대의 타락은 개인 대 사회의 관계의 붕괴에 따른 것이다.

6 **어구** unendingly 영원히 | **complex** 복합 형태 | **ceaseless** 끊임없는 | **wearing** 마모 | **summarize** 요약하다 | **revolution** 혁명 | **subdivision** 세분, 분할 | **cul-de-sac** 막다른 골목, 궁지 | **erosion** 부식, 침식 *cf.* corrosion 부식(작용), 침식

해설 [순접-유추] a complex of activities of ceaseless wearing

해석 땅은 침식이라는 말로 요약되는 끊임없는 마모의 행위의 복합 형태에 영원히 취약하다.

7 **어구** improve 향상시키다, 개선하다(ameliorate, better) | **reduce** 줄이다, 격하시키다(lower) | **famine** 기근, 굶주림(starvation, hunger) [혼] feminine *n.* 여성(female) ↔ masculine

해설 [순접-인과] improve world health and reduce

해석 세계 보건을 계속하여 개선시키고 사망률을 줄이는 것이, 그렇게 함으로써 장차 기아와 무질서가 확실해진다면, 과연 옳은 일일까?

8 **어구** pleasant 즐거운, 재미있는, 유쾌한(enjoyable) | **anticipation** 예상 | **fulfill** ~을 성취하다 | **verify** ~을 확인하다 | **fictitious** 가공의(unreal), 허구의, 거짓된(false), 가짜의 (counterfeit, sham)

해설 [순접-열거] to have our anticipations fulfilled, to observe what we expected, and ~

해석 우리의 예상을 충족시키고 우리가 기대했던 바를 관찰하고 또 우리가 사실이라고 알고 있던 것을 확인한 것은 얼마나 유쾌한가!

정답 5 ③ 6 ⑤ 7 ① 8 ①

9 My father was honorable — he always knew exactly what that word meant. He had integrity. His "one does not do that sort of thing," his "no, it is not right." sounded throughout my childhood and were __________ for all of us. I am sure it was true he wanted to leave Persia because of "the corruption."

① temporary　　　　② final
③ incorrect　　　　④ escapable

10 Joe Camel, an animated character, was the focus of anti-smoking critics and they said the character __________ smoking to teenagers.

① emphasized　　　　② glamorized
③ recommended　　　　④ taught

11 Hereditary material in the cells may, through damage or simple __________ of effectiveness, gradually stop directing these cells to repair or rebuild themselves.

① conformity　　　　② degeneration
③ healing therapy　　　　④ repair

12 Snakes are beneficial to humanity. None of them are vegetarians; they do not attack crops or plants. Their major sources of food are the mice and rats __________________.

① that are small enough to eat
② that are helpless in defending themselves
③ that need preservation critically
④ that plague our communities
⑤ that are not easily distinguishing from each other

9 **어구** **honorable** 존경할 만한 | **exactly** 정확하게, 엄밀히, 정확히 말해서, 틀림없이, 꼭(just, quite) | **integrity** 고결함 | **sort** 종류 | **corruption** 부패 | **final** 확정적인, 궁극적인 | **temporary** 일시적인 | **incorrect** 부정확한 | **escapable** 피할 수 있는

해설 [순접–유추] His "one does not do that sort of thing," his "no, it is not right." were

해석 내 아버지는 존경할 만한 분이었다. 그 분은 언제나 그 말뜻을 알고 계셨다. 그 분은 정직했다. "사람은 그런 짓을 하면 안 돼."라거나 "아니, 그건 옳지 않아."라는 말씀을 내 어린 시절 내내 들었고 우리 모두에게 궁극적인 것이었다. 나는 그분이 페르시아를 떠나고 싶어 했던 것이 "부패" 때문이라고 확신한다.

10 **어구** **animated character** 만화영화의 등장 인물 | **emphasize** 강조하다 | **glamorize** 매력적으로 보이게 하다 | **recommend** 추천하다, 권하다

해설 [순접–진술 부연] the focus of anti-smoking critics and

해석 만화 캐릭터인 Joe Camel은 흡연 반대자들의 비판의 초점이었는데, 그들은 그 캐릭터가 십대들에게 흡연을 매력적으로 보이게 한다고 말했다.

11 **어구** **hereditary** 유전의 | **effectiveness** 효력 | **direct** 명령하다 | **repair** *v.* 수리 · 수선하다; 치료하다 *n.* 수리; 회복 | **rebuild** 재건하다(reconstruct) | **conformity** 적합, 일치, 조화 | **degeneration** 퇴화, 퇴보, 악화 | **healing therapy** 치료법(remedy, cure)

해설 [순접–인과/열거] through damage or

해석 손상이나 단순한 효력 감퇴로 인해 세포 속의 유전 물질은 이러한 세포들로 하여금 스스로 회복하고 재생하도록 명령하는 일을 점차 멈추게 될 수도 있다.

12 **어구** **beneficial** 이로운 | **vegetarian** 채식주의자 | **preservation** 보존 | **critically** 중대하게 | **plague** 괴롭히다(harrass, pester), (역병[재앙 따위에)걸리게 하다 | **distinguishing** 식별이 가능한

해설 [순접–진술 부연] Snakes are beneficial to humanity

해석 뱀들은 인간에게 이롭다. 어느 것도 채식주의자가 아니다. 그들은 곡류나 식물을 공격하지 않는다. 그들의 중요 식량 공급원은 인간사회를 괴롭히는 생쥐와 쥐들이다.

정답 9 ② 10 ② 11 ② 12 ④

13 If the result of this drawn-out quarrel is to instill the American public against the idea of ever coming to the aid of the Europeans again, the harm Bosnia will have done will be _________.

① reduced ② inconsiderate
③ managed ④ incalculable
⑤ abnormal

14 Since men of good will can regard war as conceivable only as a last resort, they must be convinced that _________ have been kept open till the last moment and their own government has sought in good faith to prevent the outbreak of war.

① all possibilities of war
② the eye of citizens
③ all channels of negotiation
④ the constitutional laws

15 The urge to beautify through dress and adornment is perhaps second only to the basic drives linked to biological _________ ; clothing acts as a buffer between man and his environment, shielding him from the harmful elements of climate, infection, and emotional shock.

① development ② environment
③ order ④ survival
⑤ venom

13 **어구** **result** 결과, 결말 | **drawn-out** 장기화된 | **quarrel** 논쟁 | **instill** 심어주다 | **aid** *n.* 지원 *v.* 원조하다, 돕다(help), 촉진하다, 도움이 되다(assist) | **harm** 피해 | **inconsiderate** 경솔한 | **incalculable** 상당한(immeasurable), 무수한 | **abnormal** 비정상적인, 특이한 (unusual, extraordinary, eccentric, weird)

해설 이렇게 늘여진 싸움의 결과가 유럽인들에게 조력을 하지 않게 하는 것이 된다라면 어떻게 될 것인가? 주절과 종속절의 논리 관계는 의미상 동의어 관계인 incalculable와 instill이 if 순접연결어로 연결되었다는 것을 알 수 있다. 보기항 ③에서 managed도 답이 될 수 있겠지만 managed(처리된)는 보기항 ① reduced(줄어든)와 문맥상 같은 의미인데 정답이 두 개가 될 수는 없으므로 불가하다. 유추 문제의 경우에는 여러 가지 각도에서 문장을 미리 해석해 본 후에 보기항에 단어를 하나씩 넣어본다. 보기항의 단어 간의 관계도 꼼꼼히 따져본 후에 보기항을 소거한다

해설 [순접–유추] against the idea of coming to the aid

해석 장기화된 이 논쟁의 결과가 미국 대중들에게 유럽인들을 다시 도우러 갈 수 있다는 생각에 반대하는 마음을 심어준다면 보스니아가 결국 끼치게 될 피해는 상당할 것이다.

14 **어구** **good will** 선의 | **conceivable** 생각할 수 있는(thinkable) | **last resort** 마지막 수단 | **faith** 신념, 믿음(belief), 신앙; 신뢰, 신용 | **prevent** 1. 막다, 방해하다, 막아서 ~을 못하게 하다 2. (질병·재해 따위를) 예방하다, 회피하다 | **outbreak** 발생 | **negotiation** 협상 | **constitutional law** 헌법

해설 [순접–유추] to prevent the outbreak of war

해석 선한 사람들이 전쟁을 단지 마지막 수단으로 간주하기 때문에, 마지막 순간까지 협상의 가능성을 열어두어, 정부는 전쟁 발생을 막기 위해 성실히 노력함을 확신한다.

15 **어구** **urge** *n.* 충동 *v.* 촉구하다, 재촉하다 | **adornment** 장식 | **drive** 본능 | **buffer** 완충물 | **shield** 보호하다 | **harmful** 해로운(nocuous, venomous) | **venom** 독(poison, toxin)

해설 [순접–유추] shielding him from the harmful elements

해석 옷과 장식을 통해 아름다워지려는 충동은 아마도 생물학적 생존과 관련된 원초적 본능 다음으로 중요한 것이다. 옷은 인간과 환경 사이의 완충물 역할을 한다. 옷은 기후, 질병과 정서적 충격의 해로운 요인으로부터 사람을 보호해 준다.

정답 13 ④   14 ③   15 ④

16 The use of the energy of flowing or falling water to create electric power is ideal from the ecological point of view. Power derived from water creates no __________ and uses up no irreplaceable fuel resources.

① pollution   ② waste
③ expenditure   ④ hazard
⑤ peril

17 Many educators argued that a(n) __________ grouping of students would improve instruction because the range of student abilities would be limited.

① heterogeneous   ② integrated
③ intensive   ④ homogeneous
⑤ segregated

18 Although the controversial speaker tried to __________ , stones thrown at platform, annoying catcalls, and a barrage of rotten fruit brought an end to the meeting.

① proceed   ② compare
③ approve   ④ regulate
⑤ prolong

19 As explorers ventured farther over the earth's surface, the theory that the earth is flat became improbable, and soon it was __________ .

① found to be true
② held by intellectuals
③ believed by everyone
④ accepted by few persons

16 **어구** **flow** 흐르다 | **falling** 떨어지는 | **create** 1. 창조하다, 창작하다 2. (소동·상태·기회·욕구 따위를) 일으키다, 만들어내다 | **ecological** 생태학적인 | **use up** 고갈시키다 | **irreplaceable** 대체할 수 없는 | **expenditure** 지출 | **hazard** 위험(jeopardy, peril)

해설 [순접-열거] and uses up no irreplaceable fuel resources

해석 전기를 발생시키기 위하여 흐르거나 떨어지는 물 에너지를 사용하는 것이 생태학적인 관점에서 이상적이다. 물에서 파생되는 동력은 아무런 공해를 일으키지 않으며 대체 불가능한 연료 자원을 고갈시키지 않는다.

17 **어구** **improve** 향상시키다 | **heterogeneous** 이종의, 이질의 | **integrated** 통합한, 완전한 | **homogeneous** 동종의, 동질의 | **segregated** (사람을) 나누다, 분리시키다. *a.* 인종차별의, 구별된

해설 [순접-인과] because the range of student abilities would be limited

해석 많은 교육자들은 학생들의 능력의 범위는 한정되어 있을 것이므로 동질적인 학생들로 그룹을 짓는 것(그룹을 지어 지도하는 것)이 교육을 향상시키게 될 것이라고 주장했다.

18 **어구** **controversial** 논쟁의, 논쟁의 대상인 | **catcall** 야유, 휘파람 | **barrage** 일제 엄호 사격, (질문 따위의) 연발 | **proceed** 앞으로 나아가다(advance), 계속되다 | **compare** 비교하다, 대조하다 | **approve** 승인(찬성)하다, 허가하다 | **regulate** 규정하다, 조절하다 | **prolong** 늘이다, 연장하다(lengthen), 연기하다.

해설 [역접-대조] Although~, brought an end to the meeting.

해석 논쟁거리를 일으킨 그 연사는 말을 계속 이어가려 했으나, 연단으로 돌이 날아오고, 야유가 거센 데다, 썩은 과일을 일제히 던지는 바람에 회의를 끝내고 말았다

19 **어구** **venture** 모험하다, 과감히 ~하다 | **improbable** 있을 법하지 않은(implausible)

해설 [순접-열거] he theory that the earth is flat became improbable, and

해석 탐험가들이 지평선을 넘어서까지 모험을 하게 되면서 지구가 평평하다는 이론은 터무니없는 것이 되었고, 곧 그것(지구가 평평하다는 것)을 받아들이는 사람들이 거의 없게 되었다.

정답 16 ① 17 ④ 18 ① 19 ④

Memo

20 A : I've been waiting for an hour almost.
B : We are sorry, but _____________________
A : Why don't you hire some more cashiers then?
B : I'm afraid I can't do anything about it.
① don't cut in line　　　② we are in line
③ we are shorthanded　　④ line is busy
⑤ hold the line

21 On April Fool's Day people, newspapers, radio programs, etc., _________ tricks on people by making them believe something that is not true.
① set　　　　② play　　　　③ take
④ stand　　　⑤ invent

22 While the _________ goal is to meet the specific learning needs of each child, the long-range aim is to develop his ability to assume the _________ for his own learning
① real – initiative
② supposed – requirements
③ immediate – responsibility
④ apparent – desire
⑤ innate – preparation

23 My adversary became _________ because my arguments were so _________.
① elated – convincing
② shrinking – preposterous
③ indignified – fallacious
④ disgruntled – cogent

20 **어구** cashier 경리 | **I'm afraid** 유감이지만 ~라 생각하다 | **cut in line** 새치기하다 | **shorthanded** 일손이 부족한 | **line is busy.** 통화 중이다. | **hold the line** 전화를 끊지 않고 기다리다

해설 [순접-유추] **Why don't you hire some more cashiers then**

해석 A : 거의 한 시간을 기다렸어요.
B : 죄송합니다. 일손이 부족해서요.
A : 그러면 경리를 더 고용하는 것이 어때요?
B : 그것에 대해서는 더 이상 할 수 없을 것 같네요.

21 **어구** **April Fool's Day** 만우절 | **play(serve) a trick on** ~에게 장난을 치다

해설 [순접-유추] **On April Fool's Day**

해석 만우절에 사람들이나 신문, 라디오 등은 사실이 아닌 것을 믿게 함으로써 사람들에게 장난을 한다.

22 **어구** **goal** 골, 득점(score), 목적(지)(destination), 목표(aim, purpose, end) | **long-range** 장거리에 달하는, 원대한 | **initiative** 시작, 솔선, 독창력 | **apparent** 명백한, 분명한(clear, obvious, illusive)

해설 [역접-양보] **While ~ , the long range aim**

해석 당장의 목표는 어린이 개개인의 특별한 학습 욕구를 충족시키는 것임에 반해, 장기적인 목표는 스스로의 학습에 대한 책임을 지는 능력을 개발시키는 것이다

23 **어구** **elated** 의기양양한 | **convincing** 설득력이 있는 | **shrinking** 위축되는 | **preposterous** 터무니없는 | **indignified** 모욕을 당한 | **fallacious** 오류가 난, 거짓의 | **disgruntled** 불만스러운 | **cogent** 설득력이 있는(persuasive, appealing), 정곡을 찌른

해설 [순접-인과] **because**

해석 나의 주장들이 너무나 설득력이 있어서 나의 적이 당황하게 되었다.

정답 **20** ③ **21** ② **22** ③ **23** ④

24 The hot tropical climate created a feeling of _________ and encouraged _________.

① dissatisfaction – looting

② enervation – activity

③ sweltering – bath

④ listlessness – euphoria

⑤ lassitude – drowsiness

25 Although he did not consider himself _________, he felt that the inconsistencies in her story _________ a certain degree of incredulity on his part.

① an apostate – justified

② a hypocrite – demonstrated

③ a charlatan – dignified

④ a skeptic – warranted

24 **어구** tropical 열대의, 열대성의 | looting 약탈 | enervation 쇠약, 무기력 | sweltering 무더위 | listlessness 무관심 | euphoria 행복 | lassitude 피곤, 권태 | drowsiness 나른함, 졸음

해설 [순접-열거] created ~ and encouraged

해석 더운 열대성 기후는 사람을 노곤하고 졸리게 한다.

25 **어구** inconsistency 모순, 불일치 | incredulity 의심, 믿기 어려움 | apostate 변절자 | hypocrite 위선자 | charlatan 사기꾼, 아는 체하는 사람 *cf.* quack 돌팔이 의사(charlatan) | skeptic 회의론자, 의심 많은 사람 *cf.* skeptical 의심 많은 | warranted 보장된

해설 [역접-양보] Although he didn't consider himself

해석 자신이 회의론자라고는 생각지 않았지만 그는 그녀의 이야기에 나타난 모순이 그가 가지게 된 의심을 어느 정도 보장해 주고 있다고 생각한다.

Memo

정답 24 ⑤ 25 ④

S.C Practice 7

1 What you need to know about pesticides is really very simple. They are all designed to kill unwanted living things, or pests. All pesticides are dangerous to living things, and that includes human beings. The few, inorganic pesticides used before World War II were called "economic poisons" because of their economic benefit to farmers. "Economic poisons" became, in some circles, "plant protectants". With each change in terminology, the sense of toxicity became more __________.

① diluted　　　　② popular
③ significant　　④ prominent
⑤ urgent

2 Bill Smith stayed in jail for almost 10 months. A trial date was set. Smith's friends were ready to be his lawyers, but just before the trial, the governor had them __________. That meant they could not practice law.

① ignored　　　　② chased
③ disbarred　　　④ accused
⑤ investigated

3 To place Herbert Spencer's philosophy it is necessary not only to __________ his relation to Darwin but also to contrast him with his philosophical predecessors, in particular Hegel and Comte.

① proceed　　　② owe
③ contribute　　④ trace

1 **어구** **pesticide** 살충제; 농약 | **design** 설계 · 고안하다 | **unwanted** 바라지 않는 | **pest** 해충 | **human being** 인간 | **inorganic** 무생물의 | **circle** 집단, 사회 | **plant protectant** 식물 보호제 | **terminology** 전문용어 | **toxicity** 독성 | **dilute** 희석하다, ~의 효과를 약화시키다 | **significant** 중대한 | **prominent** 현저한, 저명한 | **urgent** 긴급한

해설 [역접–유추] economic poisons → plant protectants

해석 당신이 살충제에 대해서 알아야 할 것은 정말 매우 간단하다. 살충제는 모두 원하지 않는 생물이나 해충을 죽이기 위해 고안됐다. 모든 살충제들은 생물에게 위험하고, 이 생물에는 인간도 포함된다. 제2차 세계대전 이전에 사용된 소수의 무기 살충제는 농부들에게 이익이 되었기 때문에 "경제적 독"이라고 불렀다. "경제적 독"은 어떤 사회에서는 "식물 보호제"가 되었다. 용어가 바뀔 때마다 유독성에 대한 의식이 더욱 약화되었다.

2 **어구** **in jail** 감옥에 갇힌 | **trial date** 재판 날짜 | **be ready to R** 기꺼이 ~하려 하다 | **practice law** 변호사 개업을 하다 | **chase** 쫓아내다 | **accuse** ~을 고소하다 | **disbar** 변호사 자격을 박탈하다 | **investigate** 조사하다

해설 [역접–대조] Smith's friends were ready to be his lawyers, but

해석 빌 스미스는 거의 10개월간 수감되어 있었다. 재판 일자가 정해졌다. 스미스의 친구들이 그의 변호사가 되려 했다. 그러나 재판 직전에 총독은 그들의 변호사 자격을 박탈했다. 이는 그들이 변호사 개업을 할 수 없음을 의미한 것이다.

3 **어구** **place** 놓다, 평가하다 | **necessary** 필요한, 필수적인 | **relation** 관계, 사이 *cf.* in relation to ~과 관련하여, ~에 관하여 | **not only A but also B** A뿐만 아니라 B도 | **contrast A with B** A와 B를 대조하다 | **predecessor** 선조, 조상 | **in particular** 특히나 | **proceed** 계속 ~하다 | **owe** 빚지다, 은혜를 입다 | **contribute** 기여하다, 공헌하다 | **trace** 추적하다, 거슬러 올라가다

해설 [순접–첨가] not only to ~ but also to contrast

해석 허버트 스펜서의 철학을 평가하기 위해서는 그와 다윈의 관계를 추적해야 할 뿐만 아니라 그의 철학적 선배들, 특히 헤겔과 콩트와 대조해야 할 필요가 있다.

정답 1 ① 2 ③ 3 ④

4 Because the actor's temperament was so ___________ , directors often rejected him for parts since no one could be sure how he would behave.

① overpowering ② mercurial
③ inhibited ④ pessimistic

5 Even though most of his published verses were _________ the poet received great acclaim for his work.

① impeccable ② musical
③ impressive ④ inane

6 If you say that a place is not _________, you mean that it is not clean.

① sanguine ② awesome
③ scenic ④ sanitary

7 I asked him not to keep disturbing me, but it had no __________.

① effect ② influence
③ benefit ④ intention

8 Although his remarks appeared _________ at first, we began to see how really pertinent they were.

① slow ② cryptic
③ remote ④ confident

4 **어구** temperament 성질, 기질 | reject A for B B를 이유로 A를 거부하다 | behave 행동하다 | overpowering 매우 강한, 압도적인 | overpower 압도하다, 억누르다 | mercurial 변덕스러운(fickle), 수성의, 재치있는 | inhibited 금지된 | pessimistic 염세적인

해설 [순접-인과] Because ~, since ~

해석 그 배우의 성질이 너무나 변덕스러웠기 때문에 감독들은 그에게 배역을 맡기기를 거부했다. 왜냐하면 아무도 그가 어떻게 행동할지 확신을 할 수가 없었기 때문이다.

5 **어구** even though 설사 ~일지라도 | published 출간된 | verse 운문, 시 | acclaim 찬사; 환호하다 | impeccable 결점이 없는, 완벽한 | impressive 인상적인 | inane 무의미한, 공허한, 텅빈 *cf.* insane 미친

해설 [역접-양보] Even though ~ received great acclaim

해석 출간된 그의 대부분의 시들이 무의미한 것이었을지라도 그 시인은 자신의 작품에 대한 상당한 찬사를 받았다.

6 **어구** 〔보기〕 sanguine 쾌활한, 낙천적인 | awesome 가공할 만한, 장엄한; 무시무시한 (amazing; weird) | scenic 경치가 좋은 | sanitary 위생적인

해설 [순접-인과] ~ it is not clean

해석 어떤 곳이 위생적이지 않다고 말할 때에는 그곳이 깨끗하지 않다는 말이다.

7 **어구** disturb 방해하다 | effect 효과, 영향, 결과(outcome) | influence 영향, 작용 | benefit 이익, 이득 | intention 의지, 의향

해설 [역접-대조] but

해석 나는 그에게 계속해서 날 방해하지 말라고 부탁했지만, 아무런 효과도 없었다.

8 **어구** pertinent 적절한, 관련된, 꼭 들어맞는 | cryptic 비밀의, 신비적인, 숨은 | remote 먼 (distant), 멀리 떨어진, 외딴, 미미한(slight) | confident 확신하는, 자신만만한

해설 [역접-대조] Although ~ pertinent

해석 그의 의견들은 처음에는 숨겨져 있었지만, 우리는 실제로 그 의견들이 얼마나 적절한 것인지 알게 되기 시작했다.

Memo

정답 4 ② 5 ④ 6 ④ 7 ① 8 ②

9 The anthropologist hoped to be the first to write about __________ rites of a little-studied tribe.

① pagan   ② esoteric
③ religious   ④ barbaric
⑤ cannibalistic

10 It is probable that most dogs have little conception of the meaning of the words that we use, but they understand our tone of voice. They respond immediately when we speak to them, for they are very alert to __________.

① kind words   ② good care
③ punishment   ④ vocal inflections

11 Since depression seems to result when certain cells in the brain receive too little of two key chemicals, the neurotransmitters norepinephrine and serotonin, one goal of treatment is to make more of the chemicals __________ the nerve cells that need them.

① analogous to   ② dependent on
③ available to   ④ regardless of
⑤ except

12 Possession of property is power. When none of the property belongs to individuals but all is owned by the government, the power of the government is __________.

① political   ② absolute
③ dissipated   ④ minimized
⑤ mimic

Memo

9 어구 **anthropologist** 인류학자 | **rite** (특히 예배에서의) 의식(ceremonial) | **pagan** 이교의, 이교도의(heathen, gentile) | **esoteric** 비교적인, 비전의, 비밀의(recondite, hermetic)

해설 [순접-유추] ~ of a little-studied tribe

해석 그 인류학자는 거의 연구가 이루어져 있지 않은 종족의 비밀 의식에 관해 글을 쓴 최초의 인물이기를 바랬다.

10 어구 **conception** 개념, 생각, 구상, 임신 | **tone** 음조, 어조, 말투, 억양 | **punishment** 처벌, 징벌, 학대 | **inflection** 굴곡, 억양

해설 [순접-진술 부연] they understand our tone of voice

해석 대부분의 개들이 우리가 사용하는 말의 의미에 대해 거의 이해하지 못하는 것 같지만, 개들은 우리의 목소리의 음조를 이해한다. 개들이 우리가 그들에게 말할 때 즉각적으로 반응하는 것은, 개들이 목소리의 억양에 매우 민감하기 때문이다.

11 어구 **depression** 우울증 | **cell** 세포 | **neurotransmitter** 신경전달물질 | **analogous to** 유사한, 비슷한 | **available to** ~에 이용이 가능한 | **regardless of** ~에 상관없이

해설 [순접-인과] since ~ receive too little

해석 우울증은 뇌 속의 일부 세포가 노르에피네프린과 세로토닌이라는 신경전달물질인 두 중요한 화학물질을 거의 받지 못하면 발생하는 것처럼 보이기 때문에, 치료의 한 목적은 화학물질들이 필요한 신경세포에 이용이 가능하도록 하는 것이다.

12 어구 **possession** 소유 | **property** 1. 재산, 자산(estate) 2. 속성, 특성(nature) | **dissipated** 방탕한 | **mimic** 흉내내는

해설 [순접-유추] Possession of property is power.

해석 재산의 소유는 힘이다. 개인에 속한 재산이 전혀 없고 모든 재산이 정부의 것이라면 정부의 힘은 절대적이다.

정답 9 ② 10 ④ 11 ③ 12 ②

13 The changing temperature of the sea, the current and movement of the tides, and the regularly occurring seasonal changes constantly affect the amount and location of the food supply of saltwater fish. Consequently the number of saltwater fish and their location are __________.

① unaffected ② easily determined

③ always the same ④ lethal

⑤ constantly fluctuating

14 Determining to hire employees on the basis of their merits rather than on the basis of their family connections, Bruce refused to __________ nepotism and other forms of favoritism in the engagement of new workers.

① obscure ② proscribe

③ countenance ④ misrepresent

⑤ discern

15 Criticism that tears down without suggesting areas of improvement is not __________ and should be avoided if possible.

① reprehensible ② constructive

③ mandatory ④ conciliatory

⑤ sagacious

16 Trees add a new layer, or ring, of growth each year. We can tell the age of a tree by the number of rings in the trunk. These rings are not all the same thickness. When the rainfall is adequate, the tree has a good growth and the ring is thick. When there is a drought, the tree ring for the corresponding year __________.

① is thin ② is uneven ③ disappears

④ is darker ⑤ is prosperous

13　**어구**　current 조류 *a.* 유동하는 | **seasonal change** 계절변화 | **lethal** 치명적인 | **constantly** 변함없이, 끊임없이 | **fluctuate** 변동하다

　　해설　[순접-진술 부연] constantly affect the amount and location

　　해석　바다의 변하는 온도와 조류의 흐름과 이동, 그리고 정기적으로 발생하는 계절의 변화가 지속적으로 바다 물고기의 영양 공급량과 위치에 영향을 끼친다. 결과적으로 바다 물고기의 수와 위치는 끊임없이 변한다.

14　**어구**　on the basis of ~을 토대로, ~을 기반으로 하여 | **nepotism** (임용에서) 친척 편중, 동족 등용 | **favoritism** 편애 | **engagement** 고용, 일, 약혼, 약속 | **obscure** 모호하게 하다; 모모한, 무명의 | **proscribe** 금지하다, 추방하다 | **countenance** 지지하다, 묵인하다; 후원, 용모, 냉정 | **misrepresent** 잘못 전하다, 거짓 설명을 하다 *cf.* represent 나타내다, 상징하다, 대표하다 | **discern** 인식하다, 식별하다

　　해설　[순접-인과] Determining to hire employees on the basis of their merits

　　해석　가족 관계를 기반으로 해서라기보다 장점을 기반으로 해서 직원들을 채용하기로 결심한 Bruce는 신규 직원을 고용할 때 친척 편중과 기타 다른 형태의 편애를 지지하기를 거절했다.

15　**어구**　tear down 논박하다, 조목조목 반박하다(malign) | **improvement** 개량, 개선, 향상, 진보, 증진 | **reprehensible** 비난할 만한(despicable, disgraceful, ignoble, mean, odious, repugnant) | **mandatory** 위임된, 명령[훈령]의, 강제적인(compulsatory) | **sagacious** 총명한, 기민한

　　해설　[순접-열거] and should be avoided if possible.

　　해석　개선할 분야를 제안하지 아니하고 조목조목 반박만하는 비판은 건설적이지 못해서 가능하면 피하도록 해야 한다.

16　**어구**　layer 층 | **ring** 테 | **thickness** 두께 | **thick** 두꺼운(≠ thin, lean) | **thin** 여윈, 얇은, 마른 | **uneven** 고르지 못한, 평평하지 않은, 공정하지 않은 | **prosperous** 풍요로운, 번영하는, 부유한

　　해설　[역접-대조] When the rainfall is adequate *VS* When there is a drought

　　해석　나무들은 매해 새로운 층이나 테가 생긴다. 우리는 줄기의 테의 숫자로 나무의 연령을 말할 수 있다. 이 테들은 모두 같은 두께는 아니다. 강우량이 충분할 때에는 나무가 잘 자라고 테는 두꺼워진다. 가뭄이 있을 때 그 해의 테는 얇다.

정답　13 ⑤　14 ③　15 ②　16 ①

17 There is no more dependable public servant than the mailman. He goes his daily rounds regardless of the weather. Most of us take him for granted and seldom stop to think what it would mean if he were not so __________.

① friendly   ② faithful

③ healthy   ④ thoughtful

18 Both men and women dress much more casually now than they used to. Styles in women's clothes are certainly not standardized, but elaborate clothes are not often seen anymore. People take more interest in sports and outdoor activities, and simple casual clothes are for these. More women work at jobs outside their homes, and this is another factor that has increased __________.

① the cost of home attire

② the invention of synthetic fabrics

③ the popularity of plainer clothes

④ the interest in tailor-made clothes

19 The couple next door are very conscious of their social position. They've got a new luxurious car, a modern kitchen, trendy new clothes. They don't really need them. They are just __________.

① peeping Tom

② doubting Thomas

③ robbing Peter to pay Paul

④ keeping up with the Joneses

17 어구 dependable 신뢰할 수 있는, 믿을 만한, 의존할 수 있는 | **servant** 하인, 공무원, 봉사자 |
public[civil] servant 공무원 | **round** 한 바퀴, 일순, 순회 *cf.* daily round 나날의 직무 |
regardless of ~에 개의치 않고, ~에 관계없이(irrespective of, without regard to) |
take A for granted A를 당연하게 생각하다 | **seldom** 좀처럼 ~ 않다, 드물게 |
friendly 친한, 친절한 | **faithful** 성실한, 정확한, 신뢰할 만한 | **thoughtful** 사려 깊은
(considerate, pensive), 생각이 깊은, 인정 있는

해설 [순접-진술 부연] dependable과 비슷한 의미

해석 우체부보다 더 믿을 만한 공무원도 없다. 그는 매일 날씨에 상관없이 자신의 직무(우편 배달일)를
계속한다. 우리들 대부분은 우체부를 너무도 당연한 것으로 여겨서, 만약 그가 그렇게 성실하지 않
다면 그것이 무엇을 의미하는지에 대해 생각하기 위해서 좀처럼 멈추지 않는다.

18 어구 casually 별 생각 없이, 우연히 | **clothes** (*pl*) 옷, 의복(apparel, garment) | **standardize**
~을 표준화하다 | **elaborate** 정교한 | **attire** 의상 | **synthetic** 종합적인 | **fabric** 직물 |
plain 평범한, 솔직한, 못생긴, 검소한, 평평한

해설 [순접-진술 부연] Both men and women dress much more casually now

해석 지금은 남자나 여자나 모두 과거에 비해 간편하게 입는다. 여성복의 양식은 분명 표준화되어 있진
않지만 정교한 복장은 더 이상 흔히 볼 수 없다. 사람들은 스포츠와 실외 활동에 보다 관심을 갖고,
간단한 평상복은 이에 적합한 것이다. 보다 많은 여성들이 집 밖의 직장에서 일하고 있고 이것이 간
편한 복장의 인기를 높인 또 하나의 요인이다.

19 어구 peeping Tom (엿보는) 호색가 | **doubting Thomas** 의심하는 사람 | **rob Peter to**
pay Paul 빚으로 빚을 갚다 | **keep up with the Joneses** 허세를 부리다, 최신 유행을
따라가다

해설 [순접-진술 부연] got a new luxurious car ~

해석 옆집 부부는 자신들의 사회적 위치를 매우 의식한다. 그들은 새로운 고급차, 현대형 부엌, 유행하는
새 옷을 구입했다. 실제로 그들을 그것들을 필요로 하지는 않는다. 그들은 단지 허세를 부릴 뿐이다.

정답 17 ② 18 ③ 19 ④

Memo

제 4 편 실전영역 모의고사 | 329

20 It is now evidenced that what seems to be a single memory is actually a complex construction. For instance, when we think of a hammer, our brain hurriedly retrieves the tool's name, its appearance, its function, and the sound of its clang, each extracted from a different region of the brain. Therefore, the weakening of memory is in fact the failure to __________ separate parts of information stocked in your brain. Many of us begin to experience the breakdown of that assembly process as early as in our 20s.

① put together　　　　② put up with
③ fill in for　　　　　④ make up for
⑤ concentrate on

21 The rabid baseball fan lost his equanimity and became __________ when the star pitcher became __________ and was removed from the game.

① livid – pugnacious
② taut – martinet
③ facetious – ludicrous
④ demure – valorous
⑤ impudent – vapid

22 Failure to unite its powerful elements on a(n) __________ can be disastrous to a major political party. That is why ideological factional leaders so seldom have been __________.

① campaign – losers
② issue – winners
③ legal – heard
④ candidate – nominated
⑤ tragedy – successful

Memo

20 **어구** hammer 망치 | hurriedly 서둘러서 | retrieve 만회하다, 회복하다 | clang 쨍그렁 소리 [금속이 부딪히는 소리] | extract 추출하다, 발췌하다 | stock 비축 · 보급하다 | breakdown 고장, 파손, 붕괴 | assembly 집회, 조립, 의회 | put together 모으다, 구성하다 | put up with ~을 견디다 | fill in for ~을 대신하다 | make up for (부족을) 메우다, (벌충하여 수량 등을) 채우다

해설 [순접-예시] what seems to be a single memory is actually a complex construction. For instance, ~

해석 하나의 단일한 기억처럼 보이는 것이 실제로는 복잡한 조합 과정이라는 것이 현재 증명되고 있다. 예를 들면 망치에 대해 생각할 때, 우리의 두뇌는 그 도구의 이름, 외양, 기능 그리고 울리는 소리를 급하게 상기시키는데, 그 각각은 뇌의 다른 영역으로부터 나온다. 따라서 기억력의 약화된 것은 사실상 당신 두뇌에 저장된 정보의 개별적인 부분들을 조합하는 데 실패라고 볼 수 있다. 우리들 중 많은 사람들이 20대에 벌써 그 조합 과정의 쇠퇴를 경험하기 시작한다.

21 **어구** rabid 광폭한, 광견병에 걸린 | equanimity 침착, 냉정 | livid 격분한, 검푸른, 핏기가 없는 | pugnacious 싸우려 하는, 싸우기 좋아하는 | taut 엄격한, 단정한 | martinet 몹시 까다로운 사람 | facetious 익살스러운 | ludicrous 익살스런 | demure 진지한, 예의바른 | valorous 용감한 | impudent 뻔뻔스러운, 건방진 | vapid 지루한, 김빠진

해설 [순접-열거] lost his equanimity and became

해석 그 유명한 투수가 싸움질을 하려고 해서 퇴장당했을 때, 광적인 야구팬들은 자제력을 잃고 격분했다.

22 **어구** powerful 강력한(mighty, potent, forceful, robust), 막강한 | failure 실패 *cf.* fiasco (연극 · 연주 · 야심적 기획의) 큰 실패 | disastrous *a.* 불행한, 재난의, 재앙의(catastrophic) [파] disaster *n.* 천재; 재해, 재난 | factional *a.* 분파의, 당파적인(sectional) *cf.* faction *n.* 도당, 당파(clique) | campaign 운동 | nominated 지명받은, 명명된 | tragedy 비극

해설 [순접-인과] That is why

해석 하나의 문제에 그 자체의 강력한 요소들을 통일시키지 못하면 주요한 정당에게 불행스러울 수 있게 된다. 그리하여 이데올로기적 분당 지도자들이 거의 승자가 되지 못했다.

정답 20 ① **21** ① **22** ②

23 Revolting students __________ French governments. In May 1968 they forced de Gaulle to __________ parliament and, a year later, to step down.

① intimidate – assure

② abandon to grief – charm

③ collaborate with – vex

④ hijack – disorganize

⑤ unnerve – dissolve

24 To the __________ of the distraught parents they learned their son was accused of using the __________ weapon on that fatal occasion.

① stagnation – cruel

② jocularity – mortal

③ ease – trivial

④ consternation – lethal

⑤ surprise – blissful

25 My English teacher admonished me: "realize that the speech was to be __________, but it was not supposed to be __________ or fraught with fallacious statements."

① plain – confident

② spontaneous – inchoate

③ terse – taciturn

④ exaggerated – verbose

⑤ indolent – banal

23 **어구** **revolting** 배반하는, 반란을 일으킨 | **parliament** 의회 | **step down** 사임하다 | **intimidate** 위협하다 | **assure** 안심시키다 | **abandon ~ to grief** ~를 비탄에 빠지게 하다 | **charm** 매혹하다 | **collaborate** 협력하다 | **vex** 괴롭히다 | **hijack** (배·항공기 등을) 납치하다 | **disorganize** 해산시키다 | **unnerve** 무력화시키다 | **dissolve** 해산시키다

해설 [순접-열거] **and ~ to step down**

해석 폭동을 일으킨 학생들이 프랑스 정부를 무력화시키고 있다. 1968년 5월에도 그들은 de Gaulle로 하여금 의회를 해산시키게 했으며 1년 뒤에는 그로 하여금 사임하게 했다.

24 **어구** **distraught** 괴로운 | **be accused of** ~때문에 기소·비난을 당하다 | **fatal** 비참한 | **stagnation** 물이 괴어 썩은 상태, 활기가 없음 | **cruel** 잔인한 | **jocularity** 익살 | **mortal** 치명적인 | **ease** 안심 | **trivial** 시시한 | **consternation** 대경실색 | **lethal** 치명적인 | **surprise** 놀라움 | **blissful** 행복한

해설 [순접-유추] **was accused of**

해석 정신이 혼란해진 부모들이 대경실색을 할 정도로 자신의 아들이 그 비참한 사건에서 살인 무기를 사용한 혐의로 기소됐다는 사실을 알게 되었다.

25 **어구** **admonish** 훈계하다 | **fraught with** ~으로 가득 찬 | **fallacious** 거짓된 | **plain** 솔직한, 검소한, 못생긴, 평평한 | **confident** 확신하는 | **spontaneous** 자연스러운, 자발적인 (voluntary) | **inchoate** 불완전한, 초기의, 미완성의 | **terse** 간결한 | **taciturn** 과묵한 | **exaggerated** 과장된(bombastic, overstated, hyperbolic) | **verbose** 수다스러운 | **indolent** 게으른 | **banal** 진부한(trite, hackneyed, stale, stereotyped)

해설 [역접-대조] **but ~ not ~ fraught with fallacious ~**

해석 나의 영어 선생님이 나에게 훈계를 내렸다. "말은 자연스러워야 하지만 불완전하거나 거짓된 진술이 포함되이시는 인 된디는 것을 알리"고 말이디.

정답 **23** ⑤ **24** ④ **25** ②

1 The university offers every student a challenging, interdisciplinary __________ experience taught by exceptional faculty members.

① academic ② baneful
③ sociable ④ sordid

2 She has published some short articles but her new __________ is quite extensive.

① obesity ② oblivion
③ oracle ④ opus

3 If good intentions and good ideas were all it took to save the __________ atmosphere, the planet's fragile layer of air would be as good as fixed.

① degrading ② deteriorating
③ detoxified ④ devaluated

4 He recognized his __________ and politely made amends.

① attrition ② capacitance
③ foible ④ verge

5 He __________ the mud with a stick, looking for the marble he had dropped.

① debilitated ② mutilated
③ groped for ④ probed

Memo

1 **어구** **challenging** 도전적인, 진취적인 | **interdisciplinary** 두 가지 학문 분야에 걸치는 | **exceptional** 예외적인, 뛰어난 | **faculty** 능력, 학부, 교수단 | **academic** 대학의, 학구적인 | **baneful** 해로운, 파괴적인 | **sociable** 사교적인 | **sordid** 더러운, 지저분한

해설 [순접-유추] interdisciplinary

해석 그 대학은 모든 학생들에게 뛰어난 교수진이 가르친 진취적이고 학과 간의 학문적인 경험을 제공한다.

2 **어구** **article** 기사(editorial), 품목 *cf.* treatise 논문(thesis) | **extensive** 광범위한(ample) | **obesity** 비만(corpulence) | **oblivion** 망각(forgetfulness), 잊혀짐; 잊기 쉬움 | **oracle** 신탁, 신의 계시, 예언자 | **opus** 저작, (음악) 작품

해설 [역접-대조] short ~ but

해석 그녀는 몇몇 단편 기사들을 발표했지만 그녀의 새로운 주요 작품은 광범위한 것이다.

3 **어구** **intention** 의도 | **atmosphere** 대기 | **fragile** *a.* 약한, 망가지기 쉬운(brittle), 무른(frail) *cf.* fragility *n.* 깨지기 쉬움 | **as good as** ~이나 다름없는 | **fixed** 고쳐진 | **degrading** (등급을) 떨어뜨리는 | **deteriorating** 악화되는 | **detoxified** 독이 제거된 | **devaluated** 가치가 떨어진

해설 [순접-인과] If~ would be ~ fixed

해석 만일 좋은 의도들과 좋은 생각들이 악화되는 대기를 구하기 위한 모든 것이라면, 이 행성의 약한 공기의 층은 고쳐진 것이나 다름없을 것이다

4 **어구** **politely** 정중히 | **make amends** 보상하다 | **attrition** 마멸, 소모(wear and tear) | **capacitance** (도체의) 용량, 콘덴서(condenser) | **foible** 약점, 결점, 괴벽 | **verge** 모서리, 한계

해설 [순접-열거] and politely made amends

해석 그는 그의 괴벽을 인정하고 정중히 보상을 했다.

5 **어구** **mud** 진흙 | **stick** 막대기 | **marble** 공깃돌 | **debilitate** 쇠약하게 하다 | **mutilate** (수족을) 절단하다 | **grope for** 손으로 더듬다 | **probe** *v.* 찾다, 정밀 조사하다 *n.* 정밀조사, 조사기구

해설 [순접-진술 부연] looking for the marble

해석 그는 그 진흙을 가는 막대기로 살펴보면서 자신이 떨어뜨렸던 공깃돌을 찾으려 했다.

정답 1 ① 2 ④ 3 ② 4 ③ 5 ④

6 A leader, young or old, must have character traits that inspire others to accept his leadership. He must display courage, intelligence, and __________.

① wisdom   ② bravery

③ timorousness   ④ shrewdness

⑤ integrity

7 I like the __________ glass we have in our living room because it allows light to come in, but people can't see clearly inside the room.

① lucid   ② ambiguous

③ translucent   ④ relevant

8 Such homely virtues as __________ , hard work, and simplicity appear old-fashioned on these days.

① parsimony   ② asceticism

③ prodigality   ④ thrift

⑤ wantonness

9 The pioneers' greatest asset was not their material wealth but their __________.

① generosity   ② fortitude

③ companions   ④ possessions

Memo

6 **어구** **trait** 특생, 특성, 특징 | **bravery** 용기(valor, courage) | **timorousness** 소심함 | **shrewdness** 기민함 | **integrity** 성실(sincerity), 정직(honesty, veracity), 완전무결함 *cf.* integration 통합, 완성

해설 [순접-진술 부연] character traits ~ inspire others to accept his leadership

해석 젊든, 늙었든 지도자는 남들에게 그의 지도력이 받아들여지도록 고무시키는 특성들을 지니고 있어야 한다. 지도자는 용기, 지성, 그리고 고결성을 나타내 보여야 한다.

7 **어구** **inside** 안의(inner) *cf.* outer 외부의 | **lucid** 번쩍이는, 맑은, 두뇌가 명석한 | **ambiguous** 두 가지 뜻으로 해석할 수 있는, 모호한, 분명하지 않은(equivocal, vague) | **translucent** 반투명의, 명백한, 쉽게 이해할 수 있는 | **relevant** 관련된, 적절한(pertinent)

해설 [역접-대조] it(glass) allows light to come in, but

해석 나는 우리 거실에 있는 반투명한 거울을 좋아한다. 빛은 방 안으로 들어올 수 있지만, 사람들이 실내를 분명하게 들여다 볼 수는 없기 때문이다.

8 **어구** **homely** 가정적인, 수수한, 세련되지 않은 | **simplicity** 단순, 순박함, 성실함, 수수함 | **old-fashioned** 구식의, 시대에 뒤처지는 | **asceticism** 금욕주의, 고행[수도] 생활(abstinence, austerity) | **prodigality** 낭비, 방랑; 풍부 | **thrifty** 검약, 검소(economy, frugality) | **wantonness** 무엄함, 방자함, 바람둥이 | **parsimony** 극도의 절약, 인색

해설 [순접-열거] hard work, and simplicity

해석 검소하고, 근면하고 그리고 소박함과 같은 순수한 미덕들은 오늘날에는 시대에 뒤떨어진 것처럼 보인다.

9 **어구** **asset** 유용한 것, 장점, 재산(wealth, riches, property, belongings, possessions, means) *cf.* personal estate 동산(movables) ↔ real estate 부동산 | **generosity** 관대, 아량, 관용 | **fortitude** 불굴의 정신, 인내 | **companion** 친구, 동료(friend, fellow, company) 상대짝(counterpart), 입문서, 지침(manual, directory) | **possession** 소유(물), 점유

해설 [역접-대조] not ~ but

해석 개척자들의 가장 큰 자산은 물질적인 부가 아니라 오히려 인내이다.

정답 **6** ⑤ **7** ③ **8** ④ **9** ②

10 The __________ arguments used by the demagogue were certain to deceive many people.

① specious ② involved

③ syllogistic ④ splenetic

11 Voluntary mental exercise is the only way a person can train his mind. Mental attainment can be dependent upon a person's __________.

① own exertions ② college grades

③ early training ④ teachers' qualities

12 Throughout much of history, cases of family violence and neglect often went unreported because of the attitude of the society, which considered family matters to be private. This is why __________ violence has risen so considerably in recent times.

① patrimonial ② juvenile

③ counterfeit ④ vigilante

⑤ conjugal

13 If I know myself to be doomed to certain destruction at a specified time unless I could, within that time, perform satisfactorily a given act, difficult but capable of achievement, I believe that I would bend all my efforts in that direction. But one can never really predict what he would do in such a situation; there remains a possibility that I would become paralyzed with fear by the realization that performing this act must be __________.

① my only chance ② morally degrading

③ mystery ④ completely impossible

⑤ my ultimate destiny

Memo

10 **어구** **demagogue** 선동(정치)가(abetter, instigator) [혼] pedagogue 교사(teacher) |
specious 허울[외양]만 좋은, 진실 같은; 그럴 듯한 *cf.* spacious 1. 넓은(roomy), 넓은 범
위의 2. (지식 따위가) 광범위한, 풍부한 | **splenetic** 심사가 뒤틀린, 심기 사나운(ill-
tempered)

해설 [순접-유추] ~ deceive many people

해석 민중 선동자가 사용하는 거짓 주장들은 많은 사람들을 속이기 위한 것임이 확실했다.

11 **어구** **voluntary** 자발적인 | **attainment** 성취 | **exertion** 노력

해설 [순접-진술 부연] train his mind

해석 자발적인 정신 운동은 마음을 훈련할 수 있는 유일한 방법이다. 정신적 성취는 개인의 노력에 달려
있다.

12 **어구** **patrimonial** 세습적인 | **juvenile** 청소년의 | **counterfeit** 위조의 | **vigilante** 자경단원[주
민들의 경비 단체] | **conjugal** 부부의

해설 [순접-유추] family matters

해석 많은 역사적 사실을 통해서 볼 때, 가정폭력과 가정에 무관심한 사례들은 흔히 가정 문제를 사적인
것으로 여기는 사회의 태도 때문에 알려지지 않았다. 이것이 최근에 부부간의 폭력이 급증하는 이
유다.

13 **어구** **be doomed to** ~할 운명이다 | **destruction** 파괴(demolition) | **specified time** 특정
시간 | **bend all one's efforts** 모든 노력을 기울이다 | **be paralyzed with** 마비되다 |
degrading 타락시키는 | **destiny** 운명

해설 [순접-진술 부연] be doomed

해석 어렵지만 이룰 수 있는 어떤 행위를 특정 시간 안에 만족스럽게 수행할 수 없다면, 내가 그 시간에
나 자신이 파괴될 운명이라는 것을 알게 된다면, 나는 그 방향으로 모든 노력을 할 것이라고 믿는다.
그러나 그 상황에서 어떤 행동을 할지는 어느 누구도 실제로 예견할 수는 없다. 이런 행동을 하는 것
이 나의 궁극적 운명임을 이해함으로써 두려움에 마비될 수도 있는 것이다.

정답 10 ① 11 ① 12 ⑤ 13 ⑤

14 He was so convinced that people were driven by _________ motives that he could not believe that anyone could be selfish.

① different   ② personal

③ intrinsic   ④ altruistic

⑤ horrified

15 Contradictory as it may seem, the Celts are unconcerned with political unity, even though racially, linguistically, and sentimentally they have a decided sense of _________.

① humor   ② conflict

③ oneness   ④ inferiority

16 In certain countries, inflation has raised the price of consumer goods to such _________ levels that most people cannot afford to buy even basic necessities.

① repugnant   ② effulgent

③ significant   ④ exorbitant

17 If her characters are still being written about as unfathomable riddles, it is to be attributed more to a human passion for _________ than to dubious complexities of her art.

① conundrums   ② platitudes

③ scapegoats   ④ euphemisms

⑤ stereotypes

Memo

14 **어구** **be convinced that** ~이라고 확신하다 | **drive** (생각 등을) 주입하다 | **selfish** 이기적인 | **intrinsic** 본질적인 | **altruistic** 이타적인 | **horrified** 끔찍한

해설 [순접-인과] so ~ that

해석 그는 사람들이 이타적인 동기들에 의해 주입이 된다고 너무나 확신하여 어느 누구도 이기적일 수 있다고 믿을 수 없었다.

15 **어구** **contradictory** ~과 상반되는 | **unconcerned** ~에 무관심한, 개의치 않는, 태연한 | **unity** 통일, 단결, 화합, 단독 | **racial** 인종, 종족, 민족의 | **linguistic** 언어의(에 관한), 언어학적인 | **sentimental** 감정적인, 감상적인 | **decided** 명확한, 뚜렷한, 단호한, 확고한 | **conflict** 투쟁, 싸움, 다툼 | **oneness** 단일성, 통일, 일치, 조화 | **inferiority** 열등, 하급

해설 [역접-양보] are unconcerned with political unity, even though

해석 모순적으로 보이나, 비록 인종이나 언어, 감정적으로는 확고한 통일된 의식을 갖고 있을지라도 켈트족들은 정치적 통일에는 관심이 없다.

16 **어구** **inflation** 통화 팽창 *cf.* deflation 통화 수축 | **goods** 물품, 상품 | **necessity** 필수품 | **exorbitant** 엄청난, 터무니없는 | **repugnant** 모순된 | **effulgent** 광채가 나는 | **significant** 의미심장한, 중요한

해설 [순접-인과] such ~ that ~ cannot afford to buy even basic necessities

해석 어떤 나라에서는 인플레이션으로 인해 대부분의 사람들이 기본적인 생필품마저도 구입할 수 없을 정도로 소비재의 가격이 터무니없을 정도까지 올라간다.

17 **어구** **unfathomable** 잴 수 없는, 깊이를 헤아릴 수 없는, 불가해한 | **riddle** 수수께끼 | **passion** 열정, 정열 *cf.* passionate *a.* 열정적인, 열의에 찬 | **attribute A to B** A의 탓을 B로 여기다 (ascribe, impute) | **dubious** 모호한, 의심스러운 | **conundrum** 어려운 문제, 수수께끼 (mystery, mystification) | **platitude** 평범함, 진부함, 진부한 표현(banal expression), 상투적인 문구(cliche) | **scapegoat** 희생양, 속죄양 | **euphemism** 완곡어법 *cf.* dysphemism 직설어법, 노골어법 | **stereotype** 고정관념

해설 [역접-대조] more ~ than to dubious complexities of her art

해석 그녀의 작품에 등장하는 인물들이 여전히 불가해한 수수께끼에 관해서 쓰여지고 있다면, 그것은 그녀가 예술의 모호하고도 복잡한 면에 대해서보다 수수께끼의 불가해한 면에 대해 인간은 더 열정적이라는 데 더 많은 중점을 두고 있기 때문이다.

정답 14 ④ 15 ③ 16 ④ 17 ①

18 The physicist Erwin Schrodinger, who developed some of the key concepts of modern quantum theory, was drawn into philosophy by the profoundly _________ nature of the world.

① puzzling   ② interested
③ complicated   ④ astonishing

19 I agree that the shop treated you very badly. But just write a polite letter of complaint. It's not worth making (a) _________ about it.

① tooth and nail   ② pins and needles
③ song and dance   ④ cloak and dagger
⑤ sense

20 Understanding the cultural habits of another nation is a complex, bewildering task, but the rewards of knowing at least the fundamentals of the way of the life are _________ the time and trouble it takes to learn them.

① suppressed by
② well worth
③ slowing down
④ doing away with
⑤ decreasing in proportion to

21 Although there have been _________ attractive buildings, one would hardly characterize most recent urban construction as _________.

① breathtakingly – humdrum
② universally – profitable
③ individually – lovely
④ undeniably – questionable
⑤ architecturally – outlandish

18 **어구** key 중요한, 기본적인 | quantum 양자 | profoundly 심오하게 | puzzling 당황스러운 | complicated 복잡한 | astonishing 놀라운

해설 [순접-유추] who developed some of the key concepts

해석 근대 양자이론의 중요 개념의 일부를 발전시킨 물리학자 Erwin Schrodinger는 세상의 심오하게 놀라운 본질에 의해 철학분야로 유도되었다

19 **어구** complaint 불평 | tooth and nail 필사적으로, 온 힘을 다하여 | pins and needles 따가운 느낌 | song and dance 흥분 | make a song and dance 흥분하다, 사소한 일로 떠들다 | cloak and dagger 음모, 책략 | make a sense 이해하다

해설 [순접-진술 부연] write a polite letter

해석 그 가게가 너에게 잘못했다는 것을 나는 동의한다. 그러나 정중한 유감의 편지를 써라. 그것에 대해 흥분할 가치가 없다.

20 **어구** bewildering 당황케 하는 | reward 보상 | (compensation, payment, remuneration) | fundamental 기초의, 근본적인(radical) | at least 적어도 | suppress 억누르다 | well worth 매우 가치 있는 | slow down 늦추어지다 | do away with 폐지하다 | decrease in proportion to ~에 비례하여 감소하다

해설 [역접-유추] complex, bewildering~ but

해석 다른 국가의 문화적 습관을 이해하는 것은 복잡하며, 혼란스러운 작업이다. 하지만 적어도 삶을 살아가는 방식의 기초적 사항들을 아는 것의 보상은 그들을 배우는 데 걸리는 시간과 노력들의 충분한 가치가 있다.

21 **어구** attractive 사람의 마음을 끄는; 매력적인; (의견·조건 등이) 관심을 끄는 *cf.* an attractive price 사고 싶을 정도로 싼 값 | construction 건설; 건축물 | characterize ~의 특색을 이루다 | breathtakingly 깜짝 놀랄 만하게 | humdrum 평범한, 단조로운 | individually 개별적으로, 낱낱이, 개인적으로 | undeniably 명백히 | architecturally 건축학적으로 | outlandish 이국풍의, 이상스러운

해설 주절의 most recent urban construction (대부분의 최근 도시 건축물)에서 most 는 종속절의 "individually(개개의)"와 상반되는 반면 서로 잘 어울린다. 최근 도시 건물들의 개별적인 면과 전체로서 조화는 상반된 면이 있다는 것에 착안한다.

해석 비록 개별적으로 관심을 끄는 건물들이 있어 왔지만, 최근의 거의 모든 도시 건축물들이 대체로 아름답다고 규정할 수는 없다.

정답　18 ④　19 ③　20 ②　21 ③

22 Faraday does not __________ any particular theory; she believe that each theory increases our understanding of some dreams but that no single theory can __________ them.
① endorse – explain
② identify – criticize
③ mention – replace
④ evaluate – identify
⑤ criticize – eradicate

23 We found it impossible to mollify the __________ owner of three prize cats as he viewed the __________ caused by our large dog.
① gullible – catastrophe
② exacerbated – jubilation
③ perfidious – disgrace
④ irate – carnage
⑤ ignominious – exultation

24 Although his outnumbered troops fought bravely, the general felt he had no choice but to __________ defeat and __________ a retreat.
① hasten – suggest
② seek – try
③ oversee – reject
④ overcome – request
⑤ acknowledge – order

25 Use of air conditioners and other electrical apparatus had to be __________ that summer because of the __________ of the generating system.
① postulated – reaction
② curtailed – inefficiency
③ implemented – residuals
④ augmented – responsiveness
⑤ manipulated – intensity

Memo

22 **어구** **endorse** 승인하다, 지지하다(accredit) | **mention** 언급(거론)하다, 말하다(refer to) *cf.* Don't mention it. 천만에요.(Not at all.) | **evaluate** 평가하다, 가치를 검토하다(estimate, appraise, assess) | **criticize** 비평하다, 비판하다, ~의 흠을 찾다, 비난하다(censure) | **eradicate** 뿌리채 뽑다, 근절하다(annihilate, extirpate)

해설 [역접-대조] each theory increases our understanding of some dreams but

해석 Faraday는 어떠한 특수 이론도 지지하지 않는다. 그녀는, 각기 개별적인 이론은 몇 가지 꿈들에 대한 우리의 이해를 증진시키는 데 도움을 준다고 믿지만, 한 가지 이론만으로 그 꿈들을 모두 설명해 줄 수는 없다고 믿기 때문이다.

23 **어구** **find+it+목적격보어+to R** ~가 ~한 것을 알게 되다 *Ex.* Now I find it hard to think of myself anywhere else. 이제 나는 그 밖의 다른 곳에 내 자신이 있다는 것을 생각할 수 없다. | **mollify** 진정하다, 달래다(appease, palliate, soothe, lull) | **prize** *a.* 훌륭한, 입상의 *v.* 높이 평가하다, 존중하다; 소중히 여기다 | **gullible** 속기 쉬운 | **catastrophe** 재앙, 대참사 | **exacerbated** 악화된 | **jubilation** 환희, 환호, 축제 | **perfidious** 배반하는, 불신의 | **disgrace** 불명예, 치욕 | **irate** 분노한(angry) | **carnage** 주검, 사체, 대량 학살 | **ignominious** 수치스러운, 불명예스러운 | **exultation** 환희, 기쁨

해설 [순접-인과] We found it impossible to mollify ~ as ~

해석 우리는 그 소중한 세 마리 고양이들의 주인이 우리 큰 개에 의해 야기된 그 (고양이의) 주검을 보았을 때, 그의 화를 누그러뜨리는 것은 불가능하다고 생각했다.

24 **어구** **outnumbered** (수적으로) 우세한 | **troops** 군대, 병력 | **hasten** 서두르다, 재촉하다, 촉진하다 | **oversee** 감독하다, 바라보다 | **reject** 제쳐놓다, 버리다, 거절하다

해설 [역접 양보] Although his outnumbered troops fought bravely,

해석 비록 수적으로 우세에 있는 그의 군대가 용감히 싸웠지만, 장군은 패배를 인정하고 후퇴를 명하는 것 이외의 다른 대안은 없다고 생각했다.

25 **어구** **electrical** 전기의, 전기학적인 *cf.* electronic 전자의 | **apparatus** (한 벌의) 장치, 기계 | **postulate** 요구하다, 당연한 것으로 하다(demand, exact, presuppose) | **curtail** 짧게 줄이다, 생략하다 | **inefficiency** 비능률, 무능 | **implement** ~에 도구를 공급하다, ~에게 필요한 권한을 주다 | **augment** 늘리다, 증대시키다 | **manipulate** 다루다, 교묘하게 다투다 | **intensity** 강렬, 격렬, 긴장

해설 [순접-인과] because of

해석 발전 설비가 비능률적이었기 때문에 그해 여름에는 냉방 장치와 다른 전기 장치의 사용이 감축되어져야만 했다.

정답 22 ① 23 ④ 24 ⑤ 25 ②

S.C Practice 9

1 He was so ________ to his mother that I would have spanked him if he talked to me that way.

① hilarious   ② candid

③ impudent   ④ salient

2 As a suspicious case of an infectious disease, he was ________ by others.

① procrastinated   ② shunned

③ allocated   ④ deployed

3 Most child custody cases involve an emotional ________ between the two parents, but in this case, neither parent wants to take responsibility for three year old Monica.

① to and fro   ② tug of war

③ give and take   ④ battle of wits

⑤ on edge

4 Language, culture, and personality may be considered independently of each other in thought, but they are ________ in fact.

① autonomous   ② changeable

③ spontaneous   ④ inseparable

1 **어구** spank 때리다, 갈기다 | **that way** 저와 같이 | **hilarious** 즐거운 | **candid** 솔직한 | **impudent** 무례한, 건방진 | **salient** 현저한, 두드러진

해설 [순접-인과] so ~ that I would have spanked him

해석 그는 자신의 어머니에게 너무나 무례해서 만약 그가 나에게 그런 식으로 말했다면 그를 때렸을 것이다.

2 **어구** suspicious 의심스러운 | **infectious** 전염되는 | **procrastinate** 연기하다 | **shun** 피하다, 회피하다(avoid), 비키다 | **allocate** 할당하다, 배분하다 | **deploy** 배치하다, 전개하다

해설 [순접-유추] As a suspicious case of an infectious disease

해석 감염 질병에 대한 의심스러운 경우로서, 그는 다른 이에게 따돌림을 받았다.

3 **어구** custody 후견 | **emotional** 감정적인 | **take responsibility for** 책임을 지다 | **to and fro** 앞뒤로 | **tug of war** 주도권 싸움 | **on edge** 초조한

해설 [역접-유추] but neither parents ~ take responsibility

해석 대부분의 아동 후견 사건은 두 부모의 감정적 주도권 싸움과 관련이 있다. 그러나 이번 사건의 경우에는 부모 중의 어느 쪽도 세 살짜리 모니카를 책임지려 하지 않는다.

4 **어구** independently of ~과는 독립적으로 | **autonomous** 자치의 | **changeble** 바뀔 수 있는 | **spontaneous** 자발적인 | **inseparable** 불가분의

해설 [역접-대조] be considered independently ~ but

해석 언어, 문화와 성격은 생각에 있어서 별개로 고려되어질 수도 있지만, 그들은 사실상 불가분의 것이다.

Memo

정답 1 ③   2 ②   3 ②   4 ④

5 The TV news magazine sits precisely at the _________ of information and entertainment, for while it is not a silly sitcom, it is not a documentary either.

① foundation　② juncture　③ cessation
④ institution　⑤ eclipse

6 This essay lacks originality and freshness; in fact, it is quite _________.

① banal　② novel
③ plausible　④ complicated
⑤ intriguing

7 Most vices are only exaggerated virtues: only the _________ can be tactless.

① rude　② hypocritical　③ wise
④ virtuous　⑤ honest

8 Because of his _________ driving, the other car was forced to turn off the road or be hit.

① perceptive　② negligent
③ resourceful　④ placid
⑤ exemplary

9 When the day for my audition came, I was so excited that I could hardly talk. By the time I got to the location for my test, my voice was not _________.

① monotonous　② bilateral
③ audible　④ autonomous

5 **어구** silly 어이없는, 어리석은 | documentary 기록물, 다큐멘터리 | foundation 기초, 토대, 창설 | juncture 접속, 연결, 이음매 | cessation 정지 | eclipse 빛의 상실, (명성 등의) 실추

해설 [순접-인과] for ~ not a silly, ~ not a documentary

해석 TV 뉴스 매거진은 어이없는 시트콤은 아닐지라도 기록물 또한 아니기 때문에 정보와 오락의 연결 선상에 분명히 위치해 있다.

6 **어구** originality 독창성 | freshness 신선함 | banal 진부한, 뻔한 | novel *a.* 신기한, 이상한 *n.* (장편)소설 *cf.* novelty *n.* 신기함, 새로움 | plausible 그럴 듯한 | complicated 복잡한 | intriguing 흥미를 자아내는, 음모를 꾸미는

해설 [순접-진술 부연] lacks originality and freshness; in fact

해석 이 에세이는 독창성과 신선함이 결여되었다. 실제로 정말로 진부하다.

7 **어구** virtue 미덕, 덕, 선(goodness, morality, rectitude) | vice 악덕, 비행, 악습(corruption) | rude (사람 · 언행이) 무례한, 실례의, 버릇없는(discourteous, disrespectful) | hypocritical 위선의, 위선자의(canting, insincere) | virtuous 덕이 높은, 고결한, 선량한 (good, noble) | tactless 재치[솜씨, 요령]없는, 서투른, 섣부른(impolitic)

해설 [순접-진술 부연] Most vices are only exaggerated virtues

해석 대부분의 악덕은 단지 과장된 미덕이다. 오직 정직한 사람은 요령을 부릴 리가 없다.

8 **어구** be forced to R ~하지 않을 수 없다 | negligent 부주의한, 소홀한, 태만한(careless, delinquent) | exemplary 모범적인, 본보기가 되는(typical) | turn off 방향을 바꾸다, 다른 길로 들어서다

해설 [순접-인과] Because of

해석 그의 부주의한 운전 때문에, 다른 차가 길에서 억지로 방향을 바꾸거나 부딪치지 않을 수 없었다.

9 **어구** monotonous 단조로운, 변화 없는, 지루한 | bilateral 양쪽 면이 있는 | audible 들리는, 들을 수 있는 | autonomous 자치권이 있는, 자율의, 자주적인

해설 [순접-진술 부연] I was so excited that I could hardly talk

해석 오디션을 받는 날이 닥치자, 나는 너무나 흥분이 되어서 거의 말을 할 수가 없을 정도였다. 시험장에 도착할 때쯤에는, 내 목소리가 들리지 않았다.

Memo

정답 5 ② 6 ① 7 ⑤ 8 ② 9 ③

10 John's infantile __________ caused him to frequently impose on his friends.

① dependency　　　　　② reticence

③ versatility　　　　　④ charm

⑤ sophistication

11 To love at all is to be ________. Love anything, and your heart will certainly be wrung and possibly be broken. If you want to make sure of keeping it intact, you must give your heart to no one, not even to an animal. Wrap it carefully round the hobbies and little luxuries, avoid all entanglements, lock it up safe in the casket or coffin of your selfishness.

① vulnerable　　　　　② variable

③ vulnerary　　　　　④ infallible

12 The only way to __________ argument is to discuss long in advance with the entire group just what the problems to be faced are and what course of action should be assumed.

① dispose　　　　② forestall　　　　③ settle

④ retreat　　　　⑤ excruciate

13 Alice Roosevelt and Eleanor Roosevelt hated each other. However, it is one of those __________ of history that Alice, daughter of the grand Teddy Roosevelt, died the very same week two more books, which admired her cousin, Eleanor Roosevelt, were published.

① hostilities　　　　　② coincidences

③ similarities　　　　　④ rivalries

Memo

10 **어구** **infantile** 유아의, 아이다운, 미발달의 | **impose on** 남용하다, 속이다; (세금·의무 등을) 부과하다, 강요하다 | **dependency** 의타심, 의존 | **reticence** 과묵, 말수 적음; 과묵한 (silent) | **versatility** 다예, 다재, 변덕 *cf.* versatile *a.* 다재다능함(adaptable, multipurpose) | **sophistication** 궤변, 때묻음, 세련, 정교함

해설 [순접-인과] caused him to frequently impose on his friends

해석 John의 유아적인 의타심이, 그로 하여금 종종 그의 친구들을 이용하게끔 했다.

11 **어구** **wrung** 괴로움(슬픔)에 짓눌린 | **make sure of** ~을 확인하다 | **intact** 손대지 않은 | **wrap** ~을 감싸다 | **carefully** 주의깊게(gingerly), 조심스럽게(heedfully, attentively) | **luxury** 사치(품) | **entanglement** 얽힘 | **lock up** 자물쇠를 채우다 | **casket** (보석, 귀중품을 넣는) 작은 상자 | **coffin** 관 | **vulnerable** 상처 입기 쉬운, (비난·공격 따위를) 받기 쉬운, 영향 받기 쉬운(susceptible) | **variable** 변하기 쉬운 | **vulnerary** 상처에 바르는 | **infallible** 전혀 오류가 없는

해설 [순접-진술 부연] your heart will certainly be wrung and

해석 정말 사랑한다는 것은 상처받기 쉬운 것이다. 어떤 것을 사랑한다면 당신의 마음은 틀림없이 괴로움에 짓눌리고 아플 수도 있다. 당신의 마음이 아프지 않기를 원한다면 당신의 마음을 누구에게도, 심지어 동물에게조차도 주지 말아야 한다. 취미와 사소한 사치에 마음을 두고, 모든 얽히는 것은 피하고, 마음을 당신의 이기심이라는 작은 상자나 관 속에 안전하게 잠가서 가두어 두어라.

12 **어구** **in advance** 미리, 사전에 | **dispose** 처분하다[of], 배치하다 | **forestall** 기선을 제압하다, 앞지르다, 매점하다 | **settle** 놓다, 정착시키다, 해결하다 | **retreat** *v.* 철수하다(lose ground), 물러가다, 후퇴하다(retire), 은퇴하다, 그만두다 *n.* 퇴각, 후퇴, 철수 (withdrawal), 은퇴, 피난처(shelter) | **excruciate** 괴롭히다(badger), ~을 (육체적으로) 고통을 주다

해설 [순접-유추] in advance (사전에, 미리)

해석 논쟁에서 기선을 제압하는 유일한 방법은 직면된 문제가 무엇이며 어떤 행동의 방향(방침)을 취해야 하는지에 관해서 미리 전체 그룹과 함께 오랫동안 토론을 하는 것이다.

13 **어구** **grand** 위엄 있는(stately, imposing), 장엄한 | **the very same week S+V** ~한 같은 주에 | **hostility** 적대감 | **coincidence** 우연의 일치, 동시 발생 | **similarity** 유사함 | **rivalry** 경쟁, 대항

해설 [역접-대조] hated each other. However

해석 Alice Roosevelt와 Eleanor Roosevelt는 서로를 미워했다. 그러나 위대한 Teddy Roosevelt의 딸 Alice의 사촌인 Eleanor Roosevelt를 찬미한 두 권 이상의 책이 출간된 바로 같은 주에 Alice가 죽은 것은 역사의 우연의 일치들 중 한 가지이다.

정답 10 ① 11 ① 12 ② 13 ②

14 In recent years, an increase of violence in America, both individual and political, has prompted a backlash of public opinion on capital punishment. But however much we abhor violence, legally sanctioned executions are no deterrent and are, in fact, ___________________.

① vigorous and thoughtful

② instructive and profitable

③ immoral and unconstitutional

④ temporary and pardonable

15 The abiding impression one gets from a study of prehistory is of great range of potentialities in human beings and in human cultures. Above all, one is aware of a basic paradox of human behavior; men are creatures of custom, reluctant to change, yet ___________________. They will dream another world, if nothing better comes up.

① willing to accept this world as it is

② quite unable to take this world as they find it

③ utterly incapable of improving the given situations

④ impossible to induce them to give up their custom

16 Nothing can be more delightful than the sight of a small rural _________ surrounded by a garden full of flowers and vegetables. Life inside it may not be very delightful, though, especially in winter.

① peasant   ② thatch

③ cottage   ④ garner

14 **어구** recent 최근의(latest) | prompt 자극하다, 부추기다 | backlash 반발, 반동, 반격 | capital punishment 사형 | abhor 혐오하다, 끔찍이 싫어하다(loathe, despise, abominate, shun) | sanction 인가·재가하다, 승인하다(approve, authorize) | execution (재판 등의) 집행, 실행 | deterrent 억제책, 방해물; 억제하는, 방해하는 | vigorous 원기 왕성한, 활발한, 강력한 | profitable 유리한, 유익한 | immoral 부도덕한 | unconstitutional 비헌법적인 | temporary 임시의, 덧없는 | pardonable 용서할 수 있는(excusable)

해설 [순접-진술 부연] no deterrent

해석 최근 몇 년 동안 개인적으로 그리고 정치적으로 미국의 폭력의 증가는 사형제도에 대한 대중 언론의 반발을 부추겨 왔다. 그러나 우리가 얼마나 많이 폭력을 혐오할지라도 법적으로 재가된 처형 집행은 (폭력을 방지할 수 있는) 억제책이 아니며 사실상 도덕적이지 못하며 비헌법적인 것이다.

15 **어구** abiding 영속적인, 영원한 | prehistory 선사시대 | great range of 상당한 범위의 | above all 무엇보다도 | paradox 역설 | reluctant to R ~하기를 꺼려하는 | yet 아직도, 여전히 | come up (해 따위 등이) 뜨다, 나타나다 | utterly 아주, 완전히 | incapable of ~ing ~할 수가 없는 | induce A to R A로 하여금 ~하도록 권유·설득하다

해설 [순접-진술 부연] reluctant to change, yet

해석 사람이 선사시대의 연구를 통해 얻게 된 영원한 감명은 인간과 인간의 문화의 상당한 범위의 가능성이라는 것이다. 무엇보다도, 사람은 인간 행위의 근본적인 역설을 인식하게 된다. 즉 인간들은 관습의 동물이어서 변화에 주저하면서 아직도 이 세상을 그들이 발견한 대로 받아들일 수가 없게 된다. 더 나은 것이 나타나지 않는다면 그들은 다른 세상을 꿈꿀 것이다.

16 **어구** delightful 유쾌한 | peasant 농부 | thatch (지붕 따위를 이기 위한) 짚, 초가지붕 | cottage 시골집 | garner 곡식창고

해설 [순섭-신술 무연] surrounded by a garden full of flowers and vegetables

해석 꽃과 채소들로 가득 둘러싸인 자그마한 시골집을 바라보는 것보다 더 기분 좋은 일은 없다. 그렇지만 그 안에서의 삶은, 특히 겨울에는 별로 유쾌하지 않을 수도 있다.

정답 14 ③   15 ②   16 ③

17 Two month ago, North Korea proposed the border opening in conjunction with a march and rally in the truce town of Panmunjom to __________ Korea's Liberation Day on Aug.15, the 45th anniversary of the end of Japanese rule. The South Korea's president responded by suggesting that the barbed wire be pushed aside for five days beginning Aug.13.

① commend　　　　　② commemorate
③ memorize　　　　　④ review

18 Almost all the world's civilized populations believe that the earth is a sphere. Only among isolated primitive tribes is the theory that the earth is flat __________ .

① accepted　　　　　② rejected
③ criticized　　　　　④ ignored

19 A : I've decided to run a marathon next week.
B : A marathon? You're _______ my leg.

① pushing　　　　　② hitting
③ pulling　　　　　④ shaking

20 Although it is unusual to denounce museum-goers for not painting, it is quite common, even for those, who are unenthusiastic about sports, to criticize spectators for athletic _______.

① ignorance　　　　　② inactivity
③ snobbery　　　　　④ apathy
⑤ partiality

Memo

17 **어구** **rally** 집회 | **in conjunction with** ~와 관련하여 | **the truce town** 휴전마을 *cf.* Panmunjom(판문점) | **barbed** 가시가 있는, 신랄한 *Ex.* barbed words 가시 돋친 말 | **commend** 칭찬하다, 추천하다 | **commemorate** 기념하다, 축하하다 | **review** 재검토하다, 개관하다, 회고하다, 비평하다

해설 [순접-유추] **North Korea proposed the border opening~.**

해석 2개월 전 북한은 일제 통치 종식의 45번째 기념일인 8월 15일 광복절을 경축하기 위해 정전 마을인 판문점에서의 행진 및 집회와 관련하여 휴전선 개방을 제의했다. 남한 대통령은 8월 13일부터 5일간 철조망을 치우자는 제안으로 응수했다.

18 **어구** **civilized** 문명화된 | **sphere** 구체, 천체, 영역 | **isolated** 고립된 | **flat** 1. 평평한, 수평의 (level, even) 2. [서술적으로] 길게 누운, 납작 엎드린, 쓰러진(throw down) 3. 엷은, 얕은 4. 전적인, 솔직한, 명백한(downright) 5. 일률적인, 균일한(uniform), 등급이 없는 6. 기운이 없는, 의기소침한(dejected) 7. [구어] 무일푼의(broke)

해설 [역접-대조] **civilized populations ~ /VS/ primitive tribes**

해석 세계의 거의 모든 문명인들은 지구가 구체(球體)라는 것을 믿고 있다. 지구가 평평하다는 이론은 단지 고립된 원시 부족들 간에만 받아들여지고 있다.

19 **어구** **pull one's leg** 조롱하다(make fun of)

해설 [순접-유추] **pull one's leg** 조롱하다 *cf.* break one's leg 기운내!

해석 A : 다음 주 마라톤에 참가하기로 결심했어.
B : 마라톤? 나를 놀리는구나.

20 **어구** **unusual** 이상한, 보통이 아닌, 유별난 | **denounce** 공공연히 비난[공격]하다 | **criticize** 비평하다, 비판[평론]하다 | **spectator** 관중 | **ignorance** 무지 | **inactivity** 비활동 | **snobbery** 속물근성 | **apathy** 냉담, 무관심 | **partiality** 편파적임, 불공평

해설 [역접-양보] 'Although' 절과 주절의 내용은 반대.

해석 비록 그림 그리지 않는 것 때문에 박물관에 가는 사람들을 비난하는 것은 흔치 않지만, 심지어 스포츠에 열광적이지 않은 사람들에게 운동에 참여하지 않은 것에 대해조차 관중들을 비난하는 것은 아주 흔하다.

정답 17 ② 18 ① 19 ③ 20 ②

21 In spite of their nationalistic and _________ bent, most neo-Nazis deny that Hitler planned to _________ the Jewish race in Europe.

① racist – annihilate

② altruist – confiscate

③ chauvinist – duplicate

④ humanist – extinguish

⑤ philanthropist – exterminate

22 Because he was _________ and liked the life of the party, his friends thought that he was happy: but his wife was _________ and shy and was thought to be unhappy.

① melancholy – sympathetic

② philanthropic – conciliatory

③ vitriolic – sophomoric

④ garrulous – taciturn

⑤ inimical – gregarious

23 As a concomitant to his belligerent and _________ antipathy toward his government, he became _________, but he found it a insipid life.

① vituperative – an expatriate

② caustic – docile

③ warlike – aching

④ conspicuous – dull

⑤ bellicose – of authority

Memo

21 **어구** nationalistic 민족주의적인 | bent 성향 | annihilate 전멸시키다 | altruist 이타주의자 | confiscate 징발하다(dispossess, expropriate) | chauvinist 맹목적인 애국주의자 | duplicate 복사하다 | extinguish 불을 끄다, 전멸시키다

해설 [역접-대조] In spite of nationalistic and

해석 대부분의 신(新) 나치주의자들은 자신들의 민족주의적이며 인종주의적인 성향에도 불구하고 히틀러가 유럽에서 유태인들을 학살하려 했다는 것을 부인한다.

22 **어구** the life of the party 파티에서 말이 많은 사람 | melancholy 우울한; 우울함 | sympathetic 동정적인, 마음에 맞는 | philanthropic 인자한 | conciliatory *a.* 달래는, 타협적인 *cf.* conciliate *v.* 달래다, 무마하다, 회유하다 | vitriolic 적대적인 | sophomoric 젠 체하지만 미숙한, 건방진 | garrulous 수다스러운 | taciturn 과묵한

해설 [역접-대조] happy; but ~ and shy and ~ unhappy

해석 그는 수다스러우며 파티에서 말이 많은 사람이었기 때문에 그의 친구들은 그가 행복하다고 생각했다. 그러나 그의 부인은 과묵하며 수줍어했으며 불행하다고 생각했다.

23 **어구** as a concomitant to ~에 부수적으로 | belligerent 호전적인 | antipathy 반감 | insipid 지루한 | vituperative 욕설하는, 꾸짖는 | expatriate 국외 추방·이주자; 국외로 추방하다 | caustic 비꼬는 | docile 다루기 쉬운, 유순한(compliant, ductile) | warlike 호전적인 | aching 아픈 | conspicuous 두드러진 | dull *a.* 둔한, 활기 없는 *v.* 무디게 하다 (blunt), 둔감하게 하다, 완화시키다, 흐리게 하다 | bellicose 호전적인 | of authority 권위의

해설 [순접-인과] as a concomitant to his belligerent antipathy

해석 그는 정부에 대해 호전적이었으며 격렬한 반감을 가지고 있었기 때문에 외국으로 추방됐다. 그러나 그는 그 삶이 권태롭다는 것을 알게 됐다.

정답 20 ① 22 ④ 23 ①

24 A Juanita argued, this new code of conduct is laughable; its principles are either _________, offering no wisdom but the obvious, or are so devoid of specific advice as to make almost any action _________.

① platitudinous – justifiable
② corroborative – redundant
③ irresolute – unlikely
④ homogeneous – impartial
⑤ labyrinthine – unacceptable

25 His listeners enjoyed his _________ wit but his victims often _________ at its satire.

① enormous – abstained
② negligible – delighted
③ provocative – winced
④ venerable – refrained
⑤ active – excited

24 **어구** code of conduct 처세훈 | laughable 우스꽝스러운 | devoid of ~이 결여된 | so A as to R ~할 정도로 너무나 A한 | platitudinous 평범한, 진부한 | justifiable 정당화할 수 있는, 변명할 수 있는 | corroborative 확증적인, 뒷받침하는 | redundant 여분의, 표현이 중복되는 | irresolute 우유부단한 | unlikely 가망 없는 | homogeneous 동질적인 | impartial *a.* 편파적이지 않은(unbiased, unprejudiced, detached), 정당한(fair) *cf.* impartiality *n.* 정당함, 공평, 공명정대 | labyrinthine 미궁의, 복잡한 | unacceptable 용납하기 힘든

해설 [순접-진술 부연] offering no wisdom but the obvious

해석 *Juanita*는 이번 처세훈이 우스꽝스럽다고 주장한다. 즉 그 원칙들이 뻔한 것들을 제외하고서 어떠한 슬기로운 내용을 제안하지 못하는 상투한 내용들이며, 거의 모든 행위들이 정당화될 수 있게끔 할 정도로 구체적인 조언들을 결여하고 있다는 것이다.

25 **어구** wit 재치 | satire 풍자 | enormous 거대한 | abstain 삼가다(from) *cf.* refrain | negligible 무시할 수 있는, 하찮은 | delighted 즐거운 | provocative 도발적인, 약 올리는, 화나게 하는 | wince (고통 등으로) 움츠리다 | venerable 존경할 만한 | refrained 삼가다, 참다

해설 [역접-대조] enjoyed ~ but

해석 그의 청취자들이 그의 도발적인 재치에 즐거워했지만, 반면 그의 피해자들은 자주 그의 풍자에 움츠러들었다.

정답 24 ① 25 ③

1 If you blame someone for _________, you are accusing them of arrogant pride.

① hubris ② humble
③ euphony ④ hostility
⑤ euphemism

2 He had read widely but seldom thought deeply, so his apparent learning is really quite _________.

① superficial
② superior
③ supercilious
④ superfluous

3 This is a spotlight that is as harsh and cruel to the loser as it is _________ to the victor.

① unmixed ② gregarious
③ descending ④ censorious
⑤ flattering

4 The back wall of the apartment block was in a terrible state; the paint was _______ badly.

① flaking ② fragmenting
③ eroding ④ rotting

1 **어구** blame A for B B 때문에 A를 비난하다 | accuse A of B B 때문에 A를 비난 · 고소하
다 | **arrogant** *a.* 거만한, 건방진(insolent, saucy, haughty) *cf.* arrogance *n.* 오만, 거만,
건방짐 | **hubris** 오만(arrogance) | **humble** 비굴한, 겸손한 | **euphony** 기분 좋은 소리 |
hostility 적대감 | **euphemism** 완곡 어법

해설 [순접–정의] accusing them of arrogant pride

해석 만일 당신이 누군가가 거만하다고 비난한다면, 당신은 그들을 오만한 자신감 때문에 비난하는 것이다.

2 **어구** seldom 거의 ~하지 않는 | apparent 겉치레의, 외관상의, 분명한 | superficial 천박한,
피상적인; 표면의 *Ex.* a superficial knowledge 피상적인 지식 | supercilious 거만한 |
superfluous 남아도는

해설 [순접–인과] seldom thought deeply, so ~

해석 그는 다방면으로 읽었지만 깊이 생각을 하지 않기 때문에, 그의 겉치레식 학습은 정말로 매우 천박
한 것이다.

3 **어구** spotlight 각광 | harsh 혹독한, 거친 | cruel 잔인한 | loser 패배자 | victor 승리자 |
unmixed 순수한, 섞인 것이 없는 | gregarious 사교적인, 군교적인 | descending 하강
하는 | censorious 비난하는 | flattering 아첨하는(obsequious), 우쭐데는

해설 [역접–유추] as harsh and cruel to the loser as

해석 이것은 승리자에게는 아첨하는 것만큼이나 패배자에게는 혹독하고 잔인한 스포트라이트인 것이다.

4 **어구** back wall 뒷벽 | apartment block 아파트 건물 *cf.* mansion 대저택, row house 연립주
택, hut 오두막, cottage 시골집, 작은집 | flake (얇은) 조각으로 벗기다, 벗겨서 떨어지다 *n.*
얇은 조각 *cf.* snowflake 눈송이 | fragment 분해하다 | erode (물이 땅 · 암석을) 침식하다
| rot 썩다, 말라죽다, 부패하다(decay)

해설 [순접–유추] was in a terrible state

해석 아파트의 뒷벽이 심각한 상태에 있다. 페인트 조각이 심하게 벗겨졌다.

정답 1 ① 2 ① 3 ⑤ 4 ①

5 I've always liked offices during the _________ hours, early morning and in the evening. It's liberating to spend peaceful time in a place that's normally frantic.

① fringe　　　　② rush
③ regular　　　　④ prolific

6 In times of war, we must take precautions against acts of _________ as well as of direct violence.

① heinousness　　　② viciousness
③ subterfuge　　　　④ sabotage

7 People are _________ about walking along late at night because it is so dangerous.

① docile　　　　② apprehensive
③ miscellaneous　　④ bland

8 In order to control and defeat the dreadful diseases that plague humanity, _________ activity is necessary.

① concerted　　　② vital
③ full　　　　　④ indomitable

5 **어구** **liberate** 자유롭게 하다 | **frantic** 열정적인, 광적인 | **normally** *ad.* 정상적으로, 평상 상태로는 | **fringe** 가장자리(edge, verge, brink) *cf.* a fringe area 난시청 지역, fringe time [TV] 골든아워(prime time) 전후의 방송 시간대 | **rush** *a.* 급한, 쇄도하는 *v.* 돌진하다 *cf.* rush hour 바쁜 시간 | **prolific** (땅이) 비옥한, [사람 · 동물] 다산의, [작가] 다작의

해설 [순접-진술 부연] spend peaceful time

해석 나는 이른 아침이나 저녁의 근무 전후의 시간대에 사무실에 있는 것을 좋아했다. 보통은 정신 사나운 곳에서 평화로운 시간을 보내는 것이 자유를 만끽하게 해준다.

6 **어구** **take precautions against** ~을 경계하다, ~의 예방책을 강구하다 | **precaution** 조심, 경계(prudence, canniness); 예방책 | **heinousness** 가증스러움, 악질 | **viciousness** 사악, 악의 | **subterfuge** 핑계, 속임수(artifice, scheme, stratagem, trick, deceit, fraud, device) | **sabotage** 사보타지 (쟁의 중의 노동자에 의한) 공장 설비 · 기계 따위의 파괴, 생산 방해, (계획 따위의) 방해

해설 [순접-첨가] as well as of direct violence

해석 전시에, 우리는 직접적인 폭력에 대해서 뿐만 아니라 사보타지 행위들에 대해서도 예방 조치들을 취해야 한다.

7 **어구** **docile** 온순한, 유순한, 다루기 쉬운, 가르치기 쉬운 | **apprehensive** 우려하여, 총명한, 인식하고 있는 | **miscellaneous** 잡다한, 갖가지의, 다방면의 | **bland** 온화한, 자극성이 적은, 부드러운, 침착한

해설 [순접-인과] because it is so dangerous

해석 사람들은 밤늦게 혼자 걷는 것을 무서워하는데, 그건 몹시 위험하기 때문이다.

8 **어구** **defeat** 쳐부수다, 지우다(beat), 좌절시키다 | **plague** 역병[재앙]에 걸리게 하다, 애태우다, 괴롭히다(worry) | **concerted** 합의한, 협정한, 일치된 *cf.* take concerted action 일치된 행동을 취하다 | **vital** 생명의, 생생한, 지극히 중요한(living, animate)

해설 [순접-인과] In order to control and defeat the dreadful diseases that plague humanity

해석 인류를 괴롭히는 무서운 질병들을 억제하고, 이겨내기 위해서 단합된 활동이 필요하다.

정답 5 ① 6 ④ 7 ② 8 ①

9 The __________ of the apartment was unbelievable; it was difficult to realize that men could live in such filth.
① immaculateness
② impropriety
③ condition
④ squalor
⑤ barrenness

10 Ms. Simpson told Mike that because his ideas were disorganized, his composition lacked ____________.
① adherence
② coherence
③ transcendence
④ correspondence

11 When we see two peoples with different social traditions respond in different ways to what appear to the outsider to be identical stimulus situations, we realize that experience is much less a(n) ____________________ than we thought. Every language has an effect upon what the people who use it see, what they feel, how they think, what they can talk about.
① cognitive sensitivity
② objective absolute
③ subjective entity
④ conscious instinct

9 **어구** live in 살다, 거주하다(dwell in, reside in, inhabit) *cf.* abide in 살다, 거주하다, settle 정착하다[down], colonize 정주시키다, 식민지로 이주시키다[이주하다] | **realize** 1. (소망[계획 따위를] 실현하다, 현실화하다 2. 실감하다, (생생하게) 깨닫다 | **filth** 오물, 쓰레기; 더러움 | **immaculate** 오점 없는, 청순한, 순결한 | **impropriety** 틀림, 부적당 | **squalor** 불결함, 비열, 야비함 *cf.* squalid 지저분한 | **barren** 불모의, 메마른

해설 [순접-진술 부연] difficult to realize that men could live in such filth

해석 그 아파트의 불결한 정도는 믿을 수 없을 정도였다. 사람들이 그렇게 불결한 곳에서 살 수 있다고 인정하기가 어려웠다.

10 **어구** disorganize ~의 조직을 파괴하다, ~을 혼란시키다 | **composition** 조직, 구성, 작문, 성분 | **adherence** 고집, 지지 | **coherence** 밀착(성), (이론 등의) 조화, 일치 | **transcendence** 초월, 탁월 | **correspondence** (~과의) 조화, 적합, 유사함, 대응, 편지왕래

해설 [순접-인과] because his ideas were disorganized

해석 심슨 씨는 마이크에게 그의 생각이 혼란스럽고, 그의 작문은 통일성이 부족했다고 말했다.

11 **어구** identical 동일한 | **stimulus** 자극(provocation) | **have an effect on** ~에 영향을 끼치다(affect) | **cognitive** 인식의 | **sensitivity** 감성, 민감도 | **absolute** 절대적인 것; 절대적인 | **entity** 실제, 실체, 통일체 | **instinct** 본능

해설 [순접-유추] When we see two peoples with different social traditions respond in different ways

해석 다른 사회 전통을 가지고 있는 두 사람들이 외부인들에게는 동일한 자극을 주는 상황으로 보여지는 것에 대해서 서로 다른 식으로 반응을 하는 것을 우리가 보게 될 때, 우리는 경험이 우리가 생각하는 것보다 훨씬 객관적으로 절대적이지는 않다는 것을 알게 된다. 모든 언어는 그 언어를 사용하는 사람이 보는 것과 느끼는 것과 생각하는 방법과 무엇에 관해 이야기를 하는지에 관해서 영향을 끼친다.

정답 9 ④ **10** ② **11** ②

12 When they enter school, most children already know and use 4,000 or more words. Nobody has to make a deliberate effort to teach them these words, with the exception of the first few learned in infancy. Children make words their own because they find them pleasing and useful. Even the least verbal group of first-graders has mastered well over 2,000 words, thus __________ the claim that children of culturally deprived families would be unfairly burdened by primers of larger vocabulary. This condescending assumption ignores the richness of daily life in even the poorest households.

① supporting

② illuminating

③ insinuating

④ invalidating

13 It's important to me to keep my credit record spotless, and I found collection notices nasty as well as unnerving. I wonder how many people similarly __________ decided to pay for unwanted subscriptions rather than tangle with a collection agency.

① incessantly

② immensely

③ hilariously

④ voluntarily

⑤ annoyingly

14 The lack of communication between the governed and government is almost bound to deteriorate the national economy; we may well be able to keep home fires burning, but I __________ we'll get any closer to understanding the economic earthquake and taking proper precautions.

① am sure that

② don't doubt that

③ question whether

④ will ask you if

⑤ wouldn't deny that

12 어구 deliberate 신중한(careful), 고의의(intentional), 계획적인(calculated) | with the exception of ~을 제외하고서 | infancy 유년기, 유아 | first-graders 1학년 학생들 | deprived 궁핍한 | burden 부담을 주다 | primer 입문서 | condescending 겸손한, 생색을 부리는 | assumption 가정 | household 가족 | illuminate 설명하다, 조명하다 | insinuate 넌지시 비추다 | invalidate 무효화시키다(annual)

해설 [순접-인과] has mastered well over 2,000 words, thus

해석 대부분의 아이들이 학교에 들어갈 때 이미 4,000개 또는 그 이상의 단어들을 알고 사용한다. 유년기 때 처음 배우게 되는 몇 개를 제외하고서 어느 누구도 이 단어들을 아이들에게 가르치려는 깊은 노력을 할 필요가 없다. 아이들은 단어들이 즐거움을 주며 유용하다는 것을 알기 때문에 단어들을 자신만의 것으로 만들게 된다. 심지어 가장 언어구사력이 부족한 아이들조차도 2,000개 이상의 어휘들을 잘 알고 있기 때문에 문화적으로 궁핍한 가족들의 아이들이 많은 어휘 입문서 때문에 부담을 갖고 있다는 주장을 무효화시켜 버리게 된다. 이 생색을 부리는 가정은 심지어 가장 가난한 집안에서 일상 생활의 풍요를 무시한다.

13 어구 keep 1. (어떤 상태 · 동작을) 계속하다, 유지하다; (길 따위를) 계속 걷다 2. (사람 · 물건을) …한 상태로 간직하다, 계속 ~하게 하여 두다 3. 간직하다, 간수하다 | spotless 오점이 없는, 깨끗한 | collection notice 모금 통지서 | nasty 불쾌한 | unnerving 무기력하게 하는 | unwanted 불필요한 | subscription 기부, 기증 | tangle with ~와 다투다, 논쟁을 벌이다, 엉키다 | voluntarily 자발적으로 | annoyingly 짜증이 나게 | incessant 끊임없는(uninterrupted, unceasing, ceaseless, constant) | immense 거대한(enormous, vast, huge, tremendous) | hilarious 유쾌한(funny, jolly)

해설 [순접-진술 부연] I found collection notices nasty ~ I wonder

해석 나에게는 나 자신의 신용 기록을 흠이 없게끔 유지하는 것이 중요하다. 그리고 나는 모금 통지서가 맥 빠지게 만드는 것뿐만 아니라 불쾌하기도 하다. 얼마나 많은 사람들이 과연 모금 기관과 논쟁을 벌이는 대신에 자발적으로 불필요한 기금을 지불하겠다고 결심했을지 의심스럽다.

14 어구 the governed 피통치자들 | be bound to R ~하지 않을 수 없다 | deteriorate 악화시키다 | may well ~하는 것은 당연하다 | precaution 경고 | earthquake 지진, (사회적 · 경제적) 변동 cf. volcano 화산

해설 [역접-대조] we may well be able to keep home fires burning, but

해석 피통치자와 정부 사이의 대화의 결핍은 거의 국가경제를 악화하지 않을 수 없다. 우리는 집안의 아궁이에 당연히 불을 집필 수 있지만, 경제의 변동을 이해하고 적절한 경고 조치를 취할 수 있을지에 대하여 나는 의심하고 있다.

Memo

정답 12 ④ 13 ④ 14 ③

15 These sporadic attacks seem to indicate that the enemy is waging a war of __________ rather than attacking us directly.

① fragments
② attrition
③ intensity
④ barbarism
⑤ words

16 To many thoughtful people, the tremendous coverage of sporting events by television station presents a __________. The instrument that has made us a sports-conscious nation is also the instrument that may destroy amateur and professional athletics in this country.

① problem
② enigma
③ handicap
④ paradox
⑤ cul-de-sac

17 The most pressing priorities were clear; arresting the stock market plunge that had sent share prices tumbling more than 30% over the last year, and restraining runaway real estate prices and rental cost in Seoul that threaten to become a political __________ for Roh's government.

① achievement
② nightmare
③ upheaval
④ sanction

18 People returning to Berlin at the end of the war were dismayed to find the once __________ city physically devastated, its inhabitants reduced to abject poverty.

① flourished
② polite
③ conspicuous
④ cosmopolitan

Memo

15 **어구** **sporadic** 때때로 일어나는(intermittent), 산발적인(continual) | **enemy** 적(foe, opponent, antagonist) | **attrition** 마멸, 소모 | **war of attrition** 소모전, 지구전 | **fragment** 파편, 부스러기, 조각

해설 [역접-대조] **rather than attacking us directly**

해석 이 산발적인 공격들을 볼 때, 적은 우리를 직접 공격하기보다 오히려 소모전을 펴고 있는 것 같다.

16 **어구** **tremendous** 거대한(vast, huge, commodious), 매우 큰, 굉장한 | **coverage** (사건 따위의) 보도, 취재 | **enigma** 수수께끼(riddle, puzzle)(의 인물), 불가사의한 일·사건 | **paradox** 역설, 앞뒤가 맞지 않는 일 *cf.* paradoxer 역설가 | **heterodoxy** 이교; 이단 | **orthodoxy** 정설, 정교, 정통파적 관행 | **cul-de-sac** 막다른 골목, 곤경, 곤경, 궁지(-dilemma, quandary, impasse, plight, predicament, stalemate)

해설 [순접-진술 부연] **made us a sports-conscious nation ~ may destroy ~**

해석 매우 사려 깊은 사람들에게는, 텔레비전 방송국들의 스포츠 게임의 엄청난 방영은 역설적인 말을 제시한다. 즉, 우리를 스포츠를 아는 국민으로 만들어 놓은 도구가 또한 이 나라에서 아마추어와 프로 운동선수들을 파괴할 수 있는 도구가 된다.

17 **어구** **pressing** 절박한 | **arrest** 막다, 체포하다 | **plunge** 하락, 돌진, 다이빙 | **tumble** 폭락하다 | **restrain** 억제하다, 제지하다 | **runaway** 마구 뛰어오르는 | **real estate** 부동산 | **cost** 가격, 원가, 비용, 희생, 손실 | **nightmare** 악몽 | **upheaval** 정치적, 사회적, 대변동, 격변 | **sanction** 재가, 인가

해설 [순접-유추] **threaten to become ~** 주변 단어와의 관계를 잘 따져본다.

해석 가장 절박한 선결 사항은 분명하였다. 지난 1년 동안 주가를 30% 이상 떨어뜨린 주식시장의 침체를 막는 것과 노 대통령 정권에 대한 정치적 격변이 되려고 위협하는 서울의 폭등하는 부동산 가격과 임대료를 억제하는 것이다.

18 **어구** **dismayed to find** ~라는 사실을 알고는 경악했다 | **devastated** 황폐화되다 | **physically** 눈에 보이는 형태로서, 물리적으로 | **inhabitants** 주민들 | **reduced to abject poverty** 차마 눈뜨고 볼 수 없는 가난한 지경에 떨어져 있다 | **abject** 비참한 (miserable) *cf.* deject 낙담시키다, eject 방출하다, inject 주입하다 | **once flourished city** 한때 융성했던 도시 | **conspicuous** 눈에 띄는(evident), 특징적인 | **cosmopolitan** 세계를 집으로 삼는, 세계주의의

해설 [순접-유추] **~physically devastated**

해석 전쟁이 끝나고 베를린에 돌아온 사람들은 한때 융성했던 그 도시가 외형적으로도 황폐화되었고 그곳에 살고 있는 주민들도 차마 눈뜨고 볼 수 없는 가난한 지경에 이르게 된 것을 알게 되자 경악했다.

정답 15 ② 16 ④ 17 ③ 18 ①

19 Death penalty has been __________ in many countries because it was thought to be too inhumane.

① done in
② done good
③ done away with
④ done for

20 빈칸 (A), (B), (C), (D)에 들어갈 가장 알맞은 단어들끼리 순서대로 올바르게 배열된 보기를 고르시오.

> ceiling, home, apple, eye, bone, air
>
> (A) She is the __________ of her father's eye.
> (B) Our travel plans are still up in the __________.
> (C) The examination system has long been a ______ of contention in Korea.
> (D) Ranieri returned, saw the mess, and hit the __________.

① eye – air – bone – home
② apple – home – air – eye
③ ceiling – bone – ceiling – air
④ eye – apple – eye – air
⑤ apple – air – bone – ceiling

21 Families living in societies undergoing rapid social change have special problems in that they must __________ traditional life-styles and adopt new ways whose consequences are __________.

① see through – objectionable
② turn to – unlikely
③ strive for – gratifying
④ give up – unknown
⑤ experiment with – remote

19 **어구** **death penalty** 사형 | **inhumane** 비인간적인 | **do in** (사물을) 못 쓰게 만들다, 망가뜨리다 | **do good** 이익이 되다 | **do away with** 폐지하다(abolish) | **do for** ~의 대용이 되다

해설 [순접-인과] because ~ inhumane

해석 사형제도는 너무나 비인간적인 것으로 생각되어지기 때문에 많은 국가에서 폐지되었다.

20 **어구** **apple of one's eye** 사랑스러운 존재 | **up in the air** 아직 해결되지 않은 | **a bone of contention** 불화의 원인 | **hit the ceiling(the roo)** 매우 화나다 | **mess** *n.* 엉망인 상태 *v.* 엉망으로 만들다 *cf.* scruffy 칠칠치 못한, 지저분하게 어질러진

해석 (A) 그녀는 아버지의 사랑스러운 존재이다.
(B) 우리의 여행은 아직도 확정된 게 없다.
(C) 시험제도는 한국에서 오랜 불화의 씨앗이 되어 왔다.
(D) Ranieri는 돌아와서 엉망인 상태를 보고서는 화가 났다.

21 **어구** **undergo** (변화 등을) 겪다, ~을 경험하다(go through, experience) | **adopt** 채택하다, 양자로 삼다 | **see through** ~을 꿰뚫어 보다 | **objectionable** 반대할 만한, 못마땅한 | **turn to** ~에 호소하다 | **strive for** ~을 위하여 힘쓰다(노력하다) | **gratifying** 즐거운, 만족시키는 | **experiment with** ~으로 실험하다(test out, try out)

해설 [순접-열거] ~ traditional life-styles and adopt new ways

해석 빠른 사회적 변화를 겪고 있는 사회에 살고 있는 가족들은 전통적인 생활방식을 포기해 버리고 어떤 결과를 가져올지 모르는 새로운 방식을 채택해야만 하는 특별한 문제들을 안고 있다.

정답 19 ③ 20 ⑤ 21 ④

22 Despite some allowances for occupational mobility, the normal expectation of seventeenth-century English society was that the child's vocation would develop along familial lines; the __________ the career of one's parents was therefore __________.

① disagreement with – forbidden
② divergence from – limited
③ preparation for – difficult
④ reliance on – unanticipated
⑤ assumption of – premature

23 In spite of his efforts to __________ the girl, she remained aloof, and the futility of his efforts made him __________.

① pacify – blissful
② cajole – lugubrious
③ seduce – joyous
④ soothe – wrathful
⑤ exasperate – salubrious

24 The impact of a recently published collection of essays, written during and about the last presidential campaign, is lessened by its timing; it comes too late to affect us with its __________ and too soon for us to read it out of historical __________.

① foresight – anxiety
② research – consistency
③ veracity – respect
④ immediacy – curiosity
⑤ assuredness – skepticism

25 At the church the visitors __________ with the __________ parents of the children drowned in the lake.

① mingled – grieving
② chatted – ensconced
③ spoke – sorrowing
④ lamented – wailing
⑤ commiserated – bereaved

Memo

22 **어구** **allowance** 승인, 참작 I **occupational** 직업의, 직업 때문에 일어나는 I **mobility** 이동, 유동성 I **expectation** 기대, 예상 I **vocation** 직업, 장사(trade, calling) I **divergence** 분기, 이탈(dissimilarity, deviation) I **reliance** 믿음, 신뢰 I **unanticipated** 예상되지 않은, 고려하지 않은 I **premature** 조숙한, 시기상조의(early, overearly) *Ex.* a premature judgment 성급한 판단, a premature baby 조산아

해설 [순접-진술 부연] the child's vocation would develop along familial lines;

해석 직업 변동에 대한 승인이 약간 있음에도 불구하고, 17세기 영국 사회의 일반적인 기대는 자식의 직업이 가계를 그대로 계승하는 것이었다. 그래서 부모의 직업과 다른 직업을 택하는 것은 제한되었다.

23 **어구** **aloof** 냉담한, 무관심한 I **futility** 무용지물, 헛됨 I **pacify** 달래다 I **blissful** 행복한 I **cajole** 감언이설로 속이다 I **lugubrious** 애처로운, 우울한 I **exasperate** 화나게 하다 I **salubrious** 건강에 좋은, 유익한 I **soothe** 달래다, 진정시키다(appease, mollify, lull, placate) I **wrathful** 화나게 하는 I **seduce** 유혹하다 I **joyous** 즐거운

해설 [역접-대조] In spite of his efforts ~ she remained aloof

해석 그가 여자아이를 감언이설로 속이려 했음에도 불구하고 그 여자아이는 무관심해했으며, 그 노력이 헛수고로 돌아가자 그는 우울해졌다.

24 **어구** **lessen** 적게 하다, 줄이다 I **timing** 타이밍, 시간적 조절 I **out of** ~에서 ~으로 I **foresight** *n.* 선견지명(prescience) *cf.* foresighted *a.* 선견지명이 있는(provident); 조심성있는 I **consistency** 일관성, 고수, 농도 I **assuredness** 보증, 확실함, 자신 I **skepticism** 회의(론) I **immediacy** 시사성, 인접성 I **curiosity** 호기심 I **veracity** 진실, 성실(honesty, verity)

해설 [순접-인과] it comes too late to affect

해석 최근의 대통령 선거 유세가 있었을 때, 그 유세에 관하여 쓰여진 최근에 출판된 에세이 집들이 주는 충격은 그 발행 시기가 문제가 되어 줄어든다. 그 책은 너무 늦게 나와도 우리들에게 시사성이 없으며, 시기적으로 너무 일찍 나와도 역사적 호기심을 갖고 읽을 수 없게 한다.

25 **어구** **drowned** 익사한 I **grieve** 비탄에 젖게 하다, 몹시 슬퍼하다, 탄식하다(sigh, lament, mourn, sorrow) I **chat** 잡담하다(babble, cackle) I **ensconce** 안치하다, 숨기다 I **commiserate** 가엾게 여기다, 조의를 표하다 I **bereaved** (가족을) 사별한, 뒤에 남겨진 I **lament** 슬퍼하다(grieve, mourn, condole), 애도하다 I **wail** 울부짖다, 비탄하다(cry, blubber)

해설 [순접-유추] parents of the children drowned in the lake

해석 교회에서 방문객들은 호수 속에 빠져 익사한 자식들의 뒤에 남겨진 부모들을 위로했다.

정답 22 ② 23 ② 24 ④ 25 ⑤

S.C Practice 11

1 In __________ reasoning we begin with evidence – facts, statistics, expert opinion examples – and after studying this evidence, we arrive at a conclusion.
① inductive
② deductive
③ inferential
④ conclusive

2 Our traditional morality has been __________ self-centered, and the conception of sin is due to the unwise focusing of attention upon self.
① protectively
② too
③ stately
④ unduly

3 In a written order, Yeltsin charged his erstwhile buddy with __________ the president and his family and disclosing state secrets.
① buttressing
② consoling
③ slandering
④ alluring
⑤ slacking

4 We came to the conclusion that we really needed to push this thing forward; that is to say, that we couldn't allow either internal concession between state and the Commission or just bureaucratic __________.
① incest
② inebriate
③ propulsion
④ inertia
⑤ frenzy

1 **어구** **reasoning** 추론 | **opinion** *n.* 의견, 견해(view) [파] opinionated *a.* 고집센, 완고한 (stubborn, tenacious, obdure) | **arrive at a conclusion** 결론에 이르다 | **inductive** 귀납적인 | **deductive** 추리의, 연역적인 | **inferential** 추론의 | **conclusive** 결론의

해설 [순접-진술 부연] begin with evidence ~ and we arrive at a conclusion

해석 귀납적인 추론에서 우리는 사실, 통계와 전문가의 의견의 예라는 증거를 가지고서 시작하고 이 증거를 연구한 이후 결론에 이르게 된다.

2 **어구** **self-centered** 자기 중심적인 | **conception** 개념 | **attention** 주의, 주목, 관심(heed) | **self** 자아 | **protectively** 방어적으로 | **stately** 당당한 | **unduly** 과도하게

해설 [순접-인과] unwise focusing of attention upon self

해석 우리의 전통적인 도덕은 지나치게 자아 중심적인 것이고, 죄의 개념은 자아에 대한 어리석은 관심 집중에 기인한다.

3 **어구** **written order** 문서 훈령 | **charge A with B** B라는 이유로 A를 비난하다 | **erstwhile** 이전의 | **buddy** 동료 | **disclose** 공개하다 | **state secrets** 국가 비밀 | **buttress** 지지하다 (prop up) | **console** 위로하다 | **slander** 비방·중상하다(defamation, libel, calumny) | **allure** 유혹하다 | **slack** 완화하다, 게을리 하다

해설 [순접-인과] charged his erstwhile buddy

해석 문서 훈령에서 옐친은 자신의 옛 동료가 대통령과 그의 가족을 중상하고 국가 비밀을 공개했다는 이유로 비난했다.

4 **어구** **come to the conclusion that** ~이라는 결론을 내리다 | **push forward** 눈에 띠게 하다 | **that is (to say)** 다시 말하자면 | **allow** 1. 허락하나, 허가하다(permit) 2. (상관 않고) ~하는 대로 두다 3. 인정하다, 승인하다(admit) | **internal** 내부적인 | **concession** 양보 | **commission** 위원회, 임무 | **bureaucratic** 관료주의의 | **incest** 근친상간 | **inebriate** 고주망태; 술취한; 취하게 하다 | **propulsion** 추진 | **inertia** 관성, 타성, 활발하지 못함 | **frenzy** 격앙, 발광

해설 [순접-진술 부연] ~ needed to push this thing forward; that is to say

해석 우리는 진정으로 일들을 분명히 해야 할 필요가 있다는 결론을 내렸다. 다시 말하자면, 주(州)들과 위원회 사이의 내부적 타협과 정말로 관료주의적인 타성으로 내버려 둘 수가 없다.

정답 1 ①   2 ④   3 ③   4 ④

Memo

5 The assailant approached another woman on Baden Avenue near Maple Avenue, grabbed her shoulders, kissed and _________ her.

① cuddled   ② irrigated
③ elongated   ④ rebutted
⑤ mauled

6 When the colonel learned that headquarters had been unable to send him reinforcements, he _________ the order for the scheduled attack.

① countermanded   ② relinquished
③ rephrased   ④ vitiated

7 Because this liquid is highly _________ , it should be kept in a tightly stoppered bottle.

① voluble   ② volatile
③ voluptuous   ④ expensive
⑤ explosive

8 Her devotion to music _________ his own interest in art he had once loved as a child.

① belied   ② revived
③ defiled   ④ reviled
⑤ exiled

5 **어구** assailant 가해자 | grab 잡다, 빼앗다 | cuddle 귀여워하다, 다정스럽게 ~을 껴안다 (hug, embrace) *cf.* coddle ~을 상냥하게 다루다, 응석받이로 기르다 | irrigate 개간하다 | elongate 길어지게 하다, 연장하다 | rebut 논박하다 | maul 상처를 내다(scratch, beat), 혹평하다

해설 [순접-열거] The assailant grabbed ~, kissed and

해석 가해자는 Maple 가(街) 옆에 있는 Baden 가에서 다른 여성에게 다가가서 그녀의 어깨를 잡아서 키스한 후 그녀에게 상처를 냈다.

6 **어구** headquarters 본부, 사령부 | countermand (명령·주문을) 취소(철회)하다 | rephrase 고쳐(바꾸어) 말하다(paraphrase) | vitiate 손상하다, 해치다, 타락시키다 (injure)

해설 [순접-인과] when ~ headquarters had been unable to send ~.

해석 대령은 본부가 자기에게 증원병을 보낼 수 없음을 알았을 때, 그는 계획된 공격에 대한 명령을 철회했다.

7 **어구** liquid 액체, 유동체 *cf.* gas 기체, solid 고체 | voluble 수다스러운, 유창한 | volatile 휘발성의, 변덕스러운(elastic, airy) | voluptuous 육감적인, 관능적인, 도발적인(sensuous, epicurean, luscious)

해설 [순접-인과] because ~ it should be kept ~

해석 이 액체는 휘발성이 매우 강하기 때문에 단단히 마개를 막은 병에 보관되어야 한다.

8 **어구** devotion 깊은 애정, 충실, 헌신, 전념(fidelity, allegiance) | love (매우) 좋아하다, 애호하다, 즐기다(adore, like) | belie 거짓(살붓) 선하다, 오해시키다(distort) | dofile 더럽히다, 불순하게 하다(contaminate) | exile 추방하다, 귀양보내다, (국외로의) 추방, 망명, 추방된 사람

해설 [순접-유추] ~ in art he had once loved as a child

해석 그녀의 음악에 대한 몰두가 그로 하여금 일찍이 어린아이였을 때 좋아했었던 예술에 대한 그의 흥미를 되살아나게 했다.

정답 5 ⑤ 6 ① 7 ② 8 ②

9 __________ with the waters of the melting snow, the river threatened to overflow their banks.
① Ineffable   ② Chilled
③ Turgid   ④ Filled
⑤ Berserk

10 We never believed that he would resort to __________ in order to achieve his goal; we always regarded him as an honest man.
① charm   ② logic
③ prestidigitation   ④ subterfuge
⑤ necromancy

11 It is from great books that have stood the __________ of time that we shall get, not only the most lasting pleasure, but a standard by which to measure our own thoughts, the thoughts of others, and the excellence of the literature of our day.
① passage   ② elapse
③ trial   ④ length
⑤ test

12 Be sure to __________ that they should never accept any kind of gift from a stranger. And they should never under any circumstances get into a car with a stranger.
① stress   ② disregard
③ discount   ④ ignore
⑤ dismiss

9 **어구** **threaten** 협박하다, (위해 · 위험 등이) ~을 위협하다(menace, intimidate) | **overflow** 범람하다 | **bank** 강둑, 제방; 기슭 *cf.* levee 둑, 제방; 기슭 | **ineffable** 말로 나타낼 수 없는, 이루 말할 수 없는(unutterable, inexpressible) | **turgid** 부은, 부어오른(swollen), 허풍떠는(bombastic, pompous) | **berserk** 광포한, 맹렬한; 난폭한(ferocious, fierce, outrageous)

해설 [순접-유추] ~ overflow their banks

해석 강물은 녹은 눈의 물로 불어나서, 강둑은 강물로 범람할 위험이 있었다.

10 **어구** **resort to** 호소하다, 의지하다(turn to, appeal to) | **achieve** 1. (일 · 목적을) 이루다, 달성하다, 성취하다 2. (공적을) 세우다; (승리 · 명성을) 획득하다(gain) | **charm** 매력(fascination), 마력(spell) | **prestidigitation** 요술(sleight of hand) | **subterfuge** 속임수, 핑계(trick, shift, pretext) | **necromancy** 마법, 마술

해설 [순접-유추] ~ an honest man

해석 우리는 그가 그의 목표를 달성하기 위하여 속임수에 호소하리라고 결코 믿은 적이 없다. 우리는 늘 그를 정직한 사람으로 간주했다.

11 **어구** **stand** 견디다 | **lasting** 영속적인 | **excellence** 탁월함 | **passage** 통행, 경과, 추이 | **elapse** (시간의) 경과 | **trial** 공판, 시련 | **length** 길이, 거리

해설 [순접-유추] to measure ~ the excellence of the literature of our day

해석 오랜 세월의 검증을 견디어 낸 위대한 책들을 통해서 우리가 가장 지속적인 즐거움을 얻게 될 뿐만 아니라, 우리는 자신의 생각과 다른 이들의 생각과 우리 시대 문학의 탁월함을 판단하는 기준도 얻게 된다.

12 **어구** **be sure to R** ~하는 것을 명심하다 | **under any circumstance** 어떠한 상황에서도 | **get into** ~에 타다 | **stress** 강조하다, 압박하다 | **disregard** 무시하다(ignore) | **dismiss** 해고하다, 해산시키다

해설 [순접-열거] And they should never ~ get into a car

해석 그들이 낯선 이로부터 결코 어떠한 선물도 받아서는 안 된다는 점을 강조해라. 그리고 그들은 낯선 사람과 함께 어떤 경우에도 차에 같이 타서는 안 된다.

정답 9 ③ 10 ④ 11 ⑤ 12 ①

13 There are men who cannot be friends except when they are under an illusion that their friends are perfect, and when the illusion passes __________.

① they become closer friends

② there is an end of their friendship

③ there is a closer tie

④ they demanded more illusions

⑤ they are no longer perfect

14 The good future or calamity that befalls someone else has meaning for us only if we can think of ourselves in his opinion. We experience another's joys and sorrows by imagining that the good or bad event has happened __________.

① to others more fortunate

② to ourselves

③ many times before

④ all of a sudden

⑤ in our daydream

15 The experimenters set down as a basis for their study several principles which they considered so well established as to be no longer __________.

① conclusive   ② controversial

③ corroborated   ④ absolute

⑤ essential

13 **어구** **be under an illusion** 환상에 있다 | **pass** (기간·때가) 경과하다 | **close** 친밀한 | **tie** 인연, 속박, 끈 | **no longer** 더 이상 ~하지 않다

해설 [순접-유추] when the illusion passes

해석 자신의 친구들이 완벽하다는 환상에 있을 때를 제외하고서는 친구가 될 수 없는 사람들이 있으며, 그 환상이 사라졌을 때 우정이 사라지게 되는 사람들이 있다.

14 **어구** **calamity** 재난, 참사 | **befall** (~의 신상에) 일어나다 | **joy** 기쁨 | **sorrow** 슬픔, 비애 (sadness), 비통(woe), 비탄(grief) | **all of a sudden** 갑자기

해설 [순접-진술 부연] The good future or calamity that befalls someone else has meaning for us

해석 우리가 누군가의 견해 안에서 우리 자신을 생각할 수 있는 경우에만 다른 사람들에게 닥치는 행운이나 재난이 우리들에게 의미를 갖게 된다. 좋거나 나쁜 사건이 우리들에게 발생했다는 것을 상상함으로써 다른 이의 즐거움과 슬픔을 우리는 경험하게 된다.

15 **어구** **experiment** 실험자 | **set down as** (~로) 보다, 간주하다 | **established** 확실한, 확립된, 확증된, 설립된 | **conclusive** 결정적인, 확실한(definitive) | **controversial** 논쟁의, 논의의 여지가 있는 | **corroborated** 확증된, 확인된 | **absolute** 절대의, 확실한, 순수한

해설 [역접-비교] several principles ~ so well established

해석 실험자들은 자신들이 더 이상 논쟁의 여지가 없을 만큼 충분히 확증된 것으로 여겼던 몇몇 원칙들을 그들의 학문을 위한 기초로 간주했다(삼았다).

정답 13 ② 14 ② 15 ②

16 The Constitution of the United States took pains to __________ the rights of inventors by providing in Article I, Section 8 that Congress shall have the power "To promote the Progress of Science and useful Arts, by securing for limited Times to Authors and Inventors the exclusive Right to their respective Writings and Discoveries."

① keep
② exclude
③ promote
④ protect

17 While many poets are famous in their lifetimes but are quickly forgotten once they are dead, there are a few who were unknown while alive but achieved fame __________.

① immortally
② inevitably
③ memorably
④ posthumously

18 Now that I realize the extent of your __________, I feel that it will be impossible for me to trust you implicitly in the future.

① chicanery
② lapse
③ ingenuousness
④ inconsistency
⑤ inclemency

19 Fire fighters have to be ready to __________ fires at all hours.

① put off
② keep out
③ put out
④ keep on
⑤ put up with

16 **어구** take pains to R ~하기 위해 수고하다, 노력하다 | **provide** [법률] (~을) 조건으로 하다 | **exclusive Right** 독점권 | **respective** 각각의 | **exclude** 배척하다, 무시하다 | **promote** 증진하다, 승진하다 | **protect** 보호하다, 막다

해설 [순접-인과] by providing ~

해석 "일정 기간 동안 저작자와 발명가에게 저작물이나 발명품에 대한 독점권을 보장함으로써, 과학과 응용 학문의 발전을 증진시킬 수 있는" 권력을 의회가 소유할 수 있다고 하는 1조 8항의 규정에 의해, 미국 헌법은 발명가들의 권리 보호에 노력하였다.

17 **어구** famous 유명한 저명한(celebrated) | **unknown** 알려지지 않은(anonymous, unidentified) | **posthumously** 사후에 | **immortally** 영원히 | **inevitably** 필연적으로 (unavoidably)

해설 [역접-대조] While many poets are famous in their lifetimes ~.

해석 많은 시인들이 생전에 유명해졌다가 죽은 후엔 금새 잊혀지는 것과 달리, 생전에는 알려지지 않았다가 죽고 난 후에 영예를 누리는 시인들도 많다

18 **어구** implicitly 무조건으로(absolutely), 맹목적으로, 잠재적으로(potentially) | **chicanery** 은밀한 부정거래, 속임수 | **lapse** (시간의) 경과, 흐름, (기억의) 착오, 실책(error, blunder) | **inclemency** 험악함, 냉혹함, 무자비함(harshness, severity)

해설 [순접-인과] it will be impossible for me to trust you~

해석 이제 나는 당신의 속임수의 정도를 알기 때문에 앞으로는 당신을 전적으로 신뢰하는 것은 불가능할 것이라고 생각한다.

19 **어구** fire fighter 소방관 | **at all hours** 언제든지 | **put off** 연기하다, 미루다 | **keep out** 못 들어 오게 하다 | **put out** (불을) 끄다, 내쫓다 | **keep on** 계속 ~하다 | **put up with** ~을 견디다

해설 [순접-유추] Fire fighters

해석 소방수들은 화재를 진압하기 위해서 언제든지 준비하고 있어야 한다.

정답 16 ④ 17 ④ 18 ① 19 ③

20 가장 알맞은 단어들끼리 순서대로 올바르게 배열된 보기를 고르시오.

> hour, run, hit, shop, see, ice, hay
>
> (1) Whenever we meet up with Clive and Sue they always end up talking ____.
> (2) You've _____ the nail on the head there.
> (3) Can you _____ to it that the fax goes this afternoon?
> (4) I've been on the _____ all day and I'm exhausted.
> (5) His excuses cut no _____ with me.

① shop – hit – see – run – ice

② hay – hit – run – shop – ice

③ shop – seen – hit – run – hay

④ ice – seen – hit – hay – hour

⑤ ice – hit – see – ice – hour

21 The tendency to seek one's own advantage, which is a biological necessity for the ________ of the individual, has been _______ by human rationality and modern technology.

① struggle – weakened

② happiness – eliminated

③ survival – augmented

④ self-respect – disregarded

22 Borrowing a copyright book from a library amounts to a form of theft _______ by entrenched custom: the copyright owner's property, the book, is used repeatedly without _______ for such use.

① engendered – application

② anticipated – acknowledgement

③ provoked – adjustment

④ sanctioned – compensation

⑤ perpetrated – permission

Memo

20 **어구** **talk shop** 일 얘기만 하다 | **hit the nail on the head** 정곡을 찌르다, 적절한 행동을 하다 | **see (to it) that** 꼭 ~하도록 하다 | **on the run** 바쁘게, 서둘러서 | **cut no ice** 효과가 없다

해석 (1) 우리가 Clive와 Sue를 만날 때마다 언제나 그들은 자신들 일 얘기로 매듭을 짓는다.
(2) 당신은 저기서 정곡을 찔렀다.
(3) 오후에 팩스를 꼭 보낼 수 있겠습니까?
(4) 하루 종일 바빴기 때문에 너무 지쳤다.
(5) 그의 사죄는 나에게 아무런 효과도 없다.

21 **어구** **rationality** 합리성 | **modern** 1. 현대의, 현금(現今)의(contemporary) 2. 현대식의, 최신(식)의 | **struggle** 노력·분투하다 | **weaken** 약화시키다(enfeeble, incapacitate, devitalize, enervate) | **eliminate** 제거·말살하다 | **augment** 증가하다 | **self-respect** 자존심, 자중 | **disregard** 무시하다

해설 [순접–유추] ~ seek one's own advantage ~ by human rationality

해석 개인의 생존을 위해서 생물학적으로 필요한 자신만의 장점을 추구하는 경향이 인간의 합리주의와 현대 기술에 의해서 증가되어졌다.

22 **어구** **copyright** 판권으로 보호를 받는 | **amount to** ~이나 마찬가지이다, (총액이) ~에 달하다 | **theft** 절도 | **entrenched** 확립·정착된, (참호로) 에워싸진 | **engender** 야기하다, ~을 발생시키다 | **application** 적용, 신청, 근면 | **anticipate** 예상하다 | **acknowledgement** 인정, 고백 | **provoke** 유발하다, 화나게 하다, (감정 등을) 불러 일으키다 | **sanction** 인가하다, 재가하다, 시인하다 | **compensation** 배상, 보수 | **perpetrate** (나쁜 짓을) 범하다 (commit) | **permission** 허가, 인가

해설 도서관에서 책을 대출하는 행위는 도둑질이 아닌데 일종의 도둑질(amounts to a form of theft)이라고 하고 있으므로 그 도둑질을 도둑질이 아닌 것으로 조건짓는 단어가 필요하다. 두 번째 빈칸에는 남의 재산을 이용할 때 당연히 있어야 하는 대가와 관련된 단어가 와야 한다.

해석 판권으로 보호가 되는 책을 도서관에서 빌리는 것은 확립된 관습에 의해 허가된 절도의 한 형태나 마찬가지이다. 저작권 소유자의 재산인 책은 그와 같은 이용(도서관 대출)의 경우에 보상을 받지도 못한 채 반복적으로 사용된다.

정답 20 ① 21 ③ 22 ④

23 Though the concert had been enjoyable, it was only ________ and the three encores seemed ________.
① extensive – curtailed
② protracted – gratuitous
③ contracted – lengthy
④ sublime – fortuitous
⑤ inaudible – superfluous

24 Despite some bad news, Horwitz' stature was not ________ and his fans and critics in Tokyo were unanimous in expressing their ________ his unique talent.
① distilled – kinship with
② embellished – ignorance of
③ criticized – disdain for
④ convincing – concern for
⑤ diminished – appreciation of

25 An occasional ________ remark spoiled the ________ that made the paper memorable.
① trite – cliche
② colloquial – verisimilitude
③ jocund – gaiety
④ urbane – sophistication
⑤ hackneyed – originality

23 어구 encore 앙코르 | curtailed 생략된 | protracted (시간이) 연장된 | gratuitous 불필요한, 정당성이 없는, 무료의 | contracted 수축된, 인색한, 계약한 | lengthy 장황한, 긴 | sublime 장엄한 | fortuitous 우연의, 뜻밖의 | inaudible 들리지 않는 | superfluous 불필요한, 여분의

해설 [역접-양보] Though ~ enjoyable

해석 그 공연이 즐거웠지만, 시간이 연장됐으며, 세 개의 앙코르곡은 불필요한 것으로 보였다.

24 어구 stature 고매함, 키, 신장 | be unanimous in ~ing 만장일치로 ~을 하다 | unique 유별난(bizarre), 독특한(peculiar) | talent 재능 | distill 증류하다 | kinship 유사함, 친족(관계) | embellish 아름답게 하다, 윤색하다 | disdain 경멸; 경멸하다 | convincing 설득력 있는 | diminish 줄이다(dwindle, decrease, lessen)

해설 [역접-대조] Despite some bad news

해석 몇 가지 나쁜 소식에도 불구하고 Horwitz의 고매함은 줄어들지 않았으며, 도쿄에 있는 그의 팬들과 비평가들은 그의 독특한 재능에 대해 만장일치로 감상을 표출했다.

25 어구 occasional *a.* 이따금씩의, 임시의 *cf.* occasionally *ad.* 이따금, 가끔, 임시로 | spoil *v.* 망치다, (아이를) 버릇없이 키우다 *cf.* spoiled *a.* 못 쓰게 된, 망쳐진, 상한, 손상된 (injured) | a paper 논문 | memorable 기억할 만한, 잊기 어려운 | trite 진부한, 판에 박힌, 상투적인(stale, commonplace, hackneyed, stereotyped) *cf.* platitude 진부함 | cliche 상투적인 문구 | colloquial 일상 회화의, 구어체의 | verisimilitude 정말 같은 이야기, 있을 법한 일 | jocund 즐거운, 명랑한 | gaiety 유쾌함 | urbane 세련된, 점잖은, 도회풍의 | sophistication 궤변, 억지이론, 세련 | hackneyed 진부한, 낡아빠진 | originality 독창성

해설 [순접-유추] spoiled ~ that made the paper memorable

해석 이따금씩 진부한 서평으로 인해 논문을 기억나게끔 만들어주었던 독창성을 망쳐놓았다.

정답 23 ② 24 ⑤ 25 ⑤

1 Given the national government's _________ response to the threats against Baker, it seemed oblivious to his death.
① greedy ② gratifying
③ perfunctory ④ pathetic
⑤ sinister

2 Growing up where I did, I understood and admired physical _________, and there was an abundance of muscle here.
① inanition ② monopoly
③ forerunner ④ atrocity
⑤ prowess

3 The child's earliest words deal with concrete objects and actions, and it is much later that he is able to grapple with _________.
① maxims ② decisions
③ opponents ④ abstractions

4 A : The academy is extremely proud of its wealth. It blows its horn all the time.
B : I know. It is really _________.
① greedy ② modest
③ vain ④ independent
⑤ exasperated

1 **어구** **given** ~을 고려해 보건데(seeing, considering) | **oblivious** 안중에 없는, 염두에 두지 않는, 망각한 | **greedy** 탐욕스러운 | **gratifying** 만족을 시키는 | **perfunctory** 형식적인, 마지못한(superficial, cursory) | **pathetic** 구슬픈 | **sinister** 불길한

해설 [순접-인과] seemed oblivious

해석 Baker에게 가해진 위협에 대한 국가 정부의 형식적인 반응을 고려해 보건데, 정부는 그의 죽음은 안중에 없는 것 같다.

2 **어구** **an abundance of** 많은 | **muscle** 근육 | **inanition** 공허, 텅 빔(emptiness) | **monopoly** 독점 | **forerunner** 선구자, 선인(pioneer, herald, vanguard, pathfinder) | **atrocity** 흉악, 잔인 | **prowess** 용맹, 뛰어난 솜씨

해설 [순접-열거] and ~ an abundance of muscle

해석 일을 했었던 곳에서 성장한 나는 육체적 용맹을 깨닫고 찬미해서 근육이 많아지게 되었다.

3 **어구** **deal with** ~을 다루다, 대우하다, 대하다 | **concrete** 구체적인 | **grapple with** 이해하다, 붙잡다 | **maxim** 격언, 금언(aphorism) | **opponent** 적, 상대 | **abstraction** 추상적 개념

해설 [순접-열거] deal with concrete objects and actions, and

해석 아동이 가장 초기에 구사하는 어휘들은 구체적인 사물이나 행동들을 다루며, 추상적인 개념들을 파악할 수 있는 것은 훨씬 이후의 일이다.

4 **어구** **academy** 학술원, 예술원, 학원 | **extremely** 극단적으로 | **It blows its horn.** 자화자찬이다. | **greedy** 탐욕스러운(voracious) | **modest** 겸손한, 정숙한, 알맞은 | **vain** 허영심이 강한, 헛되 *cf.* in vain 헛되이 | **exasperated** 악화된

해설 [순접-유추] ~ is extremely proud of its wealth

해석 A : 그 학원은 지나치게 자신의 부에 대해 거만해. 언제나 자화자찬이야.
B : 알아. 정말 허영심이 강하지.

정답 **1** ③ **2** ⑤ **3** ④ **4** ③

5 The first and most urgent task of our schools is to provide a(n) _______ citizenry so that self-government might work.
① impeccable　　　　② incompetent
③ enlightened　　　　④ peace-loving

6 In his usual _______ manner, he had insured himself, against this type of loss.
① indifferent　　　　② pensive
③ caustic　　　　　④ providential
⑤ circumspect

7 He was able to mislead the gullible with his _________ arguments.
① specious　　　　② incontrovertible
③ eleemosynary　　　④ contentious

8 He should be dismissed for his _________ remarks about his immediate superiors.
① impeccable　　② scurrilous　　③ critical
④ laudatory　　　⑤ belligerent

9 After three years in Paris, he was filled with _________ and longed for the familiar scenes of New York city.
① ennui　　　② chagrin　　　③ nostalgia
④ lethargy　　⑤ anxiety

Memo

5 **어구** urgent 긴급한, 졸라대는 | citizenry 시민 | self-government 자치 | work (계획 등이) 잘 되어가다, (약 등이) 듣다 | impeccable 결함이 없는, 완벽한 | incompetent 무능한 | enlightened 계몽된 | peace-loving 평화를 사랑하는

해설 [순접-목적] so that self-government might work

해석 우리 학교의 우선적이고도 가장 긴급한 임무는 자치가 잘 될 수 있게 하기 위해 계몽된 시민을 양성하는 것이다.

6 **어구** insure against ~으로부터 지키다, 안전하게 하다 | indifferent 무관심한, 중요치 않는 *Ex.* She is indifferent to politics. 그녀는 정치에 대해 무관심하다. | pensive 생각에 잠긴 (contemplative, meditative) | caustic 통렬한, 비꼬는(sarcastic, biting, mordant) | providential 섭리의, 행운의(lucky, fortunate) | circumspect 신중한, 용의주도한 (cautious, careful)

해설 [순접-인과] he had insured himself

해석 평소의 용의주도한 태도로 그는 이러한 종류의 손실을 입지 않도록 자신을 보호했다

7 **어구** gullible 속기 쉬운, 호인인 | argument 논의, 주장 | specious 허울 좋은, 그럴 듯한 (false) | incontrovertible 논쟁의 여지가 없는, 틀림없는 | eleemosynary (은혜를) 베푸는, 자선의, 적선 받는 | contentious 다투기 좋아하는, 논쟁적인

해설 [순접-인과] able to mislead the gullible

해석 그는 자신의 그럴 듯한 주장들을 가지고 속기 쉬운 사람을 현혹시킬 수 있다.

8 **어구** be dismissed the service 면직당하다 | immediate superior 직속 상관 | impeccable 죄를 범하는 일이 없는, 결함 없는 | scurrilous 상스러운, 무례한 | laudatory 찬미하는 | belligerent 호전적인, 교전 중의(combative)

해설 [순접-인과] He should be dismissed~

해석 그는 직속 상사들에게는 상스러운 발언을 했기 때문에 해고되어야만 한다.

9 **어구** long for 동경하다 | ennui 권태, 지루함(tedium) | chagrin 분함, 유감 | nostalgia 향수, 회향병(homesickness) | lethargy 혼수(상태), 기면, 무기력

해설 [순접-열거] longed for the familiar scenes of New York city

해석 파리에서 3년을 보낸 후, 그는 향수에 젖어서 뉴욕시의 낯익은 장면들을 동경했다.

정답 5 ③ 6 ⑤ 7 ① 8 ② 8 ③

10 He had one of the attributes of a good spy, being __________ at conspiracy.

① adept
② immune
③ intellectual
④ awkward
⑤ apprehensive

11 An ancient religion taught that man should observe the good in the world without ignoring the evil. In other words, look for the good, but remember that __________.

① evil is also there
② all is good
③ all is evil
④ it does not exist
⑤ nothing is evil

12 The theories and the practitioner cannot be entirely separated; after all, every theory refers to the __________ world and every practitioner bases his activity on an intellectual conception of the task.

① mental
② unseen
③ practical
④ academic
⑤ sophisticated

13 In the same manner that one can distinguish an artisan who carries operations into effect and a scientist who has conceived those operations, so can one distinguish between the singer in musical extravaganza and the __________.

① composer
② dancers
③ stagehands
④ audience

Memo

10 어구 attributes 속성 | adept 능숙한 | immune 면역의, 면제한(exempt) | awkward 서투른 | apprehensive 염려하는, 이해가 빠른

해설 ·[순접-부연] the attributes of a good spy,

해석 그는 음모에 능란함으로써 유능한 첩보원의 속성 중 하나를 지녔다.

11 어구 ancient 고대의(antique) | religion *n.* 종교, 신앙(생활) [파] religious *a.* 종교적인; 신앙심 깊은, 경건한 | observe *v.* 준수하다, 관찰하다 *cf.* observance *n.* 준수, observation *n.* 관찰, observatory *n.* 관측소 | ignore 무시하다(neglect, belittle) | in other words 즉, 다시 말하자면(namely)

해설 [순접-진술 부연] man should observe the good in the world without ignoring the evil

해석 고대 종교가 가르치기를, 사람은 악을 무시하지 않고서 세상의 선을 준수해야 한다고 했다. 즉 다시 말하자면, 선을 찾아라! 그러나 악도 거기에 있다는 것을 기억해라!

12 어구 entirely 전적으로 | separate 분리하다 | after all 1. 결국, 마침내(at last, in the long run, in the end) 2. ~에도 불구하고(for all, notwithstanding, despite, with all) | refer to ~을 언급하다, ~과 관계가 있다 | base A on B A의 근거를 B에 두다 | conception 개념, 고안, 임신, 태아 | unseen (눈에) 보이지 않는 | academic 학구적인, 학원의 | sophisticated 복잡한, 정교한, 순진하지 않은

해설 [순접-유추] every practitioner bases his activity on an intellectual conception

해석 이론과 기업가는 전적으로 분리될 수 없다. 결국 모든 이론은 실제적인 세상과 관련이 있는 것이며, 모든 기업가는 자신의 핵위에 대한 근거를 그 일의 지적인 개념에 두는 것이다.

13 어구 artisan 기계공, 직공 | carry (bring) A into effect A를 시행하다 | conceive 착상·고안하다, 임신하다 | extravaganza 광상곡, 광시 | composer 작곡가, 조정자 *cf.* conductor 안내자, 지도자, 관리자, 지휘자 | stagehand 무대담당

해설 [순접-비교] In the same manner

해석 작업을 시행하는 기능공과 그러한 작업을 착상해내는 과학자를 구별하는 동일한 방법에서, 우리는 음악적 회가(戲歌)곡에서의 가수와 그 작곡가를 구별해낼 수 있다.

정답 10 ① 11 ① 12 ③ 13 ①

14 Increased leisure and the lack of outlet for violent instincts in modern life _________ an aimless type of violence among teenagers which aroused emotional sympathy among intellectuals. Violence and brutality had been the forbidden fruit of a humanitarian society.

① got around   ② made for

③ cut down on   ④ fell short of

⑤ stood in the way of

15 The Channel Islands are a group of small islands off the coast of France. They have belonged to Great Britain for many years, although they are independent in many ways. Many quaint customs of hundreds of years ago still _________ the islets.

① persist on   ② insist on

③ invade   ④ survive

16 All genuine propositions, as for instance natural laws, are objective and are _________ with respect to the manner of representation and not dependent in any way upon convention.

① calculable   ② externalized

③ empirical   ④ arbitrary

⑤ invariant

17 As soon as the man had descended from the tank, anxious onlookers pulled him to safety, and the waters of anonymity closed around him once more. Some people said he was called Wang Weilin, was 19 years old and a student; others said not even that much could be _________.

① confirmed   ② denied

③ verified   ④ identified

⑤ looked for

14 **어구** outlet for ~의 배출구 | violent 폭력적인 | instinct 본능 | aimless 맹목적인 | violence 폭력 | arouse (감정을) 자극하다, 일으키다, 깨우다 *cf.* arouser 격려자, 도발자, 자극 주는 사람 | sympathy 동정심, 공감대 | intellectual 지식인; 지적인 | brutality 야만성 | forbidden 금단의, 금지된 | humanitarian 인본주의의 | get round 널리 퍼지다 | make for ~에 이바지하다 | fall short of 부족해지다 | stand in the way of ~을 방해하다

해설 [순접-진술 부연] Violence and brutality had been the forbidden fruit

해석 여가가 증가되고 현대 생활의 폭력적인 본능에 대한 표출의 부족으로 지식인들 사이에 감정적인 공감대를 자극했던 십대 사이의 맹목적인 유형의 폭력을 초래하게 되었다. 폭력과 야만성은 인본주의 사회의 금단의 열매가 되었다.

15 **어구** belong to ~에 속하다(pertain to) | off the coast 해안에서 떨어져 | quaint 기묘한, 이상한(incongruous, strange) | islet 아주 작은 섬 | persist 고집하다, 존속하다(continue), 살아남다 | invade 침략하다, 침입하다 | survive ~로부터 살아남다, ~보다 오래 살다

해설 [순접-유추] they are independent in many ways

해석 채널 열도는 프랑스의 해안 쪽에 떨어져 위치한 작은 섬들이다. 이 섬들은 오랫동안 그레이트 브리튼의 영토였지만 여러 면에서 독립적이다. 이 섬에서는 수 백년 전의 기묘한 풍습들이 지금도 성행하고 있다.

16 **어구** objective *a.* 객관적인 *n.* 목표, 목적 *cf.* object *v.* 반대하다[to]; *n.* 객체, 물체 | genuine 진짜의, 성실한 | proposition 문제, 명제 | with respect to ~에 관하여 | calculable 계산할 수 있는 | externalized 구체화된 | empirical 경험의, 경험적인 | arbitrary 임의의, 멋대로의(capricious, erratic) | invariant 불변의, 일정한 *cf.* invariable 불변의

해설 [순접-열거] ~ objective and

해석 예를 든다면, 자연법칙과 같은 모든 참 명제들은 객관적이고, 설명하는 방법에 관하여 항구 불변하고, 결코 어떠한 인습적 방법에도 의존하지 않는다.

17 **어구** descend from ~에서 내려오다 | the waters of anonymity 익명의 바다, 모르는 사람들의 사회 | confirm 확증하다, 확인하다 | deny 부인하다(negate, repudiate) | verify 실증하다, 증명하다 | identify [사람을 목적어로] ~의 신분을 확인하다

해설 [역접-대조] Some people said ~. ~ ; others said

해석 그 남자가 탱크에서 내려오자마자 걱정하는 구경꾼들은 그를 안전한 곳으로 데려 갔고, 다시 한번 익명의 바다는 그를 둘러쌌다. 일부 사람들은 그의 이름을 왕 웨이린이고 나이는 19세이며 학생이라고 말했다. 그의 사람들은 그렇게 많은 것이 확인될 수 조차 없다고 말했다.

정답 14 ② 15 ① 16 ⑤ 17 ①

18 A lot of people are never satisfied with anything anybody does for them. They complain endlessly and then do not understand when they find themselves branded as __________ and left all alone when they finally really need help.

① malcontents
② discontents
③ incontinent
④ hypocrites

19 She must have been __________ her mind when she signed the contract. She can't live on this poor pay.

① beside
② over
③ into
④ out of
⑤ beyond

20 가장 알맞은 단어들끼리 순서대로 올바르게 배열된 보기를 고르시오.

iron, killing, throw, scratch, rub, jam, do

(1) They decided to dismantle the machine and start again from __________.
(2) She tends to __________ people up the wrong way.
(3) Hit the __________ while it is hot.
(4) Jim found himself in a __________ by not paying the bank loan.
(5) She made a __________ on the stock market.

① scratch – do – jam – scratch – killing
② jam – rub – iron – killing – scratch
③ iron – rub – scratch – jam – throw
④ scratch – rub – iron – jam – killing
⑤ iron – do – scratch – jam – killing

18 **어구** complain 불평하다, 호소하다 | **brand** 낙인찍다 | **alone** *ad.* 단지(only) | **malcontent** 불평가, 반항자(in order to show disapproval) | **discontent** 불평, 불만(a feeling of being unhappy and not satisfied with the situation), 불평분자 | **incontinent** 자제할 수 없는, 음란한 | **hypocrite** 위선자

해설 [순접-인과] They complain endlessly and then

해석 다른 사람들이 베푸는 것에 결코 만족하지 않는 사람들이 많다. 이런 사람들은 끊임없이 불평하고 불평불만 분자라는 낙인이 찍혀 정작 남의 도움을 필요로 할 때 완전히 혼자 남게 되는 것을 이해하지 못한다.

19 **어구** live on ~에 의존해 살다 | **poor pay** 박봉 | **beside oneself** (격분, 흥분하여) 제 정신이 아닌, 미친, 이성을 잃고 | **out of one's mind** 정신이 나가서, ~에 취해서

해설 [순접-진술 부연] She can't live on this poor pay

해석 그녀가 그 계약에 서명했을 때, 그녀는 제 정신이 아니었음에 틀림 없다. 이러한 박봉에 의존해 살 수는 없다.

20 **어구** from scratch 처음부터 | **rub ~ the wrong way** ~를 화나게 하다 | **Hit the iron while it is hot.** 기회를 놓치지 마라. | **in a jam** 곤경에 빠진 | **make a killing** 큰돈을 벌다

해석 (1) 그들은 그 기계를 부수고 다시 처음부터 시작하기로 결심했다.
(2) 그녀는 사람들을 화나게 하는 경향이 있다.
(3) 기회를 놓치지 말아라.
(4) 그녀는 은행 융자를 지불하지 않아서 곤경에 빠졌음을 알았다.
(5) 그녀는 주식에서 큰돈을 벌었다.

정답 18 ② 19 ④ 20 ④

21 It is puzzling to observe that Jones's novel has recently been criticized for its __________ structure, since commentators have traditionally argued that its most obvious __________ is its relentlessly rigid, indeed schematic, framework.

① attention to – preoccupation

② speculation about – characteristic

③ parody of – disparity

④ violation of – contradiction

⑤ lack of – flaw

22 The following remarks are __________ , which is designed to frankly suggest new lines of research rather than to treat the subject in __________ fashion.

① forthright – a useful

② desultory – a precipitate

③ erroneous – a cavalier

④ fragmentary – an exhaustive

⑤ retaliatory – an indulgent

23 The turning over of prayer and meditation to an elite group __________ a society in which some people must work while others may think, not a very __________ form of spiritual organization.

① constructs – provocative

② presupposes – democratic

③ supports – conductive

④ prevents – selective

⑤ overthrows – orderly

21 **어구** **puzzling** 당혹케 하는 | **commentator** 주석가, 해설가 | **relentlessly** 혹독하게, 냉혹하게 | **rigid** 굳은, 완고한 | **indeed** 실로, 과연 | **schematic** 개요의, 도식의 | **framework** | **preoccupation** 선취, 몰두, 선입견 | **parody** 서투른 모방 | **disparity** 불일치, 불균형 | **contradiction** 부인, 모순 | **flaw** 흠

해설 [순접-인과] since~

해석 Jones의 소설이 최근에 그것의 구조적인 결핍 때문에 비난받았다고 말하는 것은 당혹케 하는 일이다. 왜냐하면, 비평가들은 전통적으로 그것의 가장 명백한 결점은 냉혹하게 경직되고, 참으로 도식적인 뼈대라고 주장했기 때문이다.

22 **어구** **forthright** 똑바른, 솔직한 | **desultory** 산만한, 체계 없는 | **precipitate** 조급히 구는, 덤비는 | **erroneous** 잘못된, 틀린 | **cavalier** 대범한, 거만한 | **fragmentary** 단편적인, 미완성의(incomplete) | **exhaustive** 남김 없는, 철저한 | **retaliatory** *a.* 보복적인(vindictive, revengeful, retributive) *cf.* retaliate *v.* 보복하다, 앙갚음하다[on, for] | **indulgent** 너그럽게 봐주는, 관대한

해설 [역접-비교] to suggest new lines of research rather than to~.

해석 다음의 비평들은 철저한 방법으로 주제를 다루기보다는 오히려 새로운 연구 방침을 숨김 없이 제시해주는 단편적인 구상이다.

23 **어구** **turn over ~ to** ~에게 ~을 넘겨주다, 인계하다 | **provocative** 성나게 하는, 자극적인 | **presuppose** 미리 가정하다, 함축하다 | **conductive** 도움이 되는, 이바지하는(select, discriminating) | **overthrow** 뒤집어엎다, 타도하다

해설 [역접-대조] ~ , not

해석 엘리트 집단에게 기도와 명상을 하게 하는 것은 단지 정신 구조의 민주적 혁태가 아니라, 어떤 사람은 생각할 수 있는 동안에 어떤 사람들은 일을 해야만 하는 사회를 예상한다.

정답 21 ⑤ 22 ④ 23 ②

24 Whereas the use of French indirectly cause the loss of inflections and consequent _________ of English grammar, its influence on English vocabulary was much more direct and _________.

① simplification – observable

② reduction – minimal

③ manipulation – special

④ blending – resurgent

⑤ fragmenting – implicit

25 A third revolution was the tremendous growth in industrial chemistry, and in our ability to make chemical in _________ quantities, very cheaply, for all kinds of purposes. But these have upset the little-understood _________ balance, and polluted and poisoned our waters.

① adequate – metaphysical

② vast – ecological

③ lucrative – environmental

④ substantial – biological

⑤ excessive – economic

24 **어구** **inflection** 어미 변화, 변화형, 굴절형 | **consequent** 결과로서 일어나는, 당연한 | **influence on** ~에 대한 영향 | **observable** 관찰할 수 있는, 주목할 만한 | **minimal** 최소의, 최소 한도의 | **manipulation** 교묘히 다루기, 조작하기 | **blending** 혼합물, 혼성어 | **resurgent** 소생하는 | **fragment** 부서지다, 조각나다 | **implicit** 함축적인, 은연중의, 무조건의

해설 [역접-대조] Whereas~ indirectly / much more direct and ~

해석 불어의 사용은 간접적으로 어형 변화의 상실과 영문법의 결과적인 단순화의 원인이 되었던 것에 반하여, 영어 어휘에 대한 그것의 영향은 더욱 직접적이고 주목할 만했다.

25 **어구** **tremendous** 무서운, 엄청난 | **upset** 뒤집어엎다, 당황케 하다 | **little-understood** 알지 못하는 | **adequate** 적절한, 충분한(sufficient, suitable) | **metaphysical** 형이상학의 | **vast** 거대한 | **ecological** 생태학의 | **lucrative** 이익이 되는(gainful, profitable) | **environmental** 환경의 | **substantial** 실제적인, 상당한 | **biological** 생물학의 | **excessive** 과도한, 과다한(superfluous, exorbitant, inordinate), 지나친 | **economic** 경제의, 경제적인 *cf.* economical 검소한, 검약한(thrify, frugal, saving)

해설 [역접-대조] but

해석 제3의 혁명이란 산업용 화학 그리고 모든 종류의 목적을 위하여 화학 제품을 거대한 양으로 매우 값싸게 생산할 수 있는 우리의 능력의 굉장한 성장이다. 그러나 이러한 점은 잘 알려지지 않은 생태학적인 균형을 뒤집어 놓았으며 우리의 물을 오염시키고 망쳐 놓았다.

정답 24 ① 25 ②

S.C Practice 13

1 We tried everything to _________ him, but the injured man remained unconscious.

① rectify　　　　② mitigate

③ resuscitate　　④ freeze

2 I felt hostility flowing from the woman standing behind me in the supermarket check-out line. She rocked back and forth on her heels _________ and drummed on her handbag.

① composedly　　② cheerfully

③ generously　　④ impatiently

⑤ resignedly

3 The bulldog was remarkably _________. He wouldn't let go of the robber's leg even when the man rained blows down in his head.

① tenacious　　② versatile

③ submissive　　④ docile

⑤ toxic

4 Within the family there has been a remarkable change in the roles played by parents. Whereas in former times father was the undisputed head of the family, today he remains so only _________ in a sense.

① premature　　② notorious

③ functional　　④ titular

⑤ exaggerated

1 **어구** **injured** 상처를 입은 | **unconscious** 무의식의 | **rectify** 개정하다 | **mitigate** 완화시키다 | **resuscitate** (인공 호흡으로) 소생시키다, 부흥시키다 | **freeze** 얼다

해설 [역접-대조] ~ remained conscious

해석 우리는 그를 인공호흡으로 소생시키려 모든 노력을 다 했지만 그 부상자는 의식을 찾지 못했다.

2 **어구** **hostility**(enmity) 적대감 | **flow** 흘러나오다 | **check-out** 계산대, 퇴숙 절차 | **rock** 흔들다 | **back and forth** 이리저리 | **drum** 치다, 드럼을 연주하다 | **composedly** 침착하게 | **cheerfully** 즐겁게 | **generously** 관대하게 | **impatiently** 인내심 없이 | **resignedly** 체념하여

해설 [순접-유추] I felt hostility

해석 슈퍼마켓 계산대 줄에서 내 뒤에 서 있는 여자로부터 흘러나오는 적대감을 감지했다. 그녀는 인내심 없이 자신의 구두를 흔들어댔으며 자신의 핸드백을 쳤다.

3 **어구** **remarkably** 현저하게, 대단히 | **let go of** 놓아주다, 해방시키다 | **rain a blow down** 세게 내리치다 | **tenacious** 집요한 | **versatile** 다재다능한 | **submissive** 유순한(docile) | **toxic** 독성의

해설 [순접-진술 부연] He wouldn' t let go of the robber' s leg

해석 그 불독은 대단히 끈질겼다. 불독은 강도가 머리를 몇 차례나 세게 내리쳤을 때조차도 강도의 다리를 물고 놓으려 하지 않았다.

4 **어구** **play the roles** 역할을 담당하다 | **former** [시간적으로] 전의, 앞의 *cf.* formerly *ad.* 예전에(in former times, previously) | **undisputed** 명실상부한 | **in a sense** 어떤 점에서, 어느 정도까지는 | **premature** 시기상조의, 너무 이른 | **notorious** 극악무도한(infamous, flagrant) | **functional** 기능의, 직무의 | **titular** 명목상의 · 유명무실한(nominal)

해설 [역접-대조] Whereas ~ the undisputed head

해석 가족 내에서 부모의 역할에 두드러진 변화가 있어 왔다. 예전에는 아버지가 분명한 가족의 수뇌부였지만, 오늘날에는 그는 단지 명목상으로만 남아 있다.

정답 1 ③ 2 ④ 3 ① 4 ④

5 I consider _________ the primary enemy of mankind. The human mind is not only self-destructive but naturally stupid. So man requires various kind of education.

① ignorance   ② pessimism

③ distrust   ④ pride

⑤ hatred

6 Because the lawyer's judgment was considered so good, his _________ were always respected.

① whims   ② antiquities

③ decisions   ④ reservations

⑤ institutions

7 He had expected gratitude for his disclosure, but instead he encountered _______ bordering on hostility.

① discretion   ② openness

③ ineptitude   ④ indifference

8 Unlike the highly emotional poets of the previous century, the 18th-century poets were _________ and interested in moralizing.

① lyrical   ② epic

③ didactic   ④ strange

⑤ warped

5 **어구** **primary** 첫째의, 최초의 | **mankind** 인류, 인간 | **self-destructive** 자기 파괴적인 | **stupid** 멍청한 | **various** 다양한(diverse), 여러 방면의(multilateral, diverse), 변화가 많은 *cf.* monotonous 단조로운 | **ignorance** 무지 | **pessimism** 비관 | **distrust** 불신; 의혹 (doubt, suspicion) | **hatred** 악감정

해설 [순접-진술 부연] man requires various kind of education

해석 나는 무지가 인류의 중요한 적이라고 생각한다. 인류는 자기 파괴적일 뿐만 아니라 선천적으로 어리석다. 그래서 인간은 여러 가지 교육이 필요하다.

6 **어구** **respected** 훌륭한, 높이 평가되는 | **whim** 잘 변하는 마음, 변덕 | **antiquities** 오래됨, 낡음 | **reservation** 보류, 예약, 사양

해설 [순접-인과] Because the lawyer's judgment was considered so good

해석 그 변호사의 판결은 훌륭하다고 생각되어졌기 때문에, 그의 결정은 항상 존경을 받았다.

7 **어구** **disclosure** 발각, 드러남, 폭로 | **encounter** ~와 우연히 만나다, 마주치다, 조우하다 | **border** *n.* 테두리; 경계 *v.* 접경하다, 접하다, 근사하다 | **hostility** 적의, 적개심 | **discretion** 신중, 사려 분별 | **openness** 개방성, 솔직 | **ineptitude** 부조리, 어리석음 | **indifference** 무관심

해설 [역접-대조] 'but' 앞 뒤는 반대, instead도 힌트, gratitude(감사)의 반대이면서 hostility(적대감)과 비슷한 말이 요구된다.

해석 그의 폭로에 대해 그는 감사를 기대했었지만 그 대신에 그는 적대감에 가까운 무관심에 직면했다.

8 **어구** **unlike** ~와는 달리 | **previous** 이전의(prior, earlier) | **lyrical** 서정시조의, 서정미가 있는 (lyric) | **epic** 서사시의, 웅장한; 서사시 | **didactic** 가르치기 위한, 교훈적인(instructive) | **warped** 휜, 뒤틀린

해설 [역접-대조] Unlike, ~ and interested in moralizing

해석 이전 세기의 아주 감정적인 시인들과는 달리 18세기의 시인들은 교훈적이고 도덕화에 관심이 있었다.

정답 5① 6③ 7④ 8③

9 Natural barriers to equality begin with the unequal ________ of natural abilities. Not everyone can be a concert pianist or brilliant scientist.

① gift
② distribution
③ allocation
④ progress
⑤ education

10 A(An) ________ attitude at a critical time is not justified by the somber news reaching us from the war front.

① sanguine
② pessimistic
③ salubrious
④ arbitrary
⑤ sordid

11 Farmers use chemicals to artificially ripen fruits and vegetables. But some farmers now grow produce by the old-fashioned way – without chemicals. We call this kind of produce _________.

① biological
② organic
③ pure
④ environmental
⑤ uncontaminated

12 Pat is in ________ with his boss since he didn't finish an important project by the deadline.

① the dark
② a nutshell
③ the long run
④ hot water
⑤ the same boat

Memo

9 **어구** **barrier** 장애물, 장벽 | **equality** 평등, 균일 | **unequal** 불평등한 | **natural ability** 타고난 재능·능력 | **brilliant** 빛나는, 화려한, 훌륭한 | **gift** 재능, 선물 | **distribution** 분배 (dispensation), 배급 | **allocation** 할당, 배치

해설 뒷문장은 앞 문장의 예로 나와 있으므로 뒤 문장의 내용을 바탕으로 앞 문장의 내용을 유추해 볼 수 있다. 즉 자연에 의해 유발되는 불평들의 시초이면서 모든 사람이 다 피아노 연주나 뛰어난 과학자가 되지 못하게 가로막는 것은 타고난 능력의 불평등이다. 이런 예측을 염두에 두고, natural abilities가 빈칸에 들어가야 할 명사의 의미상의 목적어가 되는 구문을 종합해서 답을 고르면 '타고난 능력의 불평등한 분배'가 논리적으로 가장 자연스럽다는 것을 알 수 있다.

해석 평등을 가로막는 원초적인 장벽은 타고난 재능이 불균등하게 분배되는 데서 시작된다. 모든 사람들이 다 연주회에서 피아니스트나 뛰어난 과학자가 될 수 없다.

10 **어구** **attitude** 태도(bearing, behavior, deportment, demeanor), 자세 | **somber** 우울한, 음침한 cf. somber news 비보 | **the war front** 전선 | **sanguine** 쾌활한, 낙관적인, 혈색이 좋은 | **salubrious** (기후·토지 따위가) 건강에 좋은, 상쾌한 | **arbitrary** 멋대로의, 독단적인 | **sordid** 더러운, 지저분한

해설 [역접-유추] ~ is not justified by the somber news

해석 전선으로부터 우리에게 비보가 전해지는 이러한 중요한 시기에 낙관적인 태도를 보이는 것은 적절하지 못한 것이다.

11 **어구** **artificially** 인위적으로 | **grow produce** 농산물을 재배하다 | **old-fashioned** 구식의 | **biological** 생물학적인 | **organic** 유기물의 | **pure** 순수한 | **uncontaminated** 오염이 되지 않은

해설 [순접-진술 부연] grow produce ~ without chemicals

해석 농부들은 화학물질을 사용하여 인위적으로 식물과 야채를 익게 한다. 그러나 몇몇 농부들은 현재 화학물질을 사용하지 않으면서 구식의 방법을 통해서 농산물을 재배한다. 우리는 이와 같은 종류의 농산물을 무기농이라고 한다.

12 **어구** **project** n. 계획, 사업 v. 계획하다, 발사하다, 투영하다 | **by the deadline** 마감일까지 | **be in the dark about** ~을 모르다 | **in a nutshell** 아주 간결하게 | **in the long run** 마침내 | **be/ get in [to] hot water** 곤경에 처하다 | **be in the same boat** 같은 처지에 있다

해설 [순접-인과] since he didn't finish an important project

해석 Pat이 마감 시한까지 중요한 계획을 완성하지 못했기 때문에 사장과 함께 곤경에 처했다.

정답 9 ② 10 ① 11 ② 12 ④

13 When we think of the public face of scientific genius, we often remember someone with old and graying appearances. For example, we think of Albert Einstein's disheveled hair, Charles Darwin's majestic beard, Isaac Newton's wrinkled visage.

Yet the truth is that most of the scientific breakthroughs that have changed our lives are usually made by people who are still in their 30's – and that includes Einstein, Newton and Darwin. Indeed, not surprisingly, younger scientists are less affected by __________ than their elders. They question authority instinctively. They do not believe it when they are told that a new idea is crazy, so they are free to do the impossible.

① economic concerns
② innovative experimental data
③ moral individual responsibilities
④ religious faith
⑤ the intellectual dogma of the day

14 "Liberty is to faction what air is to fire." When he wrote these words, James Madison clearly expected the faction-ridden nation he helped found to go right on producing special-interest groups constantly pressing for advantage. But even the prescient coauthor of the Federalist Papers might be amazed at the abundant fulfillment of his vision by Americans of the present day. The nation has entered a period of ascendant factionalism, a time when the larger desires of society can scarcely be heard for the insistent clamor of its numberless __________.

① liberals
② segments
③ republicans
④ documents
⑤ conservatives

13 **어구** **wrinkled** 주름 잡힌 | **visage** 얼굴, 모습 | **majestic** 위엄있는, 당당한, 장엄한 *cf. majesty n.* 위엄, 존엄; 폐하 | **breakthrough** 획기적인 발견·약진, 돌파구 | **be free to R** 자유롭게 ~을 하다 | **innovative** *a.* 혁신적인 *cf.* innovation *n.* 혁신 | **dogma** 독단적인 주장, 교의, 교리

해설 [순접-유추] so they are free to do the impossible

해석 과학 천재들의 대중적인 얼굴을 생각할 때, 우리는 종종 나이가 들거나, 노령이 되어가는 외모들을 생각한다. 예를 들면, 우리는 Albert Einstein의 흩어진 머리, Charles Darwin의 장엄한 수염, Isaac Newton의 주름진 얼굴을 생각하게 된다.
그러나 사실인 즉, 우리의 삶을 바꾼 과학의 대발견의 대부분은 아직도 30대의 사람들에 의해 통상 만들어졌다, 아인슈타인, 뉴턴 그리고 다윈이 이에 해당된다. 실로 놀라운 사실이 아니듯이, 더 젊은 과학자들은 그들의 연장자보다 그 시대의 지적인 독단적 주장에 덜 영향을 받았다. 그들은 본능적으로 권위에 의문을 품는다. 그들은 새로운 사고는 미친 짓이라는 이야기를 들을 때 이를 믿지 않고, 불가능한 일을 하는 것에 자유롭다.

14 **어구** **faction** 파벌, 도당 | **constantly** 끊임없이, 일정하게 | **press** 누르다, 밀어붙이다, 껴안다, 강조하다, 주장하다 | **prescient** 예지의, 선견의 | **coauthor** 공동작가 | **Federalist** 연방주의자 | **be amazed** *at* 깜짝 놀라다 | **abundant** 풍부한(ample, plentiful, affluent, copious, exuberant) | **fulfillment** 이행, 수행, 완료 | **factionalism** 도당주의, 당파주의 | **insistent** 주장하는, 고집세우는 | **clamor** 외치는 소리, 불평 | **numberless** 수없이 많은 | **segment** 단편, 조각, 부분 | **republican** 공화당원 | **conservative** 보호, 존속

해설 [순접-진술 부연] The nation has entered a period of ascendant factionalism

해석 "자유와 파벌과의 관계는 공기와 불과의 관계와 같다." 그가 이 글을 썼을 때, 제임스 메디슨은 그가 돕고 있는 파벌이 있는 국가가 끊임없이 이익을 위해 노력하는 이익단체들에게 제대로 일이 되고 있다고 분명히 생각했다. 그러나 연방 신문의 통찰력이 있는 공동 작가 조차도 현재의 미국인들에 의한 이런 견해에 대한 풍부한 심행에 깜짝 놀라고 있다. 이 국가가 점점 증가하는 도당주의에 들어가고 있고, 이런 시기에서는 수없이 많은 파벌의 끈질길 요구 속에서 거의 사회에 대한 더 큰 욕구기 들려질 수 없다.

정답 **13** ⑤ **14** ②

15 In capitalism economic activity, success, and material gains become ends in themselves. It become man's fate to contribute to the growth of the economic system, to amass capital, not for purposes of his own happiness or salvation, but as an end in itself. Man become a cog in the vast economic machine—an important one if he had much capital, __________ one if he had none—but always a cog to serve a purpose outside himself.

① a precious 　　　　　② an insignificant

③ a diligent 　　　　　④ an ardent

⑤ a mechanical

16 The rich widow living next door has a reputation for __________ : She never spends any money if she can avoid it, and always buys the cheapest kinds of food.

① miserliness 　　　　　② poverty

③ misery 　　　　　④ economy

17 The international nature of modern business requires many documents and these have to be made comprehensible in a number of different countries. They must be carefully __________ so as to prevent later disagreements.

① transmitted 　　　　　② transferred

③ translated 　　　　　④ transformed

Memo

15 **어구** **gains** 이익, 획득, 목표 | **contribute to** 공헌하다 | **amass** 모으다, 축적하다 | **salvation** 구조, 구원 | **cog** 톱니바퀴의 이, 큰 조직 속에서 톱니바퀴의 이와 같은 작은 역할을 하는 사람 | **vast** 거대한 | **serve a purpose** 역할을 하다 | **outside** 외부의(external) *cf.* internal 내부의 | **precious** 귀중한, 소중한; 값비싼(valuable, costly) *Ex.* Nothing is so precious as time. 시간만큼 소중한 것은 없다. *cf.* priceless 매우 값을 매길 수 없는, 귀중한 (invaluable) (≠ valueless 무가치한) | **insignificant** 무의미한(meaningless), 사소한, 무가치한, 천한 | **diligent** 근면한 | **ardent** 열렬한

해설 [역접-대조] but always a cog to serve a purpose outside himself

해석 자본주의 사회에서는, 경제 활동, 성공 그리고 물질적 성공이 그 자체로서 목적이 된다. 경제 성장에 기여하고, 자신의 행복과 구원을 위해서가 아니고, 그 자체가 목적으로서 재산을 긁어모으는 것이 인간의 운명이다. 인간의 거대한 경제 구조 속에서 하나의 톱니바퀴 같은 이의 역할을 한다. 즉, 많은 재산을 갖게 되면 중요한 이의 역할을 하는 것이고, 만약 갖지 못하면 중요하지 않는 이의 역할을 하는 것이다. 그러나 자신의 외적인 면에서 역할을 하는 이의 역할을 항상 하고 있는 것이다.

16 **어구** **widow** 미망인, 과부 | **reputation** 평판 | **has a reputation for** ~로 명성이 자자하다, ~로 평판이 나 있다 | **miserliness** 인색, 탐욕 | **misery** 불행, [정신적] 고통(suffering) | **economy** 절약(frugality), 경제

해설 [순접-진술 부연] she never spends any money if she can avoid it~

해석 우리 이웃에 사는 미망인은 검소한 것으로 소문이 나 있다. 그녀는 돈을 안 쓸 수만 있다면 절대 쓰지 않으며, 식료품도 언제나 가장 싼 것으로만 구입한다.

17 **어구** **comprehensive** 이해할 수 있는 | **so as to R** [목적] ~하기 위해서 | **disagreement** (의견의) 불일치 | **transmit** 전달하다, 보내다, (병을) 옮기다 | **transfer** 이전하다 | **translate** 번역하다 | **transform** 변형되다, 변형시키다(alter, convert)

해설 [순접-인과] so as to prevent later disagreements

해석 현대 사업의 국제적인 성격상 많은 서류들이 요구되고 이들 서류들은 많은 다른 국가에서 이해될 수 있도록 작성되어야 한다. 이 서류들은 추후 이견이 생기는 것을 방지하기 위해 주의깊게 번역되어야 한다.

정답 15 ② 16 ④ 17 ③

18 Kangaroos normally have a coat of grayish-brown fur that acts as a natural camouflage against attack by wild dog, eagles, and man. An albino, or pure white, kangaroo finds it hard to survive in its native habitat, because such a kangaroo lacks __________.

① protective coloration　　② strong legs

③ natural enemies　　④ adequate food

19 With an ease that would be the envy of any fighter pilot, bats use reflected sound to track and capture prey. An investigation of their complex and highly developed echo-locating skill opens the way to a deep understanding of how the central nervous system processes _______ signals.

① auditory　　② visual

③ olfactory　　④ biological

20 It was the weekend before the exam. We were at the Mary's house and it was pouring rain. Tom came late drenched to the __________. He explained that a car had broken down on the road and he had stopped to help push it onto the shoulder and out of the traffic.

① rain　　② skin　　③ traffic　　④ shoulder

Memo

18 **어구** camouflage 위장 | **wild dog** 들개(dingo) | **albino** 선천성 색소 결핍증(에 걸린 사람, 동물) | **native** 1. 원주민, 토착민; 토인 2. ~태생의 사람, 토박이 3. 원산의 동물(식물) | **habitat** 서식지 | **lack** ~을 결여하다 | **protective coloration** 보호색

해설 [순접-인과] kangaroo finds it hard to survive in its native habitat,

해석 캥거루는 대개 들개나 독수리, 또는 사람의 공격에 대한 천연적인 위장의 역할을 하는 회색빛이 감도는 갈색 털로 덮여 있다. 선천성 색소 결핍증에 걸려 완전히 흰색인 캥거루는 보호색을 결여하고 있기 때문에 자연 상태의 서식지에서는 살아남기가 힘들다.

19 **어구** reflected sound 반향음 | **echo-locating skill** 반향음으로 위치를 알아내는 기술 | **the central nervous system** 중추신경 | **auditory** 청각의 | **visual** 시각의 | **olfactory** 후각의 | **biological** 생물학적

해설 [순접-유추] reflected sound / echo-locating skill

해석 어떤 전투기 조종사라도 부러워할 만큼 손쉽게 박쥐들은 반향음을 사용하여 먹이를 추적, 포획한다. 그들의 복잡하고 고도로 발달된 반향 정위 기술은 중추신경이 청각 신호들을 어떻게 처리하는가에 대한 깊은 이해의 길을 열어준다.

20 **어구** break down 고장나다 | **road** 길, 도로; 진로, 방법 | **shoulder** 길 양옆 가장자리, 갓길, 어깨, [비유] 두 어깨(능력) | **be drenched to the skin** 흠뻑 젖다

해설 [순접-유추] it was pouring rain.

해석 시험이 있기 전 주말이었다. 우리는 메리네 집에 있었는데, 비가 억수같이 내리고 있었다. 탐은 비에 흠뻑 젖어 늦게서야 왔다. 그리고는 차 한 대가 도로 위에서 고장이 나, 그 차를 갓길로 밀어내 교통의 흐름에서 벗어나도록 하는 일을 도와주기 위해 멈추었었다고 설명했다.

정답 18 ① 19 ① 20 ②

21 Contrary to popular opinion, bats are not generally aggressive and _________; most are shy and _________.

① noxious – turgid
② uncanny – disfigured
③ rabid – innocuous
④ obedient – punctual
⑤ vehement – depraved

22 All he ever wanted was his own way, and his desire now was to make a profit in business, but the profit itself was merely the result of victory; the victory itself was in the _________ of his _________.

① achievement – goal
② denial – rights
③ existence – predilection
④ denouement – drama
⑤ appreciation – efforts

23 In their work, microbiologists contend with living forms so _________ in appearance and habits as to _________ the common bond presumed to ally them.

① diverse – belie
② homogeneous – veil
③ erratic – validate
④ conspicuous – obscure
⑤ tame – hide

24 He was stigmatized as a _________ when he had the audacity to boast of his nefarious and _________ career printing bogus money.

① pariah – sordid
② swindler – unvarnished
③ idiot – innocent
④ gull – garrulous
⑤ upholder – bickering

21 어구 popular opinion 여론 | aggressive 공격적인 | shy 부끄러운, 조심하는 | noxious 해로운 | turgid 과장된, 부풀어 오른 | uncanny 엄청난, (무서워서) 기분 나쁜 | disfigured 추한, 손상된 | rabid 맹렬한, 광폭한, 광견병에 걸린 | innocuous 해롭지 않은 | obedient 순한 | punctual 시간을 잘 지키는 | vehement 격렬한, 열성적인 | depraved 타락한, 사악한

해설 [순접-열거] aggressive and ~ ; shy and ~.

해석 여론과 상반되게도 박쥐들은 대개가 공격적이지도 않고 광폭하지도 않다. 대부분의 박쥐들은 조심성이 많으며 해롭지 않다.

22 어구 make a profit 이윤을 얻다 | victory 승리, 전승, 승전[over], 극복, 정복 | denial 부인, 거절 | predilection 편애, 좋아함, 특별히 봐줌(favor) | denouement (소설 · 희곡의) 대단원

해설 [순접-진술 부연] the profit itself was merely the result of victory

해석 그가 이제껏 원했던 모든 것은 그 자신의 길이었다. 그의 욕망은 이제 사업에서 이윤을 얻는 것이었지만, 이윤 그 자체는 단지 승리의 결과였다. 즉, 승리 그 자체는 그의 목표의 달성이었다.

23 어구 microbiologist 미생물학자 | contend with 다투다, 논쟁하다 | living form 생명체 | bond 유대 | ally 결속시키다, 연합하다, 제휴 시키다(unite, connect) | diverse 다양한 (various) | belie 속이다 | homogeneous 동질적인 | veil 숨기다, 가리다 | erratic 별난, 변덕스러운 | validate 확인하다, 비준하다, 유효하게 하다 | conspicuous 두드러진 | obscure 애매모호한, 무명의, 비천한 | tame 유순한 | hide 숨기다

해설 [순접-인과] so A as to R

해석 미생물학자들은 자신들의 연구에서 생명체늘을 결속하는 깃으로 기정되는 편번한 유대를 속일만큼 외모와 습관에서 아주 다양한 생명체들과 싸운다.

24 어구 stigmatize 오명을 씌우다, 비난하다 | have the audacity to R 뻔뻔스럽게도 ~을 하다 | boast of 자랑하다 | nefarious 사악한 | bogus money 위조지폐 | pariah 천민, 무뢰한 | sordid 치사한, 탐욕스러운, 더러운 | swindler 사기꾼 | unvarnished 솔직 · 순박한 (innocent) | gull 잘 속는 사람 | garrulous 수다스러운 | upholder 지지자 [파] uphold 떠받치다, 지지하다(support, sustain) | bickering 말싸움을 하는

해설 [순접-열거] nefarious and

해석 그가 위조 지폐를 만든 자신의 사악하고 치사한 경력을 뻔뻔스럽게도 자랑했을 때, 저질스러운 인간으로 비난받았다.

정답 21 ③ 22 ① 23 ① 24 ①

1 □ □
2 □ □
3 □ □

25 The technique of action painting is so __________ in Jackson Pollack's work that it becomes, in fact, the chief __________ of his art.

① visible – remission

② futile – destruction

③ negligible – legacy

④ pervasive – characteristic

⑤ ardent – defense

25 **어구** visible 보이는, 명백한 | remission 용서, 완화 | futile 무익한, 하찮은 | negligible 무시해도 좋은, 시시한 | legacy 유산, 유증 | pervasive 만연한, 널리 미치는 | ardent 열렬한, 격렬한 | defense 방위, 변명

해설 [순접–인과] so ~ that ~

해석 행동 미술의 기술이 Jackson Pollack의 작품에 만연해 있어서 그 기술은 사실상 그의 미술의 주된 특징이 되고 있다.

Memo

정답 25 ④

1 In 1886, Conan Doyle published Sherlock Holmes. In the very same year, Pemberton __________ a syrup that he called Coca-Cola.

① unleashed ② unfolded

③ unveiled ④ understudied

2 The defendants decide to admit their guilt, but insist that there are some __________ circumstances.

① lenient ② extenuating

③ irreversible ④ amendable

3 How do you feel about yourself? Are you optimistic or pessimistic about your future? When it comes to the self, people are not cool, objective, and __________. In fact, quite the opposite: we are highly judgmental, emotional, and self-protective.

① dispassionate ② indulgent

③ deluded ④ sympathetic

4 Many deaf people use sign language to talk to each other. Some people think that sign languages are __________ languages. This is not true. Sign languages are completely developed languages.

① primitive ② aboriginal

③ unabridged ④ artificial

1 **어구** **unleash** 속박을 풀다, (분노를) 폭발하다 | **unfold** (의중, 생각을) 표명하다 | **unveil** (정체를) 드러내다, (신상품이나 새로운 계획을) 공개하다(to show or tell people about a new product or plan for the first time) | **understudy** 대역 연습을 하다

해설 [순접-열거] In the very same year

해석 1986년에 Conan Doyle은 셜록 홈즈 작품들을 출간했다. 같은 해에 Pemberton은 코카콜라라고 불리어지는 시럽을 공개했다.

2 **어구** **defendant** 피고인 | **lenient** 관대한 | **extenuating** *a.* 죄를 가볍게 하는, 참작할 수 있는 [파] extenuate *v.* (범죄·결점을) 가벼이 보다, 경감하다 *cf.* extenuating circumstances 참작 사유 | **irreversible** 돌이킬 수 없는, 취소할 수 없는 | **amendable** 수정할 수 있는

해설 [역접-대조] but

해석 피고인들은 자신들의 유죄를 인정하기로 결정했지만, 몇 가지 참작 사유가 있다고 주장한다.

3 **어구** **optimistic** 낙관적인, 낙천적인(sanguine, rosy, roseate) *cf.* pessimistic 비관적인, 염세적인, 비관론의 | **when it comes to** ~에 관해서 | **judgmental** 비판적인 | **self-protective** 자기 보호적인 | **dispassionate** 침착한, 공평무사한 | **indulgent** 관대한 | **delude** 속이다 | **sympathetic** 동정적인

해설 [순접-열거] cool, objective, and ~

해석 당신 자신에 대해 어떻게 느끼는가? 당신의 미래에 대해서 낙관적인가 아니면 비관적인가? 자아에 관해서라면 사람들은 태연하지도 객관적이지도 냉정하지도 않다. 실상 상당히 다르다. 우리는 매우 비판적이고 감정적이고 자기 보호적이다.

4 **어구** **deaf people** 청각장애인 | **sign language** 수화 | **primitive** 원시적인 | **aboriginal** 토착의, 원생의 | **unabridged** 생략되지 않은, 완전한 | **artificial** 인공적인, 인위적인

해설 [역접-대조] This is not true

해석 많은 청각장애인들이 수화를 이용하여 다른 이와 대화를 나눈다. 몇몇 이는 수화가 원시적이라고 생각한다. 이것은 사실이 아니다. 수화는 대단히 발전된 언어이다.

정답 **1** ③ **2** ② **3** ① **4** ①

Memo

5 Some people are _________ with their technology; they like to have all the latest technology just to impress their friends.

① obtrusive　　　　　② resolute

③ ostentatious　　　④ discreet

6 We regarded him as _________ to our cause because he accepted all our suggestions without hesitation.

① intractable　　　　② amiable

③ protagonistic　　　④ antagonistic

⑤ amenable

7 There was so much _________ material in the essay that it was difficult to get the author's message.

① exemplary　　② variegated　　③ banal

④ superficial　　⑤ extraneous

8 You should delete this paragraph in order to make the essay more _________.

① succinct　　② poignant　　③ expansive

④ abstruse　　⑤ witty

9 He was _________ and ready to conform to the pattern set by his friends.

① complacent　　② compliant　　③ determined

④ aping　　⑤ intractable

5 **어구** **impress** 인상을 심어주다, 감동시키다 | **obtrusive** 강요하는, 주제넘게 참견하는, 눈에 거슬리는 | **resolute** 단호한 | **ostentatious** 과시하는 | **discreet** 신중한

해설 [순접-진술 부연] just to impress their friends

해석 몇몇 이는 자신들의 기술을 과시한다. 즉 그들은 자신들의 친구들에게 인상을 심어주기 위해서만 단지 모든 최신의 기술을 가지기를 좋아한다.

6 **어구** **regard A as B** A를 B로 간주하다 | **cause** 주의, 주장, 원인(origin), 이유(reason) | **without hesitation** 주저하지 않고, 곧 | **intractable** 고집 센, 다루기 힘든(perverse) | **amiable** 친절한(friendly, kindly, cordial), 상냥한(agreeable, affable, genial) | **protagonistic** 주역의, 주인공의 | **antagonistic** 반대하는 | **amenable** 순응하는

해설 [순접-인과] because

해석 그는 우리의 모든 제안들을 주저하지 않고 수락했기 때문에 우리는 그가 우리의 주장에 순응할 것으로 보았다.

7 **어구** **exemplary** 모범적인, 훌륭한(admirable, commendable) | **variegated** 잡색의, 얼룩덜룩한 | **banal** 평범한, 진부한(commonplace) | **extraneous** (목적과는) 무관한, 외부로부터의(immaterial, irrelevant)

해설 [순접-인과] so ~ that

해석 그 에세이 속에는 관계 없는 내용이 너무 많아서 저자의 메시지를 이해하기가 어렵다.

8 **어구** **delete** 삭제하다, 지우다(erase, expunge, obliterate, omit) | **succinct** (표현이) 간결한 | **poignant** 예리한 아픔을 주는, 날카로운 | **abstruse** 심오한, 난해한(recondite, deep, complicated) | **witty** 재치가 있는

해설 [순접-인과] You should delete this paragraph

해석 그 에세이를 보다 간결하게 하기 위해서는 이 문단을 삭제해야 한다.

9 **어구** **conform to** ~에 따르다(comply with) | **pattern** 도안, 무늬, 원형, 본, 모범 | **complacent** 자기 만족의, 안심한 | **compliant** 고분고분한, 순종하는(pliable) | **determined** 결심한, 단호한 | **aping** 흉내내는 *cf.* ape *v.* 흉내내다, 모방하다(imitate) *n.* 유인원, 흉내쟁이 | **intractable** 다루기 힘든, 고집 센

해설 [순접-진술 부연] and

해석 그는 유순한 사람이고 그의 친구들이 세운 방식에 기꺼이 응한다.

정답 5 ③ 6 ⑤ 7 ⑤ 8 ① 9 ②

10 For some time now, _________ has been presumed not to exist: the cynical conviction that everybody has an angle is considered wisdom.

① rationality
② flexibility
③ diffidence
④ disinterestedness
⑤ insincerity

11 The job of Congress is to pass laws. Before a bill become a law, it must be approved by both houses of Congress and by the president. If the president vetoes a bill, it can still become a law if the president's veto is _________ by at least a two-thirds majority of each house of Congress.

① overridden
② fortified
③ prescribed
④ effected
⑤ countenanced

12 Parasites may be permanent or temporary residents in or on their hosts. On the one hand, the bedbug is _________. It crawls onto its host to feed and then returns to its hiding place, where it spends most of its life. On the other hand, the flatworm that causes a form of human schistosomiasis is a permanent parasite. Once it enters a host's body, it remains there until it dies.

① one of the most typical types
② a everlasting parasite
③ a temporary parasite
④ one of the most urgent types

10 **어구** cynical 냉소적인, 비꼬는, 빈정되는 | conviction 양심의 가책, 뉘우침(firm belief, confidence) | rationality 합리성 | flexibility 유연성, 융통성 | diffidence 자신없음, 망설임 | disinterestedness 사욕이 없음 | insincerity 불성실, 위선(hypocrisy)

해설 [순접-진술 부연] the cynical conviction that everybody has an angle~

해석 한동안, 사욕이 존재하지 않는다고 가정되었다. (즉, 다시 말해서) 모든 사람이 관점(입장)을 가지고 있다는 냉소적인 확신은 지혜라고 간주되고 있다.

11 **어구** pass a law 법을 통과하다 | bill 법안, 목록, 지폐, 전단 | house 의회, 하원, 집 | veto 거부권, 거부권을 행사하다 | Congress 의회, 국회 | override (결정 따위를) 무효로 하다, 무시하다 | prescribe 규정하다, 처방하다 | countenance 호의를 보이다, 후원하다, 묵인하다

해설 [순접-인과] it can still become a law if

해석 의회의 일은 법을 통과시키는 것이다. 법안이 법이 되기 전에 의회와 대통령의 승인이 있어야 한다. 비록 대통령이 법안을 거부했다면 그 대통령의 거부가 적어도 의회의 3분의 2에 의해서 무효로 결정되면 그 법안은 법이 될 수 있다.

12 **어구** parasite 기생충 | permanent 영원한 | temporary 일시적인 | resident 거주자, 주민 (dweller, inhabitant, denizen, settler) | host 숙주, 주인 | bedbug 미국의 빈대 | crawl 기다, 포복하다, 서행하다, 살금살금 다니다 | flatworm 편형동물 | schistosomiasis 주혈흡충병 | everlasting 영원한

해설 [역접-대조] On the other hand, the flatworm ~ is a permanent parasite.

해석 기생충은 숙주의 안 혹은 표면에 사는 영구적 혹은 일시적인 존재이다. 그러나 미국의 빈대는 전형적인 일시적 기생충 중 하나이다. 그것은 숙주의 위로 기어들어서 먹고는 은시처로 되돌아가서 그곳에서 삶의 대부분을 보낸다. 다른 한편으로, 인간에게 일종의 주혈흡충병을 일으키는 편형동물은 영구적인 기생충이다. 일단 그놈이 숙주의 몸에 들어가게 되면, 죽을 때까지 그곳에 남아 있게 된다.

정답 10 ④ 11 ① 12 ③

13 ＿＿＿＿＿＿＿＿＿＿＿＿＿＿＿ All species have four basic survival requirements — food, water, shelter and places to raise the young. By satisfying these four elements, anyone can transform a sterile yard into a thriving wildlife habitat. For example, think twice before removing dead or dying trees, because woodpeckers depend on them for shelter, as do cavity-nesting birds like owls. Also, since wildlife is attracted to water, if your yards does not have a pond or stream, consider adding a birdbath or a fountain.

① Does your yard provide a good wildlife habitat?

② Do you know the seriousness of the habitat destruction?

③ We have to preserve habitats for wildlife.

④ We cannot grow wild animals in our homes.

14 ＿＿＿＿＿＿ Too often America allowed others to have too much influence over its tactics and strategy. This was painfully obvious in 1999 and 2000, when America too easily acquiesced in Prime Minister Ehud Barak's ill-conceived Syria-first strategy and his desire for a make-or-break summit meeting with the Palestinians at Camp David. America must make it clear to the Israelis that if they want U.S. support for a particular position on the peace process, it must make sense, have a realistic chance of working and take American as well as Israeli needs into account.

① Don't ignore bad behavior

② The United States must control its own policy

③ Beware interim deals and high-risk summit meetings

④ Be decisive and tough

Memo

13 **어구** species 종, 종류 | survival 생존, 잔존 | requirement 요구 | shelter 피신처, 은신처, 집 | raise the young 새끼를 기르다 | transform 바꾸다, 전환하다, 변태(변모)시키다 | sterile 불모인, 불임의, 메마른 | thriving 번성하는 | wildlife habitat 야생생물 서식지 | remove 제거하다, ~을 옮기다 | woodpecker 딱따구리 | depend on ~에 의존하다, 의지하다(count on) | cavity 동공, 구멍, 패인 곳, 충치 | cavity-nesting 구멍에 집을 짓는 | owl 올빼미 | stream 흐름, 경향, 시내 | fountain 샘, 수원, 원천, 분수

해설 [순접-진술 부연] All species have ~ food, water, shelter and places

해석 당신의 뜰이 좋은 야생생물을 위한 서식지를 제공하고 있는가? 모든 종들은 4가지의 생존을 위한 요구 조건을 가지고 있다. 그것은 바로 먹이, 물, 집, 그리고 새끼를 기르기 위한 장소이다. 이들 4가지의 요소들을 충족시킴으로써, 누구든지 불모의 뜰을 번창하는 야생생물 서식지로 바꿀 수 있다. 예를 들자면, 죽었거나 죽어가고 있는 중인 나무들을 제거하기 전에 미리 생각해 보라. 왜냐하면 올빼미 같은 구멍에 집을 짓는 새들이 그렇듯이 딱따구리는 집으로 그것들에 의존하고 있다. 또한, 야생생물은 물에 이끌려지게 되므로, 만일 당신의 집에 연못이나 개울이 없다면, 새를 위한 욕조와 샘물을 설치할 것을 고려해 보라.

14 **어구** tactics 작전, 수단 | strategy 전략 | obvious 분명한 | acquiesce in (마지못해) 따르다 | Prime Minister 수상 | ill-conceived (계획 등이) 의도가 나쁜, 착상이 나쁜 | make-or-break 성패 양단간의, 건곤일척의 | summit meeting 정상회담 | make sense 도리에 맞다, 합리적이다 | take into account 고려하다 | interim 중간의, 임시의 | high-risk 매우 위험한 | decisive 결정적인, 단호한, 확고한

해설 [순접-진술 부연] America allowed others to have too much influence

해석 미국은 자신의 정책을 스스로 조절해야 한다. 너무나 흔히 미국은 다른 나라가 자신의 작전과 전략에 너무 많은 영향을 끼치게 방치해 왔다. 이러한 사실은 미국이 Barak 수상의 나쁜 의도가 담긴 시리아 우선 전력 구상과 캠프 데이비드에서 팔레스타인과의 막판 정상회담 의사를 너무 쉽게 수용했던 1999년과 2000년 사이에 매우 분명했다. 미국은 마일 이스라엘이 평화 정착 과정에서의 특정 입장에 대해 미국의 지지를 원한다면 이스라엘은 합리적이어야 하며 협상의 실질 가능성을 보이고 이스라엘뿐만 아니라 미국이 필요로 하는 바도 고려해야 한다는 사실을 이스라엘 사람들에게 분명히 해야 한다.

정답 13 ① 14 ②

15 There was a time when a prematurely born child would almost certainly have died soon after birth. In recent years, however, scientists have learned to build and maintain __________ to give premature infants a fighting chance. The result is that their odds of surviving are increasing rapidly.

① artificial wombs

② a scientific experiments

③ special cottages

④ a substitute for houses

16 Views on land or sea have long been popular subjects for artists to paint. Many people like to hang such painting on the walls of their homes. Such pictures as these are called landscapes and seascapes. Modern painters sometimes paint scenes of cities, and these have been given a special name also; __________.

① industrials   ② cityscapes

③ modernistic   ④ realistic

17 It is quite astonishing to see the huge amount of trash Koreans leave behind them after enjoying a picnic. In autumn, many beautiful places are a complete __________ with plastic bottles, tins, dirty paper and remains of food littered everywhere.

① disaster   ② shambles

③ trash-can   ④ litter

15 **어구** **premature infant** 조산아 | **maintain** 1. 지속하다, 유지하다 2. 주장하다, 부양하다 | **a fighting chance** 성공할 수 있는 기회, 살아날 수 있는 기회 | **odds** 가능성, 확률 | **artificial womb** 조산아를 키우는 장치(incubator) | **substitute** 대리, 대용물

해설 [역접-대조] however

해석 조산아가 태어나자마자 거의 틀림없이 사망하던 때가 있었다. 그러나 최근 몇 년 사이 과학자들은 인공 자궁을 만들고 유지하여 조산아에게 살아날 수 있는 기회를 제공하는 법을 알게 되었다. 그 결과 조산아들의 생존 확률은 급격히 증가하고 있다.

16 **어구** **landscape** 풍경, 풍경화 | **seascape** 바다의 경치; 바다 그림 | **industrial** 공업 생산품; 산업의 | **cityscape** 도시 풍경화 | **modernistic** 현대의, 현대주의의 | **realistic** 현실주의의, 사실주의의

해설 [순접-진술 부연] paint scenes of cities~ ;

해석 육지나 바다의 풍경은 오랫동안 예술가들의 작품 소재로 자주 채택되어 왔다. 많은 사람들이 그런 그림들을 자신의 집 벽에 걸어두길 좋아한다. 이런 그림들을 풍경화와 바다 풍경화라고 한다. 현대 화가들은 때때로 도시의 풍경을 그린다. 이 그림들에도 역시 특별한 이름이 붙여졌는데, 그것은 도시 풍경화이다.

17 **어구** **astonishing** 놀라운 | **trash** 쓰레기 | **litter** 어질러놓다, 함부로 버리다 | **disaster** *n.* 대재난, 천재; 재해 [파] disastrous *a.* 비참한; 재난의(catastrophic) | **shamble** 비틀비틀 걷기 | **trash-can** 쓰레기통

해설 [순접-진술 부연]

해석 한국인들이 소풍을 즐기고 난 뒤에 버리고 떠나는 쓰레기의 양을 보면 아주 놀라울 정도다. 가을에는 많은 아름다운 곳들이 플라스틱 병, 깡통, 더러운 송이와 음식 찌끼기들이 사반에 흩어져 있는 쓰레기장이 되어버린다.

정답 15 ① 16 ② 17 ③

18 Soap operas and situation comedies, though given to distortion, are so derivative of contemporary culture that they are inestimable __________ the attitudes and values of our society in any particular decade.

① contraventions of ② antidotes to

③ indices of ④ prerequisites for

⑤ determinants of

19 A : President Bush looked pale and tired.
B : He told us that he was feeling a little __________.

① behind the bar ② on the ground

③ on the go ④ at the bottom of his heart

⑤ under the weather

20 Scientists have struggled for more than a century to figure out what causes Parkinson's disease. Until eight years ago, there was hardly a clue; no single ingredient-stress, infection, heredity or aging – seemed to __________ the tremors and gradual paralysis that afflict 400,000 people in the United States alone.

① account for ② take part in

③ carry out ④ back up

21 He could understand the __________ of his subordinates, but since he thought that he had earned their trust, their __________ was incomprehensible.

① misgivings – approbation

② contempt – subservience

③ dislike – humor

④ envy – enmity

⑤ apathy – zeal

18 **어구** distortion 왜곡, 일그러뜨림 | given 경향이 있는, 좋아하는 *cf.* given to distortion 왜곡의 경향이 있는 | derivative 파생적인, 끌어낸, 독창성이 없는 | contemporary 동시대의 | inestimable 측량할 수 없는, 더할 나위없는 | contraventions of ~에 대한 위반 | antidotes to ~의 해독제, ~에 대한 대책 | indices of ~에 대한 지수·지표 *cf.* index 색인, 표시, 지침 | prerequisites for ~에 필수 불가결한 | determinants of ~을 결정하는, 한정적인; 결정물, 한정사

해설 [순접-인과] so ~ that

해석 연속극이나 시트콤은 왜곡되는 경향이 있긴 하지만 동시대 문화에서 파생되기 때문에 어떤 특정 기간의 우리 사회의 태도와 가치를 나타내는 더할 나위 없이 귀한 지표이다.

19 **어구** pale 창백한 | behind the bar 감옥에 갇힌 | on the ground that S+V ~을 이유로 하여 | on the go 계속 활동 중인 | at the bottom of one's heart 내심으로 | under the weather 컨디션이 안 좋은

해설 [순접-유추] looked pale and tired

해석 A : 부시 대통령, 창백하고 지쳐 보여.
B : 자신이 컨디션이 안 좋다고 말하던데.

20 **어구** ingredient 요소, 요인 | infection 감염 | heredity 유전(inheritance); 세습; 전통 (tradition) | paralysis 마비(numbness) | afflict 괴롭히다(distress, torment) | account for 설명하다(explain) | take part in ~에 참석하다(partake) | carry out 실행 하다, 실천하다 | back up 후원하다, 지지하다

해설 [순접-유추]

해석 과학자들은 무엇이 파킨슨 씨병을 일으키는가를 밝혀내기 위해 한 세기가 넘도록 애써 왔다 8년 전까지도 거의 아무런 실마리도 없었다. 스트레스, 감염, 유전 혹은 노화 등 어떤 단일 요인도 미국에서만도 40만 명이나 되는 사람을 괴롭히는 떨리고 점진적인 마비를 일으키는 증세의 원인을 설명하지 못하고 있다.

21 **어구** subordinate 하위자, 종속자 | incomprehensible 이해할 수 없는, 불가해한 | misgiving 걱정, 불안, 염려 | approbation 허가, 인가 | contempt 업신여김, 멸시 (despite) | subservience 아첨, 추종 | enmity 증오, 적의 | apathy 냉담, 무관심, 무감각 (impassivity)

해설 [역접-유추] but

해석 그는 자신의 부하들이 선망하는 것은 이해할 수 있었지만, 자신이 그들의 신뢰를 받고 있다고 생각 했었기 때문에, 그들의 증오를 사는 것은 이해할 수 없었다.

정답 **18** ③ **19** ⑤ **20** ① **21** ④

22 Her feeling of __________ was so __________ that all the other patients were soon smiling or laughing.

① embolism – catastrophic

② melancholia – cataclysmic

③ ebullience – contagious

④ rehabilitation – paranoiac

23 Not only did he display __________ manners but his whole attitude betrayed his __________ for these people whom he considered his inferiors.

① elegant – frustration   ② peculiar – anxiety

③ revolting – indignation   ④ abominable – contempt

⑤ benign – attrition

24 The act of interpreting the works of another culture of another time involves both __________ and __________ , in order to comprehend as exactly as possible the meaning of the works in their own setting to give that meaning life in a new setting.

① restoring – recapitulating

② erudition – ignorance

③ deciphering – creating

④ respect – iconoclasm

⑤ accumulation – fragmentation

25 In many books, the principal characters are men and women of action; in others, the characters in his book are interesting because they are inclined to be __________ and __________ .

① introspective – doers   ② lazy – indifferent

③ extroverts – introverts   ④ thinkers – actors

⑤ thoughtful – imaginative

22 어구 embolism 색전증, 윤년, 윤달 | catastrophic 대이변의, 파멸적인(disastrous) | melancholia 우울증에 걸린 | cataclysmic 대변동의, 대격동의 | ebullience 넘치는 기운, 비등 | contagious 전염성이 있는 | rehabilitation 부흥, 재건, 명예회복 | paranoiac 편집증 환자의

해설 [순접-인과] so~ that

해석 그녀의 활기찬 느낌은 매우 전염성이 있어서 모든 다른 환자들은 곧 미소를 짓거나 웃음을 짓고 있었다.

23 어구 display 보이다, 드러내다(disclose); 표시, 진열 (exhibition) | betray 배반하다, 무심코 드러내다 | inferior 열등한 사람·것 | frustration 좌절, 실패, 실망, 욕구 불만 (disappointment) | indignation 분개, 격분 (anger) | contempt 경멸, 모욕, 무시 (despite) | benign 자비로운, 친절한, 온화한 (kind, benignant)

해설 [순접-유추] not only~.but

해석   사람들에 대해 그는 혐오스러울 정도로 불쾌한 태도를 나타냈을 뿐만 아니라, 그의 모든 태도는 그들을 경멸하고 있음을 무심코 드러내 보였던 것이다.

24 어구 interpret (말·예술적 표현으로) 해석하다, 풀이하다(explain) | comprehend 이해(파악)하다(understand, grasp); 포괄(포함)하다(include) *cf.* comprehensive 포괄적인; 이해가 빠른 | restore 반환하다, 회복시키다, 보수·복원하다(recall, renew) | iconoclasm 우상파의(주의), 구습 타파 | erudition 박학, 박식, 학식(knowledge, learning) | fragmentation 분열, 붕괴

해설 [순접-인과] in order to

해석 그 자체의 배경에서 작품들의 의미를 가능한 정확하게 이해하고 새로운 배경에서 그 의미에 생명을 주기 위해서, 다른 시대·다른 문화의 작품들을 해석하는 행위는 해독하는 것뿐만 아니라 창조하는 것도 포함한다.

25 어구 be inclined to do ~하기 쉽다, ~ 하고 싶다 | introspective 내성적인, 자기 관찰[분석]의 | doer 행위자, 실행가 | indifferent 무관심한, 냉담한(to) | extrovert [심리] 외향적인 사람 | introvert 내향적·내성적인 | thoughtful 생각이 깊은, 신중한, 주의깊은

해설 [역접-유추] men and women of action; in others

해석 많은 책들에서 주요 등장인물들은 행동파 남녀들이다. 반면, 그의 책의 등장 인물들은 사려깊고 상상력이 풍부해 보이기 때문에 흥미를 유발시키기도 한다.

정답 22 ③   23 ④   24 ③   25 ⑤

S.C Practice 15

1 After the government's __________ of its debts to other nations, few countries were willing to lend it any more money.

① annunciation   ② renunciation
③ pronunciation   ④ denunciation

2 The clerk had been __________ to his superior once too often; now he was without a job.

① insolent   ② sophisticated
③ impartial   ④ neutral
⑤ high in favor

3 Rather than propose a budget that is both balanced and austere, the legislators have opted to continue __________ spending.

① makeshift   ② red-ink
③ voting   ④ curtailed

4 Heisenberg's theory did not cause all physicists to change their opinions suddenly; instead, a gradual __________ of the old ideas took place.

① reexamination   ② recapitulation
③ replication   ④ revelation
⑤ rejuvenation

1 **어구** **be willing to R** 기꺼이 ~하다 | **annunciation** 통고 | **renunciation** 포기, 기권 | **pronunciation** 발음 | **denunciation** 비난, 탄핵, 고발

해설 [순접–유추] few countries were willing to lend it any more money

해석 다른 국가들에 대한 정부 자신의 부채 포기 선언 이후에, 그 정부에 더 이상의 돈을 기꺼이 빌려주려는 국가는 거의 없었다.

2 **어구** [보기] **insolent** 거만한 | **sophisticated** 세련된, 정교한, 순진하지 않은 | **impartial** 공정한 | **neutral** *a.* 중립의 *n.* 중립(자), 중립국 | **high in favor** 누구에게나 인기가 있는

해설 [순접–인과] he was without a job

해석 그 사원은 이전에 자신의 상사에게 너무나 종종 건방져서 이제는 직업이 없는 상태이다.

3 **어구** **propose** 신청하다, 제안하다, 추천하다, 지명하다 | **rather than** ~라기보다는 | **budget** 예산 | **balanced** 균형 잡힌 | **austere** 엄격한, 간소한 | **opt to R** ~하기를 선택하다 | **makeshift** 임시변통 | **red-ink** 적자 *cf.* black-ink 흑자, curtail 축소하다

해설 [역접–대조] rather than ~ both balanced and austere

해석 입법가들이 균형잡히고 간소한 예산을 제안하기보다는 계속해서 적자지출을 할 것을 선택했다.

4 **어구** **take place** 발생하다 | **reexamination** 재조사 | **recapitulation** 되풀이, 개괄적인 요약 | **replication** 응답, 복사, 복제, 반복 | **revelation** 폭로, 묵시 | **rejuvenation** 되젊어짐, 활기, 원기

해설 [순접–양보] not cause all physicists to change their opinions; instead

해석 Heisenberg의 이론은 모든 물리학자들로 하여금 자신들의 견해를 갑자기 바꾸게 하지는 않았다. 대신에 예전의 생각들에 대한 재조사가 발생하게 되었다.

정답 1 ② 2 ① 3 ② 4 ①

5 He had been found guilty of __________ on so many occasions that his friends no longer believed him.

  ① peccadillos   ② tenacity

  ③ mischief   ④ mendacity

6 Audubon's illustrations of birds prove that he was a great artist because they have interested not only the __________ but also the general public.

  ① ophthalmologists   ② laity

  ③ peripatetic   ④ woodsmen

  ⑤ ornithologists

7 Even though some genetic mutations may be useful under some circumstance, most are unconditionally __________ in all existing environments.

  ① expendable   ② androgynous

  ③ prevalent   ④ ancillary

  ⑤ deleterious

8 No hero of ancient or modern days can surpass the Indian with his lofty contempt of death and the __________ with which he sustains its cruelest affliction.

  ① regard   ② fortitude

  ③ guile   ④ loss

  ⑤ reverence

Memo

5 **어구** on so many occasions 그렇게도 많이 | mischief 해약, 손해, 악영향, 장난(injury, harm, evil) | tenacity 고집, 끈기, 불굴 | mendacity 허위, 거짓말, 거짓말하는 버릇 (falsehood)

해설 [순접-인과] his friends no longer believed him

해석 그는 거짓된 사례가 너무나 많았었기 때문에 그의 친구들은 그를 더 이상 믿지 않는다

6 **어구** prove 입증하다(demonstrate) | the general public 일반 대중 | ophthalmologist 안과의사(oculist) | laity 문외한, 평신도(laymen), 속인계급, 중생 | peripatetic 행상인 | ornitholoogist 조류학자

해설 [순접-유추] illustrations of birds

해석 Audubon의 새에 대한 삽화들은 조류학자들뿐만 아니라 일반 대중들의 관심도 끌었기 때문에 그가 위대한 미술가임을 입증해준다.

7 **어구** mutation 돌연변이, 변종 | existing 현존하는(extant), 현재의 | expendable 소비해도 좋은, 소모할 수 있는 | androgynous 자웅동체의, 자웅동화의 | ancillary 보조의, 부의 (auxiliary, accessory) | deleterious 해로운, 유독한(harmful, damaging)

해설 [역접-양보] even though ~ useful

해석 비록 일부 유전학적인 돌연변이는 어떤 상황 아래에서는 유용할 수 있을지라도, 대부분의 현존하는 환경 하에서는 절대적으로 해롭다.

8 **어구** surpass ~을 능가하다(exceed, excel, outdo) | lofty contempt of ~을 거들떠보지도 않는 | lofty 거만한, 고매한(haughty, proud) | contempt *n.* (적적인) 무시, 경멸, 모욕 [for] *cf.* contemptuous *a.* 모욕적인, 남을 얕보는, 경멸하는[of], contemptible *a.* 멸시할 만한, 경멸할 만한, 비열한, 하찮은 | sustain 유지하다, 견디다, 겪다 | affliction 고통, 고난, 불행(suffering, pain, distress) [파] afflict 괴롭히다 *cf.* conflict 충돌하다 | fortitude 불굴의 용기, 인내 | guile 기민, 책략, 교활 | reverence 숭배, 존경(worship)

해설 [순접-유추] ~ with which he sustains its cruelest affliction.

해석 고대나 현대의 어떠한 영웅도, 죽음을 거들떠보지는 않는 태도와 죽음에 대한 가장 잔인한 고뇌도 견뎌낼 수 있는 불굴의 정신을 지닌 아메리카 인디언을 능가할 수는 없다.

정답 5 ④ 6 ⑤ 7 ⑤ 8 ②

9 When the news of his ___________ with the enemy became known, he was hanged in effigy.

① involvement
② conversations
③ bickering
④ collusion
⑤ complacency

10 If you come to the conference table with such an ___________ attitude, we cannot expect to reach a harmonious agreement.

① ancillary　② effervescent　③ indolent
④ obdurate　⑤ unwonted

11 He was constantly running away from his problems instead of meeting them and finding some means of resolving them. He was never successful because he did not have the courage to ___________.

① follow up his ideas
② rebel against authority
③ face his difficulties
④ do things in a new way

12 In large cities it is the responsibility of the civil engineers to keep the water supply pure. Everyone in the city is dependent on these engineers for the freedom to take a single drink of water without worrying about disease-producing germs. Incompetence or negligence on the part of those engineers would result in ___________.

① increased wine sales
② disinterest in sanitation
③ a terrible epidemic
④ greater public appreciation

Memo

9 **어구** effigy (나무 · 돌 따위로 된) 초상, 인형 | **hang a person in effigy** (미운 사람 등의) 상을 만들어 목 매달다 | **collusion** 공모(complicity) | **bickering** 말다툼, 언쟁(squabble, debate, controversy, polemic) | **complacency** 만족, 안심, 친절(vainglory)

해설 [인과–유추] **he was hanged in effigy**

해석 그가 적과 공모한 사실이 알려졌을 때, 그의 초상은 목 매달아졌다.

10 **어구** conference 회담, 협의, 회의(confabulation, deliberation) | **expect** 1. 기대하다, 예상하다 2. [수동태] 예정되어 있다, ~하기로 되어 있다, ~하지 않으면 안 된다 3. (구어) ~라고 생각하다, 추측하다 | **effervescent** 거품나는, 활기있는, 흥분한(exuberant) | **indolent** 나태한, 게으른 | **unwonted** 익숙하지 않은, 드문, 이상한(exceptional) *cf.* wonted 버릇처럼 된, 일상의

해설 [순접–인과] **we cannot expect to reach a harmonious agreement**

해석 당신이 그렇게 완고한 태도로 회의석상에 나온다면, 우리는 조화로운 합의에의 도달을 기대할 수 없다.

11 **어구** resolve 해결하다 | **have the courage to R** ~할 용기를 가지다 | **follow up** 철저히 구명하다, 계속하여 ~을 하다 | **rebel against** 반란을 일으키다(revolt) | **face** 1. ~에 면하다, ~을 향하다 2. [수동태] ~에 용감하게 맞서다; 대항하다(confront) 3. (사실 · 사정 등을) 직시하다, 직면하다

해설 [순접–인과] **He was constantly running away from his problems**

해석 그는 문제들을 직면하고 또한 그것들을 해결하기 위한 수단을 강구하는 대신에 문제들을 항상 회피하고 있었다. 그가 어려움에 직면할 용기를 갖지 못했기 때문에 그는 결코 성공하지 못했다.

12 **어구** responsibility 책임, 신뢰성 | **civil engineer** 토목기사 | **pure** 맑은, 순수한 | **a single drink of water** 한 모금의 물 | **germ** 세균, 기원, 근원 | **incompetence** 무능력 | **negligence** 태만, 무관심 | **disinterest** 무사 공평, 무관심 | **sanitation** (공중) 위생 | **epidemic** 전염병, 유행병 *cf.* endemic 풍토병, 지방병

해설 [순접–인과] **without worrying about disease-producing germs**

해석 대도시들에서 상수도를 깨끗이 보존하는 것은 토목 기사의 책임이다. 도시에 사는 모든 이는 질병을 야기하는 세균에 대해서 걱정하지 않고서도 한 모금의 물을 마시기 위해 이 토목 기사들에게 의존한다. 토목 기사들의 편에서 무능함이나 나태함은 끔찍스러운 전염병을 초래할 수도 있다.

정답 9 ④ 10 ④ 11 ③ 12 ③

13 Here was a man of obscure birth who had the audacity to plan an enterprise without precedent in record history. He was a skillful seaman, and his project was supported by the best geographical learning of his time; yet it was not primarily by his ability or his knowledge of navigation that he learned his immortality, but ______________.

① by the obscurity of his birth

② by the amount of his wealth

③ by the quality of his will

④ by the contentment with his life

⑤ by this geographical learning

14 The women's mission is not to enhance the masculine spirit, but to express the feminine. Hers is not to preserve the man-made world, but to create a human world by the __________ of the feminine element into all of its activities.

① exercise　　　　　　② infusion

③ endeavor　　　　　　④ construction

15 It is remarkable that a man so in the public eye, so highly praised and imitated, can retain his __________ and reticence.

① decorum　　　　　　② dogmas

③ bravado　　　　　　④ idiosyncrasies

⑤ humility

16 The urban population of the United States has slowly ______ __________ , the urban decline in births being more than balanced by migration from the rural areas.

① decreased　　　　　　② consolidated

③ increased　　　　　　④ assimilated

13 어구 **obscure** 미천한, 애매모호한, 무명의 | **audacity** 안하무인, 대담무쌍 | **precedent** 선례 | **skillful** 실력이 있는 | **navigation** 항해(sailing, voyage) | **immortality** 불후의 명성, 불사

해설 [역접-대조] not A (by his ability or his knowledge of navigation) ~ but B(by the quality of his will)

해석 기록된 역사상 유례가 없는 사업을 과감하게 계획했었던 출생 신분이 미천한 한 인간이 여기에 있다. 그는 숙련된 선원이었고, 그의 사업은 당대 최고의 지질학적 지식에 의해서 지원을 받았다. 그러나 그가 불후의 명성을 얻게 된 것은 자신의 능력이나 항해 지식에 의해서가 아니라 자신의 질 높은 의지에 의한 것이었다.

14 어구 **masculine** 남성의, 용감한; 남성 | **feminine** 여성의; 여성 | **element** 요소, 성분(factor) *cf.* component 구성 요소(constituent) | **substance** 물질(material), 물체, 성분 (ingredient) | infusion 주입, 고취 *cf.* infusion A into B A의 B로의 주입 | **endeavor** 노력; 노력하다

해설 [역접-대조] not preserve ~ but to create ~

해석 여성들의 임무는 남성적인 정신을 고양하는 것이 아니라 여성임을 표현하는 것이다. 여성들의 임무는 남성이 만든 사회를 보전하는 것이 아니라 여성적인 요소들을 모든 활동에다 주입함으로써 인간적인 세상을 만드는 것이다.

15 어구 **retain** 보유하다, 존속시키다, 유지하다(keep), 고용하다(hire, employ) | **reticence** 과묵, 말수 적음 | **decorum** 단정, 예의바름 | **dogma** 교의, 교리, 독단 | **bravado** 허장성세, 허세 | **idiosyncrasy** 특질, 특이성, 개성 | **humility** 겸손, 겸허(humbleness, meekness)

해설 [순접-유추] ~ and reticence

해석 세상에서 매우 주목받고 있고, 칭찬 받으며 흉내내어지고 있는 (타인의 모범이 되어지고 있는) 사람은 자신의 겸손과 과묵함을 지닐 수 있다는 사실이 주목할 만하다.

16 어구 **urban** 도시의, 도회지에 있는, 도회풍의 [혼] urbane 도회풍의; 예의 있는, 점잖은; 세련된 (refined), 품위있는 | **migration** 이동, 이주 | **decrease** 줄어들다 | **consolidate** 합병하다(unite), 통합하다(combine), 견고히 하다(solidify), 강화하다(strengthen) | **increase** 증가하다, 증대시키다(augment) | **assimilate** 동화시키다, 소화하다

해설 [순접-유추] more than balanced

해석 미국의 도시 인구는 조금씩 증가하고 있다. 도시의 출생률의 감소는 시골 지역으로부터의 인구 유입에 의해서 균형을 넘어가고 있다.

정답 13 ③ 14 ② 15 ⑤ 16 ③

17 Astronomers believed that the stars send out colored light long before they were able to prove it. Even with the most powerful telescopes, the colors were too faint to be perceived by the eye. When high-speed color film became available, it was possible to record the true __________ .

① colors of stars ② movements of stars

③ sizes of stars ④ distance of stars

18 North Korean is trapped in __________ . Its extreme paranoia feeds its belligerence, which in turn generates outside hostility that further feeds its paranoia.

① an inflationary spiral

② an irregular fault line

③ an irregular fluctuation

④ a periodic table

⑤ a vicious circle

19 And the __________ are high – tribal peoples are intimidated, beaten and sometimes killed for opposing modern-day land grabs.

① baits ② challenge ③ affiliation

④ morale ⑤ stakes

20 Although ordinarily skeptical about the purity of Robinson's motives, in this instance Jenkins did not consider Robinson's generosity to be __________ consideration of personal gain.

① lacking in ② contrary to

③ alloyed with ④ mitigated by

⑤ repudiated by

17 **어구** **astronomer** 천문학자 | **telescope** 망원경 | **faint** 희미한 | **perceive** 인지하다, 지각하다 | **high-speed color film** 고감도 컬러 필름

해설 [순접-인과] When high-speed color film became available

해석 천문학자들은 별들이 유색의 빛을 방사한다는 것을 입증해내기 훨씬 이전부터 그 사실을 알고 있었다. 그 색들은 너무나 희미해서 아무리 고배율의 망원경을 사용해도 눈에 지각될 수 없었다. 고감도 컬러 필름의 활용이 가능하게 되었을 때 정확한 별의 색들을 기록하는 것이 가능해졌다.

18 **어구** **be trapped in** 덫으로 잡히다, 옴짝달싹 못하다 | **extreme** 극도의(utmost), 극단적인 | **belligerence** 전쟁, 호전성 | **in turn** 차례로, 순서대로(successively, one after another) *cf.* by turns 교대로, 번갈아(one after the other, alternately) | **paranoia** 과대망상증, 심한 공포·의심 | **fluctuation** 파동, 변동(flux), 오르내림(up and down) | **vicious circle** 악순환

해설 [순접-부연 설명] in turn

해석 북한은 악순환의 올가미에 걸려 있다. 북한의 극단적인 피해의식은 호전성을 부채질하고, 그리고 이 호전성이 이번에는 외부 세계에 대한 적대감을 낳게 하고, 이것이 다시 북한의 피해의식으로 이어진다.

19 **어구** **tribal** 부족의 | **intimidate** 위협·협박하다 | **beat** 때리다 | **modern-day** 현대식의 | **land-grab** 토지횡령 | **bait** 미끼 | **affiliation** 협력, 입회 | **morale** 사기, 도덕 | **stake** 말뚝 *cf.* The stakes are high 매우 위험하다

해설 [순접-진술 부연] tribal peoples are intimidated ~

해석 매우 위험하다. 즉 부족인들이 현대식 토지 횡령에 반대했다는 이유로 협박을 당하고 폭행을 당했으며 때로는 살해당했다.

20 **어구** **skeptical** 의심 많은, 회의적인(doubtful, dubious, suspicious, cynical) | **purity** 순수, 깨끗함 | **consider** 1. 숙고하다, 고찰하다(meditate) 2. ~을 ~로 생각하다, 간주하다(regard) 3. ~을 참작하다, 고려하다 4. ~을 존경하다, 존중하다 | **generosity** 관대한 행위 | **lacking in** 모자라는 | **contrary to** ~에 반하여 | **alloyed with** ~로 합금된, 썩은 | **mitigated by** 완화된 | **repudiated by** 거절된, 부인된

해설 [역접-양보] Although ordinarily skeptical about the purity

해석 Jenkins는 비록 Robinson의 목적의 순수성에 대해서는 보통 의심하긴 하지만, 이러한 경우에 Robinson의 관대한 행위에 개인적인 이득을 보려는 생각이 녹아 있다고 생각하지는 않았다.

정답 17 ① 18 ⑤ 19 ⑤ 20 ③

21 Claitor refuses to admit there is any _________ between his personal belief in man's goodness and his adherence to the church's dogma of human _________.

① equivocation – salvation

② conflict – corruption

③ hypocrisy – regeneracy

④ syllogism – imitation

⑤ contradiction – rights

22 A growing body of opinion favors _________ to prevent the wide fluctuation of grain prices and the consequent _________ of industrial prices resulting from the impact of food prices on wage demands.

① tariffs – encroachment

② ceilings – slump

③ exports – effect

④ stockpiles – destabilization

⑤ mechanisms – estimation

23 Recent trials of several murders reveal _________ behavior, including _________ and cannibalism.

① lunatic – manipulation

② lethargic – massacre

③ macabre – torture

④ mercurial – grimaces

21 **어구** **goodness** 선 | **adherence** 고수, 집착, 부착 [파] **adhesive** 접착제, 접착력이 있는 adhere ~에 붙다 *cf.* cohere 응집하다 | **dogma** 교의, 교리 | **equivocation** 애매함, 다의성 | **salvation** 구조, 구제 | **conflict** 충돌, 투쟁 | **corruption** 부패, 타락 | **hypocrisy** 위선(행위) | **regeneracy** 재생, 갱신, 부흥 | **syllogism** 연역, 그럴 듯한 이론 | **imitation** 모방, 위조 | **contradiction** 모순, 부인

해설 [역접–대조] between goodness and

해석 Claitor는 인간의 선에 대한 그의 개인적인 신념과 인간의 타락에 대한 교회의 교리를 그가 지키는 것 사이에는 어떤 갈등이라도 있는지 시인하기를 거부한다.

22 **어구** **body of** 상당히 많은 | **favor** 찬성하다 | **fluctuation** 변동, 파동 | **wage demands** 임금 요구 | **tariff** 관세 | **encroachment** 침입 | **ceiling** 천장, 상한, 한계 | **slump** 폭락, 의기소침 | **stockpile** 비축, 재고 | **destabilization** 불안정, 동요

해설 [순접–열거] the wide fluctuation ~ and the consequent

해석 곡물가의 변동 폭의 확대를 막고 식품 가격이 임금 요구에 미치는 영향에서 발생하는 공산품의 가격의 불안정을 막기 위해서 식량 비축을 해야 한다고 증가하는 많은 의견이 찬성한다.

23 **어구** **trial cannibalism** 식인 풍습 | **lunatic** 정신이상의; 미치광이 | **manipulation** 조작 | **lethargic** 무기력한, 활발하지 못한 | **massacre** 대학살; 대량으로 학살하다 | **macabre** 소름이 끼치는, 무시무시한 | **torture** 고문(torment); 고통, 고뇌 | **mercurial** 변덕스러운; 수은의 | **grimace** 우거지상, 찡그린 얼굴

해설 [순접–열기] and cannibalism

해석 여러 살인 사건의 최근 공판에서 고문과 인육을 먹는 행동처럼 무시무시한 행동을 밝혀냈다.

정답 21 ② 22 ④ 23 ③

24 Because fruit juice fills babies' small stomachs and ruins their appetite for foods that contain nutrients they __________, consuming large quantities can actually prove __________ to babies less than 24 months old.

① require – helpful

② need – detrimental

③ ingest – advantageous

④ prefer – beneficial

25 Animals have proved their __________ humans by achieving __________ language within their respective species; there is no convincing evidence that the mooing of a cow is any different in China from what it is in the United States.

① relationship to – a basic

② similarity to – a polyglot

③ emulation of – an inventive

④ superiority to – an international

⑤ contempt for – a secret

24 **어구** **ruin** 망쳐놓다 | **nutrient** 영양소 | **detrimental** 해로운 | **ingest** 섭취하다 | **beneficial** 유익한

해설 [순접-인과] Because fruit juice ~ ruins their appetite

해석 과일 주스가 아이의 작은 위를 채워 필요한 영양소를 함유한 음식물에 대한 식욕을 망쳐놓기 때문에, 다량의 주스를 먹이는 일은 실제로 24개월이 못 된 아이들에게는 해롭다.

25 **어구** **respective** 각자의, 각각의 | **convincing** 설득력이 있는, 납득이 가는 | **mooing** 소가 우는 소리 | **A is different from B** A와 B는 다르다 | **relationship** 관계 | **polyglot** 수개 국어의 | **emulation** 경쟁, 대항 | **inventive** 발명의 | **superiority to** ~보다 뛰어난 우수성 | **contempt** 경멸

해설 [순접-유추] no convincing evidence that the mooing of a cow is any different in China from what it is in the United States

해석 동물들은 그들 각각의 종 내에서 국제어를 이룩함으로써 그들이 인간보다 우수함을 입증했다. 그러나 소의 울음 소리는 미국의 소가 내는 울음 소리나 중국의 소가 내는 울음 소리가 조금이라도 다르다는 확실한 증거는 없다.

Memo

정답 24 ② **25** ④

1 No man should be praised for his goodness if he lacks the strength to be bad; in such cases goodness is usually only the effect of indolence or __________.

① desire for praises

② saucy impudence

③ impotence of will

④ a sense of public disgrace

⑤ spicy audacity

2 Those who are regarded as inferior elements of society may play the important role in the shaping of history. Their importance lies in the readiness with which they are collectively swayed in any direction. They can be easily persuaded to take risks and __________.

① to plunge into some united action

② to consider the consequence of their action

③ to work for a noble political cause

④ to reap rewards from the risks taken

3 Exercise allergy isn't rare. In addition to the case described in their report, Shefer and Austen have treated 11 other patients and received report of 60 others from around the country. They advise their patients to carry Adrenaline kit and avoid __________.

① overexertion   ② take a rest

③ overeating   ④ cold weather

Memo

1 **어구** **be praised for** ~ 때문에 칭찬받다 | **strength** 힘 | **in such case** 그와 같은 경우에 | **goodness** 선 | **indolence** 나태함 | **saucy** 건방진 | **impudence** 건방짐, 뻔뻔함 | **impotence** 무능함, 박약 | **will** 의지 | **disgrace** 불명예 | **spicy** 향이 나는, 비판적인, 비열한 | **audacity** 안하무인, 뻔뻔함

해설 [순접-진술 부연] **No man should be praised**

해석 그 어느 누구라도 만일 사악해질 수 있는 힘을 상실한다면, 그가 선하다는 이유로 칭찬을 받아서는 안 된다. 그와 같은 경우에 있어서 선은 대개는 단지 나태함이나 의지 박약에 따른 결과에 불과한 것이다.

2 **어구** **play the role in ~ing** ~하는 역할을 담당하다 | **readiness** 준비, 채비, 용이, 기꺼이 함 | **collectively** 공동으로 | **take risks** 위험을 무릅쓰다 | **plunge into** ~에 뛰어들다, 착수하다 | **noble** 고상한, 숭고한 | **reap** (농작물을) 수확하다

해설 [순접-열거] **take risks and**

해석 사회의 열등한 구성 요소로서 간주되어지는 이들이 역사를 형성하는데 있어서 중요한 역할을 담당하는지도 모른다. 그들의 중요성은 집단적으로 그 어떤 방향으로든지 휩쓸리는 때에 보여주는 즉각적인 태도에 놓여 있다. 그들은 쉽사리 위험을 감수하고 단합된 행동으로 뛰어들게끔 설득당할 수 있다.

3 **어구** **rare** 드문, 진귀한 | **in addition to** ~이외에도 | **treat** 치료하다 | **kit** (구급) 상자, 연장통 | **avoid** 피하다, 회피하다(escape, evade, eschew, shun) | **overexertion** 지나친 운동 · 노력 | **take a rest** 휴식을 취하다 | **overeat** 과식하다 *cf.* overeating *n.* 과식

해설 [순접-진술 부연] **Exercise allergy isn't rare**

해석 운동 알레르기는 드문 것이 아니다. Shefer와 Austen의 보고서에 설명된 경우, 이외에도 11명의 다른 환자들을 치료했으며, 전국에서 제각기 다른 60명의 보고를 받았다. 그들은 환자들에게 아드레날린 구급상자를 휴대하고 과다한 운동을 피할 것을 충고한다.

정답 1 ③   2 ①   3 ①

4 Very, very early in my boyhood I had acquired the habit of going about alone to amuse myself in my own way, and it was only after years, when my age was about twelve, that my mother told me how anxious this __________ in me used to make her. She would miss me when looking out to see what the children were doing, and I would be called and searched for, to be found hidden away somewhere in the plantation.

① awkwardness　　　② singularity

③ indifference　　　④ belligerence

⑤ impudence

5 I have said that one learns by his mistakes, when once he is convinced of them; but it is only the brutal evidence of hard facts which will convince him, and until these hard facts hit him in the face, his __________ will make him hold on. It has been said that the English lose all the battles and win all the wars: and it is only after he has lost a certain number of battles that the Englishman changes his tactics. Until then, his lack of imagination prevents his understanding that his adversary is doing and thinking, and prevents him from seeing that he really has made a mistake: but when he does see it, he changes whole-heartedly.

① effrontery　　　② presumptuousness

③ faintheartedness　　　④ timidity

⑤ doggedness

6 We must be prepared for __________ increases in gasoline prices during the coming decade.

① substantial　　　② puny

③ questionable　　　④ unlikely

Memo

4 **어구** boyhood 소년시절 ㅣ go about 돌아다니다 ㅣ amuse 즐겁게 하다 ㅣ in one's own way 자신의 방식대로 ㅣ anxious 1. [서술용법] 걱정하여, 염려하여[about, at, for] 2. [한정용법] 걱정스러운, 불안한, 염려되는(uneasy) 3. 열망하는[for, to do] 4. 마음 졸이게 하는, 조마조마하게 하는 ㅣ used to R ~하곤 했었다 ㅣ plantation 농장 ㅣ awkwardness 어색함 ㅣ singularity 기이함 ㅣ indifference 무관심 ㅣ belligerence 호전성 ㅣ impudence 건방, 뻔뻔함

해설 [순접-진술 부연] going about alone to amuse myself in my own way

해석 매우 어릴 적 소년 시절에 나는 내 방식대로 즐기기 위해서 혼자서 돌아다니는 습관을 얻었고, 몇 년이 지나서 내 나이가 12살이 되었을 때, 나에게 있는 이 이상한 행동이 어머니를 걱정시키곤 한다고 어머니가 말씀하셨다. 어머니가 아이들이 무엇을 하고 있는지 보려고 밖을 내다봤을 때 내가 보이지 않아서 농장 어딘가에 숨어 있는 나를 부르고 찾았었을 것이다.

5 **어구** be convinced of ~을 확신하다 ㅣ brutal evidence 적나라한 증거 ㅣ hard facts 엄연한 사실들 ㅣ hold on 지탱하다, 고수하다 ㅣ adversary 적, 상대방 ㅣ a number of 많은 ㅣ tactic 작전, 책략 ㅣ whole-heartedly 흔쾌히 ㅣ effrontery 뻔뻔스러움 (presumptuousness) ㅣ faintheartedness 나약함, 소심함 ㅣ timidity 소심함 ㅣ doggedness 완강함

해설 [순접-유추] only the brutal evidence of hard facts ~ will convince him and

해석 나는 자신이 그 실수에 대해서 확신하게 되었을 때에야 그는 실수를 통해서 배우게 된다고 지적한 바가 있다. 그러나 그를 확신시켜 주는 것은 단지 엄연한 사실이라는 적나라한 증거가 나타났을 때일 뿐이다. 그리고 이러한 엄연한 사실들이 그의 눈앞에 명백하게 드러날 때까지는 그의 끈질김이 그를 사로잡는다. 영국인들은 모든 전투에서 지지만 모든 전쟁에서는 이긴다고들 말해왔다. 그리고 그가 상당수의 전투에서 지고 나서야 비로소 영국인은 자신의 전술을 바꾸게 되는 것이다. 그때가 되기까지는 그는 상상력의 빈곤으로 인해서 자신의 적도 생각하고 행동하고 있다는 사실을 이해하지 못하고, 또한 자신이 진실로 실수를 했다고 이해하지 못한다. 그러나 그가 그 사실을 깨닫게 될 때에는 입장을 흔쾌히 바꾸게 된다.

6 **어구** be prepared for ~에 대비하다 ㅣ substantial 대폭적인, 실질적인 ㅣ puny 자그마한, 미약한 ㅣ questionable 의심스러운, 수상한 ㅣ unlikely 있음직하지 않은, 가망 없는

해설 [순접-유추] increases

해석 우리는 다가올 10년 동안 가솔린 가격의 상당한 상승에 대비해야 한다.

정답 4 ② 5 ⑤ 6 ①

7 The functions of the hands, eyes, and brain are so __________ that using the hands during early childhood helps to promote the child's entire perceptual development.

① intertwined　　② unalterable

③ enigmatic　　④ regulated

8 It is not __________ to compliment a mother on the beauty of her plain child; it is merely common sense.

① veracious　　② ludicrous

③ hypocrisy　　④ sensitivity

9 The dogmatist at either end of the political spectrum characteristically believes in freedom for himself but not for those who __________ his ideologies.

① reject　　② require

③ belabor　　④ pursue

10 When he learned that the movie was to be replete with __________ scenes, the cautious banker refused to underwrite its cost.

① extant　　② sultry

③ exulting　　④ crucial

⑤ sound

7 **어구** **perceptual** 인지의 | **intertwined** 뒤얽힌(interwoven) | **unalterable** 바꿀 수 없는 | **enigmatic** 불가사의한(mysterious)

해설 [순접-인과] so ~ that

해석 손과 눈 그리고 두뇌는 너무나도 서로 얽혀 있기 때문에 어린 시절에 손을 사용하는 것은 어린이의 전반적인 발달을 촉진시키는 데 도움이 된다.

8 **어구** **compliment** ~에게 찬사를 받다 | **plain** *a.* 꾸밈없는, 평범한(simple, pure) *cf.* plainly *ad.* 명백히; 솔직히, 검소하게 | **veracious** 진실한, 성실한 | **ludicrous** 바보 같은, 우스운 | **hypocrisy** 위선(cant)

해설 [순접-유추] ; it is merely common sense.

해석 꾸밈없는 어린 아이의 미에 대해 그 엄마에게 칭찬하는 것은 위선이 아니라 그것은 상식에 불과하다.

9 **어구** **dogmatist** 독단가, 독단론자; 독단적인, 독단주의의, 교리의 | **spectrum** 분광, 스펙트럼, [비유] (넓은) 범위, 전후 관계(wide, range or sequence)

해설 [역접-대조] believes in freedom for himself but not for

해석 정치적 견해가 각양각색인, 어느 한쪽이 극단적인 독단론자는 자신을 위한 자유는 인정하지만 그의 이데올로기를 벗어나는 사람들을 위한 자유는 믿지 않는 것이 특징이다.

10 **어구** **replete with** ~으로 가득 찬 | **cautious** 주의 깊은, 신중한(alert, wary, watchful, careful, deliberate) | **underwrite** ~의 비용 부담을 떠맡다, ~에 서명·계약하다 | **extant** 현존하는 | **sultry** 외설스러운, 무더운 | **exulting** 기뻐하는 | **crucial** 결정적인, 중대한 | **sound** 건전한

해설 [순접-유추] ~ refused to underwrite its cost

해석 사려 깊은 은행가는 그 영화가 외설스러운 장면으로 가득 차 있다는 것을 알았을 때, 그는 영화 (투자) 비용 부담을 떠맡기를 거부했다.

정답 **7** ① **8** ③ **9** ① **10** ②

11 When we hate our enemies, we give them power over us – power over our sleep, our appetites and our happiness. They would dance with joy if they knew how much they were worrying us. Our hate is not hurting them at all, but it is turning our own days and nights into hellish turmoil. Therefore, _______________.

① it is impossible to love your enemies

② don't complain of your life

③ you should not let your enemies have power over you

④ your happy life depends on love, not hate

12 There are many ways by which man arrives at a truth. He arrives at a mathematical truth by deduction, he arrives at the truth on beauty and on order by his aesthetic judgement, and he arrives at a moral truth by _________.

① the freedom

② the stream of unconsciousness

③ the elegance

④ the rules of science

⑤ the conscience

13 Since the early Christian church disapproved of the charging of interest, its members could not become bankers. The Jewish religion did not forbid its members to charge interest; thus, any of them began _________.

① selling stocks and bonds

② borrowing money

③ lending money

④ converting Christians

⑤ lending stocks and bonds

11 **어구** **hate** 싫어하다(detest, loathe, execrate) | **power over us** 우리를 지배하는 힘 | **appetite** 식욕, 욕구 | **at all** 결코, 기왕에, 과연, 도대체 | **turn A into B** A를 B로 바꾸다 | **hellish** 지옥 같은 | **turmoil** 소동, 소란, 혼란(tumult)

해설 [순접-인과] not hurting them but turning ~ into hellish turmoil. Therefore

해석 우리가 우리의 적을 미워하게 될 때 우리는 적들에게 우리의 취침, 입맛 및 행복을 지배하는 힘이라고 할 수 있는 우리를 지배하는 힘을 제공한다. 그들이 우리를 얼마나 걱정을 끼치는지를 안다면 그들은 즐거워서 춤을 출 것이다. 우리의 증오는 결코 그들에게 해를 끼치지 않지만, 증오는 우리 자신의 낮과 밤을 지옥 같은 혼란으로 바꿔 놓는다. 따라서 당신의 행복한 삶은 증오가 아니라 사랑에 의존하게 된다.

12 **어구** **mathematical** 수학(상)의, 매우 정확한, 엄밀한, 명확한 | **deduction** 연역, 공제, 추론 | **aesthetic** 미의, 심미적인 | **moral** 도덕상의, 윤리상의, 양심적인 *cf.* immoral 비도덕적인, 부도덕한(unethical) | **unconsciousness** 무지, 의식불명 | **elegance** 우아함, 고상함 | **conscience** 양심

해설 [순접-열거] ~ a mathematical truth by deduction, ~ at the truth on beauty and on order by his aesthetic judgement,

해석 인간이 진리에 이르는 수많은 방법이 있다. 인간은 연역에 의해서 수학적 진리에 도달하며, 심미적 판단에 의해서 미와 질서에 대한 진리에 도달하며, 양심에 의해서 도덕적인 진리에 도달한다.

13 **어구** **disapprove of** 찬성하지 않다 | **charging** 청구 | **forbid A to R** A가 ~하지 못하게 하다 | **stock** 주식 | **bond** 증서, 채권 | **convert** 바꾸다, 개종시키다

해설 [순접-인과] did not forbid its members to charge interest; thus

해석 초기 기독교회는 이자의 청구를 용납하지 않았기 때문에, 교인늘은 은행가가 될 수 없었디. 유태교는 교인들의 이자 청구를 금지하지 않았다. 그리하여 이들은 누구든지 돈을 빌려주기 시작했다.

정답 11 ④ 12 ⑤ 13 ③

14 Scientists have found both good and bad uses for nuclear energy. Our main source of power when oil is exhausted will probably be atomic power plants. There is, on the other hand, the danger of thermonuclear weapons almost certain to be used in future wars. There are, however, few people who blame the scientists for the possibility of world destruction and who feel that the discovery of nuclear energy has been _________.

① morally wrong

② scientifically important

③ understood by few

④ subject to international control

15 We are never alone. We cannot insist that any of our actions involve only ourselves   and no other people. At all times the frame of reference for our conduct must be the _________ closely involved with the activity.

① issue   ② individual   ③ person

④ group   ⑤ problem

16 A significant _________ barrier divides those who experienced the fighting in Bosnia from those who were able to escape before it began.

① psychological   ② agricultural

③ geographical   ④ semantic

17 Jobs are one of the _________ of the success on any society. When there is not enough work for everybody who wants to work, there are problems; and there are also problems when there is work enough but not reward enough.

① results   ② measures

③ evaluations   ④ enterprises

Memo

14 **어구** **good use** 선용 | **bad use** 악용 | **source** 원천, 근원(origin), 근본, 출처 | **exhaust** 다 써버리다, 지치게 하다 | **thermonuclear** 열핵의 | **blame A for B** B를 이유로 A를 비난하다 | **plant** 공장, 식물 | **be subject to N (~ing)** ~을 당하기 쉽다

해설 [역접-대조] There is the danger. ~ however

해석 과학자들은 핵 에너지의 좋은 이용과 나쁜 이용을 둘 다 알아냈다. 석유를 다 고갈했을 때, 우리의 에너지 자원은 아마도 원자력 발전소일 것이다. 그러나 미래의 전쟁에서는 열 원자 핵무기가 거의 확실히 이용되리라는 위험이 존재하고 있다. 그러나 세계 파멸의 가능성에 대해서 과학자들을 비난하며 핵에너지의 발견이 도덕적으로 잘못됐다고 생각하는 사람들은 거의 없다.

15 **어구** **at all time** 항상(always) | **the frame of reference** 준거점 | **involved with** ~와 관련된

해설 [순접-유추] We are never alone.

해석 우리는 결코 혼자가 아니다. 우리는 우리의 어떤 행동도 그것이 오직 우리 자신들만이 관계될 뿐, 타인과는 상관 없는 것들이라고 주장할 수 없다. 항상 우리의 행동의 준거점은 행동과 가장 긴밀한 관계에 놓여있는 집단이어야 한다.

16 **어구** **significant** 눈에 띄는, 의미심장한, 중요한 | **barrier** 장벽 | **divide A from B** B로부터 A를 구분하다 | **psychological** 심리적 | **geographical** 지리적인 | **semantic** 의미론상의

해설 [순접-유추] divide ~ from

해석 중요한 심리적 장벽이 보스니아에서 전투를 경험했던 사람들과 전쟁이 발발하기 이전에 피난할 수 있었던 사람들을 구분짓고 있다.

17 **어구** **reward** 보상, 보수 | **evaluation** 평가, 감정, 검정 | **measures** 수단, 방책, 조치 | **enterprise** 기획, 기업

해설 [순접-부연 설명]

해석 직업은 어떤 사회의 성공 여부를 평가하는 수단이 될 수 있다. 직업을 원하는 모든 사람들에게 일자리가 충분하지 않다면 그 사회에는 문제가 있는 것이고, 또한 일은 많지만 일에 대한 충분한 보수가 없다면 그곳에도 문제가 있다고 볼 수 있다.

정답 14 ① 15 ④ 16 ① 17 ③

18 Instead of taking exaggerated precaution against touching or tipping or jarring the costly bottle of wine, the waitress handled it quite _________ being careful only to use a napkin to keep her hands from the cool bottle itself.

① fastidiously   ② capriciously   ③ nonchalantly
④ tentatively   ⑤ imprudently

19 People spend much of their time, then, looking for solutions to their problems. Though they _________ established ways of doing things, they occasionally strike out in new directions; such as "inventions", "discovery", and "innovation" refer to this aspect of adapting. Once people develop a new solution, they usually begin to argue not that it is new but that it is good—not expedient but proper.

① deal with   ② get away from
③ have to do with   ④ fall back on

20 Opening the Doors to Protecting Public Health Last week a U.S. Federal judge finally verified what the scientific and medical community has been saying for twenty years: nicotine is a drug, an extremely harmful and _________ drug.

① dexterous   ② contiguous
③ appropriate   ④ addictive

21 As the name of the prize winner was _________ , the runner-up looked totally _________.

① extolled – exonerated
② awarded – devastated
③ announced – crestfallen
④ proclaimed – credulous

Memo

18 어구 **instead of** ~ 대신에, ~하기는커녕 | **take the precaution against** ~을 경계하다 | **exaggerate** 과장하다, 지나치게 강조하다 | **tip** 기울이다, 뒤집어엎다, 밀고하다 | **jar** 부딪치다, 어긋나다, 깜짝 놀라게 하다 | **fastidiously** 까다롭게, 괴팍스럽게 | **capriciously** 변덕스럽게 | **nonchalantly** 무관심하게 | **tentatively** 시험 삼아서, 임시로, 주저하며 | **imprudently** 분별없이

해설 [역접-유추] Instead of

해석 그 여종업원은 비싼 포도주 병을 건드리거나 뒤집어엎거나 부딪히지 않도록 지나칠 정도로 조심하기는커녕, 아주 무관심하게 냅킨을 사용하여 자신의 손이 차가운 병 자체에 닿지 않도록 하는 것에만 주의를 기울였다.

19 어구 **established** 확립된, 정착된, 기존의 | **occasionally** 때때로 | **strike out** 힘차게 전진하다, 새로운 일을 시작하다 | **aspect** (보이는) 면(side, look, point of view, exterior, appearance) | **adapting** 적응, 각색 | **expedient** 편리한, 정략적인, 방편적인 (convenient) | **deal with** 다루다, 처리하다 | **get away from** 떠나다, 달아나다 | **have to do with** ~과 관계가 있다 | **fall back on** ~에 의존하다

해설 [역접-양보] Though ~ strike out

해석 그리하여 사람들은 자신의 문제점들에 대한 해결책을 찾느라 많은 시간을 소비한다. 비록 그들이 일을 하게 되는 기존의 방식에 의존을 할지라도 새로운 방향으로 가끔은 처리하기도 한다. 즉, 발명과 발견과 혁신은 적응화의 이런 면을 가리킨다. 사람들이 새로운 해결책을 만들어내면 그 해결책은 새로운 것이 아니라 좋은 것이라고 – 편리한 것이 아니라 적절한 것이라고 – 주장하기 시작한다.

20 어구 **verify** 진실임을 증명(입증)하다 | **dexterous** 능숙한, 오른손잡이의 *cf.* sinoster 왼손잡이의, 불길한 | **ambidextrous** 양손을 다 쓰는, 솜씨있는 | **contiguous** 접촉하는, 인접한 | **appropriate** 적합한, 적낭한, 적질한(pertinent) | **addictive** 습관성(중독성)의(habit-forming)

해설 [순접-인과] extremely harmful and

해석 공중 보건소를 개원한 지난 주 한미 연방 판사는 지난 20년간 의학, 과학계가 주장해 온 사실, 즉 니코틴은 지극히 해롭고 중독성이 강한 마약이라는 주장에 마침내 손을 들어 주었다.

21 어구 **prize winner** 우승자, 당선자 | **runner-up** 차점자, 입선자 | **extol** 극구 칭찬하다 | **exonerate** 면제하다 | **award** (상을) 수여하다 | **devastate** 유린하다, 황폐시키다 | **announce** 발표하다, 고지하다, 선언하다(declare) | **crestfallen** 풀이 죽은, 의기소침한, 낙담한 | **proclaim** 선언하다, 공포하다 | **credulous** 잘 속는, 속기 쉬운 | **runner-up** (경기 등의) 차점자; 입상자

해설 [순접-유추] the runner-up

해석 우승자의 이름이 발표되었을 때, 차점자는 완전히 풀이 죽은 것처럼 보였다.

정답 18 ③ **19** ④ **20** ④ **21** ③

S.C Practice 16

22 Many young people, even from _________ backgrounds, show their _________ by opposing the Establishment.
① immature – indigency
② morose – ingenuity
③ repressed – visibility
④ affluent – alienation
⑤ disadvantaged – connection

23 Henry was _________ about the _________ of his family heirlooms and personal mementos in the fire.
① depressed – meaning
② noncommittal – eradication
③ mournful – insurance
④ distraught – destruction

24 Many philosophers agree that the verbal aggression of profanity in certain radical newspapers is not _________ or childish, but an assault on _________ essential to the revolutionaries purpose.
① belligerent – fallibility
② serious – propriety
③ insolent – sociality
④ deliberate – affectation
⑤ trivial – decorum

25 All this put Arthur into a state of rapturous _________, in which the wildest _________ seemed to him natural and likely to be realized within next two months.
① anticipation – improbabilities
② certainly – decisions
③ bravery – risk
④ ingenuity – schemes
⑤ involvement – actions

22 **어구** **background** (과거의) 경력, 학력, 환경 | **immature** 미숙한, 덜 발달한, 미완성의 (childish, infantile) | **ingenuity** 영리함, 재간, (고안의) 창작력 | **repressed** 억눌린, 진압된, 억압된; 억제하다, 지지하다, 억누르다(suppress, restrain) | **alienation** 따돌림, 멀어짐, 소외, 소원(estrangement) | **connection** 연결, 관계, 접속, 연고, 교섭(join)

해설 [역접-유추] by opposing the Establishment

해석 부유한 환경 출신이라 할지라도, 많은 젊은이들이 기성 체제에 반대함으로써 자신들의 소외감을 드러낸다.

23 **어구** **heirloom** 가보 | **memento** 기념물, 유품, 추억 | **noncommittal** 언질을 주지 않는, 애매한 | **eradication** 근절, 박멸, 소거 | **mournful** 슬픔에 잠긴, 애도하는 | **insurance** 보험, 보험금, 대비 | **distraught** 미친, 정신이 혼란한

해설 [순접-유추] in the fire

해석 헨리는 화재로 가보와 개인적인 기념품들이 파손되어서 제 정신이 아니었다.

24 **어구** **profanity** 불경스런 언행, 신성모독(desecration, blasphemy) | **radical** 급진적인, 과격한 (advanced, progressive) | **childish** 어린애 같은, 유치한 | **belligerent** 교전 중의, 호전적인 | **fallibility** 틀리기 쉬움, 속기 쉬움 | **insolent** 무례한, 건방진(proud, arrogant) | **deliberate** 계획적인, 생각이 깊은 | **affectation** 꾸밈, 허식, 꾸미는 태도(pose, airs, lugs) | **trivial** 하찮은, 사소한, 평범한 | **decorum** 단정, 예의바름, 예법(decency, dignity)

해설 [역접-대조] not ~ or childish, but

해석 많은 철학자들은 어떤 과격한 신문들에서 사용하는 불경스런 공격적인 욕설은 사소하거나 유치한 것이 아니고, 혁명론자들의 목적에 필수적인 예의에 대한 공격이라는 점에는 동의한다.

25 **어구** **rapturous** 기뻐 날뛰는, 열광적인(ecstatic, rhapsodic) | **wild** 엉터리 같은, 터무니없는 | **anticipation** 예기, 예상 | **improbability** 있을 성싶지 않음, 일어날 성싶지 않은 것 | **ingenuity** 발명의 재주, 현명한(cleverness, adroitness) | **scheme** 계획, 배치, 조직

해설 [순접-인과] in which ~ and likely to be realized within next two months

해석 아주 무모한 실현 가능성이 없는 일도 그에게는 자연스럽게 보였고, 또 다음 두 달 내에 (그 일이) 실현되어질 것으로 보였을 정도로, 이 모든 것이 Arthur에게 지나친 기대감을 불어 넣었다.

정답 **22** ④ **23** ④ **24** ⑤ **25** ①

1 I met a remarkable man who had been traveling the world over in search of __________ and romance.

① adventure   ② novels

③ literature   ④ jeopardy

2 Changes in a developing science are not to be compared to the tearing down of old buildings to make way for new ones, but rather to the gradual evolution of a zoological type. We must not believe that discarded theories have been __________.

① of any purpose in present research

② seriously considered

③ used in molding new ideas

④ entirely sterile or in vain

3 The judge was in a(an) __________ as to how to decide who should receive custody of the child. Neither parent seemed to be a model of a good father or a good mother.

① quandary   ② aftermath   ③ conjecture

④ trepidation   ⑤ apprehension

4 Because Garri Kasprov, the world computer chess champion, was a man of great self-respect, he spent the rest of the game trying to __________ himself after a first-minute mistake.

① redeem   ② suicide   ③ slander

④ humiliate   ⑤ vex

Memo

1

어구 remarkable 놀랄 만한, 주목할(outstanding, distinguished, prominent, eminent) | in search of ~을 찾아서 | adventure 모험 | jeopardy 위험

해설 [역접-유추] 얼핏 보면 romance라는 어휘와 직접적으로 열거로 이어질 수 있는 보기항은 없어 보이지만, 로망스와 같은 낙천적인 일과 adventure와 같은 험난한 모든 상황을 찾아서 여행했다는 보기항 ①이 상대적으로 가장 옳다.

해석 나는 놀랄 만한 한 사람을 만났는데, 그 사람은 모험과 로망스를 찾아서 세계 전역을 여행했었다.

2

어구 tearing down 폐기 | zoological 동물에 관한, 동물학의 | discarded 폐기된 | mold 주조 · 형성하다 | entirely 완전히, 오로지 | sterile 불모의, (내용이) 빈약한 | in vain 헛된, 헛되이

해설 [순접-진술 부연] are to be compared to the gradual evolution of a zoological type

해석 발전하는 과학의 변화들이 새로운 건물을 짓기 위해서 오래된 건물을 허무는 것에 비유되어서는 안 되며, 오히려 동물학적인 형태의 점진적인 발전의 과정에 비유되어야 한다. 우리는 폐기된 이론들이 완전히 빈약하거나 헛된 것으로 믿지는 말아야 한다.

3

어구 judge 재판관, 판사 *cf.* justice 판사, 정의, judgement 판단, jury [집합적] 배심원, juror 배심원 한 사람, umpire 중재자, (야구의) 심판, referee 중재인, (축구 · 권투 따위의) 심판 | as to ~에 관해서[about, concerning] | custody 구금, 감금, 관리 | quandary 진퇴양난 (predicament) | aftermath 여파, 결과 | conjecture 추측; 추측하다 | trepidation 공포, 불안, 동요, 당황

해설 [순접-진술 부연] Neither parent seemed to be a model of a good ~

해석 그 판사는 그 아이에 대한 양육권을 누구에게 줘야 하는지를 결정하는 방법을 두고 진퇴양난에 빠져 있었다. 부모 중 어느 누구도 좋은 아버지 혹은 좋은 어머니의 모델로 보이지 않았다.

4

어구 of self-respect 자존심이 강한 | redeem 상환하다, 빚을 청산하다, 저당잡힌 물건을 되 찾다, 이행하다, 명예 회복을 하다, 구원하다 | slander 비방 · 중상하다 | humiliate 굴욕감을 주다 | vex 괴롭히다

해설 [순접-인과] because ~. of great self-respect

해석 세계 체스 챔피언인 Garri Kasprov는 매우 자존심이 강한 남자였기 때문에, 첫 실수를 잠깐 저지른 이후 자신의 명예회복을 하는 데 그 게임의 대부분의 시간을 소비했다.

정답 1① **2**④ **3**① **4**①

5 In contrast to the Lisa's suggestion that the project should be absolute, the Macintosh team persists in implementing it by _________ expedient.

① flawless　　② shrill　　③ ad-hoc
④ livid　　⑤ upright

6 In order to _________ the renovation of the court house, the city allotted a substantial amount for the purpose.

① revitalize　　② dissipate　　③ designate
④ facilitate　　⑤ augment

7 Although the governor was opposed to capital punishment she refused to _________________ the execution of the condemned man.

① abolish　　　　② mitigate
③ vacate　　　　④ rescind

8 Whenever I have an argument with anyone, it always seems that I'm the one to _________ , because the other person just won't give in.

① concede　　　　② precede
③ proceed　　　　④ succeed

9 In the 1920s Hollywood became a magnet for men and women on the cutting edge – _________ artists genuinely excited by the possibilities of the up-and-coming film medium.

① irritable　　② innovative　　③ untalented
④ outdated　　⑤ inferior

5　**어구**　implement 이행하다 | flawless 완벽한, 흠이 없는 | shrill 날카로운 | ad-hoc 임시의, 특별한 목적을 위한 | livid 분노한 | upright 정직한, 수직의

　　해설　[역접-대조] in contrast to ~ absolute

　　해석　그 계획이 완벽해야 한다는 Lisa의 주장과는 반대로 Macintosh 일행은 임시적인 편법을 통해 그 계획을 실행하려고 주장한다.

6　**어구**　renovation 쇄신, 수리, 혁신 | court house 법원 | allot 분배하다, 할당하다(allocation, apportion) *cf.* lot 몫(share), 운명(destiny) | revitalize 의 생기를 회복시키다 | designate 지시하다, 분명히 하다, ~라고 부르다, 명명하다(dominate) | facilitate (물건·방법이) 쉽게 하다, 어려움을 덜다, 돕다(ease)

　　해설　[순접-인과] In order to

　　해석　법원의 수리를 쉽게 하기 위해서, 그 시(市)는 그 목적을 위한 실질적인 양을 분배했다.

7　**어구**　be opposed to ~에 반대하다 | capital punishment 사형 | execution 사형 집행, 처형 | condemned 사형 선고를 받은, 형을 언도받은 | abolish 폐지하다, 철폐하다(do away with, put an end to) | mitigate 완화하다 | vacate 사퇴하다, 텅 비게 하다 | rescind 무효로 하다, 취소하다

　　해설　[역접-양보] Although

　　해석　그 주지사는 사형제도에 반대했지만, 형이 언도된 남자의 처형을 취소하려 하지는 않았다.

8　**어구**　have an argument 논쟁을 벌이다 | the other person 상대방 | give in 항복하다, 양보하다 | concede 양보하다 | precede 선행하다 | proceed 나아가다

　　해설　[순접-인과] because the other person just won't give in

　　해석　누군가와 논쟁을 벌일 때마다, 상대방이 양보하려 하지 않기 때문에 양보하는 것은 언제나 나인 것처럼 보인다.

9　**어구**　magnet (마음을) 매료시키는 것 | cutting edge 최첨단; 최첨단의 | genuinely 진정으로 | up-and-coming 진취적인, 신진의 | irritable 성질이 급한 | innovative 혁신적인 | untalented 무능한 | outdated 구식의 | inferior 열등한

　　해설　[순접-진술 부연] on the cutting edge

　　해석　1920년대에 할리우드는 진취적인 영화 매체의 잠재력에 실로 들뜬 진보적인 예술가의 최첨단에 대한 관심을 끌었었다.

정답　5 ③　6 ④　7 ④　8 ①　9 ②

10 One by one, she _________ almost all of her supporters, until, at the end, only a handful of her closest allies really wanted her to stay in office.

① promoted   ② alienated   ③ represented
④ exaggerated   ⑤ liberated

11 Truth, like beauty, is sufficient unto itself. The cause of knowledge needs no partisan support; it stands on _________.

① its partisan supports   ② its own merits
③ a shaky foundation   ④ ornamentation
⑤ its partisan's view

12 When you first come to college you are intellectually very young and have not yet learned to proceed safely under your own intellectual power. Your ideas are not yet your own. Therefore the first thing you must learn at college is _______________.

① to stand on your own ideas
② to know what safety is
③ to proceed safely
④ to know what intellectual power is
⑤ to be young and hard working

13 The lesson that we draw from a disaster is sometimes more valuable to a man than any material gain, and if the war has taught us what peace is _________, those whom we remember today would not have died in vain.

① worth   ② vain   ③ worthless
④ failure   ⑤ of use

10 **어구** **one by one** 차례대로 | **at the end** 끝내는, 최후에는 | **a handful of** 소수의 | **promote** 승진시키다, 진척시키다 | **alienate** 불화를 일으키다, 소원해지다 | **exaggerate** 과장하다 | **liberate** 해방 · 석방하다

해설 [순접−인과] a handful of ~ allies wanted her to stay in office

해석 차례대로 그녀는 거의 모든 자신의 지지자들과 불화를 일으켰다. 그리하여 마침내 자신이 가장 친한 동료들 중 정말 소수만이 그녀가 회사 생활을 하기를 원하게 되었다.

11 **어구** **unto** ~까지 [to] | **partisan** 도당, 일당 | **shaky** 흔들리는, 불확실한 | **ornamentation** 장식

해설 [순접−진술 부연] Truth is sufficient unto itself.

해석 미와 같이 진실은 그 자체로서 충분하다. 진리를 알고자 하는 이유는 어떤 파의 지지를 필요로 하지 않는다. 진리는 그 자체의 장점에 서 있다.

12 **어구** **intellectually** 지적으로 | **yet** 아직도 | **proceed** 나아가다, 전진하다

해설 [순접−인과] Your ideas are not yet your own. Therefore ~

해석 당신이 대학에 처음 왔을 때, 지적으로 매우 어리고 자신의 지력으로 안전하게 발전할 수 있도록 아직 배우지는 않았다. 당신의 생각들은 아직은 당신들의 것이 되지는 않았다. 따라서 당신이 처음 배워야 할 것은 당신 자신의 생각에 입각하는 것이다.

13 **어구** **disaster** *n.* 천재; 재해, 재난 [파] disastrous *a.* 비참한; 재난의, 재해의(catastrophic) | **sometimes** 때때로, 때로는, 이따금(at intervals, occasionally) | **valuable** 가치가 있는 | **material** 물질적인, 신체의(physical, bodily), 세속적인(secular, mundane), 중요한 (essential, vital, crucial) | **in vain** 헛되이 | **failure** 실패 | **of use** 쓸모 있는(useful)

해설 [순접−진술 부연] The lesson that we draw from a disaster is ~ valuable

해석 재난을 통해 우리가 얻은 교훈이 사람에 대하여 어떤 물질적인 이득보다 더 귀중할 때가 가끔 있다. 만약 전쟁이 우리에게 평화가 얼마나 귀중한가를 가르쳐 주었다면 오늘날 우리가 기억하는 것들이 결코 헛되이 죽지는 않았을 것이다.

정답　**10** ②　**11** ②　**12** ①　**13** ①

14 Many people go through life committing partial suicide – destroying their talents, energies, and creative qualities. To learn how to be good to oneself is often more difficult than to learn how to be good to others. Taking this view into consideration, we should __________.

① be more selfish than we usually are

② know that human beings are self-seeking

③ not commit suicide

④ take care not to neglect our own abilities

15 The side aspects of an affair frequently capture our attention more quickly than the major events upon which they are attendant. Similarly, many are the books in which the footnotes are more enjoyable than the __________.

① text

② illustrations

③ glossary

④ author

⑤ index

16 Each newly connected personal computer boosts the power of the internet not geometrically but __________. Even the most enthusiastic technophiles are starting to adjust to the fantastic speed.

① decreasingly

② increasingly

③ fluctuatingly

④ linearly

⑤ exponentially

17 In a historical perspective, the reduction of former empires into small autonomous nations after World War I was a futile attempt to distribute world power, for tiny political entities were __________.

① anachronisms

② synchronisms

③ chronologies

④ chronicles

⑤ diachronic

14 **어구** **go through** 경험하다, 뒤지다 | **commit** (죄·과실을) 범하다, 맡기다 | **selfish** 이기적인 | **self-seeking** 이기주의적인 | **take care to R** 주의하여 ~을 하다 | **neglect** 게을리 하다, 무시하다(disregard; ignore)

해설 [순접-진술 부연] **To learn how to be good to oneself is often more difficult**

해석 많은 사람들이 자신들의 능력과 힘과 창조적인 능력을 파괴시키는 것과 같은 부분적인 자살행위를 하면서 살아간다. 어떻게 자신에게 착할 수 있는가를 아는 것이 어떻게 타인에게 착할 수 있는가를 배우는 것보다 종종 더 어렵게 된다. 이 견해를 고려해 보건데 우리 자신의 능력을 무시하지 않도록 주의해야 한다.

15 **어구** **side aspect** 부수적인 측면 | **capture** 사로잡다 | **be attendant upon** ~에 수반되다 | **similarly** 유사[비슷]하여, 마찬가지로 | **footnote** (책의) 각주 | **text** 본문, 원문 | **illustration** 예증, 설명 | **glossary** 어휘, 용어풀이, 사투리, 폐어 | **index** 색인

해설 [순접-비교] Similarly "the major events = ________"

해석 일의 부수적인 측면들이 수반되는 사건들보다 일의 부수적인 측면들이 보다 더 자주 우리의 관심을 빠르게 사로잡는다. 유사하게도 각주가 본문보다 더욱 즐거운 책들이 많다.

16 **어구** **boost** 밀어 올리다(push up), 격려하다, 증가하다(support, increase) | **geometrically** 기하급수적으로 | **technophiles** 기술 예찬론자 | **adjust to** ~에 적응하다 | **decreasingly** 감소하여 | **increasingly** 증가하여 | **fluctuatingly** 변동이 심하여 | **linearly** 선 모양으로, 선을 써서 | **exponentially** 지수적으로

해설 [역접-대조] not geometrically but ~

해석 새로이 접속되는 각각의 컴퓨터는 인터넷의 힘을 기하급수가 아니라 지수적으로 증가시킨다. 가장 열렬한 기술 예찬론자들마저도 이 놀라운 속도에 (겨우) 적응하기 시작하고 있다.

17 **어구** **autonomous** 자치권이 있는, 자율적인 | **entity** 자주독립체, 실재, 실체 | **futile** 효과 없는, 쓸데없는 | **anachronisms** 시대착오, 시대에 뒤진 사물·사람 | **synchronisms** 동시성 | **chronology** 연대학, 연대기 | **chronicle** 연대기, 기록, 이야기 | **diachronic** 통시적인

해설 [순접-인과] a futile attempt ~ for

해석 역사적 시각에서 보면 1차 대전 이후에 이전의 제국들을 작은 자치국으로 격하시킨 것은 세계 권력을 분산시키려는 무익한 시도였다. 왜냐하면 조그만 정치적 독립체란 시대 착오적 발상의 산물이었기 때문이다.

정답 **14** ④ **15** ① **16** ⑤ **17** ①

18 To __________, for a woman, can never be just a pleasure. It is also a duty. It is her work. If a woman does real work. she is always under pressure to confess that she still works at being attractive.

① ruminate   ② preen
③ frisk   ④ descant
⑤ imbibe

19 Some economists think that there is a close connection between war and economic depression. They argue that in a world-wide depression every country tries to protect itself at the __________ of other countries.

① mercy   ② power
③ war   ④ expense
⑤ depression

20 Heavy income taxes, which exert a stranglehold on the economy, have __________ sources of new investment capital.

① swallowed up   ② crippling
③ choked off   ④ tied up

21 Let us remember that __________ is a very dangerous thing, permitting us to do by degrees that which we would __________ doing all at once.

① anger – balk at   ② gradualism – shrink from
③ apathy – profit from   ④ fanaticism – prefer
⑤ indulgence – enjoy

Memo

18 어구 confess 자백하다, 고백하다 | ruminate 만족하다, 심사숙고하다 | preen 모양내다, 몸치장하다, 우쭐대다 | frisk 뛰어 돌아다니다, 희롱하다, 몸수색하다 | descant 상세히 설명하다 | imbibe 흡수하다, 섭취하다, 마시다

해설 어휘 위주 문제 유형으로 여성들이 매력적인 여성이 되기 위해서(여기에서는 남에게 보여주기 위해서) 해야 하는 일 중에 몸치장하는 것은 즐거움 외에도 의무라는 것을 알 수 있다. 보기항의 어휘를 하나씩 넣어본 후에 문맥에서 가장 뜻이 자연스러운 것을 찾으려고 해보자.

해석 여자에게 있어서 몸단장을 하는 것은 하나의 즐거움일 뿐 아니라 의무이다. 이것은 자신의 일이다. 만약 여자가 실제로 몸단장을 하고 있다면, 그녀는 자신은 매력적인 여성이 되려고 여전히 애쓰고 있다고 항상 고백하고 싶어한다.

19 어구 close 긴밀한, 정밀한 | depression 우울, 불경기 | at the mercy of ~에 좌우되어 | at the expense of ~을 희생하여

해설 [순접–진술 부연] there is a close connection between war and economic depression

해석 몇몇 경제학자들이 생각하기를 전쟁과 경제 침체 사이에 밀접한 관련이 있다고 한다. 그들이 주장하기를 전 세계적인 불황 하에서는 모든 국가는 다른 국가들을 희생시켜서라도 자신들을 보호하려고 노력한다고 한다.

20 어구 income (주로 정기적인) 수입, 소득 *cf.* outgo 지출 | stranglehold 억누르는(저해하는) 것 | investment 투자, 출자 | capital 자본(금), 밑천 | swallowed up 삼키다 | crippling 심한 손상을 입히는 | choke off (계획 따위를) 포기시키다, (공급 등을) 정지시키다 | tied up 속박된, 매어진

해설 [순접 유추] exert a stranglehold on the economy

해석 과중한 소득세는 경제를 위축시키고 신규 투자를 포기하게 한다.

21 어구 dangerous 위험한(risky, hazardous, perilous, precarious) | permit A to R A로 하여금 ~하게끔 허락하다 · 가능케끔 하다 | by degrees 점차적으로, 천천히 | all at once 갑자기, 모두 동시에 | balk 방해하다(baulk) | gradualism 점진주의 | shrink 위축되다, 오그라들다(recoil) | apathy 냉담, 무관심(indifference, nonchalance) *cf.* phlegm 냉정, 침착, (마음의) 평정 (composure, reserve, sangfroid) | fanaticism 열광, 열중 | indulgence 방종, 응석을 받음, 관대

해설 [순접–유추] a very dangerous thing ~ doing all at once

해석 우리가 모든 것을 갑자기 하기에 위축되게 하는 것을 점차적으로 하게끔 만드는 점진주의는 매우 위험하다는 것을 기억하자.

정답 18 ② **19** ④ **20** ③ **21** ②

22 Investigator are trying to determine whether the recent rash of fires is the work of __________ or simply a __________ of unfortunate accidents.

① a pyromaniac – source

② an accomplice – consequence

③ a criminal – premonition

④ an arsonist – series

23 Plants store a __________ of water in their leaves, stems, or understock to provide themselves with a form of __________ that will carry them through the inevitable drought they must suffer in the wild.

① supply – tolerance

② hoard – insurance

③ provision – restoration

④ contribution – support

⑤ reservoir – accommodation

24 Completely unconcerned with rules and regulations, they are likely to be irritated by __________ and __________ bureaucratic procedures.

① liberties – disturbed by

② flexibility – confused by

③ rigidity – content with

④ directives – disdainful of

⑤ memoranda – submissive to

25 The prison sentence was introduced in the eighteenth century as a __________, a milder substitute for the __________ penalties of death, torture, mutilation, and exile.

① sequel – redundant   ② catchall – revised

③ suggestion – corrective   ④ reform – harsh

⑤ supplement – irreversible

22 **어구** determine ~을 결심하다, 결의하다, 결정하다(decide), 측정하다 | **pyromaniac** 방화광 | **accomplice** 공범자, 연루된 사람 | **consequence** 결과, 영향, 중대성 | **premonition** 예고, 징조, 전조 | **arsonist** 방화범

해설 [순접-유추] the recent rash of fires

해석 조사관들은 최근에 잇달아 일어난 화재들이 방화범의 소행인지 아니면 단지 운이 없어 일어난 사고들인지를 규명하기 위해 노력하고 있다.

23 **어구** leaf 잎 | stem 줄기 | understock 밑나무; 물품을 충분히 들여놓지 않다 | carry A through A에게 ~을 극복하게 해주다 | tolerance 관용 | hoard 비축 | store a hoard of water 물을 비축·저장하다 | insurance 보험 | reservoir 축적, 저장, 저장소 | accommodation 숙박, 편의, 적응 | provision 준비, 규정, 조항 | restoration 회복, 복구 | contribution 공헌, 이바지, 기부

해설 [순접-유추] that will carry them through ~

해석 식물들은 잎, 줄기 혹은 밑나무에 물을 비축해 두는데, 그들이 황무지에서 당하는 불가피한 한발을 견디게 해주는 보험과 같은 것을 자신들에게 공급하기 위함이다.

24 **어구** bureaucratic 관료적인, 지나치게 규칙에 따르는 | flexibility 융통성, 적응성 | submissive to ~에 복종(순응)하는 | rigidity 완고함, 엄격함 | content with ~에 만족한(satisfied with) | directive 지령, 작전 명령 | disdainful 경멸적인, 무시하는

해설 [순접-인과] Completely unconcerned with rules and regulations

해석 규칙과 법규들에 대해 전혀 무관심하다면 그들은 엄격한 법규에 대해 염증을 내기 쉽고 또한 관료적인 절차들에 대해 경멸적인 경향을 보일 수 있다.

25 **어구** sentence 판결, 문장 | substitute for ~에 대한 대체·대안 | torture 고문 | mutilation (수족의) 절단, 문서 훼손 | exile 추방; 추방하다 | sequel 계속, 결과 | redundant 여분의 | catchall 잡동사니 주머니, 탁아소, 포괄적인 것 | revised 개정된 | reform 개혁, 개정 | harsh 가혹한, 거친 | supplement 보충; 보충하다 | irreversible 취소·파기할 수 없는

해설 [순접-유추] a milder substitute for

해석 징역 판결은 18세기에 사형, 고문, 병신과 추방이라는 가혹한 처벌에 대해 보다 완화된 것으로 대체된 개혁으로서 도입됐다.

정답 22 ④ 23 ② 24 ④ 25 ④

S.C Practice 18

1 The plan turned out to be __________ since it would have required more financial backing than was available.
① superfluous　　② irreversible
③ untenable　　④ intractable
⑤ chaotic

2 In view of the fact that there are mitigating circumstances, we must consider this a __________ offense.
① heinous　　② venal
③ venial　　④ propitious
⑤ vendible

3 To the dismay of the student body, the class president was __________ berated by the principal at a school.
① ignominiously　　② privately
③ magnanimously　　④ fortuitously
⑤ inconspicuously

4 It was painful enough to sit in that overheated room; it was made worse by the uninspired and __________ words of the speaker.
① heated　　② dispersing
③ vapid　　④ cogent
⑤ laconic

Memo

1

어구 **turn out** ~으로 판명이 나다(prove) | **financial backing** 재정 지원 | **superfluous** 남아도는, 불필요한 | **irreversible** 취소할 수 없는, 변경할 수 없는 | **untenable** 지지할 수 없는, 옹호할 수 없는 | **intractable** 고집스러운, 불치병의 | **chaotic** 무질서한

해설 [순접-인과] since ~ required more financial backing than was available

해석 그 계획은 실제 이용할 수 있는 것보다 더 많이 재정 지원을 필요로 할 것이기 때문에 지지할 수 없는 것으로 판명됐다.

2

어구 **in view of** ~을 고려해 보건데 | **mitigating circumstances** 경감 사유 | **heinous** 가증스러운, 악질의 | **venal** 돈으로 매수되는, 타락한 [혼] **vernal** 봄의, 봄 같은(springlike), 젊은 | **venial** (죄 등이) 가벼운 | **propitious** 순조로운, 길조의 | **vendible** 판매되는

해설 [순접-유추] ~ mitigating circumstances

해석 경감 사유가 있다는 사실을 고려해 보건데, 우리는 이것이 경범죄라고 생각해야 한다.

3

어구 **to the dismay** 당황스럽게 | **student body** 학생 전체 | **principal** 교장; 제1의, 주요한 (primary, capital, staple) | **berate** 꾸짖다 | **ignominiously** 수치스럽게 | **privately** 비밀리, 개인적으로 | **magnanimously** 관대하게 | **fortuitously** 우연히, 뜻하지 않게 | **inconspicuously** 두드러지지 않게

해설 [순접-유추] to the dismay

해석 학생 전체가 당황스러울 정도로 학교 교장이 학생회장을 수치스럽게 꾸짖었다.

4

어구 **overheated** 과열된, 몹시 흥분된 | **uninspired** 활기가 없는 | **heated** 뜨거운, 흥분된 | **dispersing** 흩어진, 퍼뜨려진 | **vapid** 지루한, 재미없는 | **cogent** 설득력 있는, 직결한 | **laconic** 간결한

해설 [순접-열거] uninspired and

해석 과열된 방에 앉아 있기가 너무 고통스럽다. 왜냐하면 그 연설자의 활기 없고 맥 빠지는 말들 때문에 더 악화가 되었기 때문이다.

정답 1 ③ 2 ③ 3 ① 4 ③

5 Although there are more female students at the college than male students, the women seem to have a(an) _________ influence on the student government.

① enormous　　　　② negligible
③ provocative　　　④ venerable
⑤ active

6 After remaining _________ for some time the object began to move imperceptibly upward.

① stationary　　　② illuminated
③ invisible　　　　④ fragile

7 Little Red Ridinghood had a frightening escape from a _________ wolf.

① friendly　　　　② grandmotherly
③ likeable　　　　④ ferocious

8 If you are trying to make a strong impression on your audience, you cannot do so by being understated, tentative, or _________.

① restrained　　　② argumentative
③ authoritative　　④ passionate

9 Betty's flashy apparel made her _________ in the large crowd.

① simulated　　　② conspicuous
③ obsolete　　　　④ palpitate

5 **어구** female 여성(feminine) *cf*. male 남성(masculine) | **enormous** 거대한 | **negligible** 사소한, 무가치한 | **provocative** 성나게 하는, 도발적인 | **venerable** 존경할 만한 | **active** 능동적인

해설 [역접-양보] Although there are more female students

해석 그 대학에 남학생보다 여학생이 더 많을지라도 여학생들은 학생 관리에 시시한 영향력을 행사하는 것으로 보인다.

6 **어구** remain 남다, 남아 있다, 여전히 ~이다(stay, abide, continue) | **imperceptible** 지각[감지]할 수 없는, 아주 미세한, 완만한(impalpable) | **stationary** 움직이지 않는, 정지한, 고정된 | **illuminated** 조명된, 밝혀진 | **invisible** 보이지 않는, 눈에 보이지 않을 만큼 작은(imperceptible) | **fragile** 망가지기 쉬운, 부러지기 쉬운, 약한(breakable, frail)

해설 [순접-인과] move imperceptibly

해석 잠시 동안 여전히 움직이지 않은 채로 있은 후에, 그 물체는 위를 향해서 감지할 수 없을 정도로 움직이기 시작했다.

7 **어구** escape from ~로부터 달아나다, 도망치다 | **grandmotherly** 할머니 같은, 친절한 | **likeable** 귀여운, 마음에 드는 | **ferocious** 사나운, 흉포한, 잔인한

해설 [순접-유추]

해석 리틀 레드 라이딩후드(빨간 망토)는 사나운 늑대로부터 놀라 도망쳤다.

8 **이구** make an impression on ~에 인상을 남기다 | **understated** 삼가면서 말하는 | **tentative** 주저하는 확실하지 못한 | **restrained** 제약된 | **argumentative** 논쟁적인 | **authoritative** 권위적인 | **passionate** 열정적인

해설 [순접-인과] if ~ by being understated, tentative, or~

해석 만약 청중에게 강한 인상을 심어주고 싶다면 삼가면서 말하거나 주저하며 말하는 일, 또는 제약을 두고 말하는 일을 해서는 안 될 것이다.

9 **어구** flashy 화려한, 섬광 같은, 순식간의 | **apparel** 복장 | **simulated** 모조의, 가짜의 | **conspicuous** 도드라지는, 눈에 띄는(evident), 특징적인 | **obsolete** 무용지물인, 폐기된 | **perturbed** 교란시키다, 혼란시키다

해설 [순접-유추] Betty's flashy apparel

해석 베티는 아주 화려한 옷을 입고 있어서 많은 군중 속에서도 도드라져 보였다.

정답 5 ② 6 ① 7 ④ 8 ① 9 ②

10 It is more difficult to write about the _________ than the strange and exotic.

① people　　　　　　② desolate
③ commonplace　　　④ ludicrous

11 Charm has a magical quality that disarms, delights and fascinates. It is not sudden gush of sweetness that can be turned off and on like a faucet. It is woven subtly into the fabric of the personality, like a silver thread. It is _________.

① like a silver thread that dazzles the eye momentarily
② something that fascinates you suddenly and unexpectedly
③ magical because you can call it up whenever you want to
④ a quality ingrained in your personality

12 The first problem to confront us is, obviously, the subject matter of literary scholarship. What is literature? What is not literature? What is the nature of literature? Simple as such questions sound, _________.

① they are readily answered clearly
② they do not concern us at all
③ they are rarely answered clearly
④ they are simple questions to answer
⑤ they are meaningless question

10 **어구** **strange** 이상한(doom queer, quaint, bizarre, grotesque) | **desolate** 황폐한, 우울한, 쓸쓸한 | **commonplace** 평범한, 개성이 없는, 진부한(prosaic) | **exotic** 외래의, 외국산의, 이국풍[식]의, 색다른(foreign, romantic) | **ludicrous** 익살맞은, 우스운, 바보 같은(laughable) *cf.* ridiculous 우스운, 어리석은; 엉뚱한

해설 [역접-대조] **than the strange and exotic**

해석 이상하고 기이한 것들에 대해 글을 쓰는 것보다 평범한 것들에 대해 글을 쓰는 것이 더 어렵다.

11 **어구** **magical** 마술적인, 신비한(bewitching, charming) | **disarm** 무기를 빼앗다, 진정시키다, 무장해제하다, 무력하게 하다 | **fascinate** 황홀하게 하다 | **gush** 분출 | **turn on** 켜다, 열다 | **turn off** 끄다, 잠그다 | **faucet** 수도꼭지(tap) | **weave** (직물 등을) 짜다, (짚을) 엮다 | **subtly** 미묘하게 | **fabric** 직물, 구조, 조직 | **thread** 실, 맥락 | **momentarily** 덧없이, 순간적으로 | **unexpectedly** 뜻밖에 | **call up** (힘, 용기를) 불러내다, 상기시키다 *cf.* call up 전화하다 | **ingrain** (이론·사상 등을) 깊이 스며들게 하다

해설 [순접-진술 부연] **It is woven subtly into the fabric of the personality**

해석 매력은 진정시켜주고 즐겁게 해주고 황홀하게 하는 마법스러운 가치를 갖고 있다. 수도꼭지처럼 막히기도 하고 열리기도 하는 달콤함의 갑작스러운 분출이 아니다. 그것은 은빛 실처럼 인격의 조직 속으로 정교하게 짜여진다. 그것은 당신의 인성에 스며든 가치인 것이다.

12 **어구** **confront** 직면하다(face) | **obviously** 명백히 | **scholarship** 학문, 학식, 장학금 | **readily** 기꺼이, 즉시 | **rarely** 좀처럼 ~하지 않는(seldom) | **meaningless** 무의미한

해설 [역접-양보] **Simple as such questions sound = Though such questions sound simple**

해석 우리가 직면한 첫 문제는 분명히도 문학의 주제이다. 문학이란 무엇인가? 무엇이 문학이 아닌가? 문학의 본질은 무엇인가? 이 같은 문제들이 간단하게 들릴지라도 명쾌하게 답변을 거의 내리지 못한다.

정답 10 ③ 11 ④ 12 ③

13 In pointing out the misconceptions that the public has about a scientist's life, the speaker stated that the popular picture of the dedicated scientist spending long hour in peaceful contemplation is __________.

① a statistical abstraction

② very descriptive

③ true but misleading

④ an unreal misleading

⑤ an eternal truth

14 The chief difference between what city planners did in the past and what they do now is the range of their activities. Architects, for example, have traditionally worked with the design of individual buildings – schools, office buildings, apartment houses, or private houses. But more and more it has been realized that each of these structures must function in an existing or future setting. Just as an individual word may lose meaning when it is not related to other words in the sentence, so too the individual building does not function, __________________________________.

① unless every part of it is related to one another and to the whole

② unless it is designed not only for the present but also for the future use

③ if not designed as part of its surroundings

④ unless it is designed not only for the use of an individual but for that of his neighbors

⑤ if it is designed to stand isolated from their buildings

13 **어구** point out 지적하다 ǀ misconception 오해 ǀ dedicated 헌신적인 ǀ contemplation

해설 [순접-유추] In pointing out the misconceptions

해석 대중이 과학자의 생활에 오해를 가지고 있다고 지적할 때, 그 연설자는 평화로운 명상 속에서 긴 시간을 보내며 전념하는 과학자에 대한 일반인들의 생각은 진실되지만 오해하기 쉬울 수 있다고 말했었다.

14 **어구** chief 주요한, 최고의 ǀ city planner 도시계획 입안자 ǀ function 기능하다, 작용하다 ǀ individual 개개의, 개인의 ǀ just as S+V, so S+V 마치 ~이듯이 마찬가지로 ~하다 ǀ isolated 1. 고립된, (병)이 격리된 2. 외로운(lonely) 3. 산발적인(once happening)

해설 [순접-비교] Just as when it is not related to other words in the sentence

해석 과거의 도시 계획자들이 했던 것과 요즘 하는 것의 차이점은 그들의 활동 범위에 있다. 예컨대 건축가들은 전통적으로 개별 건물들인 학교와 사무실과 아파트 또는 개인 주택들을 설계했었다. 그러나 개별 건물들이 현재와 미래의 배경 안에서 기능을 해야 하는 것으로 점점 인식되어져 왔다. 마치 개별 단어가 문장 내에서 다른 단어와 관련이 없을 때 의미가 파악될 수 없는 것과 마찬가지로 개별 건물들이 주위 환경의 일부로 설계가 되지 않는다면 개별 건물들이 기능을 할 수 없는 것이다.

정답 13 ③ 14 ③

15 It is characteristic of many groups to resist change, for, they argue, change is not necessarily for the better but may also be for the worse. Change means disorganization, and many groups tend to view it __________.

① as inevitable　　　② as desirable

③ with complacency　　　④ with suspicion

16 The police advised the news reporters not to put their lives in __________ by going any nearer to the scene of the riot.

① drawl　　　② hunch

③ aplomb　　　④ jeopardy

17 Despite the parents' obvious efforts to please their son, he constantly __________ them. For example, when they bought him a second-hand car, he complained that it wasn't new.

① reproached　　　② deceived

③ extolled　　　④ commended

18 Physicians tells us that in hospitals some patients die simply because they __________ their disease: while others get well simply because they keep up a strong will, and do not surrender. Such power has the mind over the body.

① put up with　　　② keep in touch with

③ give up to　　　④ keep up with

⑤ devote themselves to

15 **어구** **change** 변화(transition, alteration) | **disorganization** 분해, 붕괴 | **tend to**~하는 경향이 있다. | **inevitable** 피할 수 없는 | **complacency** 자기만족, 안심 | **suspicion** 의심 (doubt)

해설 [순접-열거] Change means disorganization, and

해석 변화에 저항하는 것은 많은 집단들의 특징이다. 왜냐하면 그들은 변화가 반드시 상황을 개선하는 것은 아니며, 더 악화시킬 수도 있다고 주장한다. 변화는 조직의 해체를 의미하며, 많은 집단은 그것을 의심쩍게 보는 경향이 있다.

16 **어구** **put A in B** A를 B에 처하게 하다 | **riot** 폭동 | **jeopardy** 위험 | **drawl** 느리게 말하다, 점잔빼어 말하다 | **hunch** 예감, 육감, 혹, 덩어리 | **aplomb** 태연자약, 침착

해설 [순접-유추] going any nearer to the scene of the riot

해석 경찰은 보도 기자들에게 목숨이 위태로울 수 있으니 폭동 현장에 더 가까이 가지 말라고 충고했다.

17 **어구** **second-hand** 중고의 | **complain** 불평하다 | **reproach** ~를 비난하다 | **extol** ~를 칭찬하다, 격찬하다(praise highly, cry up)

해설 [역접-대조] despite

해석 아들을 기쁘게 해주려는 부모의 눈에 보이는 노력에도 불구하고 아들은 끊임없이 부모를 비난했다. 예를 들어 부모가 아들에게 중고차를 사주면 아들은 새 것이 아니라고 불평했다.

18 **어구** **physician** 내과의사(internist) *cf.* surgeon 외과의사 | **give up to** ~에 굴복하다 | **keep in touch with** ~와 계속 접촉하다 | **put up with** ~을 참다 | **keep up with** ~에 뒤지지 않다 | **devote oneself to** ~에 헌신을 다하다

해설 [순접-인과] die simply because

해석 의사들이 우리에게 말하기를 병원에서는 몇몇 환자들이 단지 그들이 질병에 굴복한다는 이유 때문에 죽는 반면, 다른 환자들은 강인한 의지를 가지고서 결코 굴복하지 않는다는 이유만으로 완쾌한다고 한다. 그와 같은 정신은 육체를 지배하는 것이다.

정답 15 ④ 16 ④ 17 ① 18 ③

19 A : I hope I can pass the test.
B : ______________________________
① Keep your arms crossed.
② You're pulling my teeth.
③ Keep your fingers crossed.
④ I've been losing my hair.

20 The constant __________ of the discussion by __________ made the reaching of a decision difficult.
① extension – innuendo
② interruptions – hecklers
③ digressions – irrelevancies
④ reiterations – witnesses
⑤ extension – witnesses

21 Although many people say this is a __________ time to invest in the stock market, there is a tenable argument for remaining __________.
① ominous – flustering　　② auspicious – favorable
③ urgent – pressing　　④ appropriate – fluent
⑤ propitious – aloof

22 Some people respond to a threat of rejection by becoming very__________ while others __________ and become again like little dependent children.
① concise – objectify　　② militant – regress
③ impulsive – diminish　　④ indignant – revive
⑤ amiable – procrastinate

19 **어구** keep one's arms crossed 겨루다 ㅣ pull one's teeth 무력하게 하다 ㅣ lose one's hair 머리가 벗어지다, 성내다

해설 [순접-유추] keep one's fingers crossed 행운을 빌다

해석 A : 시험에 합격할 수 있으면 좋겠어요.
B : 행운을 빕니다.

20 **어구** constant 1. 일정한, 한결 같은(uniform); 충실한(faithful), 확고한(resolute) 2. 불변의, 부단한(incessant), 끊임없는(unceasing) ㅣ the reaching of a decision 결정내리기 ㅣ innuendo 풍자, 비꼼(insinuation) ㅣ interruption 방해, 중지(abeyance, hindrance) ㅣ irrelevancy 부적절, 부적당(unfitness) ㅣ reiteration 되풀이, 반복(repetition)

해설 [순접-유추] made the reaching of a decision difficult

해석 야유하는 사람들이 그 토의를 계속 방해해서 결정을 내리는 데 어려움이 있었다.

21 **어구** tenable 조리 있는, 공격에 견디는 ㅣ ominous 불길한 ㅣ auspicious 길조의 ㅣ favorable 유리한, 좋은(advantageous), 호의를 보이는, 찬성의(approving) ㅣ urgent 긴급한 (pressing) ㅣ fluent 유창한 ㅣ propitious 길조의, 순조로운 ㅣ aloof 무관심한, 초연한, 냉담한

해설 [역접-양보] Although

해석 비록 많은 이들이 말하기를 주식에 투자를 할 호기의 시간이라고 할지라도 여전히 신중해야 한다는 조리 있는 의견이 있다.

22 **어구** respond to ~에 반응하다, 감응하다, 영향 받다(react to) ㅣ rejection 서질, 기각(denial) ㅣ like little dependent children 거의 도움을 받지 못하는 아이들처럼 ㅣ dependent 의지하고 있는, 의존하는 ㅣ concise 간결한, 간명한(brief, curt, laconic) ㅣ objectify 객관화하다, 구체화하다(embody) ㅣ militant 교전하고 있는, 호전적인(belligerent, combative) ㅣ regress 되돌아가다, 역행하다(revert, retrogress) ㅣ impulse 충동적인, 감정에 끌린 (spontaneous) ㅣ diminish 줄이다, 감소시키다(abridge, curtail) ㅣ indignant 분개한, 성난 (angry, irate) ㅣ amiable 호감을 주는, 상냥한, 친절한(complaisant, easy, gentle)

해설 [역접-대조] while

해석 몇몇 사람들은 거절의 위험에 대해서 심히 호전적인 태도로 대응하는 데 반해서, 또 다른 사람들은 후퇴하여 다시금 거의 도움을 받지 못하는 아이들처럼 되어 버린다.

정답 19 ③ 20 ② 21 ⑤ 22 ②

23 The __________ science of seismology has grown just enough so that the first overly bold theories have been __________.

① magnetic – accepted

② fledgling – refuted

③ revolutionary – analyzed

④ predictive – protected

⑤ exploratory – recalled

24 Early _________ of hearing loss is _________ by the fact that the other sense are able to compensate for moderate amounts of loss, so that people frequently do not know that their hearing is imperfect.

① discovery – indicated

② development – prevented

③ detection – complicated

④ treatment – facilitated

⑤ incidence – correct

25 Copper has not always been used for power lines. Iron wire was once used, but is proved unsatisfactory. For one thing, it could not stretch the way copper does and thus often _________.

① showed signs of wear

② rusted with age

③ broke in a storm

④ stretched out of shape

23 **어구** seismology 지진학 | **bold** 대담함, 담력이 있는(brave, audacious) | **fledgling** 이제 겨우 날 수 있는 아기새 | **refute** 논박하다 | **exploratory** 탐구적인, 시험적인 | **recall** 생각해내다, 상기하다(remember, recollect)

해설 [순접-인과] enough so that the first overly bold theories

해석 지진학에 대한 초창기의 학문은 처음에 지나치게 대담한 이론들이 논박을 받았으므로 해서 아주 충분하리만큼 성장해 왔다.

24 **어구** compensate (손실·상해 등을) 갚다, 보상하다(indemnify) | **imperfect** 불완전한, 미완성의, 결점 있는(faulty, defective) | **detection** 발견, 탐지, 간파(discovery, find) | **moderate** 알맞은, 적당한(modest, reasonable)

해설 [순접-유추] the fact that the other sense are able to compensate for moderate amounts of loss

해석 일부의 감각들이 상실되었을 때 다른 감각들이 그 잃은 적당한 양을 보충해 주고 있다는 사실에 의하여 청각상실의 조기 발견은 찾아내기 어렵다. 그래서 사람들은 흔히 그들의 청각이 불완전하다는 것을 알지 못한다.

25 **어구** power line 전선 | **unsatisfactory** 마음에 차지 않는, 만족스럽지 못한, 불충분한(inadequate) | **stretch** 늘이다, 뻗다 | **rust** 녹슬다 | **with age** 시간이 지나면서 | **out of shape** 모양이 엉망이 되어

해설 어렵지 않은 문제이지만 자주 출제되는 유형이기도 하다. 현재 전선이 구리로 사용되기 이전에 철이 사용되었지만 만족스럽지 못했다. 그것에 대한 이유가 무엇일까? not stretch(늘어나지 않는다)와 문맥상 순접 연결어인 and로 연결되었으므로 broke in a storm(폭풍이 불면 부러진다)기 적절하다. 반대로 생각하면 구리선은 유연성을 가졌다는 것을 알 수 있다. 부연 설명 문제의 경우는 상식으로 문제에 접근할 수도 있다.

해설 [순접-진술 부연] Iron wire was once used, but is proved unsatisfactory.

해석 구리가 항상 전선으로 사용되었던 것은 아니다. 한때 철사가 사용된 적도 있었지만 만족스럽지 못한 것으로 판명되었다. 그 이유 중 한 가지는, 철사는 구리처럼 늘어나지 않아서 폭풍우에 자주 부러진다는 것이었다.

정답 23 ② 24 ③ 25 ③

부록

문장완성
Multi-Blank 100제

Memo

◆ Fill in the blank with the most suitable words. (1-6)

All of us agree, I think, that American English is changing, but the question (1) is this: are these changes for the worse? I think that they are NOT. Language is a sensitive instrument that moves along with the needs of its speakers, and what seems temporarily to be (2) turns out in the long run to be necessary adjustment to new needs.

People who talk about "correct English" are usually (3) the problem dangerously. There is no single, monolithic "correct English." There is nothing inherent or intrinsic that makes language "correct." For instance, in America it is considered low-class or "backwoodsy" to say "He ET his dinner." In England, However, et, as the past tense of eat, has the highest (4), and the best-spoken Englishmen will say "He et his dinner." It is simply a matter of differing usage, in one social group or another. Even good speakers have several styles (5) -not only the (6) English of the purists, but an easy, informal English for conversational situations. Good English is that which is appropriate and effective, even when it goes against the pronouncements of purist.

1 ① of opposing view   ② at issue
    ③ of details   ④ in support

2 ① deterioration   ② an inflexible standard
    ③ evolving language   ④ archaic

3 ① refuting   ② selecting
    ③ over-simplifying   ④ establishing

4 ① standard   ② distinction
    ③ sensitiveness   ④ prestige

5 ① at their command   ② in common
    ③ at home   ④ within his reach

6 ① official   ② prescriptive
③ descriptive   ④ formal

◆ Fill in the blank with the most suitable words. (7-10)

Gray recognized the electrical (7) of the toy-telephone. The electric transmitter would consist of a voice chamber(the can of the toy-telephone) and a diaphragm (the bottom of the can). If one end of a wire was attached to the diaphragm and the other end was (8) in a liquid with a high electrical resistance, the movement of the wire in response to the (9) of the diaphragm could be transformed into a vibratory current that faithfully (10) the various frequencies of speech.

7 ① type   ② analogue
③ model   ④ symbol

8 ① immersed   ② attached
③ connected   ④ wired

9 ① sound   ② electricity
③ vibration   ④ movement

10 ① reproduced   ② echoed
③ created   ④ matched

◆ Fill in the blank with the most suitable words. (11-13)

These experiences, (11) though they often were, have led today not merely to a wider tolerance (12) a living conviction that man does not live by bread alone. Undeniably this conviction is shared and practised by other civilizations; but we in Europe have acquired it through centuries of (13) and it is embedded as a warning in our memories. We have learnt that fanaticism is always limiting and may become cruel.

Memo

11 ① exaggerated   ② atrocious
③ attractive   ④ catastrophic

12 ① according to   ② except for
③ but for   ④ but to

13 ① vice and virtue   ② rack and ruin
③ trial and error   ④ pros and cons

◆ Fill in the blank with the most suitable words. (14-16)

The second myth is even more persistent than the first one, and even more (14) in the way it tends to constrain our thinking. Suppose I gave you the pieces of a jigsaw puzzle and told you, "by the way, these pieces cannot be fit together." Would you try very hard to (15) the pieces together ? Why should anyone try to build a smart computer, if he is told over and over again that computers are inherently (16)?

14 ① interesting   ② exciting
③ amazing   ④ profitable

15 ① make   ② fit
③ connect   ④ hold

16 ① expensive   ② stupid
③ complex   ④ dangerous

◆ Fill in the blank with the most suitable words. (17-21)

There are certain philosophers who have fallen into the habit of speaking (17) of Time and Space. Time, they say, is only a poor concept of ours corresponding (18) no ultimate reality, and Space is (19). They are merely mental (20) into which we put our sensations. We are assured that (21) we get at the right point of view we should see that real existence is timeless.

Of course we cannot get at right point of view, but that does not matter.

17 ① slightly   ② highly
     ③ indifferently   ④ carelessly

18 ① with   ② into
     ③ to   ④ upon

19 ① a little better   ② much better
     ③ little better   ④ much worse

20 ① receptions   ② receipts
     ③ receivings   ④ receptacles

21 ① unless   ② lest
     ③ could   ④ nevertheless

◆ Fill in the blank with the most suitable words. (22-28)

Television - that most (22) and persuasive of modern technologies, marked by rapid change and growth is - moving into a new era, which promises to reshape our lives and our world. It is an electronic revolution, feasible by the marriage of television and computer technologies.

Television is more than just an electronics system, (23). It is a means of expression, (24) a vehicle for communication, and (25) becomes a powerful tool for reaching other human beings.

The field of television can be divided into two categories. First there is broadcast television. Second, there is nonbroadcast television, which provided (26) the needs of individuals or (27) interest groups.

Traditionally, television has been a medium of the masses, We are most familiar with broadcast television because it has been with us about forty years in a form (28) what exists today.

22 ① useful   ② powerful
     ③ advanced   ④ pervasive

Memo

23 ① moreover   ② accordingly
     ③ however   ④ therefore

24 ① so long as   ② except
     ③ as well as   ④ including

25 ① in so doing   ② as such
     ③ in doing so   ④ such as

26 ① for   ② with
     ③ to   ④ in

27 ① specific   ② special
     ③ general   ④ privileged

28 ① different form   ② the same as
     ③ such as   ④ similar to

◆ Fill in the blank with the most suitable words. (29-32)

As (29) spread, the Kremlin ordered tanks and personnel carriers into the capitals of both Azerbaijan and Armenia, and closed both provinces to foreign reporters. On Soviet television, film clips later showed food shops open and public transport functioning. But even the official TV commentators admitted that "the outward appearance of calm (30) the extremely complicated situation." Soviet human-rights campaigner Andrei Sakharov, visiting Boston , put in more incisively. Claiming that 130 people had been killed during the week, he (31) Gorbachev to deploy enough troops to halt the Azeri-fomented violence. "Armenian people." said Sakharov, are "facing the threat of (32)."

29 ① apathy   ② unhappiness
     ③ antigovernment feeling   ④ rioting

30 ① shows   ② interprets
     ③ belies   ④ compensates

31 ① telephoned   ② sent a telegram to
     ③ called on   ④ ignored

32 ① alienation   ② hunger
     ③ earthquake   ④ genocide

◆ Fill in the blank with the most suitable words. (33-36)

The use of advanced radar and computers since the 1970's has enabled weather patterns to be (33) worldwide. These developments have improved the accuracy of local (34) and have led to extended and long-range (34), although the high variability of weather in the mid-latitudes, caused by constant (35) winds, makes these longer-range (34) less accurate. In tropical regions, (36), daily weather variations are minor, with regularly occuring phenomena and perceptible change associated more with seasonal cycles(dry weather and monsoons) ; tropical cyclones are the principal variable.

33 ① implored   ② procured
     ③ directed   ④ tracked

34 ① predictions   ② foretellings
     ③ forecasts   ④ prophecies

35 ① westerly   ② otherwise
     ③ by contrast   ④ wester

36 ① likewise   ② otherwise
     ③ by contrast   ④ therefore

◆ Fill in the blank with the most suitable words. (37-42)

Alfonsin has been largely successful at keeping the armed forces (37) their barracks and (38) politics. But relations between the government and the military have been (39) at best. In April 1987 a mutiny by ultra-right Army officers at the Campo de Mayo infantry school outside Buenos Aires fueled antigovernment feelings throughout the base. To (40) order, Alfonsin made a deal with the military-one that drastically reduced the number of men in uniform who might have had to (41) trial for human-rights abuses in the days of the junta. That bargain (42) for Alfonsin last January, when the Army's high command swiftly crushed a second uprising staged by the same ringleaders.

37 ① out of ② leaving
③ for ④ in

38 ① interfering with ② attacking
③ for ④ out of

39 ① uneasy ② unbalanced
③ deadlocked ④ hampered

40 ① display ② restore
③ abolish ④ call to

41 ① bring to ② put on
③ stand ④ make

42 ① toppled ② stood with
③ provided chance ④ paid off

◆ Fill in the blank with the most suitable words. (43-47)

While both art and science are ultimately concerned with the (43) of truth, the process and methods employed by the artist, on the one hand, and by the scientist, on the (44), vary to a considerable degree. The scientist, whether physical or social, is concerned principally with the problem of analyzing materials or events, while the method of the artist is primarily synthesizing. The scientist isolates, breaks things down and separates matter into its constituent parts for purposes of (45); the artist selects his materials, assembles, composes and builds. The scientist has to concern himself with the objective world of (46); the artist deals more with the subjective world of (47).

43 ① pursuit   ② handling
    ③ analyzing   ④ explanation

44 ① foot   ② two
    ③ other   ④ second

45 ① analysis   ② preparatory examination
    ③ control   ④ manufacturing

46 ① environment   ② facts and phenomena
    ③ scientific theories   ④ factories

47 ① human suffering   ② human action
    ③ reason and action   ④ imagery and feelingf

◆ Fill in the blank with the most suitable words. (48-50)

We have recently heard a great deal about the (48) effects of computing machines on our social and economic institutions. In industry, computers mean automation, and automation is supposed to mean unemployment. The United States, with its extravagant investment in computers, is plagued by unemployment for unskilled workers ; it is frequently argued that these facts are causally related. Already the computers have begun to displace workers on assembly lines, and the like The variety of jobs (49) done only by humans that the machine can perform more rapidly, accurately, and economically increases with each new generation of computers. If we extrapolate this trend, say the pessimists, we are faced with the prospect of mass unemployment for all but a handful of highly trained, highly intelligent professionals, who will then be even more influential and overworked than they are at present. Only recently a distinguished English physicist predicted that within twenty years electronic engineers might have to become conscientious objectors in order to prevent these pernicious machines from (50) our social and economic institutions.

48 ① effective   ② disruptive
③ exhaustive   ④ effectless

49 ① formally   ② formerly
③ freely   ④ barely

50 ① keeping   ② buying
③ wrecking   ④ following

◆ Fill in the blank with the most suitable words. (51-60)

I witnessed an interesting scene recently. Small children on train journeys often get (51) and disturb the other passengers by making a lot of noise. (52) this journey there were two with their parents. I (53) them because they were not making a noise : instead they (54) had several books, they were quietly reading, sometimes looking at each (55) book.
This (56) me because it is so rare. I was not (57) when the parents spoke to their children in English. (58) they looked Korean. They had obviously lived in other (59) where small children are (60) to read from an early age.

51 ① boring   ② boorish
③ sleepy   ④ bored

52 ① During   ② About
③ After   ④ Begin

53 ① ignored   ② noticed
③ scolded   ④ wondered

54 ① individual   ② several
③ each   ④ partly

55 ① child's   ② distinct
③ other's   ④ parent's

56 ① moved   ② struck
    ③ queried   ④ expected

57 ① intimidated   ② surprised
    ③ disgusted   ④ understanding

58 ① because   ② although
    ③ hardly   ④ except

59 ① cities   ② houses
    ③ countries   ④ libraries

60 ① introduced   ② encouraged
    ③ studied   ④ easy

Memo

◆ Fill in the blank with the most suitable words. (61-70)

It was wonderful to be able to spend a few days in Cheju Island last month. The (61) from Seoul was almost completely smooth, with only a few (62) of turbulence to disturb the calm. During the flight, the stewardesses just had time to (63) us with orange juice. The weather when we arrived was (64) and in fact it even rained a little (65) the afternoon. But the sun came out on the second day. The trees were still covered with (66) leaves, and there were flowers blooming (67), We had no time to visit every part of the island but in every place we visited there was something new to see and time (68) very quickly. The orange trees were beautiful, with their golden fruit (69) among the dark green leaves. We (70) who would have time to pick all the fruit.

61 ① run   ② flying
    ③ travel   ④ flight

62 ① times   ② hours
    ③ seconds   ④ bumps

63 ① serve   ② pour
    ③ drink   ④ offer

Memo

64　① naughty　　　② raining
　　　③ dark　　　　　④ cloudy

65　① during　　　② after
　　　③ for　　　　　④ late

66　① dead　　　　② old
　　　③ bright　　　④ fresh

67　① nowhere　　② somewhere
　　　③ around　　　④ everywhere

68　① passed　　② sped
　　　③ flew　　　　④ spent

69　① ripened　　② nestling
　　　③ gleam　　　④ grown

70　① thought　　② hoped
　　　③ wondered　④ doubted

◆ Fill in the blank with the most suitable words. (71-75)

The teacher has a very (71) job. It is easy in some ways, and in others it is (72). The easiest part about it is the (73) routine. There are not many teachers who, like business-men and professional people, are (74) duty fifty weeks a year every year. Most schools and colleges (75) for only nine months in the year altogether. Of course there is a great deal to be done outside teaching hours.

71　① similar　　② varied
　　　③ peculiar　④ congenial

72　① difficult　　② different
　　　③ diffident　　④ deferential

73 ① special　　② spatial
③ spacious　　④ specious

74 ① for　　② in
③ by　　④ on

75 ① manage　　② run
③ continue　　④ survive

◆ Fill in the blank with the most suitable words. (76-80)

Even for the most (76), belief is an absolute necessity for practical experience. At the very least, we have to have faith that the material world will continue in its (77) ways, that tomorrow as today iron will be hard and clay soft. Even in the less certain an less easily analyzed (78) of human character, we constantly act on beliefs - that a soft answer turns away wrath, that a mother will love and protect children, that the mailman will deliver the mail instead of stealing it. (79) belief, action would be paralyzed. What really distinguishes the rational from the irrational thinker is not the presence or absence of belief, but the (80) on which belief is accepted.

76 ① wise　　② skeptical
③ fanatical　　④ fanciful

77 ① accustomed　　② imagined
③ conjectured　　④ reasoned

78 ① division　　② line
③ realm　　④ space

79 ① With　　② Without
③ For　　④ On

80 ① pretense　　② excuses
③ cause　　④ grounds

Memo

◆ Fill in the blank with the most suitable words. (81-90)

It is no longer (81) for people to claim that the North American "Indians" are a "primitive" race, as far too many (82) writers and anthropologists condescendingly put it. The word "primitive" suggests many (83) things; a limited intelligence and an ignorant, crude way of living, for example. It is more (84) to say that they are a "traditional" people. They have (85) a rich and ancient culture; quite unlike the traditional cultures of Europe or modern Asia though it may be, the Native American culture (86) a profound wisdom born of centuries spent meditating on the (87) of humans with the earth they live on. The Native Americans feel that each person is an (88) part of the natural world. Their religious vision tells them that there is no (89) between a human being and the essence of nature. The universe and every object in it is all sacred. Each person is invited to (90) this sacredness in every aspect of daily existence, always living in harmony with the Mystery at the heart of life.

81　① determined　　　② incredible
　　　③ likely　　　　　④ possible

82　① foolish　　　　② earlier
　　　③ ancient　　　　④ future

83　① strange　　　　② positive
　　　③ regretful　　　④ negative

84　① recent　　　　② correct
　　　③ hostile　　　　④ modern

85　① inherited　　　② lost
　　　③ transmitted　　④ transformed

86　① restrains　　　② contains
　　　③ invents　　　　④ worships

87　① beauty　　　　② similarity
　　　③ unity　　　　　④ precision

88 ① integral   ② imperishable
     ③ eternal   ④ utter

89 ① contact   ② division
     ③ distance   ④ closeness

90 ① respect   ② transcend
     ③ meditate   ④ search

◆ Fill in the blank with the most suitable words. (91-95)

Not everyone agreed that (91) was necessary. E.P.Ogier, for example. He was a writer from Boston who suffered from bronchitis which, he believed, was turning into consumption. His doctor advised more manual labor, so he became a (92). He not only used cyanide for fixing but also for cleaning his hands, using a particularly strong solution. He says, "In a couple of months the serious symptoms with which I had been troubled had passed away, and now for three years I have enjoyed, relatively speaking, (93). I mean my chronic bronchitis almost disappeared." The next week, D. Welch, another photographer from Newry, also attributed the relief of his consumption to photography. But (94) these examples of the beneficial effects of potassium cyanide, the overwhelming mass of evidence (95) the use of this chemical in photographic darkroom.

91 ① suffering from manual labor
     ② the consumption of solution
     ③ an alternative to cyanide
     ④ a strong solution of cyanide

92 ① writer   ② laborer
     ③ reporter   ④ photographer

93 ① my work   ② perfect health
     ③ manual labor   ④ doctor's advice

94　① instead of　　　　② on behalf of
　　　③ apart from　　　　④ judging from

95　① condemned　　　② controlled
　　　③ minimized　　　　④ supported

◆ Fill in the blank with the most suitable words. (96-98)

Beveraly Hills Hairdresser Umberto Savone finally noticed that the (96) price of a cut, wash and blow-dry was driving clients away from his Wilshire Boulevard shop. To (97) , Savone unveiled the "mini-serve." For a trimmed-down price of $15 customers can get their hair clipped and soaped. (98) , the blow-dry is strictly do-it-yourself.

96　① hair-raising　　　② hair-splitting
　　　③ hair-raised　　　　④ hair-splitted

97　① make a profit bigger　② provide more services
　　　③ lure clients back　　④ improve the shop's image

98　① By and large　　　② Hence
　　　③ In addition　　　　④ And yet

◆ Fill in the blank with the most suitable words. (99-100)

Texas Instruments (99) on Aug.2 by announcing that beginning Sept.1, it would offer the $100 rebate on its T199/4A personal computer. Two weeks after the Texas Instruments announcement, Commodore (100) the price of its VIC. Even Atari is now offering discounts on its computer products.

99　① upgraded the quality of its products
　　　② triggered the computer price wars
　　　③ caused the highest rate of inflation

④ opened a debate on quality control

100 ① cut ② raised
③ set ④ settled

문장완성 Multi-Blank

Memo

1-6 어구 deterioration 악화, 퇴화, 퇴보 | **over-simplify** 지나치게 단순화하다 | **monolithic** 돌 하나로 된; [종종 경멸적으로] 완전히 통제된, 획일적이고 자유가 없는 | **backwoods** *pl.* 도시에서 멀리 떨어진 미개척 상태의 산림지대, 오지 | **appropriate** 적당한, 과장된, 적절한, 특유의, 고유의 | **pronouncement** 정식의 성명, 유권적 선언, 의견

해설 1. ② 문맥상 쟁점이 되는(at issue)이 적절하다.
2. ① 언어는 필요에 따라서 움직여서 일시적으로는 퇴화가 될 수 있지만, 새로운 필요성에 따라서 조절된다고 볼 때, deterioration이 적절하다.
3. ③ "dangerously"라는 부사와 적절한 것은 단순화한다는 것이 어울린다.
4. ④ and 뒤의 the best-spoken과 순접 연결로 볼 때 가장 높은 위신(prestige)이라는 표현이 옳다.
5. ① 앞문장에 상이한 관용법(differing usage)으로 보아 영어를 잘 구사하는 사람도 다른 방식으로 영어를 사용할 수 있다는 것이다. at one's command(누구의 명령에 따라)가 적절하다.
6. ④ not only ~ but ~으로 문장이 연결되고 있다. but 뒤에 비격식적 영어(informal English)와 격식을 차린 영어(formal English)로 연결하는 것이 옳다.

해석 우리 모두는 미국식 영어가 달라져가고 있다는 데 의견을 같이하는 것으로 나는 생각한다. 그러나 쟁점이 되고 있는 문제는 이것이다. 즉 이러한 변화는 나빠져가는 변화인가? 하는 점이다. 내가 볼 때는 그렇지는 않다고 본다. 언어란 것은 말하는 사람들의 필요와 더불어 움직여가는 민감한 기구이다. 그러니 일시적으로는 퇴화처럼 보이는 일도 장기적 관점에서는 새로운 필요성에 대한 필요한 조절이란 것이 드러나게 된다. "정확한 영어"에 관해서 이야기하는 사람들은 보통 문제를 위험스럽게 단순화하고 있다. 도대체 단 한 가지의 외줄기식 정통 영어란 것이 없다. 언어를 정확한 것으로 만들어주는 어떤 교육적 또는 내재적 자질 같은 것은 없다. 예를 들면 미국에서는 그 사람은 저녁 식사를 했다는 말을 'He et his dinner." 하는 식으로 말하면 저속하다든지 세련되지 못한 말 정도로 간주된다. 그러나 영국에서는 eat의 과거형으로 et를 쓰는 것은 가장 높은 위신을 갖는 것이며 가장 좋은 영어를 쓰는 사람들도 'He et his dinner."라고 말할 것이다. 그것도 단지 사회적 집단에 따라 좀 상이한 관용법을 갖고 있다는 문제일 뿐이다. 심지어 좋은 영어를 쓰는 사람들조차도 몇 가지 상이한 화법, 즉 비단 순수론자들의 격식적 영어뿐만 아니라 대화적 상황을 위한 편안한 비격식적 영어에 통달하고 있는 것이다. 훌륭한 영어란 적절하고 효율적인 영어를 가르친다. 심지어 그것이 순수론자들의 의견에는 배치될 때라 하더라도.

7-10 어구 transmitter 송달자, 양도자, 송신기, 송신 장치 | **diaphragm** 격막, 칸막이판, (전화기 등의) 진동판 | **vibratory** 떠는, 진동을 일으키는, 진동성의 | **immerse** 잠그다, 가라앉히다, 빠져 들게 하다

해설 7. ④ 뒷문장에서 그레이는 전기식 전화의 송화기에 대한 이론을 알고 있다는 것으로 볼 때, 장난감 전화기를 통해 전기의 상징(symbol)을 알았다고 해야 한다.
8. ① in a liquid로 보아 액체에 담그다 immerse가 옳다.
9. ③ 뒷문장에 a vibratory current로 보아 명사 vibration이 옳다.
10. ① 같은 일을 계속 반복한다는 의미에서 reproduce가 옳다.

해석 그레이는 장난감 전화기의 전기적 상징을 인식했다. 전기식 전화의 송화기는 음향실과 진동판으로 구성될 것이다. 만약에 전선의 한쪽 끝이 진동판에 부착되고 다른 한쪽을 높은 전기 저항을 가진 액체에 담그면 음향에 반응하는 전선의 움직임은 진동성 전류로 전환될 수가 있고 이

전류는 또 말의 여러 가지 주파수를 충실히 반향해 줄 것이다.

11-3 어구 **atrocious** 극악스러운, 잔혹한 | **embed** 깊이 간직하다 | **fanaticism** 열광, 광신 | **catastrophic** 파멸적인

해설 11. ② tolerance와 대조적 의미의 atrocious가 적절하다.
12. ④ not merely(only) ~ but ~ 구문이다.
13. ③ 하나의 경고로서 간직한다는 내용으로 볼 때 시행착오가 적절하다.

해석 왕왕 이런 경험들은, 잔혹한 것이었지만 좀 더 넓은 관용을 가져왔을 뿐만 아니라 또한 인간은 빵만으로 살지 않는다는 살아있는 확신까지도 가져다주었다. 이런 확신은 다른 문명권에 의하여 공유되고 또 시행되고 있음을 부인할 수 없다. 그러나 유럽에 있는 우리들은 수백 년에 걸친 시행착오를 거쳐 그것을 획득했고 지금은 우리의 뇌리 속에 하나의 경고로 깊이 간직되고 있다. 우리는 광신적 사고는 언제나 한계성이 있으며 잔혹하게 될 수 있다는 것을 알게 되었다.

14-6 어구 **persistent** 고집하는, 완고한 | **constrain** 강제하다, 구속하다 | **jigsaw puzzle** 조각 그림 맞추기 장난감

해설 14. ① 문맥상 흥미로운(interesting)이 적절하다.
15. ② 앞문장에 fit together와 연결하여 생각한다면 fit이 적절하다.
16. ② 빈틈없는 컴퓨터와 대조적 의미의 단어를 보기에서 찾는다면 stupid이 적절하다.

해석 두 번째 신화는 첫 번째 것보다 더욱더 집요하다. 그리고 그것이 우리의 사고를 강요하는 경향이 있다는 점에서 더욱더 흥미롭다. 만약 내가 당신에게 조각 그림 맞추기의 조각들을 주고 당신에게 "그런데 이 조각들은 서로 맞아 들어가지 않는다."고 말한다면 당신은 그 조각들을 맞추어 넣으려고 굉장히 열심히 노력하겠는가? 만약에 어떤 사람이 몇 번이고 되풀이해서 컴퓨터란 것은 본질적으로 어리석기 짝이 없는 것이라는 말을 자꾸 듣는다면, 그 사람이 빈틈없는 컴퓨터를 만들어 보려고 애를 쓰겠는가?

17-21 어구 **be assured that** ~을 확신하고 있다 | **get at the right point of view** 올바른 견해에 도달하다 | **receipt** 수령, 영수증 *pl.* 수령액 | **receiving** 받음; 장물 취득 | **receptacle** 그릇, 용기 저장소, 피난소

해설 17. ③ 철학자들이 시·공간에 대해서 현실과 부합하지 않는다고 말하는 습관은 무관심하게 말한다는 표현이 적절하다.
18. ③ correspond와 적절한 전치사는 to이다.
19. ③ 공간도 마찬가지로 별로 나을 것이 없다는 little better가 적절하다.
20. ④ put이라는 동사와 전치사 into로 보아 담는 그릇(저장소)이 적절하다.
21. ③ 가정법 과거에서 if가 생략·도치가 되는 경우 조동사 could가 문두로 나온다.

해석 철학자들 중에는 시간과 공간에 대해 무관심하게 이야기해 버리는 습성에 빠져 버린 사람들이 더러 있다. 그들은 시간이란 것은 여하한 궁극적인 현실과도 부합하지 않는 빈약한 우리들의 개념 중 하나이며 이 공간이란 것도 그보다 별로 나은 것이 없다고 말한다. 시간, 공간은 단지 우리가 감각을 치워두는 저장소에 불과하다. 우리는 확신하고 있다. 만약에 우리가 올바른 견해에 도달할 수 있다면 진정한 존재는 시간의 제한이 없다는 것을 알게 되리라고. 물론 우리는 올바른 견해에 이를 수 없지만 그것은 별 문

Memo

제가 아니다.

22-8 어구 reshape 고쳐 만들다 | persuasive 설득 잘하는, 설득력 있는 | feasible 실행할 수 있는, 가능한; 적당한(suitable) | pervasive 퍼지는, 널리 미치는, 스며드는 | a vehicle for communication 의사소통 매개체 | provide for 대비해주다, (필요물 등을) 대주다, 부양해주다

해설 22. ④ and 뒤에 persuasive와 어울리는 널리 퍼진의 pervasive가 적절하다.
23. ③ 텔레비전은 단지 전자 장치가 아니라 그 이상의 수단으로 사용한다는 내용으로 볼 때 역접 접속사 however가 적절하다.
24. ③ a means of expression과 순접 연결사인 as well as가 적절하다.
25. ② as such (그렇게 함으로써)
26. ① 자동사 provide 뒤에 적절한 전치사는 for이다.
27. ① 특정 이해단체와 어울리는 보기항의 단어는 specific이 옳다.
28. ④ 친숙하다와 동의의 의미인 similar가 적절하다.

해석 텔레비전 –급속한 변화와 성장에 의해서 특징지어지는 현대 기술 중에서도 가장 널리 퍼져 있고 설득력 있는– 은 우리의 생활과 세계를 재형성할 가망성 있는 새 시대에 접어들고 있다. 그것은 텔레비전과 컴퓨터 기술과의 결합에 의해서 가능해질 전자 혁명이다.
그러나 텔레비전은 단지 전자 장치 이상의 것이다. 그것은 의사전달 매개체인 동시에 의사 표현 수단이며, 또한 그러한 수단으로써 다른 인간들에게 도달하기 위한 강력한 도구가 된다.
텔레비전의 분야는 두 부류로 나눌 수가 있다. 첫째는 방송되는 텔레비전이 있다. 둘째는 비방송용 텔레비전인데, 개인들이나 특수 이익집단에 필요한 것을 공급한다.
전통적으로 텔레비전은 대중의 매체였다. 텔레비전은 지난 40년 동안 오늘날 존재하고 있는 것과 비슷한 형태로 우리와 함께 있어 왔으므로 우리는 방송되는 텔레비전에 익숙하다.

29-32 어구 personnel carrier 인원 운반차(장갑차) [보통 APC로 부름] | film clips 생방송 사이에 삽입되는 방송용 영화 필름 | incisively 통렬하게, 신랄하게, 날카롭게 | belie 오해시키다, 거짓으로 전하다 | compensate ~에게 보상하다, 보충하다 | genocide (민족·국민 따위에 대한) 계획적 대량 학살, 민족(종족) 근절

해설 29. ④ 주절과의 관계상 폭동이라는 말이 적절하다.
30. ① 모습을 드러냈다는 말은 show가 적절하다.
31. ③ 문맥상 call on은 5형식 동사로써 목적보어에 to 부정사를 위치시켜서 ‘요구하다’라는 뜻을 갖는다.
32. ④ 전체 문맥상 학살이라는 말이 적절하다.

해석 폭동이 퍼져감에 따라 크렘린 당국은 탱크 및 APC(인원 운반차) 등에게 아제르바이잔 및 아르메니아의 수도에 진입하도록 명령했고, 이 두 지방을 외국 기자들에게 폐쇄 조치하였다. 소련 TV에서는 방송용 영화 필름이 나중에 식료품상이 문을 열고 있음을 보여주고 대중교통 수단도 가동 중임을 보였다. 그러나 관영 TV 해설가들도 표면적인 고요의 모습이 극히 복잡한 상황을 표시하고 있다는 점을 인정하였다. 소련의 인권 운동가인 안드레이 사하로프는 지금 보스턴을 방문 중에 있는데 그것을 좀 더 통렬하게 표현하였다. 그 주 동안에 130명이 피살되었다고 주장하면서 그는 고르바초프에게 아제르바이잔이 유발한 폭력 사태를 막을 수 있을 만한 충분한 군병력을 배치할 것을 요구했다. 사하로프는 "아르메니아 사람들은 지금 대량 학살에 직면하고

Memo

있다.”고 말했다.

33-6 어구 **cyclone** 선풍, 회오리바람, 폭풍우 | **implore** 애원 · 탄원하다 | **procure** 획득하다, (필수품을) 조달하다 | **track** 뒤를 쫓다, 추적하다[down] | **westerly** 서쪽에의, 서쪽에서 오는; 서풍 *pl.* 편서풍

해설 33. ④ 발전된 컴퓨터와 레이더가 하는 기능은 추적이라는 것을 유추할 수 있다.
34. ③ 장비와 날씨 사이에 의미 연결은 예보(forecast)가 적절하다.
35. ① 서쪽에서 부는 바람으로 westerly weather가 적절하다.
36. ③ 역접 접속사 by contrast의 내용 연결이 적절하다.

해석 1970년대 이래로 발달된 레이더와 컴퓨터 등의 사용은 기상 유형을 범세계적으로 추적하는 것이 가능하도록 해놓았다. 이러한 발전은 지방 예보의 정확도를 더 개선하였고 또 광범위하고 장기적인 예보를 가져다주었다. 비록 부단히 불어오는 서풍으로 야기된 위도선 중간 부분의 기상의 높은 가변성이 장기적 일기예보를 좀 덜 정확하게 만들고 있기는 하지만 그것과는 대조적으로 열대지방에서는 매일매일의 기상변화가 미미한 편이며 규칙적으로 일어나는 현상과 감지할 수 있을 만한 뚜렷한 변화는 건조한 기상 및 계절풍 등 계절적 주기와 더 많이 관련되어 있다. 그래서 열대지방 태풍이 주된 가변성이 되고 있다.

37-42 어구 **barrack** 막사, 병영 | **ultra-right** 극우파 | **junta** 군사 혁명 위원회, 위원회, 협의회 | **ringleader** 주모자, 장본인 | **hamper** 비틀거리다, 쓰러지다, 흔들리다 | **pay off** (빚을) 전부 갚다, 수지맞다, ~한 결과(성과)가 나다

해설 37. ④ 장소 명사 앞에 in이라는 전치사가 적절하다.
38. ④ 문맥상 분리 이탈의 전치사 out of가 적절하다.
39. ① 성공을 거두다와 반의 관계어는 uneasy가 적절하다.
40. ② 알폰신이 군사의 수를 줄인 것은 질서를 회복하기 위한 것으로 볼 수 있다.
41. ③ stand[take] one's trial (심판을 받다)
42. ④ 주어 bargain(흥정)이 잘 된다면 좋은 결과를 가져 올 수 있다고 볼 수 있다.

해석 알폰신은 군대를 병영 속에 있게 하고 정치에는 손을 대지 않게 하는 것에 대체로 성공하였다. 그러나 정부와 군대 간의 관계는 기껏해야 불안한 것이었다. 1987년 4월 부에노스 아이레스 밖에 위치한 Camp de Mayo 보병학교에 근무하는 극우파 장교들에 의한 반란사건은 군사기지 내 전체에 반정부 감정을 불 질렀다. 질서를 회복하기 위해서 알폰신은 군대와 더불어 흥정을 했다. 즉, 군사혁명위원회 시절에 저지른 인권유린에 대해 재판에 회부해야 할 군복 입은 사람들의 숫자를 대폭 감축한 흥정이었다. 그 흥정은 지난 1월에 군대의 고급 지휘부가, 똑같은 주모자들에 버렸을 때 알폰신 대통령으로 봐서는 단단히 제몫을 하였다.

43-7 어구 **to a considerable degree** 상당한 정도로 | **synthesize** 합성화하다, 종합하다 | **isolate** 고립시키다, 분리하다, 격리하다 | **constituent part** 구성 부분

해설 43. ① 문맥상 진지의 추구 the pursuit of truth가 적절하다.
44. ③ 한편이라는 뜻의 접속 부사는 on the other hand가 적절하다.
45. ① 동사 separate(분리하다)는 분석(analysis)과 문맥상 어울린다.
46. ② 과학은 객관적인 세계에서 사실과 현상과 관계를 한다.

47. ② 예술가가 자신에 대한 소재를 선택한다고 볼 때 인간의 행동에 더 많은 관심이 있다.

해석 예술과 과학이 공히 궁극적으로는 진지의 추구와 관계를 갖고 있지만 한편에 있어 예술가가 사용하는 과정 및 방법은 다른 한편 과학자가 사용하는 그것과 상당한 정도로 차이가 난다. 과학자라면 자연 과학자든 사회 과학자든 주로 물질이나 사건을 분석하는 문제와 관계되는 데 비해서 한편 예술가의 방법은 일차적으로 종합하는 것이다. 과학자는 사물들을 고립시키고 분리(분류)하고 물질을 분석의 목적을 위하여 구성 부분별로 분리한다. 예술가는 그의 소재를 선택하고 집합(결합)하고 구성하고 건조한다. 과학자는 사실과 현상의 객관적 세계와 관계를 맺는데 비해 예술가는 인간행동의 주관적 세계를 더 많이 다룬다.

48-50 어구 disruptive 여러 가지의 | plague 괴롭히다 | assembly line 일관 작업 | extrapolate 외삽하다 | conscientious 양심적인 | pernicious 유해한

해설 48. ② 문맥상 여러 가지 영향들(disruptive effects)이 적절하다.
49. ② 전에(formerly)에 인간에 의해 행해졌던 일을 새로운 컴퓨터가 대신하고 있다.
50. ③ 글쓴이는 기계를 부정적으로 보고 있고 기계들이 사회적 경제적 제도를 망가뜨린다는 내용이 적절하다.

해석 우리는 근간 계산용 기계(컴퓨터) 등이 사회적 경제적 제도에 미치는 영향에 관해서 많은 이야기를 들었다. 기업체에 있어서는 컴퓨터란 자동 조작법을 의미하고 자동 조작법은 또 실업을 의미하는 것으로 상상되고 있다. 컴퓨터란 자동 조작법을 의미하는 것으로 상상되고 있다. 컴퓨터에 엄청나게 투자를 하고 있는 미국은 미숙련 노동자들의 실업 문제로 괴로움을 당하고 있다. 흔히 이러한 사실들은 인과 관계적으로 연관이 되어 있다고 주장되고 있다. 이미 컴퓨터는 자동차 조립대와 기타 유사한 곳에서 근로자들을 대신하기 시작하였다. 종전에 인간에 의해서 행해진 일로서 기계가 신속하고 정확히 그리고 경제적으로 수행할 수 있는 일의 종류는 새시대의 컴퓨터와 더불어 더욱 늘어나고 있다. 비관론자들은 말하기를 만약 우리가 이 추세를 바탕으로 외사법적 추리를 한다면 우리는 소수의 고도로 훈련된 극히 지능이 높은 전문직의 사람들 이외에는 대량 실업 사태의 전망에 직면하는 바 그렇게 되면 그들은 현재보다도 훨씬 더 영향력을 가지게 될 것이고 또한 과로를 당하게 될 것이다. 최근에 와서 어떤 저명한 영국의 물리학자는 예언하기를 앞으로 20년 이내에 전자 기사는 이들 파괴적인 기계들이 우리의 사회적 · 경제적 제도를 망가뜨리는 것을 방지하기 위해서 아마 양심적인 참전 거부자가 되어야 할 것이다.

51-60 어구 witness 목격하다 | scene 광경 | disturb 방해하다 | make a noise 소란을 피우다 (make a scene) | rare 드문, 희귀한 | obviously 틀림없이, 명백하게 | boorish 야비한, 촌스러운 | ignore 무시하다 | scold 꾸짖다(admonish) | wonder 궁금해 하다 | move 감동을 주다 | strike 놀라게 하다 | query 질문을 하다 | intimidate 위협하다 | disgusted 역겨운

해설 51. ④ bore는 지루하게 하다라는 뜻을 가진 타동사이므로 주어 스스로 지루하다는 형태는 수동이므로 과거분사인 bored가 옳다.
52. ① 주절의 내용을 미루어 보아 '기간'의 의미를 가진 during이 옳다.
53. ② 소란을 피우던 다른 아이들과는 다른 행동을 했으므로 '눈에 띄다'라는 표현이 옳다.
54. ③ 문맥상 '각자'의 표현이 옳다.
55. ③ 상대의 책(other's)을 가끔 봤다는 표현이 옳다.

56. ② 드문 상황이었으므로 '놀라게 했다(strike)' 는 표현이 적합하다.

57. ② 뒷문장의 흐름으로 보아 놀랍지 않고 납득했음을 유추할 수 있다.

58. ① 앞문장의 이유를 설명할 접속사가 필요하다.

59. ③ 영어란 언어를 사용했으므로 국적을 표현하는 것이 옳다.

60. ② 조기에 글을 읽도록 '장려 받았다' 는 표현이 옳다.

해석 나는 최근에 흥미로운 광경을 목격했다. 기차 여행 도중에 어린 아이들이 종종 지루해 하고 다른 승객들을 방해한다. 그 여행에서 내 주위에 앉아 있었던 여섯, 일곱 살 되 보이는 두 아이가 부모와 같이 있었다. 그 아이들은 전혀 소란스럽지 않기 때문에 나는 그 아이들을 주시했다. 대신 그 아이들은 각자 책을 가지고 있었고, 조용히 책을 읽으며 가끔씩 다른 아이의 책을 들여다봤다. 그러한 일은 매우 드문 일이어서 나에게는 충격이었다. 아이들의 부모가 아이들에게 영어로 말할 때 놀라지 않았다. 왜냐하면 부모들이 한국인으로 보였기 때문이다. 그들은 이전에 아주 어릴 때부터 아이들이 독서를 하도록 권장하는 다른 나라에서 살았던 적이 있었던 것이 틀림없었다.

61-70 어구 turbulence 소란, 난기류 | disturb 방해하다 | calm 정적, 차분함 | **the sun come out** 해가 뜨다, 날씨가 맑다 | **pick** (열매 등을) 따다 | **bump** 충돌 | **naughty** 장난치는, 말을 듣지 않는 | ripened 익은, 원숙한 | nestle 깃들이다, 가려지다 | gleam 섬광

해설 61. ④ 비행기 여행은 flying이 아닌 flight가 옳다.

62. ① 몇 차례라는 표현은 a few times가 옳다. time이 시간이 아닌 '횟수' 등을 뜻할 때에는 가산명사로서 복수 형태를 쓸 수 있다.

63. ① have time to serve us with (~을 우리에게 대접할 시간이 있다)

64. ④ and 이하에서 비가 내렸다는 내용을 통해 도착했을 당시에는 구름이 끼었을 것이라는 것을 유추할 수 있다.

65. ① 과거 시제와 함께 쓰일 수 있는 전치사는 during이다.

66. ④ and 이하의 flowers blooming에서 유추해 볼 수 있다

67. ④ 앞문장 be covered with에서 유추할 수 있다.

68. ③ 시간이 흐르다라는 표현은 time flies가 옳다.

69. ② 문맥상 보일 듯 말 듯 가려진 금빛 열매들이 옳다.

70. ③ 글의 전체적인 흐름상 "놀라거나, 감탄했다"라는 표현이 옳다.

해석 저번 달에 제주도에서 며칠을 지낸 것은 정말 훌륭했다. 정적을 깨뜨리는 몇 차례의 난기류를 제외하고는 서울에서 제주까지의 비행기 여행은 완전히 매끄러웠다. 비행은 여승무원들이 겨우 오렌지 주스를 우리에게 가져다 줄 정도의 시간이었다. 우리가 도착했을 때 날씨는 구름이 있었고 오후에는 비가 조금씩 내렸다. 그러나 다음 날은 맑았다. 나무들은 여전히 싱싱한 잎으로 덮여 있었고, 사방에 꽃들이 피어 있었다. 우리는 섬의 곳곳을 다닐 시간은 없었지만 우리가 간 곳은 어느 곳이던지 새로운 볼거리가 있었고 시간은 빨리 흘러갔다. 짙은 녹색의 잎사귀들 사이에 금빛으로 열매들이 있는 귤나무들은 아름다웠다. 우리는 저 많은 열매들을 누가 언제 다 딸 것인가 놀랐다.

71-5 어구 professional 전문적인 | **a great deal** 상당량 | varied 다양한 | peculiar 특이한 | congenial 같은 성질의 | diffident 소심한 | deferential 공손한 | spatial 공간적인 | spacious 넓은, 상당한 | specious 겉보기에만 그럴듯한 | run 운영되다

해설 71. ③ 다음 문장 'easy in some ways, and in others' 에 착안해 본다.

72. ① 51번 해설 참고.

Memo

73. ④

74. ④ be on duty (근무 중이다)

75. ② run (운영되다)

해석 교사는 아주 특이한 직업이다. 교사라는 직업은 어떤 일에서는 쉽고 다른 면에서는 어렵다. 가장 쉬운 부분은 겉보기에 그럴듯한 일과이다. 직장인과 전문가들처럼 매해 50주씩 일해야 하는 교사가 많지는 않다. 대부분의 고등학교와 대학들은 일년에 모두 합하여 9개월만 운영된다. 물론 정규 수업시간 외에 할 일이 대단히 많다.

76-80 어구 **absolute** 절대적인 | **at the very least** 최소한 | **clay** 흙 | **analyzed** 분석된 | **turn away** 내치다, 떨치다 | **paralyzed** 마비된 | **irrational** 불합리한 | **absence** 부존재 | **skeptical** 회의적인 | **fanatical** 광신도적인 | **fanciful** 공상적인 | **accustomed** 평소의 | **conjectual** 추측된 | **division** 부서, 과 | **realm** 영역 | **pretense** 구실, 겉치레 | **ground** 근거, 바탕

해설 76. ② 〈역접-양보〉 even ~ , belief is an absolute necessity

77. ① 〈순접-유추〉 tomorrow as today iron will be hard and clay soft

78. ③ 문맥상 '영역' 이라는 뜻이 옳다.

79. ② 〈순접-인과〉 be paralyzed

80. ④ not A but B

해석 가장 회의적인 사람들에게 있어서도, 믿음은 실제 경험을 위해서라도 절대적인 필수사항이다. 최소한 우리는 이 물질의 세계가 예전과 다름없이 계속되어지고, 오늘처럼 내일에도 쇠는 단단하고 흙은 부드러울 것이라는 믿음을 가져야만 한다. 심지어 덜 분명하며 분석이 쉽지 않은 인간의 성격이라는 영역에서조차도, 우리는 계속해서 믿음을 가져야 한다. 즉, 부드러운 대답은 분노를 떨치고, 어머니는 아이들을 사랑하고 보호해주며, 우편배달원은 편지를 훔치지 않고 배달할 것이라는 믿음을 말하는 것이다. 믿음이 없으면, 행동은 마비될 것이다. 합리적으로 사고하는 사람과 비합리적으로 사고하는 사람들을 실제로 구별해 주는 것은 믿음이 있고 없음이 아니라 믿음이 받아들여지는 근거다.

81-90 어구 **no longer** 더 이상 ~하지 않다 | **primitive** 원시적인, 최초의 | **condescendingly** 생색을 내면서 | **ignorant** 무지한 | **crude** 조잡한 | **traditional** 전통적인 | **meditate** 명상하다 | **essence** 본질 | **sacred** 신성한 | **be invited to** ~하도록 권유받다 | **sacredness** 신성함 | **at the heart of** ~의 중심에 | **incredible** 믿을 수 없는 | **be likely to** ~할 것 같다 | **regretful** 후회스러운 | **negative** 부정적인 | **hostile** 적대적인 | **inherit** 상속하다, 물려받다 | **transmit** 보내다, 전송하다 | **transform** 변형시키다 | **restrain** 금지하다, 억제하다 | **worship** 숭배하다 | **unity** 통일, 조화 | **precision** 정확 | **integral** 완전한, 전체의 | **imperishable** 불멸의(eternal) | **utter** 완전한, 철저한 | **division** 분할, 분배 | **closeness** 근접, 정확, 인색(stinginess) | **transcend** 초월 · 능가하다 | **meditate** 명상하다 *cf.* mediate (분쟁 등을) 조정[중재]하다, 화해시키다

해설 81. ③ be likely to (~할 것 같다)

82. ② ancient는 단순한 '과거' 의 의미가 아닌 '고대' 를 뜻하므로 과거의 의미인 earlier가 옳다.

83. ④ limited, ignorant, crude 같은 부정적인 내용이므로 negative가 옳다.

84. ② 원시적인(primitive)이라는 말에 대한 부정적인 표현인 전통적인(traditional)을 긍정하는 의미가 옳다.

85. ① 문맥상 '물려받다' 의 의미를 가진 inherit가 옳다.

86. ② 문맥상 '포함하다' 의 의미를 가진 contain이 옳다.

87. ③ 인간과 자연이 별개가 아니라는 것은 인디언의 생각이다.

88. ① 7번 해설 참고.

89. ③ 문맥상 '구분(division)' 이 없다기 보다는 '거리(distance)' 가 없다는 표현이 옳다.

90. ① 문맥상 '명상하다(meditate)'보다는 '존중하다' 라는 표현이 옳다.

해석 너무나 많은 작가들과 인류학자들이 생색을 내듯이 표현했던 것처럼, 사람들이 북미 "인디언" 들을 "원시적인" 종족이라고 주장할 것 같지는 않다. "원시적" 이란 단어는 많은 부정적인 것들을 시사하는 것인데, 예를 들어 한정된 지식과 삶의 무지하고 조잡한 양식을 말한다. 그들은 "전통적인" 종족이라고 말하는 것이 보다 정확하다. 그들은 풍부하고 오래된 문화를 물려받았다. 그들은 유럽이나 근대 아시아의 전통문화와 꽤나 다를 수 있을지라도, 북미 원주민 문화는 사람이 사는 대지와의 조화에 관해서 명상하여 나온 수세기를 거친 심오한 지혜가 포함되어 있다. 미국 원주민들은 각각의 개인이 자연계의 통합적인 부분이라고 느낀다. 그들의 종교적인 관점은 인간의 존재와 자연의 본질이 분리되어 있지 않다고 말해준다. 우주와 우주 안의 모든 관점은 모두 신성한 것이다. 각 개인은 일상에서 존재하는 모든 관점에서 이 신성함을 존중할 것을 권유받으므로, 삶의 중심에서 신비함과 조화를 이루며 계속하여 살아간다.

91-5 어구 cyanide 청산염 | bronchitis 기관지염 | consumption 폐렴 | solution 용액, 해결책 | symptom 증상 | pass away 사라지다 | relatively speaking 상대적으로 말하자면 | chronic 만성적인 | attribute A to B A를 B의 탓으로 돌리다 | beneficial 은혜로운 | potassium cyanide 청산칼륨 | overwhelming 압도적인 | darkroom 암실 | alternative 대체, 대안 | condemn 비난하다 | minimize 축소시키다

해설 91. ③ 이하에서는 청산염을 사용하여 득을 본 예를 설명하므로 시안을 다른 것으로 대체하는 데 동의하지 않는 사람들이 있다는 의미가 되어야 한다.

92. ④ 6번째 문장 D. Welch, another photographer를 통해 유추해 본다.

93. ② my bronchitis disappeared를 통해 유추할 수 있다.

94. ③

95. ① 〈역접-대조〉 apart from ~ beneficial

해석 모두가 청산염의 대체물이 필요하다는 것에 동의하는 것은 아니다. 예컨대, **E. P.** 오지어가 있다. 그는 보스턴 출신의 작가로서 자신이 생각하기에 폐렴으로 발전되어 있는 기관지염을 앓고 있었다. 그의 의사는 그에게 육체 노동을 더 많이 하라고 처방해서 그는 사진사가 되었다. 그는 색을 고정시키는 과정에서 뿐만 아니라 손을 닦는 데도 청산염을 사용했는데, 특히나 강한 용액을 사용했다. "불과 몇 달 안에 그동안 고통을 주었던 심각한 증상들이 없어졌고, 그 후 3년 동안 나는 상대적으로 말하자면 완전한 건강을 누리고 있다. 내 얘기는 만성 기관지염이 거의 사라졌다는 것이다."라고 그는 말한다. 그 다음 주에는 뉴어리의 또 다른 사진사 **D.** 웰치가 자신이 겪고 있던 폐렴이 사진의 덕으로 치료됐다고 밝혔다. 그러나 청산 칼륨의 은혜로운 효과를 보여주는 이 예들과 달리, 사진 암실에서 이 화학물질을 사용하는 것을 비난하는 증거들이 압도적으로 많이 있다.

96-8 어구 blow-dry 헤어드라이어로 머리 다듬기 | unveil 드러내다, 폭로하다 | trimmed-down 잘라낸, 다듬은 | clip 자르다, 잘라내다 | hair-raising 머리털이 곤두서는 듯한, 오싹해지는 | provide (필요품을) 주다, 공급[지급]하다 | lure 유인하다, 꾀어 들이다 | improve (부족한 점

Memo

을 고쳐) 개선하다; 향상시키다

해설 96. ① 빈칸에는 머리카락을 '곤두서게' 하는 의미가 되어야 하므로 능동형인 현재분사 raising이 들어가야 한다.

97. ③ 손님이 떨어져 나가게 된 원인을 알고 새로운 서비스를 선보이려고 하므로 빈칸에는 '손님을 다시 끌어들이기 위해' 라는 의미가 들어가야 자연스럽다.

98. ④ 앞문장과 빈칸이 포함된 문장과의 내용을 살펴보면 서로 대조적인 내용임을 알 수 있다.

해석 베벌리힐즈의 미용사인 움베르또 사본느는 커트를 해서 감겨주고 또 드라이어로 말려주고서 자신이 받는 값이, 머리카락이 곤두설 정도로 비싸기 때문에 고객들이 자신의 윌셔 불러바드 가게를 외면하고 있다는 것을 마침내 알아차렸다. 고객들을 다시 유인하기 위해 사본느는 "미니 서비스"를 선보였다. 15달러의 삭감된 가격만 받고 그는 고객들의 머리를 자르고 감겨준다. 그러나 머리 말리는 것은 반드시 고객 스스로 해야 한다.

99-0 어구 **rebate** 일부 환불, 할인 | **personal computer** 개인용 컴퓨터 | **announcement** 알림, 공고, 발표, 예고 | **instrument** 기계, 도구, 수단 | **discount** 할인(reduction) | **trigger** 방아쇠를 당기다, 일으키다, 유발하다 | **price wars** 가격 전쟁 | **highest** [high의 최상급] 가장 높은 | **inflation** 부풀림; (경제) 통화 팽창, 인플레(이션) (≠deflation) | **debate** 토론, 논쟁 | **quality** 질, 품질, 성질

해설 99. ② 빈칸에 문맥에 맞는 적절한 표현을 찾는 문제이다. 빈칸 뒤의 내용을 미루어 즉, 다른 회사들도 가격을 인하하게 된 것은 텍사스 기계 주식회사가 가격을 선도했다는 내용이 와야 한다.

100. ① 모든 컴퓨터 기업들이 가격을 내린다는 내용으로 미루어 보아 값을 '깎다' 의 cut이 들어가야 자연스럽다.

해석 텍사스 기계 주식회사는 9월 1일부터 T199/4A 개인용 컴퓨터에 대해 100달러 할인을 실시한다고 8월 2일 발표함으로써 컴퓨터 가격 전쟁에 불을 당겼다. 텍사스 기계 주식회사의 발표가 있은지 2주 후에 코모도어는 자사 VIC의 가격을 낮추었다. 이제는 아타리조차도 자사의 컴퓨터 제품들에 대해 할인을 제시하고 있다.